U0905171

山东企业年鉴 2004

2004 SHANDONG ENTERPRISE YEARBOOK

山 东 省 统 计 局
山东省经济贸易委员会 编

中国财政经济出版社

图书在版编目（CIP）数据

山东企业年鉴.2004/山东省统计局山东省经济贸易委员会编.—北京：中国财政经济出版社，2004.8
ISBN 7-5005-7542-4

Ⅰ.山… Ⅱ.山… Ⅲ.企业经济-山东省-2004-年鉴 Ⅳ.F279.275.2-54
中国版本图书馆CIP数据核字（2004）第085146号

中国财政经济出版社 出版

URL：http://www.cfeph.com.cn
E-mail：cfeph @ drc.gov.cn

社址：北京海淀区阜成路甲28号 邮政编码：100036
山东新华印刷厂印刷 各地新华书店经销
880×1230毫米 16开 34印张 1000千字
2004年8月第1版 2004年8月济南第1次印刷
定价：220.00元
ISBN 7-5005-7542-4/F·6604

目 录

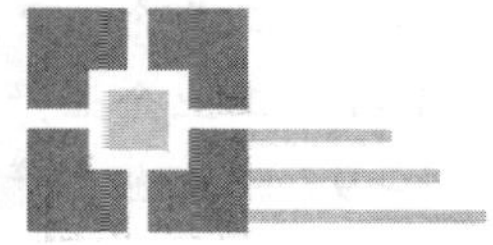

第一篇 企业概况

第二篇 企业集团

第三篇 企业景气

第四篇　企业改革发展

第五篇 行业发展

第六篇　企业政策法规

第一篇 企业概况

1－1 生产增长快 经济效益好 发展后劲足

——2003年全省规模以上工业经济运行情况综述

2003年，我省规模以上工业生产规模扩大，发展加快，经济效益改善，运行质量提高，呈现了一季比一季更好的发展势头，有力地拉动了全省国民经济快速增长。随着投资的迅速增加、消费的启动和出口力度的加大，工业经济发展后劲也明显增强。

一、工业经济运行的主要特点

截止2003年末，我省规模以上工业企业达到16170家，比上年净增2702家，拥有总资产14536.2亿元，同比增长21.2%，全年完成工业总产值超过1.5万亿元。纵观我省全年工业经济运行态势，主要呈现以下特点：

1. 工业生产总量和增幅创新高。一是生产总量增加多。2003年，我省规模以上工业累计实现工业增加值4695.2亿元，比上年净增1192.8亿元，净增额已超过1995年全省独立核算工业的生产总量。列广东省之后居全国31个省市区第2位。二是增速逐期加快。工业生产同比增长22.7%，比上年提高5.4个百分点，增长幅度分别比一季度、上半年、前三季度提高1.7个、1.2个、0.7个百分点。工业生产增速创1995年以来最高水平。三是产销衔接良好。全省规模以上工业产销率为97.9%，同比提高0.1个百分点。其中，“三资”企业产销率为97.98%，同比提高0.7个百分点，在各经济类型中增幅提高最大。

2. 经济效益提高幅度大。规模以上工业全年实现产品销售收入14919.5亿元，比上年增长35.3%；实现利润915.1亿元，实现利税1604.6亿元，分别比上年增长49.6%和39.7%，增幅比上年提高36.7个和27.6个百分点。综合经济效益指数达151.64%，比上年提高13.2个百分点。构成综合经济效益评价体系的七项指标，除资产负债率（逆指标）外，其余均高于上年。

3.“三个亮点”贡献突出。我省规模以上高新技术产业全年实现工业增加值809.4亿元，同比增长23.8%，增幅高于规模以上工业1.1个百分点；完成工业总产值3016.9亿元，占规模以上工业总产值的比重为19.6%，比年初提高2.6个百分点，超额完成了省委、省政府每年增长2个百分点的目标。全省规模以上工业企业完成出口交货值2046.3亿元，同比增长29.9%，增幅比上年提高8.1个百分点。非公有制经济实现工业增加值突破2009亿元，占全省总量的42.8%，比上年增长31.6%，高于全省平均增幅8.9个百分点；实现产品销售收入6516.4亿元，比上年增长47.7%，高于全省平均增幅12.4个百分点。其中，私营工业实现增加值594.7亿元，增长44.5%，高于全部工业21.8个百分点。

4. 制造业发展活力增强。一是制造业比重提高，发展加快。制造业实现工业增加值3711.2亿元，同比增长23.5%，快于全部工业0.8个百分点；占全省规模以上工业的比重为79.0%，比上年提高1.3个百分点。制造业实现利润623.9亿元，增长55.6%，快于全部工业6个百分点。二是制造业结构调整成效显著。2003年，我省优先发展的电子信息、生物技术及制药、新材料等三大高新技术领域实现产品销售收入1470.4亿元，增长38.0%；利润和利税分别增长69.6%和54%，增速均快于全部工业。其中，新材料工业企业投入大、效益好，完成固定资产投资84.1亿元，增长1.1倍；实现利润48.8亿元，增长92.7%。轻工、纺织服装、化工、机械、建材、冶金等六大传统行业快速发展，实现产品销售收入10620.2亿元，比上年增长39.0%；利润和利税分别增长53.5%、43.0%。三是胶东半岛制造业龙头带动作用突出。2003年，胶东半岛制造业基地实现制造业增加值1499.5亿元，占全省规模以上制造业增加值的比重达40.4%；实现产品销售收入5230.4亿元，占全省制造业的比重为41.3%；实现利润245.9亿元，占全省制造业的39.4%。

5. 半岛城市群总量大，西部地区增幅高。山东半岛城市群全年实现工业增加值3347.2亿元，占全省规模以上工业增加值的71.3%，完成高新技术产业总产值2645.0亿元，占全省总量的87.7%。完成工业品出口交货值1671.8亿元，占全省工业的81.7%。西部地区保持了较高的增长速度。其中莱芜、菏泽、德州、滨州等市增速均在29%以上。

6. 两项资金占用比重下降。截止年末，全省规模以上工业两项资金占用为1938.2亿元，比上年增长18.4%，两项资金占流动资产的比重为33.0%，比上半年和上年同期分别下降1.2个和1.3个百分点。流动资产周转同比加快0.23次。在重点调度的120种主要工业产品中，本期销售量大于生产量的有56种，占46.7%。年末库存量占全年生产量的比重，超过10%的产品只有31种。主要工业产品实现了产销两旺。

二、促进工业经济快速增长的主要因素

我省工业的快速增长主要得益于以下几方面：

1. 经济增长正处于新一轮周期当中的上升期。我国经济发展进入了一个新的增长周期，投资增长迅猛，民营经济加快发展，消费结构保持升级的势头，对外贸易增势强劲，外汇储备大量增加。工业作为国民经济的支柱和发展的重点，加快发展有其必然性。

2. 发展环境进一步优化，企业自主增长能力增强。2003年，我省采取了一系列行之有效的措施，克服了“非典”等不利因素的影响，解放思想，干事创业，加快发展，全省已经形成了大改革、大开放、大发展的热潮。“诚信山东”建设取得新成效，行政效率进一步提高，为企业发展服务的意识明显增强，发展环境不断优化，企业自主增长能力不断增强。当前工业经济的增长，内生性的因素已经居于主导地位。

3. 投资拉动作用增强。投资作为拉动经济增长的主要力量，其投资规模扩大迅猛，累积效应进一步显现。2003年我省城镇规模以上投资完成3584.7亿元，比上年增长53.9%，其中近五成的投资集中在工业领域，完成1744.0亿元，占48.7%。随着投资的增加和开工项目的增多，企业规模扩大，新开工企业明显增多。截止年末，规模以上工业比上年净增资产2631亿元，是前2年增加额的1.2倍；净增企业2702家，是前4年净增企业数的1.3倍。

4. 支柱行业和骨干企业带动作用突出。农副食品加工、化学原料及化学制品制造、纺织、黑色金属冶炼及压延加工、通用设备制造等5个行业增加值总量大、增速高，对全省工业增长的贡献率达39.2%，拉动增长8.9个百分点，成为带动整个工业生产整体加快的主要力量。从企业情况看，全省工业利润前50名企业共实现利润379.9亿元，占规模以上工业利润的41.5%。其中山东铝业股份有限公司、潍坊柴油机厂、山东滨化集团、颐中烟草、大宇重工烟台有限公司、山东宏鲁矿业集团等企业实现利润增长1倍以上。

5. 价格拉动作用明显，部分行业效益大幅提高。2003年，原油价格虽高开低走，但全年仍保持较高增幅，再加上新一轮投资热潮的出现，导致石油加工产品、钢材等原材料的有效需求增加，价格大幅度上涨。2003年，我省工业品出厂价格指数为103.5%，39个大行业中有24个行业工业品出厂价格指数超过100%。价格的上涨为我省工业生产和销售带来了良好的契机，同时也强力拉动了部分行业经济效益的大幅提高。虽然原油产量与上年基本持平，但由于原油价格的上升，石油和天然气开采业利润、利税分别增长41.4%和39.8%，占全省利润、利税的比重分别为1/5和1/7。石油加工及炼焦业利润增长1.3倍，以钢铁冶炼为主的黑色金属冶炼及压延加工业利润增长77.5%，机械类的通用设备制造业利润增长80.5%。

三、面临的主要问题及建议

当前我省工业经济呈现了良好的发展势头，但是也暴露了许多的问题，需要认真对待并加以解决：

1. 高新技术产业的投资总量少、增幅低。目前，我省建设资金投向具有明显的资源化、原材料工业的粗加工化和产业的传统化倾向，用于高新技术产业的投资不仅总量少，而且增幅低。2003年，通信设备、计算机及其他电子设备制造业完成产值占全部工业的4.0%，而电子工业项目的固定资产投资完成额占工业投资额的比重仅为2.3%，不足能源、原材料工业的1/20，同比增长19.9%，增幅比全部工业投资低69.7个百分点。

2. 科技开发投入明显不足。研究开发费用是企业开展科技活动、进行产品开发的基础。我省规模以上工业研究开发费用全年支出48.9亿元，比上年增长23.5%，远远低于产品销售收入的增速。其中非公有制经济、高新技术产业用于研究开发的费用支出，同比增幅分别比产品销售收入低9.6个、14.2个百分点。

3. 工业外向度低，市场开拓任务艰巨。我省规模以上工业出口和销往省外的销售收入同比分别增长28.7%和30.4%，分别低于省内销售收入增幅6.6和4.9个百分点。出口、销往省外、省内销售三者的比重之比为13:27:60。工业品出口和销往省外销售收入比重较低，特别是工业品出口增速不高，工业经济发展的空间亟需拓宽。

4. 区域经济竞争加剧，结构调整难度加大。目前，经济发展出现了区域化、规模化发展的趋势。珠江三角洲、长江三角洲和京津塘地区发展势头强劲，西部大开发成效显现，东北老工业基地发展开始启动，各地加快发展的政策非常优惠，出现了竞相发展的局面。区域竞争加剧，实现跨越式发展的压力增大。同时，我省采掘业比重大，投资比较分散，在一定范围内存在着一些盲目的重复建设，有些行业能力扩张过快；高新技术产业比重小，产业层次相对较低，传统优势产业面临更大的竞争，产业结构的优化升级面临严峻考验。

新的一年，要保持我省工业经济快速发展的良好势头，进一步提高经济运行质量，必须紧紧围绕省委、省政府提出的建设现代制造业强省的目标要求，坚定不移地走新型工业化道路，坚持投资扩大与结构优化并重，把发展高新技术产业和传统产业改造有机结合，加快结构调整的步伐，拉长产业链条，提高工业经济的外向度和产业的聚集程度，打造先进的制造业基地。

1－2 民营“亮点”显成效 发展实现新突破

——2003年全省规模以下工业经济发展状况调查分析

自省委、省政府提出突出抓好“三个亮点”工作以来，我省规模以下工业经济(指年产品销售收入500万元以下的非国有工业企业和全部个体经营工业单位)不仅数量迅速增加，而且规模不断扩大，发展潜力明显增强，已成为全省经济最有活力和成长较快的增长点。

一、2001年以来规模以下工业经济运行特点

根据抽样调查推算，2003年，全省规模以下工业单位数为59.6万个，工业总产值为4512亿元，从业人数达532万人。综合分析，具有如下几

个方面的显著特点。

1. 增长速度明显加快。2001年全省规模以下工业总产值达3809亿元，比上年同期增长6.1%，2002年规模以下工业总产值达4091亿元，比上年同期增长7.4%，增幅比上年同期提高1.3个百分点，2003年全省规模以下工业总产值达4512亿元，比上年同期增长10.3%，增幅比上年同期提高2.9个百分点，规模以下工业增长呈加快的态势。

2. 单位数量迅速扩大。据第二次基本单位普查资料，2001年规模以下工业总体单位数量达51.6万个，其中，企业个数为9.2万个，个体工业户数为42.4万户。两年来，随着经济环境的改善和新增项目的投产，单位数量迅速增加。据2003年抽样调查推算，到2003年底规模以下工业单位数量达59.6万个，比2001年增加8万个，增长15.5%，其中规模以下工业企业为10.8万家，增加1.6万个，增长17.4%；个体工业户为48.8万户，增加6.4万户，增长15.1%。

3. 体制创新成效显著。2001年全省规模以下工业企业中，集体企业占20.1%，私营企业占70.2%，“三资”企业占4.2%，其他类型企业占5.5%；非公有制企业占79.9%。两年来经济结构调整进一步深化，又有部分集体企业从市场退出，企业体制转型趋势更加明显，非公有制工业企业所占比重进一步提高。2003年规模以下工业企业中，集体企业比重降至10.2%，私营企业比重跃升至79.2%，“三资”企业比重为4.7%，其他类型企业占5.9%；非公有制企业占89.8%。

4. 企业经济实力不断增强。2003年，规模以下工业企业户均实收资本87.9万元，比2001年增加21.2万元。实收资本在200万元以上的企业占10.1%，比2001年提高3.5个百分点。全年营业收入在300万元以上的企业占26.5%，比2001年上升12.2个百分点。随着我省规模以下工业经济的发展壮大，近年来由规模以下成长为规模以上工业企业呈加快趋势。2001年全省由774家规模以下工业企业转入规模以上，2002年达到1310家，2003年达到1556家。规模以上工业企业新增企业中40%以上是由规模以下工业企业转入的，成为推动全省规模以上工业经济快速增长的重要因素。说明我省规模以下工业企业在总量扩大的同时，经济实力不断增强。

5. 企业产销基本衔接，盈利水平继续上升。2001年规模以下工业企业产品销售率为87.39%，2002年为94.67%，比上年上升7.28个百分点，2003年规模以下工业企业产品销售率为94.70%，与上年基本持平，产销基本协调。企业盈利水平继续上升，2001年营业利润83亿元，2002年营业利润为98亿元，比上年同期增长18.1%，2003年营业利润为138亿元，比上年同期增长40.8%；2001年企业应交税金为61亿元，2002年为73亿元，比上年同期增长19.7%，2003年企业应交税金为89亿元，比上年同期增长21.9%。调查问卷显示，近70%的企业成长状况较好。

6. 经济效益提高，社会效益显著。随着企业行业布局的调整和规模的扩大，其在市场经济大潮中的竞争力日益增强，整体效益明显提高。企业从业人员人均工资逐年上升，2001年从业人员人均工资为4519元，2002年达到5142元，2003年从业人员人均工资达5987元，比2001年增长32.5%。2001年企业从业人员人均营业收入为6.2万元，2002年为7.3万元，2003年达到7.9万元，比2001年增长26.4%。2001年百元资产产出率122元，2002年为128元，2003年达到134元，比2001年增加12元。在经济效益不断提高的同时，社会效益也进一步提高，吸纳社会劳动力的能力逐渐增强，已经成为增加社会就业的重要渠道。2001年我省规模以下工业从业人数达441万人，到2003年达到532万人，两年净增从业人员91万人，大大缓解了社会就业的压力。同时推进了城镇化进程，增加了农民收入。据统计，2003年我省农民人均纯收入3150.5元，其中工资性收入1095.5元，比2001年增加129.8元，增长13.4%，占农民人均纯收入的34.8%。2003年，农民家庭经营纯收入中工业纯收入人均为104.5元，比2001增长30.4%。

7. 技术创新步伐加快，新兴行业发展迅速。从行业分布看，我省的规模以下工业分布较广，在现行统计的38个工业行业中，除石油和天然气开采业外，规模以下工业涉及到37个行业。传统型行业仍占主体，但随着我省经济结构调整和技术创新步伐的加快，一些新兴行业迅速发展壮大，传统型行业比重下降，新兴行业比重明显上升。与2001年比较，2003年全省规模以下工业的食品加工业、食品制造业、纺织业、服装制造业、家具制造业、木材加工及竹藤棕草制品业、非金属制品业等传统行业比重下降15.5个百分点；一些科技型高附加值的生物医药、电子及通讯、橡胶制品业、塑料制品业等行业的企业所占比重明显上升，比2001年提高10.6个百分点。

二、规模以下工业经济存在的主要问题

近几年我省相继出台了许多优惠政策改善企业发展环境，规模以下工业经济发展的外部环境越来越好。但企业自身经营机制以及外部环境等方面还有许多影响企业进一步发展的因素和问题，主要表现在以下几个方面：

1. 企业融资渠道仍是“瓶颈”。随着社会主义市场经济的发展，中小企业发展越来越受到各级政府和社会各界的关注。近些年来，中央及地方政府先后出台了不少扶植和鼓励政策，有效地促进了规模以下工业经济的发展，但目前中小企业在市场竞争中融资渠道狭窄，资金筹措难度大的问题仍然是企业发展的“瓶颈”。据抽样调查显示，有72.9%的企业资金紧张状况没有改善，其中35.6%的企业认为资金短缺、融资困难是制约企业发展的主要因素。融资难的主要原因是：一是从金融部门看，自从实行商业化改革以后，银行为了降低不良资产所占比率，严格了对贷款项目和贷款对象的审核，提高了“门槛”，使大多数企业的贷款难度加大。二是从企业本身看，融资难主要体现在抵押和担保两难上，主要因为企业的资信低、信用差，这是小企业的薄弱环节。据调查，有39.4%企业认为资信等级不够是贷款难的主要原因之一。43.7%的企业难以获得第三方担保。一方面企业银行贷款难；另一方面小企业直接融资空间极为有限，无法利用股票、债券等市场手段来筹措资金。资金来源主要依靠企业本身资本积累、民间借贷等渠道。个体工业户更是这样，据农户的抽样调查显示，民间借贷仍是农户融资的主体，2003年底，全省农村居民债务余额66%来自民间借贷，这种单一的筹资渠道，难以解决企业资金短缺问题，制约了企业的进一步发展。

2. 企业资信低、信用差。相当一部分规模以下工业企业由于经营管理不规范，造成企业的资信低、信用差，据调查，信用好坏的总体排序依次是国有企业、三资企业、集体企业、私营企业、个体工商户。规模以下工业主要是私营企业和个体工业户，其资信低、信用差的主要表现：一是财务账证不健全，资信等级低。二是企业信用差，出现资不抵债后，逃废债务情况严重。三是法制观念不强。部分企业违法经营，制假售假，以质量低劣的产品坑害消费者。四是偷税、漏税、逃税等问题较为严重，损害了企业的声誉。有些规模以下工业企业存在拖欠、克扣工资的现象。如此种种问题，阻碍了企业的健康快速发展。

3. 竞争优势不强，企业发展持续性差。规模以下工业主要是依靠当地的资源优势形成和发展的，大多工艺水平差，不仅极大浪费了有限资源，而且破坏生态环境。这些企业不仅影响了环境的可持续发展，自身的良性发展也受到威胁，所以单位竞争力弱，生生死死变动快，生存周期短，可持续性差。据第二次基本单位普查，2001年全省规模以下工业企业数量为9.2万家，个体工业户42.4万户。根据抽样调查推算，到2003年底，9.2万家规模以下工业企业只剩下7.4万家，两年减少1.8万家，其中因撤消、停产减少1.3万家，因转产、合并等原因减少3500家。2001－2003年，42.4万个体工业户消亡8万户。

4. 新产品研发投入不足，企业发展后劲乏力。规模以下工业多以劳动密集型的传统行业为主，食品加工、纺织服装业、非金属矿物制品等行业所占比重较大，企业新产品开发意识不强、投入不足、技术力量薄弱，所以大多企业产品科技含量不高，产品更新缓慢。据调查，75.1%的企业技术创新经费占营业收入的比重不足1%，89.6%的企业没有设立科研开发部门，从企业产品定位看，生产大路产品的企业占73.2%。企业生产技术水平仍处在低水平，企业技术设备老化，产品档次低。目前近2/3的企业主要设备等级水平停留在20世纪80年代以前。

三、加快规模以下工业经济发展的几点建议

近年来我省规模以下工业经济所面临的社会经济环境得到了很大改善，应该说，规模以下工业经济迎来了历史上最好的发展机遇。当前应着力解决如下几个主要问题：

1. 完善企业信用担保运营体系，广开融资渠道。当前许多国家和地区建立了中小企业信用担保体系，我省也加快了中小企业信用担保体系建设。据了解，我省已构建起以中小企业为主要服务对象，以商业性担保机构为主体，政策性、互助性担保机构为补充，担保机构和再担保机构配套协作的信用担保体系，给中小企业营造一个宽松的经营环境。从目前总的情况看，尽管我省金融环境得到了一定程度的改善，但仍然难以解决企业的资金需求。一方面我省中小企业金融环境的改善才刚刚起步，很多直接和间接配套的问题都有待解决。另一方面企业本身的整体素质不高，金融机构信贷风险过高。解决融资困难应多方着手，一是金融部门要积极扶持那些市场销路好，有发展潜力的企业，使有限资金都用在“刀刃”上，真正帮助企业发展。二是在国有银行设立专门为中小企业服务的信贷部门，制定和完善适合中小企业特点的贷款政策和管理办法。三是要继续完善商业化的中小企业信用担保运营体系，广泛吸纳民间资金的进入，扩大信用担保资金的规模，提高信用担保资金的使用效率。四是积极建立中小企业发展的专项基金和合作基金，广泛吸收社会闲散资金。

2. 树立信用意识，提高企业资信度。市场经济是信用经济，但是近年来，个别规模以下工业企业的一些欺诈行为和由此引发的抽逃资金、拖欠账款、逃废银行债务、恶意偷税欠税、产品质量低劣等问题，已在一定程度上影响了规模以下工业企业的整体信用形象，成为制约规模以下工业企业发展的突出问题。因此树立良好的信用意识，提高企业信用度是改变规模以下工业企业形象，增强企业品牌意识，缓解企业融资难，创造生产经营良好环境的有效手段。

3. 加大技术创新力度，增强市场竞争能力。在市场经济条件下激烈的竞争环境中，企业必须不断进行技术创新，否则就有被淘汰的危险。有关资料表明，我国来自小企业的技术与产品创新不足10%，而在法国60%左右的技术产品创新由小企业贡献，德国的科研成果中有70%的发明创造和最高工艺来自小企业，意味着创新是小企业发展的国际趋势和长远选择。因此，必须加大企业技术改造力度，促进企业技术进步。我省规模以下工业集中在传统劳动密集型行业，关键是要用现代技术改造传统行业，提高产品质量和档次。第一，要积极推进节能降耗工作，淘汰一批严重浪费资源、污染环境的产品和设备，大力推广技术成熟，应用面广，效益明显的技术。第二，要积极引导企业重视产品创新、工艺创新，要通过加大技改的投入实现对传统技术、传统工艺的改造与提高。

4. 提升企业发展素质，注重可持续协调发展。企业的竞争，最终是人才的竞争。当前规模以下工业企业发展中面临的主要问题是引进和留住人才难。针对这一状况，一是转换用工机制，大胆实施股份制改造，挖掘人才，知人善用，使优秀人才更好的把自身利益与企业利益挂起钩来。二是注重人才的后续教育，为企业人员提供各种培训与深造的机会，加快人才自身知识的更新换代。三是企业经营主也要提高各方面的素质，加强法律知识的学习，不断丰富信息来源，树立市场第一的意识和良好的诚信形象。同时还要增强企业可持续发展意识，一要努力提高环保意识，严格按照环保的有关要求进行生产经营活动。二要顺应企业专业化分工协作的客观潮流，建立起企业间比较稳定的协作关系。只有这样，才能加速企业技术、人才、资金的合理集聚，提升企业发展素质，保证企业持续协调发展。

5. 建立健全中小企业服务体系。中小企业本身很难建立自己的人才培训机构、技术研究和开发机构，也很难拥有信息网络。没有社会化的服务体系，企业健康发展是很难的。各级政府要将建立、完善社会化服务体系作为向中小企业提供帮助的最佳切入点，建立向全社会开放的包括政策信息、技术信息、市场信息在内的企业信息网络和信息发布渠道，提高企业的信息获得能力和信息开发能力。同时提供技术培训服务，如提供专利技术、技术咨询，进行技术交流、技术合作攻关，开展技术人才培训等。

1－3 2003年规模以上工业企业主要经济指标

表1－3－1

甲栏分组	企业单位数		
	2002年	2003年	增长(%)
总　　计	13468	16177	20.11
内资企业	11083	13252	19.57
国有企业	1387	1151	－17.02
中央企业	95	82	－13.68
地方企业	1292	1069	－17.26
集体企业	2477	2136	－13.77
股份合作企业	507	519	2.37
联营企业	80	77	－3.75
国有联营企业	24	30	25.00
集体联营企业	30	22	－26.67
国有与集体联营企业	17	8	－52.94
其他联营企业	9	17	88.89
有限责任公司	2018	2509	24.33
国有独资公司	76	73	－3.95
其他有限责任公司	1942	2436	25.44
股份有限公司	631	700	10.94
私营企业	3953	6129	55.05
私营独资企业	1726	2483	43.86
私营合作企业	263	358	36.12
私营有限责任公司	1748	2992	71.17
私营股份有限公司	216	296	37.04
其他企业	30	31	3.33
港、澳、台商投资企业	722	812	12.47
合资经营企业(港或澳、台资)	533	562	5.44
合作经营企业(港或澳、台资)	47	42	－10.64
港澳台商独资经营企业	133	188	41.35
港澳台商投资股份有限公司	9	20	122.22
外商投资企业	1663	2113	27.06
中外合资经营企业	788	935	18.65
中外合作经营企业	55	63	14.55
外资企业	799	1083	35.54

续表 1

甲栏分组	企业单位数		
	2002 年	2003 年	增长(%)
外商投资股份有限公司	21	32	52.38
独资企业	6522	7041	7.96
国有企业	1387	1151	-17.02
集体企业	2477	2136	-13.77
私营独资企业	1726	2483	43.86
港澳台商独资经营企业	133	188	41.35
外资企业	799	1083	35.54
合作、合伙企业	982	1090	11.00
股份合作企业	507	519	2.37
国有联营企业	24	30	25.00
集体联营企业	30	22	-26.67
国有与集体联营企业	17	8	-52.94
其他联营企业	9	17	88.89
私营合伙企业	263	358	36.12
合作经营企业(港或澳、台资)	47	42	-10.64
中外合作经营企业	55	63	14.55
其他企业(内资)	30	31	3.33
股份有限公司	877	1048	19.50
股份有限公司(内资)	631	700	10.94
私营股份有限公司	216	296	37.04
港澳台商投资股份有限公司	9	20	122.22
外商投资股份有限公司	21	32	52.38
有限责任公司	5087	6998	37.57
国有独资公司	76	73	-3.95
私营有限责任公司	1748	2992	71.17
合资经营企业(港或澳、台资)	533	562	5.44
中外合资经营企业	788	935	18.65
其他有限责任公司	1942	2436	25.44
在总计中:亏损企业	1759	1885	7.16
在总计中:国有控股企业	2082	1961	-5.81
在总计中:农村工业	2325	2278	-2.02
在总计中:轻工业	7203	7843	8.89
重工业	6265	8334	33.02
在总计中:大型企业	999	263	-73.67
中型企业	1496	2312	54.55
小型企业	10973	13602	23.96

注:2003 年大、中、小型企业的划分采用新标准。

2002－2003年规模以上工业企业主要经济指标

表1－3－2　　　　单位:万元

	资产		
	2002年	2003年	增长(%)
总　　计	119048719	144616035	21.48
内资企业	102992487	122228692	18.68
国有企业	27580401	28068618	1.77
中央企业	9879808	9323368	－5.63
地方企业	17700593	18745249	5.90
集体企业	13652937	14540953	6.50
股份合作企业	2221760	2471433	11.24
联营企业	2229787	2230626	0.04
国有联营企业	1822027	2003055	9.94
集体联营企业	112922	158436	40.31
国有与集体联营企业	263735	30735	－88.35
其他联营企业	31104	38401	23.46
有限责任公司	35846984	46418153	29.49
国有独资公司	13872930	15096181	8.82
其他有限责任公司	21974054	31321972	42.54
股份有限公司	15438563	17414342	12.80
私营企业	5940717	10838452	82.44
私营独资企业	1970247	3162493	60.51
私营合作企业	296409	503046	69.71
私营有限责任公司	3241749	6432966	98.44
私营股份有限公司	432312	739946	71.16
其他企业	81337	246116	202.59
港、澳、台商投资企业	4170686	5604023	34.37
合资经营企业(港或澳、台资)	3143974	4054115	28.95
合作经营企业(港或澳、台资)	316244	257490	－18.58
港澳台商独资经营企业	634039	1158066	82.65
港澳台商投资股份有限公司	76429	134353	75.79
外商投资企业	11885546	16783319	41.21
中外合资经营企业	5018685	6978189	39.04
中外合作经营企业	815966	848542	3.99
外资企业	3974780	4954132	24.64
外商投资股份有限公司	2076114	4002457	92.79
独资企业	47812405	51884262	8.52

续表 1

	资产		
	2002 年	2003 年	增长(%)
国有企业	27580401	28068618	1.77
集体企业	13652937	14540953	6.50
私营独资企业	1970247	3162493	60.51
港澳台商独资经营企业	634039	1158066	82.65
外资企业	3974780	4954132	24.64
合作、合伙企业	5961504	6557253	9.99
股份合作企业	2221760	2471433	11.24
国有联营企业	1822027	2003055	9.94
集体联营企业	112922	158436	40.31
国有与集体联营企业	263735	30735	-88.35
其他联营企业	31104	38401	23.46
私营合伙企业	296409	503046	69.71
合作经营企业(港或澳、台资)	316244	257490	-18.58
中外合作经营企业	815966	848542	3.99
其他企业(内资)	81337	246116	202.59
股份有限公司	18023419	22291098	23.68
股份有限公司(内资)	15438563	17414342	12.80
私营股份有限公司	432312	739946	71.16
港澳台商投资股份有限公司	76429	134353	75.79
外商投资股份有限公司	2076114	4002457	92.79
有限责任公司	47251392	63883422	35.20
国有独资公司	13872930	15096181	8.82
私营有限责任公司	3241749	6432966	98.44
合资经营企业(港或澳、台资)	3143974	4054115	28.95
中外合资经营企业	5018685	6978189	39.04
其他有限责任公司	21974054	31321972	42.54
在总计中:亏损企业	13831680	14169781	2.44
在总计中:国有控股企业	66635177	74887872	12.38
在总计中:农村工业	9752665	11240050	15.25
在总计中:轻工业	46379518	52444225	13.08
重工业	72669201	92171810	26.84
在总计中:大型企业	74321457	68941399	-7.24
中型企业	15467878	46486819	200.54
小型企业	29259384	29187817	-0.24

注:2003 年大、中、小型企业的划分采用新标准。

2002－2003年规模以上工业企业主要经济指标

表1－3－3 单位:万元

甲栏分组	全部从业人员年平均人数(人)		
	2002年	2003年	增长(%)
总　　计	5563693	5954189	7.02
内资企业	4781231	5011707	4.82
国有企业	883357	769190	－12.92
中央企业	145636	128460	－11.79
地方企业	737721	640730	－13.15
集体企业	852362	771130	－9.53
股份合作企业	172166	160904	－6.54
联营企业	49599	42920	－13.47
国有联营企业	30697	29668	－3.35
集体联营企业	9190	7763	－15.53
国有与集体联营企业	7946	3262	－58.95
其他联营企业	1766	2227	26.10
有限责任公司	1629613	1706352	4.71
国有独资公司	446505	420380	－5.85
其他有限责任公司	1183108	1285972	8.69
股份有限公司	571322	600557	5.12
私营企业	615735	947029	53.80
私营独资企业	226509	308355	36.13
私营合作企业	37700	51763	37.30
私营有限责任公司	309559	527104	70.28
私营股份有限公司	41967	59807	42.51
其他企业	7077	13625	92.53
港、澳、台商投资企业	221470	250506	13.11
合资经营企业(港或澳、台资)	163430	179509	9.84
合作经营企业(港或澳、台资)	19863	13289	－33.10
港澳台商独资经营企业	33934	48143	41.87
港澳台商投资股份有限公司	4243	9565	125.43
外商投资企业	560992	691976	23.35
中外合资经营企业	216795	261815	20.77
中外合作经营企业	15539	17857	14.92
外资企业	296819	368808	24.25
外商投资股份有限公司	31839	43496	36.61
独资企业	2292981	2265626	－1.19

续表1

甲栏分组	全部从业人员年平均人数(人)		
	2002年	2003年	增长(%)
国有企业	883357	769190	-12.92
集体企业	852362	771130	-9.53
私营独资企业	226509	308355	36.13
港澳台商独资经营企业	33934	48143	41.87
外资企业	296819	368808	24.25
合作、合伙企业	301944	300358	-0.53
股份合作企业	172166	160904	-6.54
国有联营企业	30697	29668	-3.35
集体联营企业	9190	7763	-15.53
国有与集体联营企业	7946	3262	-58.95
其他联营企业	1766	2227	26.10
私营合伙企业	37700	51763	37.30
合作经营企业(港或澳、台资)	19863	13289	-33.10
中外合作经营企业	15539	17857	14.92
其他企业(内资)	7077	13625	92.53
股份有限公司	649371	713425	9.86
股份有限公司(内资)	571322	600557	5.12
私营股份有限公司	41967	59807	42.51
港澳台商投资股份有限公司	4243	9565	125.43
外商投资股份有限公司	31839	43496	36.61
有限责任公司	2319397	2674780	15.32
国有独资公司	446505	420380	-5.85
私营有限责任公司	309559	527104	70.28
合资经营企业(港或澳、台资)	163430	179509	9.84
中外合资经营企业	216795	261815	20.77
其他有限责任公司	1183108	1285972	8.69
在总计中:亏损企业	647791	643919	-0.60
在总计中:国有控股企业	2046430	2012836	-1.64
在总计中:农村工业	768131	747361	-2.70
在总计中:轻工业	2774786	2716364	-2.11
重工业	2788907	3237825	16.10
在总计中:大型企业	2305708	1628326	-29.38
中型企业	947717	2048983	116.20
小型企业	2310268	2276880	-1.45

注:2003年大、中、小型企业的划分采用新标准。

2002－2003年规模以上工业企业主要经济指标

表1－3－4　　单位：%

甲栏分组	产品销售收入		
	2002年	2003年	增长（%）
总　　计	110385253	149322101	35.27
内资企业	94729745	126145985	33.16
国有企业	17815410	19793599	11.10
中央企业	6787791	7519489	10.78
地方企业	11027619	12274111	11.30
集体企业	20575616	22380103	8.77
股份合作企业	3123346	3282829	5.11
联营企业	1568802	2107267	34.32
国有联营企业	1231155	1796783	45.94
集体联营企业	169735	206659	21.75
国有与集体联营企业	147396	56082	－61.95
其他联营企业	20516	47744	132.72
有限责任公司	28065407	40885650	45.68
国有独资公司	9138824	10157256	11.14
其他有限责任公司	18926583	30728394	62.36
股份有限公司	13310309	17474048	31.28
私营企业	10054325	19744477	96.38
私营独资企业	3986132	70337132	76.46
私营合作企业	604089	1088542	80.20
私营有限责任公司	4782003	10308604	115.57
私营股份有限公司	682101	1313599	92.58
其他企业	216531	478013	120.76
港、澳、台商投资企业	3887922	5329800	37.09
合资经营企业（港或澳、台资）	3064177	3892403	27.03
合作经营企业（港或澳、台资）	225083	206858	－8.10
港澳台商独资经营企业	515315	1089971	111.52
港澳台商投资股份有限公司	83348	140568	68.65
外商投资企业	11767586	17846316	51.66
中外合资经营企业	5562926	8572731	54.10
中外合作经营企业	354588	532067	50.05
外资企业	4920028	6611883	34.39
外商投资股份有限公司	930045	21296135	128.98
独资企业	47812499	56909288	19.03

续表 1

甲栏分组	产品销售收入		
	2002 年	2003 年	增长(%)
国有企业	17815410	19793599	11.10
集体企业	20575616	22380103	8.77
私营独资企业	3986132	7033732	76.46
港澳台商独资经营企业	515315	1089971	111.52
外资企业	4920028	6611883	34.39
合作、合伙企业	6092439	7695577	26.31
股份合作企业	3123346	3282829	5.11
国有联营企业	1231155	1796783	45.94
集体联营企业	169735	206659	21.75
国有与集体联营企业	147396	56082	-61.95
其他联营企业	20516	47744	132.72
私营合伙企业	604089	1088542	80.20
合作经营企业(港或澳、台资)	225083	206858	-8.10
中外合作经营企业	354588	532067	50.05
其他企业(内资)	216531	478013	120.76
股份有限公司	15005803	21057850	40.33
股份有限公司(内资)	13310309	17474048	31.28
私营股份有限公司	682101	1313599	92.58
港澳台商投资股份有限公司	83348	140568	68.65
外商投资股份有限公司	930045	2129635	128.98
有限责任公司	41474513	63659388	53.49
国有独资公司	9138824	10157256	11.14
私营有限责任公司	4782003	10308604	115.57
合资经营企业(港或澳、台资)	3064177	3892403	27.03
中外合资经营企业	5562926	8572731	54.10
其他有限责任公司	18926583	30728394	62.36
在总计中:亏损企业	7471408	9551018	27.83
在总计中:国有控股企业	44943840	56629328	26.00
在总计中:农村工业	17009420	19317064	13.57
在总计中:轻工业	47766470	59115073	23.76
重工业	62618783	90207028	44.06
在总计中:大型企业	56843267	58295081	2.55
中型企业	13631519	46384792	240.28
小型企业	39910467	44642228	11.86

注:2003 年大、中、小型企业的划分采用新标准。

1－4　2003年主要工业产品产量

表1－4

名　　称	单位	2002年生产量	2003年生产量
原煤	吨	130659705	146672747
洗煤	吨	33520336	38560411
天然原油	吨	26715118	26655061
铁矿石原矿量	吨	8816470	9934863.54
原盐	吨	7277060	8338586.48
食用植物油	吨	1813034	2214478.5
方便主食品	吨	498258	580806.61
乳制品	吨	142723	221613.4
白酒	吨	650701	570974.26
啤酒	吨	3103531	3217027.32
葡萄酒	吨	124701	131229.53
软饮料	吨	669839	1086242.4
液体乳	吨	206228	309761.6
卷烟	箱	2139983	2351926.4
纱	吨	1422580	1868168.85
布	万米	395427	459788.24
棉布	万米	206810	263124.59
纯化纤布	万米	85391	102091.27
呢绒	万米	2263	2559
丝	吨	7345	7563.81
丝织品	万米	3286	4105.21
服装	万件	92245	105484
人造板	立方米	1928636	2637252
机制纸	吨	4287818	5926413
新闻纸	吨	165840	204672.16
胶印书刊纸	吨	197912	263370.26
机制纸板	吨	2371463	2394710
纸制品	吨	452973	562035.34
本册	万本	5432	10778.84
原油加工量	吨	21271405	24229740.7
汽油	吨	2916507	3617633
柴油	吨	6091250	6697788.95
燃料油	吨	3387342	4210788
焦炭	吨	3697289	5433267
硫酸(折100%)	吨	3350630	3535673.4

续表 1

名　　称	单位	2002 年生产量	2003 年生产量
氢氧化钠(烧碱)(折 100%)	吨	1321850	1653585.22
碳酸钠(纯碱)	吨	1708201	1830167
合成氨	吨	4394424	4913918.61
农用氮、磷、钾化学肥料(折纯)	吨	4561414	4564675.53
氮肥(折含 N 100%)	吨	3483579	3766182.75
磷肥(折合 P205 100%)	吨	676890	798492.78
钾肥	吨	400944	0
化学农药	吨	77071	29149.29
乙烯	吨	522718	463482
纯苯	吨	182355	53017
精甲醇	吨	153226	58152
油漆	吨	148092	182148.31
建筑涂料	吨	4236	6707
染料	吨	29022	46930
塑料树脂及共聚物	吨	1081281	1225163.28
合成橡胶	吨	170108	194079
合成纤维单体	吨	125326	128604.61
合成纤维聚合物	吨	93890	204313.07
合成洗涤剂	吨	263292	257463
化学原料药	吨	104473	125029.69
中成药	吨	14222	16902.53
轮胎外胎	条	56498368	66856037
塑料制品	吨	844821	1018154.44
塑料薄膜	吨	219458	264374.25
农用薄膜	吨	152205	177754.9
水泥	万吨	8238	9777
平板玻璃	重量箱	19243770	21770200.8
耐火材料制品	吨	641659	809364.42
玻璃纤维纱	吨	94566	153179.18
生铁	吨	9603984	13276977
钢	吨	10006519	14154144
成品钢材	吨	10183238	14344645.4
普通大型钢材	吨	226754	238819
普通中型钢材	吨	930857	1263657
普通小型钢材	吨	2711870	3852680
优质型钢材	吨	898467	1070620
特厚钢板	吨	58448	105161
中厚钢板	吨	1767543	2275202
无缝钢管	吨	489234	1542974
焊接钢管	吨	241569	607913

续表 2

名　　　称	单位	2002 年生产量	2003 年生产量
氧化铝	吨	849626	930404
铜加工材	吨	77038	93242.17
铝材	吨	125829	238942.8
日用不锈钢制品	吨	1745	3213.47
工业锅炉	蒸发量吨	14507	18136.38
内燃机	万千瓦	2106	2866.54
金属切削机床	台	37737	45791
高精度机床	台	48	49
数控机床	台	2157	3465
大型机床	台	143	173
塑料加工设备	吨	24931	16079.5
大中型拖拉机	台	8467	14316
小型拖拉机	台	782839	754206
大气污染防治设备	吨	896	1695.8
汽车	辆	108226	140478
载货汽车	辆	100997	36840
摩托车	辆	694214	870282
民用钢质船舶	综合吨	358824	563080
民用钢质船舶	进度完工量	345173	559482
发电设备	千瓦	2145696	3761394
交流电动机	千瓦	9917651	12500445.4
家用洗衣机	台	3586396	4009181
家用电冰箱	台	4205534	4989996
冷冻箱	台	2134669	2342148
房间空气调节器	台	3587330	4603307
排油烟机	台	27532	51167
光通信设备	部	488	502
程控交换机	线	2789237	2212497
数字程控交换机	线	2789237	2212497
移动电话机	部	3121153	5821270
电子计算机	部	26489	50861
微型电子计算机	部	436312	485503
打印机	部	787915	1072468
半导体分立器件	万只	265837	404268.64
半导体集成电路	万块	119	44.66
彩色电视机	部	4500900	5532873
发电量	万千瓦小时	12500407	13969700.00

1－5 2003年规模以上大中型工业企业名录

表1－5

法人单位名称	行政区划代码(省地县码)	企业规模含义	登记注册类型	登记注册类型含义	隶属关系	隶属关系含义
莱阳市电业公司	370682	中型	110	国有	50	县
济南新远摩托车配件有限公司	370181	中型	310	中外合资经营	90	其他
山东西水橡胶集团有限公司	370523	大型	130	股份合作	90	其他
滕州市金达煤炭有限责任公司	370481	中型	159	其他有限责任公司	50	县
山东淄博山川医用器材有限公司	370302	中型	130	股份合作	90	其他
山东环球渔具股份有限公司	371001	中型	160	股份有限公司	40	地区
山东北方现代化学有限公司(山东化工厂)	370105	中型	151	国有独资公司	10	中央
山东新华印刷厂	370103	中型	110	国有	20	省
山东鑫亚工业股份有限公司	371502	中型	160	股份有限公司	40	地区
山东机械设备进出口集团益都阀门有限公司	370781	中型	159	其他有限责任公司	90	其他
山东水利工程机械总厂	370112	中型	110	国有	90	其他
山东重骑摩托车(集团)厂	370103	中型	110	国有	40	地区
高青流云纺织有限公司	370322	中型	159	其他有限责任公司	50	县
山东省地质探矿机械厂	370102	中型	110	国有	10	中央
山东对外经济贸易食品厂	370214	中型	110	国有	20	省
青岛双星集团鲁中公司	370323	中型	110	国有	50	县
齐鲁制药厂	370112	大型	110	国有	20	省
山东黄台火力发电厂	370112	大型	110	国有	10	中央
山东天鹅棉业机械股份有限公司	370105	中型	160	股份有限公司	20	省
山东工艺进出口集团发制品厂	370214	中型	110	国有	90	其他
山东沂源鲁山水泥股份有限公司	370323	中型	130	股份合作	50	县
山东省沂源制革总厂	370323	中型	130	股份合作	50	县
浪潮集团有限公司	370102	大型	159	其他有限责任公司	20	省
山东电力设备厂	370103	中型	110	国有	10	中央
山东电力集团公司	370101	大型	110	国有	10	中央
山东省黄金集团有限公司三山岛金矿	370683	中型	110	国有	20	省
山东北方光学电子有限公司	370902	中型	110	国有	10	中央
德州公路机械厂	371401	中型	110	国有	20	省
一汽山东汽车改装厂	370684	中型	141	国有联营	90	其他
山东聊城客车工业集团有限责任公司	371502	中型	151	国有独资公司	20	省
山东黑豹股份有限公司	371081	中型	160	股份有限公司	50	县
烟台新潮实业股份有限公司	370612	中型	160	股份有限公司	72	村委会
济南柴油机股份公司	370102	大型	160	股份有限公司	10	中央
山东侨牌集团有限责任公司	370322	中型	159	其他有限责任公司	50	县
山东泰山稀土有限公司	370982	中型	159	其他有限责任公司	90	其他
山东昌华食品集团有限公司	371102	中型	173	私营有限责任公司	90	其他
华夏集团有限公司	371004	大型	173	私营有限责任公司	40	地区
济南长城炼油厂	370103	中型	110	国有	40	地区
济南市明湖热电厂	370105	中型	110	国有	40	地区
济南文建印刷厂(7213工厂)	370104	中型	110	国有	10	中央
济南市冶金科学研究所	370103	中型	130	股份合作	40	地区
济南啤酒集团总公司	370105	大型	110	国有	40	地区
济南市煤气公司	370102	中型	110	国有	40	地区
济南锅炉集团有限公司	370105	大型	151	国有独资公司	40	地区

续表 1

法人单位名称	行政区划代码(省地县码)	企业规模含义	登记注册类型	登记注册类型含义	隶属关系	隶属关系含义
济南汽车配件厂	370104	中型	110	国有	10	中央
济南东风制药厂有限公司	370104	中型	159	其他有限责任公司	40	地区
济南石化集团股份有限公司	370112	中型	160	股份有限公司	40	地区
中国石化济南炼油厂	370102	中型	110	国有	10	中央
济南新华印刷厂	370102	中型	130	股份合作	40	地区
中国北车集团济南机车车辆厂	370104	大型	110	国有	10	中央
中国人民解放军 3520 厂	370104	中型	110	国有	10	中央
六四五五厂	370103	中型	110	国有	10	中央
济南钢铁集团总公司生产服务公司	370112	中型	120	集体	40	地区
济南钢铁集团总公司	370112	大型	141	国有联营	20	省
山东塑料试验厂	370112	中型	120	集体	40	地区
济南一机床集团有限公司	370103	大型	159	其他有限责任公司	40	地区
济南金钟电子衡器股份有限公司	370103	中型	160	股份有限公司	40	地区
济南双利达集团有限公司	370105	中型	159	其他有限责任公司	40	地区
济南市南郊热电厂	370103	中型	110	国有	40	地区
济南市北郊热电厂	370105	中型	110	国有	40	地区
济南方信集团有限公司	370103	中型	159	其他有限责任公司	40	地区
济南裘革制品总厂	370105	中型	120	集体	40	地区
山东吉美乐有限公司	370102	中型	159	其他有限责任公司	40	地区
中国人民解放军第七四二三工厂(液压泵)	370103	中型	110	国有	10	中央
济南华能气动元器件公司	370112	中型	141	国有联营	40	地区
济南元首针织股份有限公司	370105	中型	160	股份有限公司	40	地区
济南市自来水公司	370103	中型	110	国有	40	地区
济南光明机器有限公司	370104	中型	173	私营有限责任公司	90	其他
济南铁路局电务工厂	370102	中型	110	国有	10	中央
山东华艺美术有限公司	370102	中型	173	私营有限责任公司	90	其他
济南黄台煤气炉有限公司	370102	中型	173	私营有限责任公司	90	其他
济南华达企业集团总公司	370102	中型	120	集体	62	镇
济南国茂集团总公司	370104	中型	120	集体	62	镇
济南美里湖旅游经济开发区实业总公司	370104	中型	120	集体	61	街道
济南古城实业总公司	370104	中型	120	集体	63	乡
北园集团公司	370105	大型	120	集体	63	乡
济南市历城区供电局	370112	中型	110	国有	50	县
济南市镁碳砖厂	370112	中型	310	中外合资经营	62	镇
中国重型汽车集团济南车厢厂	370103	中型	130	股份合作	90	其他
济南兴财实业有限公司	370112	中型	159	其他有限责任公司	63	乡
章丘市双虎水泥厂	370181	中型	120	集体	63	乡
章丘市炊具机械总厂	370181	中型	120	集体	72	村委会
济南市锻造厂	370181	中型	120	集体	72	村委会
章丘市东风煤炭集团总公司	370181	中型	110	国有	50	县
山东省鲁宏塑窗机械集团总公司	370181	中型	120	集体	50	县
明水化肥厂	370181	中型	110	国有	40	地区
山东明水汽车配件厂	370181	中型	110	国有	20	省
章丘市鲁明化工有限公司	370181	中型	159	其他有限责任公司	50	县
章丘市电业局	370181	中型	110	国有	50	县
山东省汇丰机械集团总公司	370181	中型	120	集体	50	县
章丘日月化工有限公司	370181	中型	159	其他有限责任公司	50	县

续表2

法人单位名称	行政区划代码(省地县码)	企业规模含义	登记注册类型	登记注册类型含义	隶属关系	隶属关系含义
明水热电厂	370181	中型	110	国有	50	县
山东交通水泥厂	370181	中型	110	国有	20	省
济南普天通信设备厂	370181	中型	110	国有	10	中央
章丘市金属颜料厂	370181	中型	171	私营独资	90	其他
章丘市琅沟热电厂	370181	中型	110	国有	50	县
济南双凤水泥厂	370181	中型	120	集体	63	乡
章丘市汇丰铸造厂	370181	中型	120	集体	72	村委会
济南圣泉集团股份有限公司	370181	中型	160	股份有限公司	63	乡
济南兴隆水泥厂	370181	中型	120	集体	63	乡
章丘海尔电机有限公司	370181	中型	159	其他有限责任公司	50	县
山东省长清县化肥厂	370113	中型	110	国有	50	县
长清县供电局	370113	中型	110	国有	50	县
山东水龙王集团有限公司	370113	中型	120	集体	63	乡
平阴浩大水泥有限责任公司	370124	中型	173	私营有限责任公司	90	其他
山东平阴丰源炭素有限公司	370124	中型	173	私营有限责任公司	90	其他
济南第七棉纺织厂	370124	中型	110	国有	40	地区
山东平阴铝厂	370124	中型	110	国有	20	省
平阴铝厂炭素厂	370124	中型	120	集体	62	镇
济南市琦泉热电有限责任公司	370124	中型	173	私营有限责任公司	90	其他
山东福胶集团有限公司	370124	中型	159	其他有限责任公司	40	地区
齐鲁制药厂平阴分厂	370124	中型	110	国有	50	县
济南华玫矿业有限责任公司	370124	中型	159	其他有限责任公司	50	县
济南黄河特钢有限责任公司	370124	中型	159	其他有限责任公司	50	县
山东聊城鲁平化工股份有限公司	370124	中型	160	股份有限公司	50	县
国营青岛造纸厂	370205	中型	110	国有	40	地区
国营青岛晶华玻璃厂	370205	中型	159	其他有限责任公司	40	地区
青岛纺联集团五棉有限公司	370205	中型	159	其他有限责任公司	40	地区
青岛一木集团公司	370205	中型	120	集体	40	地区
青岛电站阀门有限公司	370213	中型	159	其他有限责任公司	40	地区
青岛公平衡器总公司	370203	中型	130	股份合作	40	地区
青岛工艺美术集团公司	370205	中型	120	集体	40	地区
青岛孚德鞋业有限公司	370202	中型	159	其他有限责任公司	40	地区
青岛塑料总厂	370205	中型	110	国有	40	地区
青岛宏达塑胶总公司	370205	中型	120	集体	40	地区
国营青岛造船厂	370202	中型	110	国有	40	地区
青岛汽车零部件厂	370203	中型	110	国有	40	地区
青岛华金集团股份有限公司	370203	中型	160	股份有限公司	40	地区
中国第一汽车集团青岛汽车厂（青岛汽车制造厂）	370213	大型	110	国有	10	中央
青岛纺联集团八棉有限公司	370213	中型	159	其他有限责任公司	40	地区
青岛市酿造总公司	370203	中型	110	国有	40	地区
青岛国风集团黄海制药有限责任公司	370212	中型	159	其他有限责任公司	40	地区
青岛瑞普电器有限责任公司	370205	中型	151	国有独资公司	40	地区

续表3

法人单位名称	行政区划代码(省地县码)	企业规模含义	登记注册类型	登记注册类型含义	隶属关系	隶属关系含义
青岛纺联集团一棉有限公司	370205	中型	159	其他有限责任公司	40	地区
青岛海晶化工集团有限公司	370205	大型	151	国有独资公司	40	地区
青岛双桃精细化工(集团)有限公司	370205	中型	159	其他有限责任公司	40	地区
青岛纺联集团六棉有限公司	370213	大型	159	其他有限责任公司	40	地区
青岛海洋化工有限公司	370213	中型	151	国有独资公司	40	地区
青岛元鼎非金属制品有限责任公司	370203	中型	159	其他有限责任公司	40	地区
青岛捷能电工电子集团有限责任公司	370205	大型	151	国有独资公司	40	地区
青岛纺织机械厂	370205	中型	110	国有	10	中央
青岛橡六集团有限公司	370203	大型	151	国有独资公司	40	地区
青岛电度表厂	370203	中型	130	股份合作	40	地区
青岛金羽木业有限公司	370203	中型	159	其他有限责任公司	40	地区
青岛前哨精密机械公司	370205	中型	110	国有	10	中央
青岛四机工业有限公司	370205	中型	159	其他有限责任公司	90	其他
重汽车集团专用汽车公司	370205	中型	110	国有	10	中央
青岛铸造机械集团公司	370203	中型	110	国有	40	地区
双星集团有限责任公司	370202	大型	151	国有独资公司	40	地区
四方机车车辆有限责任公司	370205	大型	110	国有	10	中央
青岛东岳泡花碱有限公司	370203	中型	159	其他有限责任公司	40	地区
青岛石油化工厂	370213	大型	110	国有	10	中央
青岛泰能燃气集团有限任公司	370202	大型	151	国有独资公司	40	地区
海信集团有限公司	370202	大型	151	国有独资公司	40	地区
青岛发电厂	370205	中型	110	国有	10	中央
青岛市海润自来水集团有限公司	370202	大型	151	国有独资公司	40	地区
青岛黄海橡胶集团有限责任公司	370212	大型	151	国有独资公司	40	地区
山东省青岛生建机械厂	370213	中型	110	国有	40	地区
青岛琴牌乳液有限公司	370203	中型	159	其他有限责任公司	40	地区
青岛汽车散热器有限公司	370203	中型	159	其他有限责任公司	40	地区
青岛金华加工厂	370211	中型	110	国有	90	其他
青岛热电集团有限公司	370203	大型	151	国有独资公司	40	地区
海尔集团公司	370212	大型	120	集体	40	地区
青岛经济技术开发区热电燃气总公司	370211	中型	110	国有	50	县
青岛经济技术开发区供排水总公司	370211	中型	110	国有	50	县
青岛澳柯玛集团总公司	370211	大型	120	集体	40	地区
青岛华欧集团有限责任公司	370211	中型	159	其他有限责任公司	40	地区
青岛开源集团有限公司	370202	中型	159	其他有限责任公司	40	地区
青岛市李沧区造纸厂	370213	中型	120	集体	72	村委会
青岛电子元件六厂	370211	中型	120	集体	50	县
山东黄岛发电厂	370211	大型	110	国有	10	中央
青岛安利橡胶有限公司	370211	中型	159	其他有限责任公司	62	镇
青岛金晶股份有限公司	370211	中型	160	股份有限公司	50	县
青岛万年集团有限公司	370212	中型	130	股份合作	90	其他
青岛崂发包装制品集团有限公司	370212	中型	174	私营有限股份公司	90	其他
青岛崂山玻璃有限公司	370212	中型	159	其他有限责任公司	61	街道

续表4

法人单位名称	行政区划代码(省地县码)	企业规模含义	登记注册类型	登记注册类型含义	隶属关系	隶属关系含义
青岛鲁碧水泥制造有限公司	370213	中型	159	其他有限责任公司	90	其他
青岛城阳区冰柜配件有限公司	370214	中型	173	私营有限责任公司	90	其他
青岛四机宏达工贸有限公司	370214	中型	159	其他有限责任公司	90	其他
青岛喜盈门集团公司	370214	大型	120	集体	61	街道
青岛正进集团进出口有限公司	370214	大型	173	私营有限责任公司	90	其他
青岛崂塑建材集团公司	370212	中型	159	其他有限责任公司	61	街道
青岛海化化工有限责任公司	370212	中型	159	其他有限责任公司	61	街道
即墨市五金工业公司	370282	中型	120	集体	50	县
即墨市海隆机械有限公司	370282	中型	160	股份有限公司	50	县
青岛黄海轮胎厂	370282	中型	171	私营独资	90	其他
青岛锚链股份有限公司	370282	中型	160	股份有限公司	50	县
即墨市热电厂	370282	中型	110	国有	50	县
青岛大象集团有限公司	370282	中型	130	股份合作	90	其他
即墨市电业公司	370282	中型	110	国有	40	地区
胶南市供电公司	370284	中型	110	国有	50	县
青岛天一集团有限公司	370284	中型	159	其他有限责任公司	50	县
青岛晶体元件厂	370284	中型	110	国有	50	县
青岛恒源化工有限公司	370284	大型	130	股份合作	50	县
胶南易通热电有限责任公司	370284	中型	159	其他有限责任公司	50	县
胶南市海龙福利板纸有限公司	370284	中型	159	其他有限责任公司	62	镇
青岛泰发集团股份有限公司	370284	大型	160	股份有限公司	62	镇
青岛万德集团股份有限公司	370284	中型	160	股份有限公司	50	县
青岛环球机械股份有限公司	370284	中型	160	股份有限公司	50	县
青岛华海环保工业有限公司	370284	中型	159	其他有限责任公司	50	县
青岛亚东橡机集团有限公司	370284	中型	173	私营有限责任公司	90	其他
青岛现代人热力发展有限公司	370285	中型	160	股份有限公司	50	县
青岛热电集团金莱热电有限公司	370285	中型	159	其他有限责任公司	50	县
莱西市电力工业公司	370285	中型	110	国有	50	县
青岛东方化工集团股份有限公司	370285	中型	160	股份有限公司	50	县
青岛蓝宝石酒业股份有限公司	370285	中型	160	股份有限公司	50	县
青岛九联集团股份有限公司	370285	大型	160	股份有限公司	72	村委会
中国轻骑集团青岛鸿达厂	370283	中型	110	国有	50	县
青岛兴平热电有限公司	370283	中型	159	其他有限责任公司	50	县
平度市电业公司	370283	中型	110	国有	50	县
山东天象集团公司	370283	中型	120	集体	62	镇
青岛宏泰铜业有限公司	370283	中型	173	私营有限责任公司	90	其他
平度市鑫汇黄金矿业有限责任公司	370283	中型	159	其他有限责任公司	20	省
青岛大有纺织有限责任公司	370283	中型	159	其他有限责任公司	50	县
山东玻璃总公司	370304	大型	110	国有	40	地区
山东淄博交通车轮厂	370303	中型	110	国有	20	省
山东凤阳集团股份有限公司	370306	中型	160	股份有限公司	40	地区
山东淄博华光陶瓷股份有限公司	370303	大型	160	股份有限公司	40	地区
山东新华医疗器械集团	370303	大型	110	国有	40	地区

续表 5

法人单位名称	行政区划代码(省地县码)	企业规模含义	登记注册类型	登记注册类型含义	隶属关系	隶属关系含义
山东淄川制药厂	370302	中型	120	集体	40	地区
山东东大化学工业(集团)公司	370303	大型	110	国有	40	地区
淄博真空设备厂有限公司	370304	中型	173	私营有限责任公司	90	其他
山东齐赛纺织有限责任公司	370303	中型	159	其他有限责任公司	50	县
山东青龙山水泥股份有限公司	370303	中型	160	股份有限公司	40	地区
淄博柴油机厂	370303	中型	110	国有	10	中央
博山区电机厂集团股份有限公司	370304	中型	160	股份有限公司	50	县
山东天力丝绸有限公司	370306	中型	159	其他有限责任公司	20	省
山东红卫电机股份有限公司	370303	中型	160	股份有限公司	40	地区
淄博热电股份有限公司	370303	中型	160	股份有限公司	40	地区
山东汽车弹簧厂	370303	中型	110	国有	20	省
山东省茂华硅有限公司(湖田生建水泥)	370303	中型	110	国有	20	省
山东大成农药股份有限公司	370303	大型	160	股份有限公司	40	地区
淄博生建机械厂	370302	中型	110	国有	20	省
淄博面粉厂	370303	中型	110	国有	40	地区
山东机器厂	370304	中型	151	国有独资公司	10	中央
山东崇正重型机械有限公司	370304	中型	159	其他有限责任公司	40	地区
淄博齐鲁焊业有限公司	370306	中型	159	其他有限责任公司	50	县
淄博市自来水公司	370303	中型	110	国有	40	地区
山东福山陶瓷厂	370304	中型	110	国有	50	县
山东博山制药有限公司山东博山制药厂	370304	中型	120	集体	40	地区
山东汽车齿轮总厂	370303	中型	110	国有	20	省
淄博铝厂有限公司	370303	中型	110	国有	50	县
山东金岭铁矿	370303	大型	110	国有	20	省
山东省生建八三炭素厂	370306	中型	110	国有	20	省
山东三金玻璃机械集团有限公司	370306	中型	159	其他有限责任公司	20	省
淄博热力有限公司	370303	中型	151	国有独资公司	40	地区
淄博矿业集团	370302	大型	110	国有	20	省
中国石化集团齐鲁石油化工公司	370305	大型	110	国有	10	中央
淄博市沣水煤矿	370303	中型	110	国有	50	县
淄博市煤气公司	370303	中型	110	国有	40	地区
中国华能集团公司辛店电厂	370305	中型	110	国有	10	中央
山东铝业公司	370303	大型	110	国有	10	中央
张店钢铁总厂	370303	大型	110	国有	20	省
山东冶金机械厂	370303	中型	110	国有	20	省
兰雁集团股份有限公司	370306	大型	160	股份有限公司	40	地区
淄博市焦化煤汽公司	370303	中型	110	国有	40	地区
淄博蓄电池厂(国营第四八一厂)	370303	中型	110	国有	10	中央
齐鲁石化多种经营管理处	370305	大型	120	集体	50	县
中国华能集团公司白杨河电厂	370304	中型	110	国有	10	中央
淄博钴业股份有限公司	370304	中型	160	股份有限公司	50	县
淄博牵引电机集团股份有限公司	370303	中型	160	股份有限公司	40	地区
山东淄博华辰集团总公司	370302	中型	120	集体	40	地区

续表6

法人单位名称	行政区划代码(省地县码)	企业规模含义	登记注册类型	登记注册类型含义	隶属关系	隶属关系含义
四砂股份有限公司	370303	中型	160	股份有限公司	40	地区
淄博海信电子有限公司	370303	中型	159	其他有限责任公司	50	县
淄博市王庄煤矿	370305	中型	110	国有	50	县
淄博合力化工有限公司	370303	中型	151	国有独资公司	40	地区
山东淄博春晖集团有限公司	370306	中型	174	私营有限股份公司	90	其他
山东新华医药集团股份有限公司	370303	大型	151	国有独资公司	20	省
淄博竹林集团有限公司	370304	中型	120	集体	72	村委会
胜利油田淄博制管有限公司	370303	中型	151	国有独资公司	10	中央
淄博星团纺织有限公司	370305	中型	159	其他有限责任公司	50	县
淄博汽车制造厂	370302	中型	141	国有联营	20	省
万杰集团公司	370304	大型	159	其他有限责任公司	90	其他
淄博弘扬石油设备有限公司	370302	中型	130	股份合作	50	县
淄博鲁中水泥厂	370302	中型	120	集体	72	村委会
山东金源线缆集团股份有限公司	370302	中型	160	股份有限公司	62	镇
淄博华源集团总公司	370302	中型	120	集体	62	镇
山东淄博绒线厂	370302	中型	130	股份合作	90	其他
山东省淄博市淄川水泥厂	370302	中型	120	集体	72	村委会
山东淄博龙泉电厂	370302	中型	120	集体	62	镇
矿务局劳动服务总公司	370302	中型	120	集体	20	省
山东宇星工贸公司	370302	中型	130	股份合作	90	其他
淄博金成实业股份有限公司	370302	中型	160	股份有限公司	62	镇
山东张店湖岭水泥公司	370303	中型	120	集体	62	镇
山东电波集团	370303	中型	120	集体	50	县
淄博泰光电力器材厂	370303	中型	120	集体	72	村委会
淄博市张店金龙建陶厂	370303	中型	120	集体	72	村委会
淄博市张店区沣水镇煤炭公司	370303	中型	120	集体	62	镇
淄博星辰建筑陶瓷公司	370303	中型	120	集体	72	村委会
淄博亿达社会福利陶瓷厂	370303	中型	120	集体	72	村委会
淄博东岳实业总公司建材厂	370303	中型	120	集体	72	村委会
淄博鲁辰建陶厂	370303	中型	120	集体	72	村委会
淄博兴岳建陶厂	370303	中型	120	集体	72	村委会
山东富博集团公司	370303	中型	120	集体	72	村委会
淄博市张店区付山筹管厂	370303	中型	120	集体	72	村委会
淄博华美建材厂	370303	中型	120	集体	72	村委会
淄博鲁中建材厂	370303	中型	120	集体	72	村委会
淄博市第二水泥厂	370303	中型	120	集体	72	村委会
淄博市化工设备厂	370303	中型	120	集体	62	镇
淄博工业搪瓷厂	370303	中型	120	集体	62	镇
淄博昌国特种水泥股份有限公司	370303	中型	160	股份有限公司	62	镇
淄博涤纶厂	370304	中型	130	股份合作	90	其他
淄博黑山玻璃有限公司	370304	中型	173	私营有限责任公司	90	其他
博山社会福利颜料化工厂福颜化工有限公司	370304	中型	120	集体	63	乡
淄博高强度螺栓厂博山防腐电泵厂	370304	中型	120	集体	63	乡

续表 7

法人单位名称	行政区划代码(省地县码)	企业规模含义	登记注册类型	登记注册类型含义	隶属关系	隶属关系含义
大乔实业总公司耐火材料厂	370304	中型	120	集体	72	村委会
山东齐鲁增塑剂股份有限公司	370305	中型	160	股份有限公司	50	县
山东天辰股份有限公司	370305	中型	142	集体联营	62	镇
淄博市临淄区化工厂	370305	中型	120	集体	50	县
山东齐丰工贸集团股份有限公司	370305	中型	160	股份有限公司	50	县
山东临淄制药厂	370305	中型	120	集体	50	县
淄博市临淄有机化工股份有限公司	370305	中型	160	股份有限公司	62	镇
淄博市临淄社会福利医药玻璃厂	370305	中型	120	集体	62	镇
淄博市临淄板纸厂	370305	中型	171	私营独资	62	镇
淄博顺达企业集团总公司	370305	中型	120	集体	72	村委会
山东齐峰化轻集团公司	370305	中型	130	股份合作	90	其他
齐鲁塑编(集团)股份有限公司	370305	中型	160	股份有限公司	50	县
山东美陵化工设备股份有限公司	370305	中型	160	股份有限公司	62	镇
淄博市临淄有色金属冶炼厂	370305	中型	159	其他有限责任公司	50	县
山东曙光集团公司	370305	中型	120	集体	71	居委会
淄博市临淄永流化工股份有限公司	370305	中型	171	私营独资	62	镇
山东赫达股份有限公司	370306	中型	160	股份有限公司	90	其他
淄博三元集团有限公司	370306	中型	160	股份有限公司	90	其他
山东鲁宝冶金股份有限公司	370306	中型	160	股份有限公司	61	街道
山东海天轻纺股份有限公司	370306	中型	160	股份有限公司	90	其他
淄博鑫耐达耐火材料股份有限公司	370306	中型	160	股份有限公司	90	其他
淄博桓台玛钢股份有限公司	370321	中型	159	其他有限责任公司	72	村委会
山东晨龙纸业股份有限公司	370321	中型	160	股份有限公司	62	镇
山东淄博骏兴集团	370321	中型	120	集体	62	镇
山东黄河龙酒业集团股份有限公司	370321	中型	159	其他有限责任公司	50	县
淄博万丰塑料有限公司	370321	中型	159	其他有限责任公司	50	县
桓台县供电公司	370321	中型	110	国有	50	县
淄博博丰复合肥厂	370321	中型	120	集体	62	镇
山东省桓台县化工厂	370321	中型	130	股份合作	63	乡
淄博万祥集团股份有限总公司	370321	中型	160	股份有限公司	62	镇
山东省淄博蠕墨铸铁股份有限公司	370321	中型	160	股份有限公司	62	镇
淄博特种泵阀有限公司	370321	中型	173	私营有限责任公司	62	镇
淄博轻工机械股份有限公司	370321	中型	160	股份有限公司	50	县
淄博新宇化肥有限公司	370321	中型	159	其他有限责任公司	50	县
山东淄博万象化工有限公司	370321	中型	130	股份合作	63	乡
山东省贵和纸业集团有限公司	370321	中型	159	其他有限责任公司	50	县
淄博北斗星纺织有限公司	370321	中型	159	其他有限责任公司	50	县
山东万泰纺织有限公司	370402	中型	159	其他有限责任公司	40	地区
山东鲁南机床有限公司	370481	中型	159	其他有限责任公司	40	地区
枣庄矿业集团公司远大实业公司	370402	中型	110	国有	90	其他
枣庄市实力实业总公司	370481	中型	120	集体	90	其他
山东安厦水泥集团有限公司	370402	大型	110	国有	50	县
枣庄内丰集团公司	370402	中型	110	国有	40	地区

续表 8

法人单位名称	行政区划代码(省地县码)	企业规模含义	登记注册类型	登记注册类型含义	隶属关系	隶属关系含义
枣庄热电公司	370402	中型	110	国有	40	地区
兖矿鲁南化肥厂	370481	大型	110	国有	40	地区
枣庄矿业集团有限责任公司	370403	大型	151	国有独资公司	20	省
枣庄泉兴矿业有限公司	370481	中型	159	其他有限责任公司	40	地区
山东鲁南水泥有限公司	370481	中型	159	其他有限责任公司	10	中央
山东东方工艺品股份有限公司	370404	中型	160	股份有限公司	50	县
山东枣庄翔豹制衣有限公司	370402	中型	159	其他有限责任公司	40	地区
山东鲁南牧工商联合公司肉联厂	370481	中型	120	集体	63	乡
山东丰源煤电股份有限公司	370481	大型	160	股份有限公司	50	县
枣庄市市中区永安水泥厂	370402	中型	171	私营独资	90	其他
山东神工化工股份有限公司	370403	中型	160	股份有限公司	90	其他
山东顺兴水泥股份有限公司	370403	中型	160	股份有限公司	90	其他
山东华众纸业有限公司	370403	大型	310	中外合资经营	50	县
山东榴园水泥有限公司	370404	大型	159	其他有限责任公司	50	县
山东万通纸业总公司	370405	中型	110	国有	50	县
枣庄市台儿庄区水泥有限公司	370405	中型	159	其他有限责任公司	50	县
枣庄市台儿庄区第二棉花加工厂	370405	中型	120	集体	50	县
山东石大科技有限公司	370502	中型	159	其他有限责任公司	40	地区
东营市化工厂	370502	中型	159	其他有限责任公司	40	地区
东营人造板厂	370502	中型	110	国有	40	地区
胜利油田大明集团股份有限公司	370502	大型	160	股份有限公司	90	其他
胜利油田东胜精攻石油开发集团有限公司	370502	中型	159	其他有限责任公司	90	其他
胜利高原有限公司	370502	中型	310	中外合资经营	40	其他
东营市天信纺织有限公司	370502	大型	110	国有	40	地区
东营市海科化学工业有限责任公司	370502	中型	159	其他有限责任公司	50	县
山东垦利石化有限责任公司	370521	大型	159	其他有限责任公司	50	县
山东省垦利县化肥厂	370521	中型	110	国有	50	县
万达集团股份有限公司	370521	大型	160	股份有限公司	63	乡
山东胜通集团股份有限公司	370521	大型	160	股份有限公司	63	乡
东营市东辰集团有限公司	370521	中型	159	其他有限责任公司	63	乡
山东华星石油化工集团有限公司	370523	中型	159	其他有限责任公司	90	其他
山东金岭集团公司	370523	中型	120	集体	62	镇
东营市圣源油脂加工有限责任公司	370523	中型	120	集体	50	县
华泰集团有限公司	370523	大型	159	其他有限责任公司	90	其他
山东大海集团有限公司	370523	大型	159	其他有限责任公司	90	其他
山东半球面粉有限公司	370523	中型	159	其他有限责任公司	90	其他
山东省广饶县植物油厂	370523	中型	159	其他有限责任公司	90	其他
东营市恒丰橡塑有限公司	370523	中型	173	私营有限责任公司	90	其他
东营市金宇轮胎厂	370523	大型	120	集体	62	镇
山东华鹏包装有限公司	370523	中型	159	其他有限责任公司	90	其他
广饶县盐化工业集团总公司	370523	中型	110	国有	50	县
东营市华誉实业集团有限公司	370523	中型	159	其他有限责任公司	90	其他
山东省广饶县石油助剂厂	370523	中型	120	集体	62	镇

续表 9

法人单位名称	行政区划代码(省地县码)	企业规模含义	登记注册类型	登记注册类型含义	隶属关系	隶属关系含义
山东广饶石化集团股份有限公司	370523	大型	160	股份有限公司	90	其他
广饶县电业公司	370523	中型	110	国有	50	县
信义集团公司	370523	中型	120	集体	62	镇
烟台第二机床附件厂	370602	中型	110	国有	40	地区
烟台富野机械有限公司	370602	中型	159	其他有限责任公司	40	地区
烟台万华合成革集团有限公司	370602	大型	151	国有独资公司	40	地区
中国水产烟台海洋渔业公司水产食品加工厂	370602	中型	110	国有	10	中央
烟台铣床附件厂	370602	中型	110	国有	40	地区
烟台制革有限责任公司	370602	中型	159	其他有限责任公司	40	地区
山东省烟台市水产供销公司	370602	中型	110	国有	40	地区
烟台市自来水公司	370602	中型	110	国有	40	地区
烟台益丰灯芯绒有限公司	370602	中型	159	其他有限责任公司	40	地区
烟台三环锁业集团有限公司	370602	大型	151	国有独资公司	40	地区
山东烟台化工总厂	370602	中型	110	国有	40	地区
烟台氯碱厂	370602	中型	120	集体	40	地区
烟台信达包装器材有限公司	370602	中型	159	其他有限责任公司	10	中央
烟台北极星钟表集团公司	370602	中型	141	国有联营	40	地区
烟台鲁宝钢管有限责任公司	370602	中型	159	其他有限责任公司	10	中央
烟台市管道煤气公司	370602	中型	110	国有	40	地区
山东烟台钢管总厂	370602	中型	110	国有	20	省
烟台冰轮集团有限公司	370602	大型	151	国有独资公司	40	地区
山东绿叶制药股份有限公司	370613	中型	160	股份有限公司	90	其他
烟台沃森五金有限公司	370602	中型	159	其他有限责任公司	50	县
烟台市电缆厂	370602	中型	120	集体	71	居委会
烟台金鹏精密针业有限公司	370602	中型	159	其他有限责任公司	90	其他
烟台六塑产业有限公司	370602	中型	159	其他有限责任公司	50	县
烟台市风机厂	370602	中型	120	集体	71	居委会
烟台只楚药业有限公司	370602	中型	120	集体	71	居委会
烟台市建设机械厂	370613	中型	130	股份合作	61	街道
烟台婴儿乐集团有限公司	370602	中型	110	国有	50	县
烟台市金河实业有限公司	370611	中型	159	其他有限责任公司	40	地区
烟台市福山区电业公司	370611	中型	110	国有	50	县
蓬莱兴华工业有限公司	370684	中型	159	其他有限责任公司	90	其他
蓬莱市大柳行金矿	370684	中型	120	集体	50	县
蓬莱市聚鑫电器有限公司	370684	中型	159	其他有限责任公司	90	其他
蓬莱市福鑫橡塑有限公司	370684	中型	190	其他内资	90	其他
蓬莱市电业公司	370684	中型	110	国有	50	县
山东振龙集团公司	370684	中型	160	股份有限公司	63	乡
蓬莱得宝新光源灯饰有限公司	370684	中型	210	与港澳台商合资经营	63	县
蓬莱金创集团公司	370684	中型	120	集体	50	县
蓬莱市蓬龙水泥有限公司	370684	中型	159	其他有限责任公司	90	其他
山东蔚阳集团有限公司	370684	中型	160	股份有限公司	63	乡
山东九顶集团公司	370684	中型	160	股份有限公司	63	乡

续表 10

法人单位名称	行政区划代码(省地县码)	企业规模含义	登记注册类型	登记注册类型含义	隶属关系	隶属关系含义
山东京蓬生物药业有限公司	370684	中型	160	股份有限公司	63	乡
山东芝山集团有限公司	370684	中型	171	私营独资	90	其他
蓬莱市晨光五金集团有限公司	370684	中型	173	私营有限责任公司	90	其他
山东蓬泰特种漆包线有限公司	370684	中型	210	与港澳台商合资经营	63	乡
蓬莱磐龙水泥有限公司	370684	中型	160	股份有限公司	90	其他
烟台长城水泥有限公司	370684	中型	174	私营有限股份公司	90	其他
蓬莱市中海水泥有限公司	370684	中型	173	私营有限责任公司	90	其他
蓬莱万寿机械有限公司	370684	中型	159	其他有限责任公司	90	其他
招远市金昶集团公司	370685	中型	120	集体	63	乡
山东永嘉缸盖集团公司	370685	中型	120	集体	63	乡
招远市酿酒厂	370685	中型	110	国有	50	县
招远市鹰轮机械有限公司	370685	中型	159	其他有限责任公司	63	乡
招远市针织厂有限公司	370685	中型	159	其他有限责任公司	50	县
烟台清韵家纺有限公司	370685	中型	159	其他有限责任公司	50	县
招远市供电公司	370685	大型	110	国有	50	县
招远锦绣家用纺织品有限责任公司	370685	中型	159	其他有限责任公司	50	县
招远七六一有限责任公司	370685	中型	159	其他有限责任公司	50	县
山东省招远化工总厂	370685	中型	120	集体	50	县
山东省招金集团公司	370685	大型	110	国有	50	县
山东金峰五金锁业有限公司	370685	中型	159	其他有限责任公司	50	县
山东玲珑橡胶有限公司	370685	大型	159	其他有限责任公司	50	县
山东省金辉集团	370685	中型	120	集体	63	乡
山东鲁鑫贵金属集团公司	370685	中型	120	集体	50	县
山东力源集团有限公司	370685	中型	159	其他有限责任公司	50	县
山东鸿福集团公司	370685	中型	120	集体	72	村委会
招远市玲珑镇橡胶助剂总厂	370685	中型	171	私营独资	63	乡
山东河西黄金矿业集团公司	370685	中型	120	集体	63	乡
招远市康泰工业集团公司	370685	中型	120	集体	50	县
山东招远膜天集团有限公司	370685	中型	159	其他有限责任公司	50	县
烟台桃村化肥厂	370686	中型	110	国有	50	县
栖霞市银云活塞液压件有限公司	370686	中型	159	其他有限责任公司	50	县
栖霞市供电公司	370686	中型	110	国有	20	省
山东野夼集团公司	370686	中型	120	集体	72	村委会
栖霞市金兴矿业公司	370686	中型	110	国有	50	县
烟台市塔峰实业有限公司	370686	中型	173	私营有限责任公司	90	其他
山东省栖霞市服装集团公司	370686	中型	120	集体	50	县
山东德棉集团栖霞棉纺有限公司	370686	中型	141	国有联营	50	县
烟台白洋河酿酒有限责任公司	370686	中型	159	其他有限责任公司	50	县
烟台胶东水泥有限公司	370686	中型	173	私营有限责任公司	90	其他
海阳市电业公司	370687	中型	110	国有	50	县
方圆集团	370687	大型	159	其他有限责任公司	63	乡
海阳市禄达纺织公司	370687	中型	159	其他有限责任公司	50	县
山东众冶集团公司	370687	中型	120	集体	72	村委会

续表11

法人单位名称	行政区划代码(省地县码)	企业规模含义	登记注册类型	登记注册类型含义	隶属关系	隶属关系含义
烟台鑫海化肥工业有限公司	370687	中型	110	国有	50	县
海阳华源有限公司	370687	中型	159	其他有限责任公司	50	县
海阳日月五金有限公司	370687	中型	159	其他有限责任公司	50	县
山东富尔达空调设备有限公司	370687	中型	173	私营有限责任公司	90	其他
烟台银河纺织有限公司	370612	中型	159	其他有限责任公司	50	县
山东恒成集团有限公司	370612	中型	120	集体	63	乡
山东东方冶炼股份有限公司	370612	中型	160	股份有限公司	50	县
烟台隆达纸业有限公司	370612	中型	110	国有	50	县
烟台海德农机制造厂	370612	中型	120	集体	72	村委会
烟台市工业炉厂	370612	中型	120	集体	72	村委会
山东出口商品基地建设分公司牟平冷藏厂	370612	中型	120	集体	72	村委会
烟台市牟平金矿	370612	中型	110	国有	50	县
山东富海实业股份有限公司铝业分公司	370612	中型	160	股份有限公司	90	其他
烟台市牟平丝绸工业集团总公司	370612	中型	110	国有	50	县
烟台海德机床厂	370612	中型	120	集体	72	村委会
烟台市牟平区电业集团公司	370612	中型	110	国有	50	县
潍坊亚星化学股份有限公司	370705	中型	210	与港澳台商合资经营	40	地区
潍坊巨龙纺织有限公司	370705	中型	159	其他有限责任公司	40	地区
山东海化集团潍坊水泥厂	370702	中型	110	国有	40	地区
山东海化金星化工有限公司	370702	中型	159	其他有限责任公司	90	其他
山东海化华龙硝铵有限公司	370702	中型	159	其他有限责任公司	40	地区
山东新华印刷厂潍坊厂	370705	中型	110	国有	20	省
山东省潍坊生建集团	370702	中型	110	国有	20	省
山东潍坊拖拉机厂集团有限公司	370705	中型	159	其他有限责任公司	40	地区
潍坊柴油机厂	370705	大型	110	国有	20	省
潍坊恒联玻璃纸有限公司	370705	中型	110	国有	40	地区
山东潍棉纺织有限公司	370705	中型	159	其他有限责任公司	40	地区
潍坊市自来水总公司	370705	中型	110	国有	40	地区
山东潍坊发电厂	370705	大型	110	国有	20	省
潍坊北大青岛华光科技股份有限公司	370705	中型	160	股份有限公司	40	地区
潍坊恒联铜板纸有限公司	370705	中型	159	其他有限责任公司	40	地区
山东海龙股份有限公司	370703	大型	160	股份有限公司	40	地区
潍坊市潍州工贸集团有限公司	370705	中型	159	其他有限责任公司	61	街道
山东拳王集团有限公司	370702	中型	159	其他有限责任公司	50	县
山东海化集团有限公司	370783	大型	151	国有独资公司	40	地区
潍坊弘润石化助剂有限公司	370781	中型	159	其他有限责任公司	40	地区
山东沃华医药科技股份有限公司	370702	中型	159	其他有限责任公司	40	地区
山东巨力股份有限公司	370702	大型	159	其他有限责任公司	50	县
潍坊潍动柴油机有限公司	370702	中型	160	股份有限公司	50	县
山东海化天合有机化工有限公司	370705	中型	159	其他有限责任公司	90	其他
潍坊钢铁集团公司	370705	大型	120	集体	50	县
潍坊第六棉纺织厂	370705	中型	120	集体	72	村委会
潍坊轴承厂	370702	中型	120	集体	50	县

续表 12

法人单位名称	行政区划代码(省地县码)	企业规模含义	登记注册类型	登记注册类型含义	隶属关系	隶属关系含义
潍坊市奎文区华光机械厂	370705	中型	171	私营独资	90	其他
潍坊市宏伟钢板簧有限公司	370705	中型	171	私营独资	90	其他
山东樱桃园集团总公司	370705	中型	120	集体	72	村委会
山东耶莉娅服装集团公司	370702	中型	159	其他有限责任公司	72	村委会
山东金宝集团总公司	370705	中型	120	集体	72	村委会
潍坊市寒亭区供电公司	370703	中型	110	国有	20	省
潍坊市寒亭区央子盐化集团公司	370703	中型	120	集体	62	镇
山东潍坊建筑陶瓷厂	370704	中型	110	国有	50	县
潍坊方正建材集团	370704	中型	110	国有	50	县
北汽福田汽车股份有限公司潍坊农业装备分公司	370704	大型	160	股份有限公司	50	县
山东安丘轻工机械有限公司	370784	中型	159	其他有限责任公司	50	县
安丘市同力服装有限责任公司	370784	中型	159	其他有限责任公司	50	县
山东华源蓝天纸业有限公司	370784	中型	159	其他有限责任公司	50	县
安丘市热电厂	370784	中型	151	国有独资公司	50	县
安丘市供电公司	370784	中型	110	国有	50	县
安丘市瑞泰纺织有限公司	370784	中型	159	其他有限责任公司	50	县
安丘市外贸食品有限责任公司	370784	中型	159	其他有限责任公司	50	县
安丘市鲁安药业有限责任公司	370784	中型	159	其他有限责任公司	50	县
潍坊三丰钢管有限责任公司	370784	中型	171	私营独资	90	其他
山东景芝集团有限公司	370784	中型	151	国有独资公司	50	县
山东寿光巨能电力集团有限公司	370783	大型	110	国有	50	县
山东墨龙石油机械股份有限公司	370783	中型	120	集体	63	乡
寿光市嘉信纺织有限公司	370783	中型	120	集体	63	乡
山东莱央子盐场	370783	中型	110	国有	20	省
山东红仙霞服装有限公司	370783	中型	120	集体	50	县
寿光市新龙电化有限责任公司	370783	中型	120	集体	50	县
山东圣海集团公司	370783	中型	120	集体	63	乡
山东金河纺织集团有限公司	370783	中型	160	股份有限公司	90	其他
山东省寿光市抽纱总厂	370783	中型	120	集体	50	县
鲁丽集团有限公司	370783	大型	120	集体	90	其他
寿光富康制药有限公司	370783	中型	190	其他内资	50	县
寿光市银宝橡胶工业有限公司	370783	中型	171	私营独资	90	其他
山东凯马汽车制造有限公司	370783	中型	159	其他有限责任公司	50	县
山东联盟化工集团有限公司	370783	大型	190	其他内资	50	县
山东寿光健元春有限公司	370783	中型	159	其他有限责任公司	90	其他
潍坊广华集团总公司	370724	中型	110	国有	50	县
山东秦池酒厂	370724	中型	110	国有	50	县
山东万豪纸业集团股份有限公司	370724	中型	160	股份有限公司	50	县
潍坊市临朐焦化热力有限公司	370724	中型	159	其他有限责任公司	50	县
山东临朐制丝有限公司	370724	中型	159	其他有限责任公司	20	省
山东省潍坊市五井煤矿	370724	中型	110	国有	40	地区
临朐县第一棉纺织有限公司	370724	中型	159	其他有限责任公司	50	县

续表 13

法人单位名称	行政区划代码(省地县码)	企业规模含义	登记注册类型	登记注册类型含义	隶属关系	隶属关系含义
山东气缸套股份有限公司	370724	中型	160	股份有限公司	50	县
山东临朐胜潍特种水泥有限公司	370724	中型	141	国有联营	50	县
山东昌乐矿山机械总厂有限公司	370725	中型	159	其他有限责任公司	50	县
潍坊朱刘煤矿有限公司	370725	中型	159	其他有限责任公司	40	地区
山东江海麦芽有限公司	370725	中型	160	股份有限公司	63	乡
昌乐县供电公司	370725	中型	110	国有	50	县
山东乐化集团有限公司	370725	大型	160	股份有限公司	90	其他
潍坊汇源实业有限公司	370725	中型	173	私营有限责任公司	90	其他
山东海化集团潍坊振兴焦化有限公司	370725	大型	110	国有	40	地区
昌邑市利得尔工艺品有限公司	370786	中型	159	其他有限责任公司	50	县
山东昌邑石化有限公司	370786	中型	159	其他有限责任公司	50	县
山东同大纺织机械有限公司	370786	中型	159	其他有限责任公司	50	县
山东昌邑美尔雅巾被有限责任公司	370786	中型	160	股份有限公司	50	县
昌邑市牧工商集团总公司	370786	中型	159	其他有限责任公司	50	县
昌邑市永富弹簧有限公司	370786	中型	173	私营有限责任公司	90	其他
昌邑市第三棉纺厂	370786	中型	120	集体	72	村委会
山东昌邑灶户盐化有限公司	370786	中型	159	其他有限责任公司	50	县
昌邑市供电公司	370786	中型	110	国有	50	县
山东三得利纺织服装集团有限责任公司	370786	中型	120	集体	62	镇
山东后官集团公司	370786	中型	173	私营有限责任公司	90	其他
潍坊鲁邑橡胶制品有限公司	370786	中型	160	股份有限公司	90	其他
山东新昌肉食有限责任公司	370786	中型	159	其他有限责任公司	50	县
昌邑大富实业有限责任公司	370786	中型	173	私营有限责任公司	90	其他
昌邑盐业公司	370786	中型	110	国有	20	省
山东浩信机械有限公司	370786	中型	173	私营有限责任公司	90	其他
昌邑市鸿程铸造有限公司	370786	中型	173	私营有限责任公司	90	其他
孚日家纺股份有限公司	370785	大型	160	股份有限公司	90	其他
高密春雨机械有限公司	370785	中型	159	其他有限责任公司	90	其他
山东高密高锻机械有限公司	370785	中型	159	其他有限责任公司	90	其他
高密市锅炉附件厂	370785	中型	173	私营有限责任公司	90	其他
山东高密大昌纺织有限公司	370785	中型	159	其他有限责任公司	90	其他
山东长盛泰玻璃制品有限公司	370785	中型	159	其他有限责任公司	90	其他
高密市供电公司	370785	大型	110	国有	50	县
山东高天实业股份有限公司	370785	中型	160	股份有限公司	90	其他
山东省高密高源企业集团公司	370785	中型	110	国有	50	县
山东天达生物制药股份有限公司	370785	中型	160	股份有限公司	90	其他
山东高密化纤股份有限公司	370785	大型	160	股份有限公司	90	其他
山东泰山民爆器材有限公司	371121	中型	159	其他有限责任公司	50	县
五莲县电力公司	371121	中型	110	国有	50	县
山东山狮钢球有限公司	371121	中型	159	其他有限责任公司	50	县
山东省五莲县顺达机械有限公司	371121	中型	160	股份有限公司	62	镇
五莲县减震器有限公司	371121	中型	159	其他有限责任公司	50	县
山东五征农用车有限公司	371121	中型	159	其他有限责任公司	50	县

续表 14

法人单位名称	行政区划代码(省地县码)	企业规模含义	登记注册类型	登记注册类型含义	隶属关系	隶属关系含义
山东省五莲县银河酒业集团	371121	中型	110	国有	50	县
五莲县阳光热电有限公司	371121	中型	159	其他有限责任公司	50	县
山东莲宝矿业有限公司	371121	中型	110	国有	50	县
山东华龙纺织有限公司	371121	大型	110	国有	50	县
山东遨游制动器集团总厂	371121	中型	159	其他有限责任公司	62	镇
五莲县锦红工业品有限公司	371121	中型	159	其他有限责任公司	50	县
济宁圣城化工实验有限责任公司	370802	中型	173	私营有限责任公司	40	地区
济宁华一轻工机械有限公司	370802	中型	159	其他有限责任公司	40	地区
济宁远征电源有限责任公司	370802	中型	173	私营有限责任公司	40	地区
山东济宁车轮厂	370802	中型	110	国有	40	地区
济宁博特精密丝杠制造有限公司	370802	中型	159	其他有限责任公司	40	地区
济宁精益轴承有限公司	370802	中型	159	其他有限责任公司	40	地区
山东山矿机械有限公司	370802	中型	159	其他有限责任公司	40	地区
华能国际电力股份有限公司济宁电厂	370802	中型	340	外商投资股份有限公司	10	中央
山东塑料制品实验厂	370802	中型	120	集体	20	省
山东民生煤化有限公司	370802	大型	160	股份有限公司	40	地区
济宁市煤气公司	370802	中型	110	国有	40	地区
济宁市东郊热电厂	370802	中型	151	国有独资公司	40	地区
济宁市供水集团	370802	中型	110	国有	40	地区
山推工程机械股份有限公司	370802	大型	160	股份有限公司	40	地区
山东鲁抗医药集团有限公司	370802	大型	159	其他有限责任公司	40	地区
山东济兴医化(集团)有限责任公司	370811	中型	159	其他有限责任公司	62	镇
山东樱花纺织集团有限公司	370802	大型	159	其他有限责任公司	40	地区
山东樱花五金制品有限公司	370802	中型	173	私营有限责任公司	90	其他
菱花集团公司	370802	大型	120	集体	61	街道
山东德昌集团总公司	370811	中型	120	集体	62	镇
山东拖拉机厂	370882	大型	110	国有	40	地区
山东兖州雪花淀粉有限公司	370882	中型	159	其他有限责任公司	90	其他
青岛钢铁集团兖州市焦化厂	370882	中型	110	国有	90	其他
兖州市热电厂	370882	中型	120	集体	62	镇
山东省兖州市大统矿业有限公司	370882	中型	159	其他有限责任公司	50	县
兖州市明月化工有限公司	370882	中型	160	股份有限公司	50	县
山东兴隆纸业有限公司	370882	中型	159	其他有限责任公司	62	镇
山东大丰机械有限公司	370882	中型	160	股份有限公司	90	其他
山东省兖州市热电公司	370882	中型	120	集体	50	县
兖矿集团有限公司	370883	大型	160	股份有限公司	20	省
山东鲁南铁合金总厂	370883	中型	110	国有	90	其他
山东峄山化工集团有限公司	370883	大型	159	其他有限责任公司	50	县
邹城市恒泰玻璃纤维制品有限公司	370883	中型	159	其他有限责任公司	50	县
邹城市供电公司	370883	中型	110	国有	50	县
燕京啤酒(山东无名)股份有限公司	370883	中型	160	股份有限公司	50	县
邹城市织布股份有限公司	370883	中型	160	股份有限公司	50	县
邹城市鸿雁集团公司	370883	中型	159	其他有限责任公司	90	其他

续表 15

法人单位名称	行政区划代码(省地县码)	企业规模含义	登记注册类型	登记注册类型含义	隶属关系	隶属关系含义
邹城市开来化工制造有限责任公司	370883	中型	110	国有	50	县
微山县供电公司	370826	中型	110	国有	20	省
山东省微山县酿酒厂	370826	中型	110	国有	50	县
山东微山湖医药化工集团有限公司	370826	中型	159	其他有限责任公司	50	县
微山湖矿业集团有限公司	370826	中型	160	股份有限公司	50	县
山东省七五生建煤矿	370826	中型	110	国有	20	省
山东省岱庄生建煤矿	370826	中型	110	国有	20	省
微山德鑫实业发展总公司	370826	中型	110	国有	50	县
微山崔庄煤矿有限责任公司	370826	中型	159	其他有限责任公司	50	县
山东省鲁王集团总公司	370827	中型	130	股份合作	62	镇
山东孔府宴有限公司	370827	中型	110	国有	50	县
鱼台县供电公司	370827	中型	110	国有	50	县
山东峄山化工集团有限公司金乡尿素厂	370828	中型	110	国有	50	县
山东省金曼克电气集团股份有限公司	370828	中型	340	外商投资股份有限公司	50	县
山东省金贵集团	370828	中型	110	国有	50	县
金乡县供电局	370828	中型	110	国有	50	县
嘉祥县嘉冠油脂化工有限公司	370829	中型	130	股份合作	50	县
山东祥酒厂	370829	中型	130	股份合作	50	县
嘉祥县棉麻公司	370829	中型	120	集体	50	县
山东鲁祥铜业集团	370829	中型	120	集体	62	镇
嘉祥县电力局	370829	中型	110	国有	50	县
山东精良机械有限公司	370830	中型	159	其他有限责任公司	50	县
山东省汶上县供电局	370830	中型	110	国有	50	县
山东凤凰纺织集团公司	370830	大型	110	国有	50	县
泗水县供电公司	370831	中型	110	国有	50	县
泰安市自来水公司	370902	中型	110	国有	40	地区
山东煤矿泰安机械厂	370902	中型	110	国有	20	省
泰安市热电总公司	370902	中型	110	国有	40	地区
泰安专用汽车制造厂	370902	中型	110	国有	40	地区
泰安起重机械厂	370902	中型	110	国有	20	省
山东泰山锅炉压力容器集团总公司	370902	中型	160	股份有限公司	40	地区
泰安岳首工程机械集团有限公司	370902	中型	174	私营有限股份公司	90	其他
泰安阳光矿业集团有限责任公司	370982	中型	151	国有独资公司	40	地区
泰安市宏康机械制造有限公司	370903	中型	173	私营有限责任公司	90	其他
泰安特种车制造厂	370902	中型	110	国有	40	地区
山东省生建摩托车发动机厂	370902	中型	110	国有	20	省
山东省泰安市装载机厂	370902	中型	173	私营有限责任公司	90	其他
泰安工程机械总厂	370902	中型	120	集体	72	村委会
山东宝来利来生物工程股份有限公司	370902	中型	173	私营有限责任公司	90	其他
山东岱银纺织集团股份有限公司	370902	大型	160	股份有限公司	50	县
山东新华机器厂	370902	中型	110	国有	50	县
山东鼎力股份有限公司	370903	中型	160	股份有限公司	90	其他
山东飞达化工科技有限公司	370921	中型	159	其他有限责任公司	50	县

续表 16

法人单位名称	行政区划代码(省地县码)	企业规模含义	登记注册类型	登记注册类型含义	隶属关系	隶属关系含义
宁阳正大煤业有限公司	370921	中型	159	其他有限责任公司	50	县
山东华宁矿业集团有限公司	370921	中型	159	其他有限责任公司	50	县
宁阳县供电公司	370921	中型	110	国有	50	县
山东华阳农药化工集团有限公司	370921	大型	159	其他有限责任公司	50	县
山东天和纸业有限公司	370921	中型	159	其他有限责任公司	50	县
山东省宁阳县水泥厂	370921	中型	120	集体	63	乡
山东清大实业集团有限公司	370921	中型	159	其他有限责任公司	50	县
山东海化魁星化工有限公司	370921	中型	159	其他有限责任公司	50	县
山东省金阳矿业集团有限公司	370921	中型	159	其他有限责任公司	50	县
宁阳华建水泥有限责任公司	370921	中型	142	集体联营	63	乡
肥城鲁泰建材有限公司	370983	中型	159	其他有限责任公司	50	县
肥城银宝食品有限公司	370983	中型	173	私营有限责任公司	50	县
肥城市印刷厂	370983	中型	110	国有	50	县
肥城矿业集团有限责任公司	370983	大型	151	国有独资公司	20	省
肥城市建利水泥有限公司	370983	中型	159	其他有限责任公司	63	乡
山东泰鹏纺织集团有限公司	370983	中型	159	其他有限责任公司	50	县
肥城市万灵山水泥有限公司	370983	中型	159	其他有限责任公司	90	其他
山东泰山轮胎厂	370983	中型	159	其他有限责任公司	50	县
山东聚源煤矿集团有限公司	370983	中型	110	国有	50	县
山东省肥城市化肥厂	370983	大型	110	国有	50	县
山东隆源煤矿集团有限公司	370983	中型	159	其他有限责任公司	50	县
山东飞宇光缆(集团)厂	370983	中型	110	国有	50	县
山东肥城精制盐厂	370983	中型	110	国有	50	县
肥城市供电公司	370983	中型	110	国有	50	县
山东省傲饰集团有限公司	370983	中型	120	集体	50	县
济南钢铁集团石横特殊钢厂	370983	中型	110	国有	20	省
山东鲁龙机械工业有限公司	370983	中型	173	私营有限责任公司	90	其他
山东肥城水泥股份有限公司	370983	中型	160	股份有限公司	50	县
东平金利建材工业公司	370923	中型	110	国有	50	县
山东锦轮股份有限公司	370923	中型	160	股份有限公司	50	县
山东省瑞星化学工业集团总公司	370923	大型	110	国有	50	县
山东九鑫机械工具有限公司	370923	中型	159	其他有限责任公司	50	县
东平县供电局	370923	中型	110	国有	50	县
东平县光大油脂厂	370923	中型	130	股份合作	50	县
威海鑫山冶金有限公司	371083	中型	160	股份有限公司	40	地区
威海武岭爆破器材有限公司	371001	中型	159	其他有限责任公司	40	地区
威海市自来水公司	371001	中型	110	国有	40	地区
威海市皓菲服装有限责任公司	371001	中型	159	其他有限责任公司	40	地区
威海热电厂	371001	大型	110	国有	40	地区
海马集团公司	371001	中型	120	集体	40	地区
威海市金猴集团有限责任公司	371001	大型	159	其他有限责任公司	40	地区
威海中威橡胶有限公司	371001	中型	159	其他有限责任公司	40	地区
威海市山花地毯集团有限公司	371001	中型	159	其他有限责任公司	40	地区

续表 17

法人单位名称	行政区划代码(省地县码)	企业规模含义	登记注册类型	登记注册类型含义	隶属关系	隶属关系含义
威海市山海皮业有限公司	371001	中型	159	其他有限责任公司	40	地区
威海外贸富泉服装厂	371001	中型	120	集体	40	地区
山东蓝星玻璃(集团)有限公司	371001	大型	159	其他有限责任公司	40	地区
山东双轮集团有限公司	371001	中型	160	股份有限公司	40	地区
三角集团有限公司	371001	大型	151	国有独资公司	40	地区
威海华羽服装有限公司	371001	中型	159	其他有限责任公司	40	地区
七八一工厂	371004	中型	130	股份合作	40	地区
星王集团有限公司	371004	中型	120	集体	40	地区
崮山水产集团公司	371004	中型	120	集体	40	地区
威海市宇王水产有限公司	371002	中型	159	其他有限责任公司	50	县
山东孙家疃水产集团公司	371002	中型	120	集体	62	镇
山东省威海船厂	371001	中型	110	国有	20	省
山东工友集团股份有限公司	371002	大型	160	股份有限公司	90	其他
威海市侨乡集团股份有限公司	371002	中型	120	集体	61	街道
山东望岛集团公司	371002	中型	120	集体	61	街道
威海市康泉食品集团公司	371002	中型	120	集体	62	镇
威海金马笔业有限公司	371002	中型	160	股份有限公司	50	县
威海羊亭水产总公司	371002	中型	120	集体	62	镇
威海兴威工业集团公司	371002	中型	120	集体	62	镇
威海光威渔具有限公司	371003	大型	159	其他有限责任公司	40	地区
山东金泉发展集团公司	371002	中型	120	集体	62	镇
威海恒宇工业集团公司	371003	中型	159	其他有限责任公司	40	地区
威海鑫泉集团公司	371002	中型	120	集体	62	镇
乳山市曙光啤酒有限公司	371083	中型	130	股份合作	62	镇
山东华冠丝绸有限公司	371083	中型	110	国有	20	省
青岛东方化工集团乳山化肥有限公司	371083	中型	130	股份合作	50	县
山东笙歌公司	371083	中型	120	集体	50	县
山东海大集团公司	371083	中型	110	国有	50	县
山东乳山黄海花生制品厂	371083	中型	110	国有	50	县
乳山市造船厂	371083	中型	130	股份合作	50	县
乳山市电业总公司	371083	中型	110	国有	50	县
山东金洲矿业集团有限公司	371083	中型	110	国有	50	县
乳山市热电厂	371083	中型	110	国有	50	县
山东乳山工艺品工业公司	371083	中型	130	股份合作	50	县
烟台三环集团乳山双连有限公司	371083	中型	159	其他有限责任公司	50	县
威海市丝针织工业公司	371083	中型	120	集体	50	县
乳山威美食品限责任公司	371083	中型	130	股份合作	50	县
山东乳山玉龙车辆有限公司	371083	中型	160	股份有限公司	62	镇
乳山市谷山电机有限公司	371083	中型	160	股份有限公司	50	县
山东铃兰味精工业公司	371081	中型	130	股份合作	50	县
威海昆嵛啤酒厂	371081	中型	130	股份合作	50	县
山东省艺达有限公司	371081	中型	159	其他有限责任公司	50	县
文登市制革厂	371081	大型	120	集体	50	县

续表 18

法人单位名称	行政区划代码(省地县码)	企业规模含义	登记注册类型	登记注册类型含义	隶属关系	隶属关系含义
山东文登刺绣工业集团公司	371081	中型	159	其他有限责任公司	50	县
威海市艺源绣业集团有限公司	371081	中型	159	其他有限责任公司	50	县
文登市大方水泥厂	371081	中型	130	股份合作	50	县
山东曲轴总厂	371081	大型	110	国有	50	县
文登市奥文电机有限公司	371081	中型	130	股份合作	50	县
宏安集团有限公司	371081	大型	159	其他有限责任公司	61	街道
山东省文登市二轻机械厂	371081	中型	120	集体	62	镇
文登市口子橡胶厂	371081	中型	120	集体	62	镇
文登市口子建材厂	371081	中型	120	集体	62	镇
文登市前岛渔业公司	371081	中型	120	集体	62	镇
山东庆顺渔业股份有限公司	371081	中型	160	股份有限公司	62	镇
文登市小观水泥厂	371081	中型	120	集体	62	镇
威海固恒建筑机械厂	371081	中型	130	股份合作	62	镇
山东省文登市建筑机械厂	371081	中型	120	集体	62	镇
山东省文登市啤酒厂	371081	中型	120	集体	62	镇
山东省文登市车辆总厂	371081	中型	120	集体	62	镇
文登市第一通用机械厂	371081	中型	120	集体	62	镇
文登市大水泊冶炼厂	371081	中型	120	集体	62	镇
山东省文登市化学纤维厂	371081	中型	120	集体	62	镇
文登市电业总公司	371081	大型	110	国有	50	县
文登市皮革皮件厂	371081	中型	120	集体	63	乡
山东省航天发泡剂总厂	371081	中型	130	股份合作	50	县
文登市泽库镇第四渔业公司	371081	中型	120	集体	62	镇
文登市泽库镇第二渔业公司	371081	中型	120	集体	62	镇
文登市泽库渔业公司	371081	中型	120	集体	62	镇
山东省文登市建设机械厂	371081	中型	120	集体	62	镇
文登市出口礼花厂	371081	中型	120	集体	62	镇
山东威达机床工具集团总公司	371081	中型	120	集体	62	镇
山东云龙绣品工业公司	371081	大型	120	集体	50	县
威海金通实业有限公司	371002	中型	210	与港澳台商合资经营	62	镇
威海齐全木机集团有限公司	371002	中型	159	其他有限责任公司	90	其他
文登市化肥厂	371081	中型	130	股份合作	50	县
威海万丰建筑机械厂	371081	中型	171	私营独资	90	其他
文登市金洋乳品(集团)有限公司	371081	中型	160	股份有限公司	62	镇
山东力象实业有限公司	371081	中型	159	其他有限责任公司	62	镇
文登三峰轮胎有限公司	371081	中型	159	其他有限责任公司	50	县
威海恒大电机集团公司	371081	中型	120	集体	62	镇
荣成市沟姜家渔业公司	371082	中型	120	集体	72	村委会
山东蚧口渔业集团有限公司	371082	中型	159	其他有限责任公司	71	居委会
荣成市锻压机床有限公司	371082	中型	160	股份有限公司	50	县
荣成市渔网绳索总厂	371082	中型	130	股份合作	50	县
荣成市黄海造船有限公司	371082	中型	159	其他有限责任公司	50	县
山东崖头集团实业有限公司	371082	中型	159	其他有限责任公司	72	村委会

续表 19

法人单位名称	行政区划代码(省地县码)	企业规模含义	登记注册类型	登记注册类型含义	隶属关系	隶属关系含义
荣成市造船工业有限公司	371082	中型	159	其他有限责任公司	50	县
山东凯丽纸业股份有限公司	371082	中型	160	股份有限公司	50	县
荣成市石岛捕捞公司	371082	中型	120	集体	63	乡
山东石岛水产供销集团总公司	371082	中型	159	其他有限责任公司	50	县
荣成市牧云庵渔业公司	371082	中型	120	集体	63	乡
山东荣成高虹电力集团总公司	371082	大型	110	国有	50	县
山东恒力虎山机械科技有限责任公司	371082	中型	160	股份有限公司	63	乡
荣成市礼村渔业总公司	371082	中型	120	集体	72	村委会
荣成市河口渔业公司	371082	中型	120	集体	72	村委会
荣成市青鱼滩渔业公司	371082	中型	120	集体	72	村委会
荣成市柱塞泵厂	371082	中型	130	股份合作	63	乡
荣成市峰富橡胶厂	371082	中型	120	集体	63	乡
山东斥山水产集团有限公司	371082	大型	120	集体	63	乡
荣成市化工总厂有限公司	371082	中型	160	股份有限公司	50	县
荣成市双象橡胶集团	371082	中型	160	股份有限公司	50	县
荣成市石岛镇张家渔工商公司	371082	中型	120	集体	72	村委会
荣成市华泰汽车有限公司	371082	大型	159	其他有限责任公司	50	县
荣成市通利企业集团总公司	371082	中型	120	集体	63	乡
荣成市石岛明泰渔业有限公司	371082	中型	120	集体	63	乡
山东大鱼岛集团造船有限公司	371082	中型	120	集体	63	乡
荣成市大明集团有限公司	371082	中型	130	股份合作	63	乡
山东华力电机集团股份有限公司	371082	大型	160	股份有限公司	50	县
荣成市恒大化工(集团)有限公司	371082	中型	159	其他有限责任公司	50	县
荣成市马山集团有限公司	371082	中型	159	其他有限责任公司	63	乡
山东滨化集团有限责任公司	371601	大型	110	国有	40	地区
山东省滨州裕华实业总公司	371602	中型	120	集体	61	街道
滨州市金鹏纺织集团有限公司	371602	中型	120	集体	50	县
山东滨州春晓针复制衣集团有限公司	371602	中型	110	国有	50	县
山东滨州环宇纺织集团有限责任公司	371602	大型	159	其他有限责任公司	61	街道
山东滨州黄河纸业集团有限公司	371602	中型	110	国有	50	县
惠民县渤海活塞有限责任公司	371621	中型	110	国有	50	县
惠民县彩霞地毯集团公司	371621	中型	159	其他有限责任公司	50	县
阳信县锦华纺织有限责任公司	371622	中型	159	其他有限责任公司	50	县
山东省鲁北企业集团总公司	371623	大型	160	股份有限公司	50	县
山东埕口盐化集团总公司	371623	中型	110	国有	50	县
无棣县电业总公司	371623	中型	110	国有	50	县
山东省博兴县第一油棉厂	371625	中型	120	集体	50	县
博兴县供电公司	371625	中型	110	国有	50	县
山东博兴汇仁纺织有限责任公司	371625	中型	159	其他有限责任公司	50	县
山东邹平铜业有限公司	371626	中型	110	国有	50	县
山东亚视集团公司	371626	大型	110	国有	50	县
邹平第一油棉厂	371626	中型	120	集体	50	县
山东齐星集团有限责任公司	371626	大型	110	国有	50	县

续表20

法人单位名称	行政区划代码(省地县码)	企业规模含义	登记注册类型	登记注册类型含义	隶属关系	隶属关系含义
山东西王集团有限公司	371626	大型	159	其他有限责任公司	62	镇
山东省邹平魏桥集团公司	371626	中型	120	集体	62	镇
山东魏桥创业集团有限公司	371626	大型	159	其他有限责任公司	50	县
山东海丰纺织有限公司	371626	中型	110	国有	50	县
高青县第三油棉厂	370322	中型	120	集体	50	县
第四油棉有限责任公司	370322	中型	120	集体	50	县
山东扳倒井集团	370322	中型	110	国有	50	县
淄博渤海活塞有限责任公司	370322	中型	110	国有	50	县
高青青苑纸业有限责任公司	370322	中型	110	国有	50	县
山东新华印刷厂德州厂	371401	中型	110	国有	20	省
山东省德州生建机械厂	371401	中型	110	国有	20	省
中国新星石油公司德州石油机械厂	371401	中型	110	国有	10	中央
德州医药股份有限公司德州制药厂	371401	中型	160	股份有限公司	40	地区
德州液压机具厂	371401	中型	120	集体	40	地区
济南汽车制造总厂德州方向机厂	371401	中型	159	其他有限责任公司	40	地区
山东德州又一村酿酒有限公司	371401	中型	110	国有	40	地区
山东德州扒鸡集团有限公司	371401	中型	159	其他有限责任公司	40	地区
德州金车运隆有限公司	371402	中型	159	其他有限责任公司	50	县
山东华鲁恒升集团有限公司	371401	大型	151	国有独资公司	40	地区
山东皇明太阳能有限公司	371402	中型	159	其他有限责任公司	90	其他
山东德棉集团有限公司	371401	大型	151	国有独资公司	40	地区
德州华北纸业(集团)有限公司	371402	中型	159	其他有限责任公司	63	乡
山东晶华集团有限公司	371401	大型	159	其他有限责任公司	40	地区
禹城市鲁银投资集团山东毛绒制品有限公司	371482	中型	151	国有独资公司	20	省
山东德工机械有限公司	371401	中型	110	国有	20	省
德州科海电子有限公司	371402	中型	159	其他有限责任公司	50	县
德州恒东农药化工有限公司	371401	中型	159	其他有限责任公司	40	地区
德州恒力电机有限责任公司	371401	中型	159	其他有限责任公司	40	地区
德州德青升源纺织有限公司	371403	中型	159	其他有限责任公司	40	地区
山东德州石油化工总厂	371401	中型	110	国有	40	地区
德州市丽华裘皮时装厂	371402	中型	120	集体	50	县
德州虹桥染料化工有限公司	371401	中型	159	其他有限责任公司	40	地区
德州市碳素厂	371402	中型	120	集体	72	村委会
德州市同业电缆有限责任公司	371402	中型	159	其他有限责任公司	50	县
陵县信达化工有限公司	371421	中型	159	其他有限责任公司	50	县
陵县天津市第一棉纺厂陵县分厂	371421	中型	142	集体联营	72	村委会
陵县宏祥化纤集团有限公司	371421	中型	120	集体	50	县
德州明星纺织印染厂	371421	中型	120	集体	63	乡
陵县绿源化工集团有限公司	371421	中型	110	国有	50	县
陵县电业公司	371421	中型	120	集体	50	县
平原县电业公司	371426	中型	110	国有	20	省
平原凯诚化工	371426	中型	171	私营独资	50	县
平原县棉纺厂	371426	中型	120	集体	50	县

续表 21

法人单位名称	行政区划代码(省地县码)	企业规模含义	登记注册类型	登记注册类型含义	隶属关系	隶属关系含义
山东省平原热电厂	371426	中型	110	国有	50	县
山东德齐龙化工集团有限公司	371426	大型	160	股份有限公司	50	县
山东照东方纸业集团有限公司	371426	大型	160	股份有限公司	50	县
夏津县供电公司	371427	中型	110	国有	50	县
津华植物油有限公司	371427	中型	120	集体	63	乡
山东省武城县电业公司	371428	中型	110	国有	50	县
山东省武城县神龙集团股份有限公司	371428	中型	160	股份有限公司	50	县
山东省武城古贝春有限责任公司	371428	中型	159	其他有限责任公司	50	县
山东水兴橡塑股份有限公司	371428	中型	160	股份有限公司	50	县
山东省金光玻璃钢集团	371428	中型	174	私营有限股份公司	90	其他
齐河县电业公司	371425	中型	110	国有	50	县
齐河成亮纸业有限公司	371425	中型	171	私营独资	90	其他
山东晨鸣纸业集团齐河板纸有限责任公司	371425	中型	110	国有	50	县
山东瑞普生化有限公司	371425	中型	171	私营独资	50	县
山东金石集团有限公司	371425	中型	171	私营独资	50	县
禹城市环宇集团	371482	中型	110	国有	50	县
山东禹城市兴达建材有限公司	371482	中型	159	其他有限责任公司	50	县
山东禹城市天成机械集团有限公司	371482	中型	110	国有	50	县
山东禹王亭集团酒业股份有限公司	371482	中型	110	国有	50	县
山东省禹城市东方集团总公司	371482	中型	120	集体	90	其他
山东禹王实业有限公司	371482	中型	171	私营独资	90	其他
山东光大电力集团	371482	大型	110	国有	50	县
禹城市通裕集团公司	371482	中型	171	私营独资	90	其他
山东省乐陵农药厂	371481	中型	110	国有	50	县
乐陵市电业总公司	371481	中型	110	国有	50	县
山东省乐陵市乐鑫集团	371481	中型	120	集体	63	乡
山东省华乐实业集团公司	371481	大型	120	集体	63	乡
山东省乐陵市威龙工业有限责任公司	371481	中型	160	股份有限公司	63	乡
乐陵市第二面粉厂	371481	中型	110	国有	50	县
山东省乐陵市希森提花毛巾厂	371481	中型	174	私营有限股份公司	63	乡
乐陵市泰山(集团)体育器材有限公司	371481	中型	173	私营有限责任公司	50	县
临邑县电业公司	371424	中型	110	国有	50	县
临邑县恒源石油化工集团有限公司	371424	大型	110	国有	50	县
德州昌源纸业有限公司	371424	中型	173	私营有限责任公司	50	县
商河县电业局	370126	中型	110	国有	50	县
商河宏业棉纺织(集团)有限公司	370126	中型	159	其他有限责任公司	50	县
山东力诺新材料有限公司	370126	中型	173	私营有限责任公司	90	其他
济阳县电力总公司	370125	中型	110	国有	50	县
济南市闻韶化工有限公司	370125	中型	173	私营有限责任公司	90	其他
宁津县永兴化工有限责任公司	371422	中型	159	其他有限责任公司	50	县
宁津县电业公司	371422	中型	110	国有	40	地区
山东津汇集团有限公司	371422	中型	159	其他有限责任公司	50	县
宁津县又一春酿酒厂	371422	中型	110	国有	50	县

续表22

法人单位名称	行政区划代码(省地县码)	企业规模含义	登记注册类型	登记注册类型含义	隶属关系	隶属关系含义
庆云县电业公司	371423	中型	110	国有	50	县
聊城市鲁西化工集团化肥厂	371502	大型	110	国有	40	地区
山东光岳转向节总厂	371502	中型	110	国有	20	省
聊城昌华造纸机械有限公司	371502	中型	173	私营有限责任公司	90	其他
聊城市五岳电机有限公司	371502	中型	159	其他有限责任公司	40	地区
山东山环活塞环有限公司	371502	中型	159	其他有限责任公司	90	其他
济柴聊城机械有限公司	371502	中型	110	国有	40	地区
聊城市东海铸锻有限公司	371502	中型	173	私营有限责任公司	90	其他
山东聊城明星实业有限公司	371502	中型	120	集体	61	街道
山东昌裕集团有限公司	371502	中型	160	股份有限公司	62	镇
聊城市昌润热电有限责任公司	371502	中型	159	其他有限责任公司	40	地区
山东临清迅力特种汽车有限公司	371581	中型	159	其他有限责任公司	50	县
山东临清变压器厂	371581	中型	110	国有	50	县
临清市卫河酒业有限责任公司	371581	中型	173	私营有限责任公司	90	其他
临清市彩虹热电有限责任公司	371581	中型	151	国有独资公司	50	县
临清市电业公司	371581	中型	110	国有	50	县
山东省临清市兴隆实业集团公司	371581	中型	173	私营有限责任公司	63	乡
临清银河纸业有限责任公司	371581	大型	151	国有独资公司	50	县
山东临清华润纺织有限公司	371581	中型	210	与港澳台商合资经营	40	地区
阳谷县电业管理公司	371521	中型	110	国有	50	县
山东省阳谷县塑化有限公司	371521	中型	160	股份有限公司	62	镇
鲁西化工股份有限公司第五化工厂	371521	中型	110	国有	40	地区
山东省景阳岗酒有限公司	371521	中型	110	国有	50	县
阳谷县蔡伦造纸厂	371521	中型	159	其他有限责任公司	50	县
阳谷凿岩钎具厂	371521	中型	173	私营有限责任公司	50	县
山东方舟集公司	371521	中型	120	集体	63	乡
莘县电业公司	371522	中型	110	国有	50	县
莘县飞泰纺织有限公司	371522	中型	110	国有	50	县
莘县莘星纺织印染有限公司	371522	中型	159	其他有限责任公司	62	镇
莘县义和诚实业有限公司	371522	中型	173	私营有限责任公司	90	其他
茌平县电业公司	371523	中型	110	国有	50	县
山东华鲁制药有限公司	371523	中型	159	其他有限责任公司	40	地区
茌平县信发热电有限责任公司	371523	大型	159	其他有限责任公司	50	县
山东三九味精有限公司	371523	大型	130	股份合作	50	县
山东东阿阿胶集团有限责任公司	371524	大型	160	股份有限公司	40	地区
山东聊城鲁西化工集团第二化肥厂	371524	中型	110	国有	50	县
山东省东阿县供电公司	371524	中型	110	国有	50	县
山东阿华包装印务有限公司	371524	中型	159	其他有限责任公司	50	县
冠县四棉纺织有限公司	371525	中型	160	股份有限公司	50	县
冠县电业公司	371525	中型	110	国有	50	县
冠县冠洲集团总公司	371525	中型	120	集体	63	乡
山东泉林纸业有限责任公司	371526	大型	159	其他有限责任公司	50	县
高唐化工总厂	371526	中型	110	国有	50	县

续表 23

法人单位名称	行政区划代码(省地县码)	企业规模含义	登记注册类型	登记注册类型含义	隶属关系	隶属关系含义
山东省高唐县蓝山集团总公司	371526	大型	110	国有	50	县
高唐棉纺织厂	371526	中型	110	国有	40	地区
山东高唐热电厂	371526	中型	110	国有	50	县
高唐县电业管理公司	371526	中型	110	国有	50	县
山东时风(集团)有限责任公司	371526	大型	159	其他有限责任公司	50	县
山东兰陵企业(集团)总公司	371301	大型	110	国有	40	地区
临沂华盛企业集团总公司	371301	中型	110	国有	40	地区
山东临沂陶瓷企业集团总公司	371301	中型	151	国有独资公司	40	地区
临沂市海信电子有限公司	371330	中型	130	股份合作	40	地区
山东省天河企业有限公司	371301	中型	110	国有	20	省
山东临沂坪上玻璃厂	371327	中型	110	国有	40	地区
山东真情集团有限公司	371301	中型	151	国有独资公司	40	地区
山东新华印刷厂临沂厂	371330	中型	110	国有	20	省
山东沂州水泥集团总公司	371301	大型	159	其他有限责任公司	40	地区
临沂矿务局	371301	大型	110	国有	20	省
山东省临沂市造纸化工厂	371311	中型	120	集体	50	县
山东鲁光化工厂	371301	中型	110	国有	40	地区
临沂恒源热电有限公司	371301	中型	110	国有	40	地区
临沂宇光矿业有限责任公司	371301	中型	159	其他有限责任公司	40	地区
山东临沂发电有限责任公司	371301	中型	159	其他有限责任公司	40	地区
山东华盛江泉集团有限公司	371311	大型	120	集体	72	村委会
山东省临沂市凤凰企业集团公司	371301	中型	110	国有	40	地区
临沂锅炉厂	371302	中型	130	股份合作	50	县
临沂市华兴纸业有限公司	371301	中型	159	其他有限责任公司	40	地区
临沂云雀陶瓷有限公司	371311	中型	159	其他有限责任公司	50	县
山东临沂电力金具股份有限公司	371302	中型	160	股份有限公司	50	县
山东三维油脂企业集团总公司	371302	中型	160	股份有限公司	63	乡
临沂金湖水泥厂	371302	中型	120	集体	63	乡
临沂市相公铸钢厂	371312	中型	120	集体	72	村委会
山东双山电子锁业股份有限公司	371312	中型	160	股份有限公司	90	其他
临沂华森水泥厂	371302	中型	120	集体	63	乡
山东华星工程机械有限公司	371302	中型	159	其他有限责任公司	63	乡
临沂市罗庄区兴达瓷厂	371311	中型	171	私营独资	90	其他
日照市自来水公司	371102	中型	110	国有	40	地区
日照三银纺织有限公司	371102	中型	159	其他有限责任公司	40	地区
山东童海集团公司	371102	中型	120	集体	71	居委会
日照市水产集团总公司	371102	大型	110	国有	40	地区
兖矿集团山东比特电子公司	371102	中型	110	国有	40	地区
山东同泰集团股份有限公司	371102	中型	160	股份有限公司	40	地区
日照阳光企业集团公司	371102	中型	130	股份合作	40	地区
日照海星针织服装有限公司	371102	中型	130	股份合作	40	地区
日照市东方热电有限公司	371102	中型	159	其他有限责任公司	40	地区
山东省郯城纸板厂	371322	中型	110	国有	50	县

续表 24

法人单位名称	行政区划代码(省地县码)	企业规模含义	登记注册类型	登记注册类型含义	隶属关系	隶属关系含义
山东省郯城县电力水泥厂	371322	中型	110	国有	50	县
郯城县峰山水泥厂	371322	中型	110	国有	50	县
山东黄埔集团公司	371324	中型	120	集体	50	县
临沂震元纸业有限公司	371324	中型	110	国有	50	县
苍山县东珍食品有限公司	371324	中型	173	私营有限责任公司	63	乡
莒南县供电公司	371327	中型	110	国有	50	县
山东省莒南制药厂	371327	中型	110	国有	40	地区
山东省莒南县化肥厂	371327	中型	110	国有	50	县
山东莒南县庆丰化工有限公司	371327	中型	159	其他有限责任公司	50	县
山东莒县金能热电有限公司	371122	中型	110	国有	50	县
莒县供电公司	371122	中型	110	国有	50	县
日照市建兴铁塔有限公司	371122	中型	174	私营有限股份公司	62	镇
山东省标志服装厂	371122	中型	120	集体	62	镇
莒县城阳水泥厂	371122	中型	120	集体	62	镇
山东锦冠丝业有限责任公司	371122	中型	110	国有	20	省
山东华远造纸集团有限公司	371122	中型	160	股份有限公司	50	县
青援食品有限公司	371323	大型	120	集体	63	乡
山东双成纸业有限公司	371323	中型	120	集体	63	乡
山东省沂水县第二水泥厂	371323	中型	120	集体	72	村委会
山东连杆总厂	371323	中型	110	国有	20	省
山东沂水机床厂	371323	中型	110	国有	40	地区
山东恒泰纺织有限公司	371323	中型	159	其他有限责任公司	50	县
沂水县供电公司	371323	中型	110	国有	50	县
山东省沂水正航食品有限公司	371323	中型	173	私营有限责任公司	90	其他
山东省鲁洲食品集团有限公司	371323	中型	173	私营有限责任公司	90	其他
山东省沂源县造纸厂	370323	中型	130	股份合作	50	县
山东省沂源县化肥厂	370323	中型	110	国有	50	县
山东省药用玻璃股份有限公司	370323	大型	160	股份有限公司	50	县
山东瑞阳制药有限公司	370323	中型	159	其他有限责任公司	50	县
沂源海达食品有限公司	370323	中型	173	私营有限责任公司	62	镇
山东沂源酿酒总厂	370323	中型	110	国有	50	县
沂源县热电有限公司	370323	中型	130	股份合作	50	县
山东东风化肥厂	370323	中型	110	国有	50	县
山东沂源棉纺织厂	370323	中型	130	股份合作	50	县
沂源县源通机械有限公司	370323	中型	130	股份合作	50	县
沂源县鲁村煤矿有限公司	370323	中型	159	其他有限责任公司	50	县
淄博市华联矿业有限责任公司	370323	中型	130	股份合作	62	镇
蒙阴县供电公司	371328	中型	110	国有	50	县
山东东蒙企业集团公司	371328	大型	120	集体	71	居委会
山东临沂临工汽车桥箱有限公司	371326	中型	110	国有	50	县
平邑县归来庄金矿	371326	中型	110	国有	50	县
山东省平邑县电业局	371326	中型	110	国有	50	县
山东省平邑县化工有限公司	371326	中型	130	股份合作	50	县

续表 25

法人单位名称	行政区划代码(省地县码)	企业规模含义	登记注册类型	登记注册类型含义	隶属关系	隶属关系含义
平邑冠鲁建材工业集团公司	371326	中型	159	其他有限责任公司	50	县
临沂市美丽雅丝有限公司	371326	中型	159	其他有限责任公司	50	县
平邑县金城热电有限公司	371326	中型	110	国有	50	县
平邑县六和有限责任公司	371326	中型	173	私营有限责任公司	90	其他
平邑县化肥厂	371326	中型	159	其他有限责任公司	50	县
山东温河酒业集团股份公司	371325	中型	160	股份有限公司	50	县
大洋机械制造有限公司	371325	中型	160	股份有限公司	50	县
山东华沂毛纺集团股份有限公司	371325	中型	160	股份有限公司	50	县
费县机织厂	371325	中型	110	国有	50	县
费县水泥厂	371325	中型	110	国有	50	县
费县供电公司	371325	中型	110	国有	50	县
山东银光化工集团有限公司	371325	中型	110	国有	50	县
费县正义纺织品漂洗有限公司	371325	中型	171	私营独资	90	其他
沂南县供电公司	371321	中型	110	国有	50	县
山东沂蒙轴承股份有限公司	371321	中型	160	股份有限公司	50	县
山东华日集团总公司	371321	中型	110	国有	50	县
沂南县宝珠集团	371321	中型	120	集体	72	村委会
临沭县供电公司	371329	中型	110	国有	50	县
临沭县丰收化肥厂	371329	中型	159	其他有限责任公司	63	乡
临沭县金星实业集团有限责任公司	371329	中型	159	其他有限责任公司	50	县
临沭县兴大食品集团有限公司	371329	中型	159	其他有限责任公司	50	县
山东省金沂蒙集团有限公司	371329	大型	159	其他有限责任公司	50	县
菏泽绿源食品总公司	371701	中型	110	国有	40	地区
山东省菏泽生建机械厂	371701	中型	110	国有	20	省
颐中烟草(集团)公司菏泽卷烟厂	371701	中型	110	国有	10	中央
山东菏泽发电厂	371701	中型	110	国有	20	省
山东菏泽华星油泵油嘴有限公司	371701	中型	159	其他有限责任公司	40	地区
鲁抗集团菏泽药业有限公司	371701	中型	110	国有	40	地区
山东天香毛纺织有限公司	371701	中型	151	国有独资公司	40	地区
菏泽市牡丹区棉花加工四厂	371702	中型	120	集体	50	县
山东裕鲁实业集团	371702	中型	120	集体	63	乡
山东睿鹰化工有限公司	371702	中型	159	其他有限责任公司	63	乡
青岛啤酒(菏泽)有限公司	371702	中型	159	其他有限责任公司	50	县
曹县电业局	371721	中型	110	国有	50	县
山东省三利轮胎制造有限公司	371721	中型	160	股份有限公司	50	县
曹县曹普工艺有限公司	371721	中型	160	股份有限公司	63	乡
山东圣奥化工股份有限公司	371721	中型	160	股份有限公司	50	县
山东圣龙集团	371727	中型	110	国有	50	县
定陶县供电局	371727	中型	110	国有	50	县
山东林盾木业有限责任公司	371727	中型	159	其他有限责任公司	50	县
成武县造纸厂	371723	中型	110	国有	50	县
单县四君子酒业有限公司	371722	中型	130	股份合作	50	县
单县棉纺织厂	371722	中型	110	国有	50	县

续表 26

法人单位名称	行政区划代码(省地县码)	企业规模含义	登记注册类型	登记注册类型含义	隶属关系	隶属关系含义
山东省单县化工有限公司	371722	中型	159	其他有限责任公司	50	县
单县供电集团总公司	371722	中型	110	国有	50	县
巨野县供电局	371724	中型	110	国有	50	县
山东花冠酒业有限公司	371724	中型	159	其他有限责任公司	50	县
山东省梁山县第二发电厂	370832	中型	110	国有	50	县
梁山县造纸厂	370832	中型	110	国有	50	县
梁山县供电公司	370832	中型	110	国有	50	县
山东省郓城县华灵集团有限公司	371725	中型	173	私营有限责任公司	90	其他
郓城县供电局	371725	中型	110	国有	50	县
郓城县圣达(集团)纺织实业有限公司	371725	中型	159	其他有限责任公司	63	乡
山东省鄄城县供电局	371726	中型	110	国有	50	县
山东东明县石化集团有限公司	371728	中型	159	其他有限责任公司	50	县
山东省东明县供电局	371728	中型	110	国有	50	县
东明县棉纺织厂	371728	中型	110	国有	50	县
青州水泵厂	370781	中型	110	国有	50	县
青州益力热电有限公司	370781	中型	110	国有	50	县
青州化工股份有限公司	370781	中型	160	股份有限公司	50	县
山东起重机厂有限公司	370781	中型	159	其他有限责任公司	50	县
山东山工机械有限公司	370781	中型	110	国有	20	省
潍坊市华阳钢铁有限公司	370781	中型	174	私营有限股份公司	90	其他
青州市供电公司	370781	中型	110	国有	50	县
山东北联集团总公司	370781	中型	120	集体	71	居委会
青州市大业包装有限公司	370781	中型	173	私营有限责任公司	90	其他
山东鲁星钢管有限公司	370781	中型	120	集体	63	乡
山东青州云门酒业(集团)有限公司	370781	中型	159	其他有限责任公司	50	县
青州市德昌化工有限责任公司	370781	中型	159	其他有限责任公司	50	县
青州鲁绣抽纱有限公司	370781	中型	159	其他有限责任公司	50	县
山东中原机械有限公司	370781	中型	173	私营有限责任公司	90	其他
龙口市下丁家镇实业总公司	370681	中型	120	集体	72	村委会
龙口市诸由毛巾厂	370681	中型	120	集体	72	村委会
龙口盛达玻璃制品有限公司	370681	中型	159	其他有限责任公司	50	县
山东省龙口市水暖器材厂	370681	中型	120	集体	72	村委会
龙口市电业公司	370681	大型	110	国有	50	县
烟台威龙葡萄酒股份有限公司	370681	中型	159	其他有限责任公司	50	县
龙口矿务局	370681	大型	110	国有	20	省
山东百年电力发展股份有限公司	370681	大型	160	股份有限公司	40	地区
龙口玉龙纸业有限公司	370681	中型	110	国有	50	县
山东金龙企业集团公司	370681	中型	120	集体	50	县
龙口市新达工具有限公司	370681	中型	159	其他有限责任公司	50	县
山东省园艺工具总厂	370681	中型	120	集体	63	乡
山东康达油泵油嘴有限公司	370681	中型	173	私营有限责任公司	90	其他
山东丛林集团公司	370681	大型	120	集体	63	乡
山东龙喜集团公司	370681	大型	159	其他有限责任公司	72	村委会

续表 27

法人单位名称	行政区划代码(省地县码)	企业规模含义	登记注册类型	登记注册类型含义	隶属关系	隶属关系含义
南山集团	370681	大型	120	集体	72	村委会
山东龙丰集团公司	370681	中型	110	国有	50	县
山东隆基集团有限公司	370681	大型	173	私营有限责任公司	90	其他
山东龙海集团有限公司	370681	中型	120	集体	63	乡
山东省曲阜市自来水公司	370881	中型	110	国有	50	县
曲阜市供电公司	370881	中型	110	国有	50	县
曲阜市造纸厂	370881	中型	120	集体	63	乡
山东裕隆矿业集团有限公司	370881	大型	151	国有独资公司	50	县
曲阜圣阳电源实业有限公司	370881	中型	159	其他有限责任公司	50	县
山东三孔集团有限公司	370881	中型	110	国有	50	县
山东圣旺集团总公司	370881	中型	160	股份有限公司	50	县
中国轻骑集团曲阜活塞厂	370881	中型	110	国有	50	县
鲁中冶金矿山公司	371202	大型	110	国有	10	中央
山东九龙实业集团公司	371203	中型	120	集体	50	县
莱芜钢铁集团有限公司	371203	大型	151	国有独资公司	20	省
山东煤矿莱芜机械厂	371202	中型	110	国有	20	省
莱芜市纺织厂	371202	大型	120	集体	50	县
莱芜市第二染织厂	371202	中型	120	集体	50	县
莱芜市振华实业集团公司	371202	中型	120	集体	50	县
山东人民印刷厂	371202	中型	110	国有	20	省
山东泰山钢铁有限公司	371202	大型	159	其他有限责任公司	40	地区
莱芜市圣龙印务有限公司	371202	中型	159	其他有限责任公司	40	地区
山东省莱芜市棉纺织厂	371202	大型	120	集体	63	乡
莱芜连云建材集团总厂	371202	中型	160	股份有限公司	40	地区
山东泰山造纸厂	371202	大型	120	集体	63	乡
莱芜市槲林煤矿	371202	中型	110	国有	40	地区
山东省莱芜市辛庄煤矿	371202	中型	120	集体	63	乡
山东华冠集团有限责任公司	371202	中型	159	其他有限责任公司	40	地区
山东广寒宫集团有限公司	371202	大型	159	其他有限责任公司	40	地区
山东莱芜钢城宏强企业集团有限公司	371203	中型	160	股份有限公司	50	县
莱芜市汶河化工厂	371202	中型	120	集体	63	乡
莱芜市橡胶集团公司	371202	中型	120	集体	50	县
山东九羊股份有限公司	371202	大型	120	集体	63	乡
山东明兴矿业集团	370982	中型	110	国有	50	县
新泰市四槐树煤矿	370982	中型	120	集体	63	乡
新泰市光明煤矿	370982	中型	120	集体	63	乡
新泰汶南煤矿	370982	中型	120	集体	63	乡
山东华耀玻璃纤维总厂	370982	中型	120	集体	63	乡
山东鲁能泰山电缆股份有限公司	370982	大型	160	股份有限公司	40	地区
山东省新泰市酿酒总厂	370982	中型	110	国有	50	县
山东万隆矿业集团有限公司	370982	中型	159	其他有限责任公司	50	县
新泰市汶河煤矿	370982	中型	120	集体	63	乡
山东鲁中酿酒总厂	370982	中型	120	集体	50	县

续表28

法人单位名称	行政区划代码(省地县码)	企业规模含义	登记注册类型	登记注册类型含义	隶属关系	隶属关系含义
山东升华玻璃股份有限公司	370982	中型	160	股份有限公司	50	县
泰山生力源集团玻璃有限公司	370982	中型	159	其他有限责任公司	40	地区
山东省电力线路器材厂	370982	中型	110	国有	10	中央
新泰市建新矿业集团	370982	中型	120	集体	63	乡
新泰市电力工业局	370982	中型	110	国有	50	县
新汶矿业集团有限责任公司	370982	大型	151	国有独资公司	20	省
新泰市热电厂	370982	中型	120	集体	50	县
新泰市九龙山煤矿	370982	中型	120	集体	63	乡
新泰市双高煤矿	370982	中型	120	集体	63	乡
新泰市矿山机械有限公司	370982	中型	159	其他有限责任公司	50	县
新泰市兰得染料化工有限公司	370982	中型	159	其他有限责任公司	50	县
新泰德泰锻造有限公司	370982	中型	159	其他有限责任公司	90	其他
山东青云起重机械制造有限公司	370982	中型	159	其他有限责任公司	90	其他
新泰市王家寨煤矿	370982	中型	110	国有	50	县
新泰市新汶色织布厂	370982	中型	120	集体	63	乡
新泰市赛特电磁线厂	370982	中型	110	国有	50	县
新泰市名公煤矿	370982	中型	120	集体	63	乡
青岛飞龙工艺品集团公司	370281	中型	120	集体	62	镇
青岛牧城门窗工业公司	370281	中型	120	集体	62	镇
青岛胶州长城建材集团公司	370281	中型	120	集体	50	县
胶州市供电公司	370281	中型	110	国有	50	县
青岛市胶州市水泥厂	370281	中型	174	私营有限股份公司	90	其他
胶州精锻齿轮厂	370281	中型	110	国有	50	县
青岛锻压机械集团公司	370281	中型	110	国有	40	地区
青岛东方铁塔股份有限公司	370281	中型	160	股份有限公司	90	其他
青岛衣东纺织有限公司	370281	中型	159	其他有限责任公司	50	县
诸城市兴创纺织有限公司	370782	中型	174	私营有限股份公司	90	其他
山东兰凤针织集团有限公司	370782	中型	310	中外合资经营	50	县
诸城市第二水泥厂	370782	中型	130	股份合作	63	乡
诸城市和生食品有限公司	370782	中型	130	股份合作	50	县
诸城市得利斯集团公司	370782	大型	310	中外合资经营	63	乡
山东省钟陶瓷集团股份有限公司	370782	中型	130	股份合作	50	县
北汽福田公司诸城汽车厂	370782	大型	160	股份有限公司	50	县
山东三工橡胶有限公司	370782	大型	159	其他有限责任公司	63	乡
诸城市供销纺织股份有限公司	370782	中型	130	股份合作	50	县
山东省诸城市开元机股份有限公司	370782	中型	130	股份合作	50	县
诸城市电力工业局	370782	大型	110	国有	50	县
诸城市四达工贸股份有限公司	370782	中型	130	股份合作	50	县
诸城市通力钢圈有限公司	370782	中型	159	其他有限责任公司	63	乡
山东泸河集团有限公司	370782	大型	159	其他有限责任公司	63	乡
山东隆泰水泥股份有限公司	370782	中型	159	其他有限责任公司	50	县
山东省诸城市康佛特机械电器股份有限公司	370782	中型	130	股份合作	50	县
诸城市淀粉股份有限公司	370782	中型	130	股份合作	63	乡

续表29

法人单位名称	行政区划代码(省地县码)	企业规模含义	登记注册类型	登记注册类型含义	隶属关系	隶属关系含义
山东高强紧固体股份有限公司	370782	中型	159	其他有限责任公司	50	县
诸城市桑莎制衣有限责任公司	370782	大型	310	中外合资经营	50	县
诸城市义和车桥有限公司	370782	中型	130	股份合作	50	县
诸城市新郎服饰有限责任公司	370782	大型	310	中外合资经营	50	县
诸城市天福酿酒厂	370782	中型	130	股份合作	50	县
诸城泰盛化工有限公司	370782	中型	310	中外合资经营	50	县
山东流芳纸业集团有限公司	370782	中型	120	集体	63	乡
诸城市曙光车桥有限责任公司	370782	中型	159	其他有限责任公司	50	县
临朐双利制衣有限公司	370724	中型	210	与港澳台商合资经营	90	其他
诸城市爱玲包袋服饰有限公司	370782	中型	171	私营独资	90	其他
莱阳市造纸厂	370682	中型	110	国有	50	县
山东莱动内燃机有限公司	370682	大型	110	国有	40	地区
山东莱阳重型机械厂	370682	中型	110	国有	40	地区
莱阳市棉纺厂	370682	中型	210	与港澳台商合资经营	63	乡
烟台汽车运输集团客车改装厂	370682	中型	110	国有	50	县
烟台汽车制造厂	370682	中型	110	国有	20	省
山东莱阳绢纺有限公司	370682	中型	110	国有	20	省
山东天府集团公司	370682	大型	120	集体	63	乡
山东龙大企业集团有限公司	370682	大型	159	其他有限责任公司	63	乡
山东鸿达建工集团	370682	中型	160	股份有限公司	63	乡
山东吉龙实业有限公司	370682	大型	310	中外合资经营	63	乡
山东三乐食品公司	370682	中型	120	集体	63	乡
山东莱阳信发集团公司	370682	中型	173	私营有限责任公司	90	其他
莱阳市新冷大食品有限公司	370682	中型	310	中外合资经营	50	县
山东莱阳春雪食品有限公司	370682	中型	159	其他有限责任公司	50	县
山东莱州市工业缝纫机厂	370683	中型	120	集体	50	县
山东莱州市试验机总厂	370683	中型	110	国有	50	县
莱州市电力公司	370683	中型	110	国有	50	县
莱州市橡塑厂	370683	中型	120	集体	63	乡
山东烟台轴瓦厂	370683	中型	110	国有	50	县
山东黄金矿业股份有限公司新城金矿	370683	中型	110	国有	20	省
山东省黄金集团公司焦家金矿	370683	中型	110	国有	20	省
莱州市莱东石材有限公司	370683	中型	171	私营独资	90	其他
莱州市滑石工业有限责任公司	370683	中型	159	其他有限责任公司	50	县
山东华证有限公司	370683	中型	130	股份合作	90	其他
山东鲁烟草莱州印务有限公司	370683	中型	159	其他有限责任公司	90	其他
山东环日集团总公司	370683	中型	120	集体	72	村委会
滕州市郭庄矿业有限责任公司	370481	中型	159	其他有限责任公司	50	县
滕州市东谷面粉有限公司	370481	中型	159	其他有限责任公司	50	县
山东益康集团公司	370481	中型	159	其他有限责任公司	63	乡
滕州市东郭水泥有限公司	370481	中型	173	私营有限责任公司	90	其他
颐中烟草集团有限公司滕州卷烟厂	370481	中型	110	国有	20	省
滕州市恒仁淀粉有限公司	370481	中型	173	私营有限责任公司	90	其他

续表30

法人单位名称	行政区划代码(省地县码)	企业规模含义	登记注册类型	登记注册类型含义	隶属关系	隶属关系含义
山东益康药业有限公司	370481	中型	159	其他有限责任公司	63	乡
山东省武所屯生建煤矿	370481	中型	110	国有	20	省
滕州市级翔集团级索煤矿	370481	中型	120	集体	50	县
枣庄市留庄煤业有限公司	370481	中型	110	国有	50	县
滕州市汇金煤矸石热电有限责任公司	370481	中型	159	其他有限责任公司	50	县
山东华棉纺织有限公司	370481	中型	159	其他有限责任公司	50	县
山东滕州市新源热电有限公司	370481	中型	159	其他有限责任公司	50	县
滕州市春蕾纸业有限公司	370481	中型	159	其他有限责任公司	63	乡
滕州市荆河酒业有限责任公司	370481	中型	159	其他有限责任公司	50	县
胶州市精细化工有限公司	370281	中型	173	私营有限责任公司	90	其他
华能威海发电有限责任公司	371004	中型	159	其他有限责任公司	90	其他
木工机械厂	371004	中型	120	集体	40	地区
宝源纺织集团有限责任公司	371004	中型	130	股份合作	40	地区
济南半导体总厂	370102	中型	110	国有	40	地区
济南市管道煤气公司	370102	中型	110	国有	40	地区
中国轻骑集团有限公司	370102	大型	151	国有独资公司	40	地区
山东小鸭集团有限责任公司	370102	大型	151	国有独资公司	40	地区
济南诚通纺织有限责任公司	370105	中型	159	其他有限责任公司	40	地区
济南天辰机器有限公司	370102	中型	173	私营有限责任公司	90	其他
山东大正实业(集团)有限公司	370112	中型	159	其他有限责任公司	90	其他
山东九阳小家电有限公司	370104	中型	173	私营有限责任公司	90	其他
山东三塑集团有限公司	370102	中型	159	其他有限责任公司	40	地区
济南二机床集团有限公司	370104	大型	151	国有独资公司	40	地区
济南农工商集团有限公司	370103	大型	151	国有独资公司	40	地区
山东峨嵋集团有限公司	370104	中型	130	股份合作	63	乡
山东通联信息产业集团有限公司	370112	中型	159	其他有限责任公司	40	地区
济南四五六有限责任公司	370112	中型	159	其他有限责任公司	40	地区
济南山水集团有限公司	370113	大型	151	国有独资公司	40	地区
济南三爱富氟化工有限公司	370105	中型	110	国有	40	地区
齐鲁考格尔集团有限公司	370105	大型	159	其他有限责任公司	40	地区
山东华光日化集团有限公司	370112	中型	151	国有独资公司	40	地区
青岛双鲸药业有限公司	370202	中型	159	其他有限责任公司	40	地区
青岛益青印刷包装厂	370205	中型	130	股份合作	40	地区
青岛双蝶集团股份有限公司	370203	中型	160	股份有限公司	40	地区
青岛中大集团股份有限公司	370205	中型	160	股份有限公司	40	地区
青岛国风药业股份有限公司	370211	大型	160	股份有限公司	40	地区
青岛昌华集团股份有限公司	370285	中型	160	股份有限公司	40	地区
青岛变压器集团有限公司	370214	大型	159	其他有限责任公司	50	县
颐中烟草(集团)有限公司	370203	大型	151	国有独资公司	10	中央
青岛亿路发集团有限公司	370214	中型	159	其他有限责任公司	61	街道
青岛电脑刺绣机总厂	370213	中型	130	股份合作	40	地区
青岛石墨股份有限公司	370285	中型	160	股份有限公司	40	地区
青岛同和空调设备股份有限公司	370283	中型	160	股份有限公司	61	街道

续表 31

法人单位名称	行政区划代码(省地县码)	企业规模含义	登记注册类型	登记注册类型含义	隶属关系	隶属关系含义
青岛海王纸业股份有限公司	370284	大型	160	股份有限公司	50	县
青岛琅琊台酒业(集团)股份有限公司	370284	中型	160	股份有限公司	50	县
青岛食品股份有限公司	370202	中型	160	股份有限公司	40	地区
青岛天丰造纸有限公司	370203	中型	120	集体	40	地区
青岛即发集团股份有限公司	370282	大型	160	股份有限公司	50	县
青岛啤酒集团有限公司	370202	大型	159	其他有限责任公司	40	地区
青岛三恩集团有限公司	370214	大型	310	中外合资经营	40	地区
青岛益和电气设备股份有限公司	370211	中型	160	股份有限公司	72	村委会
青岛国人科技股份有限公司	370203	中型	160	股份有限公司	50	县
青岛灵山船业股份有限公司	370284	中型	160	股份有限公司	50	县
青岛中能电线电缆制造有限公司	370213	中型	173	私营有限责任公司	90	其他
青岛茂源金属制品有限公司	370211	中型	173	私营有限责任公司	90	其他
青岛亨达集团有限公司	370282	中型	159	其他有限责任公司	61	街道
即墨市山前新国际集团公司	370282	中型	172	私营合伙	72	村委会
青岛胡氏集团有限公司	370282	中型	173	私营有限责任公司	90	其他
青岛好事中制衣有限公司	370282	中型	173	私营有限责任公司	90	其他
青岛红妮制衣有限公司	370282	中型	173	私营有限责任公司	90	其他
青岛美高集团有限公司	370214	中型	173	私营有限责任公司	90	其他
青岛红福集团有限公司	370214	中型	173	私营有限责任公司	90	其他
青岛东方工业品制造有限公司	370284	中型	159	其他有限责任公司	90	其他
青岛海魂鞋业有限公司	370284	中型	159	其他有限责任公司	50	县
青岛啤酒第五有限公司	370212	中型	159	其他有限责任公司	40	地区
青岛汉缆集团有限公司	370212	中型	120	集体	72	村委会
青岛特种汽车集团公司	370214	大型	120	集体	61	街道
青岛良木健厚木业有限公司	370214	中型	159	其他有限责任公司	90	其他
青岛浩大实业有限公司	370214	中型	160	股份有限公司	90	其他
青岛佳元水产有限公司	370214	中型	160	股份有限公司	61	街道
山东中联包装集团总公司	371302	中型	120	集体	63	乡
山东金锣企业集团总公司	371302	大型	159	其他有限责任公司	63	乡
淄博松竹铝材有限公司	370302	中型	120	集体	62	镇
淄博龙都卫生瓷厂	370302	中型	120	集体	62	镇
淄博顺风电源有限公司	370302	中型	173	私营有限责任公司	90	其他
山东淄博板纸股份有限公司	370324	中型	160	股份有限公司	61	街道
山东三玉集团有限公司	370324	中型	159	其他有限责任公司	61	街道
烟台首钢东星(集团)公司	370611	大型	110	国有	20	省
山东丽鹏包装有限公司	370612	中型	173	私营有限责任公司	90	其他
烟台市精密铜管有限公司	370613	中型	159	其他有限责任公司	90	其他
莱州市盐业集团有限责任公司	370683	中型	159	其他有限责任公司	50	县
莱州金兴化工有限责任公司	370683	中型	159	其他有限责任公司	50	县
莱州金仓矿业有限公司	370683	中型	159	其他有限责任公司	50	县
山东省莱州工艺品集团有限责任公司	370683	中型	159	其他有限责任公司	50	县
莱州市永丰造纸机械有限公司	370683	中型	130	股份合作	63	乡

续表 32

法人单位名称	行政区划代码(省地县码)	企业规模含义	登记注册类型	登记注册类型含义	隶属关系	隶属关系含义
青岛地恩地机电科技股份有限公司莱州电气分公司	370683	中型	173	私营有限责任公司	90	其他
烟台市牟平东方化工厂	370612	中型	110	国有	50	县
烟台有色金属集团有限公司	370602	大型	110	国有	40	地区
烟台东方电子信息产业集团有限公司	370602	大型	151	国有独资公司	40	地区
烟台环球机床附件有限公司	370602	中型	110	国有	40	地区
烟台钢铁企业集团公司	370602	中型	110	国有	20	省
烟台张裕集团有限公司	370602	大型	151	国有独资公司	40	地区
山东宏兴集团总公司	370683	中型	159	其他有限责任公司	63	乡
莱州市环日橡塑厂	370683	中型	120	集体	72	村委会
莱州市海源碱业有限责任公司	370683	中型	159	其他有限责任公司	50	县
山东罗欣药业股份有限公司	371311	中型	160	股份有限公司	50	县
临沂市科能电池有限公司	371311	中型	190	其他内资	90	其他
临沂市兴华水泥厂	371312	中型	171	私营独资	90	其他
威海同泰实业集团	371003	中型	210	与港澳台商合资经营	40	地区
海轮橡胶制品有限公司	371004	中型	159	其他有限责任公司	90	其他
山东华新海大海洋生物股份公司	371003	中型	160	股份有限公司	40	地区
山东钢山酒业集团有限公司	370883	中型	159	其他有限责任公司	50	县
临朐县供电公司	370724	中型	110	国有	50	县
潍坊市金河食品有限公司	370703	中型	173	私营有限责任公司	90	其他
山东裕源集团有限公司	370783	中型	174	私营有限股份公司	50	县
东阿东昌水泥有限公司	371524	中型	159	其他有限责任公司	50	县
淄博北金矿业有限公司	370305	中型	120	集体	72	村委会
雄鹰集团公司	370306	中型	110	国有	50	县
淄博新力塑编有限公司	370323	中型	159	其他有限责任公司	50	县
淄博制丝厂(鲁梅丝业)	370306	中型	110	国有	20	省
淄博得益乳业有限公司	370303	中型	159	其他有限责任公司	40	地区
山东飞天丝绸有限公司	370306	中型	159	其他有限责任公司	20	省
山东临工挖掘机有限责任公司	371301	中型	159	其他有限责任公司	40	地区
青岛双星集团瀚海鞋业有限公司	371323	中型	120	集体	63	乡
山东省蒙阴棉纺织有限公司	371328	中型	159	其他有限责任公司	50	县
山东恒星集团有限公司	370306	中型	159	其他有限责任公司	72	村委会
山东宏河矿业集团有限公司	370883	大型	110	国有	50	县
山东旭洋机械股份有限公司	371301	中型	130	股份合作	40	地区
青岛啤酒荣成公司	371082	中型	159	其他有限责任公司	50	县
山东雅禾纺织股份有限公司	371301	大型	151	国有独资公司	40	地区
山东省文登市双力板簧(集团)有限公司	371081	中型	160	股份有限公司	63	乡
兖州市康泰药业有限公司	370882	中型	174	私营有限股份公司	62	镇
山东鲁强电缆集团股份有限公司	370881	中型	160	股份有限公司	50	县
山东双吉集团公司	370685	中型	159	其他有限责任公司	50	县
新力热电有限公司	371004	中型	220	与港澳台商合作经营	90	其他
山东临沂工程机械股份有限公司	371301	大型	160	股份有限公司	20	省
兖州市合金钢股份有限公司	370882	中型	160	股份有限公司	62	镇

续表 33

法人单位名称	行政区划代码(省地县码)	企业规模含义	登记注册类型	登记注册类型含义	隶属关系	隶属关系含义
临沂瑞地丝绸有限责任公司	371301	中型	159	其他有限责任公司	20	省
山东惠普矸石电力股份有限公司	370982	中型	160	股份有限公司	63	乡
淄博富丽华陶瓷有限公司	370302	中型	171	私营独资	90	其他
莘县雁宾酒业公司	371522	中型	160	股份有限公司	50	县
山东铝业股份有限公司	370303	大型	160	股份有限公司	10	中央
山东沂源鲁源水泥有限公司	370323	中型	159	其他有限责任公司	50	县
潍坊海化开发区福利塑料编织厂	370783	中型	120	集体	62	镇
华电国际电力股份有限公司	370103	大型	340	外商投资股份有限公司	10	中央
山东五洲电气股份有限公司	370705	中型	160	股份有限公司	40	地区
山东新光股份有限公司	371311	大型	160	股份有限公司	63	乡
山东祥和集团股份有限公司	370304	中型	160	股份有限公司	90	其他
山东美华瓷业集团股份有限公司	371311	中型	160	股份有限公司	63	乡
山东建筑机械股份有限公司	370103	中型	160	股份有限公司	40	地区
山东光力士集团股份有限公司	370323	中型	160	股份有限公司	50	县
山东电泵股份有限公司	370304	中型	160	股份有限公司	50	县
山东红日阿康化工股份有限公司	371301	大型	340	外商投资股份有限公司	40	地区
山东省三河口生建煤矿	370826	中型	110	国有	20	省
山东鲁阳股份有限公司	370323	中型	160	股份有限公司	62	镇
山东博泵科技股份有限公司	370304	中型	160	股份有限公司	50	县
山东永泰照明电器股份有限公司	370802	中型	160	股份有限公司	40	地区
山东博山通用机械股份有限公司	370304	中型	160	股份有限公司	90	其他
山东泰山生力源集团股份有限公司	370902	中型	160	股份有限公司	40	地区
淄博众晶巾被有限公司	370306	中型	159	其他有限责任公司	50	县
山东省田庄煤矿	370882	中型	110	国有	20	省
济南志友集团股份有限公司	370103	中型	160	股份有限公司	40	地区
山东齐鲁乙烯化工股份有限公司	370305	中型	160	股份有限公司	50	县
威海汇泉福利工业集团公司	371002	中型	160	股份有限公司	50	县
山东维尔纺织集团股份有限公司	370306	中型	160	股份有限公司	50	县
山东丽波日化股份有限公司	370705	中型	160	股份有限公司	40	地区
威海北洋电气集团股份有限公司	371001	大型	160	股份有限公司	40	地区
淄博鸿泰纺织有限公司	370306	中型	159	其他有限责任公司	50	县
山东皇冠陶瓷股份有限公司	370302	中型	160	股份有限公司	62	镇
淄博飞狮巾被有限公司	370306	中型	159	其他有限责任公司	50	县
中矿金业股份有限公司	370685	大型	159	其他有限责任公司	50	县
淄博旺达集团股份有限公司	370302	中型	160	股份有限公司	62	镇
山东中轩集团股份有限公司	370305	中型	160	股份有限公司	50	县
山东齐鲁电机制造有限公司	370102	中型	110	国有	20	省
淄博华天轴承集团	370321	中型	159	其他有限责任公司	50	县
山东鲁新毛纺织股份有限公司	370982	中型	160	股份有限公司	63	乡
山大鲁能信息科技有限公司	370112	中型	159	其他有限责任公司	40	地区
临沂财源钢铁有限公司	371312	中型	173	私营有限责任公司	90	其他
潍坊荣泰纺织有限公司	370703	中型	173	私营有限责任公司	50	县
山东鲁能电力设备有限公司	370902	中型	159	其他有限责任公司	40	地区

续表 34

法人单位名称	行政区划代码(省地县码)	企业规模含义	登记注册类型	登记注册类型含义	隶属关系	隶属关系含义
中国人民解放军第4808工厂	370202	中型	110	国有	10	中央
中国人民解放军4808工厂军械修理厂	370205	中型	110	国有	10	中央
临沂金罗电池有限公司	371311	中型	173	私营有限责任公司	90	其他
济南高新技术创业服务中心	370112	中型	190	其他内资	40	地区
山东海源盐化集团有限公司	370783	大型	159	其他有限责任公司	50	县
山东省邱集煤矿	371425	中型	110	国有	20	省
威海啤酒集团	371002	中型	110	国有	50	县
济南华丰纺织有限公司	370105	中型	210	与港澳台商合资经营	40	地区
山东松下映像产业有限公司	370102	中型	310	中外合资经营	40	地区
西门子变压器有限公司	370103	中型	310	中外合资经营	40	地区
济南大鲁阁织染工业有限公司	370105	中型	230	港澳台商独资	90	其他
济南亨通制笔有限公司	370104	中型	210	与港澳台商合资经营	40	地区
济南东港安全印务有限公司	370112	中型	210	与港澳台商合资经营	50	县
济南含章印务有限公司	370112	中型	330	外资企业	90	其他
济南台有玻璃制品有限公司	370112	中型	220	与港澳台商合作经营	63	乡
山东华美照明电器有限公司	370112	中型	310	中外合资经营	40	地区
章丘华明水泥有限公司	370181	中型	159	其他有限责任公司	50	县
济南圣泉海沃斯化工有限公司	370181	中型	310	中外合资经营	63	乡
济南市卢堡麦芽有限公司	370113	中型	210	与港澳台商合资经营	63	乡
济南华玫服装有限公司	370124	中型	310	中外合资经营	50	县
济南玫德铸造有限公司	370124	大型	310	中外合资经营	50	县
济阳县济北石化有限责任公司	370125	中型	159	其他有限责任公司	50	县
济南天一印务有限公司	370112	中型	210	与港澳台商合资经营	50	县
淄博华洋集团毛绒有限公司	370302	中型	210	与港澳台商合资经营	72	村委会
山东淄博汇源食品饮料有限公司	370323	中型	310	中外合资经营	50	县
沂源县供电公司	370323	中型	110	国有	50	县
淄博锦川建筑陶瓷有限公司	370302	中型	210	与港澳台商合资经营	90	其他
淄博泰峰陶瓷有限公司	370302	中型	310	中外合资经营	72	村委会
鲁泰纺织股份有限公司	370302	大型	340	外商投资股份有限公司	90	其他
淄博常鑫建筑陶瓷有限公司	370302	中型	310	中外合资经营	90	其他
淄博捷达建筑陶瓷有限公司	370303	中型	310	中外合资经营	72	村委会
淄博华港热电有限公司	370303	中型	220	与港澳台商合作经营	40	地区
淄博昌盛建筑陶瓷有限公司第一分公司	370303	中型	120	集体	62	镇
淄博万达建陶有限公司	370303	中型	120	集体	72	村委会
淄博万通建陶有限公司	370303	中型	120	集体	72	村委会
淄博美沣陶瓷有限公司	370303	中型	330	外资企业	90	其他
淄博金泉建筑陶瓷有限公司	370303	中型	120	集体	72	村委会
淄博长河建筑陶瓷有限公司	370303	中型	310	中外合资经营	90	其他
淄博齐银水泥有限公司	370305	中型	310	中外合资经营	50	县
淄博加华新材料资源有限公司	370305	中型	310	中外合资经营	50	县
淄博嘉周热电有限公司	370306	中型	310	中外合资经营	50	县
淄博华隆化纤有限公司	370306	中型	310	中外合资经营	72	村委会
淄博云涛纺织品有限公司	370321	中型	159	其他有限责任公司	50	县

续表 35

法人单位名称	行政区划代码(省地县码)	企业规模含义	登记注册类型	登记注册类型含义	隶属关系	隶属关系含义
淄博泰宝镭射金像有限公司	370321	中型	210	与港澳台商合资经营	62	镇
山东东岳化工有限公司	370321	中型	310	中外合资经营	62	镇
山东早春集团股份有限公司	370321	中型	160	股份有限公司	63	乡
淄博鑫胜热电有限公司	370302	中型	310	中外合资经营	50	县
淄博华意建筑陶瓷有限公司	370302	中型	210	与港澳台商合资经营	90	其他
淄博美林电子有限公司	370303	中型	210	与港澳台商合资经营	50	县
淄博华绵制衣有限公司	370304	中型	310	中外合资经营	50	县
淄博亚洲啤酒有限公司	370302	中型	310	中外合资经营	50	县
淄博罗成建筑陶瓷有限公司	370302	中型	210	与港澳台商合资经营	72	村委会
淄博飞龙建筑陶瓷有限公司	370302	中型	120	集体	72	村委会
淄博龙泉磁性材料有限公司	370302	中型	210	与港澳台商合资经营	90	其他
淄博华岳建筑陶瓷有限公司	370303	中型	310	中外合资经营	72	村委会
兆风陶瓷淄博青龙有限公司	370302	中型	210	与港澳台商合资经营	72	村委会
山东建设锦宏水泥有限公司	370304	中型	210	与港澳台商合资经营	40	地区
山东淄博锦宏水泥有限公司	370302	中型	210	与港澳台商合资经营	40	地区
淄博巨龙建筑陶瓷有限公司	370302	中型	310	中外合资经营	72	村委会
山东新风股份有限公司	370305	中型	160	股份有限公司	50	县
淄博泽沣建筑陶瓷有限公司	370303	中型	120	集体	72	村委会
山东嘉业日用制品有限公司	370306	中型	210	与港澳台商合资经营	90	其他
淄博旭沣陶瓷厂	370303	中型	210	与港澳台商合资经营	62	镇
山东宏信化工股份有限公司	370306	中型	340	外商投资股份有限公司	50	县
山东华狮啤酒有限公司	370323	中型	310	中外合资经营	50	县
淄博欧格登博汇热电有限公司	370321	中型	320	中外合作经营	62	镇
山东力华防水建材有限公司	370481	中型	210	与港澳台商合资经营	50	县
东营南里实业集团股份有限公司	370502	中型	160	股份有限公司	71	村委会
东营黄河口家具实业有限公司	370503	中型	210	与港澳台商合资经营	50	县
东营胜利电化有限责任公司	370502	中型	159	其他有限责任公司	50	县
东营华德利玻璃棉制品有限公司	370521	中型	210	与港澳台商合资经营	50	县
山东驰中食品有限公司	370523	中型	173	私营有限责任公司	90	其他
烟台中萃包装有限公司	370602	中型	310	中外合资经营	40	地区
烟台龙凤钢琴有限公司	370611	中型	210	与港澳台商合资经营	40	地区
烟台华润锦纶有限公司	370611	中型	210	与港澳台商合资经营	40	地区
烟台正海集团有限公司	370611	中型	210	与港澳台商合资经营	40	地区
蓬莱三菱制锁有限公司	370684	中型	210	与港澳台商合资经营	50	县
烟台科耐思电子有限公司	370613	中型	310	中外合资经营	90	其他
莱州市永丰塑料有限公司	370683	中型	210	与港澳台商合资经营	63	乡
烟台金岛渔具有限公司	370612	中型	210	与港澳台商合资经营	72	村委会
烟台三菱水泥有限公司	370686	中型	310	中外合资经营	40	地区
烟台华新包装有限公司	370611	中型	210	与港澳台商合资经营	40	地区
烟台渤海热电有限公司	370602	中型	220	与港澳台商合作经营	20	省
烟台黄海热电有限公司	370602	中型	210	与港澳台商合资经营	20	省
烟台荣昌制药有限公司	370611	中型	330	外资企业	90	其他
烟台西蒙西轴承有限公司	370611	中型	210	与港澳台商合资经营	40	地区

续表36

法人单位名称	行政区划代码(省地县码)	企业规模含义	登记注册类型	登记注册类型含义	隶属关系	隶属关系含义
烟台远星塑料机械有限公司	370685	中型	160	股份有限公司	63	乡
山东日冷食品有限公司	370611	中型	310	中外合资经营	20	省
烟台鲁银药业有限公司	370602	中型	210	与港澳台商合资经营	40	地区
烟台啤酒朝日有限公司	370602	中型	210	与港澳台商合资经营	40	地区
烟台中策橡胶有限公司	370602	中型	210	与港澳台商合资经营	40	地区
烟台霍富汽车锁有限公司	370611	中型	310	中外合资经营	40	地区
海阳林娜针毛织品有限公司	370687	中型	210	与港澳台商合资经营	90	其他
蓬莱昌盛水泥有限公司	370684	中型	210	与港澳台商合资经营	63	乡
烟台新牟电缆有限公司	370612	中型	310	中外合资经营	72	村委会
烟台和兴产业有限公司	370613	中型	330	外资企业	90	其他
招远金宝电子有限公司	370685	中型	210	与港澳台商合资经营	50	县
易特斯(烟台)精密纺织器械有限公司	370611	中型	330	外资企业	90	其他
烟台华鲁热电有限公司	370611	中型	210	与港澳台商合资经营	40	地区
大宇重工业(烟台)有限公司	370611	中型	330	外资企业	90	其他
龙口新龙食油有限公司	370681	中型	310	中外合资经营	50	县
烟台铁姆肯有限公司	370602	中型	330	外资企业	90	其他
莱阳恒润食品有限公司	370682	中型	210	与港澳台商合资经营	63	乡
烟台宝桥锦宏水泥有限公司	370686	中型	210	与港澳台商合资经营	63	乡
龙口市鸿雁龙泰水泥有限公司	370681	中型	210	与港澳台商合资经营	72	村委会
莱阳市永昌食品有限公司	370682	中型	210	与港澳台商合资经营	63	乡
龙口复发中记冷藏有限公司	370681	中型	330	外资企业	90	其他
山东巴通您电器有限公司	370612	中型	310	中外合资经营	90	其他
蓬莱新光颜料化工有限公司	370684	中型	310	中外合资经营	63	乡
烟台三和高分子有限公司	370612	中型	330	外资企业	90	其他
莱州市鲁达轿车配件有限公司	370683	中型	310	中外合资经营	50	县
烟台海达毛纺织有限公司	370687	中型	310	中外合资经营	50	县
和光(烟台)金属制品有限公司	370687	中型	330	外资企业	90	其他
烟台宇成电机有限公司	370612	中型	330	外资企业	90	其他
烟台万斯特有限公司	370682	中型	210	与港澳台商合资经营	50	县
烟台来福士海洋工程有限公司	370602	中型	310	中外合资经营	40	地区
烟台荏原空调设备有限公司	370611	中型	310	中外合资经营	40	地区
烟台锦宏纸业有限公司	370687	中型	210	与港澳台商合资经营	50	县
莱州市三力汽车配件有限公司	370683	中型	310	中外合资经营	63	乡
烟台华东变压器有限公司	370611	中型	330	外资企业	90	其他
烟台胜地汽车零部件制造有限公司	370611	中型	230	港澳台商独资	90	其他
龙口东立电线电缆有限公司	370681	中型	210	与港澳台商合资经营	63	乡
烟台世林电子有限公司	370612	中型	330	外资企业	90	其他
龙口海盟机械有限公司	370681	中型	310	中外合资经营	90	其他
烟台海圣变压器有限公司	370612	中型	210	与港澳台商合资经营	63	乡
烟台日新玻璃有限公司	370602	中型	230	港澳台商独资	90	其他
莱阳鲁花浓香花生油有限公司	370682	大型	210	与港澳台商合资经营	63	乡
烟台北海食品有限公司	370682	中型	330	外资企业	90	其他
莱州市华汽(集团)机械有限公司	370683	中型	310	中外合资经营	50	县

续表 37

法人单位名称	行政区划代码(省地县码)	企业规模含义	登记注册类型	登记注册类型含义	隶属关系	隶属关系含义
莱州鲁源汽车配件有限公司	370683	中型	330	外资企业	90	其他
莱州大光明铅笔芯有限公司	370683	中型	210	与港澳台商合资经营	72	村委会
燕京啤酒(莱州)有限公司	370683	中型	310	中外合资经营	50	县
烟台莱佛士船业有限公司	370602	中型	310	中外合资经营	40	地区
莱州市行星机械有限公司	370683	中型	310	中外合资经营	50	县
烟台大宇部品有限公司	370612	中型	310	中外合资经营	90	其他
山东龙口双龙化工有限公司	370681	中型	159	其他有限责任公司	90	其他
潍坊市大江企业集团有限公司	370784	中型	171	私营独资	90	其他
潍坊昱合畜禽有限公司	370703	中型	173	私营有限责任公司	90	其他
临朐好友棉织有限公司	370724	中型	210	与港澳台商合资经营	90	其他
潍坊金丝达实业有限公司	370786	中型	159	其他有限责任公司	90	其他
山东万兴集团	370782	中型	173	私营有限责任公司	90	其他
潍坊华港包装材料有限公司	370705	中型	210	与港澳台商合资经营	50	县
潍坊美城食品有限公司	370702	中型	310	中外合资经营	40	地区
潍坊特丽珂纺织有限公司	370705	中型	240	港澳台商投资股份有限公司	40	地区
潍坊宝威滤清器有限公司	370705	中型	310	中外合资经营	40	地区
潍坊港峰纺织有限公司	370705	中型	210	与港澳台商合资经营	72	村委会
山东茂德皮革集团有限公司	370724	中型	210	与港澳台商合资经营	50	县
潍坊风筝门窗股份有限公司	370724	中型	160	股份有限公司	72	村委会
潍坊永昌食品工业有限公司	370725	中型	310	中外合资经营	50	县
潍坊乐富塑料制品有限公司	370725	中型	210	与港澳台商合资经营	90	其他
潍坊乐港食品股份有限公司	370725	大型	240	港澳台商投资股份有限公司	90	其他
昌乐宝都塑料有限公司	370725	中型	310	中外合资经营	90	其他
昌邑大有印染织造有限公司	370786	中型	310	中外合资经营	90	其他
潍坊昌进织造有限公司	370786	中型	173	私营有限责任公司	90	其他
高密市三真皮革服装有限公司	370785	中型	320	中外合作经营	90	其他
高密亚泰木业有限公司	370785	中型	230	港澳台商独资	90	其他
青州尧王制药有限公司	370781	中型	210	与港澳台商合资经营	90	其他
青州华裕纸业有限公司	370781	中型	159	其他有限责任公司	50	县
青州瑞化科技造纸有限公司	370781	中型	210	与港澳台商合资经营	50	县
青州新华包装制品有限公司	370781	中型	210	与港澳台商合资经营	50	县
诸城华日粉末冶金有限公司	370782	中型	310	中外合资经营	50	县
山东仁木食品有限公司	370782	中型	330	外资企业	50	县
寿光万龙汽车车身制造有限公司	370783	中型	210	与港澳台商合资经营	90	其他
山东海化股份有限公司	370783	大型	160	股份有限公司	40	地区
潍坊宏达发制品有限公司	370783	中型	310	中外合资经营	63	乡
山东晨鸣纸业集团股份有限公司	370783	大型	340	外商投资股份有限公司	50	县
小松山推工程机械有限公司	370802	中型	310	中外合资经营	40	地区
济宁中银电化有限公司	370802	中型	210	与港澳台商合资经营	40	地区
山东银河德普胶带有限公司	370882	中型	310	中外合资经营	62	镇
兖州嘉隆实业有限公司	370882	中型	210	与港澳台商合资经营	50	县

续表 38

法人单位名称	行政区划代码(省地县码)	企业规模含义	登记注册类型	登记注册类型含义	隶属关系	隶属关系含义
金乡金利纺织有限公司	370828	中型	210	与港澳台商合资经营	50	县
大宇水泥(山东)有限公司	370831	中型	330	外资企业	90	其他
泰安永佳塑料有限公司	370902	中型	210	与港澳台商合资经营	40	地区
泰安泰伟食品有限公司	370902	中型	210	与港澳台商合资经营	90	其他
肥城阿斯德化工有限公司	370983	中型	310	中外合资经营	50	县
山东省吉明美工业有限公司	370983	中型	310	中外合资经营	90	其他
泰安泰山亚细亚食品有限公司	370902	中型	210	与港澳台商合资经营	61	街道
泰安华鲁机械有限公司	370902	中型	220	与港澳台商合作经营	40	地区
新泰肯特高尔夫用品有限公司	370982	中型	210	与港澳台商合资经营	63	乡
威海永柏革制品有限公司	371081	中型	330	外资企业	90	其他
豪顿华工程有限公司	371004	中型	210	与港澳台商合资经营	90	其他
大宇电子有限公司	371004	中型	310	中外合资经营	90	其他
威海大华木业有限公司	371002	中型	330	外资企业	90	其他
东泉服装有限公司	371004	中型	330	外资企业	90	其他
山东三星电子有限公司	371003	中型	310	中外合资经营	40	地区
威东日食品有限公司	371004	中型	310	中外合资经营	90	其他
威海鸣球毛纺织有限公司	371001	中型	220	与港澳台商合作经营	40	地区
东源食品有限公司	371004	中型	330	外资企业	90	其他
威海英特普电子有限公司	371003	中型	330	外资企业	40	地区
威海高新大宇电子公司	371003	中型	310	中外合资经营	40	地区
泓林电子有限公司	371004	中型	330	外资企业	90	其他
荣成市荣达橡胶制品有限公司	371082	中型	120	集体	71	居委会
中水荣成渔业钢丝绳厂	371082	中型	110	国有	10	中央
山东院夼实业集团有限公司	371082	中型	159	其他有限责任公司	90	其他
荣成市橡胶厂	371082	大型	160	股份有限公司	50	县
荣成市海都食品有限公司	371082	中型	310	中外合资经营	90	其他
文登威力工具集团公司	371081	中型	220	与港澳台商合作经营	50	县
文登市伊甸电子公司	371081	中型	330	外资企业	90	其他
威海宏昆食品有限公司	371081	中型	310	中外合资经营	50	县
文登天马皮包有限公司	371081	中型	330	外资企业	90	其他
文登伊康纤维有限公司	371081	中型	330	外资企业	90	其他
文登兆文减震器有限公司	371081	中型	210	与港澳台商合资经营	62	镇
文登宝利渔具有限公司	371081	中型	210	与港澳台商合资经营	62	镇
文登星都工艺家具有限公司	371081	中型	330	外资企业	90	其他
文登太阳精工钓具有限公司	371081	中型	330	外资企业	90	其他
文登三吉电子有限公司	371081	中型	330	外资企业	90	其他
文登南阳电子公司	371081	中型	330	外资企业	90	其他
文登半岛渔具有限公司	371081	中型	330	外资企业	90	其他
文登宇光服装有限公司	371081	中型	320	中外合作经营	90	其他
文登东源织衫有限公司	371081	中型	330	外资企业	90	其他
华隆(乳山)食品工业有限公司	371083	中型	230	港澳台商独资	90	其他
乳山市爱丽特皮革制品有限公司	371083	中型	310	中外合资经营	62	镇
乳山正洋食品有限公司	371083	中型	310	中外合资经营	90	其他

续表 39

法人单位名称	行政区划代码(省地县码)	企业规模含义	登记注册类型	登记注册类型含义	隶属关系	隶属关系含义
黄海粮油工业(山东)有限公司	371102	中型	230	港澳台商独资	10	中央
日照三木木业股份有限公司	371102	中型	340	外商投资股份有限公司	90	其他
技宝电子有限公司	371102	中型	330	外资企业	90	其他
日照华泰食品有限公司	371102	中型	310	中外合资经营	90	其他
中国轻骑集团日照摩托车公司	371102	中型	110	国有	40	地区
日照市盛华水产集团	371102	中型	120	集体	71	居委会
山东洁晶集团股份有限公司	371102	中型	160	股份有限公司	40	地区
日照森博浆纸有限责任公司	371102	中型	151	国有独资公司	90	其他
山东金马工业集团股份有限公司	371102	中型	160	股份有限公司	40	地区
青岛啤酒(日照)有限公司	371102	中型	159	其他有限责任公司	40	地区
日照东升地毯有限公司	371102	中型	159	其他有限责任公司	40	地区
山东鼎新玻璃有限公司	371102	中型	159	其他有限责任公司	40	地区
日照信中食品有限公司	371122	中型	210	与港澳台商合资经营	50	县
山东莲山水泥股份有限公司	371121	中型	160	股份有限公司	50	县
滨州侨昌有限公司	371602	中型	210	与港澳台商合资经营	90	其他
山东华中琥珀啤酒有限公司	371626	中型	210	与港澳台商合资经营	50	县
滨州金汇玉米开发有限公司	371602	中型	210	与港澳台商合资经营	50	县
阳信瑞鑫毛制品有限公司	371622	中型	310	中外合资经营	63	乡
阳信长威电子有限公司	371622	中型	230	港澳台商独资	63	乡
乐陵金麒刹车片有限公司	371481	中型	110	国有	50	县
德州元济纺织有限公司	371401	中型	230	港澳台商独资	40	地区
乐陵乐港五金制品有限公司	371481	中型	130	股份合作	50	县
齐河晏子精密铸造有限公司	371425	中型	220	与港澳台商合作经营	50	县
德州沪平永发造纸有限公司	371426	中型	210	与港澳台商合资经营	50	县
德州皇明太阳能真空管有限公司	371403	中型	174	私营有限股份公司	40	地区
中外合资山东德州亚太空调设备有限公司	371402	中型	210	与港澳台商合资经营	90	其他
聊城市宏润印染公司	371502	中型	230	港澳台商独资	90	其他
山东临清联创实业有限公司	371581	中型	310	中外合资经营	50	县
高唐双龙养殖设备有限公司	371526	中型	330	外资企业	90	其他
临沂鑫鑫齿轮有限公司	371301	中型	220	与港澳台商合作经营	40	地区
临沂联合毛纺染织有限公司	371311	中型	210	与港澳台商合资经营	63	乡
山东沂滨水泥股份有限公司	371312	中型	160	股份有限公司	63	乡
山东沂光电子股份有限公司	371330	中型	160	股份有限公司	40	地区
临沂大林食品有限公司	371312	中型	310	中外合资经营	90	其他
鲁南制药股份有限公司	371301	大型	310	中外合资经营	40	地区
临沂市汽车齿轮厂	371311	中型	172	私营合伙	90	其他
临沂鲁能建筑陶瓷有限公司	371311	中型	210	与港澳台商合资经营	50	县
临沂顺达纺织有限公司	371311	中型	210	与港澳台商合资经营	63	乡
山东临沂华星集团有限公司	371311	中型	174	私营有限股份公司	90	其他
临沂市华太电池有限公司	371312	中型	210	与港澳台商合资经营	90	其他
山东恒通化工股份有限公司	371322	大型	160	股份有限公司	50	县
山东绿润食品有限公司	371327	中型	210	与港澳台商合资经营	50	县
蒙阴县银麦啤酒有限公司	371328	中型	210	与港澳台商合资经营	50	县

续表 40

法人单位名称	行政区划代码(省地县码)	企业规模含义	登记注册类型	登记注册类型含义	隶属关系	隶属关系含义
山东东盛食品有限公司	371329	中型	210	与港澳台商合资经营	90	其他
山东鲁奥钢构件制造有限公司	370103	中型	159	其他有限责任公司	90	其他
山东正大福瑞达制药有限公司	370102	中型	310	中外合资经营	90	其他
山东日照发电有限公司	371102	中型	320	中外合作经营	90	其他
齐鲁安替比奥制药有限公司	370112	中型	210	与港澳台商合资经营	90	其他
山东丰华食品有限公司	371102	中型	330	外资企业	90	其他
山东鲁能塑料五金制品有限公司	370113	中型	210	与港澳台商合资经营	50	县
枣庄市声望水泥有限公司	370402	中型	173	私营有限责任公司	90	其他
鑫润(临清)印染公司	371581	中型	230	港澳台商独资	50	县
山东天工纺织集团有限公司	371425	中型	171	私营独资	50	县
山东阜丰发酵有限公司	371327	中型	159	其他有限责任公司	50	县
龙口泰尔斯机械有限公司	370681	中型	310	中外合资经营	72	村委会
临沂盛能集团股份有限公司	371311	中型	160	股份有限公司	63	乡
山东胜邦鲁南农药有限公司	371301	中型	159	其他有限责任公司	40	地区
枣庄市石榴园水泥制造有限公司	370402	中型	173	私营有限责任公司	90	其他
肥城康王酒业有限公司	370983	中型	110	国有	50	县
济宁市恒松工程机械有限责任公司	370802	中型	173	私营有限责任公司	90	其他
济南民天面粉有限责任公司	370104	中型	151	国有独资公司	40	地区
济南试金集团有限公司	370104	中型	159	其他有限责任公司	40	地区
中国重型汽车集团有限公司	370105	大型	151	国有独资公司	40	地区
山东巨力管业有限公司	370705	中型	159	其他有限责任公司	50	县
安丘汶瑞机械制造有限公司	370784	中型	310	中外合资经营	50	县
青岛黑龙石墨有限公司	370283	中型	173	私营有限责任公司	90	其他
青岛宇龙海藻有限公司	370212	中型	210	与港澳台商合资经营	61	街道
青岛联合包装有限公司	370203	中型	310	中外合资经营	40	地区
青岛大明皮革有限公司	370281	中型	330	外资企业	90	其他
青岛大元纺织有限公司	370282	中型	310	中外合资经营	90	其他
青岛东城纤维有限公司	370282	中型	330	外资企业	90	其他
青岛北钢铸管有限公司	370214	中型	230	港澳台商独资	90	其他
青岛华龙包装有限公司	370282	中型	310	中外合资经营	90	其他
青岛吉明美机械制造有限公司	370285	中型	330	外资企业	90	其他
青岛大统纺织开发有限公司	370212	中型	320	中外合作经营	90	其他
青岛碧湾海产有限公司	370212	中型	210	与港澳台商合资经营	90	其他
青岛压花玻璃有限公司	370284	中型	310	中外合资经营	50	县
青岛畅达印染厂有限公司	370211	中型	210	与港澳台商合资经营	90	其他
青岛金华塑料有限公司	370281	中型	210	与港澳台商合资经营	40	地区
青岛高合有限公司	370211	中型	330	外资企业	90	其他
青岛东邦贵石贸易有限公司	370211	中型	330	外资企业	90	其他
青岛联谊木业有限公司	370281	中型	310	中外合资经营	90	其他
青岛可口可乐饮料有限公司	370212	中型	310	中外合资经营	40	地区
青岛雀巢有限公司	370285	中型	330	外资企业	90	其他
青岛东林毛皮有限公司	370284	中型	330	外资企业	90	其他
青岛海江鞋业有限公司	370282	中型	210	与港澳台商合资经营	40	地区

续表 41

法人单位名称	行政区划代码(省地县码)	企业规模含义	登记注册类型	登记注册类型含义	隶属关系	隶属关系含义
欧堡工业(青岛)有限公司	370281	中型	330	外资企业	90	其他
青岛嘉里植物油有限公司	370211	中型	310	中外合资经营	40	地区
固特异(青岛)工程橡胶有限公司	370205	中型	310	中外合资经营	50	县
青岛太阳玻璃实业有限公司	370211	中型	210	与港澳台商合资经营	90	其他
韩一华瑞纺织有限公司	370205	中型	310	中外合资经营	90	其他
青岛金王应用化学股份有限公司	370203	中型	240	港澳台商投资股份有限公司	90	其他
青岛韩日佛檀制品有限公司	370281	中型	330	外资企业	90	其他
青岛福进餐具有限公司	370281	中型	330	外资企业	90	其他
青岛宏泰空调器材有限公司	370214	中型	340	外商投资股份有限公司	90	其他
青岛格林玛特食品有限公司	370214	中型	330	外资企业	90	其他
青岛韩申工艺品有限公司	370214	中型	330	外资企业	90	其他
青岛同辉丽光蜡烛制品有限公司	370283	中型	310	中外合资经营	90	其他
青岛爱世给尔贸易有限公司	370211	中型	330	外资企业	90	其他
青岛顶益食品有限公司	370212	中型	230	港澳台商独资	90	其他
青岛富元电子有限公司	370214	中型	330	外资企业	90	其他
青岛藤华服装有限公司	370214	中型	330	外资企业	90	其他
青岛美金针织服装有限公司	370203	中型	330	外资企业	90	其他
青岛少林电子有限公司	370283	中型	330	外资企业	90	其他
英维思(青岛)控制器有限公司	370212	中型	330	外资企业	90	其他
青岛世映玩具有限公司	370282	中型	330	外资企业	90	其他
青岛松下部品(保税区)有限公司	370211	中型	310	中外合资经营	50	县
青岛基珀密封工业有限公司	370205	中型	310	中外合资经营	40	地区
青岛藤华纺织有限公司	370214	中型	310	中外合资经营	40	地区
加信氏(青岛)家庭用品公司	370205	中型	310	中外合资经营	40	地区
青岛正大有限公司	370214	大型	330	外资企业	90	其他
青岛托普顿电器有限公司	370214	中型	330	外资企业	90	其他
青岛颁布旅游用品有限公司	370203	中型	330	外资企业	90	其他
青岛新新体育用品有限公司	370212	中型	330	外资企业	90	其他
青岛交河塑料有限公司	370214	中型	330	外资企业	90	其他
青岛华仁玩具有限公司	370212	中型	330	外资企业	90	其他
青岛信宇皮革有限公司	370214	中型	330	外资企业	90	其他
青岛大星电子有限公司	370213	中型	330	外资企业	90	其他
青岛南涯电子有限公司	370211	中型	330	外资企业	90	其他
青岛南南有限公司	370213	中型	330	外资企业	90	其他
青岛三美电机有限公司	370211	大型	330	外资企业	90	其他
青岛星电电子有限公司	370213	中型	330	外资企业	90	其他
青岛荣花边有限公司	370213	中型	330	外资企业	90	其他
青岛成昌因特皮包有限公司	370285	中型	330	外资企业	90	其他
青岛韩周服装有限公司	370213	中型	330	外资企业	90	其他
青岛达中皮革制品有限公司	370282	中型	330	外资企业	90	其他
青岛嘉都丽时装有限公司	370213	中型	330	外资企业	90	其他
青岛德罗坤电子有限公司	370203	中型	330	外资企业	90	其他

续表 42

法人单位名称	行政区划代码(省地县码)	企业规模含义	登记注册类型	登记注册类型含义	隶属关系	隶属关系含义
青岛爱必思拉链有限公司	370213	中型	330	外资企业	90	其他
青岛高丽体育用品有限公司	370214	中型	330	外资企业	90	其他
青岛大农纺织有限公司	370214	中型	330	外资企业	90	其他
青岛三湖制鞋有限公司	370282	中型	330	外资企业	90	其他
青岛仁成人造毛皮有限公司	370213	中型	330	外资企业	90	其他
青岛罐头食品有限公司	370203	中型	330	外资企业	90	其他
青岛密友鞋业制品有限公司	370282	中型	330	外资企业	90	其他
青岛世原鞋业有限公司	370281	中型	330	外资企业	90	其他
青岛宝库光学有限公司	370214	中型	330	外资企业	90	其他
青岛三洋水产有限公司	370211	中型	230	港澳台商独资	90	其他
青岛信元服装有限公司	370285	中型	330	外资企业	90	其他
青岛大洋橡胶有限公司	370282	中型	330	外资企业	90	其他
青岛二和纤维有限公司	370285	中型	330	外资企业	90	其他
青岛艾斯开包装有限公司	370214	中型	330	外资企业	90	其他
青岛东星纤维有限公司	370214	中型	330	外资企业	90	其他
青岛双龙服装有限公司	370282	中型	330	外资企业	90	其他
青岛韩瑞橡胶有限公司	370214	中型	330	外资企业	90	其他
青岛绵花纤维有限公司	370285	中型	330	外资企业	90	其他
青岛菱东纺织有限公司	370211	中型	330	外资企业	90	其他
青岛英格尔钢塑制品有限公司	370282	中型	230	港澳台商独资	90	其他
青岛信五皮革有限公司	370281	中型	330	外资企业	90	其他
青岛心和服装有限公司	370284	中型	230	港澳台商独资	90	其他
青岛安普泰科电子有限公司	370214	大型	330	外资企业	90	其他
青岛东成高尔夫有限公司	370214	中型	330	外资企业	90	其他
丸久(青岛)时装有限公司	370282	中型	330	外资企业	90	其他
青岛韩信鞋业有限公司	370214	中型	330	外资企业	90	其他
青岛福生食品有限公司	370281	中型	330	外资企业	90	其他
青岛三莹电子有限公司	370283	中型	330	外资企业	90	其他
希杰(青岛)食品有限公司	370285	中型	330	外资企业	90	其他
青岛雅优益食品有限公司	370284	中型	330	外资企业	90	其他
青岛昌新鞋业有限公司	370281	中型	330	外资企业	90	其他
青岛三进电子有限公司	370283	中型	330	外资企业	90	其他
青岛三永鞋业有限公司	370281	中型	330	外资企业	90	其他
青岛大农服装有限公司	370214	中型	330	外资企业	90	其他
青岛大东电子有限公司	370283	中型	330	外资企业	90	其他
青岛大弘化纤有限公司	370284	中型	330	外资企业	90	其他
青岛泰庚鞋业有限公司	370281	中型	330	外资企业	90	其他
青岛泰光制鞋有限公司	370285	大型	330	外资企业	90	其他
青岛永元运动服装有限公司	370282	中型	330	外资企业	90	其他
青岛昌隆文具有限公司	370211	中型	320	中外合作经营	50	县
青岛中达化纤有限公司	370211	中型	310	中外合资经营	40	地区
即墨市大金家实业总公司	370282	中型	173	私营有限责任公司	90	其他
青岛韩一纺织有限公司	370205	中型	320	中外合作经营	40	地区

续表 43

法人单位名称	行政区划代码(省地县码)	企业规模含义	登记注册类型	登记注册类型含义	隶属关系	隶属关系含义
山东大洋食品集团有限公司	370281	中型	310	中外合资经营	90	其他
华能国际电力股份有限公司德州电厂	371401	大型	340	外商投资股份有限公司	90	其他
威海万丰奥威汽轮有限公司	371003	中型	159	其他有限责任公司	40	地区
烟台氨纶集团有限公司	370611	中型	160	股份有限公司	40	地区
烟台海洋水泥有限公司	370687	中型	171	私营独资	90	其他
山东万得集团有限公司	371081	中型	173	私营有限责任公司	90	其他
菏泽华瑞食品有限责任公司	371701	中型	159	其他有限责任公司	40	地区
龙口油泵油嘴股份有限公司	370681	中型	160	股份有限公司	50	县
龙口市长恒水泥有限公司	370681	中型	171	私营独资	90	其他
蓬莱市义利水泥有限公司	370684	中型	173	私营有限责任公司	90	其他
烟台中粮葡萄酿酒有限公司	370684	中型	159	其他有限责任公司	50	县
蓬莱金华纺织有限公司	370684	中型	159	其他有限责任公司	50	县
烟台宏源时装有限公司	370613	中型	330	外资企业	90	其他
龙口市广源食品有限公司	370681	中型	310	中外合资经营	63	乡
莱州鸿源台钳制作有限公司	370683	中型	230	港澳台商独资	90	其他
济南冠世时装有限公司	370105	中型	310	中外合资经营	40	地区
山东太古飞机工程有限公司	370112	中型	210	与港澳台商合资经营	40	地区
济南趵突泉酿酒有限责任公司	370112	中型	159	其他有限责任公司	50	县
济南康泰有限公司	370181	中型	159	其他有限责任公司	50	县
山东章丘发电有限责任公司	370181	中型	159	其他有限责任公司	50	县
山东中创软件工程股份有限公司	370102	中型	160	股份有限公司	40	地区
潍坊天昊巾被有限责任公司	370705	中型	159	其他有限责任公司	40	地区
潍坊盛泰药业有限公司	370725	中型	160	股份有限公司	90	其他
潍坊塑料建材有限公司	370724	中型	159	其他有限责任公司	90	其他
山东潍坊华润纺织有限公司	370705	中型	330	外资企业	90	其他
潍坊渤海水产综合开发公司	370703	中型	110	国有	50	县
潍坊市通用机械有限责任公司	370784	中型	159	其他有限责任公司	50	县
山东安丘奥宝化工有限公司	370784	中型	159	其他有限责任公司	50	县
山东润光液压科技股份有限公司	370781	中型	173	私营有限责任公司	90	其他
淄博多星电器集团有限责任公司	370306	中型	159	其他有限责任公司	50	县
淄博昆仑瓷器有限公司	370302	中型	173	私营有限责任公司	90	其他
淄博鲁宏公司	370302	中型	159	其他有限责任公司	90	其他
淄博市淄川耿瓷瓷化砖厂	370302	中型	171	私营独资	90	其他
淄博斯丹克陶瓷有限公司	370302	中型	173	私营有限责任公司	90	其他
山东临沂古城有限责任公司	371301	中型	159	其他有限责任公司	40	地区
苍山县泉山水泥有限公司	371324	中型	160	股份有限公司	50	县
山东古春酒业集团有限公司	371329	中型	110	国有	50	县
临沂市华丰化肥有限公司	371329	中型	159	其他有限责任公司	90	其他
临沂市金大地复合肥有限公司	371329	中型	159	其他有限责任公司	50	县
山东常林机械集团股份有限公司	371329	大型	159	其他有限责任公司	50	县
山东省莒南春园食品有限公司	371327	中型	159	其他有限责任公司	50	县
山东省蒙阴宏大纺织有限公司	371328	中型	159	其他有限责任公司	50	县
山东施可丰费县化工有限公司	371325	中型	120	集体	50	县

续表44

法人单位名称	行政区划代码(省地县码)	企业规模含义	登记注册类型	登记注册类型含义	隶属关系	隶属关系含义
山东靖海实业集团有限公司	371082	大型	160	股份有限公司	63	乡
山东蚵江水产总公司	371082	中型	120	集体	63	乡
威海市华埠集团有限公司	371081	中型	120	集体	62	镇
威海文隆电池有限公司	371081	中型	310	中外合资经营	90	其他
威海颐阳酒业有限公司	371081	中型	159	其他有限责任公司	50	县
山东华鹏玻璃股份有限公司	371082	中型	160	股份有限公司	50	县
山东凌志包装集团公司	370811	中型	130	股份合作	62	镇
山东济宁运河发电有限公司	370802	中型	159	其他有限责任公司	20	省
济宁碳素工业有限总公司	370811	中型	130	股份合作	62	镇
济宁张山水泥厂	370811	中型	130	股份合作	62	镇
兖州翔宇化纤纺织有限公司	370882	中型	160	股份有限公司	62	镇
山东太阳纸业股份有限公司	370882	大型	160	股份有限公司	62	镇
山东鲁中水泥厂	370831	中型	110	国有	50	县
山东省汶上县金成机械公司	370830	中型	171	私营独资	90	其他
山东梁山东岳挂车制造有限公司	370832	中型	173	私营有限责任公司	90	其他
山东梁山通亚汽车制造有限公司	370832	中型	173	私营有限责任公司	90	其他
德州常兴集团有限公司	371403	中型	173	私营有限责任公司	40	地区
德州市华北农机设备有限公司	371404	中型	159	其他有限责任公司	90	其他
山东省武城县滕翔玻璃钢集团	371428	中型	130	股份合作	90	其他
山东坤华集团有限公司	371425	中型	159	其他有限责任公司	90	其他
亚洲纺织(德州)有限公司	371482	中型	330	外资企业	90	其他
山东禹城市贺友集团公司	371482	中型	110	国有	50	县
泰安复发中记食品有限公司	370903	中型	330	外资企业	90	其他
山东鲁峰专用汽车有限责任公司	370902	中型	159	其他有限责任公司	20	省
泰安泰龙服饰发展有限责任公司	370902	大型	159	其他有限责任公司	40	地区
泰安鲁润水泥制造有限公司	370903	中型	130	股份合作	90	其他
山东鲁通线缆有限公司	370902	中型	159	其他有限责任公司	90	其他
泰安双丰化肥有限公司	370982	中型	159	其他有限责任公司	50	县
山东鲁能泰山矿业开发有限公司	370903	中型	159	其他有限责任公司	90	其他
泰安华兴纺织有限公司	370921	中型	159	其他有限责任公司	50	县
宁阳县华润纸业有限公司	370921	中型	159	其他有限责任公司	50	县
肥城市龙祥纺织有限公司	370983	中型	160	股份有限公司	50	县
新泰市富信玻纤制造有限公司	370982	中型	149	其他联营	50	县
新泰市绿宝啤酒有限公司	370982	中型	159	其他有限责任公司	50	县
新泰市韩庄煤矿	370982	中型	120	集体	63	乡
泰安市山口泉林纸业有限公司	370903	中型	159	其他有限责任公司	63	乡
泰安康平纳毛纺织有限公司	370902	中型	159	其他有限责任公司	40	地区
山东单县天元纸业有限公司	371722	中型	173	私营有限责任公司	50	县
成武县银翔棉纺织有限公司	371723	中型	160	股份有限公司	50	县
临清市康宏养殖有限责任公司	371581	中型	110	国有	50	县
山东金号织业有限公司	371523	中型	159	其他有限责任公司	50	县
冠县二棉纺织有限公司	371525	中型	159	其他有限责任公司	50	县
临清市鲁西棉纺织厂	371581	中型	142	集体联营	50	县

续表 45

法人单位名称	行政区划代码(省地县码)	企业规模含义	登记注册类型	登记注册类型含义	隶属关系	隶属关系含义
东营市大唐纺织印染有限责任公司	370523	中型	173	私营有限责任公司	90	其他
东营市金泽毛纺有限责任公司	370522	中型	159	其他有限责任公司	63	乡
滕州市华闻纸业有限责任公司	370481	中型	120	集体	72	村委会
青岛啤酒(薛城)有限公司	370403	中型	159	其他有限责任公司	50	县
枣庄市唤友水泥有限公司	370406	中型	171	私营独资	62	镇
山东王晁煤电集团有限公司	370405	中型	110	国有	50	县
惠民县电业局	371621	中型	110	国有	50	县
山东沾化明珠集团有限公司	371624	中型	120	集体	50	县
山东省博兴县华兴企业集团公司	371625	中型	110	国有	50	县
邹平县三星植物油厂	371626	中型	171	私营独资	90	其他
山东梁邹东升集团公司	371626	中型	120	集体	62	镇
山东省邹平广富钢铁集团有限公司	371626	中型	174	私营有限股份公司	90	其他
邹平县第二油棉有限责任公司	371626	中型	120	集体	50	县
邹平长星机器有限公司	371626	中型	171	私营独资	90	其他
日照华伟纺织有限公司	371102	中型	320	中外合作经营	90	其他
山东安旭机械制造有限公司	371121	中型	160	股份有限公司	62	镇
山东汇金股份有限公司	371202	中型	120	集体	63	乡
山东晨鸿电工有限责任公司	370305	中型	173	私营有限责任公司	62	镇
成武供电局	371723	中型	110	国有	50	县
菏泽黄河纺织有限公司	371726	中型	330	外资企业	50	县
山东富豪皮革集团公司	371083	中型	120	集体	50	县
乳山市大业金矿	371083	中型	110	国有	50	县
山东高泰鞋业股份有限公司	371083	中型	160	股份有限公司	62	镇
山东鹏程食品股份有限公司	371081	中型	160	股份有限公司	50	县
东方集团公司	370503	中型	120	集体	90	其他
荣成市俚岛水产有限公司	371082	中型	159	其他有限责任公司	63	乡
荣成市海达造船有限公司	371082	中型	159	其他有限责任公司	50	县
山东双兴集团有限公司	371082	中型	130	股份合作	63	乡
迪沙药业集团有限公司	371004	中型	159	其他有限责任公司	40	地区
威海市金泓化工集团有限公司	371002	中型	159	其他有限责任公司	90	其他
威海威高集团有限公司	371003	大型	159	其他有限责任公司	40	地区
荣成市荣喜渔业有限公司	371082	中型	130	股份合作	90	其他
乳山市海乐水产有限公司	371083	中型	310	中外合资经营	62	镇
枣庄华润纸业有限公司	370406	中型	230	港澳台商独资	50	县
山东省枣庄市联兴玻璃有限公司	370403	中型	159	其他有限责任公司	63	乡
枣庄市广顺针纺有限责任公司	370402	中型	120	集体	50	县
山东广信浆纸有限公司	370703	中型	159	其他有限责任公司	40	地区
山东清源集团有限公司	370305	中型	173	私营有限责任公司	62	镇
山东光明钨钼股份有限公司	370306	中型	160	股份有限公司	50	县
山东滨州华润纺织有限公司	371601	中型	210	与港澳台商合资经营	40	地区
山东巨菱股份有限公司	370902	中型	160	股份有限公司	40	地区
文登市东琦工具厂	371081	中型	120	集体	62	镇
威海西港水产集团公司	371003	中型	120	集体	40	地区

续表46

法人单位名称	行政区划代码(省地县码)	企业规模含义	登记注册类型	登记注册类型含义	隶属关系	隶属关系含义
山东凤凰制药有限公司	370522	中型	159	其他有限责任公司	50	县
山东基德纺织科技有限公司	371623	中型	159	其他有限责任公司	50	县
菏泽银河纺织有限责任公司	371701	中型	159	其他有限责任公司	40	地区
枣庄海扬纺织有限公司	370402	中型	173	私营有限责任公司	40	地区
山东鲁圣电力器材有限公司	371102	中型	173	私营有限责任公司	90	其他
商河县昌盛轻型车有限公司	370126	中型	159	其他有限责任公司	50	县
中国石油化工股份有限公司济南分公司	370102	中型	160	股份有限公司	10	中央
山东亚光纺织集团	371602	大型	110	国有	50	县
潍坊兰天纺织有限公司	370705	中型	159	其他有限责任公司	40	地区
潍坊新盛染织有限责任公司	370705	中型	159	其他有限责任公司	40	地区
山东大鱼岛集团有限公司	371082	大型	159	其他有限责任公司	63	乡
烟台大信药业有限公司	370602	中型	173	私营有限责任公司	90	其他
烟台联发水产有限公司	370611	中型	310	中外合资经营	40	地区
山东兰氏木业有限责任公司	370811	中型	173	私营有限责任公司	90	其他
济宁市任城区运河人造板厂	370811	中型	171	私营独资	90	其他
山东华金集团有限公司	370831	大型	173	私营有限责任公司	90	其他
山东利华益集团股份有限公司	370522	大型	160	股份有限公司	50	县
山东天幕集团总公司	370881	中型	120	集体	71	居委会
安丘福华食品有限公司	370784	中型	330	外资企业	90	其他
枣庄鲁王水泥制造有限公司	370402	中型	173	私营有限责任公司	90	其他
山东邹平北关实业总公司	371626	中型	120	集体	62	镇
山东菏达纸业有限公司	371727	中型	120	集体	63	乡
山东博莱特化纤有限公司	370784	中型	159	其他有限责任公司	50	县
安丘安泰玻璃有限公司	370784	中型	230	港澳台商独资	90	其他
临沂志同农机有限公司拖拉机厂	371311	中型	173	私营有限责任公司	72	村委会
华纺股份有限公司	371601	中型	160	股份有限公司	40	地区
枣庄市奥林水泥有限公司	370406	中型	172	私营合伙	62	镇
枣庄祥瑞针织制衣有限公司	370402	中型	173	私营有限责任公司	90	其他
烟台市喜望旺食品工业发展有限公司	370602	中型	159	其他有限责任公司	40	地区
潍坊曲轴厂	370784	中型	173	私营有限责任公司	90	其他
高唐县金兴企业集团总公司	371526	中型	160	股份有限公司	63	乡
山东淄博博汇实业总公司造纸厂	370321	大型	130	股份合作	62	镇
山东中际电工机械有限公司	370681	中型	171	私营独资	90	其他
青岛益青药用胶囊有限公司	370203	中型	159	其他有限责任公司	40	地区
青岛天元化工股份有限公司	370284	中型	160	股份有限公司	50	县
青岛海湾集团有限公司	370213	大型	151	国有独资公司	40	地区
迈可达(青岛)运动用品有限公司	370214	中型	320	中外合作经营	90	其他
青岛三钢电动工具有限公司	370282	中型	330	外资企业	90	其他
青岛金星矿业股份有限公司	370283	中型	160	股份有限公司	20	省
青岛星火纺织集团股份有限公司	370284	大型	160	股份有限公司	62	镇
青岛万福集团股份有限公司	370285	大型	160	股份有限公司	62	镇
青岛泛高服饰有限公司	370213	中型	330	外资企业	90	其他
青岛公交集团客车制修股份有限公司	370203	中型	160	股份有限公司	40	地区

续表 47

法人单位名称	行政区划代码(省地县码)	企业规模含义	登记注册类型	登记注册类型含义	隶属关系	隶属关系含义
山东省平度市利民水泥股份有限公司	370283	中型	160	股份有限公司	50	县
保赫曼(青岛)医用器材有限公司	370284	中型	310	中外合资经营	61	街道
青岛冷丰食品有限公司	370202	中型	330	外资企业	90	其他
青岛中泰化纤丝绸有限责任公司	370211	中型	159	其他有限责任公司	40	地区
青岛东光电子有限公司	370283	中型	330	外资企业	90	其他
青岛华青仪表(集团)有限公司	370283	中型	174	私营有限股份公司	90	其他
捷成地毯(青岛)有限公司	370282	中型	330	外资企业	90	其他
青岛胶洲裕富食品有限公司	370281	中型	330	外资企业	90	其他
青岛红星化工集团有限责任公司	370203	大型	151	国有独资公司	40	地区
青岛彗重人造毛皮有限公司	370214	中型	330	外资企业	90	其他
青岛胶南明月海藻工业有限责任公司	370284	中型	159	其他有限责任公司	50	县
胶南市星华金属制品有限公司	370284	中型	173	私营有限责任公司	90	其他
青岛振华工业集团有限公司	370284	中型	159	其他有限责任公司	72	村委会
青岛海威轮胎有限公司	370284	中型	160	股份有限公司	90	其他
青岛地恩地机械制造有限公司	370283	中型	173	私营有限责任公司	90	其他
青岛啤酒第三有限公司	370283	中型	160	股份有限公司	50	县
青岛巴龙特尔制衣有限公司	370283	中型	173	私营有限责任公司	90	其他
青岛光明轮胎制造有限公司	370283	中型	171	私营独资	90	其他
青岛海达石墨有限公司	370283	中型	171	私营独资	90	其他
青岛武晓制塔有限公司	370281	中型	173	私营有限责任公司	90	其他
青岛四洲电力设备有限公司	370281	中型	310	中外合资经营	61	街道
青岛丰昌制帽有限公司	370281	中型	230	港澳台商独资	90	其他
青岛马士基集装箱工业有限公司	370214	中型	330	外资企业	90	其他
中国石化齐鲁股份有限公司	370303	大型	160	股份有限公司	10	中央
上海通用东岳汽车有限公司	370611	中型	310	中外合资经营	40	地区
青岛圣美尔轻工品有限公司	370211	中型	330	外资企业	90	其他
青岛凤凰印染有限公司	370213	中型	159	其他有限责任公司	40	地区
青岛联大金羊鞋业有限公司	370211	中型	159	其他有限责任公司	40	地区
青岛中集冷藏箱制造有限公司	370281	中型	210	与港澳台商合资经营	90	其他
青岛中集集装箱制造有限公司	370281	中型	310	中外合资经营	90	其他
青岛圣达电力股份有限公司	370283	中型	160	股份有限公司	50	县
青岛青联股份有限公司	370213	中型	160	股份有限公司	40	地区
青岛东阳集团有限公司	370214	中型	173	私营有限责任公司	90	其他
青岛城建集团市政材料有限公司	370205	中型	159	其他有限责任公司	40	地区
青岛奥爱结橡胶有限公司	370214	中型	330	外资企业	90	其他
青岛宏大纺织机械有限责任公司	370205	中型	159	其他有限责任公司	10	中央
青岛华光电缆有限公司	370281	中型	159	其他有限责任公司	61	街道
青岛正得金属制品有限公司	370281	中型	160	股份有限公司	90	其他
青岛黄海轮胎有限公司	370281	中型	174	私营有限股份公司	90	其他
青岛浩源食品有限公司	370214	中型	159	其他有限责任公司	61	街道
青岛泰旭木业有限公司	370214	中型	171	私营独资	90	其他
青岛宏丰集团股份有限公司	370214	中型	160	股份有限公司	90	其他
青岛宏丰集团空调配件有限公司	370211	中型	159	其他有限责任公司	61	街道

续表48

法人单位名称	行政区划代码(省地县码)	企业规模含义	登记注册类型	登记注册类型含义	隶属关系	隶属关系含义
青岛金盛机械有限公司	370282	中型	173	私营有限责任公司	90	其他
青岛雪达集团有限公司	370282	中型	159	其他有限责任公司	90	其他
青岛金翔矿业集团	370283	中型	120	集体	62	镇
青岛广源发集团公司	370214	大型	120	集体	61	街道
青岛环球服装有限公司	370281	中型	120	集体	50	县
青岛欧特美交通设备有限公司	370212	中型	310	中外合资经营	90	其他
青岛成进不锈制品有限公司	370281	中型	330	外资企业	90	其他
青岛富信发品有限公司	370281	中型	230	港澳台商独资	90	其他
青岛华天车辆有限公司	370284	中型	310	中外合资经营	90	其他
青岛联创实业有限公司	370205	中型	159	其他有限责任公司	90	其他
青岛和力达电气有限公司	370205	中型	159	其他有限责任公司	90	其他
山东三利给水设备有限公司	370214	中型	173	私营有限责任公司	90	其他
青岛浮法玻璃有限公司	370284	中型	210	与港澳台商合资经营	50	县
青岛红领集团有限公司	370282	中型	173	私营有限责任公司	90	其他
青岛协成光学有限公司	370214	中型	330	外资企业	90	其他
青岛平度九联食品有限公司	370283	中型	159	其他有限责任公司	50	县
青岛高校软控股份有限公司	370211	中型	160	股份有限公司	90	其他
青岛市恒光热电有限公司	370284	中型	159	其他有限责任公司	62	镇
青岛富士万福食品有限公司	370285	中型	310	中外合资经营	90	其他
青岛海润电子有限公司	370281	中型	210	与港澳台商合资经营	90	其他
青岛釜纺电子有限公司	370214	中型	330	外资企业	90	其他
青岛德维集团有限公司	370284	中型	159	其他有限责任公司	50	县
海尔百汇(青岛)实业有限公司	370211	中型	310	中外合资经营	90	其他
青岛大河电子有限公司	370214	中型	330	外资企业	90	其他
海尔世纪(青岛)精密制品有限公司	370281	中型	210	与港澳台商合资经营	40	地区
诸城市大龙实业有限公司	370782	大型	310	中外合资经营	50	县
临沂海宇工贸有限公司	371311	中型	173	私营有限责任公司	90	其他
滕州市曹庄煤炭有限责任公司	370481	中型	159	其他有限责任公司	50	县
枣庄市承河水泥有限公司	370404	中型	159	其他有限责任公司	61	街道
青岛啤酒(滕州)有限公司	370481	中型	159	其他有限责任公司	50	县
山东双力集团股份有限公司	371502	大型	160	股份有限公司	40	地区
莒南县凤凰纺织有限责任公司	371327	中型	159	其他有限责任公司	50	县
山东青阜纺织印染有限公司	370786	中型	173	私营有限责任公司	90	其他
山东信诚化工股份有限公司	370481	中型	160	股份有限公司	50	县
宁津县鹏达集团有限责任公司	371422	中型	159	其他有限责任公司	50	县
山东都庆股份有限公司	371727	中型	160	股份有限公司	63	乡
临清市龙润纺织有限公司	371581	中型	173	私营有限责任公司	90	其他
恒华纺织有限公司	371427	中型	110	国有	50	县
新世纪枣泰水泥有限公司	370406	中型	159	其他有限责任公司	50	县
青岛啤酒(潍坊)有限公司	370705	中型	159	其他有限责任公司	40	地区
山东泰和东新股份有限公司	370902	中型	160	股份有限公司	40	地区
威海市印刷机械有限公司	371001	中型	159	其他有限责任公司	40	地区
山东龙口兴民车轮有限公司	370681	中型	159	其他有限责任公司	72	村委会

续表 49

法人单位名称	行政区划代码(省地县码)	企业规模含义	登记注册类型	登记注册类型含义	隶属关系	隶属关系含义
淄博东海服装有限公司	370324	中型	330	外资企业	50	县
山东孔府家集团有限公司	370881	中型	151	国有独资公司	50	县
济南盘龙山水泥有限责任公司	370112	中型	159	其他有限责任公司	50	县
诸城市中纺金旭纺织有限公司	370782	中型	159	其他有限责任公司	50	县
山东滨州京恋毛纺有限责任公司	371601	中型	159	其他有限责任公司	40	地区
环球木业有限公司	370684	中型	230	港澳台商独资	90	其他
山东滨州渤海活塞股份有限公司	371601	大型	160	股份有限公司	40	地区
山东现代达驰电工电气股份有限公司	371723	中型	160	股份有限公司	50	县
山东东方药业集团有限责任公司	370104	中型	159	其他有限责任公司	40	地区
青州市金龙布业有限公司	370781	中型	173	私营有限责任公司	90	其他
枣庄鲁棉纺织有限责任公司	370405	中型	173	私营有限责任公司	90	其他
曹县百隆纺织有限公司	371721	中型	174	私营有限股份公司	50	县
山东省和兴集团	370685	中型	173	私营有限责任公司	63	乡
山东红叶地毯集团公司	370724	中型	310	中外合资经营	90	其他
山东元易(集团)有限责任公司	370105	中型	159	其他有限责任公司	71	居委会
潍坊海天盐化有限公司	370703	中型	159	其他有限责任公司	90	其他
诸城市万年食品有限公司	370782	中型	173	私营有限责任公司	90	其他
东营金海织布有限责任公司	370522	中型	173	私营有限责任公司	63	乡
山东金塔王股份有限公司	370881	中型	159	其他有限责任公司	50	县
文登市庆发电子材料厂	371081	中型	120	集体	62	镇
山东中大空调设备有限公司	371403	中型	159	其他有限责任公司	40	地区
山东英克莱集团有限公司	370802	大型	151	国有独资公司	40	地区
菏泽泰龙化工有限公司	371702	中型	173	私营有限责任公司	50	县
山东凯加食品股份有限公司	370785	中型	310	中外合资经营	90	其他
泰安瑞泰纤维有限公司	370983	中型	310	中外合资经营	63	乡
菏泽龙燕化纤制造有限公司	371702	中型	159	其他有限责任公司	50	县
荣成市朱口渔业有限公司	371082	中型	160	股份有限公司	63	乡
山东黎明纺织有限公司	371421	大型	159	其他有限责任公司	50	县
山东兴创纸业集团有限公司	370782	中型	310	中外合资经营	63	乡
山东潍坊制药厂有限公司	370702	中型	159	其他有限责任公司	40	地区
中国石油化工股份有限公司齐鲁分公司	370305	大型	160	股份有限公司	10	中央
山东山推机械有限公司	370802	中型	159	其他有限责任公司	40	地区
济南含章印务有限公司济阳造纸厂	370125	中型	330	外资企业	90	其他
山东清华同方鲁颖电子有限公司	371321	中型	160	股份有限公司	50	县
山东六和集团有限公司临沂分公司	371302	中型	159	其他有限责任公司	90	其他
枣庄市富安煤炭有限公司	370481	中型	110	国有	50	县
枣庄市峄城区福兴煤矿	370404	中型	110	国有	50	县
山东高密市商羊神酒业有限公司	370785	中型	173	私营有限责任公司	90	其他
烟台耕宝电子有限公司	370613	中型	330	外资企业	90	其他
淄博兰骏纺织服装有限公司	370322	中型	159	其他有限责任公司	50	县
潍坊凯美食品有限公司	370705	中型	310	中外合资经营	40	地区
山东桓台博汇社会福利化工厂	370321	中型	120	集体	62	镇
山东华荣机械公司	370302	中型	130	股份合作	62	镇

续表50

法人单位名称	行政区划代码(省地县码)	企业规模含义	登记注册类型	登记注册类型含义	隶属关系	隶属关系含义
东平金马帘子布有限责任公司	370923	中型	120	集体	63	乡
山东寻山水产集团有限公司	371082	中型	159	其他有限责任公司	63	乡
济南化肥厂有限责任公司	370112	中型	159	其他有限责任公司	40	地区
山东谷神饲料集团有限公司	371421	中型	110	国有	50	县
中国石化胜利油田有限公司	370502	大型	159	其他有限责任公司	10	中央
兖州市晶冠玻璃有限公司	370882	中型	159	其他有限责任公司	50	县
鱼台县观茂纺织企业有限公司	370827	中型	310	中外合资经营	90	其他
文登市鑫成果蔬食品有限公司	371081	中型	159	其他有限责任公司	90	其他
山东省东阿县再生资源有限公司	371524	中型	173	私营有限责任公司	63	乡
山东只楚民营科技园股份有限公司	370602	中型	160	股份有限公司	90	其他
泰安市国利化工有限公司	370902	中型	159	其他有限责任公司	40	地区
潍坊恒安散热器有限公司	370784	中型	159	其他有限责任公司	50	县
河南正龙食品有限公司兖州分公司	370882	中型	160	股份有限公司	62	镇
莱州彩星包装材料有限公司	370683	中型	210	与港澳台商合资经营	72	村委会
青岛青力锅炉辅机有限公司	370281	中型	173	私营有限责任公司	90	其他
青岛胶南东佳纺机集团有限公司	370284	中型	120	集体	50	县
青岛海通车桥有限公司	370213	中型	159	其他有限责任公司	50	县
青岛绮丽佳荣制衣有限公司	370281	中型	210	与港澳台商合资经营	90	其他
青岛帝龙科技发展有限公司	370281	中型	120	集体	62	镇
青岛三和电子有限公司	370283	中型	330	外资企业	90	其他
山东省曹县恒信巾业有限公司	371721	中型	173	私营有限责任公司	50	县
威海魏桥纺织有限公司	371002	大型	159	其他有限责任公司	62	镇
潍坊凯信机械有限公司	370705	中型	173	私营有限责任公司	40	地区
日照日发车辆制造有限公司	371121	中型	159	其他有限责任公司	62	镇
沂水大地玉米开发有限公司	371323	中型	159	其他有限责任公司	63	乡
山东省方明药业有限公司	371728	中型	173	私营有限责任公司	50	县
潍坊银龙纺织有限公司	370725	中型	159	其他有限责任公司	50	县
淄博大桓九宝恩制革有限公司	370321	中型	210	与港澳台商合资经营	50	县
东阿县琳杰中密度板有限公司	371524	中型	173	私营有限责任公司	63	乡
荣成市海山机械制造有限公司	371082	中型	159	其他有限责任公司	90	其他
山东省郓城水浒酒业有限责任公司	371725	中型	159	其他有限责任公司	50	县
泰安泰山啤酒有限公司	370902	中型	210	与港澳台商合资经营	40	地区
枣庄市薛城锦辉机械铸钢厂	370403	中型	171	私营独资	90	其他
淄博强冠建陶有限公司	370302	中型	159	其他有限责任公司	72	村委会
烟台开发区新黄海钢铁有限公司	370611	中型	173	私营有限责任公司	40	地区
东营科英激光电子有限公司	370502	中型	159	其他有限责任公司	40	地区
山东聊城华润纺织有限公司	371502	中型	230	港澳台商独资	40	地区
山东华孟集团有限公司	371626	中型	173	私营有限责任公司	90	其他
泰安华塑建材有限公司	370903	中型	159	其他有限责任公司	90	其他
山东奥峰车辆有限公司	370783	中型	160	股份有限公司	50	县
山东鲁能积成股份有限公司	370112	中型	160	股份有限公司	40	地区
莒县东莞水泥有限公司	371122	中型	159	其他有限责任公司	62	镇
山东武城银河纺织有限公司	371428	中型	159	其他有限责任公司	50	县

续表 51

法人单位名称	行政区划代码(省地县码)	企业规模含义	登记注册类型	登记注册类型含义	隶属关系	隶属关系含义
山东泰山制丝有限责任公司	370902	中型	159	其他有限责任公司	20	省
昌邑市华裕丝绸有限责任公司	370786	中型	159	其他有限责任公司	50	县
潍坊海天棉纺有限公司	370786	中型	160	股份有限公司	50	县
山东省沂水县华明纸业有限责任公司	371323	中型	159	其他有限责任公司	90	其他
山东金信新型建材有限公司	371326	中型	151	国有独资公司	50	县
好当家集团有限公司	371082	大型	159	其他有限责任公司	63	乡
淄博龙泉管道工程有限公司	370304	中型	130	股份合作	90	其他
济宁鲁鑫油脂有限公司	370802	中型	173	私营有限责任公司	90	其他
潍坊华光精工设备有限公司	370705	中型	159	其他有限责任公司	40	地区
东平洲际泰亚麻纺织有限公司	370923	中型	210	与港澳台商合资经营	50	县
诸城市新星纸业有限公司	370782	中型	159	其他有限责任公司	50	县
烟台伟成食品有限公司	370612	中型	310	中外合资经营	90	其他
茌平县森森密度板有限公司	371523	中型	172	私营合伙	90	其他
山东太阳纸业股份有限公司鱼台分公司	370827	中型	160	股份有限公司	90	其他
山东九九有限公司	370802	中型	159	其他有限责任公司	90	其他
山东聊城蓝威化工有限公司	371502	中型	159	其他有限责任公司	40	地区
聊城金伟纺织品有限公司	371502	中型	159	其他有限责任公司	90	其他
将军经贸有限公司	370112	中型	159	其他有限责任公司	10	中央
曹县佳世通轮胎有限公司	371721	中型	230	港澳台商独资	50	县
山东沾化环宇纺织有限公司	371624	中型	159	其他有限责任公司	50	县
章丘纸业有限公司	370181	中型	159	其他有限责任公司	50	县
博山陶瓷有限责任公司	370304	中型	159	其他有限责任公司	50	县
荣成市中嘉食品工业有限公司	371082	中型	130	股份合作	71	居委会
滕州市瑞达焦化有限责任公司	370481	中型	159	其他有限责任公司	50	县
临沂宏达集团公司	371311	中型	120	集体	63	乡
龙丰(潍坊)纺织印染有限公司	370786	中型	230	港澳台商独资	90	其他
德州三和电器有限公司	371403	中型	310	中外合资经营	40	地区
山东顺天纺织有限公司	371625	中型	159	其他有限责任公司	50	县
济南庚辰钢铁有限公司	370112	中型	159	其他有限责任公司	50	县
莱芜钢铁集团淄博锚链有限公司	370302	中型	110	国有	20	省
山东新光针织服装有限公司	371330	中型	210	与港澳台商合资经营	50	县
大宇船业有限公司	371004	中型	330	外资企业	90	其他
淄博金城石化有限公司	370321	中型	120	集体	63	乡
潍坊宝利汽车有限公司	370705	中型	159	其他有限责任公司	40	地区
邹城市永圣工贸有限公司	370883	中型	120	集体	71	居委会
日照市莒州水泥有限公司	371122	中型	159	其他有限责任公司	50	县
莘县华祥石化有限公司	371522	中型	160	股份有限公司	62	镇
山东海纳投资控股集团有限公司	370982	大型	173	私营有限责任公司	90	其他
平度市银泰纺织品有限公司	370283	中型	120	集体	40	地区
青岛中佳食品有限公司	370213	中型	310	中外合资经营	61	街道
山东中齐耐火材料有限公司	370213	中型	159	其他有限责任公司	20	省
青岛广源发集团玻璃厂	370283	中型	120	集体	62	镇
青岛飞华齿轮制造有限公司	370283	中型	159	其他有限责任公司	50	县

续表 52

法人单位名称	行政区划代码(省地县码)	企业规模含义	登记注册类型	登记注册类型含义	隶属关系	隶属关系含义
青岛海珊服装服饰集团有限责任公司	370202	大型	159	其他有限责任公司	40	地区
青岛三联金属结构有限公司	370281	中型	159	其他有限责任公司	50	县
山东第二耐火材料厂(责任有限公司)	370306	中型	159	其他有限责任公司	20	省
青州市鲁星化工有限公司	370781	中型	173	私营有限责任公司	90	其他
山东厚丰汽车散热器有限责任公司	370902	中型	173	私营有限责任公司	90	其他
阳信欧亚木器有限公司	371622	中型	310	中外合资经营	50	县
济南齐鲁软件园发展中心	370102	中型	151	国有独资公司	40	地区
济宁世通化纤纺织有限公司	370802	中型	159	其他有限责任公司	40	地区
青岛啤酒(寿光)有限公司	370783	中型	159	其他有限责任公司	50	县
蓬莱石化配件有限公司	370684	中型	174	私营有限股份公司	90	其他
淄博市临淄东义化工有限公司	370305	中型	159	其他有限责任公司	61	街道
淄博新博陶瓷有限公司	370302	中型	174	私营有限股份公司	90	其他
昌乐世纪阳光纸业有限公司	370725	中型	159	其他有限责任公司	50	县
烟台啤酒朝日有限公司二分厂	370612	中型	310	中外合资经营	40	地区
山东东阿钢球有限公司	371524	中型	159	其他有限责任公司	50	县
烟台世刚纤维有限公司	370611	中型	330	外资企业	90	其他
肥城金塔机械有限公司	370983	中型	159	其他有限责任公司	50	县
淄博恒岳建陶厂	370303	中型	120	集体	72	村委会
潍坊凤凰纸业有限公司	370705	中型	173	私营有限责任公司	90	其他
烟台安青食品有限公司	370602	中型	310	中外合资经营	90	其他
山东万家园集团股份有限公司	370321	中型	160	股份有限公司	63	乡
兖州市宏宇胶带有限责任公司	370882	中型	173	私营有限责任公司	62	镇
山东石横特钢有限公司	370983	中型	159	其他有限责任公司	50	县
山东恒欣镁业有限责任公司	370683	中型	159	其他有限责任公司	20	省
日照市金秋化工有限公司	371102	中型	159	其他有限责任公司	40	地区
东营市筑金新型建材有限责任公司	370502	中型	173	私营有限责任公司	90	其他
山东青州钰铧集团公司	370781	中型	120	集体	71	居委会
烟台矢崎汽车配件有限公司	370611	大型	330	外资企业	90	其他
山东腾达集团总公司	370781	中型	120	集体	63	乡
济宁市金梭纺织有限责任公司	370802	中型	160	股份有限公司	40	地区
潍坊东方钢管有限公司	370702	中型	159	其他有限责任公司	40	地区
金海食品有限公司	371004	中型	310	中外合资经营	90	其他
山东省东平中顺明兴纸业有限公司	370923	中型	172	私营合伙	90	其他
东营鲁信纺织有限责任公司	370502	中型	159	其他有限责任公司	40	地区
山东省微山湖煤电有限公司	370826	中型	159	其他有限责任公司	50	县
枣庄海燕化纤有限公司	370402	中型	159	其他有限责任公司	40	地区
诸城市良丰化学有限公司	370782	中型	159	其他有限责任公司	50	县
泉林纸业夏津分公司	371427	中型	110	国有	50	县
邹城市圣达纺织集团有限公司	370883	中型	159	其他有限责任公司	50	县
浪潮乐金数字移动通信有限公司	370611	中型	310	中外合资经营	40	地区
潍坊永安实业有限公司	370783	中型	160	股份有限公司	90	其他
招远市梅林食品有限公司	370685	中型	130	股份合作	90	其他
枣庄市江南道路水泥厂	370406	中型	171	私营独资	62	镇

续表 53

法人单位名称	行政区划代码(省地县码)	企业规模含义	登记注册类型	登记注册类型含义	隶属关系	隶属关系含义
昌邑市海美塑品有限责任公司	370786	中型	159	其他有限责任公司	50	县
兖州市诚合金属制品有限公司	370882	中型	174	私营有限股份公司	62	镇
山东国凤纺织集团有限公司	371330	中型	210	与港澳台商合资经营	50	县
山东万众钢板弹簧有限公司	370725	中型	174	私营有限股份公司	90	其他
山东旭春建材总公司	370181	中型	120	集体	72	村委会
济宁市金桥一生缘食品有限公司	370811	中型	159	其他有限责任公司	62	镇
山东金网通信发展有限公司	370102	中型	159	其他有限责任公司	40	地区
潍坊共达电讯有限公司	370704	中型	210	与港澳台商合资经营	90	其他
山东香弛粮油有限公司	371625	中型	159	其他有限责任公司	50	县
山东中华发电有限公司聊城发电厂	371502	中型	320	中外合作经营	90	其他
临沂兰裕工贸有限公司	371302	中型	173	私营有限责任公司	90	其他
山东王铝矿业有限公司	370306	中型	159	其他有限责任公司	20	省
枣庄市雷鸣水泥有限公司	370402	中型	173	私营有限责任公司	90	其他
山东京博石化有限公司	371625	中型	159	其他有限责任公司	50	县
山东华建铝业有限公司	370724	中型	173	私营有限责任公司	90	其他
诸城市喜庆粮油有限公司	370782	中型	159	其他有限责任公司	50	县
山东省阳谷电缆集团有限公司	371521	中型	160	股份有限公司	50	县
景阳岗彩缸工程有限公司	371521	中型	174	私营有限股份公司	62	镇
肥城市云光纸业有限公司	370983	中型	159	其他有限责任公司	50	县
烟台市大展纸业有限公司	370612	中型	120	集体	72	村委会
邹城市圣峰工贸集团有限公司	370883	中型	120	集体	71	居委会
青岛益昌纺织有限公司	370283	中型	159	其他有限责任公司	50	县
青岛远东电器集团有限公司	370284	中型	173	私营有限责任公司	90	其他
艾默生(中国)电机有限公司	370281	中型	330	外资企业	90	其他
青岛康大外贸集团有限公司	370284	中型	159	其他有限责任公司	90	其他
青岛扶庆鞋业有限公司	370214	中型	330	外资企业	90	其他
海士茂电子塑胶(青岛)有限公司	370211	中型	330	外资企业	90	其他
青岛广源发玻璃有限公司	370281	中型	172	私营合伙	90	其他
青岛吉姆皮亚珠宝有限公司	370211	中型	330	外资企业	90	其他
青岛星轮摩擦密封材料有限责任公司	370203	中型	159	其他有限责任公司	40	地区
兖州雅士佳诚工业有限公司	370882	中型	310	中外合资经营	62	镇
菏泽天宇科技开发有限责任公司	371701	中型	159	其他有限责任公司	40	地区
山东九顶集团临朐水泥厂	370724	中型	120	集体	50	县
淄博鑫科钢构品有限公司	370321	中型	159	其他有限责任公司	62	镇
福建达利食品有限公司济阳分公司	370125	中型	210	与港澳台商合资经营	90	其他
潍坊顺福昌橡塑有限公司	370783	中型	210	与港澳台商合资经营	62	镇
枣庄市市中区东郊瑞福水泥厂	370402	中型	173	私营有限责任公司	90	其他
泰安绿龙有机食品有限公司	370983	中型	159	其他有限责任公司	90	其他
烟台冰轮塑料型材有限公司	370602	中型	159	其他有限责任公司	61	街道
山东禹城润田化工有限公司	371482	中型	190	其他内资	50	县
山东宏业纺织股份有限公司	370126	中型	160	股份有限公司	90	其他
渡边纸制品(临清)有限公司	371581	中型	171	私营独资	90	其他
泰安市锦花纺织有限公司	370903	中型	173	私营有限责任公司	90	其他

续表 54

法人单位名称	行政区划代码(省地县码)	企业规模含义	登记注册类型	登记注册类型含义	隶属关系	隶属关系含义
寿光市圣龙钢结构工程有限公司	370783	中型	171	私营独资	90	其他
山东凤祥有限责任公司	371521	大型	159	其他有限责任公司	50	县
沂南铜像水泥有限责任公司	371321	中型	159	其他有限责任公司	50	县
成武县印龙纺织有限公司	371723	中型	160	股份有限公司	63	乡
淄博鑫利金属制品有限公司	370305	中型	310	中外合资经营	90	其他
新泰市宏达化工有限公司	370982	中型	159	其他有限责任公司	50	县
济南百脉酿酒(集团)	370181	中型	159	其他有限责任公司	50	县
滨州海得曲轴有限责任公司	371601	中型	160	股份有限公司	40	地区
淄博三信水泥有限公司	370321	中型	159	其他有限责任公司	50	县
新泰市金星拖拉机厂	370982	中型	171	私营独资	90	其他
泰安市山口锻压有限公司	370903	中型	159	其他有限责任公司	90	其他
山东肥城云宇工程机械有限公司	370983	中型	159	其他有限责任公司	50	县
山东正兴轮胎有限公司	371302	中型	171	私营独资	90	其他
潍坊怡力达电声有限公司	370705	中型	210	与港澳台商合资经营	90	其他
威海新兴迪基塔尔公司	371003	中型	330	外资企业	40	地区
泰安华泰铝轮毂有限公司	370902	中型	173	私营有限责任公司	50	县
山东八喜工贸股份有限公司	370781	中型	160	股份有限公司	50	县
烟台市仙坛饲养有限责任公司	370612	中型	173	私营有限责任公司	90	其他
山东众和热电有限公司	370303	中型	159	其他有限责任公司	40	地区
山东翔龙实业集团有限公司	371302	中型	159	其他有限责任公司	90	其他
泗水县利丰食品有限公司	370831	中型	340	外商投资股份有限公司	90	其他
济宁广通输送带有限责任公司	370802	中型	159	其他有限责任公司	50	县
山东省五莲旭日汽车饰品有限公司	371121	中型	159	其他有限责任公司	62	镇
枣庄金泰电子有限公司	370402	中型	159	其他有限责任公司	40	地区
惠民县瑞雪棉业有限责任公司	371621	中型	159	其他有限责任公司	50	县
枣庄市凝力水泥有限公司	370405	中型	120	集体	62	镇
德州德隆(集团)机床有限公司	371401	中型	159	其他有限责任公司	40	地区
山东宝山生态建材集团有限公司	370303	中型	160	股份有限公司	50	县
山东金城股份有限公司	370685	中型	120	集体	72	村委会
青岛新大洋食品集团有限公司	370205	中型	159	其他有限责任公司	40	地区
青岛酒厂有限公司	370281	中型	160	股份有限公司	50	县
青岛华金苑针织股份有限公司	370214	中型	160	股份有限公司	40	地区
青岛万福集团股份公司平度万福食品分公司	370283	中型	210	与港澳台商合资经营	50	县
青岛天骄印务有限公司	370203	中型	160	股份有限公司	40	地区
青岛豪雅光电子有限公司	370211	中型	330	外资企业	90	其他
青岛润泽皮革制品有限公司	370281	中型	330	外资企业	90	其他
青岛恒祥化肥有限公司	370281	中型	159	其他有限责任公司	50	县
青岛泰诺福伦机械有限公司	370211	中型	310	中外合资经营	90	其他
安丘市茂源铸造有限公司	370784	中型	159	其他有限责任公司	90	其他
惠民县南北王棉业有限责任公司	371621	中型	159	其他有限责任公司	50	县
山东信科环化有限责任公司	371329	中型	159	其他有限责任公司	50	县
山东九发食用菌股份有限公司菏泽分公司	371727	中型	160	股份有限公司	50	县
山东鸿洋神水产科技有限公司	371082	中型	120	集体	63	乡

续表 55

法人单位名称	行政区划代码(省地县码)	企业规模含义	登记注册类型	登记注册类型含义	隶属关系	隶属关系含义
江苏波司登股份有限公司山东分公司	371403	中型	160	股份有限公司	40	地区
莱芜昌隆实业发展有限公司	371202	中型	159	其他有限责任公司	90	其他
烟台迪帕尔空调有限公司	370611	中型	310	中外合资经营	90	其他
乳山乳华纸业有限公司	371083	中型	130	股份合作	62	镇
潍坊二印纺织印染有限公司	370705	中型	159	其他有限责任公司	40	地区
曲阜市锦绣纺织有限公司	370881	中型	159	其他有限责任公司	50	县
山东惠民基德生态纺织有限责任公司	371621	中型	159	其他有限责任公司	50	县
淄博工陶耐火材料有限公司	370304	中型	110	国有	40	地区
惠民县农兴种业有限责任公司	371621	中型	159	其他有限责任公司	50	县
山东惠丰烟叶复烤有限公司	370705	中型	159	其他有限责任公司	90	其他
日都食品有限公司	371004	中型	310	中外合资经营	90	其他
山东里能集团有限公司	370883	大型	110	国有	20	省
枣庄市安城水泥有限公司	370402	中型	173	私营有限责任公司	90	其他
曲阜市天博汽车零部件制造有限公司	370881	中型	159	其他有限责任公司	50	县
寿光市天成食品有限公司	370783	中型	173	私营有限责任公司	90	其他
山东贝莱特空调有限公司	371403	中型	159	其他有限责任公司	40	地区
兖州创世纪肉类联合有限公司	370882	中型	159	其他有限责任公司	50	县
烟台巨力化肥有限公司	370682	中型	173	私营有限责任公司	90	其他
山东宇达建材有限公司	371327	中型	159	其他有限责任公司	50	县
潍坊四棉纺织有限公司	370705	大型	159	其他有限责任公司	40	地区
莱芜新开元织锦有限公司	371202	中型	160	股份有限公司	40	地区
寿光市泰风汽车底盘制造有限公司	370783	中型	160	股份有限公司	63	乡
威海新东方钟表有限公司	371001	中型	159	其他有限责任公司	40	地区
山东中兴碳素有限责任公司	371523	中型	159	其他有限责任公司	50	县
河北五得利集团东明面粉有限公司	371728	中型	190	其他内资	50	县
山东长富洁晶药业有限公司	371102	中型	159	其他有限责任公司	50	县
山东金鹏铜业有限公司	371626	中型	159	其他有限责任公司	62	镇
山东东阿酒厂有限责任公司	371524	中型	173	私营有限责任公司	50	县
山东省正大纸业有限公司	371426	中型	120	集体	50	县
青岛北海船舶重工有限责任公司	370202	大型	159	其他有限责任公司	10	中央
青岛钢铁控股集团有限责任公司	370213	大型	159	其他有限责任公司	40	地区
青岛民福乐士有限公司	370282	中型	330	外资企业	90	其他
青岛晶腾家具有限公司	370281	中型	310	中外合资经营	90	其他
栖霞白洋河水泥有限公司	370686	中型	173	私营有限责任公司	90	其他
邹城市北兴工贸集团有限公司	370883	中型	120	集体	61	街道
阜山黄金管理中心	370685	中型	130	股份合作	63	乡
汶上县华伟制锹有限责任公司	370830	中型	173	私营有限责任公司	90	其他
山东雪圣科技股份有限公司	370683	中型	159	其他有限责任公司	90	其他
诸城市德利源纺织有限公司	370782	中型	159	其他有限责任公司	50	县
巨野县锦源棉花加工有限公司	371724	中型	159	其他有限责任公司	63	乡
枣庄永帮橡胶有限公司	370402	中型	190	其他内资	40	地区
山东海化集团瑞源实业有限公司	370783	中型	159	其他有限责任公司	40	地区
临沂市万强陶瓷有限公司	371311	中型	159	其他有限责任公司	50	县

续表56

法人单位名称	行政区划代码(省地县码)	企业规模含义	登记注册类型	登记注册类型含义	隶属关系	隶属关系含义
淄博驰宇建陶有限公司	370304	中型	160	股份有限公司	90	其他
山东佳展塑胶制品有限公司	371121	中型	230	港澳台商独资	50	县
兖矿集团如丝纺织有限公司	371724	中型	159	其他有限责任公司	50	县
山东滨州天鸿热电有限公司	371601	中型	159	其他有限责任公司	40	地区
招远市玲珑镇黄金管理中心	370685	中型	120	集体	63	乡
淄博草埠实业有限公司	370323	中型	159	其他有限责任公司	50	县
淄博山国电热电有限公司(南电)	370303	中型	110	国有	10	中央
济南裕兴化工有限责任公司	370105	大型	110	国有	40	地区
昌邑市姚徐邓染织有限公司	370786	中型	173	私营有限责任公司	90	其他
梁山蓝天纺织有限公司	370832	中型	173	私营有限责任公司	90	其他
山东如意科技集团有限公司	370802	大型	159	其他有限责任公司	40	地区
临沂鲁能超越电器制造有限责任公司	371301	中型	159	其他有限责任公司	40	地区
泗水希尔康制药有限公司	370831	中型	190	其他内资	50	县
胜利油田兴达石油科工贸有限责任公司	370502	中型	159	其他有限责任公司	90	其他
日照市凌云海糖业集团有限公司	371102	中型	159	其他有限责任公司	90	其他
诸城市义昌纺织印染有限公司	370782	中型	159	其他有限责任公司	50	县
肥城通得利煤焦化工有限公司	370983	中型	159	其他有限责任公司	50	县
烟台北方家用纺织品有限公司	370611	中型	159	其他有限责任公司	40	地区
济南慧成铸造有限公司	370181	中型	159	其他有限责任公司	90	其他
济南力诺玻璃制品有限公司	370126	中型	171	私营独资	90	其他
泗水柳絮淀粉制品有限公司	370831	中型	159	其他有限责任公司	62	镇
高密百合化纤有限公司	370785	中型	173	私营有限责任公司	90	其他
莱芜市万力型钢有限公司	371203	中型	120	集体	50	县
邹城市东升工贸集团有限公司	370883	中型	120	集体	71	居委会
青岛田润食品有限公司	370283	中型	173	私营有限责任公司	90	其他
山东绮丽服饰有限公司	370202	中型	159	其他有限责任公司	90	其他
青岛京信电子有限公司	370211	中型	330	外资企业	90	其他
淄博奥维特建陶有限公司	370303	中型	130	股份合作	90	其他
济南正昊化纤新材料有限公司	370102	中型	151	国有独资公司	40	地区
山东铝业股份有限公司山东公司	370303	大型	110	国有	10	中央
临沂欧亚达拖拉机制造有限公司	371302	中型	173	私营有限责任公司	90	其他
泰安泰山铝电有限公司	370983	中型	159	其他有限责任公司	50	县
山东鲁能光大刚结构有限公司	370802	中型	159	其他有限责任公司	90	其他
淄博华成泵业有限公司	370304	中型	130	股份合作	50	县
济阳方正家具市场	370125	中型	171	私营独资	90	其他
在平泉林纸业有限公司	371523	中型	159	其他有限责任公司	50	县
山东莱钢永锋钢铁有限公司	371425	中型	171	私营独资	90	其他
济南维维乳业有限公司	370112	中型	173	私营有限责任公司	90	其他
南车四方机车车辆股份有限公司	370212	大型	160	股份有限公司	10	中央
青岛可隆车业有限公司	370281	中型	330	外资企业	90	其他
山东方明化工有限公司	371728	中型	173	私营有限责任公司	63	乡
泰安泰山福神齿轮箱有限责任公司	370902	中型	159	其他有限责任公司	40	地区
淄博张店银龙钢铁有限公司	370303	中型	173	私营有限责任公司	72	村委会

续表 57

法人单位名称	行政区划代码(省地县码)	企业规模含义	登记注册类型	登记注册类型含义	隶属关系	隶属关系含义
莱芜市京华焊管厂	371203	中型	173	私营有限责任公司	90	其他
淄博博盛铝业有限公司	370303	中型	230	港澳台商独资	50	县
山东新方矿业有限公司	370704	中型	159	其他有限责任公司	50	县
山东天旺食品有限公司	371327	中型	173	私营有限责任公司	90	其他
山东九鑫日用化工有限公司	370923	中型	159	其他有限责任公司	90	其他
日照泰山洁晶生化有限公司	371102	中型	159	其他有限责任公司	40	地区
枣庄金桥水泥制造有限公司	370402	中型	173	私营有限责任公司	90	其他
泰信电子(烟台)有限公司	370611	中型	330	外资企业	90	其他
盛源油脂饲料有限公司	371427	中型	159	其他有限责任公司	90	其他
临沂蒙山水泥有限公司	371328	中型	159	其他有限责任公司	50	县
德州福田汽车改装有限公司	371401	中型	159	其他有限责任公司	40	地区
山东鼎煜电子玻璃有限公司	371102	中型	220	与港澳台商合作经营	90	其他
山东海化集团薛城振兴焦化有限公司	370403	中型	159	其他有限责任公司	40	地区
临沂市永鑫合金钢有限公司	371312	中型	172	私营合伙	90	其他
莱芜市轧钢总厂线材厂	371202	中型	130	股份合作	90	其他
聊城华瑞电器有限公司	371502	中型	159	其他有限责任公司	90	其他
山东东山矿业有限公司古城煤矿	370882	中型	159	其他有限责任公司	90	其他
济南力诺药业有限公司	370112	中型	173	私营有限责任公司	90	其他
山东新德蓝木业有限公司	370811	中型	173	私营有限责任公司	62	镇
济宁市恒立化工有限公司	370802	中型	159	其他有限责任公司	40	地区
山东泰开电气有限公司	370902	大型	159	其他有限责任公司	40	地区
山东阳谷元亨纺织有限公司	371521	中型	210	与港澳台商合资经营	50	县
潍坊潍柴零部件机械有限公司	370705	中型	159	其他有限责任公司	40	地区
德州亚佳制冷空调工程有限公司	371403	中型	159	其他有限责任公司	40	地区
日照钢铁有限公司	371102	中型	210	与港澳台商合资经营	90	其他
山东鲁花浓香花生油有限公司	371727	中型	310	中外合资经营	50	县
兰山区棉花加工厂	371302	中型	171	私营独资	90	其他
烟台市振河投资有限公司	370611	中型	173	私营有限责任公司	90	其他
山东银香大地乳业有限公司	371721	中型	174	私营有限股份公司	62	镇
济宁金梭进出口有限公司	370802	中型	159	其他有限责任公司	50	县
山东鲁宝食品集团公司	370802	中型	173	私营有限责任公司	90	其他
山东超越纺织有限公司	371526	中型	173	私营有限责任公司	90	其他
泰山玻璃纤维股份有限公司	370902	中型	160	股份有限公司	40	地区
青州威猛工程机械有限公司	370781	中型	159	其他有限责任公司	50	县
山东宏鲁矿业集团公司	370305	大型	120	集体	63	乡
文登三道电子有限公司	371081	中型	330	外资企业	90	其他
济宁恒通电器有限公司	370802	中型	159	其他有限责任公司	40	地区
淄博昌盛建筑陶瓷有限公司第二分公司	370303	中型	120	集体	62	镇
荣成市马道水产有限公司	371082	中型	159	其他有限责任公司	63	乡
荣成市高绿水产有限公司	371082	中型	159	其他有限责任公司	63	乡
山东山口钢管集团有限公司	370903	中型	159	其他有限责任公司	72	村委会
山东五莲驼宝轮胎有限公司	371121	中型	173	私营有限责任公司	62	镇
双鸿集团	371427	中型	172	私营合伙	62	镇

续表58

法人单位名称	行政区划代码(省地县码)	企业规模含义	登记注册类型	登记注册类型含义	隶属关系	隶属关系含义
淄博万昌集团有限公司	370305	中型	160	股份有限公司	62	镇
成武大地玉米开发有限公司	371723	中型	159	其他有限责任公司	50	县
济宁矿业集团有限公司	370802	大型	151	国有独资公司	40	地区
东营市宏远纺织有限责任公司	370521	中型	173	私营有限责任公司	50	县
山东九发食用菌有限公司青州分公司	370781	中型	159	其他有限责任公司	90	其他
山东九发集团公司	370612	大型	110	国有	50	县
邹平怡康糖业有限责任公司	371626	中型	110	国有	50	县
荣成市鸿源水产有限公司	371082	中型	159	其他有限责任公司	63	乡
淄博齐旺达塑料制品公司	370305	中型	173	私营有限责任公司	62	镇
新泰市新汶水泥厂	370982	中型	130	股份合作	50	县
山东龙口春龙集团公司	370681	中型	120	集体	63	乡
山东利津雅美纺织有限公司	370522	中型	159	其他有限责任公司	50	县
惠民县华润纺织有限公司	371621	中型	210	与港澳台商合资经营	50	县
昌邑华达织造有限公司	370786	中型	210	与港澳台商合资经营	90	其他
荣成信诚电子有限公司	371082	中型	330	外资企业	90	其他
高唐县农用车制造厂	371526	中型	120	集体	50	县
济南市青华山花岗集团总公司	370112	中型	159	其他有限责任公司	63	乡
济南益民制药责任有限公司	370113	中型	110	国有	50	县
山东北辰集团有限公司	370113	中型	159	其他有限责任公司	63	乡
青岛华池包装机械有限公司	370284	中型	159	其他有限责任公司	62	镇
山东耐火材料厂	370304	中型	110	国有	20	省
桓台县教育印刷厂	370321	中型	120	集体	62	镇
山东蓬莱天山染业有限公司	370684	中型	160	股份有限公司	90	其他
潍坊市寒亭第一盐场	370703	中型	120	集体	20	省
潍坊长安铁塔股份有限公司	370784	中型	159	其他有限责任公司	50	县
高密市利华纺织有限公司	370785	中型	173	私营有限责任公司	90	其他
山东省泰安生建电加工机床厂	370902	中型	110	国有	20	省
山东沾化发电厂	371624	中型	110	国有	20	省
兰陵美酒股份有限公司苍山分公司	371324	中型	110	国有	50	县
山东黄金集团有限公司沂南金矿	371321	中型	110	国有	20	省
颐中烟草有限公司青州卷烟厂	370781	大型	110	国有	10	中央
新泰市莲花山煤矿	370982	中型	120	集体	63	乡
山东省新泰市羊泉煤矿	370982	中型	120	集体	63	乡
诸城市兆丰机械有限公司	370782	中型	159	其他有限责任公司	63	乡
莱州市天成生物金业股份有限公司	370683	大型	120	集体	50	县
将军烟草集团有限公司济南卷烟厂	370112	中型	110	国有	10	中央
北京万发炉业中心济南制造厂	370112	中型	120	集体	90	其他
山东黄金集团有限公司玲珑金矿	370685	中型	110	国有	20	省
中国水产烟台海洋渔业公司新大洋食品加工厂	370611	中型	110	国有	10	中央
颐中公司烟台卷烟厂	370686	中型	110	国有	10	中央
济南市长清东岳花岗石厂	370113	中型	142	集体联营	72	村委会
青岛二和纤维有限公司(胶南)	370284	中型	330	外资企业	90	其他
淄博国润陶瓷股份有限公司	370302	中型	173	私营有限责任公司	90	其他

续表 59

法人单位名称	行政区划代码(省地县码)	企业规模含义	登记注册类型	登记注册类型含义	隶属关系	隶属关系含义
山东东鹏陶瓷股份有限公司	370302	中型	174	私营有限股份公司	90	其他
淄博新明珠陶瓷有限公司	370302	中型	171	私营独资	90	其他
淄博春天陶瓷有限公司	370302	中型	171	私营独资	90	其他
淄博北方兄弟陶瓷有限公司	370302	中型	171	私营独资	90	其他
淄博博泰实业有限公司	370304	中型	120	集体	72	村委会
龙口市煤炭工业集团公司	370681	中型	110	国有	50	县
山东汇业集团工业公司	370681	中型	130	股份合作	61	街道
蓬莱市解宋营渔业开发总公司	370684	中型	120	集体	63	乡
招远市金欧集团公司	370685	中型	120	集体	72	村委会
山东中策轮胎有限公司	370783	中型	171	私营独资	90	其他
济宁金威煤电有限公司	370827	中型	159	其他有限责任公司	50	县
文登市南辛庄渔业公司	371081	中型	120	集体	62	镇
西霞口集团有限公司	371082	中型	159	其他有限责任公司	72	村委会
乳山市夏村镇建筑综合加工厂	371083	中型	142	集体联营	90	其他
山东莒县陵阳实业总公司	371122	中型	120	集体	72	村委会
莱芜市全成实业公司	371202	中型	120	集体	72	村委会
沂水县兴盛矿业有限责任公司	371323	中型	160	股份有限公司	63	乡
山东光华纸业集团有限公司	371325	中型	159	其他有限责任公司	63	乡
禹城鸿兴源食品公司	371482	中型	171	私营独资	63	乡
聊城市郑家轴承保持器集团公司	371502	中型	172	私营合伙	63	乡
茌平县鑫鑫铝业有限公司	371523	中型	173	私营有限责任公司	90	其他
东昌府区中通钢构建筑公司	371502	中型	159	其他有限责任公司	63	乡
山东聊城热电有限责任公司	371502	中型	110	国有	20	省
聊城新星食品有限公司	371502	中型	310	中外合资经营	72	村委会
莘县新亚纺织有限公司	371522	中型	174	私营有限股份公司	62	镇
济南钢铁集团总公司苍山分公司	371324	中型	110	国有	20	省
苍山县供电局	371324	中型	110	国有	20	省
苍山县神达公司	371324	中型	173	私营有限责任公司	90	其他
山东省星发食品有限公司	371324	中型	310	中外合资经营	62	镇
苍山县恒力公司	371324	中型	110	国有	50	县
山东长兴集团	370113	中型	120	集体	63	乡
淄博华光陶瓷华阳陶瓷分公司	370306	中型	159	其他有限责任公司	90	其他
冠县冠星纺织集团总公司	371525	中型	110	国有	50	县
昌邑市昌宁机械有限公司	370786	中型	173	私营有限责任公司	90	其他
山东省泰安泰龙软轴软管厂	370921	中型	171	私营独资	90	其他
齐河县南北海英纸厂	371425	中型	171	私营独资	90	其他
临清市第二色织厂	371581	中型	171	私营独资	90	其他
高唐县油棉绒加工有限公司	371526	中型	171	私营独资	90	其他
青岛市平度三合山精密铸造厂	370283	中型	171	私营独资	90	其他
邹平县长山传洋轧钢厂	371626	中型	171	私营独资	90	其他

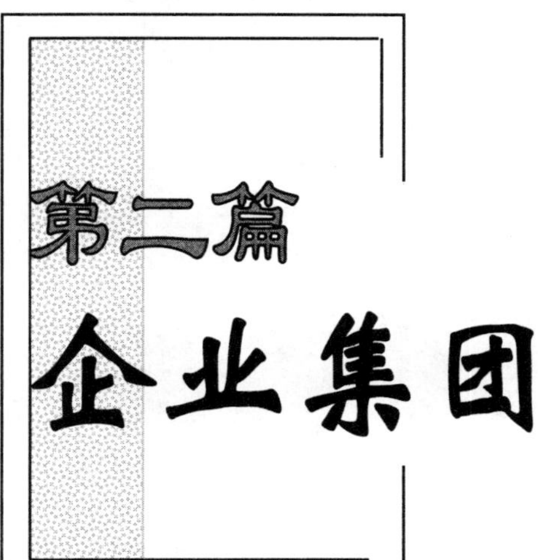

第二篇

企业集团

2－1 企业集团构成情况(2003 年)

分 组	集团个数(个)	占集团总数的比重(%)	集团所属成员企业个数(个)	占成员企业总数的比重(%)
总计	743	100.0	4600	100.0
一、按集团审批部门分				
国务院	4	0.5	31	0.7
国务院主管部门	4	0.5	19	0.4
省级人民政府	266	35.8	1794	39.0
省级人民政府主管部门	157	21.1	865	18.8
其他	312	42.0	1891	41.1
二、按母公司控股情况分				
国有绝对控股	249	33.5	1680	36.5
国有相对控股	45	6.1	212	4.6
集体绝对控股	108	14.5	797	17.3
集体相对控股	33	4.4	213	4.6
其他	308	41.5	1698	36.9
三、按集团主营行业分				
农、林、牧、渔业	2	0.3	45	1.0
采矿业	34	4.6	100	2.2
制造业	502	67.6	2691	58.5
电力、燃气及水的生产和供应业	21	2.8	86	1.9
建筑业	47	6.3	283	6.2
交通运输、仓储和邮政业	18	2.4	166	3.6
信息传输、计算机服务和软件业	7	0.9	55	1.2
批发和零售业	74	10.0	703	15.3
住宿和餐饮业	7	0.9	92	2.0
金融业	0	0.0	14	0.3
房地产业	25	3.4	175	3.8
租赁和商务服务业	2	0.3	79	1.7
科学研究、技术服务和地质勘查业	2	0.3	43	0.9
水利、环境和公共设施管理业	1	0.1	19	0.4
居民服务和其他服务业	0	0.0	30	0.7
教育	0	0.0	5	0.1
卫生、社会保障和社会福利业	0	0.0	2	0.0
文化、体育和娱乐业	1	0.1	12	0.3
公共管理和社会组织	0	0.0	0	0.0
国际组织	0	0.0	0	0.0
四、按母公司登记注册类型分				
国有企业	93	12.5	569	12.4
国有独资企业	78	10.5	207	4.5
其他有限责任公司	299	40.2	2183	47.5
股份有限公司	146	19.7	481	10.5
中外合资企业	10	1.3	262	5.7
港澳台合资企业	6	0.8	115	2.5
其他	111	14.9	783	17.0
五、按母公司企业规模分				
大型	247	33.2	1901	41.3
中型	347	46.7	1854	40.3
小型	111	14.9	594	12.9
其他	38	5.1	251	5.5

2-2 企业集团分市地主要经济指标(2003年)

地 区	集团个数(个)	年末资产(万元)	年末负债(万元)	所有者权益(万元)	主营业务收入(万元)	利润(万元)
全省合计	743	110458603	67174564	43284039	88729298	5875407
济南市	91	34525553	22822300	11703253	22177221	1236334
青岛市	130	19295864	11873437	7422427	23905056	653471
淄博市	72	6457198	3759239	2697959	4600448	215117
枣庄市	14	1547874	961683	586191	768383	27084
东营市	22	7152448	2419741	4732707	6200383	1712247
烟台市	73	7283850	3923239	3360611	5123554	346393
潍坊市	51	6725341	4490843	2234498	4278460	227903
济宁市	47	6586218	3887912	2698306	3986227	319434
泰安市	13	2928975	1874847	1054128	1357059	69007
威海市	43	2417050	1542611	874439	2899983	165475
日照市	15	894398	555058	339340	440064	29129
莱芜市	12	2375799	1611466	764333	1849479	92880
临沂市	66	3586386	2212971	1373415	3136452	206591
德州市	48	1903317	1273327	629990	1708727	111337
聊城市	13	2794035	1776597	1017438	2619206	206932
滨州市	19	3484668	1866156	1618512	3122501	237665
菏泽市	14	499629	323137	176492	556095	18408

2-3 企业集团分市地劳动工资指标(2003年)

地 区	从业人员年末人数(人)	在岗职工(人)	其他从业人员(人)	从业人员劳动报酬(万元)	在岗职工(万元)	其他从业人员(万元)
全省合计	2600677	2463889	136788	3423934	3304245	119689
济南市	413901	365787	48114	786120	735047	51073
青岛市	391619	368242	23377	531133	516757	14376
淄博市	208567	192985	15582	240927	229115	11812
枣庄市	93002	91093	1909	114415	113328	1087
东营市	117005	116439	566	286597	285946	651
烟台市	200886	197300	3586	194759	190816	3943
潍坊市	143615	140226	3389	147436	143521	3915
济宁市	212115	205308	6807	297113	290645	6468
泰安市	128378	120717	7661	163575	160415	3160
威海市	95432	94726	706	94461	94009	452
日照市	32276	32111	165	39498	39329	169
莱芜市	70740	68331	2409	102990	100672	2318
临沂市	198222	181366	16856	162599	146701	15898
德州市	86571	83139	3432	61734	59749	1985
聊城市	84844	84575	269	77706	77481	225
滨州市	100093	99105	988	103661	102276	1385
菏泽市	23411	22439	972	19210	18438	772

2－4 企业集团主要经济指标(2003 年)

单位:万元

	年末资产总计	固定资产原价	累计折旧	本年折旧	无形资产
总计	110458603	66130788	25011856	3905211	3581181
一、按集团审批部门分					
国务院	6518382	3724922	1323123	190862	260763
国务院主管部门	7148589	4691076	1788149	351506	53200
省级人民政府	71450156	48323316	19331696	2897555	2160797
省级人民政府主管部门	8743255	2940252	813320	156326	290431
其他	16598221	6451222	1755568	308962	815990
二、按母公司控股情况分					
国有绝对控股	67104347	48099144	20103299	3009735	1947974
国有相对控股	4387751	2255909	664799	114030	153561
集体绝对控股	12108982	4806733	1229915	219297	395680
集体相对控股	3220538	1364451	309236	81425	85564
其他	23636985	9604551	2704607	480724	998402
三、按集团主营行业分					
农、林、牧、渔业	49966	27156	8212	531	0
采矿业	13748613	16999215	8622356	992951	205289
制造业	58691824	26641258	8144301	1307215	2522109
电力、燃气及水的生产和供应业	11371501	7018585	2533725	402708	120594
建筑业	3576539	765322	169933	35629	96209
交通运输、仓储和邮政业	4136556	3188779	835139	107542	182304
信息传输、计算机服务和软件业	6511079	8818245	4145604	932048	30508
批发和零售业	7754406	2176097	441444	102129	262714
住宿和餐饮业	189245	75796	17434	4099	11347
金融业	0	0	0	0	0
房地产业	2194508	243518	58360	9506	141825
租赁和商务服务业	2019041	87074	15753	5539	2536
科学研究、技术服务和地质勘查业	76498	23460	7556	1727	4180
水利、环境和公共设施管理业	13927	3003	1061	135	1566
居民服务和其他服务业	0	0	0	0	0
教育	0	0	0	0	0
卫生、社会保障和社会福利业	0	0	0	0	0
文化、体育和娱乐业	124900	63280	10978	3302	0
公共管理和社会组织	0	0	0	0	0
国际组织	0	0	0	0	0
四、按母公司登记注册类型分					
国有企业	19470168	14860962	6103032	1159995	492996
国有独资企业	27172795	13034089	4205209	570022	844158
其他有限责任公司	37630174	26262966	11325225	1561046	1601166
股份有限公司	11132252	5330267	1372146	296186	384399
中外合资企业	757547	374494	90033	13062	38280
港澳台合资企业	220027	98035	42527	5610	3923
其他	14075640	6169975	1873684	299290	216259
五、按母公司企业规模分					
大型	88732680	56677883	22141583	339353	2641807
中型	16957924	7506966	2353810	418870	750272
小型	2609461	998970	269708	45298	135796
其他	2158538	946969	246755	47690	53306

续表 1

单位:万元

	累计对外投资	本年对外投资	本年对境外投资	长期投资	短期投资
总计	4921225	1322257	6628	6476497	637719
一、按集团审批部门分					
国务院	32642	6412	2856	343848	24319
国务院主管部门	794650	320417	0	909711	0
省级人民政府	3234803	815923	3082	3747716	446701
省级人民政府主管部门	460096	96835	0	556438	110099
其他	399034	82670	690	918784	56600
二、按母公司控股情况分					
国有绝对控股	3161530	756037	3082	4161786	490863
国有相对控股	116682	39262	0	165460	9638
集体绝对控股	695746	243366	0	671681	32898
集体相对控股	92406	43440	0	119540	28406
其他	854861	240152	3546	1358030	75914
三、按集团主营行业分					
农、林、牧、渔业	0	0	0	0	0
采矿业	279553	137370	705	465058	155165
制造业	2328502	571166	5923	3355457	184472
电力、燃气及水的生产和供应业	957380	330170	0	1146912	161905
建筑业	58698	2608	0	105649	33916
交通运输、仓储和邮政业	112723	22746	0	216958	8018
信息传输、计算机服务和软件业	236487	8315	0	237413	1240
批发和零售业	336268	24788	0	380893	6596
住宿和餐饮业	16985	110	0	24577	0
金融业	0	0	0	0	0
房地产业	225247	136168	0	259246	1359
租赁和商务服务业	348507	87850	0	263727	84780
科学研究、技术服务和地质勘查业	19700	966	0	19432	268
水利、环境和公共设施管理业	1175	0	0	1175	0
居民服务和其他服务业	0	0	0	0	0
教育	0	0	0	0	0
卫生、社会保障和社会福利业	0	0	0	0	0
文化、体育和娱乐业	0	0	0	0	0
公共管理和社会组织	0	0	0	0	0
国际组织	0	0	0	0	0
四、按母公司登记注册类型分					
国有企业	1408864	386539	0	1444940	69955
国有独资企业	1435548	302538	1826	1749633	376526
其他有限责任公司	859010	318294	3561	1935101	94213
股份有限公司	326259	68973	551	499591	26013
中外合资企业	6051	180	0	16102	50
港澳台合资企业	1701	275	0	325	0
其他	883792	245458	690	830805	70962
五、按母公司企业规模分					
大型	4316815	1228537	5387	5221235	554946
中型	394168	69230	1241	903900	74005
小型	82320	9522	0	194600	677
其他	127922	14968	0	156762	8091

续表 2

单位：万元

	存货	流动资产年平均余额	应收账款	年末负债合计	
					流动负债
总计	12179394	45498667	8346637	67174564	51361173
一、按集团审批部门分					
国务院	459282	2676323	327079	4200269	2881355
国务院主管部门	562408	1939447	186068	3879054	1793183
省级人民政府	7926577	28086488	5030361	42037123	32822279
省级人民政府主管部门	869052	4834082	902666	5944273	5143636
其他	2362075	7962327	1900463	11113345	8720720
二、按母公司控股情况分					
国有绝对控股	5649857	24872130	4219524	40519020	30334322
国有相对控股	524324	1954446	487405	2576344	2013815
集体绝对控股	1852266	5805309	1270263	6929408	5870890
集体相对控股	341568	1121315	199217	1873513	1338207
其他	3811379	11745467	2170228	15275779	11803939
三、按集团主营行业分					
农、林、牧、渔业	7943	6682	7884	21227	21227
采矿业	523169	3483472	410482	6436853	4383520
制造业	8255249	26447964	4833522	35742929	28560909
电力、燃气及水的生产和供应业	575908	3804969	415663	6701781	3260943
建筑业	459802	2334307	1186701	2682629	2421335
交通运输、仓储和邮政业	78414	936101	249679	2242841	1311093
信息传输、计算机服务和软件业	64184	783452	308482	4008978	3253688
批发和零售业	1476016	4444046	870501	5911986	5240931
住宿和餐饮业	11532	61988	5928	122102	70231
金融业	0	0	0	0	0
房地产业	678236	1479160	38383	1610263	1191573
租赁和商务服务业	34709	1680239	13336	1593187	1583961
科学研究、技术服务和地质勘查业	10897	26789	2491	43804	37304
水利、环境和公共设施管理业	1688	8178	1900	8999	8910
居民服务和其他服务业	0	0	0	0	0
教育	0	0	0	0	0
卫生、社会保障和社会福利业	0	0	0	0	0
文化、体育和娱乐业	1647	1320	1685	46935	15548
公共管理和社会组织	0	0	0	0	0
国际组织	0	0	0	0	0
四、按母公司登记注册类型分					
国有企业	1147933	6220051	1395702	12719851	8618237
国有独资企业	2863151	12258674	1854274	17475813	13853226
其他有限责任公司	4396021	14440595	2612303	21225175	16140659
股份有限公司	1484667	4894143	934071	6583649	5542825
中外合资企业	100239	327313	76378	495030	348807
港澳台合资企业	43979	123382	31430	120303	99865
其他	2143404	7234509	1442479	8554743	6757554
五、按母公司企业规模分					
大型	9312864	35354036	5850235	52925949	40062645
中型	2143784	7747232	1845749	11089305	8750785
小型	395465	1303618	270479	1669786	1400124
其他	327281	1093781	380174	1489524	1147619

续表 3

单位:万元

	年末股东权益总计	股本	主营业务收入	主营业务成本	主营业务税金及附加
总计	43284039	20728773	88729298	72735018	1268022
一、按集团审批部门分					
国务院	2318113	618285	3929583	2966200	27903
国务院主管部门	3269535	1428092	4994916	4378901	395975
省级人民政府	29413033	14249421	60715575	49260072	647471
省级人民政府主管部门	2798982	1506223	6678204	5678024	62803
其他	5484376	2926752	12411020	10451821	133870
二、按母公司控股情况分					
国有绝对控股	26585327	14284778	47145731	36840549	1020324
国有相对控股	1810907	673730	2728135	2179360	19418
集体绝对控股	5179574	1816242	16096904	14220241	57739
集体相对控股	1347025	432204	3062389	2714931	11819
其他	8361206	3521819	19696139	16779937	158722
三、按集团主营行业分					
农、林、牧、渔业	28739	15273	48290	40722	670
采矿业	7311760	3897052	8071915	4542648	134155
制造业	22948895	9427235	56684328	47768261	818132
电力、燃气及水的生产和供应业	4669720	2265399	7127488	6647680	38700
建筑业	893910	517862	2531292	2242577	75356
交通运输、仓储和邮政业	1893715	624557	1418649	894759	69358
信息传输、计算机服务和软件业	2502101	1786578	2800165	1558294	84125
批发和零售业	1842420	1411832	9474622	8640442	23517
住宿和餐饮业	67143	56265	62690	38320	2103
金融业	0	0	0	0	0
房地产业	584245	370978	312719	220169	13913
租赁和商务服务业	425854	324831	102913	78577	3415
科学研究、技术服务和地质勘查业	32694	17065	31514	24566	896
水利、环境和公共设施管理业	4928	3846	9091	7982	302
居民服务和其他服务业	0	0	0	0	0
教育	0	0	0	0	0
卫生、社会保障和社会福利业	0	0	0	0	0
文化、体育和娱乐业	77915	10000	53622	30021	3380
公共管理和社会组织	0	0	0	0	0
国际组织	0	0	0	0	0
四、按母公司登记注册类型分					
国有企业	6750317	4242234	12672703	11020581	157048
国有独资企业	9696982	3941870	18394545	14629438	502819
其他有限责任公司	16404999	8489151	29155658	22369475	460616
股份有限公司	4548603	1894977	11202613	9553246	64943
中外合资企业	262517	120391	664703	528720	87
港澳台合资企业	99724	62465	238744	193892	1131
其他	5520897	1977685	16400332	14439666	81378
五、按母公司企业规模分					
大型	35806731	16678385	72276474	58928498	1080237
中型	5868619	2865860	12981852	10866568	135892
小型	939675	673358	2148008	1794599	22119
其他	669014	511170	1322964	1145353	29774

续表 4

单位:万元

	其他业务收入	新产品销售收入	出口销售总额	存货跌价损失和营业管理财务费用	税金
总计	2743166	12520315	7188373	8697637	245275
一、按集团审批部门分					
国务院	311678	287587	480593	516152	8126
国务院主管部门	52102	85292	4530	219188	2986
省级人民政府	1952857	11108655	4749933	6135417	162363
省级人民政府主管部门	131016	256234	543880	606697	21884
其他	295513	782547	1409437	1220233	49916
二、按母公司控股情况分					
国有绝对控股	2217422	5488170	3369422	5252176	153498
国有相对控股	45285	612232	284462	331670	14772
集体绝对控股	72616	4827628	978101	1214339	18309
集体相对控股	16156	196340	571028	153157	7146
其他	391687	1395945	1985360	1746345	51550
三、按集团主营行业分					
农、林、牧、渔业	62	0	13125	2243	550
采矿业	1274235	222074	471803	1111762	16686
制造业	911947	12091056	5650251	5243396	179585
电力、燃气及水的生产和供应业	76036	26742	41337	321749	10499
建筑业	279057	3786	3465	222841	2829
交通运输、仓储和邮政业	95625	0	0	279617	7124
信息传输、计算机服务和软件业	37370	117651	4159	667930	9517
批发和零售业	63397	54985	1003573	716557	13122
住宿和餐饮业	53	0	0	22232	1600
金融业	0	0	0	0	0
房地产业	2255	0	159	75844	3073
租赁和商务服务业	2081	0	0	16499	244
科学研究、技术服务和地质勘查业	0	4021	501	4232	48
水利、环境和公共设施管理业	921	0	0	2119	98
居民服务和其他服务业	0	0	0	0	0
教育	0	0	0	0	0
卫生、社会保障和社会福利业	0	0	0	0	0
文化、体育和娱乐业	127	0	0	10666	300
公共管理和社会组织	0	0	0	0	0
国际组织	0	0	0	0	0
四、按母公司登记注册类型分					
国有企业	455214	419735	1129868	1191185	29557
国有独资企业	837306	4001453	1549102	2437718	89563
其他有限责任公司	1202918	2134860	2423591	2665448	71456
股份有限公司	185052	1342478	1109880	973052	33912
中外合资企业	3322	26041	49009	100422	806
港澳台合资企业	3648	32352	47953	22329	1969
其他	55706	4563396	878970	1307533	18012
五、按母公司企业规模分					
大型	2454412	11294080	5117563	7000541	175780
中型	163516	1054858	1843224	1341517	48959
小型	13693	153760	172164	228674	13320
其他	111545	17617	55422	126955	7216

续表5

单位:万元

	存货跌价损失和营业管理财务费用				投资收益	营业外收入
	劳动、待业保险费	职工教育费	广告费	利息支出		
总计	510504	42109	292816	1289456	403260	140310
一、按集团审批部门分						
国务院	65804	2831	59	83735	21569	23744
国务院主管部门	14550	450	9691	60209	54762	7685
省级人民政府	326643	30307	243806	853851	249984	54622
省级人民政府主管部门	37384	3169	21804	93222	53995	15127
其他	66123	5352	17456	198439	22950	39132
二、按母公司控股情况分						
国有绝对控股	426290	29668	166492	755072	277609	83932
国有相对控股	12499	2279	9739	64138	12336	6004
集体绝对控股	17628	2568	80322	126731	43298	11060
集体相对控股	2907	1937	2284	40691	3389	5336
其他	51180	5657	33979	302824	66628	33978
三、按集团主营行业分						
农、林、牧、渔业	172	18	3	598	0	0
采矿业	143858	8420	1750	150073	35095	32429
制造业	221390	25305	245997	731556	201546	95942
电力、燃气及水的生产和供应业	13519	1141	2084	110963	79641	12482
建筑业	18637	1420	642	19477	3629	4242
交通运输、仓储和邮政业	35082	1871	450	29154	7863	5607
信息传输、计算机服务和软件业	38245	2406	23175	119474	12544	-24628
批发和零售业	35889	1189	17202	96270	13531	12508
住宿和餐饮业	389	15	82	1619	269	149
金融业	0	0	0	0	0	0
房地产业	1069	69	1114	21611	12214	1086
租赁和商务服务业	458	206	192	6484	36162	423
科学研究、技术服务和地质勘查业	0	32	125	321	816	69
水利、环境和公共设施管理业	402	17	0	0	0	1
居民服务和其他服务业	0	0	0	0	0	0
教育	0	0	0	0	0	0
卫生、社会保障和社会福利业	0	0	0	0	0	0
文化、体育和娱乐业	1394	0	0	1856	-50	0
公共管理和社会组织	0	0	0	0	0	0
国际组织	0	0	0	0	0	0
四、按母公司登记注册类型分						
国有企业	133259	6402	11435	269092	140872	35083
国有独资企业	196985	12156	116877	263804	96200	57666
其他有限责任公司	132620	16444	50808	442118	69530	17194
股份有限公司	33169	4645	33920	153067	33497	22049
中外合资企业	1784	143	774	15926	803	408
港澳台合资企业	608	203	542	3331	0	142
其他	12079	2116	78460	142118	62358	7768
五、按母公司企业规模分						
大型	428244	34099	257900	1001971	362135	99648
中型	62579	6364	31612	224489	36198	34918
小型	10929	1022	2563	31447	4298	3933
其他	8752	624	741	31549	629	1811

续表 6　　　　单位:万元

	利润总额	应交所得税	应交增值税	固定资产投资完成额	研究开发费用
总计	5875407	1808881	2786946	9814416	1131341
一、按集团审批部门分					
国务院	238845	78598	125492	791024	128933
国务院主管部门	74536	23536	233744	399209	7663
省级人民政府	4500896	1431400	1909659	6977661	900586
省级人民政府主管部门	447176	110058	218222	546774	33700
其他	613954	165289	299829	1099748	60459
二、按母公司控股情况分					
国有绝对控股	3715020	1296900	1899463	5815936	482738
国有相对控股	221379	74075	116776	279749	38805
集体绝对控股	666274	133366	257391	1292041	419261
集体相对控股	193973	48632	112589	465679	31335
其他	1078761	255908	400727	1961011	159202
三、按集团主营行业分					
农、林、牧、渔业	2367	715	1119	1500	456
采矿业	1841330	698088	668972	1952645	43249
制造业	2765564	711340	1789760	5479656	1072458
电力、燃气及水的生产和供应业	247314	73154	214440	584148	5234
建筑业	87983	23428	10726	48490	1040
交通运输、仓储和邮政业	291193	86360	3061	494878	6000
信息传输、计算机服务和软件业	455003	140797	681	1080687	2293
批发和零售业	115231	54399	95559	136746	468
住宿和餐饮业	274	987	1105	443	0
金融业	0	0	0	0	0
房地产业	20496	10959	460	31858	19
租赁和商务服务业	41032	5704	13	2980	0
科学研究、技术服务和地质勘查业	2936	601	830	385	124
水利、环境和公共设施管理业	-396	0	0	0	0
居民服务和其他服务业	0	0	0	0	0
教育	0	0	0	0	0
卫生、社会保障和社会福利业	0	0	0	0	0
文化、体育和娱乐业	5080	2349	220	0	0
公共管理和社会组织	0	0	0	0	0
国际组织	0	0	0	0	0
四、按母公司登记注册类型分					
国有企业	364583	136319	370330	1755348	47779
国有独资企业	1011622	291995	780319	1780797	331170
其他有限责任公司	3145272	1037279	1108164	4364014	229764
股份有限公司	657002	195694	273214	865460	97885
中外合资企业	32214	3899	22525	27027	9909
港澳台合资企业	19458	4507	9919	21225	2329
其他	645256	139188	222475	1000545	412505
五、按母公司企业规模分					
大型	5096838	1589016	2417253	8248156	1047755
中型	666322	179591	300797	1381773	73873
小型	87440	24794	51816	94479	8649
其他	24807	15480	17080	90008	1064

2－5 企业集团劳动工资指标(2003 年)

单位:万元

	从业人员(人)	在岗职工	其他从业人员	研究开发人员	从业人员劳动报酬(万元)	在岗职工	其他从业人员	研究开发人员
总计	2600677	2463889	136788	82620	3423934	3304245	119689	155337
一、按集团审批部门分								
国务院	145811	138448	7363	4012	242805	235654	7151	8011
国务院主管部门	50052	49910	142	860	152489	152116	373	3561
省级人民政府	1451342	1392705	58637	62468	2064883	2023332	41551	119572
省级人民政府主管部门	340663	318200	22463	5819	328000	302794	25206	8751
其他	612809	564626	48183	9461	635757	590349	45408	15442
二、按母公司控股情况分								
国有绝对控股	1358020	1272639	85381	49559	2216126	2143714	72412	97879
国有相对控股	134447	127316	7131	3220	133232	125851	7381	5307
集体绝对控股	332892	317379	15513	10725	315412	302721	12691	22574
集体相对控股	131152	130768	384	2445	108457	108208	249	4191
其他	644166	615787	28379	16671	650707	623751	26956	25386
三、按集团主营行业分								
农、林、牧、渔业	5300	5300	0	50	5750	5750	0	30
采矿业	447679	429232	18447	13036	775819	765003	10816	17800
制造业	1566362	1514716	51646	65639	1679788	1636137	43651	128363
电力、燃气及水的生产和供应业	86731	84273	2458	1206	191804	189458	2346	3216
建筑业	217619	180620	36999	571	282581	238068	44513	1382
交通运输、仓储和邮政业	77691	73043	4648	809	150912	147587	3325	2000
信息传输、计算机服务和软件业	51235	47620	3615	247	162962	160034	2928	820
批发和零售业	121891	106743	15148	876	135229	126510	8719	1252
住宿和餐饮业	4976	4617	359	0	4923	4744	179	0
金融业	0	0	0	0	0	0	0	0
房地产业	15001	11840	3161	94	18885	16024	2861	242
租赁和商务服务业	3103	2815	288	73	6327	6112	215	96
科学研究、技术服务和地质勘查业	1237	1218	19	19	3013	2877	136	136
水利、环境和公共设施管理业	772	772	0	0	1360	1360	0	0
居民服务和其他服务业	0	0	0	0	0	0	0	0
教育	0	0	0	0	0	0	0	0
卫生、社会保障和社会福利业	0	0	0	0	0	0	0	
文化、体育和娱乐业	1080	1080	0	0	4581	4581	0	0
公共管理和社会组织	0	0	0	0	0	0	0	0
国际组织	0	0	0	0	0	0	0	0
四、按母公司登记注册类型分								
国有企业	300883	282474	18409	7450	552899	533339	19560	15046
国有独资企业	625488	591460	34028	22162	934827	911779	23048	55063
其他有限责任公司	1087026	1034864	52162	31983	1330457	1278942	51515	46499
股份有限公司	309881	286195	23686	10057	316165	296729	19436	16085
中外合资企业	16590	16238	352	1071	21545	21320	225	1732
港澳台合资企业	8860	8461	399	271	12941	12575	366	591
其他	251949	244197	7752	9626	255100	249561	5539	20321
五、按母公司企业规模分								
大型	1813600	1717682	95918	67813	2667713	2578587	89126	134052
中型	574006	544465	29541	11983	531485	510456	21029	17671
小型	119803	114624	5179	1553	106498	101469	5029	2158
其他	93268	87118	6150	1271	118238	113733	4505	1456

2－6　企业集团主要业务指标(2003 年)

单位:万元

	农林牧渔业总产值(万元)	工业总产值(万元)			
			采矿业	制造业	电煤水业
总计	341711	67167948	7902320	53508754	5756874
一、按集团审批部门分					
国务院	0	3046695	990071	2056624	0
国务院主管部门	0	5150760	0	1131935	4018825
省级人民政府	99353	43846851	6518815	36197306	1130730
省级人民政府主管部门	64368	5053990	145801	4777067	131122
其他	177990	10069652	247633	9345822	476197
二、按母公司控股情况分					
国有绝对控股	101517	36165415	7699443	23640306	4825666
国有相对控股	1928	2094509	110617	1928938	54954
集体绝对控股	40590	11200166	31831	11069007	99328
集体相对控股	30906	3418328	1565	3366537	50226
其他	166770	14289530	58864	13503966	726700
三、按集团主营行业分					
农、林、牧、渔业	21996	19064	0	19064	0
采矿业	70	8146939	7607555	523760	15624
制造业	294816	52417411	244301	51776115	396995
电力、燃气及水的生产和供应业	8510	5867152	47946	492430	
建筑业	161	259412	522	254392	4498
交通运输、仓储和邮政业	0	23602	0	23602	0
信息传输、计算机服务和软件业	0	766	0	766	0
批发和零售业	16155	387603	1996	384104	1503
住宿和餐饮业	0	2793	0	2793	0
金融业	0	0	0	0	0
房地产业	3	15164	0	10574	4590
租赁和商务服务业	0	14488	0	14488	0
科学研究、技术服务和地质勘查业	0	6888	0	0	6888
水利、环境和公共设施管理业	0	0	0	0	0
居民服务和其他服务业	0	0	0	0	0
教育	0	0	0	0	0
卫生、社会保障和社会福利业	0	0	0	0	0
文化、体育和娱乐业	0	6666	0	6666	0
公共管理和社会组织	0	0	0	0	0
国际组织	0	0	0	0	0
四、按母公司登记注册类型分					
国有企业	84368	8626962	175498	4128956	4322508
国有独资企业	1301	15378870	1961858	13085912	331100
其他有限责任公司	80272	24688964	5516683	18878141	294140
股份有限公司	83249	7054257	219403	6728013	106841
中外合资企业	0	670206	0	670206	0
港澳台合资企业	0	224922	0	224922	0
其他	92521	10523767	28878	9792604	702285
五、按母公司企业规模分					
大型	182742	54324815	7628964	41298140	5397711
中型	134527	10201728	253210	9601818	346700
小型	24132	2097236	14224	2081028	1984
其他	310	544169	5922	527758	10479

续表 1

单位:万元

	建筑业总产值(万元)	交通运输业		批零业商品销售总额(万元)	外贸进出口总额(万美元)	
		货运量(万吨)	客运量(万吨)			出口额(万美元)
总计	3026799	79566	69865	13109573	469976	297149
一、按集团审批部门分						
国务院	10767	220	0	0	0	0
国务院主管部门	0	11	0	0	0	0
省级人民政府	507308	23766	3075	10893828	281385	187210
省级人民政府主管部门	800431	44293	918	766644	43374	35700
其他	1708293	11276	65872	1449101	145217	74239
二、按母公司控股情况分						
国有绝对控股	1329331	27574	65955	5050993	282648	185845
国有相对控股	56543	0	0	423711	10466	8132
集体绝对控股	198803	2893	3807	3767002	92952	58149
集体相对控股	51621	1102	0	314076	12751	9941
其他	1390501	47997	103	3553791	71159	35082
三、按集团主营行业分						
农、林、牧、渔业	3210	0	0	0	1310	1310
采矿业	9770	1499	1979	25465	0	0
制造业	403510	48617	921	3493193	204393	141689
电力、燃气及水的生产和供应业	26346	250	2731	698441	196	76
建筑业	2438390	100	0	41568	462	462
交通运输、仓储和邮政业	3197	25329	63616	2016	0	0
信息传输、计算机服务和软件业	25391	0	0	4167	0	0
批发和零售业	22288	960	0	8773650	263550	153592
住宿和餐饮业	1548	0	0	18945	0	0
金融业	0	0	0	0	0	0
房地产业	70673	2528	618	37506	65	20
租赁和商务服务业	0	0	0	11622	0	0
科学研究、技术服务和地质勘查业	9140	283	0	0	0	0
水利、环境和公共设施管理业	13336	0	0	0	0	0
居民服务和其他服务业	0	0	0	0	0	0
教育	0	0	0	0	0	0
卫生、社会保障和社会福利业	0	0	0	0	0	0
文化、体育和娱乐业	0	0	0	3000	0	0
公共管理和社会组织	0	0	0	0	0	0
国际组织	0	0	0	0	0	0
四、按母公司登记注册类型分						
国有企业	720453	20331	3119	1673115	231379	156396
国有独资企业	360498	6698	57368	794483	25767	21650
其他有限责任公司	1581621	46333	9275	1932376	94550	36722
股份有限公司	232247	1294	0	4286466	22062	19252
中外合资企业	0	0	0	6429	0	0
港澳台合资企业	0	0	0	0	0	0
其他	131980	4910	103	4416704	96218	63129
五、按母公司企业规模分						
大型	1257794	65552	60175	11317123	272915	162777
中型	1110120	10836	3428	1253589	186195	127997
小型	137735	1523	2992	400367	8371	4515
其他	521150	1655	3270	138494	2495	1860

2－7　企业集团主要效益指标(2003 年)

单位:万元

	净资产收益率(%)	总资产报酬率(%)	销售利润率(%)	资本保值增值率(%)	劳动生产率(万元/人)	成本费用利润率(%)
总计	9.39	6.49	6.42	112.19	35.17	7.22
一、按集团审批部门分						
国务院	6.91	4.95	5.63	121.22	29.09	6.86
国务院主管部门	1.56	1.88	1.48	91.18	100.84	1.62
省级人民政府	10.44	7.49	7.18	112.78	43.18	8.13
省级人民政府主管部门	12.04	6.18	6.57	115.46	19.99	7.12
其他	8.18	4.89	4.83	119.74	20.73	5.26
二、按母公司控股情况分						
国有绝对控股	9.10	6.66	7.53	104.99	36.35	8.83
国有相对控股	8.13	6.51	7.98	109.74	20.63	8.82
集体绝对控股	10.29	6.55	4.12	120.91	48.57	4.32
集体相对控股	10.79	7.29	6.30	169.34	23.47	6.76
其他	9.84	5.85	5.37	128.04	31.18	5.82
三、按集团主营行业分						
农、林、牧、渔业	5.75	5.93	4.90	142.65	9.12	5.51
采矿业	15.64	14.48	19.70	113.17	20.88	32.56
制造业	8.95	5.96	4.80	117.62	36.77	5.22
电力、燃气及水的生产和供应业	3.73	3.15	3.43	108.91	83.06	3.55
建筑业	7.22	3.00	3.13	109.49	12.91	3.57
交通运输、仓储和邮政业	10.82	7.74	19.23	113.26	19.49	24.80
信息传输、计算机服务和软件业	12.56	8.82	16.04	84.09	55.38	20.44
批发和零售业	3.30	2.73	1.21	111.65	78.25	1.23
住宿和餐饮业	－1.06	1.00	0.44	124.92	12.61	0.45
金融业	0.00	0.00	0.00	0.00	0.00	0.00
房地产业	1.63	1.92	6.51	113.44	21.00	6.92
租赁和商务服务业	8.30	2.35	39.08	83.66	33.84	43.16
科学研究、技术服务和地质勘查业	7.14	4.26	9.32	108.57	25.48	10.20
水利、环境和公共设施管理业	－8.04	－2.84	－3.96	88.52	12.97	－3.92
居民服务和其他服务业	0.00	0.00	0.00	0.00	0.00	0.00
教育	0.00	0.00	0.00	0.00	0.00	0.00
卫生、社会保障和社会福利业	0.00	0.00	0.00	0.00	0.00	0.00
文化、体育和娱乐业	3.51	5.55	9.45	103.78	49.77	12.49
公共管理和社会组织	0.00	0.00	0.00	0.00	0.00	0.00
国际组织	0.00	0.00	0.00	0.00	0.00	0.00
四、按母公司登记注册类型分						
国有企业	3.38	3.25	2.78	92.55	43.63	2.99
国有独资企业	7.42	4.69	5.26	111.36	30.75	5.93
其他有限责任公司	12.85	9.53	10.36	116.46	27.93	12.56
股份有限公司	10.14	7.28	5.77	116.00	36.75	6.24
中外合资企业	10.79	6.35	4.82	112.74	40.27	5.12
港澳台合资企业	14.99	10.36	8.03	120.00	27.36	9.00
其他	9.17	5.59	3.92	129.70	65.31	4.10
五、按母公司企业规模分						
大型	9.80	6.87	6.82	112.84	41.21	7.73
中型	8.29	5.25	5.07	108.42	22.90	5.46
小型	6.67	4.56	4.04	119.27	18.04	4.32
其他	1.39	2.61	1.73	102.99	15.38	1.95

续表 1

单位:万元

	资产利税率(%)	总资产使用率(%)	流动资产比率(%)	资金利润率(%)	资产负债率(%)	长期负债与资产总计比率(%)
总计	8.99	80.33	41.19	6.78	60.81	14.32
一、按集团审批部门分						
国务院	6.02	60.28	41.06	4.70	64.44	20.23
国务院主管部门	9.85	69.87	27.13	1.54	54.26	29.18
省级人民政府	9.88	84.98	39.31	7.89	58.83	12.90
省级人民政府主管部门	8.33	76.38	55.29	6.42	67.99	9.16
其他	6.31	74.77	47.97	4.85	66.96	14.42
二、按母公司控股情况分						
国有绝对控股	9.89	70.26	37.06	7.03	60.38	15.18
国有相对控股	8.15	62.18	44.54	6.24	58.73	12.83
集体绝对控股	8.10	132.93	47.94	7.10	57.23	8.74
集体相对控股	9.89	95.09	34.82	8.91	58.17	16.62
其他	6.93	83.33	49.69	5.79	64.63	14.69
三、按集团主营行业分						
农、林、牧、渔业	8.32	96.65	13.37	9.24	42.48	0.00
采矿业	19.23	58.71	25.34	15.53	46.82	14.93
制造业	9.16	96.58	45.06	6.15	60.90	12.24
电力、燃气及水的生产和供应业	4.40	62.68	33.46	2.98	58.93	30.26
建筑业	4.87	70.77	65.27	3.00	75.01	7.31
交通运输、仓储和邮政业	8.79	34.30	22.63	8.85	54.22	22.52
信息传输、计算机服务和软件业	8.29	43.01	12.03	8.34	61.57	11.60
批发和零售业	3.02	122.18	57.31	1.86	76.24	8.65
住宿和餐饮业	1.84	33.13	32.76	0.23	64.52	27.41
金融业	0.00	0.00	0.00	0.00	0.00	0.00
房地产业	1.59	14.25	67.40	1.23	73.38	19.08
租赁和商务服务业	2.20	5.10	83.22	2.34	78.91	0.46
科学研究、技术服务和地质勘查业	6.09	41.20	35.02	6.88	57.26	8.50
水利、环境和公共设施管理业	-0.67	65.28	58.72	-3.91	64.62	0.64
居民服务和其他服务业	0.00	0.00	0.00	0.00	0.00	0.00
教育	0.00	0.00	0.00	0.00	0.00	0.00
卫生、社会保障和社会福利业	0.00	0.00	0.00	0.00	0.00	0.00
文化、体育和娱乐业	6.95	42.93	1.06	9.47	37.62	25.17
公共管理和社会组织	0.00	0.00	0.00	0.00	0.00	0.00
国际组织	0.00	0.00	0.00	0.00	0.00	0.00
四、按母公司登记注册类型分						
国有企业	4.58	65.09	31.95	2.43	65.33	21.07
国有独资企业	8.45	67.69	45.11	4.80	64.31	13.33
其他有限责任公司	12.53	77.48	38.38	10.71	56.40	13.51
股份有限公司	8.94	100.63	43.96	7.42	59.14	9.35
中外合资企业	7.24	87.74	43.21	5.27	65.35	19.30
港澳台合资企业	13.87	108.51	56.08	10.88	54.68	9.29
其他	6.74	116.52	51.40	5.60	60.78	12.77
五、按母公司企业规模分						
大型	9.69	81.45	39.84	7.29	59.65	14.50
中型	6.50	76.55	45.69	5.17	65.39	13.79
小型	6.18	82.32	49.96	4.30	63.99	10.33
其他	3.32	61.29	50.67	1.38	69.01	15.84

续表 2

单位:万元

	已获利息倍数(倍)	流动比率(%)	速动比率(%)	新产品销售收入与营业收入比率(%)	研究开发费用与营业收入比率(%)	研究开发费用与主营业务收入比率(%)
总计	5.56	88.59	64.87	13.69	1.24	1.28
一、按集团审批部门分						
国务院	3.85	92.88	76.94	6.78	3.04	3.28
国务院主管部门	2.24	108.16	76.79	1.69	0.15	0.15
省级人民政府	6.27	85.57	61.42	17.73	1.44	1.48
省级人民政府主管部门	5.80	93.98	77.09	3.76	0.49	0.50
其他	4.09	91.30	64.22	6.16	0.48	0.49
二、按母公司控股情况分						
国有绝对控股	5.92	81.99	63.37	11.12	0.98	1.02
国有相对控股	4.45	97.05	71.02	22.07	1.40	1.42
集体绝对控股	6.26	98.88	67.33	29.86	2.59	2.60
集体相对控股	5.77	83.79	58.27	6.38	1.02	1.02
其他	4.56	99.50	67.22	6.95	0.79	0.81
三、按集团主营行业分						
农、林、牧、渔业	4.96	31.48	-5.94	0.00	0.94	0.94
采矿业	13.27	79.47	67.53	2.38	0.46	0.54
制造业	4.78	92.60	63.70	20.99	1.86	1.89
电力、燃气及水的生产和供应业	3.23	116.68	99.02	0.37	0.07	0.07
建筑业	5.52	96.41	77.42	0.13	0.04	0.04
交通运输、仓储和邮政业	10.99	71.40	65.42	0.00	0.40	0.42
信息传输、计算机服务和软件业	4.81	24.08	22.11	4.15	0.08	0.08
批发和零售业	2.20	84.79	56.63	0.58	0.00	0.00
住宿和餐饮业	1.17	88.26	71.84	0.00	0.00	0.00
金融业	0.00	0.00	0.00	0.00	0.00	0.00
房地产业	1.95	124.14	67.22	0.00	0.01	0.01
租赁和商务服务业	7.33	106.08	103.89	0.00	0.00	0.00
科学研究、技术服务和地质勘查业	10.15	71.81	42.60	12.76	0.39	0.39
水利、环境和公共设施管理业	0.00	91.78	72.84	0.00	0.00	0.00
居民服务和其他服务业	0.00	0.00	0.00	0.00	0.00	0.00
教育	0.00	0.00	0.00	0.00	0.00	0.00
卫生、社会保障和社会福利业	0.00	0.00	0.00	0.00	0.00	0.00
文化、体育和娱乐业	3.74	8.49	-2.10	0.00	0.00	0.00
公共管理和社会组织	0.00	0.00	0.00	0.00	0.00	0.00
国际组织	0.00	0.00	0.00	0.00	0.00	0.00
四、按母公司登记注册类型分						
国有企业	2.35	72.17	58.85	3.20	0.36	0.38
国有独资企业	4.83	88.49	67.82	20.81	1.72	1.80
其他有限责任公司	8.11	89.47	62.23	7.03	0.76	0.79
股份有限公司	5.29	88.30	61.51	11.79	0.86	0.87
中外合资企业	3.02	93.84	65.10	3.90	1.48	1.49
港澳台合资企业	6.84	123.55	79.51	13.35	0.96	0.98
其他	5.54	107.06	75.34	27.73	2.51	2.52
五、按母公司企业规模分						
大型	6.09	88.25	65.00	15.11	1.40	1.45
中型	3.97	88.53	64.03	8.02	0.56	0.57
小型	3.78	93.11	64.86	7.11	0.40	0.40
其他	1.79	95.31	66.79	1.23	0.07	0.08

2－8　企业集团按规模分组的主要指标(2003年)

	单位数(个)		年末资产总计(万元)	固定资产原价(万元)
	单位数(个)	比重(%)		
总计	743	100.0	110458603	66130788
按营业收入和资产总计分				
50亿元及以上	28	3.8	46396599	37602268
10亿元及以上	138	18.6	79566043	53694915
5亿元及以上	249	33.5	91749953	59378353
按资产总计分				
1000亿元及以上	0	0.0	0	0
500－1000亿元	2	0.3	10384285	14985055
100－500亿元	19	2.6	33361768	22088408
50－100亿元	24	3.2	16547884	6410538
5－50亿元	282	38.0	40820273	18567337
0.5－5亿元	399	53.7	9283887	4056463
0.5亿元以下	17	2.3	60506	22987
按营业收入分				
100亿元及以上	14	1.9	32733152	29394013
50－100亿元	20	2.7	15441775	8719462
5－50亿元	250	33.6	44823310	21697309
1－5亿元	304	40.9	14914483	5376654
0.5－1亿元	77	10.4	1500540	530640
0.1－0.5亿元	69	9.3	959074	392425
0.1亿元以下	9	1.2	86269	20285
按利润总额分				
10亿元及以上	6	0.8	15561881	16559531
5－10亿元	14	1.9	15393208	8762172
1－5亿元	70	9.4	33500359	21594658
0.5－1亿元	78	10.5	12412772	4941148
0.1－0.5亿元	207	27.9	17366299	7064444
0.05－0.1亿元	91	12.2	4251929	2049651
0.05亿元以下	277	37.3	11972155	5159184
按从业人员分				
10万人及以上	0	0.0	0	0
5－10万人	5	0.7	11961870	15416409
1－5万人	42	5.7	36580271	23846209
0.5－1万人	57	7.7	15609354	8147418
0.1－0.5万人	390	52.5	32616047	15123095
0.05－0.1万人	138	18.6	4700294	1754939
0.05万人以下	111	14.9	8990767	1842718

续表 1

	营业收入(万元)	利润总额(万元)	从业人员年末人数(人)
总计	91472464	5875407	2600677
按营业收入和资产总计分			
50 亿元及以上	42464278	3243547	790096
10 亿元及以上	69953642	4945543	1564678
5 亿元及以上	80558211	5398544	1912543
按资产总计分			
1000 亿元及以上	0	0	0
500 – 1000 亿元	8624364	1584216	107656
100 – 500 亿元	24640333	1694354	503874
50 – 100 亿元	14196200	562408	332536
5 – 50 亿元	35367051	1698227	1126238
0.5 – 5 亿元	8548028	333819	523729
0.5 亿元以下	96488	2383	6644
按营业收入分			
100 亿元及以上	33181536	2491861	448779
50 – 100 亿元	14191852	1004560	417493
5 – 50 亿元	35802804	2008376	1115074
1 – 5 亿元	7488192	363829	508695
0.5 – 1 亿元	582867	21820	62033
0.1 – 0.5 亿元	219722	– 14554	2600677
0.1 亿元以下	5491	– 485	48603
按利润总额分			
10 亿元及以上	17290605	2479773	140004
5 – 10 亿元	14047200	942960	355636
1 – 5 亿元	25048277	1502715	599719
0.5 – 1 亿元	10997139	569712	311638
0.1 – 0.5 亿元	13090235	486926	593467
0.05 – 0.1 亿元	3793825	66497	183155
0.05 亿元以下	7205183	– 173176	417058
按从业人员分			
10 万人及以上	0	0	0
5 – 10 万人	8659144	1755531	355642
1 – 5 万人	35893353	1367581	817226
0.5 – 1 万人	10974392	1009240	389441
0.1 – 0.5 万人	27430383	1355952	907139
0.05 – 0.1 万人	4065977	157216	100972
0.05 万人以下	4449215	229887	30257

2-9 企业集团改制及规范化情况(2003年)

	单位总计	出资人已明确企业	03 企业集团已建立母子公司体制	04 企业集团有几个层次		
				有二个层次	有三个层次	有三个以上层次
总计	743	726	644	511	104	25
一、按集团审批部门分						
国务院	4	4	4	1	3	0
国务院主管部门	4	4	4	1	0	3
省级人民政府	266	262	228	166	48	12
省级人民政府主管部门	157	154	143	126	13	2
其他	312	302	265	217	40	8
二、按母公司控股情况分						
国有绝对控股	249	242	214	143	55	15
国有相对控股	45	44	44	37	6	1
集体绝对控股	108	104	99	85	12	2
集体相对控股	33	32	31	26	5	0
其他	308	304	256	220	26	7
三、按集团主营行业分						
农、林、牧、渔业	2	2	2	2	0	0
采矿业	34	33	32	23	8	1
制造业	502	496	445	364	62	15
电力、燃气及水的生产和供应业	21	21	17	11	4	2
建筑业	47	43	38	30	7	1
交通运输、仓储和邮政业	18	16	13	8	4	1
信息传输、计算机服务和软件业	7	7	7	4	3	0
批发和零售业	74	73	58	47	9	2
住宿和餐饮业	7	7	6	6	0	0
金融业	0	0	0	0	0	0
房地产业	25	23	20	15	3	2
租赁和商务服务业	2	2	2	0	2	0
科学研究、技术服务和地质勘查业	2	1	2	1	1	0
水利、环境和公共设施管理业	1	1	1	0	0	1
居民服务和其他服务业	0	0	0	0	0	0
教育	0	0	0	0	0	0
卫生、社会保障和社会福利业	0	0	0	0	0	0
文化、体育和娱乐业	1	1	1	0	1	0
公共管理和社会组织	0	0	0	0	0	0
国际组织	0	0	0	0	0	0
四、按母公司登记注册类型分						
国有企业	93	86	70	46	19	4
国有独资企业	78	78	75	42	25	8
其他有限责任公司	299	299	267	212	43	9
股份有限公司	146	146	129	116	12	1
中外合资企业	10	10	6	6	0	0
港澳台合资企业	6	6	4	4	0	0
其他	111	101	93	85	5	3
五、按母公司企业规模分						
大型	247	244	222	150	54	17
中型	347	340	298	256	34	5
小型	111	105	92	82	9	1
其他	38	37	32	23	7	2

续表 1

	05 企业集团成员企业(单位)的注册资本					06 企业集团子公司中存在纯管理型公司	07 企业集团已执行合并会计报表制度
	国　家 资本金	法　人 资本金	集　体 资本金	个　人 资本金	外　商 资本金		
总计	294	427	263	461	170	81	443
一、按集团审批部门分							
国务院	3	4	2	3	4	0	4
国务院主管部门	4	3	1	1	1	3	2
省级人民政府	135	166	96	155	76	21	171
省级人民政府主管部门	46	81	62	109	30	20	97
其他	106	173	102	193	59	37	169
二、按母公司控股情况分							
国有绝对控股	223	141	61	121	58	34	139
国有相对控股	37	30	12	30	9	5	29
集体绝对控股	7	47	81	52	30	10	68
集体相对控股	3	22	23	25	9	2	21
其他	24	187	86	233	64	30	186
三、按集团主营行业分							
农、林、牧、渔业	0	1	0	1	1	0	2
采矿业	25	11	10	12	6	2	19
制造业	168	295	187	339	140	51	324
电力、燃气及水的生产和供应业	16	15	3	7	3	3	10
建筑业	13	25	21	29	3	10	17
交通运输、仓储和邮政业	14	7	4	8	0	0	10
信息传输、计算机服务和软件业	2	4	0	3	3	1	6
批发和零售业	41	43	25	41	10	7	40
住宿和餐饮业	2	5	4	5	1	0	1
金融业	0	0	0	0	0	0	0
房地产业	9	18	7	15	2	4	10
租赁和商务服务业	2	2	1	0	0	0	2
科学研究、技术服务和地质勘查业	0	1	1	1	1	1	0
水利、环境和公共设施管理业	1	0	0	0	0	1	1
居民服务和其他服务业	0	0	0	0	0	0	0
教育	0	0	0	0	0	0	0
卫生、社会保障和社会福利业	0	0	0	0	0	0	0
文化、体育和娱乐业	1	0	0	0	0	1	1
公共管理和社会组织	0	0	0	0	0	0	0
国际组织	0	0	0	0	0	0	0
四、按母公司登记注册类型分							
国有企业	85	43	19	32	20	16	51
国有独资企业	74	46	19	36	19	11	44
其他有限责任公司	73	179	106	220	67	29	180
股份有限公司	50	102	40	112	29	14	97
中外合资企业	1	7	1	6	7	0	5
港澳台合资企业	1	1	1	3	5	0	2
其他	10	49	77	52	23	11	64
五、按母公司企业规模分							
大型	134	163	87	151	72	24	157
中型	125	189	116	218	68	35	217
小型	26	57	41	67	21	17	54
其他	9	18	19	25	9	5	15

续表2

	08企业集团母公司对下列哪些事项进行统一决策					09企业集团母公司出资人已明确
	集团发展战略	重大投融资项目	涉外贸易和经济技术合作	科研开发	财务管理制度	
总计	709	673	495	477	634	726
一、按集团审批部门分						
国务院	4	4	4	4	4	4
国务院主管部门	4	4	4	1	2	4
省级人民政府	257	245	193	182	229	262
省级人民政府主管部门	150	145	95	99	136	154
其他	294	275	199	191	263	302
二、按母公司控股情况分						
国有绝对控股	236	225	169	153	205	242
国有相对控股	43	41	30	27	34	44
集体绝对控股	104	101	69	65	92	104
集体相对控股	32	31	24	25	29	32
其他	294	275	203	207	274	304
三、按集团主营行业分						
农、林、牧、渔业	2	1	2	2	2	2
采矿业	32	32	20	22	30	33
制造业	479	454	349	347	423	496
电力、燃气及水的生产和供应业	20	21	16	15	19	21
建筑业	45	41	25	26	40	43
交通运输、仓储和邮政业	14	15	8	9	15	16
信息传输、计算机服务和软件业	6	6	5	4	6	7
批发和零售业	74	66	48	36	69	73
住宿和餐饮业	7	7	3	1	4	7
金融业	0	0	0	0	0	0
房地产业	24	24	14	11	20	23
租赁和商务服务业	2	2	1	1	2	2
科学研究、技术服务和地质勘查业	2	2	2	2	2	1
水利、环境和公共设施管理业	1	1	1	1	1	1
居民服务和其他服务业	0	0	0	0	0	0
教育	0	0	0	0	0	0
卫生、社会保障和社会福利业	0	0	0	0	0	0
文化、体育和娱乐业	1	1	1	0	1	1
公共管理和社会组织	0	0	0	0	0	0
国际组织	0	0	0	0	0	0
四、按母公司登记注册类型分						
国有企业	86	84	63	52	79	86
国有独资企业	76	68	52	48	59	78
其他有限责任公司	287	274	207	211	259	299
股份有限公司	140	135	101	100	128	146
中外合资企业	10	9	8	7	8	10
港澳台合资企业	5	5	3	2	5	6
其他	105	98	61	57	96	101
五、按母公司企业规模分						
大型	241	231	185	174	216	244
中型	333	323	230	227	298	340
小型	103	85	61	55	88	105
其他	32	34	19	21	32	37

续表 3

	母公司是公司制企业总计	10.企业集团子公司(单位)出资人是否明确		
		全部明确	80% - 99%	60% - 79%
总计	539	649	28	15
一、按集团审批部门分				
国务院	4	4	0	0
国务院主管部门	3	3	0	1
省级人民政府	201	238	6	6
省级人民政府主管部门	113	135	8	4
其他	218	269	14	4
二、按母公司控股情况分				
国有绝对控股	154	217	9	4
国有相对控股	44	39	1	0
集体绝对控股	63	89	4	4
集体相对控股	23	25	4	0
其他	255	279	10	7
三、按集团主营行业分				
农、林、牧、渔业	1	2	0	0
采矿业	18	27	0	1
制造业	396	440	19	12
电力、燃气及水的生产和供应业	12	20	1	0
建筑业	33	38	1	0
交通运输、仓储和邮政业	11	13	2	1
信息传输、计算机服务和软件业	4	7	0	0
批发和零售业	42	69	3	0
住宿和餐饮业	4	7	0	0
金融业	0	0	0	0
房地产业	14	20	2	1
租赁和商务服务业	2	2	0	0
科学研究、技术服务和地质勘查业	1	2	0	0
水利、环境和公共设施管理业	1	1	0	0
居民服务和其他服务业	0	0	0	0
教育	0	0	0	0
卫生、社会保障和社会福利业	0	0	0	0
文化、体育和娱乐业	0	1	0	0
公共管理和社会组织	0	0	0	0
国际组织	0	0	0	0
四、按母公司登记注册类型分				
国有企业	0	80	3	0
国有独资企业	78	72	2	3
其他有限责任公司	299	260	11	8
股份有限公司	146	137	5	0
中外合资企业	10	10	0	0
港澳台合资企业	6	6	0	0
其他	0	84	7	4
五、按母公司企业规模分				
大型	199	217	11	3
中型	241	306	10	7
小型	73	91	6	4
其他	26	35	1	1

续表4

	10.企业集团子公司(单位)出资人是否明确			
	40%－59%	20%－39%	1%－19%	全部未明确
总计	8	12	8	23
一、按集团审批部门分				
国务院	0	0	0	0
国务院主管部门	0	0	0	0
省级人民政府	3	2	3	8
省级人民政府主管部门	1	4	1	4
其他	4	6	4	11
二、按母公司控股情况分				
国有绝对控股	2	5	2	10
国有相对控股	0	2	0	3
集体绝对控股	3	2	1	5
集体相对控股	0	1	2	1
其他	3	2	3	4
三、按集团主营行业分				
农、林、牧、渔业	0	0	0	0
采矿业	1	2	0	3
制造业	6	7	6	12
电力、燃气及水的生产和供应业	0	0	0	0
建筑业	0	2	1	5
交通运输、仓储和邮政业	0	0	0	2
信息传输、计算机服务和软件业	0	0	0	0
批发和零售业	1	1	0	0
住宿和餐饮业	0	0	0	0
金融业	0	0	0	0
房地产业	0	0	1	1
租赁和商务服务业	0	0	0	0
科学研究、技术服务和地质勘查业	0	0	0	0
水利、环境和公共设施管理业	0	0	0	0
居民服务和其他服务业	0	0	0	0
教育	0	0	0	0
卫生、社会保障和社会福利业	0	0	0	0
文化、体育和娱乐业	0	0	0	0
公共管理和社会组织	0	0	0	0
国际组织	0	0	0	0
四、按母公司登记注册类型分				
国有企业	1	3	1	5
国有独资企业	0	0	0	1
其他有限责任公司	6	4	2	8
股份有限公司	0	2	1	1
中外合资企业	0	0	0	0
港澳台合资企业	0	0	0	0
其他	1	3	4	8
五、按母公司企业规模分				
大型	4	1	2	9
中型	3	11	2	8
小型	1	0	4	5
其他	0	0	0	1

续表 5

	11.企业集团母公司出资人目前行使哪几项主要权利			12.1 企业集团母公司已成立		
	企业重大经营决策	选择企业经营者	收取资产收益	股东会	董事会	监事会
总计	676	568	468	440	527	489
一、按集团审批部门分						
国务院	4	4	3	1	4	3
国务院主管部门	4	4	2	2	3	3
省级人民政府	240	219	182	148	198	177
省级人民政府主管部门	148	119	95	103	111	106
其他	280	222	186	186	211	200
二、按母公司控股情况分						
国有绝对控股	214	202	161	73	150	123
国有相对控股	40	36	28	42	43	43
集体绝对控股	96	77	73	57	63	56
集体相对控股	32	24	23	23	23	23
其他	294	229	183	245	248	244
三、按集团主营行业分						
农、林、牧、渔业	2	2	1	1	1	1
采矿业	31	26	22	8	17	9
制造业	465	382	311	337	390	370
电力、燃气及水的生产和供应业	19	17	16	6	10	10
建筑业	40	32	30	30	32	31
交通运输、仓储和邮政业	15	14	15	6	11	8
信息传输、计算机服务和软件业	6	5	5	3	4	3
批发和零售业	66	66	50	32	42	38
住宿和餐饮业	7	5	4	4	4	4
金融业	0	0	0	0	0	0
房地产业	20	15	10	11	13	12
租赁和商务服务业	2	2	2	1	2	1
科学研究、技术服务和地质勘查业	1	1	1	1	0	1
水利、环境和公共设施管理业	1	0	0	0	1	1
居民服务和其他服务业	0	0	0	0	0	0
教育	0	0	0	0	0	0
卫生、社会保障和社会福利业	0	0	0	0	0	0
文化、体育和娱乐业	1	1	1	0	0	0
公共管理和社会组织	0	0	0	0	0	0
国际组织	0	0	0	0	0	0
四、按母公司登记注册类型分						
国有企业	74	70	54	0	0	0
国有独资企业	72	68	56	4	76	52
其他有限责任公司	282	241	200	280	289	283
股份有限公司	138	106	98	146	146	145
中外合资企业	10	7	6	7	10	6
港澳台合资企业	6	4	3	3	6	3
其他	94	72	51	0	0	0
五、按母公司企业规模分						
大型	222	211	177	138	196	175
中型	321	252	198	213	238	223
小型	97	78	66	69	70	69
其他	36	27	27	20	23	22

续表6

	12.2董事会成员产生方式		12.3董事会中设有独立董事	12.4董事长与总经理是否一人兼任		12.5董事会有下设专门委员会
	出资人委派	其他		是	否	
总计	299	228	218	271	256	182
一、按集团审批部门分						
国务院	2	2	2	1	3	2
国务院主管部门	2	1	1	1	2	2
省级人民政府	118	80	86	87	111	72
省级人民政府主管部门	53	58	48	65	46	38
其他	124	87	81	117	94	68
二、按母公司控股情况分						
国有绝对控股	101	49	39	66	84	46
国有相对控股	23	20	27	16	27	15
集体绝对控股	36	27	25	32	31	20
集体相对控股	8	15	12	12	11	8
其他	131	117	115	145	103	93
三、按集团主营行业分						
农、林、牧、渔业	0	1	0	0	1	0
采矿业	11	6	3	5	12	8
制造业	215	175	178	201	189	133
电力、燃气及水的生产和供应业	8	2	4	4	6	6
建筑业	18	14	11	18	14	12
交通运输、仓储和邮政业	8	3	2	8	3	2
信息传输、计算机服务和软件业	3	1	2	1	3	1
批发和零售业	21	21	13	22	20	14
住宿和餐饮业	3	1	2	1	3	1
金融业	0	0	0	0	0	0
房地产业	9	4	2	9	4	4
租赁和商务服务业	2	0	1	2	0	1
科学研究、技术服务和地质勘查业	0	0	0	0	0	0
水利、环境和公共设施管理业	1	0	0	0	1	0
居民服务和其他服务业	0	0	0	0	0	0
教育	0	0	0	0	0	0
卫生、社会保障和社会福利业	0	0	0	0	0	0
文化、体育和娱乐业	0	0	0	0	0	0
公共管理和社会组织	0	0	0	0	0	0
国际组织	0	0	0	0	0	0
四、按母公司登记注册类型分						
国有企业	0	0	0	0	0	0
国有独资企业	53	23	14	33	43	19
其他有限责任公司	166	123	117	165	124	111
股份有限公司	68	78	81	65	81	46
中外合资企业	8	2	4	4	6	4
港澳台合资企业	4	2	2	4	2	2
其他	0	0	0	0	0	0
五、按母公司企业规模分						
大型	115	81	77	83	113	76
中型	127	111	99	131	107	71
小型	43	27	33	43	27	25
其他	14	9	9	14	9	10

续表 7

	企业集团母公司股东会能行使下列职权			
	决定公司的经营方针和投资计划	决定和更换董事，决定有关董事的报酬事项	选举和更换由股东代表出任的监事，决定有关监事的报酬事项	审议批准董事会的报告
总计	433	420	414	433
一、按集团审批部门分				
国务院	1	1	1	1
国务院主管部门	2	2	2	2
省级人民政府	145	142	135	145
省级人民政府主管部门	103	99	97	103
其他	182	176	179	182
二、按母公司控股情况分				
国有绝对控股	70	68	63	71
国有相对控股	42	40	39	42
集体绝对控股	56	52	52	56
集体相对控股	22	23	22	23
其他	243	237	238	241
三、按集团主营行业分				
农、林、牧、渔业	1	1	1	1
采矿业	8	8	7	8
制造业	334	323	317	333
电力、燃气及水的生产和供应业	6	6	6	6
建筑业	30	27	28	30
交通运输、仓储和邮政业	5	5	6	5
信息传输、计算机服务和软件业	3	2	2	3
批发和零售业	29	31	30	30
住宿和餐饮业	4	4	4	4
金融业	0	0	0	0
房地产业	11	11	11	11
租赁和商务服务业	1	1	1	1
科学研究、技术服务和地质勘查业	1	1	1	1
水利、环境和公共设施管理业	0	0	0	0
居民服务和其他服务业	0	0	0	0
教育	0	0	0	0
卫生、社会保障和社会福利业	0	0	0	0
文化、体育和娱乐业	0	0	0	0
公共管理和社会组织	0	0	0	0
国际组织	0	0	0	0
四、按母公司登记注册类型分				
国有企业	0	0	0	0
国有独资企业	4	4	3	4
其他有限责任公司	275	267	268	274
股份有限公司	144	139	133	145
中外合资企业	7	7	7	7
港澳台合资企业	3	3	3	3
其他	0	0	0	0
五、按母公司企业规模分				
大型	133	133	127	134
中型	213	203	201	213
小型	68	66	67	67
其他	19	18	19	19

续表 8

	企业集团母公司股东会能行使下列职权			
	审议批准监事会或者监事的报告	审议批准公司的年度财务预算方案、决算方案	7.审议批准公司的利润分配方案和弥补亏损方案	8.对公司增加或者减少注册资本作出决议
总计	426	429	428	421
一、按集团审批部门分				
国务院	1	1	1	1
国务院主管部门	2	2	2	2
省级人民政府	142	144	143	141
省级人民政府主管部门	101	99	101	97
其他	180	183	181	180
二、按母公司控股情况分				
国有绝对控股	70	71	71	68
国有相对控股	40	41	41	41
集体绝对控股	54	56	54	55
集体相对控股	23	23	23	22
其他	239	238	239	235
三、按集团主营行业分				
农、林、牧、渔业	1	1	1	1
采矿业	8	8	8	7
制造业	327	328	329	323
电力、燃气及水的生产和供应业	6	6	6	6
建筑业	29	30	29	30
交通运输、仓储和邮政业	5	5	5	5
信息传输、计算机服务和软件业	3	3	3	3
批发和零售业	30	31	30	29
住宿和餐饮业	4	4	4	4
金融业	0	0	0	0
房地产业	11	11	11	11
租赁和商务服务业	1	1	1	1
科学研究、技术服务和地质勘查业	1	1	1	1
水利、环境和公共设施管理业	0	0	0	0
居民服务和其他服务业	0	0	0	0
教育	0	0	0	0
卫生、社会保障和社会福利业	0	0	0	0
文化、体育和娱乐业	0	0	0	0
公共管理和社会组织	0	0	0	0
国际组织	0	0	0	0
四、按母公司登记注册类型分				
国有企业	0	0	0	0
国有独资企业	4	4	4	4
其他有限责任公司	270	272	271	266
股份有限公司	142	143	143	141
中外合资企业	7	7	7	7
港澳台合资企业	3	3	3	3
其他	0	0	0	0
五、按母公司企业规模分				
大型	131	132	133	131
中型	209	211	210	205
小型	67	67	66	66
其他	19	19	19	19

续表 9

	企业集团母公司股东会能行使下列职权			
	9.对发行公司债券作出决议	10.对股东向股东以外的人转让出资作出决议	11.对公司合并、分立、变更公司形式、解散和清算等事项作出决议	12.修改公司章程
总计	367	387	420	427
一、按集团审批部门分				
国务院	1	0	1	1
国务院主管部门	2	2	2	2
省级人民政府	125	127	139	140
省级人民政府主管部门	80	87	98	102
其他	159	171	180	182
二、按母公司控股情况分				
国有绝对控股	60	62	69	70
国有相对控股	36	37	41	41
集体绝对控股	42	47	54	54
集体相对控股	20	20	22	23
其他	209	221	234	239
三、按集团主营行业分				
农、林、牧、渔业	1	1	1	1
采矿业	7	7	7	8
制造业	282	298	324	327
电力、燃气及水的生产和供应业	5	6	6	6
建筑业	23	24	27	29
交通运输、仓储和邮政业	5	6	6	6
信息传输、计算机服务和软件业	3	3	3	3
批发和零售业	26	25	29	30
住宿和餐饮业	4	4	4	4
金融业	0	0	0	0
房地产业	9	11	11	11
租赁和商务服务业	1	1	1	1
科学研究、技术服务和地质勘查业	1	1	1	1
水利、环境和公共设施管理业	0	0	0	0
居民服务和其他服务业	0	0	0	0
教育	0	0	0	0
卫生、社会保障和社会福利业	0	0	0	0
文化、体育和娱乐业	0	0	0	0
公共管理和社会组织	0	0	0	0
国际组织	0	0	0	0
四、按母公司登记注册类型分				
国有企业	0	0	0	0
国有独资企业	2	2	3	4
其他有限责任公司	228	246	268	269
股份有限公司	127	129	139	144
中外合资企业	7	7	7	7
港澳台合资企业	3	3	3	3
其他	0	0	0	0
五、按母公司企业规模分				
大型	119	120	128	132
中型	177	191	207	208
小型	56	59	66	67
其他	15	17	19	20

续表 10

	14. 企业集团母公司董事会能够行使下列职权			
	1. 负责召集股东会，并向股东会汇报工作	2. 执行股东会的决议	3. 决定公司的经营计划和投资方案	4. 制订公司的年度财务预算方案、决算方案
总计	422	421	516	514
一、按集团审批部门分				
国务院	1	1	4	4
国务院主管部门	1	1	3	3
省级人民政府	145	145	197	195
省级人民政府主管部门	100	100	107	108
其他	175	174	205	204
二、按母公司控股情况分				
国有绝对控股	69	68	145	143
国有相对控股	38	38	42	42
集体绝对控股	57	56	61	63
集体相对控股	22	22	22	22
其他	236	237	246	244
三、按集团主营行业分				
农、林、牧、渔业	1	1	1	1
采矿业	8	8	17	17
制造业	323	323	385	383
电力、燃气及水的生产和供应业	6	6	9	9
建筑业	30	29	30	31
交通运输、仓储和邮政业	6	6	11	11
信息传输、计算机服务和软件业	3	3	4	4
批发和零售业	31	31	41	41
住宿和餐饮业	4	4	4	4
金融业	0	0	0	0
房地产业	9	9	13	12
租赁和商务服务业	1	1	1	1
科学研究、技术服务和地质勘查业	0	0	0	0
水利、环境和公共设施管理业	0	0	0	0
居民服务和其他服务业	0	0	0	0
教育	0	0	0	0
卫生、社会保障和社会福利业	0	0	0	0
文化、体育和娱乐业	0	0	0	0
公共管理和社会组织	0	0	0	0
国际组织	0	0	0	0
四、按母公司登记注册类型分				
国有企业	0	0	0	0
国有独资企业	4	4	72	69
其他有限责任公司	265	263	286	287
股份有限公司	143	144	142	142
中外合资企业	7	7	10	10
港澳台合资企业	3	3	6	6
其他	0	0	0	0
五、按母公司企业规模分				
大型	133	133	193	194
中型	209	207	234	231
小型	62	63	66	67
其他	18	18	23	22

续表 11

	14. 企业集团母公司董事会能够行使下列职权		
	5.制订公司的利润分配方案和弥补亏损方案	6.制定公司增加或者减少注册资本的方案	7.拟定公司合并、分立、变更公司形式、解散的方案
总计	510	504	501
一、按集团审批部门分			
国务院	4	4	4
国务院主管部门	3	3	3
省级人民政府	192	192	190
省级人民政府主管部门	107	102	102
其他	204	203	202
二、按母公司控股情况分			
国有绝对控股	141	138	135
国有相对控股	41	41	42
集体绝对控股	62	60	62
集体相对控股	21	21	21
其他	245	244	241
三、按集团主营行业分			
农、林、牧、渔业	1	1	1
采矿业	17	16	15
制造业	379	375	371
电力、燃气及水的生产和供应业	9	9	9
建筑业	31	30	30
交通运输、仓储和邮政业	11	9	11
信息传输、计算机服务和软件业	4	4	4
批发和零售业	41	42	42
住宿和餐饮业	4	4	4
金融业	0	0	0
房地产业	12	12	12
租赁和商务服务业	1	2	2
科学研究、技术服务和地质勘查业	0	0	0
水利、环境和公共设施管理业	0	0	0
居民服务和其他服务业	0	0	0
教育	0	0	0
卫生、社会保障和社会福利业	0	0	0
文化、体育和娱乐业	0	0	0
公共管理和社会组织	0	0	0
国际组织	0	0	0
四、按母公司登记注册类型分			
国有企业	0	0	0
国有独资企业	67	67	66
其他有限责任公司	285	281	283
股份有限公司	142	140	137
中外合资企业	10	10	10
港澳台合资企业	6	6	5
其他	0	0	0
五、按母公司企业规模分			
大型	191	190	188
中型	231	229	225
小型	66	64	66
其他	22	21	22

续表 12

	14. 企业集团母公司董事会能够行使下列职权			
	8.决定公司内部管理机构的设置	9.聘任或者解聘公司经理	10.根据经理的提名,聘任或者解聘公司副经理、财务负责人,决定其报酬事项	11.制定公司的基本管理制度
总计	513	493	506	507
一、按集团审批部门分				
国务院	4	4	4	4
国务院主管部门	3	3	3	3
省级人民政府	196	181	189	192
省级人民政府主管部门	108	104	105	107
其他	202	201	205	201
二、按母公司控股情况分				
国有绝对控股	143	123	134	142
国有相对控股	42	41	41	41
集体绝对控股	62	60	63	61
集体相对控股	22	22	21	22
其他	244	247	247	241
三、按集团主营行业分				
农、林、牧、渔业	1	1	1	1
采矿业	17	14	14	17
制造业	382	371	378	375
电力、燃气及水的生产和供应业	9	7	8	10
建筑业	31	29	31	31
交通运输、仓储和邮政业	11	10	11	11
信息传输、计算机服务和软件业	4	4	4	4
批发和零售业	41	41	42	41
住宿和餐饮业	4	4	4	4
金融业	0	0	0	0
房地产业	12	11	12	12
租赁和商务服务业	1	1	1	1
科学研究、技术服务和地质勘查业	0	0	0	0
水利、环境和公共设施管理业	0	0	0	0
居民服务和其他服务业	0	0	0	0
教育	0	0	0	0
卫生、社会保障和社会福利业	0	0	0	0
文化、体育和娱乐业	0	0	0	0
公共管理和社会组织	0	0	0	0
国际组织	0	0	0	0
四、按母公司登记注册类型分				
国有企业	0	0	0	0
国有独资企业	71	56	64	72
其他有限责任公司	283	279	285	280
股份有限公司	143	142	141	140
中外合资企业	10	10	10	9
港澳台合资企业	6	6	6	6
其他	0	0	0	0
五、按母公司企业规模分				
大型	193	178	188	190
中型	231	227	230	229
小型	67	66	66	66
其他	22	22	22	22

续表 13

	15.企业集团母公司监事会能够行使下列职权				
	1.检查公司财务	2.对董事、经理执行公司职务时违反法律、法规或者公司章程的行为进行监督	3.当董事和经理的行为损害公司的利益时，要求董事和经理予以纠正	4.提议召开临时股东大会	5.司章程规定的其他职权
总计	473	476	469	435	469
一、按集团审批部门分					
国务院	3	3	3	1	3
国务院主管部门	3	3	3	3	3
省级人民政府	172	174	172	156	171
省级人民政府主管部门	101	103	101	98	101
其他	194	193	190	177	191
二、按母公司控股情况分					
国有绝对控股	117	118	115	88	116
国有相对控股	41	43	42	41	42
集体绝对控股	54	55	53	51	53
集体相对控股	21	21	21	21	20
其他	240	239	238	234	238
三、按集团主营行业分					
农、林、牧、渔业	1	1	1	1	1
采矿业	8	8	8	6	9
制造业	358	362	357	333	354
电力、燃气及水的生产和供应业	10	10	10	6	10
建筑业	30	29	28	27	29
交通运输、仓储和邮政业	7	8	8	6	8
信息传输、计算机服务和软件业	3	3	3	3	3
批发和零售业	38	37	36	35	37
住宿和餐饮业	4	4	4	4	4
金融业	0	0	0	0	0
房地产业	12	12	12	12	12
租赁和商务服务业	1	1	1	1	1
科学研究、技术服务和地质勘查业	1	1	1	1	1
水利、环境和公共设施管理业	0	0	0	0	0
居民服务和其他服务业	0	0	0	0	0
教育	0	0	0	0	0
卫生、社会保障和社会福利业	0	0	0	0	0
文化、体育和娱乐业	0	0	0	0	0
公共管理和社会组织	0	0	0	0	0
国际组织	0	0	0	0	0
四、按母公司登记注册类型分					
国有企业	0	0	0	0	0
国有独资企业	48	48	47	25	48
其他有限责任公司	276	276	273	265	276
股份有限公司	140	143	140	136	136
中外合资企业	6	6	6	6	6
港澳台合资企业	3	3	3	3	3
其他	0	0	0	0	0
五、按母公司企业规模分					
大型	172	172	169	151	171
中型	213	216	213	201	211
小型	66	66	65	64	65
其他	22	22	22	19	22

续表 14

	16.企业集团母公司总经理能够行使下列职权				
	1.主持公司的生产经营管理工作,组织实施董事会决议	2.组织实施公司年度经营计划和投资方案	3.拟定公司管理制度及机构设置方案	4.提请聘任或解聘公司副总经理、财务负责人	5.聘任或解聘除应由董事会聘任或者解聘以外的负责管理人员
总计	708	720	720	684	669
一、按集团审批部门分					
国务院	4	4	4	4	4
国务院主管部门	4	4	4	3	3
省级人民政府	257	262	261	247	246
省级人民政府主管部门	151	151	151	143	138
其他	292	299	300	287	278
二、按母公司控股情况分					
国有绝对控股	226	237	238	215	208
国有相对控股	44	45	44	42	44
集体绝对控股	105	105	105	101	97
集体相对控股	31	32	30	32	30
其他	302	301	303	294	290
三、按集团主营行业分					
农、林、牧、渔业	2	2	2	2	2
采矿业	31	33	33	26	28
制造业	490	491	491	471	462
电力、燃气及水的生产和供应业	19	19	20	17	15
建筑业	41	45	46	42	39
交通运输、仓储和邮政业	16	16	16	15	16
信息传输、计算机服务和软件业	7	7	6	6	7
批发和零售业	69	71	71	71	67
住宿和餐饮业	6	7	7	7	6
金融业	0	0	0	0	0
房地产业	21	23	22	22	21
租赁和商务服务业	2	2	2	2	2
科学研究、技术服务和地质勘查业	2	2	2	2	2
水利、环境和公共设施管理业	1	1	1	0	1
居民服务和其他服务业	0	0	0	0	0
教育	0	0	0	0	0
卫生、社会保障和社会福利业	0	0	0	0	0
文化、体育和娱乐业	1	1	1	1	1
公共管理和社会组织	0	0	0	0	0
国际组织	0	0	0	0	0
四、按母公司登记注册类型分					
国有企业	73	83	84	74	66
国有独资企业	77	77	77	67	69
其他有限责任公司	293	294	296	289	286
股份有限公司	145	145	143	139	140
中外合资企业	10	10	10	10	10
港澳台合资企业	6	6	6	6	6
其他	104	105	104	99	92
五、按母公司企业规模分					
大型	235	239	240	227	225
中型	331	338	337	323	313
小型	107	108	107	101	99
其他	35	35	36	33	32

续表 15

	17.2 董事长年龄			17.3 董事长性别	
	40 岁及以下	41－50 岁	51 岁及以上	男	女
总计	45	239	243	518	9
一、按集团审批部门分					
国务院	0	0	4	4	0
国务院主管部门	0	2	1	3	0
省级人民政府	11	84	103	195	2
省级人民政府主管部门	10	55	46	110	1
其他	24	98	89	205	6
二、按母公司控股情况分					
国有绝对控股	10	72	68	145	5
国有相对控股	5	23	15	43	0
集体绝对控股	7	20	36	62	1
集体相对控股	2	10	11	23	0
其他	21	114	113	245	3
三、按集团主营行业分					
农、林、牧、渔业	0	0	1	1	0
采矿业	2	7	8	17	0
制造业	35	176	179	387	3
电力、燃气及水的生产和供应业	1	3	6	9	1
建筑业	1	16	15	32	0
交通运输、仓储和邮政业	0	6	5	10	1
信息传输、计算机服务和软件业	0	1	3	4	0
批发和零售业	4	19	19	39	3
住宿和餐饮业	1	2	1	4	0
金融业	0	0	0	0	0
房地产业	1	8	4	12	1
租赁和商务服务业	0	1	1	2	0
科学研究、技术服务和地质勘查业	0	0	0	0	0
水利、环境和公共设施管理业	0	0	1	1	0
居民服务和其他服务业	0	0	0	0	0
教育	0	0	0	0	0
卫生、社会保障和社会福利业	0	0	0	0	0
文化、体育和娱乐业	0	0	0	0	0
公共管理和社会组织	0	0	0	0	0
国际组织	0	0	0	0	0
四、按母公司登记注册类型分					
国有企业	0	0	0	0	0
国有独资企业	3	33	40	72	4
其他有限责任公司	26	127	136	287	2
股份有限公司	15	71	60	143	3
中外合资企业	0	4	6	10	0
港澳台合资企业	1	4	1	6	0
其他	0	0	0	0	0
五、按母公司企业规模分					
大型	11	87	98	190	6
中型	19	104	115	236	2
小型	11	36	23	70	0
其他	4	12	7	22	1

续表16

	17.4 董事长工龄			17.5 董事长任现职时间		
	工龄10年及以下	工龄11-20年	工龄21年及以上	任现职5年及以下	任现职6-10年	任现职11年及以上
总计	2	78	447	203	170	152
一、按集团审批部门分						
国务院	0	0	4	3	0	1
国务院主管部门	0	0	3	1	2	0
省级人民政府	0	21	177	79	60	59
省级人民政府主管部门	1	19	91	46	29	35
其他	1	38	172	74	79	57
二、按母公司控股情况分						
国有绝对控股	0	14	136	90	39	21
国有相对控股	0	9	34	24	15	4
集体绝对控股	1	9	53	15	20	26
集体相对控股	0	4	19	5	7	11
其他	1	42	205	69	89	90
三、按集团主营行业分						
农、林、牧、渔业	0	0	1	0	0	1
采矿业	0	3	14	11	6	0
制造业	2	58	330	142	125	123
电力、燃气及水的生产和供应业	0	0	10	5	2	3
建筑业	0	7	25	10	16	6
交通运输、仓储和邮政业	0	0	11	6	4	1
信息传输、计算机服务和软件业	0	0	4	3	0	1
批发和零售业	0	5	37	17	10	14
住宿和餐饮业	0	2	2	0	2	1
金融业	0	0	0	0	0	0
房地产业	0	2	11	6	5	2
租赁和商务服务业	0	1	1	2	0	0
科学研究、技术服务和地质勘查业	0	0	0	0	0	0
水利、环境和公共设施管理业	0	0	1	1	0	0
居民服务和其他服务业	0	0	0	0	0	0
教育	0	0	0	0	0	0
卫生、社会保障和社会福利业	0	0	0	0	0	0
文化、体育和娱乐业	0	0	0	0	0	0
公共管理和社会组织	0	0	0	0	0	0
国际组织	0	0	0	0	0	0
四、按母公司登记注册类型分						
国有企业	0	0	0	0	0	0
国有独资企业	0	6	70	44	18	14
其他有限责任公司	1	48	240	106	95	86
股份有限公司	1	21	124	53	46	47
中外合资企业	0	1	9	0	7	3
港澳台合资企业	0	2	4	0	4	2
其他	0	0	0	0	0	0
五、按母公司企业规模分						
大型	0	22	174	90	49	56
中型	0	32	206	75	84	78
小型	2	19	49	27	29	14
其他	0	5	18	11	8	4

续表 17

	17.6 董事长从事管理工作时间		
	10 年及以下	11－20 年	21 年及以上
总计	41	231	254
一、按集团审批部门分			
国务院	0	1	3
国务院主管部门	0	1	2
省级人民政府	14	74	110
省级人民政府主管部门	8	49	54
其他	19	106	85
二、按母公司控股情况分			
国有绝对控股	10	58	82
国有相对控股	3	25	15
集体绝对控股	6	19	37
集体相对控股	1	8	14
其他	21	121	106
三、按集团主营行业分			
农、林、牧、渔业	0	0	1
采矿业	0	7	10
制造业	29	176	185
电力、燃气及水的生产和供应业	0	4	6
建筑业	3	14	15
交通运输、仓储和邮政业	2	2	7
信息传输、计算机服务和软件业	1	1	2
批发和零售业	3	16	23
住宿和餐饮业	0	2	1
金融业	0	0	0
房地产业	3	7	3
租赁和商务服务业	0	2	0
科学研究、技术服务和地质勘查业	0	0	0
水利、环境和公共设施管理业	0	0	1
居民服务和其他服务业	0	0	0
教育	0	0	0
卫生、社会保障和社会福利业	0	0	0
文化、体育和娱乐业	0	0	0
公共管理和社会组织	0	0	0
国际组织	0	0	0
四、按母公司登记注册类型分			
国有企业	0	0	0
国有独资企业	2	34	40
其他有限责任公司	27	128	133
股份有限公司	11	62	73
中外合资企业	0	2	8
港澳台合资企业	1	5	0
其他	0	0	0
五、按母公司企业规模分			
大型	10	70	116
中型	18	108	111
小型	8	42	20
其他	5	11	7

续表 18

	18.董事长文化程度					
	博士	硕士	大学本科	大学专科	中专或高中	其他
总计	9	78	234	181	19	6
一、按集团审批部门分						
国务院	1	1	1	1	0	0
国务院主管部门	0	1	2	0	0	0
省级人民政府	7	32	96	53	8	2
省级人民政府主管部门	0	15	49	39	5	3
其他	1	29	86	88	6	1
二、按母公司控股情况分						
国有绝对控股	3	26	83	34	3	1
国有相对控股	4	9	18	8	3	1
集体绝对控股	0	9	21	31	2	0
集体相对控股	0	1	9	11	2	0
其他	2	33	103	97	9	4
三、按集团主营行业分						
农、林、牧、渔业	0	1	0	0	0	0
采矿业	2	2	11	2	0	0
制造业	3	48	177	139	17	6
电力、燃气及水的生产和供应业	0	1	4	5	0	0
建筑业	0	6	12	14	0	0
交通运输、仓储和邮政业	0	5	1	5	0	0
信息传输、计算机服务和软件业	2	1	1	0	0	0
批发和零售业	2	6	23	10	1	0
住宿和餐饮业	0	1	1	2	0	0
金融业	0	0	0	0	0	0
房地产业	0	5	4	4	0	0
租赁和商务服务业	0	2	0	0	0	0
科学研究、技术服务和地质勘查业	0	0	0	0	0	0
水利、环境和公共设施管理业	0	0	0	0	1	0
居民服务和其他服务业	0	0	0	0	0	0
教育	0	0	0	0	0	0
卫生、社会保障和社会福利业	0	0	0	0	0	0
文化、体育和娱乐业	0	0	0	0	0	0
公共管理和社会组织	0	0	0	0	0	0
国际组织	0	0	0	0	0	0
四、按母公司登记注册类型分						
国有企业	0	0	0	0	0	0
国有独资企业	0	12	44	17	2	1
其他有限责任公司	3	41	125	109	8	3
股份有限公司	6	23	56	51	8	2
中外合资企业	0	2	5	2	1	0
港澳台合资企业	0	0	4	2	0	0
其他	0	0	0	0	0	0
五、按母公司企业规模分						
大型	5	39	88	56	6	2
中型	3	25	110	88	11	1
小型	1	9	26	29	2	3
其他	0	5	10	8	0	0

续表 19

	19.企业集团董事长任现职前的职业			
	科学研究人员	工程技术人员	企业管理人员	党政机关人员
总计	7	47	387	58
一、按集团审批部门分				
国务院	0	0	2	2
国务院主管部门	0	1	1	1
省级人民政府	3	15	156	18
省级人民政府主管部门	1	13	77	13
其他	3	18	151	24
二、按母公司控股情况分				
国有绝对控股	1	10	117	21
国有相对控股	1	2	31	8
集体绝对控股	1	6	45	5
集体相对控股	0	2	18	2
其他	4	27	176	22
三、按集团主营行业分				
农、林、牧、渔业	0	1	0	0
采矿业	1	2	13	1
制造业	4	38	285	42
电力、燃气及水的生产和供应业	0	0	7	2
建筑业	0	3	24	3
交通运输、仓储和邮政业	0	0	9	2
信息传输、计算机服务和软件业	1	0	3	0
批发和零售业	1	1	31	6
住宿和餐饮业	0	0	4	0
金融业	0	0	0	0
房地产业	0	2	8	2
租赁和商务服务业	0	0	2	0
科学研究、技术服务和地质勘查业	0	0	0	0
水利、环境和公共设施管理业	0	0	1	0
居民服务和其他服务业	0	0	0	0
教育	0	0	0	0
卫生、社会保障和社会福利业	0	0	0	0
文化、体育和娱乐业	0	0	0	0
公共管理和社会组织	0	0	0	0
国际组织	0	0	0	0
四、按母公司登记注册类型分				
国有企业	0	0	0	0
国有独资企业	0	6	57	12
其他有限责任公司	5	34	202	31
股有限公司	2	5	117	15
中外合资企业	0	1	7	0
港澳台合资企业	0	1	4	0
其他	0	0	0	0
五、按母公司企业规模分				
大型	1	14	151	21
中型	4	22	172	27
小型	2	8	49	8
其他	0	3	15	2

续表 20

	19.5 董事长任现职前从事其他职业	20.企业集团母公司总经理产生方式	
		董事会聘任	上级行政部门直接任命
总计	28	435	144
一、按集团审批部门分			
国务院	0	1	0
国务院主管部门	0	2	0
省级人民政府	6	157	60
省级人民政府主管部门	7	101	21
其他	15	174	63
二、按母公司控股情况分			
国有绝对控股	1	68	106
国有相对控股	1	27	9
集体绝对控股	6	70	13
集体相对控股	1	23	3
其他	19	247	13
三、按集团主营行业分			
农、林、牧、渔业	0	2	0
采矿业	0	7	19
制造业	21	338	55
电力、燃气及水的生产和供应业	1	8	11
建筑业	2	23	11
交通运输、仓储和邮政业	0	6	7
信息传输、计算机服务和软件业	0	1	4
批发和零售业	3	35	24
住宿和餐饮业	0	4	1
金融业	0	0	0
房地产业	1	10	8
租赁和商务服务业	0	0	2
科学研究、技术服务和地质勘查业	0	1	0
水利、环境和公共设施管理业	0	0	1
居民服务和其他服务业	0	0	0
教育	0	0	0
卫生、社会保障和社会福利业	0	0	0
文化、体育和娱乐业	0	0	1
公共管理和社会组织	0	0	0
国际组织	0	0	0
四、按母公司登记注册类型分			
国有企业	0	12	66
国有独资企业	1	21	27
其他有限责任公司	17	221	24
股份有限公司	7	110	5
中外合资企业	2	9	0
港澳台合资企业	1	4	0
其他	0	58	22
五、按母公司企业规模分			
大型	9	137	56
中型	13	214	64
小型	3	61	21
其他	3	23	3

续表 21

	20.企业集团母公司总经理产生方式		
	国有资产受权投资机构指派	由上级行政部门提名，董事会聘任	其他方式
总计	15	94	55
一、按集团审批部门分			
国务院	0	3	0
国务院主管部门	0	2	0
省级人民政府	7	34	8
省级人民政府主管部门	2	19	14
其他	6	36	33
二、按母公司控股情况分			
国有绝对控股	11	56	8
国有相对控股	0	8	1
集体绝对控股	1	12	12
集体相对控股	0	3	4
其他	3	15	30
三、按集团主营行业分			
农、林、牧、渔业	0	0	0
采矿业	1	5	2
制造业	10	65	34
电力、燃气及水的生产和供应业	0	1	1
建筑业	0	6	7
交通运输、仓储和邮政业	2	2	1
信息传输、计算机服务和软件业	0	2	0
批发和零售业	2	11	2
住宿和餐饮业	0	1	1
金融业	0	0	0
房地产业	0	1	6
租赁和商务服务业	0	0	0
科学研究、技术服务和地质勘查业	0	0	1
水利、环境和公共设施管理业	0	0	0
居民服务和其他服务业	0	0	0
教育	0	0	0
卫生、社会保障和社会福利业	0	0	0
文化、体育和娱乐业	0	0	0
公共管理和社会组织	0	0	0
国际组织	0	0	0
四、按母公司登记注册类型分			
国有企业	3	6	6
国有独资企业	4	25	1
其他有限责任公司	4	32	18
股份有限公司	2	21	8
中外合资企业	1	0	0
港澳台合资企业	0	2	0
其他	1	8	22
五、按母公司企业规模分			
大型	6	42	6
中型	5	39	25
小型	3	10	16
其他	1	3	8

续表 22

	21.2 总经理年龄			21.3 总经理性别	
	40 岁及以下	41－50 岁	51 岁及以上	男	女
总计	120	379	244	709	34
一、按集团审批部门分					
国务院	0	2	2	4	0
国务院主管部门	0	4	0	4	0
省级人民政府	45	128	93	254	12
省级人民政府主管部门	21	86	50	149	8
其他	54	159	99	298	14
二、按母公司控股情况分					
国有绝对控股	30	138	81	242	7
国有相对控股	7	28	10	44	1
集体绝对控股	16	51	41	102	6
集体相对控股	8	12	13	31	2
其他	59	150	99	290	18
三、按集团主营行业分					
农、林、牧、渔业	0	1	1	2	0
采矿业	7	11	16	34	0
制造业	91	249	162	479	23
电力、燃气及水的生产和供应业	3	10	8	20	1
建筑业	7	25	15	46	1
交通运输、仓储和邮政业	0	9	9	17	1
信息传输、计算机服务和软件业	0	4	3	7	0
批发和零售业	10	46	18	67	7
住宿和餐饮业	0	5	2	7	0
金融业	0	0	0	0	0
房地产业	2	17	6	24	1
租赁和商务服务业	0	1	1	2	0
科学研究、技术服务和地质勘查业	0	0	2	2	0
水利、环境和公共设施管理业	0	1	0	1	0
居民服务和其他服务业	0	0	0	0	0
教育	0	0	0	0	0
卫生、社会保障和社会福利业	0	0	0	0	0
文化、体育和娱乐业	0	0	1	1	0
公共管理和社会组织	0	0	0	0	0
国际组织	0	0	0	0	0
四、按母公司登记注册类型分					
国有企业	7	52	34	91	2
国有独资企业	8	40	30	73	5
其他有限责任公司	49	155	95	285	14
股份有限公司	32	76	38	139	7
中外合资企业	2	5	3	9	1
港澳台合资企业	1	5	0	5	1
其他	21	46	44	107	4
五、按母公司企业规模分					
大型	36	132	79	236	11
中型	51	174	122	330	17
小型	23	55	33	106	5
其他	10	18	10	37	1

续表 23

	21.4 总经理工龄		
	10 年及以下	11－20 年	21 年及以上
总计	17	157	569
一、按集团审批部门分			
国务院	0	0	4
国务院主管部门	0	0	4
省级人民政府	5	49	212
省级人民政府主管部门	3	36	118
其他	9	72	231
二、按母公司控股情况分			
国有绝对控股	0	31	218
国有相对控股	0	11	34
集体绝对控股	2	19	87
集体相对控股	1	10	22
其他	14	86	208
三、按集团主营行业分			
农、林、牧、渔业	0	1	1
采矿业	0	5	29
制造业	17	117	368
电力、燃气及水的生产和供应业	0	2	19
建筑业	0	12	35
交通运输、仓储和邮政业	0	0	18
信息传输、计算机服务和软件业	0	0	7
批发和零售业	0	11	63
住宿和餐饮业	0	2	5
金融业	0	0	0
房地产业	0	6	19
租赁和商务服务业	0	1	1
科学研究、技术服务和地质勘查业	0	0	2
水利、环境和公共设施管理业	0	0	1
居民服务和其他服务业	0	0	0
教育	0	0	0
卫生、社会保障和社会福利业	0	0	0
文化、体育和娱乐业	0	0	1
公共管理和社会组织	0	0	0
国际组织	0	0	0
四、按母公司登记注册类型分			
国有企业	0	10	83
国有独资企业	0	11	67
其他有限责任公司	7	68	224
股份有限公司	2	37	107
中外合资企业	0	3	7
港澳台合资企业	1	1	4
其他	7	27	77
五、按母公司企业规模分			
大型	5	46	196
中型	8	69	270
小型	4	30	77
其他	0	12	26

续表 24

	21.5 总经理任现职时间		
	5 年及以下	6－10 年	11 年及以上
总计	367	211	164
一、按集团审批部门分			
国务院	3	0	1
国务院主管部门	2	2	0
省级人民政府	151	65	50
省级人民政府主管部门	70	49	38
其他	141	95	75
二、按母公司控股情况分			
国有绝对控股	155	65	29
国有相对控股	28	13	4
集体绝对控股	39	33	35
集体相对控股	12	9	12
其他	133	91	84
三、按集团主营行业分			
农、林、牧、渔业	0	1	1
采矿业	16	12	6
制造业	242	143	117
电力、燃气及水的生产和供应业	11	6	4
建筑业	21	17	9
交通运输、仓储和邮政业	7	7	4
信息传输、计算机服务和软件业	6	0	1
批发和零售业	46	16	12
住宿和餐饮业	2	1	3
金融业	0	0	0
房地产业	10	8	7
租赁和商务服务业	2	0	0
科学研究、技术服务和地质勘查业	2	0	0
水利、环境和公共设施管理业	1	0	0
居民服务和其他服务业	0	0	0
教育	0	0	0
卫生、社会保障和社会福利业	0	0	0
文化、体育和娱乐业	1	0	0
公共管理和社会组织	0	0	0
国际组织	0	0	0
四、按母公司登记注册类型分			
国有企业	48	27	18
国有独资企业	51	20	7
其他有限责任公司	149	78	71
股份有限公司	77	38	31
中外合资企业	2	5	3
港澳台合资企业	1	4	1
其他	39	39	33
五、按母公司企业规模分			
大型	148	54	45
中型	154	109	83
小型	49	35	27
其他	16	13	9

续表 25

	21.6 总经理从事管理工作时间			22.总经理文化程度	
	10 年及以下	11－20 年	21 年及以上	博士	硕士
总计	130	345	267	10	99
一、按集团审批部门分					
国务院	0	2	2	1	2
国务院主管部门	0	2	2	0	3
省级人民政府	50	117	99	5	51
省级人民政府主管部门	24	73	60	1	12
其他	56	151	104	3	31
二、按母公司控股情况分					
国有绝对控股	39	105	105	6	52
国有相对控股	8	20	17	1	6
集体绝对控股	14	55	38	0	8
集体相对控股	5	14	14	0	1
其他	64	151	93	3	32
三、按集团主营行业分					
农、林、牧、渔业	1	1	0	0	0
采矿业	7	13	14	1	7
制造业	87	241	174	5	57
电力、燃气及水的生产和供应业	3	10	8	1	5
建筑业	9	24	14	0	4
交通运输、仓储和邮政业	1	7	10	0	5
信息传输、计算机服务和软件业	2	2	3	1	2
批发和零售业	13	26	35	1	13
住宿和餐饮业	0	3	3	0	0
金融业	0	0	0	0	0
房地产业	7	14	4	0	4
租赁和商务服务业	0	2	0	0	2
科学研究、技术服务和地质勘查业	0	1	1	0	0
水利、环境和公共设施管理业	0	1	0	0	0
居民服务和其他服务业	0	0	0	0	0
教育	0	0	0	0	0
卫生、社会保障和社会福利业	0	0	0	0	0
文化、体育和娱乐业	0	0	1	0	0
公共管理和社会组织	0	0	0	0	0
国际组织	0	0	0	0	0
四、按母公司登记注册类型分					
国有企业	16	41	36	2	18
国有独资企业	7	34	37	0	16
其他有限责任公司	50	149	99	6	39
股份有限公司	27	66	53	2	19
中外合资企业	2	3	5	0	1
港澳台合资企业	2	4	0	0	0
其他	26	48	37	0	6
五、按母公司企业规模分					
大型	39	110	98	3	66
中型	59	160	127	5	27
小型	22	56	33	1	5
其他	10	19	9	1	1

续表 26 （2003）

	22.总经理文化程度			
	大学本科	大学专科	中专或高中	其他
总计	351	247	30	6
一、按集团审批部门分				
国务院	0	1	0	0
国务院主管部门	1	0	0	0
省级人民政府	136	65	8	1
省级人民政府主管部门	69	65	9	1
其他	145	116	13	4
二、按母公司控股情况分				
国有绝对控股	124	60	6	1
国有相对控股	26	10	2	0
集体绝对控股	41	54	5	0
集体相对控股	17	13	2	0
其他	143	110	15	5
三、按集团主营行业分				
农、林、牧、渔业	2	0	0	0
采矿业	17	6	3	0
制造业	234	176	23	6
电力、燃气及水的生产和供应业	8	6	1	0
建筑业	21	22	0	0
交通运输、仓储和邮政业	6	7	0	0
信息传输、计算机服务和软件业	2	2	0	0
批发和零售业	41	18	1	0
住宿和餐饮业	4	3	0	0
金融业	0	0	0	0
房地产业	13	7	1	0
租赁和商务服务业	0	0	0	0
科学研究、技术服务和地质勘查业	1	0	1	0
水利、环境和公共设施管理业	1	0	0	0
居民服务和其他服务业	0	0	0	0
教育	0	0	0	0
卫生、社会保障和社会福利业	0	0	0	0
文化、体育和娱乐业	1	0	0	0
公共管理和社会组织	0	0	0	0
国际组织	0	0	0	0
四、按母公司登记注册类型分				
国有企业	45	27	1	0
国有独资企业	47	11	4	0
其他有限责任公司	132	106	12	4
股份有限公司	69	52	3	1
中外合资企业	7	2	0	0
港澳台合资企业	5	1	0	0
其他	46	48	10	1
五、按母公司企业规模分				
大型	117	56	5	0
中型	171	128	14	2
小型	46	49	7	3
其他	17	14	4	1

续表 27

	23.企业集团总经理任现职前的职业				
	科学研究人员	工程技术人员	企业管理人员	党政机关人员	其他
总计	9	81	534	83	36
一、按集团审批部门分					
国务院	0	0	3	1	0
国务院主管部门	0	1	3	0	0
省级人民政府	4	27	195	32	8
省级人民政府主管部门	3	21	106	17	10
其他	2	32	227	33	18
二、按母公司控股情况分					
国有绝对控股	5	25	183	33	3
国有相对控股	0	6	33	5	0
集体绝对控股	0	15	71	14	8
集体相对控股	0	3	25	2	3
其他	4	32	222	28	22
三、按集团主营行业分					
农、林、牧、渔业	0	0	1	0	1
采矿业	1	9	22	1	1
制造业	7	57	364	53	21
电力、燃气及水的生产和供应业	0	1	18	1	1
建筑业	0	8	32	4	3
交通运输、仓储和邮政业	0	0	14	4	0
信息传输、计算机服务和软件业	0	0	4	3	0
批发和零售业	1	0	58	12	3
住宿和餐饮业	0	0	6	0	1
金融业	0	0	0	0	0
房地产业	0	6	11	4	4
租赁和商务服务业	0	0	2	0	0
科学研究、技术服务和地质勘查业	0	0	1	0	1
水利、环境和公共设施管理业	0	0	1	0	0
居民服务和其他服务业	0	0	0	0	0
教育	0	0	0	0	0
卫生、社会保障和社会福利业	0	0	0	0	0
文化、体育和娱乐业	0	0	0	1	0
公共管理和社会组织	0	0	0	0	0
国际组织	0	0	0	0	0
四、按母公司登记注册类型分					
国有企业	2	15	59	14	3
国有独资企业	1	4	63	10	0
其他有限责任公司	2	37	212	31	17
股份有限公司	3	12	115	14	2
中外合资企业	0	2	7	0	1
港澳台合资企业	0	1	4	0	1
其他	1	10	74	14	12
五、按母公司企业规模分					
大型	2	22	196	20	7
中型	4	38	242	48	15
小型	3	16	72	12	8
其他	0	5	24	3	6

续表 28

	24.1企业集团经理层中多数人员的文化程度					
	博士	硕士	大学本科	大学专科	中专或高中	其他
总计	2	13	312	341	71	4
一、按集团审批部门分						
国务院	0	1	3	0	0	0
国务院主管部门	0	0	2	2	0	0
省级人民政府	0	5	147	97	17	0
省级人民政府主管部门	0	2	46	87	22	0
其他	2	5	114	155	32	4
二、按母公司控股情况分						
国有绝对控股	0	4	151	85	9	0
国有相对控股	0	1	23	20	1	0
集体绝对控股	1	1	30	55	21	0
集体相对控股	1	0	9	20	3	0
其他	0	7	99	161	37	4
三、按集团主营行业分						
农、林、牧、渔业	0	0	0	2	0	0
采矿业	0	2	15	14	2	1
制造业	1	8	190	246	54	3
电力、燃气及水的生产和供应业	0	0	15	5	1	0
建筑业	1	0	18	20	8	0
交通运输、仓储和邮政业	0	0	7	11	0	0
信息传输、计算机服务和软件业	0	1	5	1	0	0
批发和零售业	0	1	43	27	3	0
住宿和餐饮业	0	0	2	4	1	0
金融业	0	0	0	0	0	0
房地产业	0	1	13	10	1	0
租赁和商务服务业	0	0	2	0	0	0
科学研究、技术服务和地质勘查业	0	0	1	0	1	0
水利、环境和公共设施管理业	0	0	0	1	0	0
居民服务和其他服务业	0	0	0	0	0	0
教育	0	0	0	0	0	0
卫生、社会保障和社会福利业	0	0	0	0	0	0
文化、体育和娱乐业	0	0	1	0	0	0
公共管理和社会组织	0	0	0	0	0	0
国际组织	0	0	0	0	0	0
四、按母公司登记注册类型分						
国有企业	0	2	49	37	5	0
国有独资企业	0	1	56	19	2	0
其他有限责任公司	1	5	111	149	30	3
股份有限公司	0	4	65	67	10	0
中外合资企业	0	0	6	4	0	0
港澳台合资企业	0	0	2	4	0	0
其他	1	1	23	61	24	1
五、按母公司企业规模分						
大型	0	6	145	85	11	0
中型	1	5	123	180	35	3
小型	1	1	29	61	18	1
其他	0	1	15	15	7	0

续表 29

	24.2 经理层中熟悉国际商务的人员比例		
	100%	50% - 100%	50%以下
总计	24	243	476
一、按集团审批部门分			
国务院	0	3	1
国务院主管部门	0	2	2
省级人民政府	10	98	158
省级人民政府主管部门	3	39	115
其他	11	101	200
二、按母公司控股情况分			
国有绝对控股	12	89	148
国有相对控股	5	15	25
集体绝对控股	2	36	70
集体相对控股	2	11	20
其他	3	92	213
三、按集团主营行业分			
农、林、牧、渔业	0	0	2
采矿业	1	13	20
制造业	15	177	310
电力、燃气及水的生产和供应业	1	6	14
建筑业	0	11	36
交通运输、仓储和邮政业	3	8	7
信息传输、计算机服务和软件业	0	2	5
批发和零售业	3	23	48
住宿和餐饮业	1	0	6
金融业	0	0	0
房地产业	0	2	23
租赁和商务服务业	0	1	1
科学研究、技术服务和地质勘查业	0	0	2
水利、环境和公共设施管理业	0	0	1
居民服务和其他服务业	0	0	0
教育	0	0	0
卫生、社会保障和社会福利业	0	0	0
文化、体育和娱乐业	0	0	1
公共管理和社会组织	0	0	0
国际组织	0	0	0
四、按母公司登记注册类型分			
国有企业	6	30	57
国有独资企业	4	39	35
其他有限责任公司	6	99	194
股份有限公司	5	44	97
中外合资企业	0	6	4
港澳台合资企业	1	0	5
其他	2	25	84
五、按母公司企业规模分			
大型	10	91	146
中型	11	109	227
小型	2	32	77
其他	1	11	26

续表30

	25.从业人员中具有大专以上文化程度的比重			
	50%及以上	20%－50%	10%－20%	10%以下
总 计	204	304	151	84
一、按集团审批部门分				
国务院	0	3	1	0
国务院主管部门	1	3	0	0
省级人民政府	70	112	60	24
省级人民政府主管部门	44	57	33	23
其他	89	129	57	37
二、按母公司控股情况分				
国有绝对控股	74	104	50	21
国有相对控股	13	17	9	6
集体绝对控股	27	38	29	14
集体相对控股	8	13	9	3
其他	82	132	54	40
三、按集团主营行业分				
农、林、牧、渔业	0	1	0	1
采矿业	2	10	12	10
制造业	108	220	109	65
电力、燃气及水的生产和供应业	7	11	3	0
建筑业	16	16	10	5
交通运输、仓储和邮政业	5	7	5	1
信息传输、计算机服务和软件业	5	1	0	1
批发和零售业	40	24	9	1
住宿和餐饮业	1	5	1	0
金融业	0	0	0	0
房地产业	16	7	2	0
租赁和商务服务业	2	0	0	0
科学研究、技术服务和地质勘查业	1	1	0	0
水利、环境和公共设施管理业	0	1	0	0
居民服务和其他服务业	0	0	0	0
教育	0	0	0	0
卫生、社会保障和社会福利业	0	0	0	0
文化、体育和娱乐业	1	0	0	0
公共管理和社会组织	0	0	0	0
国际组织	0	0	0	0
四、按母公司登记注册类型分				
国有企业	29	41	13	10
国有独资企业	21	31	18	8
其他有限责任公司	87	116	61	35
股份有限公司	33	65	32	16
中外合资企业	6	4	0	0
港澳台合资企业	4	2	0	0
其他	24	45	27	15
五、按母公司企业规模分				
大型	63	97	61	26
中型	91	150	65	41
小型	38	39	19	15
其他	12	18	6	2

续表 31

	26.1 行政管理人员占从业人员的比重			
	50%及以上	20% - 50%	10% - 20%	10%以下
总计	13	154	270	306
一、按集团审批部门分				
国务院	0	0	3	1
国务院主管部门	0	2	0	2
省级人民政府	4	42	99	121
省级人民政府主管部门	2	33	53	69
其他	7	77	115	113
二、按母公司控股情况分				
国有绝对控股	6	58	100	85
国有相对控股	1	8	18	18
集体绝对控股	1	27	33	47
集体相对控股	1	11	7	14
其他	4	50	112	142
三、按集团主营行业分				
农、林、牧、渔业	0	1	0	1
采矿业	0	2	11	21
制造业	9	79	183	231
电力、燃气及水的生产和供应业	1	8	5	7
建筑业	0	12	21	14
交通运输、仓储和邮政业	0	5	3	10
信息传输、计算机服务和软件业	0	1	6	0
批发和零售业	2	26	27	19
住宿和餐饮业	0	0	6	1
金融业	0	0	0	0
房地产业	1	16	6	2
租赁和商务服务业	0	2	0	0
科学研究、技术服务和地质勘查业	0	2	0	0
水利、环境和公共设施管理业	0	0	1	0
居民服务和其他服务业	0	0	0	0
教育	0	0	0	0
卫生、社会保障和社会福利业	0	0	0	0
文化、体育和娱乐业	0	0	1	0
公共管理和社会组织	0	0	0	0
国际组织	0	0	0	0
四、按母公司登记注册类型分				
国有企业	1	29	32	31
国有独资企业	3	14	34	27
其他有限责任公司	6	56	104	133
股份有限公司	1	28	58	59
中外合资企业	0	0	4	6
港澳台合资企业	0	2	2	2
其他	2	25	36	48
五、按母公司企业规模分				
大型	4	39	99	105
中型	7	74	117	149
小型	1	28	41	41
其他	1	13	13	11

续表 32

	26.2 行政管理人员劳动报酬占从业人员的比重			
	50%及以上	20% - 50%	10% - 20%	10%以下
总计	30	241	263	209
一、按集团审批部门分				
国务院	0	1	3	0
国务院主管部门	0	2	1	1
省级人民政府	4	83	109	70
省级人民政府主管部门	6	50	56	45
其他	20	105	94	93
二、按母公司控股情况分				
国有绝对控股	13	84	91	61
国有相对控股	3	14	20	8
集体绝对控股	4	39	33	32
集体相对控股	0	13	13	7
其他	10	91	106	101
三、按集团主营行业分				
农、林、牧、渔业	0	0	2	0
采矿业	1	7	12	14
制造业	18	142	182	160
电力、燃气及水的生产和供应业	0	10	6	5
建筑业	0	17	18	12
交通运输、仓储和邮政业	1	6	8	3
信息传输、计算机服务和软件业	0	5	2	0
批发和零售业	5	31	25	13
住宿和餐饮业	0	5	1	1
金融业	0	0	0	0
房地产业	5	13	6	1
租赁和商务服务业	0	2	0	0
科学研究、技术服务和地质勘查业	0	2	0	0
水利、环境和公共设施管理业	0	1	0	0
居民服务和其他服务业	0	0	0	0
教育	0	0	0	0
卫生、社会保障和社会福利业	0	0	0	0
文化、体育和娱乐业	0	0	1	0
公共管理和社会组织	0	0	0	0
国际组织	0	0	0	0
四、按母公司登记注册类型分				
国有企业	5	38	27	23
国有独资企业	5	22	33	18
其他有限责任公司	11	83	112	93
股份有限公司	5	45	57	39
中外合资企业	1	1	5	3
港澳台合资企业	0	4	0	2
其他	3	48	29	31
五、按母公司企业规模分				
大型	6	73	105	63
中型	19	107	112	109
小型	3	41	35	32
其他	2	20	11	5

续表 33

	27.主要产品(服务)国内市场占有率				
	50%及以上	20%－50%	10%－20%	1%－10%	1%以下
总计	20	58	118	310	237
一、按集团审批部门分					
国务院	0	0	2	2	0
国务院主管部门	0	0	0	4	0
省级人民政府	3	26	60	121	56
省级人民政府主管部门	5	6	18	60	68
其他	12	26	38	123	113
二、按母公司控股情况分					
国有绝对控股	6	19	42	111	71
国有相对控股	1	2	8	18	16
集体绝对控股	2	8	18	37	43
集体相对控股	2	2	6	15	8
其他	9	27	44	129	99
三、按集团主营行业分					
农、林、牧、渔业	0	0	0	2	0
采矿业	0	1	2	18	13
制造业	17	50	84	214	137
电力、燃气及水的生产和供应业	1	1	2	9	8
建筑业	2	2	4	9	30
交通运输、仓储和邮政业	0	0	6	5	7
信息传输、计算机服务和软件业	0	0	4	1	2
批发和零售业	0	4	10	36	24
住宿和餐饮业	0	0	1	4	2
金融业	0	0	0	0	0
房地产业	0	0	4	9	12
租赁和商务服务业	0	0	1	1	0
科学研究、技术服务和地质勘查业	0	0	0	0	2
水利、环境和公共设施管理业	0	0	0	1	0
居民服务和其他服务业	0	0	0	0	0
教育	0	0	0	0	0
卫生、社会保障和社会福利业	0	0	0	0	0
文化、体育和娱乐业	0	0	0	1	0
公共管理和社会组织	0	0	0	0	0
国际组织	0	0	0	0	0
四、按母公司登记注册类型分					
国有企业	1	4	14	45	29
国有独资企业	5	7	12	36	18
其他有限责任公司	3	23	47	114	112
股份有限公司	5	11	27	60	43
中外合资企业	0	3	0	5	2
港澳台合资企业	0	0	2	3	1
其他	6	10	16	47	32
五、按母公司企业规模分					
大型	6	26	54	121	40
中型	10	22	51	133	131
小型	4	10	9	45	43
其他	0	0	4	11	23

续表 34

	28.核心企业在银行的信用等级								
	AAA 级	AA 级	A 级	BBB 级	BB 级	B 级	CCC 级	CC 级	C 级
总计	364	254	71	12	3	2	4	1	0
一、按集团审批部门分									
国务院	3	1	0	0	0	0	0	0	0
国务院主管部门	4	0	0	0	0	0	0	0	0
省级人民政府	150	76	20	5	0	2	0	0	0
省级人民政府主管部门	71	62	16	2	1	0	0	0	0
其他	136	115	35	5	2	0	4	1	0
二、按母公司控股情况分									
国有绝对控股	109	82	27	9	2	1	2	1	0
国有相对控股	17	15	9	1	0	1	0	0	0
集体绝对控股	54	39	8	1	0	0	0	0	0
集体相对控股	20	9	2	0	0	0	0	0	0
其他	164	109	25	1	1	0	2	0	0
三、按集团主营行业分									
农、林、牧、渔业	0	2	0	0	0	0	0	0	0
采矿业	16	13	4	0	0	0	0	0	0
制造业	259	162	49	7	3	2	2	1	0
电力、燃气及水的生产和供应业	9	10	1	0	0	0	0		
建筑业	30	13	2	0	0	0	0	0	0
交通运输、仓储和邮政业	7	5	2	0	0	0	0	0	0
信息传输、计算机服务和软件业	5	1	0	1	0	0	0	0	0
批发和零售业	23	29	11	4	0	0	1	0	0
住宿和餐饮业	2	5	0	0	0	0	0	0	0
金融业	0	0	0	0	0	0	0	0	0
房地产业	10	12	1	0	0	0	1	0	0
租赁和商务服务业	2	0	0	0	0	0	0	0	0
科学研究、技术服务和地质勘查业	1	0	1	0	0	0	0	0	0
水利、环境和公共设施管理业	0	1	0	0	0	0	0	0	0
居民服务和其他服务业	0	0	0	0	0	0	0	0	0
教育	0	0	0	0	0	0	0	0	0
卫生、社会保障和社会福利业	0	0	0	0	0	0	0	0	0
文化、体育和娱乐业	0	1	0	0	0	0	0	0	0
公共管理和社会组织	0	0	0	0	0	0	0	0	0
国际组织	0	0	0	0	0	0	0	0	0
四、按母公司登记注册类型分									
国有企业	37	30	10	4	0	0	2	0	0
国有独资企业	42	21	9	1	1	0	0	1	0
其他有限责任公司	151	97	31	4	1	2	2	0	0
股份有限公司	70	61	10	1	1	0	0	0	0
中外合资企业	5	4	1	0	0	0	0	0	0
港澳台合资企业	4	2	0	0	0	0	0	0	0
其他	55	39	10	2	0	0	0	0	0
五、按母公司企业规模分									
大型	160	57	14	5	0	1	1	0	0
中型	153	129	40	4	3	1	2	1	0
小型	38	51	12	3	0	0	1	0	0
其他	13	17	5	0	0	0	0	0	0

续表 35

	29.1 本年企业集团实施了兼并重组	29.2 实施兼并重组的方式			
		政府行政指令	企业集团自主行为	以企业为主体，政府辅助	其 他
总计	150	9	89	37	15
一、按集团审批部门分					
国务院	2	0	2	0	0
国务院主管部门	1	0	1	0	0
省级人民政府	57	3	31	17	6
省级人民政府主管部门	25	1	12	9	3
其他	65	5	43	11	6
二、按母公司控股情况分					
国有绝对控股	65	6	35	18	6
国有相对控股	10	0	4	5	1
集体绝对控股	18	0	13	2	3
集体相对控股	7	0	7	0	0
其他	50	3	30	12	5
三、按集团主营行业分					
农、林、牧、渔业	0	0	0	0	0
采矿业	9	1	3	4	1
制造业	102	4	62	28	8
电力、燃气及水的生产和供应业	3	0	1	1	1
建筑业	7	0	6	1	0
交通运输、仓储和邮政业	4	1	1	1	1
信息传输、计算机服务和软件业	2	0	2	0	0
批发和零售业	13	0	10	1	2
住宿和餐饮业	2	1	0	0	1
金融业	0	0	0	0	0
房地产业	4	1	2	0	1
租赁和商务服务业	2	0	1	1	0
科学研究、技术服务和地质勘查业	0	0	0	0	0
水利、环境和公共设施管理业	1	0	1	0	0
居民服务和其他服务业	0	0	0	0	0
教育	0	0	0	0	0
卫生、社会保障和社会福利业	0	0	0	0	0
文化、体育和娱乐业	1	1	0	0	0
公共管理和社会组织	0	0	0	0	0
国际组织	0	0	0	0	0
四、按母公司登记注册类型分					
国有企业	24	4	13	5	2
国有独资企业	22	2	13	5	2
其他有限责任公司	58	1	34	20	3
股份有限公司	30	1	18	5	6
中外合资企业	0	0	0	0	0
港澳台合资企业	0	0	0	0	0
其他	16	1	11	2	2
五、按母公司企业规模分					
大型	61	3	39	14	5
中型	56	5	31	14	6
小型	24	1	13	6	4
其他	9	0	6	3	0

续表 36

	29.3 实施兼并重组的结果				
	1.投资新成立子公司	2.子公司分立、分拆	3.购并增加子公司	4.合并子公司	5.售出子公司
总计	71	17	39	41	25
一、按集团审批部门分					
国务院	2	0	1	0	0
国务院主管部门	0	0	1	0	0
省级人民政府	30	6	17	16	9
省级人民政府主管部门	10	3	5	5	6
其他	29	8	15	20	10
二、按母公司控股情况分					
国有绝对控股	24	14	22	20	11
国有相对控股	7	0	4	0	3
集体绝对控股	10	0	1	7	4
集体相对控股	3	0	0	3	0
其他	27	3	12	11	7
三、按集团主营行业分					
农、林、牧、渔业	0	0	0	0	0
采矿业	3	2	3	4	1
制造业	51	8	25	25	12
电力、燃气及水的生产和供应业	1	0	0	1	2
建筑业	3	1	0	3	1
交通运输、仓储和邮政业	3	1	3	2	1
信息传输、计算机服务和软件业	1	1	1	0	0
批发和零售业	7	3	4	3	4
住宿和餐饮业	0	0	0	0	2
金融业	0	0	0	0	0
房地产业	1	0	0	1	0
租赁和商务服务业	1	1	2	1	2
科学研究、技术服务和地质勘查业	0	0	0	0	0
水利、环境和公共设施管理业	0	0	0	1	0
居民服务和其他服务业	0	0	0	0	0
教育	0	0	0	0	0
卫生、社会保障和社会福利业	0	0	0	0	0
文化、体育和娱乐业	0	0	1	0	0
公共管理和社会组织	0	0	0	0	0
国际组织	0	0	0	0	0
四、按母公司登记注册类型分					
国有企业	8	4	9	8	5
国有独资企业	9	3	9	6	2
其他有限责任公司	33	5	12	15	9
股份有限公司	15	5	7	8	6
中外合资企业	0	0	0	0	0
港澳台合资企业	0	0	0	0	0
其他	6	0	2	4	3
五、按母公司企业规模分					
大型	29	7	25	16	6
中型	27	7	12	16	11
小型	13	3	1	6	5
其他	2	0	1	3	3

续表 37

	29.6 关闭子公司	30. 企业集团多元化经营情况		
		1.从事均在同一大类中的行业	2.虽有不处于同一大类的行业,但对主业有辅助作用	3.完全在不同行业大类进行投资经营
总计	23	271	300	172
一、按集团审批部门分				
国务院	1	1	1	2
国务院主管部门	1	0	3	1
省级人民政府	10	109	100	57
省级人民政府主管部门	3	58	54	45
其他	8	103	142	67
二、按母公司控股情况分				
国有绝对控股	10	101	106	42
国有相对控股	2	18	13	14
集体绝对控股	4	31	49	28
集体相对控股	1	13	15	5
其他	6	108	117	83
三、按集团主营行业分				
农、林、牧、渔业	0	0	1	1
采矿业	1	9	10	15
制造业	16	198	192	112
电力、燃气及水的生产和供应业	0	0	15	6
建筑业	1	15	24	8
交通运输、仓储和邮政业	0	3	13	2
信息传输、计算机服务和软件业	1	4	2	1
批发和零售业	3	30	30	14
住宿和餐饮业	0	4	3	0
金融业	0	0	0	0
房地产业	1	8	9	8
租赁和商务服务业	0	0	0	2
科学研究、技术服务和地质勘查业	0	0	0	2
水利、环境和公共设施管理业	0	0	1	0
居民服务和其他服务业	0	0	0	0
教育	0	0	0	0
卫生、社会保障和社会福利业	0	0	0	0
文化、体育和娱乐业	0	0	0	1
公共管理和社会组织	0	0	0	0
国际组织	0	0	0	0
四、按母公司登记注册类型分				
国有企业	2	37	41	15
国有独资企业	5	28	38	12
其他有限责任公司	10	105	114	80
股份有限公司	4	51	59	36
中外合资企业	0	6	3	1
港澳台合资企业	0	4	2	0
其他	2	40	43	28
五、按母公司企业规模分				
大型	10	88	107	52
中型	6	135	135	77
小型	4	39	44	28
其他	3	9	14	15

续表38

	31.1本年中开拓了新行业领域业务	31.2开拓新行业领域业务的目的				
		1.规避风险	2.获取更高报酬	3.利用原有的资源优势	4.保证原材料供应	5.其他
总计	330	84	182	174	56	61
一、按集团审批部门分						
国务院	3	1	1	2	1	1
国务院主管部门	0	0	0	0	0	0
省级人民政府	109	30	64	65	26	26
省级人民政府主管部门	87	23	45	42	14	13
其他	131	30	72	65	15	21
二、按母公司控股情况分						
国有绝对控股	80	21	42	56	13	13
国有相对控股	21	7	7	9	2	4
集体绝对控股	62	12	35	30	10	13
集体相对控股	17	2	12	8	2	3
其他	150	42	86	71	29	28
三、按集团主营行业分						
农、林、牧、渔业	1	0	0	1	0	0
采矿业	20	6	10	16	4	6
制造业	233	59	126	115	49	42
电力、燃气及水的生产和供应业	10	2	7	5	2	2
建筑业	21	2	14	9	1	4
交通运输、仓储和邮政业	4	1	2	4	0	0
信息传输、计算机服务和软件业	3	1	2	3	0	0
批发和零售业	24	7	13	15	0	4
住宿和餐饮业	2	1	2	1	0	0
金融业	0	0	0	0	0	0
房地产业	9	3	4	3	0	2
租赁和商务服务业	2	2	2	1	0	1
科学研究、技术服务和地质勘查业	0	0	0	0	0	0
水利、环境和公共设施管理业	1	0	0	1	0	0
居民服务和其他服务业	0	0	0	0	0	0
教育	0	0	0	0	0	0
卫生、社会保障和社会福利业	0	0	0	0	0	0
文化、体育和娱乐业	0	0	0	0	0	0
公共管理和社会组织	0	0	0	0	0	0
国际组织	0	0	0	0	0	0
四、按母公司登记注册类型分						
国有企业	34	5	16	21	5	4
国有独资企业	23	8	11	19	4	7
其他有限责任公司	151	39	87	73	33	22
股份有限公司	63	21	37	34	7	11
中外合资企业	2	0	0	2	0	0
港澳台合资企业	2	1	1	1	1	1
其他	55	10	30	24	6	16
五、按母公司企业规模分						
大型	119	37	71	76	28	25
中型	143	35	70	71	26	22
小型	49	10	28	20	1	11
其他	19	2	13	7	1	3

续表 39

	32.1有业务退出其行业领域	32.2退出其行业领域的原因			
		1.战略调整，突出主业	2.在竞争中难以为继	3.转而投向其他行业领域	4.其　他
总计	93	44	22	19	18
一、按集团审批部门分					
国务院	2	1	0	0	1
国务院主管部门	0	0	0	0	0
省级人民政府	33	18	12	5	7
省级人民政府主管部门	22	12	1	7	3
其他	36	13	9	7	7
二、按母公司控股情况分					
国有绝对控股	39	18	12	6	8
国有相对控股	6	2	0	1	3
集体绝对控股	18	13	4	2	2
集体相对控股	7	2	1	3	2
其他	23	9	5	7	3
三、按集团主营行业分					
农、林、牧、渔业	0	0	0	0	0
采矿业	2	1	0	0	1
制造业	60	29	13	12	12
电力、燃气及水的生产和供应业	4	1	1	1	2
建筑业	4	2	1	1	0
交通运输、仓储和邮政业	3	1	1	1	0
信息传输、计算机服务和软件业	2	2	1	1	0
批发和零售业	10	4	2	2	2
住宿和餐饮业	1	0	0	1	1
金融业	0	0	0	0	0
房地产业	6	3	3	0	0
租赁和商务服务业	0	0	0	0	0
科学研究、技术服务和地质勘查业	0	0	0	0	0
水利、环境和公共设施管理业	0	0	0	0	0
居民服务和其他服务业	0	0	0	0	0
教育	0	0	0	0	0
卫生、社会保障和社会福利业	0	0	0	0	0
文化、体育和娱乐业	1	1	0	0	0
公共管理和社会组织	0	0	0	0	0
国际组织	0	0	0	0	0
四、按母公司登记注册类型分					
国有企业	21	7	8	2	5
国有独资企业	10	5	1	2	3
其他有限责任公司	31	17	5	7	5
股份有限公司	17	10	5	2	4
中外合资企业	0	0	0	0	0
港澳台合资企业	0	0	0	0	0
其他	14	5	3	6	1
五、按母公司企业规模分					
大型	28	14	5	6	6
中型	41	20	13	6	8
小型	19	8	3	7	2
其他	5	2	1	0	2

续表 40

	33.企业集团建立了商业网站	34 企业集团内部制度建设情况			
		1.有重大事项决策程序制度	2.有财务总监委派制	3.有预算管理制度	4.有产权代表管理制度
总计	377	685	426	630	392
一、按集团审批部门分					
国务院	2	4	4	4	3
国务院主管部门	3	4	4	4	4
省级人民政府	165	250	158	239	163
省级人民政府主管部门	67	146	98	123	80
其他	140	281	162	260	142
二、按母公司控股情况分					
国有绝对控股	123	223	117	212	130
国有相对控股	26	43	23	42	29
集体绝对控股	51	99	68	92	49
集体相对控股	15	28	21	26	16
其他	162	292	197	258	168
三、按集团主营行业分					
农、林、牧、渔业	1	2	2	2	2
采矿业	18	31	18	28	17
制造业	279	466	296	421	277
电力、燃气及水的生产和供应业	6	21	15	21	11
建筑业	18	39	23	39	21
交通运输、仓储和邮政业	9	16	9	18	9
信息传输、计算机服务和软件业	4	7	3	6	3
批发和零售业	25	69	37	62	35
住宿和餐饮业	3	7	5	7	5
金融业	0	0	0	0	0
房地产业	12	21	15	20	10
租赁和商务服务业	1	2	1	2	1
科学研究、技术服务和地质勘查业	0	2	2	2	1
水利、环境和公共设施管理业	0	1	0	1	0
居民服务和其他服务业	0	0	0	0	0
教育	0	0	0	0	0
卫生、社会保障和社会福利业	0	0	0	0	0
文化、体育和娱乐业	1	1	0	1	0
公共管理和社会组织	0	0	0	0	0
国际组织	0	0	0	0	0
四、按母公司登记注册类型分					
国有企业	37	82	34	75	38
国有独资企业	44	73	40	69	45
其他有限责任公司	158	276	189	255	166
股份有限公司	88	141	90	132	83
中外合资企业	5	10	8	10	6
港澳台合资企业	3	6	4	4	4
其他	42	97	61	85	50
五、按母公司企业规模分					
大型	158	236	153	226	151
中型	156	321	191	291	171
小型	48	94	58	82	56
其他	15	34	24	31	14

续表 41

	34.企业集团内部制度建设情况			
	5.施行事业部制	6.建立新的管理制度	6.1 效果很好	6.2 效果较好
总计	199	533	185	328
一、按集团审批部门分				
国务院	1	3	1	2
国务院主管部门	0	2	2	0
省级人民政府	72	191	76	109
省级人民政府主管部门	49	119	37	75
其他	77	218	69	142
二、按母公司控股情况分				
国有绝对控股	54	168	48	110
国有相对控股	17	30	8	21
集体绝对控股	38	72	31	39
集体相对控股	6	22	9	13
其他	84	241	89	145
三、按集团主营行业分				
农、林、牧、渔业	2	2	1	1
采矿业	7	28	9	19
制造业	151	364	131	219
电力、燃气及水的生产和供应业	3	15	6	8
建筑业	10	31	14	16
交通运输、仓储和邮政业	3	14	5	8
信息传输、计算机服务和软件业	5	6	2	4
批发和零售业	10	48	10	36
住宿和餐饮业	3	4	1	2
金融业	0	0	0	0
房地产业	4	16	4	12
租赁和商务服务业	0	2	1	1
科学研究、技术服务和地质勘查业	1	2	1	1
水利、环境和公共设施管理业	0	1	0	1
居民服务和其他服务业	0	0	0	0
教育	0	0	0	0
卫生、社会保障和社会福利业	0	0	0	0
文化、体育和娱乐业	0	0	0	0
公共管理和社会组织	0	0	0	0
国际组织	0	0	0	0
四、按母公司登记注册类型分				
国有企业	14	56	16	38
国有独资企业	17	55	15	36
其他有限责任公司	90	232	96	129
股份有限公司	44	109	36	69
中外合资企业	3	6	1	5
港澳台合资企业	2	3	0	3
其他	29	72	21	48
五、按母公司企业规模分				
大型	60	191	70	118
中型	103	249	86	152
小型	27	69	22	42
其他	9	24	7	16

续表42

	34.企业集团内部制度建设情况			
	6.3效果一般	7.1有奖惩制度，能严格执行	7.2有奖惩制度，但很难严格执行	7.3没有奖惩制度
总计	20	638	73	32
一、按集团审批部门分				
国务院	0	4	0	0
国务院主管部门	0	3	1	0
省级人民政府	6	239	18	9
省级人民政府主管部门	7	130	19	8
其他	7	262	35	15
二、按母公司控股情况分				
国有绝对控股	10	200	33	16
国有相对控股	1	40	4	1
集体绝对控股	2	92	12	4
集体相对控股	0	31	1	1
其他	7	275	23	10
三、按集团主营行业分				
农、林、牧、渔业	0	2	0	0
采矿业	0	30	3	1
制造业	14	441	41	20
电力、燃气及水的生产和供应业	1	19	2	0
建筑业	1	38	7	2
交通运输、仓储和邮政业	1	13	5	0
信息传输、计算机服务和软件业	0	6	0	1
批发和零售业	2	63	5	6
住宿和餐饮业	1	6	1	0
金融业	0	0	0	0
房地产业	0	15	9	1
租赁和商务服务业	0	2	0	0
科学研究、技术服务和地质勘查业	0	1	0	1
水利、环境和公共设施管理业	0	1	0	0
居民服务和其他服务业	0	0	0	0
教育	0	0	0	0
卫生、社会保障和社会福利业	0	0	0	0
文化、体育和娱乐业	0	1	0	0
公共管理和社会组织	0	0	0	0
国际组织	0	0	0	0
四、按母公司登记注册类型分				
国有企业	2	69	17	7
国有独资企业	4	67	9	2
其他有限责任公司	7	258	27	14
股份有限公司	4	133	11	2
中外合资企业	0	10	0	0
港澳台合资企业	0	6	0	0
其他	3	95	9	7
五、按母公司企业规模分				
大型	3	228	15	4
中型	11	299	36	12
小型	5	79	18	14
其他	1	32	4	2

续表 43

	35.劳动人事分配制度情况				
	1.已全面实行劳动合同制度	2.已实行全员竞争上岗，职工能进能出	3.不存在“干部”和“工人”的身份界限	4.内部管理人员实行公开竞聘	5.按照足额缴纳社会保险费
总计	702	639	564	652	653
一、按集团审批部门分					
国务院	4	4	2	4	3
国务院主管部门	4	4	2	4	4
省级人民政府	258	237	206	243	242
省级人民政府主管部门	148	136	122	139	132
其他	288	258	232	262	272
二、按母公司控股情况分					
国有绝对控股	238	205	167	220	225
国有相对控股	43	41	40	41	38
集体绝对控股	97	89	83	90	85
集体相对控股	29	27	23	26	26
其他	295	277	251	275	279
三、按集团主营行业分					
农、林、牧、渔业	2	2	2	2	1
采矿业	33	24	18	26	32
制造业	479	442	400	449	435
电力、燃气及水的生产和供应业	21	17	14	19	21
建筑业	43	38	34	37	40
交通运输、仓储和邮政业	18	15	11	16	18
信息传输、计算机服务和软件业	7	7	6	7	7
批发和零售业	69	63	59	64	68
住宿和餐饮业	7	6	4	6	7
金融业	0	0	0	0	0
房地产业	18	21	13	22	19
租赁和商务服务业	2	1	2	1	2
科学研究、技术服务和地质勘查业	2	1	1	1	2
水利、环境和公共设施管理业	0	1	0	1	1
居民服务和其他服务业	0	0	0	0	0
教育	0	0	0	0	0
卫生、社会保障和社会福利业	0	0	0	0	0
文化、体育和娱乐业	1	1	0	1	0
公共管理和社会组织	0	0	0	0	0
国际组织	0	0	0	0	0
四、按母公司登记注册类型分					
国有企业	86	70	60	74	81
国有独资企业	75	68	46	72	75
其他有限责任公司	288	269	243	276	266
股份有限公司	138	131	120	132	126
中外合资企业	10	9	10	8	10
港澳台合资企业	6	6	6	6	6
其他	99	86	79	84	89
五、按母公司企业规模分					
大型	239	224	174	230	230
中型	329	300	277	303	301
小型	100	82	78	84	87
其他	34	33	35	35	35

续表44

	36.企业集团实行以下分配方法				
	1.经营者年薪制	2.经营者持有股权、股票期权	3.岗位工资为主的工资制	4.科技人员工资收入分配激励机制	5.职工持股分配制
总计	354	273	668	454	251
一、按集团审批部门分					
国务院	3	1	4	3	1
国务院主管部门	2	0	4	3	2
省级人民政府	147	107	252	179	86
省级人民政府主管部门	70	58	136	90	54
其他	132	107	272	179	108
二、按母公司控股情况分					
国有绝对控股	115	54	219	134	46
国有相对控股	26	19	39	28	16
集体绝对控股	50	41	97	60	47
集体相对控股	12	14	29	21	15
其他	151	145	284	211	127
三、按集团主营行业分					
农、林、牧、渔业	1	1	1	2	1
采矿业	15	4	33	16	6
制造业	252	202	455	357	189
电力、燃气及水的生产和供应业	10	4	17	9	4
建筑业	23	17	42	22	15
交通运输、仓储和邮政业	10	4	16	5	4
信息传输、计算机服务和软件业	0	4	6	5	2
批发和零售业	30	27	65	25	22
住宿和餐饮业	3	5	7	3	3
金融业	0	0	0	0	0
房地产业	8	4	21	9	4
租赁和商务服务业	1	0	2	0	0
科学研究、技术服务和地质勘查业	1	1	2	1	1
水利、环境和公共设施管理业	0	0	0	0	0
居民服务和其他服务业	0	0	0	0	0
教育	0	0	0	0	0
卫生、社会保障和社会福利业	0	0	0	0	0
文化、体育和娱乐业	0	0	1	0	0
公共管理和社会组织	0	0	0	0	0
国际组织	0	0	0	0	0
四、按母公司登记注册类型分					
国有企业	28	16	81	35	17
国有独资企业	44	15	70	50	8
其他有限责任公司	147	133	270	205	131
股份有限公司	86	73	135	97	56
中外合资企业	3	5	8	6	3
港澳台合资企业	1	3	6	5	1
其他	45	28	98	56	35
五、按母公司企业规模分					
大型	148	94	229	170	89
中型	145	135	316	211	120
小型	46	33	89	54	32
其他	15	11	34	19	10

续表 45

	36.6 分配制度实行工资集体协商制度	37.主要产品(服务)或体系认证情况		
		1.获得ISO9000－9004认证	2.通过ISO14000认证	3.获得其他国际认证
总计	222	570	231	171
一、按集团审批部门分				
国务院	1	4	1	1
国务院主管部门	2	3	0	0
省级人民政府	76	217	106	67
省级人民政府主管部门	47	111	35	29
其他	96	235	89	74
二、按母公司控股情况分				
国有绝对控股	58	179	72	56
国有相对控股	13	34	17	6
集体绝对控股	39	83	35	21
集体相对控股	12	21	9	8
其他	100	253	98	80
三、按集团主营行业分				
农、林、牧、渔业	1	1	0	1
采矿业	10	17	13	4
制造业	155	428	176	134
电力、燃气及水的生产和供应业	4	15	6	2
建筑业	17	44	19	14
交通运输、仓储和邮政业	8	11	1	2
信息传输、计算机服务和软件业	1	5	3	3
批发和零售业	17	27	8	10
住宿和餐饮业	3	4	1	0
金融业	0	0	0	0
房地产业	5	14	2	0
租赁和商务服务业	0	1	0	0
科学研究、技术服务和地质勘查业	1	2	1	1
水利、环境和公共设施管理业	0	1	1	0
居民服务和其他服务业	0	0	0	0
教育	0	0	0	0
卫生、社会保障和社会福利业	0	0	0	0
文化、体育和娱乐业	0	0	0	0
公共管理和社会组织	0	0	0	0
国际组织	0	0	0	0
四、按母公司登记注册类型分				
国有企业	19	53	19	19
国有独资企业	21	63	29	20
其他有限责任公司	110	241	98	80
股份有限公司	41	119	46	32
中外合资企业	2	8	3	1
港澳台合资企业	3	5	3	1
其他	26	81	33	18
五、按母公司企业规模分				
大型	65	204	101	74
中型	114	261	89	69
小型	30	79	29	20
其他	13	26	12	8

续表46

	38.1技术中心的设施、经费和人员情况		
	完全满足	基本满足	不满足
总计	62	381	73
一、按集团审批部门分			
国务院	0	3	1
国务院主管部门	1	2	0
省级人民政府	31	147	25
省级人民政府主管部门	12	75	19
其他	18	154	28
二、按母公司控股情况分			
国有绝对控股	19	126	21
国有相对控股	2	27	3
集体绝对控股	10	47	15
集体相对控股	1	16	4
其他	30	165	30
三、按集团主营行业分			
农、林、牧、渔业	1	1	0
采矿业	2	18	2
制造业	50	301	63
电力、燃气及水的生产和供应业	3	11	1
建筑业	1	21	3
交通运输、仓储和邮政业	1	2	2
信息传输、计算机服务和软件业	0	3	0
批发和零售业	1	16	1
住宿和餐饮业	0	0	0
金融业	0	0	0
房地产业	2	7	0
租赁和商务服务业	0	1	0
科学研究、技术服务和地质勘查业	1	0	0
水利、环境和公共设施管理业	0	0	1
居民服务和其他服务业	0	0	0
教育	0	0	0
卫生、社会保障和社会福利业	0	0	0
文化、体育和娱乐业	0	0	0
公共管理和社会组织	0	0	0
国际组织	0	0	0
四、按母公司登记注册类型分			
国有企业	7	35	6
国有独资企业	7	48	6
其他有限责任公司	26	167	30
股份有限公司	8	80	16
中外合资企业	2	8	0
港澳台合资企业	0	4	1
其他	12	39	14
五、按母公司企业规模分			
大型	27	152	20
中型	26	169	37
小型	6	44	12
其他	3	16	4

续表 47

	38.2 获取新产品、新技术的途径					
	自主开发	委托开发	与院校、科研等机构联合开发	接受技术成果转让	引进技术消化、吸收和创新	其他
总计	452	139	321	163	358	144
一、按集团审批部门分						
国务院	3	2	3	2	4	2
国务院主管部门	3	1	2	2	4	0
省级人民政府	190	80	158	86	161	55
省级人民政府主管部门	78	22	69	25	68	25
其他	178	34	89	48	121	62
二、按母公司控股情况分						
国有绝对控股	155	55	123	65	120	45
国有相对控股	29	6	24	14	27	9
集体绝对控股	51	17	34	18	56	25
集体相对控股	21	4	16	7	18	7
其他	196	57	124	59	137	58
三、按集团主营行业分						
农、林、牧、渔业	1	0	1	0	0	0
采矿业	18	11	20	13	17	7
制造业	355	85	256	111	271	91
电力、燃气及水的生产和供应业	13	8	12	6	5	6
建筑业	23	5	8	7	19	12
交通运输、仓储和邮政业	5	4	5	3	6	5
信息传输、计算机服务和软件业	5	3	1	1	5	2
批发和零售业	23	15	13	14	24	14
住宿和餐饮业	1	0	0	0	1	3
金融业	0	0	0	0	0	0
房地产业	5	4	2	4	7	2
租赁和商务服务业	2	2	2	2	1	1
科学研究、技术服务和地质勘查业	0	1	0	2	2	1
水利、环境和公共设施管理业	0	0	0	0	0	0
居民服务和其他服务业	0	0	0	0	0	0
教育	0	0	0	0	0	0
卫生、社会保障和社会福利业	0	0	0	0	0	0
文化、体育和娱乐业	1	1	1	0	0	0
公共管理和社会组织	0	0	0	0	0	0
国际组织	0	0	0	0	0	0
四、按母公司登记注册类型分						
国有企业	47	14	32	14	36	14
国有独资企业	58	25	52	32	47	17
其他有限责任公司	190	58	126	75	153	65
股份有限公司	100	29	74	32	73	17
中外合资企业	8	2	4	1	4	5
港澳台合资企业	4	0	2	1	5	1
其他	45	11	31	8	40	25
五、按母公司企业规模分						
大型	182	74	142	85	147	50
中型	199	39	140	60	157	67
小型	54	21	28	8	39	14
其他	17	5	11	10	15	13

续表48

	38.3获得专利情况			
	获得国内专利申请	已应用国内专利（占获得专利申请的企业集团）	获得美国专利申请	已应用美国专利（占获得美国专利申请的企业集团）
总计	222	213	16	15
一、按集团审批部门分				
国务院	4	4	0	0
国务院主管部门	1	1	0	0
省级人民政府	110	110	7	6
省级人民政府主管部门	28	26	2	2
其他	79	72	7	7
二、按母公司控股情况分				
国有绝对控股	77	74	5	4
国有相对控股	18	17	0	0
集体绝对控股	27	26	2	2
集体相对控股	9	9	0	0
其他	91	87	9	9
三、按集团主营行业分				
农、林、牧、渔业	1	1	0	0
采矿业	9	9	1	0
制造业	186	180	7	7
电力、燃气及水的生产和供应业	3	3	0	0
建筑业	11	9	2	2
交通运输、仓储和邮政业	3	3	0	0
信息传输、计算机服务和软件业	1	1	0	0
批发和零售业	1	1	0	0
住宿和餐饮业	0	0	0	0
金融业	0	0	0	0
房地产业	7	6	6	6
租赁和商务服务业	0	0	0	0
科学研究、技术服务和地质勘查业	0	0	0	0
水利、环境和公共设施管理业	0	0	0	0
居民服务和其他服务业	0	0	0	0
教育	0	0	0	0
卫生、社会保障和社会福利业	0	0	0	0
文化、体育和娱乐业	0	0	0	0
公共管理和社会组织	0	0	0	0
国际组织	0	0	0	0
四、按母公司登记注册类型分				
国有企业	13	13	1	1
国有独资企业	36	35	1	1
其他有限责任公司	95	91	5	4
股份有限公司	50	48	4	4
中外合资企业	4	4	1	1
港澳台合资企业	3	3	1	1
其他	21	19	3	3
五、按母公司企业规模分				
大型	113	111	4	3
中型	77	73	7	7
小型	23	22	2	2
其他	9	7	3	3

续表 49

	38.4与大学、研究机构签订研发合同	39.企业集团有关配套政策落实情况			
		1.投资自主权	2.境外融资权	3.对外担保权	4.自营进出口权
总计	322	668	200	531	514
一、按集团审批部门分					
国务院	3	4	0	3	4
国务院主管部门	2	3	2	2	0
省级人民政府	150	247	84	209	209
省级人民政府主管部门	62	146	40	110	106
其他	105	268	74	207	195
二、按母公司控股情况分					
国有绝对控股	118	211	62	178	152
国有相对控股	23	43	13	32	34
集体绝对控股	44	97	27	70	75
集体相对控股	14	32	12	26	24
其他	123	285	86	225	229
三、按集团主营行业分					
农、林、牧、渔业	1	2	2	1	2
采矿业	20	28	9	24	16
制造业	260	463	151	375	419
电力、燃气及水的生产和供应业	12	17	5	9	5
建筑业	13	42	4	32	15
交通运输、仓储和邮政业	0	14	6	11	2
信息传输、计算机服务和软件业	1	7	3	5	2
批发和零售业	10	60	11	50	41
住宿和餐饮业	1	6	1	5	2
金融业	0	0	0	0	0
房地产业	2	24	7	14	8
租赁和商务服务业	1	2	0	2	1
科学研究、技术服务和地质勘查业	0	2	1	2	1
水利、环境和公共设施管理业	0	0	0	0	0
居民服务和其他服务业	0	0	0	0	0
教育	0	0	0	0	0
卫生、社会保障和社会福利业	0	0	0	0	0
文化、体育和娱乐业	1	1	0	1	0
公共管理和社会组织	0	0	0	0	0
国际组织	0	0	0	0	0
四、按母公司登记注册类型分					
国有企业	31	74	27	58	45
国有独资企业	51	65	16	57	53
其他有限责任公司	146	278	79	215	224
股份有限公司	62	140	46	115	107
中外合资企业	3	9	5	7	8
港澳台合资企业	1	5	2	4	4
其他	28	97	25	75	73
五、按母公司企业规模分					
大型	144	226	67	201	183
中型	136	316	108	235	238
小型	32	91	13	69	71
其他	10	35	12	25	22

续表50

	39.企业集团有关配套政策落实情况				
	5.合并纳税权	6.对外工程承包与劳动合作权	7.外事审批权	8.建立了技术研发中心	9.成立了财务公司
总计	292	421	75	516	232
一、按集团审批部门分					
国务院	3	4	1	4	2
国务院主管部门	2	4	0	3	1
省级人民政府	118	158	33	203	86
省级人民政府主管部门	54	89	18	106	60
其他	115	166	23	200	83
二、按母公司控股情况分					
国有绝对控股	87	146	21	166	60
国有相对控股	18	22	5	32	9
集体绝对控股	48	62	14	72	42
集体相对控股	17	19	3	21	13
其他	122	172	32	225	108
三、按集团主营行业分					
农、林、牧、渔业	1	2	2	2	2
采矿业	15	24	0	22	10
制造业	202	276	61	414	178
电力、燃气及水的生产和供应业	6	15	1	15	9
建筑业	22	38	4	25	13
交通运输、仓储和邮政业	8	8	2	5	1
信息传输、计算机服务和软件业	3	4	0	3	0
批发和零售业	22	32	1	18	15
住宿和餐饮业	4	5	0	0	1
金融业	0	0	0	0	0
房地产业	5	12	3	9	2
租赁和商务服务业	1	1	0	1	0
科学研究、技术服务和地质勘查业	2	2	1	1	1
水利、环境和公共设施管理业	0	1	0	1	0
居民服务和其他服务业	0	0	0	0	0
教育	0	0	0	0	0
卫生、社会保障和社会福利业	0	0	0	0	0
文化、体育和娱乐业	1	1	0	0	0
公共管理和社会组织	0	0	0	0	0
国际组织	0	0	0	0	0
四、按母公司登记注册类型分					
国有企业	31	50	5	48	22
国有独资企业	23	45	7	61	16
其他有限责任公司	127	169	32	223	108
股份有限公司	57	87	16	104	41
中外合资企业	4	5	1	10	2
港澳台合资企业	2	3	1	5	1
其他	48	62	13	65	42
五、按母公司企业规模分					
大型	106	150	27	199	69
中型	145	196	37	232	109
小型	32	53	6	62	37
其他	9	22	5	23	17

续表 51

	40.企业集团通过下列哪些方式扩大经营规模、资产规模				
	1.银行贷款，新建项目	2.以市场方式兼并收购其他企业	3.以股票、债券形式向资本市融资	4.与国外企业合资联营	5.以产权划转方式进行资产重组
总计	687	468	205	309	364
一、按集团审批部门分					
国务院	4	3	3	2	0
国务院主管部门	4	4	1	0	3
省级人民政府	248	155	98	118	128
省级人民政府主管部门	150	108	39	58	82
其他	281	198	64	131	151
二、按母公司控股情况分					
国有绝对控股	220	143	76	86	147
国有相对控股	42	32	15	13	25
集体绝对控股	101	72	28	46	54
集体相对控股	32	20	8	19	17
其他	292	201	78	145	121
三、按集团主营行业分					
农、林、牧、渔业	2	2	0	1	1
采矿业	32	27	6	16	16
制造业	467	306	153	230	234
电力、燃气及水的生产和供应业	20	12	5	7	11
建筑业	44	31	6	14	31
交通运输、仓储和邮政业	18	7	7	7	7
信息传输、计算机服务和软件业	5	3	3	2	4
批发和零售业	67	58	17	21	46
住宿和餐饮业	7	7	1	4	1
金融业	0	0	0	0	0
房地产业	19	10	6	6	9
租赁和商务服务业	2	2	0	0	2
科学研究、技术服务和地质勘查业	2	2	1	0	1
水利、环境和公共设施管理业	1	0	0	1	0
居民服务和其他服务业	0	0	0	0	0
教育	0	0	0	0	0
卫生、社会保障和社会福利业	0	0	0	0	0
文化、体育和娱乐业	1	1	0	0	1
公共管理和社会组织	0	0	0	0	0
国际组织	0	0	0	0	0
四、按母公司登记注册类型分					
国有企业	83	57	15	37	53
国有独资企业	70	44	30	28	45
其他有限责任公司	277	193	75	125	144
股份有限公司	139	91	57	57	60
中外合资企业	10	9	0	8	2
港澳台合资企业	4	4	0	3	3
其他	104	70	28	51	57
五、按母公司企业规模分					
大型	229	150	87	97	121
中型	323	228	86	149	171
小型	104	64	26	52	54
其他	31	26	6	11	18

续表52

	41.成员企业中有上市公司的企业集团	42.上市公司发行的股票类型		
		A股	B股	H股
总计	72	66	8	8
一、按集团审批部门分				
国务院	4	4	0	1
国务院主管部门	0	0	0	0
省级人民政府	60	54	8	7
省级人民政府主管部门	2	2	0	0
其他	6	6	0	0
二、按母公司控股情况分				
国有绝对控股	39	35	5	5
国有相对控股	10	10	1	0
集体绝对控股	7	6	0	1
集体相对控股	2	1	0	1
其他	14	14	2	1
三、按集团主营行业分				
农、林、牧、渔业	0	0	0	0
采矿业	4	3	1	2
制造业	54	52	4	4
电力、燃气及水的生产和供应业	2	2	0	0
建筑业	1	1	0	0
交通运输、仓储和邮政业	2	1	1	0
信息传输、计算机服务和软件业	2	1	1	2
批发和零售业	5	4	1	0
住宿和餐饮业	0	0	0	0
金融业	0	0	0	0
房地产业	1	1	0	0
租赁和商务服务业	1	1	0	0
科学研究、技术服务和地质勘查业	0	0	0	0
水利、环境和公共设施管理业	0	0	0	0
居民服务和其他服务业	0	0	0	0
教育	0	0	0	0
卫生、社会保障和社会福利业	0	0	0	0
文化、体育和娱乐业	0	0	0	0
公共管理和社会组织	0	0	0	0
国际组织	0	0	0	0
四、按母公司登记注册类型分				
国有企业	4	4	0	0
国有独资企业	23	23	2	2
其他有限责任公司	21	16	2	5
股份有限公司	18	18	2	0
中外合资企业	0	0	0	0
港澳台合资企业	0	0	0	0
其他	6	5	2	1
五、按母公司企业规模分				
大型	61	56	6	7
中型	8	8	1	1
小型	1	0	1	0
其他	2	2	0	0

续表 53

	43.增加国家资本的途径				
	中央政府拨改贷	地方政府拨改贷	由经营性基金划转	贷款转投资	债权转股权
总计	34	87	124	138	71
一、按集团审批部门分					
国务院	2	1	1	0	2
国务院主管部门	2	0	3	2	0
省级人民政府	16	36	52	57	37
省级人民政府主管部门	4	21	25	27	8
其他	10	29	43	52	24
二、按母公司控股情况分					
国有绝对控股	29	56	77	59	41
国有相对控股	1	7	9	7	4
集体绝对控股	0	6	10	14	4
集体相对控股	0	2	2	6	1
其他	4	16	26	52	21
三、按集团主营行业分					
农、林、牧、渔业	0	0	0	1	0
采矿业	9	10	13	6	6
制造业	15	59	73	90	57
电力、燃气及水的生产和供应业	3	4	2	7	0
建筑业	2	2	9	5	3
交通运输、仓储和邮政业	0	2	7	5	2
信息传输、计算机服务和软件业	0	0	4	2	2
批发和零售业	5	8	14	14	0
住宿和餐饮业	0	0	0	0	0
金融业	0	0	0	0	0
房地产业	0	2	1	4	1
租赁和商务服务业	0	0	1	1	0
科学研究、技术服务和地质勘查业	0	0	0	0	0
水利、环境和公共设施管理业	0	0	0	0	0
居民服务和其他服务业	0	0	0	0	0
教育	0	0	0	0	0
卫生、社会保障和社会福利业	0	0	0	0	0
文化、体育和娱乐业	0	0	0	1	0
公共管理和社会组织	0	0	0	0	0
国际组织	0	0	0	0	0
四、按母公司登记注册类型分					
国有企业	13	14	32	30	4
国有独资企业	9	20	25	12	16
其他有限责任公司	7	25	41	53	33
股份有限公司	1	17	15	21	13
中外合资企业	2	1	0	3	0
港澳台合资企业	0	1	1	0	1
其他	2	9	10	19	4
五、按母公司企业规模分					
大型	18	34	45	47	35
中型	14	47	56	73	23
小型	1	5	18	16	10
其他	1	1	5	2	3

续表54

	44.分离富余职工主要去向				
	1.内部安排工作	2.失　业	3.提前退休	4.安排到集团外	5.其　他
总计	637	158	436	217	540
一、按集团审批部门分					
国务院	4	0	1	2	3
国务院主管部门	3	1	3	1	3
省级人民政府	228	50	162	69	186
省级人民政府主管部门	141	30	94	51	119
其他	261	77	176	94	229
二、按母公司控股情况分					
国有绝对控股	219	55	176	49	183
国有相对控股	35	12	32	11	32
集体绝对控股	92	18	50	54	79
集体相对控股	27	13	23	4	21
其他	264	60	155	99	225
三、按集团主营行业分					
农、林、牧、渔业	2	0	0	2	2
采矿业	32	5	23	8	30
制造业	428	95	284	155	353
电力、燃气及水的生产和供应业	18	4	14	4	15
建筑业	42	12	24	17	38
交通运输、仓储和邮政业	13	5	9	3	14
信息传输、计算机服务和软件业	5	1	4	1	4
批发和零售业	64	21	53	20	55
住宿和餐饮业	5	5	6	1	4
金融业	0	0	0	0	0
房地产业	23	7	14	5	21
租赁和商务服务业	1	1	2	1	1
科学研究、技术服务和地质勘查业	2	2	1	0	1
水利、环境和公共设施管理业	1	0	1	0	1
居民服务和其他服务业	0	0	0	0	0
教育	0	0	0	0	0
卫生、社会保障和社会福利业	0	0	0	0	0
文化、体育和娱乐业	1	0	1	0	1
公共管理和社会组织	0	0	0	0	0
国际组织	0	0	0	0	0
四、按母公司登记注册类型分					
国有企业	80	23	66	17	72
国有独资企业	69	15	56	12	57
其他有限责任公司	254	63	155	97	221
股份有限公司	130	34	93	39	95
中外合资企业	8	1	9	2	9
港澳台合资企业	5	2	3	2	5
其他	91	20	54	48	81
五、按母公司企业规模分					
大型	214	48	150	57	171
中型	302	79	219	97	257
小型	92	25	49	45	83
其他	29	6	18	18	29

续表 55

	45.影响生产经营的主要因素			
	1.资金短缺	2.产品缺乏竞争力	3.企业债务沉重	4.上级行政部门干预
总计	549	268	297	69
一、按集团审批部门分				
国务院	3	0	1	0
国务院主管部门	1	3	2	0
省级人民政府	187	94	112	20
省级人民政府主管部门	120	61	50	19
其他	238	110	132	30
二、按母公司控股情况分				
国有绝对控股	175	79	136	20
国有相对控股	32	13	26	7
集体绝对控股	80	41	37	10
集体相对控股	27	8	13	3
其他	235	127	85	29
三、按集团主营行业分				
农、林、牧、渔业	1	0	0	1
采矿业	14	13	13	8
制造业	374	196	187	30
电力、燃气及水的生产和供应业	13	4	9	3
建筑业	35	11	20	8
交通运输、仓储和邮政业	13	4	11	2
信息传输、计算机服务和软件业	5	3	2	2
批发和零售业	63	24	43	9
住宿和餐饮业	6	3	4	2
金融业	0	0	0	0
房地产业	20	8	7	4
租赁和商务服务业	1	0	1	0
科学研究、技术服务和地质勘查业	2	2	0	0
水利、环境和公共设施管理业	1	0	0	0
居民服务和其他服务业	0	0	0	0
教育	0	0	0	0
卫生、社会保障和社会福利业	0	0	0	0
文化、体育和娱乐业	1	0	0	0
公共管理和社会组织	0	0	0	0
国际组织	0	0	0	0
四、按母公司登记注册类型分				
国有企业	71	30	49	7
国有独资企业	49	25	41	7
其他有限责任公司	220	99	101	29
股份有限公司	112	53	62	13
中外合资企业	8	5	4	0
港澳台合资企业	0	3	2	0
其他	89	53	38	13
五、按母公司企业规模分				
大型	167	71	104	21
中型	265	130	139	34
小型	89	51	41	12
其他	28	16	13	2

续表56

	45.影响生产经营的主要因素				
	5.地区间贸易壁垒	6.科研开发能力弱	7.技术设备陈旧	8.企业富余人员突出	9.其　他
总计	136	274	147	157	217
一、按集团审批部门分					
国务院	1	1	1	2	3
国务院主管部门	1	3	0	1	1
省级人民政府	54	110	46	54	74
省级人民政府主管部门	32	63	31	30	47
其他	48	97	69	70	92
二、按母公司控股情况分					
国有绝对控股	36	63	40	87	75
国有相对控股	12	14	9	9	10
集体绝对控股	19	48	26	18	29
集体相对控股	8	15	5	7	9
其他	61	134	67	36	94
三、按集团主营行业分					
农、林、牧、渔业	1	0	0	1	2
采矿业	4	13	8	17	12
制造业	93	217	122	76	131
电力、燃气及水的生产和供应业	3	8	4	8	10
建筑业	19	12	9	11	12
交通运输、仓储和邮政业	1	0	3	7	8
信息传输、计算机服务和软件业	3	1	0	2	2
批发和零售业	11	12	1	24	25
住宿和餐饮业	0	2	0	2	2
金融业	0	0	0	0	0
房地产业	1	6	0	7	11
租赁和商务服务业	0	1	0	0	0
科学研究、技术服务和地质勘查业	0	1	0	0	1
水利、环境和公共设施管理业	0	1	0	1	0
居民服务和其他服务业	0	0	0	0	0
教育	0	0	0	0	0
卫生、社会保障和社会福利业	0	0	0	0	0
文化、体育和娱乐业	0	0	0	1	1
公共管理和社会组织	0	0	0	0	0
国际组织	0	0	0	0	0
四、按母公司登记注册类型分					
国有企业	14	21	15	42	27
国有独资企业	10	22	15	20	25
其他有限责任公司	66	125	60	51	92
股份有限公司	30	63	27	21	37
中外合资企业	3	4	2	1	3
港澳台合资企业	0	3	5	2	2
其他	13	36	23	20	31
五、按母公司企业规模分					
大型	53	91	42	55	85
中型	67	131	79	80	80
小型	12	36	18	16	39
其他	4	16	8	6	13

续表 57

	46.实施收购兼并、资产重组的主要障碍		
	1.地区、部门条块分割	2.国有资产管理体制改革滞后	3.资本市场、产权交易市场不健全
总计	188	345	348
一、按集团审批部门分			
国务院	2	2	1
国务院主管部门	2	4	1
省级人民政府	59	138	146
省级人民政府主管部门	45	62	64
其他	80	139	136
二、按母公司控股情况分			
国有绝对控股	58	167	110
国有相对控股	10	29	23
集体绝对控股	28	42	53
集体相对控股	10	9	19
其他	82	98	143
三、按集团主营行业分			
农、林、牧、渔业	0	0	0
采矿业	8	20	15
制造业	125	209	232
电力、燃气及水的生产和供应业	6	17	14
建筑业	13	19	25
交通运输、仓储和邮政业	2	12	10
信息传输、计算机服务和软件业	2	6	2
批发和零售业	25	41	29
住宿和餐饮业	2	5	3
金融业	0	0	0
房地产业	3	12	12
租赁和商务服务业	1	2	2
科学研究、技术服务和地质勘查业	1	1	2
水利、环境和公共设施管理业	0	0	1
居民服务和其他服务业	0	0	0
教育	0	0	0
卫生、社会保障和社会福利业	0	0	0
文化、体育和娱乐业	0	1	1
公共管理和社会组织	0	0	0
国际组织	0	0	0
四、按母公司登记注册类型分			
国有企业	20	69	33
国有独资企业	12	54	41
其他有限责任公司	93	113	134
股份有限公司	36	64	76
中外合资企业	3	5	5
港澳台合资企业	1	2	3
其他	23	38	56
五、按母公司企业规模分			
大型	65	130	122
中型	85	163	166
小型	33	40	45
其他	5	12	15

续表58

	46.实施收购兼并、资产重组的主要障碍			
	4.被兼并企业的银行历史欠账	5.无法安置被兼并企业的职工	6.市场中介机构不完善	7.其　他
总计	375	363	151	270
一、按集团审批部门分				
国务院	4	1	1	1
国务院主管部门	1	2	0	2
省级人民政府	141	131	44	85
省级人民政府主管部门	83	70	38	69
其他	146	159	68	113
二、按母公司控股情况分				
国有绝对控股	129	132	27	77
国有相对控股	21	21	7	16
集体绝对控股	60	54	32	40
集体相对控股	23	17	7	12
其他	142	139	78	125
三、按集团主营行业分				
农、林、牧、渔业	1	0	1	2
采矿业	15	17	8	15
制造业	263	243	110	194
电力、燃气及水的生产和供应业	9	10	2	5
建筑业	26	26	10	15
交通运输、仓储和邮政业	6	8	5	6
信息传输、计算机服务和软件业	2	4	0	0
批发和零售业	42	42	5	21
住宿和餐饮业	2	4	4	1
金融业	0	0	0	0
房地产业	8	7	4	10
租赁和商务服务业	0	0	1	0
科学研究、技术服务和地质勘查业	1	1	0	0
水利、环境和公共设施管理业	0	1	1	0
居民服务和其他服务业	0	0	0	0
教育	0	0	0	0
卫生、社会保障和社会福利业	0	0	0	0
文化、体育和娱乐业	0	0	0	1
公共管理和社会组织	0	0	0	0
国际组织	0	0	0	0
四、按母公司登记注册类型分				
国有企业	47	52	12	30
国有独资企业	38	40	11	24
其他有限责任公司	152	144	72	99
股份有限公司	72	65	25	58
中外合资企业	6	5	1	5
港澳台合资企业	3	3	1	2
其他	57	54	29	52
五、按母公司企业规模分				
大型	127	121	36	83
中型	187	169	77	125
小型	41	61	26	47
其他	20	12	12	15

续表 59

	47.企业集团内部管理主要问题					
	1.内部产权关系尚未理　顺	2.母子公司体制不健全	3.缺乏对企业经营者的激励和约束机制	4.产权管理部门职能弱	5.受上级行政部门干预较多	6.其　他
总计	197	139	197	61	52	70
一、按集团审批部门分						
国务院	0	2	1	0	0	1
国务院主管部门	2	1	1	0	0	0
省级人民政府	70	47	72	26	18	19
省级人民政府主管部门	37	29	43	13	15	19
其他	88	60	80	22	19	31
二、按母公司控股情况分						
国有绝对控股	85	42	67	18	14	14
国有相对控股	15	5	12	4	6	3
集体绝对控股	22	25	36	7	9	8
集体相对控股	10	4	7	7	3	0
其他	65	63	75	25	20	45
三、按集团主营行业分						
农、林、牧、渔业	0	0	1	0	0	1
采矿业	8	6	14	1	3	2
制造业	130	97	126	41	34	53
电力、燃气及水的生产和供应业	5	6	5	2	2	1
建筑业	7	11	10	7	6	5
交通运输、仓储和邮政业	5	3	5	1	3	0
信息传输、计算机服务和软件业	1	0	4	1	1	0
批发和零售业	26	12	22	5	3	4
住宿和餐饮业	2	3	1	1	0	0
金融业	0	0	0	0	0	0
房地产业	10	1	7	2	0	3
租赁和商务服务业	1	0	0	0	0	1
科学研究、技术服务和地质勘查业	1	0	1	0	0	0
水利、环境和公共设施管理业	1	0	0	0	0	0
居民服务和其他服务业	0	0	0	0	0	0
教育	0	0	0	0	0	0
卫生、社会保障和社会福利业	0	0	0	0	0	0
文化、体育和娱乐业	0	0	1	0	0	0
公共管理和社会组织	0	0	0	0	0	0
国际组织	0	0	0	0	0	0
四、按母公司登记注册类型分						
国有企业	31	16	28	4	6	6
国有独资企业	28	13	17	7	3	6
其他有限责任公司	67	58	79	26	24	35
股份有限公司	33	31	32	16	10	15
中外合资企业	0	2	6	0	1	1
港澳台合资企业	0	1	2	1	0	1
其他	38	18	33	7	8	6
五、按母公司企业规模分						
大型	64	49	58	23	17	21
中型	93	64	95	29	31	29
小型	32	21	34	7	2	13
其他	8	5	10	2	2	7

续表60

	48.企业集团当前经营状况和效果			
	很　好	较　好	一　般	尚未见效
总计	149	439	139	16
一、按集团审批部门分				
国务院	1	3	0	0
国务院主管部门	2	2	0	0
省级人民政府	69	145	46	6
省级人民政府主管部门	25	96	33	3
其他	52	193	60	7
二、按母公司控股情况分				
国有绝对控股	41	135	65	8
国有相对控股	10	22	13	0
集体绝对控股	23	69	14	2
集体相对控股	8	21	4	0
其他	67	192	43	6
三、按集团主营行业分				
农、林、牧、渔业	1	1	0	0
采矿业	6	22	4	2
制造业	106	295	93	8
电力、燃气及水的生产和供应业	5	13	2	1
建筑业	8	32	6	1
交通运输、仓储和邮政业	2	11	3	2
信息传输、计算机服务和软件业	2	4	1	0
批发和零售业	9	43	21	1
住宿和餐饮业	1	5	1	0
金融业	0	0	0	0
房地产业	5	13	6	1
租赁和商务服务业	1	0	1	0
科学研究、技术服务和地质勘查业	1	0	1	0
水利、环境和公共设施管理业	1	0	0	0
居民服务和其他服务业	0	0	0	0
教育	0	0	0	0
卫生、社会保障和社会福利业	0	0	0	0
文化、体育和娱乐业	1	0	0	0
公共管理和社会组织	0	0	0	0
国际组织	0	0	0	0
四、按母公司登记注册类型分				
国有企业	14	40	34	5
国有独资企业	11	53	13	1
其他有限责任公司	69	182	41	7
股份有限公司	35	84	26	1
中外合资企业	2	7	1	0
港澳台合资企业	0	5	1	0
其他	18	68	23	2
五、按母公司企业规模分				
大型	62	144	36	5
中型	65	212	66	4
小型	13	64	28	6
其他	9	19	9	1

续表 61

	49.对企业集团未来发展前景预测		
	1.很 好	2.较 好	3.一 般
总计	299	378	64
一、按集团审批部门分			
国务院	2	2	0
国务院主管部门	3	1	0
省级人民政府	122	125	18
省级人民政府主管部门	58	84	14
其他	114	166	32
二、按母公司控股情况分			
国有绝对控股	77	136	35
国有相对控股	14	25	5
集体绝对控股	53	47	8
集体相对控股	15	18	0
其他	140	152	16
三、按集团主营行业分			
农、林、牧、渔业	2	0	0
采矿业	17	14	3
制造业	208	251	41
电力、燃气及水的生产和供应业	6	15	0
建筑业	16	27	4
交通运输、仓储和邮政业	5	10	3
信息传输、计算机服务和软件业	3	3	1
批发和零售业	25	38	11
住宿和餐饮业	2	4	1
金融业	0	0	0
房地产业	11	14	0
租赁和商务服务业	1	1	0
科学研究、技术服务和地质勘查业	1	1	0
水利、环境和公共设施管理业	1	0	0
居民服务和其他服务业	0	0	0
教育	0	0	0
卫生、社会保障和社会福利业	0	0	0
文化、体育和娱乐业	1	0	0
公共管理和社会组织	0	0	0
国际组织	0	0	0
四、按母公司登记注册类型分			
国有企业	25	49	19
国有独资企业	21	51	5
其他有限责任公司	139	140	19
股份有限公司	62	69	15
中外合资企业	4	5	1
港澳台合资企业	3	3	0
其他	45	61	5
五、按母公司企业规模分			
大型	114	119	13
中型	136	175	35
小型	35	62	14
其他	14	22	2

2－10 按营业收入排序企业集团主要经济指标

集团名称	营业收入（万元）	位次	资产总计（万元）	位次	从业人员（人）	位次
海尔集团	8057417	1	3128739	4	30685	11
中国石化胜利油田有限公司	4688796	2	5101415	2	75760	2
山东电力集团	3935568	3	5282870	1	31896	10
海信集团	2220454	4	705666	31	10004	47
中国石油化工股份有限公司山东分公司	1746074	5	635853	35	18059	24
山东鲁能集团	1741089	6	3113195	5	336	672
中国重型汽车集团	1527240	7	1853932	8	23507	17
兖矿集团	1526214	8	2959038	6	92385	1
济南钢铁集团	1446486	9	1669019	9	16745	25
莱芜钢铁集团	1318731	10	1649514	10	37481	8
中国网通集团山东省通信公司	1314464	11	3890876	3	38331	7
青岛钢铁集团	1295890	12	836106	26	13957	33
一汽解放青岛汽车厂	1216440	13	402785	58	3880	143
山东魏桥创业集团	1146673	14	1504144	12	55753	5
山东移动通信有限责任公司	915869	15	1436169	13	8071	59
青岛凯联集团	860411	16	1168949	15	20105	21
山东时风集团	853185	17	217738	99	25516	16
山东工程机械集团	841552	18	585365	39	11411	40
山东滨化集团	823765	19	186557	115	2750	228
浪潮集团	812423	20	365062	61	3220	184
三联集团	792541	21	962314	22	6437	78
青岛啤酒集团	783370	22	1021236	20	25685	15
山东晨鸣纸业集团	752739	23	1055334	18	14722	32
万杰集团	752526	24	883038	24	10960	43
新汶矿业集团	716025	25	1519010	11	73547	3
南山集团	662587	26	1203044	14	35116	9
山东金锣企业集团总公司	624037	27	123065	164	19328	22
颐中集团	610678	28	1020620	21	8475	55
青岛澳柯玛集团	605215	29	610701	37	7836	61
枣庄矿业集团	581436	30	878263	25	58197	4
双星集团	579260	31	483121	49	21482	18
山东三箭集团	563457	32	521974	43	42355	6
诸城外贸有限责任公司	541286	33	520166	44	6287	82
新华鲁抗药业集团	519490	34	680049	33	15993	27
山东省供销社集团总公司	464430	35	443537	53	772	549
将军烟草集团	446172	36	698364	32	4406	120
中国联通有限公司山东分公司	443232	37	1045967	19	2766	226
山东省高速公路有限责任公司	440948	38	1113344	17	8407	56
山东海化集团	435281	39	822374	27	18959	23
中国石化集团青岛石油化工有限责任公司	420046	40	306073	71	2016	314
青岛广源发集团	402844	41	283888	74	3203	186

续表 1

集团名称	营业收入（万元）	位次	资产总计（万元）	位次	从业人员（人）	位次
淄博矿业集团	379638	42	670554	34	30014	12
宏安集团	378588	43	99192	202	973	498
山东省商业集团	370349	44	634494	36	4129	131
青岛港集团	353021	45	1123244	16	11369	41
山东成山橡胶集团	351517	46	237825	90	5493	95
山东省机械进出口集团	345982	47	198923	111	384	664
山东太阳纸业集团	335132	48	311287	69	6323	79
华盛江泉集团	320562	49	604430	38	29330	13
华泰集团	315357	50	426390	57	4842	109
三角集团	309678	51	249547	86	5071	102
青岛建设集团	307434	52	532056	42	6563	73
山东鲁北企业集团	300816	53	516114	45	3198	189
山东招金集团	300811	54	280753	75	10178	46
中国轻骑集团	295885	55	746258	28	9770	49
肥城矿业集团	294638	56	483856	48	26583	14
青岛黄海橡胶集团	292691	57	730908	29	10366	45
利群集团	292593	58	136706	150	2985	209
中国石化集团齐鲁石油化工公司	289912	59	484693	47	16464	26
济南齐鲁化纤集团	286845	60	430960	55	12913	36
润华集团	284279	61	214711	101	659	581
山东信发铝电集团	283476	62	578746	40	7708	62
山东德棉集团	279822	63	279885	76	14744	31
科达集团	277626	64	221837	96	6309	80
青岛泰发集团	269722	65	84053	231	8300	58
山东省棉麻公司	266936	66	335980	64	139	721
山东银座商城股份有限公司	263055	67	230455	92	2890	214
山东聊城鲁西化工集团	261722	68	443624	52	8372	57
山东丛林集团	253340	69	288746	72	4098	133
山东博汇集团有限公司	252028	70	394097	59	7500	64
青岛即发集团	238801	71	162730	128	5043	104
山东冠鲁企业集团	237902	72	190937	113	20549	19
山东里能集团	232903	73	708891	30	2882	215
山东东明石化集团	226894	74	140672	143	2008	317
力诺集团有限责任公司	225844	75	492962	46	13397	35
山东绮丽集团	223534	76	132610	154	2969	210
新牟国际集团	220732	77	239064	89	5635	92
山东省建设建工集团	220051	78	278286	77	20126	20
山东泉林纸业有限责任公司	220007	79	441094	54	11976	39
山东省对外贸易集团	217063	80	90545	222	512	628
青岛益佳国际贸易集团	215672	81	177728	119	1248	430
济南山水集团	214020	82	313752	68	3998	139
青岛国风集团	210518	83	220599	98	4647	112
得利斯集团	207867	84	190068	114	3862	144
山东渤海油脂工业有限公司	207804	85	92235	221	216	702
烟台万华合成革集团	207058	86	369572	60	4192	130
山东玲珑橡胶有限公司	205068	87	205525	105	3688	151
山东泰山钢铁有限公司	204894	88	216632	100	5243	99

续表2

集团名称	营业收入（万元）	位 次	资产总计（万元）	位 次	从业人员（人）	位 次
烟台张裕集团	203001	89	248424	87	3741	147
山东省医药集团有限公司	199585	90	154324	133	4087	134
淄博商厦股份有限公司	199535	91	93827	219	2808	223
山东潍坊百货集团	190685	92	68604	267	2076	306
鲁能泰山电缆电器有限责任公司	189135	93	266210	81	4492	117
利华益集团	188198	94	181174	117	2600	244
山东省塑料工业有限公司	184076	95	64047	275	188	714
山东凤祥集团	183703	96	199094	109	9130	52
威海市金猴集团	182616	97	70926	260	2678	235
山东天元建设集团	182612	98	213220	102	15668	29
山东省农业生产资料有限责任公司	182606	99	84650	229	249	696
山东齐星集团	182226	100	337116	63	2315	277
山东樱花纺织集团	182171	101	201664	107	13611	34
济南华达企业集团总公司	181561	102	144582	140	1834	341
山东新星购销总部(集团)	181118	103	24996	488	1285	423
凯远集团	180978	104	284260	73	3195	190
万达集团	180170	105	120051	167	2608	243
山东航空集团	179601	106	454208	51	2171	289
龙大食品集团	172222	107	152991	134	15987	28
山东如意科技集团	167377	108	249980	85	9631	50
山东广饶石化集团	167361	109	73831	248	2042	312
潍坊医药集团	165729	110	125895	159	4930	105
青岛变压器集团	163516	111	170939	122	7500	64
山东只楚集团	162600	112	94939	215	3000	204
潍坊巨龙化纤集团	161254	113	271296	78	6458	76
山东华星石油化工集团有限公司	159901	114	123652	163	900	519
山东寿光巨能电力集团	155644	115	203544	106	2200	286
山东九发集团	151935	116	226881	94	3692	150
山东巨力股份有限公司	150749	117	110564	181	2690	233
山东工友集团	150028	118	45161	348	2478	262
山东淄博付山集团	149347	119	112509	178	5052	103
临清彩红集团	149177	120	125178	160	2108	297
山东省华丰企业集团	148410	121	147002	137	4650	111
山东(临清)银河纸业集团	144838	122	213153	103	4276	127
山东同济万鑫集团有限公司	142685	123	163028	127	10600	44
山东泰山电器集团	141333	124	58443	297	1460	391
齐鲁制药有限公司(集团)	141014	125	209789	104	2727	230
潍坊钢铁集团	140807	126	161721	130	3549	158
日照港(集团)有限公司	140225	127	479578	50	7089	67
济南四建集团	139983	128	167015	124	9888	48
济南人民商场集团	139460	129	108107	185	1374	408
青岛特种汽车集团公司	138978	130	98035	206	2216	284
烟台建设集团	138739	131	151228	135	6772	72
烟台冰轮集团	135416	132	173261	120	4057	136
青岛星火纺机纺织集团股份有限公司	135186	133	73251	252	2066	309
青岛汉缆集团有限公司	134650	134	62451	281	1362	412
山东省交通工业集团总公司	132845	135	225750	95	5502	94

续表 3

集团名称	营业收入（万元）	位次	资产总计（万元）	位次	从业人员（人）	位次
山东六和集团有限公司	131290	136	54955	306	3530	160
青岛红星化工集团	130535	137	262998	82	5568	93
鲁泰集团	129270	138	259075	83	6458	76
山东黄金集团	128151	139	428991	56	14356	30
烟台市首钢东星集团	126572	140	158529	131	2157	291
济宁矿业集团	124902	141	268780	80	9285	51
蓬莱市黄金集团	123599	142	143112	142	2558	252
泰丰纺织集团	122386	143	95112	214	5360	89
青岛纺联集团	121773	144	251118	84	12268	38
山东德齐龙化工集团	120000	145	63985	276	2500	257
欧美投资集团	118831	146	80344	237	308	677
山东龙喜集团	118038	147	117472	168	2534	241
山东中创软件工程股份有限公司	116214	148	37809	391	576	608
好当家集团	116180	149	161811	129	3582	154
山东大海集团	115138	150	117015	169	2500	257
山东聊城双力农用车集团	113761	152	103953	194	3359	171
青岛喜盈门集团	113691	153	115783	170	4284	126
山东联盟化工集团有限公司	113285	154	100389	199	2658	237
菱花集团	112223	155	111770	179	6998	69
山东胜通集团股份有限公司	110703	156	65548	273	2200	286
山东沂州水泥集团总公司	110056	157	105957	191	2079	304
烟台市振华百货集团	109831	158	67975	269	1966	327
山东翔龙集团	109471	159	75709	243	2512	256
山东齐鲁增塑剂股份有限公司	109429	160	38519	383	419	649
济南一建集团	108146	161	155396	132	11089	42
齐鲁考格尔集团	105433	162	95845	210	3615	153
菏泽粮油集团总公司	105102	163	71378	259	1083	476
青岛捷能电工电子集团有限责任公司	102109	164	199065	110	3563	155
山东亚光纺织集团	102014	165	138632	145	6498	75
山东阳谷电缆集团	101915	166	93866	218	1048	486
山东西王集团公司	101732	167	137417	148	2850	218
山东泸河集团有限公司	101204	168	74979	245	2430	266
泰安鲁润股份有限公司	100042	169	98849	204	274	688
山东渤海活塞集团	98177	170	135942	151	4012	138
山东大陆企业集团有限公司	98052	171	40766	373	1480	385
山东铝业公司	97699	172	148540	136	4877	108
青岛万福集团	97178	173	61874	286	6900	70
山东华夏集团	96757	174	45963	344	3102	200
山东小鸭集团	95241	175	327147	66	4359	124
山东华金集团	94468	176	111655	180	3080	201
山东恒源石油化工集团	94064	177	114346	173	2328	274
威海光威集团	93763	178	59905	292	4242	128
中国石化胜利油田大明(集团)股份有限	93488	179	307061	70	3158	194
潍坊亚星集团	93482	180	221719	97	3314	175
山东天府集团公司	92866	181	83357	232	2100	300
烟台有色金属集团	92757	182	164966	125	2293	280
山东照东方纸业集团	92414	183	95955	209	3000	204

续表4

集团名称	营业收入（万元）	位 次	资产总计（万元）	位 次	从业人员（人）	位 次
烟台氨纶集团	92257	184	107674	188	708	565
山东大成化工集团	92041	185	120347	166	5436	97
山东华乐实业集团	92040	186	60563	289	3500	162
青岛国人集团有限公司	91613	187	94661	217	1110	464
青岛维客集团	91137	188	73050	253	2224	283
山东西水橡胶集团有限公司	90798	189	105596	192	3560	156
山东省高唐蓝山集团	90575	190	95745	211	3165	193
临沂市医药集团	90339	191	59952	291	3475	166
济宁电化集团	89336	192	80654	236	3768	146
方圆集团	89122	193	75248	244	3279	180
山东东大化学工业有限公司	89104	194	95694	212	2210	285
山东红日阿康化工股份有限公司	89099	195	109305	183	2675	236
山东东阿阿胶集团	88399	196	115578	171	3500	162
鲁南制药股份有限公司	87016	197	126989	158	2648	239
山东郯化集团	86330	198	127213	157	3132	197
日照市水产集团总公司	86142	199	74077	247	3829	145
山东斥山水产集团	85984	200	59385	295	2600	244
青岛正进集团	84803	201	107438	189	6280	83
兰雁集团	84301	202	115270	172	3126	198
山东岱银纺织服装集团	84227	203	69716	264	3404	169
山东靖海实业集团	82592	204	59727	293	3300	176
山东华鲁恒升集团	81923	205	245060	88	3285	178
鲁银投资集团股份有限公司	81855	206	132647	153	2715	231
青岛泰能燃气集团	81672	207	317817	67	2499	259
耶莉娅集团	81571	208	54672	307	3420	168
烟台正海集团	81409	209	271045	79	1582	373
山东德州百货大楼(集团)有限责任公司	81026	210	34560	411	4500	116
济南华联商厦集团	79794	211	83337	233	926	512
山东莱动内燃机有限公司	78684	212	88565	225	4445	118
青岛交运集团	77914	213	100800	198	5079	101
山东大洋食品集团有限公司	77832	214	35762	406	1980	324
青岛亨达玻璃集团公司	77520	215	41928	363	54	734
青岛亨达集团有限公司	77520	216	41928	363	2968	211
山东乐化集团	77271	217	69260	265	2600	244
山东双兴集团	76800	218	18161	566	940	509
山东高密化纤股份有限公司	76494	219	52766	317	2925	213
山东华众纸业有限公司	76098	220	172167	121	2100	300
青岛海晶化工集团	75304	221	99251	201	1645	364
山东华阳农药化工集团	74697	222	146882	138	8480	54
山东东岳化工有限公司	74663	223	49542	329	1350	414
山东省金海集团	74551	224	55236	305	1807	347
山东聊城客车工业集团	73895	225	144176	141	2128	293
威海木机集团	73268	226	113920	175	5194	100
烟台市钢铁企业集团	72571	227	120524	165	1005	492
山东胜利股份有限公司	72000	228	113308	177	784	543
青岛振华工业集团有限公司	71950	229	32595	429	2810	222
山东玻璃集团	71508	230	230094	93	1915	334

续表 5

集团名称	营业收入（万元）	位　次	资产总计（万元）	位　次	从业人员（人）	位　次
青岛市市政工程集团有限公司	70983	231	99160	203	1868	336
青岛金王集团有限公司	70722	232	40594	375	1862	338
山东蓝星玻璃集团	70507	233	164119	126	4114	132
山东威高集团	70001	234	80891	234	4894	106
烟台东方电子信息产业集团	69633	235	181102	118	2045	311
青岛九联集团股份有限公司	68949	236	40824	372	3500	162
青岛石梅庵集团公司	68642	237	16577	584	7964	60
兖矿峄山化工有限公司	68636	238	50412	327	4775	110
济南锅炉集团有限公司	66901	239	97881	207	2324	275
威海北洋电气集团	66895	240	78884	239	3734	148
山东省冠县冠星纺织集团	66820	241	22090	519	2558	252
山东金沂蒙集团有限公司	66281	242	5311	313	2006	318
威海建设集团	66045	243	62668	280	2822	220
山东龙海集团	65759	244	19914	539	1210	436
山东大正实业(集团)有限公司	65521	245	53138	312	1480	385
山东隆基集团有限公司	65200	246	49278	330	3000	204
山东省济宁市医药(集团)总公司	65184	247	46762	338	2698	232
青岛市胶州建设集团有限公司	64792	248	95602	213	7636	63
菏泽交通集团总公司	64598	249	88446	226	6248	84
青岛公交集团	63630	250	103439	196	12841	37
山东津华集团	63261	251	30991	444	337	671
山东金麒麟集团	60667	252	37112	395	1072	479
山东潍坊外贸实业集团	60579	253	42128	361	1087	474
山东省高青县供销企业集团总公司	60316	254	71773	257	2532	254
烟台三环锁业集团	60309	255	46302	341	4428	119
山东淄博糖酒站股份有限公司	60088	256	22923	507	1381	407
济南二机床集团	59916	257	137304	149	4879	107
山东燕山集团总公司	59900	258	48599	331	1600	370
青岛康大外贸集团有限公司	58781	259	62047	285	790	542
山东常林机械集团	58679	260	46205	342	3060	202
鲁中冶金矿业集团公司	57830	261	106169	190	5847	90
青岛三恩集团	56798	262	50482	324	2012	316
东营市东辰集团有限公司	56653	263	28349	460	576	608
山东鸿达建工集团有限公司	56094	264	35893	404	2643	240
山东云龙绣品工业公司	56040	265	33273	422	2109	295
烟台港务局	55406	266	329361	65	6185	86
潍坊新立克集团	55267	267	350011	62	2872	216
山东水产企业集团	55263	268	137872	146	2316	276
威海华联集团	54606	269	98211	205	3259	181
淄博华辰集团	54600	270	146735	139	5275	98
山东机械设备进出口集团公司	54326	271	46615	339	215	705
烟台交运集团有限责任公司	53902	272	113608	176	3290	177
德州晶华集团	53816	273	233351	91	6219	85
大众报业集团(大众日报社)	53749	274	124900	161	1080	477
青岛海珊服装服饰集团	53679	275	89529	224	7311	66
山东英克莱集团	53643	276	40923	371	2437	265
泰山玻璃纤维股份有限公司	53582	277	128650	156	998	495

续表6

集团名称	营业收入（万元）	位 次	资产总计（万元）	位 次	从业人员（人）	位 次
山东省翔宇实业集团有限公司	53260	278	28667	456	387	663
山东省粮油工业公司	52968	279	5339	722	30	742
淄博中轩实业集团总公司	52614	280	60233	290	1115	461
山东滨洲环宇纺织集团有限责任公司	52583	281	90196	223	3200	187
鲁丽集团	51944	282	52839	316	3000	204
青岛长生集团	51329	283	31236	441	707	566
山东东蒙企业集团公司	51152	284	66336	272	6300	81
山东药玻集团	49467	285	101690	197	4604	113
山东绿源化工集团	49443	286	48296	334	1936	330
清河集团	49399	287	107915	187	3253	182
济南农工商集团有限公司	48912	288	80042	238	2489	260
烟台啤酒集团	48508	289	48481	333	1398	403
山东华冠集团	47412	290	70673	261	2370	272
山东荣成高虹电力集团	47055	291	38968	380	2197	288
山东环日集团	47010	292	39868	377	3145	195
德州皇明太阳能集团	45667	293	41696	365	1820	344
山东现代达驰电工电气股份有限公司	45439	294	39835	378	735	560
山东乐陵乐鑫集团	45352	295	22014	521	2480	261
山东华力电机集团	45296	296	40959	370	2119	294
山东莱芜钢城宏强企业集团	45126	297	63877	278	3283	179
信义集团公司	45020	298	57879	300	1320	421
山东恒联投资有限公司	44392	299	73564	249	3518	161
临沂桃源集团	44213	300	74677	246	2584	248
山东华龙纺织有限公司	43976	301	52388	318	5453	96
山东谷神饲料集团	43856	302	23157	504	1062	481
山东景芝建工(集团)股份有限公司	43228	303	34443	412	3559	157
山东龙丰集团	43107	304	93602	220	1459	394
山东贵和纸业集团有限公司	42722	305	62679	279	1497	381
山东曲轴总厂	42591	306	69783	263	1974	326
山东蔚阳集团	42250	307	38331	387	1856	339
东营市华誉实业集团有限公司	42051	308	21567	525	1926	331
山东鲁鑫贵金属集团公司	41759	309	27606	466	880	522
山东禹王集团	41742	310	27224	472	841	534
山东鲁洲食品集团有限公司	41128	311	24913	489	1735	356
济南华诚元首集团有限公司	41126	312	72109	255	6790	71
山东兴河集团	40860	313	20722	533	2780	224
山东省宝桥水泥集团	40338	314	24046	496	1160	452
青岛华金集团	40219	315	46458	340	1848	340
山东凯银集团	40002	316	52987	314	960	501
济南一机床集团有限公司	39675	317	137764	147	3661	152
青岛海润自来水集团	39356	318	181667	116	2101	299
山东黄海明珠集团有限公司	39203	319	47532	336	2413	269
山东九羊企业集团总公司	39043	320	94799	216	3200	187
山东通裕集团	39032	321	20492	536	600	598

2－11　企业集团基本情况(2003年)

企业集团名称	母公司名称	企业地址
海尔集团	海尔集团公司	山东省青岛市高科园海尔路1号
中国石化胜利油田有限公司	中国石化胜利油田有限公司	山东省东营市济南路258号
山东电力集团	山东电力集团公司	山东省济南市经二路150号
海信集团	海信集团有限公司	山东省青岛市市南区东海西路17号
中国石油化工股份有限公司山东分公司	中石化股份有限公司山东石油分公司	山东省济南市历山路73#
山东鲁能集团	山东鲁能集团有限公司	山东省济南市市中区经三路61号
中国重型汽车集团	中国重型汽车集团有限公司	山东省济南市天桥区无影山中路53号
兖矿集团	兖矿集团有限公司	山东省济宁市邹城市凫山路40号
济南钢铁集团	济南钢铁集团总公司	山东省济南市历城区工业北路21号
莱芜钢铁集团	莱芜钢铁集团有限公司	山东省莱芜市钢城区友谊大街38号
中国网通集团山东省通信公司	中国网通集团山东省通信公司	山东省济南市经三路77号
青岛钢铁集团	青岛钢铁有限公司	山东省青岛市李沧区遵义路5号
一汽解放青岛汽车厂	一汽解放青岛汽车厂	山东省青岛市李沧区娄山路2号
山东魏桥创业集团	山东魏桥创业集团有限公司	山东省滨州市邹平县魏桥镇齐东路34号
山东移动通信有限责任公司	山东移动通信有限责任公司	山东省济南市大纬二路84号
青岛凯联集团	青岛凯联(集团)有限责任公司	山东省青岛市香港中路52号时代广场
山东时风集团	山东时风(集团)有限责任公司	山东省聊城市高唐县时风路1号
山东工程机械集团	山东工程机械集团有限公司	山东省济宁市吴泰闸东路71号(济南市黑虎泉西路181号)
山东滨化集团	山东滨化集团有限责任公司	山东省滨州市滨城区黄河五路560号
浪潮集团	浪潮集团有限公司	山东省济南市山大路224号
三联集团	山东三联集团有限责任公司	山东省济南市趵突泉北路12号
青岛啤酒集团	青岛啤酒集团有限公司	山东省青岛市市南区香港中路青啤大厦
山东晨鸣纸业集团	山东晨鸣纸业集团股份有限公司	山东省潍坊市寿光市圣城街595号
万杰集团	万杰集团公司	山东省淄博市博山经济开发区
新汶矿业集团	新汶矿业集团有限责任公司	山东省泰安市新泰市新汶办事处
南山集团	龙口市南山精纺呢绒总厂	山东省烟台市龙口市东江镇南山村
山东金锣企业集团总公司	临沂新程金锣肉制品有限公司	山东省临沂市兰山区半程镇
颐中集团	颐中烟草(集团)有限公司	山东省青岛市市北区华阳路20号
青岛澳柯玛集团	青岛澳柯玛集团总公司	山东省青岛市经济技术开发区前湾港路315号
枣庄矿业集团	枣庄矿业集团	山东省枣庄市薛城区泰山南路
双星集团	双星集团有限责任公司	山东省青岛市贵州路5号
山东三箭集团	山东三箭置业集团有限公司	山东省济南市历城区东外环路中段2668号
诸城外贸有限责任公司	诸城外贸有限责任公司	山东省潍坊市诸城市密州路东首
新华鲁抗药业集团	新华鲁抗药业集团有限责任公司	山东省淄博市张店区新村西路109号
山东省供销社集团总公司	山东省供销社集团总公司	山东省济南市历下区解放路26号
将军烟草集团	将军烟草集团有限公司	山东省济南市历城区将军路80号
中国联通有限公司山东分公司	中国联通有限公司山东分公司	山东省济南市经十路124号
山东省高速公路有限责任公司	山东省高速公路有限责任公司	山东省济南市市中区舜耕路21号
山东海化集团	山东海化集团有限公司	山东省潍坊市海洋化工开发区
中国石化集团青岛石油化工有限责任公司	中国石化集团青岛石油化工有限责任公司	山东省青岛市李沧区滨海路8号

续表 1

企业集团名称	母公司名称	企业地址
青岛广源发集团	青岛广源发集团公司	山东省青岛市城阳区夏庄街道办事处丹山岭
宏安集团	宏安集团有限公司	山东省威海市文登市横山路 88 号
淄博矿业集团	淄博矿业集团有限责任公司	山东省淄博市淄川区般阳东路 215 号
山东省商业集团	山东省商业集团总公司	山东省济南市山师东路 4 号
青岛港集团	青岛港集团	山东省青岛市港青路 6 号
山东成山橡胶集团	山东成山集团有限公司	山东省威海市地区荣成市荣安路 11 号
山东省机械进出口集团	山东省机械进出口(集团)公司	山东省青岛市瞿塘峡路 1 号
山东太阳纸业集团	山东太阳纸业股份有限公司	山东省济宁市兖州市西关大街 66 号
华盛江泉集团	华盛江泉集团有限公司	山东省临沂市罗庄区工业街东首
华泰集团	华泰集团有限公司	山东省东营市广饶县大王镇
三角集团	三角集团有限公司	山东省威海市青岛中路 56 号
青岛建设集团	青岛建设公司	山东省青岛市市北区堂邑路 11 号
山东鲁北企业集团	山东鲁北化工股份有限公司	山东省滨州市无棣县埕口镇
山东招金集团	山东招金集团有限公司	山东省烟台市招远市文化路 2 号
中国轻骑集团	中国轻骑集团有限公司	山东省济南市和平路 34 号
肥城矿业集团	肥城矿业集团有限责任公司	山东省泰安市肥城市王瓜店镇
青岛黄海橡胶集团	青岛黄海橡胶集团有限责任公司	山东省青岛市李沧区沧安路 1 号
利群集团	利群集团股份有限公司	山东省青岛市市北区台东三路 77 号
中国石化集团齐鲁石油化工公司	中国石化集团齐鲁石油化工公司	山东省淄博市临淄区桓公路 15 号
济南齐鲁化纤集团	济南齐鲁化纤集团有限责任公司	山东省济南市历下区化纤厂路 6 号
润华集团	润华集团股份有限公司	山东省济南市经十西路 239 号
山东信发铝电集团	山东信发铝电集团有限公司	山东省聊城市茌平县北顺河街 241 号
山东德棉集团	山东德棉集团有限公司	山东省德州市顺河西路 18 号
科达集团	科达集团股份有限公司	山东省东营市广饶县大王经济开发区
青岛泰发集团	青岛泰发股份有限公司	山东省青岛市胶南市隐珠镇
山东省棉麻公司	山东省棉麻公司	山东省济南市历下区历山路 157 号
山东银座商城股份有限公司	山东银座商城股份有限公司	山东省济南市泺源大街 66 号
山东聊城鲁西化工集团	山东聊城鲁西化工集团有限责任公司	山东省聊城市鲁化路 68 号
山东丛林集团	山东丛林集团公司	山东省烟台市龙口诸由观镇政府驻地
山东博汇集团有限公司	淄博博汇纸业股份有限公司	山东省淄博市桓台县马桥镇
青岛即发集团	青岛即发集团股份有限公司	山东省青岛市即墨市即发路 1 号
山东冠鲁企业集团	山东冠鲁置业有限公司	山东省临沂市平邑县浚河路 207 号
山东里能集团	山东里能集团有限公司	山东省济宁市邹城市太平镇里彦
山东东明石化集团	山东东明石化集团有限公司	山东省菏泽市东明县黄河路 27 号
力诺集团有限责任公司	力诺集团有限责任公司	山东省济南市经十东路 8169 号
山东绮丽集团	山东绮丽公司	山东省青岛市南京路 2 号
新牟国际集团	新牟国际集团公司	山东省烟台市牟平区通海路 250 号
山东省建设建工集团	山东省建设建工(集团)有限责任公司	山东省济南市历下区济王路 164 #
山东泉林纸业有限责任公司	山东泉林纸业有限责任公司	山东省聊城市高唐县官道街 26 号
山东省对外贸易集团	山东省对外贸易有限公司	山东省青岛市太平路 51 号
青岛益佳国际贸易集团	青岛益佳贸易有限公司	山东省青岛市香港中路 6 号世贸中心 A 座
济南山水集团	济南山水集团有限公司	山东省济南市长清区崮山山水工业园
青岛国风集团	青岛国风集团有限责任公司	山东省青岛市延安三路 101 号
得利斯集团	得利斯集团有限公司	山东省潍坊市诸城市昌城镇得利斯西路
山东渤海油脂工业有限公司	山东渤海油脂工业有限公司	山东省滨州市博兴县工业园
烟台万华合成革集团	烟台万华合成革集团有限公司	山东省烟台市芝罘区幸福南路 2 号
山东玲珑橡胶有限公司	山东玲珑橡胶有限公司	山东省烟台市招远市金城路 170 号

续表 2

企业集团名称	母公司名称	企业地址
山东泰山钢铁有限公司	山东泰山钢铁有限公司	山东省莱芜市新甫路 1 号
烟台张裕集团	烟台张裕集团有限公司	山东省烟台市芝罘区世回尧路 174 号
山东省医药集团有限公司	山东省医药集团有限公司	山东省济南市历下区解放路 11 号
淄博商厦股份有限公司	淄博商厦股份有限公司	山东省淄博市张店区中心路 125 号
山东潍坊百货集团	山东潍坊百货集团股份有限公司	山东省潍坊市胜利东街甲 1 号
鲁能泰山电缆电器有限责任公司	山东鲁能泰山电缆股份有限公司	山东省泰安市泰山区普照寺路 5 号
利华益集团	利华益集团股份有限公司	山东省东营市利津县大桥路 29 号
山东省塑料工业有限公司	山东省塑料工业有限公司	山东省济南市历下区泺文路 9 号
山东凤祥集团	山东凤祥(集团)有限责任公司	山东省聊城市阳谷县刘庙村
威海市金猴集团	威海市金猴集团有限责任公司	山东省威海市和平路 106 号
山东天元建设集团	山东天元建设集团总公司	山东省临沂市银雀山路 63 号
山东省农业生产资料有限责任公司	山东省农业生产资料有限责任公司	山东省济南市解放路 14 号
山东齐星集团	山东齐星集团有限责任公司	山东省滨州市邹平县黛溪三路 69 号
山东樱花纺织集团	山东樱花纺织集团有限公司	山东省济宁市太白东路 30 号
济南华达企业集团总公司	济南华达企业集团总公司	山东省济南市历下区和平路中段燕山小区中心公建
山东新星购销总部(集团)	山东新星购销总部	山东省淄博市淄川区淄城路 341 号
凯远集团	凯远有限公司	山东省青岛市东海西路 39 号世纪大厦 19 楼
万达集团	万达集团股份有限公司	山东省东营市垦利县胜坨镇永莘路 68 号
山东航空集团	山东航空集团有限公司	山东省济南市二环东路 5746 号
龙大食品集团	龙大食品集团有限公司	山东省烟台市莱阳市龙旺庄街道办事处龙大工业园
山东如意科技集团	山东如意科技集团有限公司	山东省济宁市高新区如意工业园内
山东广饶石化集团	山东广饶石化集团股份有限公司	山东省东营市广饶石村辛桥
潍坊医药集团	潍坊医药集团股份有限公司	山东省潍坊市潍城区东风西街 362 号
青岛变压器集团	青岛变压器有限公司	山东省青岛市城阳区长城路南段
山东只楚集团	山东只楚集团有限公司	山东省烟台市芝罘区只楚路 75 号
潍坊巨龙化纤集团	潍坊巨龙化纤集团有限责任公司	山东省潍坊市寒亭区潍县北路 518 号
山东华星石油化工集团有限公司	山东华星石油化工集团有限公司	山东省东营市广饶县大王镇
山东寿光巨能电力集团	山东寿光巨能电力集团有限公司	山东省潍坊市寿光市渤海路 268 号
山东九发集团	山东九发集团公司	山东省烟台市牟平区牟玉路 1 号
山东巨力股份有限公司	山东巨力股份有限公司	山东省潍坊市长松路 69 号
山东工友集团	山东工友集团股份有限公司	山东省威海市环翠区温泉镇 689 号
山东淄博付山集团	山东天下第一店酒厂	山东省淄博市张店区卫固镇付山村
临清彩红集团	临清彩红热电有限责任公司	山东省聊城市临清市西门里街 384 号
山东省华丰企业集团	山东华丰企业集团总公司	山东省临沂市兰山区兰山办事处
山东(临清)银河纸业集团	临清银河纸业有限责任公司	山东省聊城市临清市西门里街 297 号
山东同济万鑫集团有限公司	山东同济万鑫集团有限公司	山东省淄博市桓台县唐山镇政府驻地
山东泰山电器集团	山东泰山电器集团有限责任公司	山东省济南市历下区文化东路 55 号
齐鲁制药有限公司(集团)	齐鲁制药有限公司	山东省济南市历城区工业北路 243 号
潍坊钢铁集团	潍坊钢铁集团公司	山东省潍坊市奎文区钢城街办
日照港(集团)有限公司	日照港(集团)有限公司	山东省日照市东港区黄海一路
济南四建集团	济南四建(集团)有限责任公司	山东省济南市天桥区济洛路 163 号
济南人民商场集团	济南人民商场股份有限公司	山东省济南市市中区经四路 3 号
青岛特种汽车集团公司	青岛众力汽车配套有限公司	山东省青岛市城阳区城阳镇不其路 25 号
烟台建设集团	烟台建设集团有限公司	山东省烟台市芝罘南洪街 100 号
烟台冰轮集团	烟台冰轮集团有限公司	山东省烟台市芝罘区西山路 80 号

续表3

企业集团名称	母公司名称	企业地址
青岛星火纺机纺织集团股份有限公司	青岛星火纺机纺织股份有限公司	山东省青岛市胶南市王台镇
青岛汉缆集团有限公司	青岛汉缆有限公司	山东省青岛市崂山区汉河
山东省交通工业集团总公司	山东省交通工业集团总公司	山东省济南市天桥区济泺路168号
山东六和集团有限公司	山东六和集团有限公司	山东省青岛市城阳区青大工业园
青岛红星化工集团	青岛红星化工有限责任公司	山东省青岛市市北区济阳路8号
鲁泰集团	鲁泰纺织股份有限公司	山东省淄博市淄川区松龄东路81号
山东黄金集团	山东黄金集团有限公司	山东省济南市历下区解放路16号
烟台市首钢东星集团	烟台首钢东星集团公司	山东省烟台市经济技术开发区珠江路20号
济宁矿业集团	济宁矿业集团有限公司	山东省济宁市红星中路23号信托大厦15楼
蓬莱市黄金集团	蓬莱市黄金集团总公司	山东省烟台市蓬莱市登州路53号
泰丰纺织集团	泰丰纺织集团有限公司	山东省莱芜市莱城区大桥南路63号
青岛纺联集团	青岛纺联集团进出口有限公司	山东省青岛市市北区馆陶路3号
山东德齐龙化工集团	山东德齐龙化工集团有限公司	山东省德州市平原县立交车路15号
欧美投资集团	欧美投资有限公司	山东省青岛市东海路35号4栋12楼
山东龙喜集团	烟台新华印染厂	山东省烟台市龙口市诸由观镇西台村
山东中创软件工程股份有限公司	山东中创软件工程股份有限公司	山东省济南市历下区千佛山东路41-1号
好当家集团	荣成邱家水产有限公司	山东省威海市荣成市虎山镇好当家工业园区
山东大海集团	山东大海集团有限公司	山东省东营市广饶县稻庄镇
山东聊城双力农用车集团	山东双力集团股份有限公司	山东省聊城市建设东路27号
青岛喜盈门集团	青岛第四毛巾厂	山东省青岛市城阳区正阳街188号
山东联盟化工集团有限公司	山东联盟化工集团有限公司	山东省潍坊市寿光市建新街199号
菱花集团	菱花集团公司	山东省济宁市高新区柳行
山东胜通集团股份有限公司	山东胜通集团股份有限公司	山东省东营市垦利县胜坨镇
山东沂州水泥集团总公司	山东临沂沂州水泥股份有限公司	山东省临沂市罗庄区付庄镇
烟台市振华百货集团	烟台市振华百货集团股份有限公司	山东省烟台市芝罘区西大街八号
山东翔龙集团	山东翔龙实业有限公司	山东省临沂市沂蒙路352号
山东齐鲁增塑剂股份有限公司	山东齐鲁增塑剂股份有限公司	山东省淄博市临淄区乙烯中路208号
济南一建集团	济南一建集团总公司	山东省济南市工业北路295号
齐鲁考格尔集团	齐鲁考格尔集团有限公司	山东省济南市济洛路26号
菏泽粮油集团总公司	菏泽华瑞食品有限公司	山东省菏泽市人民路22号
青岛捷能电工电子集团有限责任公司	青岛捷能电工电子有限责任公司	山东省青岛市四流南路102号
山东亚光纺织集团	山东亚光纺织集团有限公司	山东省滨州市滨城区滨北镇经二路八号
山东阳谷电缆集团	山东阳谷电缆集团有限公司	山东省聊城市阳谷西湖14号
山东西王集团公司	山东西王集团有限公司	山东省滨州市邹平县西王工业园
山东泸河集团有限公司	山东泸河集团有限公司	山东省潍坊市诸城市昌城镇陆家道口
泰安鲁润股份有限公司	泰安鲁润股份有限公司	山东省泰安市泰山区青年路111号
山东渤海活塞集团	山东滨州渤海活塞股份有限公司	山东省滨州市渤海六路680号
山东大陆企业集团有限公司	山东大陆企业集团有限公司	山东省临沂市临西五路8号
山东铝业公司	山东铝业公司	山东省淄博市张店区五公里路1号
青岛万福集团	青岛万福股份有限公司	山东省青岛市莱西市威海西路68号
山东华夏集团	山东华夏集团有限公司	山东省威海市经技区华夏工业园
山东小鸭集团	山东小鸭集团有限责任公司	山东省济南市工业南路51号
山东华金集团	山东华金集团有限公司	山东省济宁市泗水县金庄镇
山东恒源石油化工集团	临邑石油化工厂	山东省德州市临邑县恒源路11号
威海光威集团	威海光威集团有限责任公司	山东省威海市烟台中路45号
中国石化胜利油田大明(集团)股份有限	中国石化胜利油田大明(集团)股份有限公司	山东省东营市济南路228号
潍坊亚星集团	潍坊亚星集团有限公司	山东省潍坊市奎文区鸢飞路899号

续表4

企业集团名称	母公司名称	企业地址
山东天府集团公司	山东天俯集团公司	山东省烟台市莱阳市团旺镇驻地
烟台有色金属集团	烟台有色金属集团有限公司	山东省烟台市芝罘区幸福中路178号
山东照东方纸业集团	山东照东方纸业集团有限公司	山东省德州市平原县王凤楼工业区
烟台氨纶集团	烟台氨纶集团有限公司	山东省烟台市开发区黑龙江路10号
山东大成化工集团	山东大成化工集团有限公司	山东省淄博市张店区洪沟路25号
山东华乐实业集团	乐陵市华乐纺织有限责任公司	山东省德州市乐陵市寨头堡镇
青岛国人集团有限公司	青岛国人集团有限公司	山东省青岛市市南区香港西路67号光大金融中心11楼
青岛维客集团	青岛崂山百货有限公司	山东省青岛市李沧区向阳路65号
山东西水橡胶集团有限公司	山东西水橡胶集团有限公司	山东省东营市广饶县稻庄镇
山东省高唐蓝山集团	山东省高唐蓝山集团总公司	山东省聊城市高唐滨湖北路2号
临沂市医药集团	临沂市医药集团总公司	山东省临沂市兰山区解放路东段46号
济宁电化集团	济宁中银电化有限公司	山东省济宁市太白西路18号
方圆集团	方圆集团有限公司	山东省烟台市海阳市面上方圆工业园
山东东大化学工业有限公司	山东东大化学工业有限公司	山东省淄博市张店区新村东路21号
山东红日阿康化工股份有限公司	山东红日阿康化工股份有限公司	山东省临沂市罗庄区西高都镇
山东东阿阿胶集团	山东东阿阿胶股份有限公司	山东省聊城市东阿县阿胶街78号
鲁南制药股份有限公司	鲁南制药股份有限公司	山东省临沂市红旗路209号
山东郯化集团	山东恒通化工股份有限公司	山东省临沂市郯城县人民路305号
日照市水产集团总公司	日照市水产集团总公司	山东省日照市北京路一段
山东斥山水产集团	荣成市斥山渔业股份有限公司	山东省威海市荣成市石岛镇东寨村
青岛正进集团	青岛正进集团进出口有限公司	山东省青岛市城阳区长城路南端
兰雁集团	兰雁集团股份有限公司	山东省淄博市周村区东门路161号
山东岱银纺织服装集团	山东岱银纺织集团股份有限公司	山东省泰安市泰山区东岳大街东首
山东靖海实业集团	山东靖海实业集团有限公司	山东省威海市荣成市人和镇沙窝岛村
山东华鲁恒升集团	山东华鲁恒升集团有限公司	山东省德州市德城区天衢西路24号
鲁银投资集团股份有限公司	鲁银投资集团股份有限公司	山东省济南市经十路128号
青岛泰能燃气集团	青岛泰能燃气有限公司	山东省青岛市宁夏路123号
耶莉娅集团	山东耶莉娅服装集团总公司	山东省潍坊市潍城区北宫西街126号
烟台正海集团	烟台正海集团有限公司	山东省烟台市经济技术开发区珠江路22号
山东德州百货大楼(集团)有限责任公司	山东德州百货大楼(集团)有限责任公司	山东省德州市德城区湖滨南路14号
济南华联商厦集团	济南华联商厦集团股份有限公司	山东省济南市经二路571号
山东莱动内燃机有限公司	山东莱动内燃机有限公司	山东省烟台市莱阳市五龙北路40号
青岛交运集团	青岛交运公司	山东省青岛市市北区延吉路112号
山东大洋食品集团有限公司	山东大洋食品有限公司	山东省青岛市胶州市大沽河工业园
青岛亨达玻璃集团公司	青岛亨达实业有限公司	山东省青岛市市北区绍兴路76号
青岛亨达集团有限公司	青岛市亨达皮鞋厂	山东省青岛市即墨市烟青路256号
山东乐化集团	山东乐化集团有限公司	山东省潍坊市昌乐县红河镇乐化工业园
山东双兴集团	荣成市灯具厂	山东省威海市荣成市夏庄镇驻地
山东高密化纤股份有限公司	山东高密化纤股份有限公司	山东省潍坊市高密市人民大街101号
山东华众纸业有限公司	山东华众纸业有限公司	山东省枣庄市薛城区常庄镇
青岛海晶化工集团	青岛海晶化工有限公司	山东省青岛市四方区瑞河路8号
山东华阳农药化工集团	山东华阳农药化工集团有限公司	山东省泰安市宁阳县磁窑镇
山东东岳化工有限公司	山东东岳化工有限公司	山东省淄博市桓台县唐山镇西首
山东省金海集团	山东金海集团有限公司	山东省烟台市招远市罗峰路158号
山东聊城客车工业集团	山东聊城客车工业集团有限责任公司	山东省聊城市建设东路10号
威海木机集团	威海木机集团公司	山东省威海市青岛中路148号

续表5

企业集团名称	母公司名称	企业地址
烟台市钢铁企业集团	烟台钢铁企业集团公司	山东省烟台市芝罘区南大街156号
山东胜利股份有限公司	山东胜利股份有限公司	山东省济南市高新区东辰大街
青岛振华工业集团有限公司	青岛振华工业有限公司	山东省青岛市胶南市隐珠镇北高嫁妆村
山东玻璃集团	山东玻璃总公司	山东省淄博市博山双山街216号
青岛市市政工程集团有限公司	青岛市第一市政工程公司	山东省青岛市龙江路25号
青岛金王集团有限公司	青岛金王集团有限公司	山东省青岛市香港中路18号福泰广场24层
山东蓝星玻璃集团	山东蓝星玻璃(集团)有限公司	山东省威海市经技区北山村西
山东威高集团	山东威高集团有限公司	山东省威海市烟台西路35号
烟台东方电子信息产业集团	烟台东方电子信息产业集团有限公司	山东省烟台市芝罘区市世回尧路228号
青岛九联集团股份有限公司	青岛九联集团股份有限公司	山东省青岛市莱西牛溪埠镇
青岛石梅庵集团公司	青岛市梅庵公司	山东省青岛市李沧区十梅庵村
兖矿峄山化工有限公司	兖矿集团峄山化工有限公司	山东省济宁市邹城市峄化路2689号
济南锅炉集团有限公司	济南锅炉集团有限公司	山东省济南市天桥区黄岗路8号
威海北洋电气集团	威海北洋电气集团股份有限公司	山东省威海市新威路11号
山东省冠县冠星纺织集团	冠县冠星纺织有限责任公司	山东省聊城市冠县冠城镇振兴东路221号
山东金沂蒙集团有限公司	山东金沂蒙集团有限公司	山东省临沂市临沭县兴大西街99号
威海建设集团	威海建设集团股份有限公司	山东省威海市昆明路13号
山东龙海集团	山东龙海集团有限公司	山东省烟台市龙口市徐福镇徐福大街88号
山东大正实业(集团)有限公司	山东大正实业(集团)有限公司	山东省济南市历城区大正科技工业示范区东郑村222号
山东隆基集团有限公司	山东隆基集团有限公司	山东省烟台市龙港开发区隆基路1号
山东省济宁市医药(集团)总公司	山东省济宁市医药(集团)总公司	山东省济宁市太白东路38号
青岛市胶州建设集团有限公司	青岛市胶州建设有限公司	山东省青岛市胶州市福州南路28号
菏泽交通集团总公司	菏泽交通集团总公司	山东省菏泽市黄河路东段758号
青岛公交集团	青岛公交有限责任公司	山东省青岛市市北区道口路17号
山东津华集团	夏津县津华植物油有限公司	山东省德州市夏津县城栗路
山东金麒麟集团	山东金麒麟有限公司	山东省德州市乐陵市枣城北大街84号
山东潍坊外贸实业集团	山东潍坊出口商品基地建设有限公司	山东省潍坊市奎文区道口北街9号
山东省高青县供销企业集团总公司	山东省高青县供销企业集团总公司	山东省淄博市高青县田镇黄河路82号
烟台三环锁业集团	烟台三环锁业集团有限公司	山东省烟台市芝罘区西南河路47号
山东淄博糖酒站股份有限公司	山东省淄博糖酒站股份有限公司	山东省淄博市张店区新村西路14号
济南二机床集团	济南二机床集团有限公司	山东省济南市槐荫区机床二厂路4号
山东燕山集团总公司	山东燕山集团有限公司	山东省济南市市中区燕子山路15号
青岛康大外贸集团有限公司	青岛康大外贸有限公司	山东省青岛市胶南经济技术开发区海南路1号
山东常林机械集团	山东常林机械集团股份有限公司	山东省临沂市临沭县常林西大街112号
鲁中冶金矿业集团公司	鲁中冶金矿业集团公司	山东省莱芜市莱城区张家洼街道办事处
青岛三恩集团	青岛三恩公司	山东省青岛市城阳区204路44号
东营市东辰集团有限公司	东营市东辰集团有限公司	山东省东营市垦利县胜坨镇
山东鸿达建工集团有限公司	莱阳市建筑机械厂	山东省烟台市莱阳龙门东路26号
山东云龙绣品工业公司	山东云龙绣品工业公司	山东省威海市文登市龙山路89号
烟台港务局	烟台港务局	山东省烟台市北马路155号
潍坊新立克集团	潍坊新立克集团	山东省潍坊市高新区东风东街189号
山东水产企业集团	山东省水产企业集团总公司	山东省济南市和平路43号
威海华联集团	威海华联商厦股份有限公司	山东省威海市新威路58号
淄博华辰集团	淄博华辰集团有限责任公司	山东省淄博市开发区华辰工业园
山东机械设备进出口集团公司	山东机械设备进出口集团公司	山东省青岛市福州南路9号
烟台交运集团有限责任公司	烟台交运集团有限责任公司	山东省烟台市芝罘区青年路16号
德州晶华集团	德州晶华集团有限公司	山东省德州市湖滨南路55号

续表6

企业集团名称	母公司名称	企业地址
大众报业集团(大众日报社)	大众报业集团(大众日报社)	山东省济南市经十路46号
青岛海珊服装服饰集团	青岛海珊服装服饰集团有限责任公司	山东省青岛市市南区宁夏路266号
山东英克莱集团	山东英克莱集团有限公司	山东省济宁市高新区火炬路29号
泰山玻璃纤维股份有限公司	泰山玻璃纤维股份有限公司	山东省泰安市西南工业区
山东省翔宇实业集团有限公司	山东省翔宇实业集团有限公司	山东省临沂市金源路307号
山东省粮油工业公司	山东省粮油工业公司	山东省济南市历下区泺源大街3号
淄博中轩实业集团总公司	山东中轩股份有限公司	山东省淄博市临淄区永流西路33号
山东滨洲环宇纺织集团有限责任公司	山东滨洲环宇纺织集团有限责任公司	山东省滨州市渤海三路524号
鲁丽集团	山东寿光市侯镇福利胶合板厂	山东省潍坊市寿光市侯镇镇府
青岛长生集团	青岛长生股份有限公司	山东省青岛市市北辽宁路94号
山东东蒙企业集团公司	山东东蒙企业集团公司	山东省临沂市蒙阴蒙山路10号
山东药玻集团	山东省药有玻璃股份有限公司	山东省淄博市沂源县城二山路8号
山东绿源化工集团	山东绿源化工集团有限公司	山东省德州市陵县陵城镇陵西工业园
清河集团	清河集团公司	山东省济南市天桥区北园大街398号
济南农工商集团有限公司	济南农工商集团有限公司	山东省济南市市中区六里山南路30号
烟台啤酒集团	烟台啤酒集团有限公司	山东省烟台市芝罘区环山路100号
山东华冠集团	山东华冠集团有限责任公司	山东省莱芜市文化南路134号
山东荣成高虹电力集团	山东荣成高虹电力集团总公司	山东省威海市荣成市成山大道
山东环日集团	山东环日集团总公司	山东省烟台市莱州土山镇潘家村
德州皇明太阳能集团	山东皇明太阳能集团有限公司	山东省德州市德城区湖滨北路37号
山东现代达驰电工电气股份有限公司	山东现代达驰电工电气股份有限公司	山东省菏泽市成武县东郊
山东乐陵乐鑫集团	乐鑫集团油脂有限责任公司	山东省德州市乐陵市兴隆大街337号
山东华力电机集团	山东华力电机集团股份有限公司	山东省威海市荣成市荣宁路20号
山东莱芜钢城宏强企业集团	山东莱芜钢城宏强企业集团有限公司	山东省莱芜市钢城区钢都大街212#
信义集团公司	信义集团公司	山东省东营市广饶县大王镇
山东恒联投资有限公司	山东恒联投资有限公司	山东省潍坊市奎文区卧龙东街409号
临沂桃源集团	临沂桃源集团有限责任公司	山东省临沂市金雀山路130号
山东华龙纺织有限公司	山东华龙纺织有限公司	山东省日照市五莲县解放路156号
山东谷神饲料集团	山东谷神饲料有限公司	山东省德州市陵县陵城镇陵州路
山东景芝建工(集团)股份有限公司	山东景芝建工股份有限公司	山东省潍坊市安丘市景芝镇
山东龙丰集团	山东龙丰集团公司	山东省烟台市龙口市黄城北环路10号
山东贵和纸业集团有限公司	山东贵和纸业集团有限公司	山东省淄博市桓台县章索路5号
山东曲轴总厂	山东曲轴总厂	山东省威海市文登市横山路5号
山东蔚阳集团	山东省蔚阳集团有限公司	山东省烟台市蓬莱市北向镇
东营市华誉实业集团有限公司	东营市华誉实业集团有限公司	山东省东营市广饶县稻庄镇
山东鲁鑫贵金属集团公司	山东鲁鑫贵金属集团公司	山东省烟台市招远市金城路445号
山东禹王集团	山东禹王实业有限公司	山东省德州市禹城市通衢路北首
山东鲁洲食品集团有限公司	山东省鲁洲食品集团有限公司	山东省临沂市沂水一中路18号
济南华诚元首集团有限公司	济南华诚元首集团有限公司	山东省济南市天桥区北园大街601号
山东兴河集团	山东兴河建材工贸集团公司	山东省淄博市张店区南定镇漫泗河村
山东省宝桥水泥集团	烟台宝桥锦宏水泥有限公司	山东省烟台市栖霞中桥路10号
青岛华金集团	青岛华金股份有限公司	山东省青岛市市北区沈阳路48号
山东凯银集团	山东凯银股份有限公司	山东省东营市广饶县大王镇
济南一机床集团有限公司	济南一机床集团有限公司	山东省济南市槐荫区机床厂路4号
青岛海润自来水集团	青岛市海润自来水集团有限公司	山东省青岛市市南区太平路55号
山东黄海明珠集团有限公司	山东黄海明珠集团有限公司	山东省烟台市莱山区黄海路街道黄海社区居委会
山东九羊企业集团总公司	山东九羊企业集团总公司	山东省莱芜市羊里镇转盘路1号
山东通裕集团	山东通裕集团有限公司	山东省德州市禹城市房寺镇

2－12 企业集团主要产品(2003年)

企业集团名称	电 话	邮政编码	主要产品1	主要产品2
海尔集团	0532－8938999	266103	电冰箱	空调器
中国石化胜利油田有限公司	0546－8711112	257001	原油	天然气
山东电力集团	0531－6932222	250001	电力销售	
海信集团	0532－3878888	266071	电视机	空调器
中国石油化工股份有限公司山东分公司	0531－6947940－2600	250013	石油制品、化肥	
山东鲁能集团	0531－6035913	250001	电力生产	房地产开发
中国重型汽车集团	0531－5582114	250031	汽车	改装车
兖矿集团	0537－5383848	273500	原煤	洗精煤
济南钢铁集团	0531－8866566	250101	钢材	钢
莱芜钢铁集团	0634－6820222	271104	钢材	钢
中国网通集团山东省通信公司	0531－6052726	250001	电信业务收入	
青岛钢铁集团	0532－4816857	266043	生铁	钢材
一汽解放青岛汽车厂	0532－4913615	266043	中型载货汽车	重型载货汽车
山东魏桥创业集团	0543－4721194	256212	棉纱	棉布
山东移动通信有限责任公司	0531－6168888	250001	移动通信网络容量	
青岛凯联集团	0532－5759200	266071	纯碱	碳酸钡
山东时风集团	0635－3953153	252800	三轮农用运输车	四轮农用运输车
山东工程机械集团	0531－6158123	250011	装载机	挖掘机
山东滨化集团	0543－2118069	256600	原油加工	环氧丙烷
浪潮集团	0531－8932888	250014	浪潮微机	浪潮服务器
三联集团	0531－6086351－66658	250011	家电经营	房地产开发与经营
青岛啤酒集团	0532－5711911	266071	啤酒	
山东晨鸣纸业集团	0536－5280000	262700	机制纸	机制纸板
万杰集团	0533－4650660	255213	特种合成纤维	多功能面料
新汶矿业集团	0538－7872199	271233	原煤	炼焦精煤
南山集团	0535－8616001	265718	呢绒	铝材
山东金锣企业集团总公司	0539－2977800	276036	猪、鸡产品	火腿肠
颐中集团	0532－3804552	266021	卷烟	
青岛澳柯玛集团	0532－6765688	266510	冷柜	冰箱
枣庄矿业集团	0632－4081134	277000	原煤	洗精煤
双星集团	0532－2680528	266002	胶鞋制造	轮胎制造
山东三箭集团	0531－8326017	250100	建筑业	房地产
诸城外贸有限责任公司	0536－6063672	262200	玉米淀粉	冻鸡
新华鲁抗药业集团	0533－2211440	255032	化学原料药	片剂
山东省供销社集团总公司	0531－8596607	250013	化肥	棉花
将军烟草集团	0531－8776007	250100	卷烟	烟草薄片
中国联通有限公司山东分公司	0531－2028899	250002	移动通信业务	193长途注册用户
山东省高速公路有限责任公司	0531－5693533	250002	通行费收入	
山东海化集团	0536－5329888	262737	纯碱	焦炭
中国石化集团青岛石油化工有限责任公司	0532－4825511	266043	原油加工	
青岛广源发集团	0532－4911093	266107	沥青	材料油
淄博矿业集团	0533－5851344	255120	煤炭	
宏安集团	0631－8088602	264400	市话缆	光缆

续表 1

企业集团名称	电　话	邮政编码	主要产品 1	主要产品 2
山东省商业集团	0531－6425723	250014	零售	
青岛港集团	0532－2982780	266011	吞吐量	集装箱吞吐量
山东成山橡胶集团	0631－7523205	264300	轮胎	
山东省机械进出口集团	0532－2661513	260002	机电设备	成套设备
山东太阳纸业集团	0537－3658713	272100	涂布白纸板	涂布白卡纸
华盛江泉集团	0539－7100006	276017	建筑陶瓷	屠宰及肉制品
华泰集团	0546－6888721－8853	257335	机制纸	机制纸板
三角集团	0631－5305391	264200	轮胎	
青岛建设集团	0532－2827701	266011	建筑业产值	
山东鲁北企业集团	0543－6451265	251909	磷酸一铵	复合肥料
山东招金集团	0535－8227500	265400	黄金	白银
中国轻骑集团	0531－6599533	250014	摩托车	汽车
肥城矿业集团	0538－3127230	271608	原煤	洗精煤
青岛黄海橡胶集团	0532－4678777	266041	轮胎	输送带
利群集团	0532－3634351	266021	服装鞋帽	食品烟酒
中国石化集团齐鲁石油化工公司	0533－7180777	255408	火电	催化剂
济南齐鲁化纤集团	0531－8068661	250100	聚酯切片	涤纶短纤
润华集团	0531－7527579	250117	汽车批发、零售	
山东信发铝电集团	0635－4287372	252100	电解铝	供电
山东德棉集团	0534－2413001	253002	各类纱	坯布
科达集团	0546－6872883	257335	基础实施建设	激光头
青岛泰发集团	0532－3195589	266431	ST 系列手推车	轮胎
山东省棉麻公司	0531－6953642	250014	棉花经营	木浆经营
山东银座商城股份有限公司	0531－6065008	250063	百货类	
山东聊城鲁西化工集团	0635－8334515	252000	合成氨	尿素
山东丛林集团	0535－8563138	265705	铝型材	球墨铸铁管
山东博汇集团有限公司	0533－8530242	256405	文化用纸	箱板纸
青岛即发集团	0532－8513493	266221	针织品	发制品
山东冠鲁企业集团	0539－4228666	272300	建筑安装	水泥及其制品
山东里能集团	0537－2910066	273517	火力发电	原煤
山东东明石化集团	0530－7286862	274500	汽油	柴油
力诺集团有限责任公司	0531－8279001	250103	太阳能热水器	镀膜管
山东绮丽集团	0532－5797288	266071	服装批发	
新牟国际集团	0535－4259560	264100	有线电视电缆	兔毛羊绒纱
山东省建设建工集团	0531－8934871－3023	250014	建筑业总产值	
山东泉林纸业有限责任公司	0635－3961106	252800	机制纸	机制浆
山东省对外贸易集团	0532－2971222	266001	出口纺织品	出口机电产品
青岛益佳国际贸易集团	0532－5918278	266071	纺织品	
济南山水集团	0531－8360186	250307	水泥	水泥压力管
青岛国风集团	0532－3877831	266071	中西药品销售	
得利斯集团	0536－6339999	262216	低温肉制品	鲜冻畜肉
山东渤海油脂工业有限公司	0543－2126662	256500	色拉油	豆粕
烟台万华合成革集团	0535－6837888	264002	异氰酸酯	合成革
山东玲珑橡胶有限公司	0535－8242600	265400	轮胎外胎	变压器
山东泰山钢铁有限公司	0634－6004430	271100	钢材	钢
烟台张裕集团	0535－6691243	264000	葡萄酒	
山东省医药集团有限公司	0531－8562497	250013	药品类销售	器械类销售

续表2

企业集团名称	电　话	邮政编码	主要产品1	主要产品2
淄博商厦股份有限公司	0533－2182790－8620	255000	商品销售额	
山东潍坊百货集团	0536－8580062	261041	商品零售	商品批发
鲁能泰山电缆电器有限责任公司	0538－8539818	271000	电力	电力电缆
利华益集团	0546－5621310	257400	原油加工量	中成药产量
山东省塑料工业有限公司	0531－6925497	250011	塑料原料贸易	
山东凤祥集团	0635－6779260	252325	冻鸡	
威海市金猴集团	0631－5289200	264200	皮鞋	皮包
山东天元建设集团	0539－8115585	276003	房屋建筑	机电设备安装
山东省农业生产资料有限责任公司	0531－8542831	250013	化肥	
山东齐星集团	0543－4301168	256200	铝冶炼	供热
山东樱花纺织集团	0537－2388016	272035	棉纱	棉布
济南华达企业集团总公司	0531－8932999	250014	汽车销售	汽车修理
山东新星购销总部(集团)	0533－5180173	255100	烟酒、饮料、食品、食糖	家用电器
凯远集团	0532－5798756	266071	进出口	
万达集团	0546－2063989	257506	电线	电力电缆
山东航空集团	0531－5698673	250014	航空器及地面设备维修	客货运输代理
龙大食品集团	0535－7717011	265209	调理食品	肉制品
山东如意科技集团	0537－2933032	272073	精纺呢绒	棉印染布
山东广饶石化集团	0546－6261074－2025	257342	汽油	柴油
潍坊医药集团	0531－8324791	261021	西药批发	心可舒
青岛变压器集团	0532－7716888	266109	变压器	电磁线
山东只楚集团	0535－6530635	264002	汽车内饰件	庆大原料药
潍坊巨龙化纤集团	0536－2275127	261100	粘胶纤维	化纤用浆粕
山东华星石油化工集团有限公司	0546－6872758	257335	重油	黄油
山东寿光巨能电力集团	0536－5223888	262700	玉米淀粉	供电量
山东九发集团	0535－4798203	264100	食用菌产业	有机生物复合肥
山东巨力股份有限公司	0536－8185856	261021	四轮农用车	三轮农用车
山东工友集团	0631－5366166	264206	木工刨床	交流电动机
山东淄博付山集团	0533－3785886	255084	电力	生铁
临清彩红集团	0635－2433502	252600	发电	供热
山东省华丰企业集团	0539－8295971	267000	批发业	建筑业
山东(临清)银河纸业集团	0635－2435949	252600	机制纸及纸板	
山东同济万鑫集团有限公司	0533－8510887	256401	建筑业	化工
山东泰山电器集团	0531－8948779	250014	彩色电视机	彩电机壳配套
齐鲁制药有限公司(集团)	0531－8962118－3234	250100	抗生素原料及制剂	心脑血管药原料及制剂
潍坊钢铁集团	0536－7677366	261041	线材	
日照港(集团)有限公司	0633－8382461	276826	货运量	客运量
济南四建集团	0531－5951354	250031	房屋建筑	
济南人民商场集团	0531－6925196	250001	百货零售	
青岛特种汽车集团公司	0532－7865678	266109	特种汽车产品	汽车配件
烟台建设集团	0535－6657689	264000	建筑业总产值	
烟台冰轮集团	0535－6243451	264000	制冷空调设备	铸铁件
青岛星火纺机纺织集团股份有限公司	0532－3131059	266425	纺织机械	环保机械
青岛汉缆集团有限公司	0532－8817759	266102	电力电缆	电线
山东省交通工业集团总公司	0531－8321317	250031	客车	改装车
山东六和集团有限公司	0532－7905266	266111	加工鸡肉产品	

续表3

企业集团名称	电 话	邮政编码	主要产品1	主要产品2
青岛红星化工集团	0532-2850710	266011	碳酸钡	碳酸锶
鲁泰集团	0533-5285166	255100	色织布	
山东黄金集团	0531-8561860	250014	黄金产品	
烟台市首钢东星集团	0535-6387388	264006	汽车空调全系统	汽车空调管路
济宁矿业集团	0537-2907962	272000	原煤	
蓬莱市黄金集团	0535-5617190	265600	黄金	铜材
泰丰纺织集团	0634-8856686	271100	棉纱	布
青岛纺联集团	0532-2801164	266011	棉纱	布
山东德齐龙化工集团	0534-4381625	253100	合成氨	碳氨
欧美投资集团	0532-5717919	266071	进出口	房地产
山东龙喜集团	0535-8565858	265705	印染布	水泥
山东中创软件工程股份有限公司	0531-2963478	250014	软件开发设计	计算机系统集成
好当家集团	0631-7438002	264305	菜卷	鱼片
山东大海集团	0546-6495272	257336	印花布	色浆助剂
山东聊城双力农用车集团	0635-8335466	252056	三轮车	四轮车
青岛喜盈门集团	0532-7869888	266109	毛巾产	轮胎
山东联盟化工集团有限公司	0536-5201201	262700	尿素	复合肥
菱花集团	0537-2085100	272073	味精	
山东胜通集团股份有限公司	0546-2065328	257506	化工	玻璃
山东沂州水泥集团总公司	0539-8928004	276018	水泥	包装袋
烟台市振华百货集团	0535-6584288	264000	商业零售兼批发	
山东翔龙集团	0539-8315567	276004	三元素复合肥	生铁
山东齐鲁增塑剂股份有限公司	0533-7524513	255411	邻苯二甲酸二辛酯	邻苯二甲酸二丁酯
济南一建集团	0531-8617000	250100	工程结算收入	其他业务收入
齐鲁考格尔集团	0531-5700476	250032	改装汽车	矿山设备
菏泽粮油集团总公司	0530-5335826	274012	粮食	
青岛捷能电工电子集团有限责任公司	0532-4851291	266042	电站汽轮机	电力电缆
山东亚光纺织集团	0543-3512664	256651	棉纱	毛巾
山东阳谷电缆集团	0635-6680608	252311	电力电缆	通讯电缆
山东西王集团公司	0543-4615578	256209	淀粉	结晶葡萄糖
山东泸河集团有限公司	0536-6336001	262216	轮胎外胎	轮胎内胎
泰安鲁润股份有限公司	0538-8226885	271000	油品	装饰装修
山东渤海活塞集团	0543-3322862	256631	铝活塞	铝箔
山东大陆企业集团有限公司	0539-8354005	276002	制药	酿酒
山东铝业公司	0533-2944440	255052	水泥	建筑安装
青岛万福集团	0532-8438762	266600	蔬菜	肉制品
山东华夏集团	0631-5983619	264205	移动升降机械	
山东小鸭集团	0531-8696001	250101	家用洗衣机	房间空气调节器
山东华金集团	0537-4036967	273201	机制纸	
山东恒源石油化工集团	0534-4233715	251500	原油加工	重油加工
威海光威集团	0631-5251625	264202	钓鱼竿	渔线轮
中国石化胜利油田大明(集团)股份有限	0546-8558412	257000	原油	放水卷材
潍坊亚星集团	0536-8667941	261031	氯化聚乙烯	聚氯乙稀
山东天府集团公司	0535-7541002	265217	酒类	饮料
烟台有色金属集团	0533-6842561	264002	铜冶炼	铜加工
山东照东方纸业集团	0534-2168088	253109	机制纸	
烟台氨纶集团	0535-6375445	264006	氨纶丝	芳纶
山东大成化工集团	0533-2111999	255009	烧碱(折100%)	农药(折100%)

续表 4

企业集团名称	电　话	邮政编码	主要产品 1	主要产品 2
山东华乐实业集团	0534－6603838	253614	棉纱	帆布
青岛国人集团有限公司	0532－3861111－8178	266071	轮胎	橡胶
青岛维客集团	0532－7618888－3772	266100	商业零售	制造业
山东西水橡胶集团有限公司	0546－6498601	257336	轮胎	
山东省高唐蓝山集团	0635－3962117	252800	食用植物油	饲料
临沂市医药集团	0539－8213291	276003	化学药品类	中成药类
济宁电化集团	0537－2279891－2041	272021	烧碱	盐酸
方圆集团	0535－6221111	265100	搅拌机酏料机	塔机装截机
山东东大化学工业有限公司	0533－2159679	255028	聚醚多元醇	环氧丙烷
山东红日阿康化工股份有限公司	0539－8280101	276121	复合肥	硫酸
山东东阿阿胶集团	0635－3260013	252201	阿胶	复方阿胶浆
鲁南制药股份有限公司	0539－8336077	276005	中成药加工业	化学制剂业
山东郯化集团	0539－6221770	276100	尿素	烧碱
日照市水产集团总公司	0633－8321746	276826	冻水产品	
山东斥山水产集团	0631－7321100	264308	水产品加工	
青岛正进集团	0532－7725555	266109	冻鱼片	
兰雁集团	0533－6432862	255300	牛仔布	服装
山东岱银纺织服装集团	0538－6117569	271000	棉纱	棉布
山东靖海实业集团	0631－7461082	264307	海产品	
山东华鲁恒升集团	0534－2465033	253024	尿素	DMF
鲁银投资集团股份有限公司	0531－2024162	250001	房地产开发	羊绒纱
青岛泰能燃气集团	0532－5814330	266071	煤气生产能力	焦炭
耶莉娅集团	0536－8957833	261021	服装	面料
烟台正海集团	0535－6397105	264006	彩色显象管用荫罩	纯三氯化铁
山东德州百货大楼(集团)有限责任公司	0534－2693702	253013	商业零售	
济南华联商厦集团	0531－7082966	250021	服装	食品
山东莱动内燃机有限公司	0535－7293398	265200	柴油机	
青岛交运集团	0532－6022325	266034	汽车运输	
山东大洋食品集团有限公司	0532－8200395	266316	烤鱿鱼	生鱼片
青岛亨达玻璃集团公司	0532－5630319	266034	玻璃	
青岛亨达集团有限公司	0532－2503887	266221	皮鞋	
山东乐化集团	0536－6681427	262412	油漆	铝塑板
山东双兴集团	0631－7741178	264326	挡泥板	
山东高密化纤股份有限公司	0536－2323121－6032	261500	棉浆粕	粘胶短纤维
山东华众纸业有限公司	0632－4676638	277014	涂布白纸板	牛皮箱纸板
青岛海晶化工集团	0532－4851022－2367	266042	烧碱	聚氯乙烯
山东华阳农药化工集团	0538－5826001	271411	化学农药	烧碱
山东东岳化工有限公司	0533－8510072	256401	无水氟化氢	二氟一氯甲烷
山东省金海集团	0535－8235696	265400	建工施工	果汁
山东聊城客车工业集团	0635－8322749	252000	客车	
威海木机集团	0361－5921531	264205	三板成套木工设备	金属切削机床
烟台市钢铁企业集团	0535－6696910	264000	电炉钢	钢材
山东胜利股份有限公司	0531－8878899－6721	250101	生物制药	化学农药
青岛振华工业集团有限公司	0532－6616786	266431	轮胎	货仓车
山东玻璃集团	0533－4166055	255200	平板玻璃	钢化玻璃
青岛市市政工程集团有限公司	0532－2861479	266003	市政工程建设	
青岛金王集团有限公司	0532－5718989－171	266071	蜡烛	玻璃

续表 5

企业集团名称	电 话	邮政编码	主要产品 1	主要产品 2
山东蓝星玻璃集团	0631－5997778	264205	平板玻璃	
山东威高集团	0631－5622517	264209	输液器	注射器
烟台东方电子信息产业集团	0535－6582508	264000	电力系统自动化	变电站综合自动化
青岛九联集团股份有限公司	0532－7461243	266411	鸡产品	鸡饲料
青岛石梅庵集团公司	0532－4835595	266043	业务收入	
兖矿峄山化工有限公司	0537－5344179	273500	合成氨	尿素
济南锅炉集团有限公司	0531－5974222－6452	250023	锅炉制造业	
威海北洋电气集团	0631－5231031	264200	热敏/热转印打印机	高效电子节能灯
山东省冠县冠星纺织集团	0635－5281013	252500	棉纱	棉布
山东金沂蒙集团有限公司	0539－6268027	276700	碳酸氢铵	醋酸乙酯
威海建设集团	0631－5224880	264200	建筑工程施工	
山东龙海集团	0535－8591181	265713	3－氧－2－甲基苯胺	26－氧苯甲苯
山东大正实业(集团)有限公司	0531－8257197	250104	通讯电缆	通讯光缆
山东隆基集团有限公司	0535－8842175	265700	气泵、水泵、机油泵	制动机
山东省济宁市医药(集团)总公司	0537－2315401	272035	化学药品批发	中成药中药材批发
青岛市胶州建设集团有限公司	0532－7212796	266300	建筑业	
菏泽交通集团总公司	0530－3968076	274000	客货运输	
青岛公交集团	0532－3834744	266021	公交客运	客车制造
山东津华集团	0534－3215089	253200	植物油	
山东金麒麟集团	0534－62222318	253600	刹车片	
山东潍坊外贸实业集团	0536－8503756	261041	饲料	冻分割鸡及熟制品
山东省高青县供销企业集团总公司	0533－6961560	256300	皮棉	棉纱
烟台三环锁业集团	0535－6254401－223	264000	锁具	防盗门
山东淄博糖酒站股份有限公司	0533－2184572	255024	酒类	饮料
济南二机床集团	0531－7963311－8186	250022	金属成形机床	金属切削机床
山东燕山集团总公司	0531－8937576	250014	农药	电焊机
青岛康大外贸集团有限公司	0532－6172907	266400	真空蛤	肉食鸡
山东常林机械集团	0539－6212942	276700	手扶拖拉机	柴油机
鲁中冶金矿业集团公司	0634－6811238	271113	铁精矿	轧钢
青岛三恩集团	0532－7869226	266109	钢带	焊管
东营市东辰集团有限公司	0546－2068589	257506	石油助剂	变压器
山东鸿达建工集团有限公司	0535－7261368	265200	塔成超重机	搅拌机
山东云龙绣品工业公司	0631－8357601	264400	工艺美术品	
烟台港务局	0535－6742134	264000	货物装卸	其他业务
潍坊新立克集团	0536－8788000	261031	BOPET 薄膜	酒店服务业
山东水产企业集团	0531－6553181	250014	水产品贸易	远洋捕捞
威海华联集团	0631－5222888－3168	264200	零售	餐饮
淄博华辰集团	0533－3583430	255086	水泥	光盘
山东机械设备进出口集团公司	0532－5724339	266071	机电产品及设备类	
烟台交运集团有限责任公司	0535－6243401－850	264000	客车收入	货车收入
德州晶华集团	0534－2612213	253007	平板玻璃	日用玻璃
大众报业集团(大众日报社)	0531－5193677	250014	报纸	
青岛海珊服装服饰集团	0532－5768911	266071	服装	家纺
山东英克莱集团	0537－2327808	272000	自行车	专用汽车
泰山玻璃纤维股份有限公司	0538－6622028	271000	无碱玻璃纤维纱	无碱方格布
山东省翔宇实业集团有限公司	0539－2958901	276004	沥青	汽车

续表6

企业集团名称	电　话	邮政编码	主要产品1	主要产品2
山东省粮油工业公司	0531－6943934	250063	大豆	色拉油
淄博中轩实业集团总公司	0533－7213986	255400	粮酒	生物制品
山东滨洲环宇纺织集团有限责任公司	0543－3209385	256600	棉纱	棉布
鲁丽集团	0536－5361300	262700	人造板	钢铁
青岛长生集团	0532－3835583	266021	食用油	对虾饲料
山东东蒙企业集团公司	0539－4836618	276200	麦芽	坯布
山东药玻集团	0533－3242312－2162	256100	模抗瓶	
山东绿源化工集团	0534－8261715	253500	复合肥	盐酸
清河集团	0531－2887698	250033	家具	
济南农工商集团有限公司	0531－2707904	250002	乳制品	生猪屠宰
烟台啤酒集团	0535－6082283－3256	264001	啤酒	
山东华冠集团	0634－6256018	271100	塑料工业专业设备制造	电工橡胶机械
山东荣成高虹电力集团	0631－7564616	264300	发电量	
山东环日集团	0535－2335206	261413	钢瓶	轮胎
德州皇明太阳能集团	0534－2312869	253000	太阳能热水器	真空管
山东现代达驰电工电气股份有限公司	0530－8651601	274200	电力变压器	
山东乐陵乐鑫集团	0534－6422966	253600	饲料	豆粕
山东华力电机集团	0631－7551153	264300	电动机	
山东莱芜钢城宏强企业集团	0634－6885678	271104	建筑安装	房地产
信义集团公司	0546－6878029	257335	刹车片	防冻液
山东恒联投资有限公司	0536－8661166	261031	机制纸	漂白草浆
临沂桃源集团	0539－8107343	276003	电力设计安装、电气设备制造	电气材料销售
山东华龙纺织有限公司	0633－5322970	262300	纱总计	布总计
山东谷神饲料集团	0534－8321437	253500	饲料	食用植物油
山东景芝建工(集团)股份有限公司	0536－4612029	262119	建筑安装	门窗
山东龙丰集团	0535－8520749	265701	小麦粉	方便面
山东贵和纸业集团有限公司	0533－8518689	256401	机制新闻纸	A级瓦楞原纸
山东曲轴总厂	0631－8982140	264400	内燃机配件制造业	铸锻件
山东蔚阳集团	0535－5911507	265400	水泥	色纱
东营市华誉实业集团有限公司	0546－8651544	257545	冻鸡	饲料
山东鲁鑫贵金属集团公司	0535－8226707	265400	键合金丝	金银首饰
山东禹王集团	0534－7420820	251200	豆粕	502胶
山东鲁洲食品集团有限公司	0539－2323019	276400	淀粉糖	化肥尿素
济南华诚元首集团有限公司	0531－5814954	250033	棉纱	布
山东兴河集团	0533－2989322	255051	釉面砖	缸瓦
山东省宝桥水泥集团	0535－5571245	265323	水泥制造	
青岛华金集团	0532－3833085	266021	针织服装	
山东凯银集团	0546－6896570	257335	乳制品	肉制品
济南一机床集团有限公司	0531－5052302	250022	金属切削机床	
青岛海润自来水集团	0532－2965541	266002	自来水	
山东黄海明珠集团有限公司	0535－6880206	264003	修理汽车	加工服装
山东九羊企业集团总公司	0634－6521333	271118	生铁	拖配件
山东通裕集团	0534－7520698	251200	锻件	管模

2－13 企业集团及主要成员企业(2003 年)

集团及成员企业名称	企业地址	主营行业
海尔集团		
海尔集团公司	山东省青岛市高科园海尔路 1 号	制冷、空调设备制造
青岛海尔股份有限公司	山东省青岛市高科园海尔路 1 号	家用制冷电器具制造
青岛海尔软件有限公司	山东省青岛市高科园海尔路 1 号	办公设备维修
贵州海尔电器有限公司	贵州省遵义市经济技术开发区	家用制冷电器具制造
青岛海尔空调器有限总公司	山东省青岛市高科园海尔路 1 号	制冷、空调设备制造
海信集团		
海信集团有限公司	山东省青岛市市南区东海西路 17 号	家用影视设备制造
青岛海信电器股份有限公司	山东省青岛市黄岛开发区团结路 18 号	家用影视设备制造
青岛海信空调有限公司	山东省青岛市高科园长沙路	制冷、空调设备制造
青岛海信计算机有限公司	山东省青岛市市南区东海西路 17 号	电子计算机整机制造
青岛海信通信有限公司	山东省青岛市黄岛开发区团结路 18 号	通信终端设备制造
中国石油化工股份有限公司山东分公司		
中石化股份有限公司山东石油分公司	山东省济南市历山路 73 号	石油及制品批发
中石化股份有限公司山东枣庄分公司	山东省枣庄市	石油及制品批发
中石化股份有限公司山东东营分公司	山东省东营市	石油及制品批发
中石化股份有限公司山东烟台分公司	山东省烟台市	石油及制品批发
中石化股份有限公司山东潍坊分公司	山东省潍坊市	石油及制品批发
山东鲁能集团		
山东鲁能集团有限公司	山东省济南市市中区经三路 61 号	投资与资产管理
山东鲁能恒源经贸集团有限公司	山东省济南市	烟煤和无烟煤的开采洗选
山东鲁能物资集团有限公司	山东省济南市	其他综合零售
山东鲁能发展集团有限公司	山东省济南市	其他能源发电
鲁能投资有限公司	山东省济南市	投资与资产管理
中国重型汽车集团		
中国重型汽车集团有限公司	山东省济南市天桥区无影山中路 53 号	汽车整车制造
中国重型汽车集团济南卡车有限公司	山东济南市	汽车整车制造
中国重型汽车集团济南商用车有限公司	山东济南市	汽车整车制造
济南复强动力有限公司	山东济南市	汽车整车制造
重汽集团济南客车有限责任公司	山东济南市	改装汽车制造
兖矿集团		
兖矿集团有限公司	山东省济宁市邹城市凫山路 40 号	烟煤和无烟煤的开采洗选
兖州煤业股份有限公司	山东省邹城市	烟煤和无烟煤的开采洗选
唐村实业有限公司	山东省邹城市	烟煤和无烟煤的开采洗选
科蓝公司	山东省济宁市	其他合成材料制造
山东长龙管材有限公司	山东省邹城市	其他非金属加工专用设备制造
济南钢铁集团		
济南钢铁集团总公司	山东省济南市历城区工业北路 21 号	钢压延加工
济南钢铁集团股份有限公司	山东省济南市历城区工业北路 21 号	钢压延加工

续表1

集团及成员企业名称	企业地址	主营行业
济钢耐火材料厂	山东省章丘市明水街道办事处	耐火陶瓷制品及其他耐火材料
济钢石横特钢厂	山东省肥城市石横镇	钢压延加工
济南鲍德炉料有限公司	山东省济南市历城区郭店镇	水泥制造
莱芜钢铁集团		
莱芜钢铁集团有限公司	山东省莱芜市钢城区友谊大街38号	道路货物运输
莱芜钢铁股份有限公司	山东省莱芜市钢城区	钢压延加工
莱钢集团万和冶金建材有限公司	山东省莱芜市钢城区	石灰石、石膏开采
山东鲁碧建材有限公司	山东省莱芜市钢城区	水泥制造
莱钢集团淄博锚链有限公司	山东省淄博市淄川区	其他未列明的金属制品制造
青岛钢铁集团		
青岛钢铁有限公司	山东省青岛市李沧区遵义路5号	炼钢
青岛银钢炼铁有限公司	山东省青岛市李沧区遵义路5号	炼铁
青岛银钢烧结有限公司	山东省青岛市李沧区遵义路5号	炼铁
青岛钰也发展股份有限公司	山东省青岛市李沧区遵义路5号	炼钢
青岛钢铁气体有限公司	山东省青岛市李沧区遵义路5号	其他基础化学原料制造
山东魏桥创业集团		
山东魏桥创业集团有限公司	山东省滨州市邹平县魏桥镇齐东路34号	棉、化纤纺织加工
魏桥纺织股份有限公司	山东省滨州市邹平县魏桥镇齐东路34号	棉、化纤纺织加工
山东鲁藤纺织有限公司	山东省滨州市邹平县魏桥镇齐东路34号	棉、化纤纺织加工
山东位桥染织有限公司	山东省滨州市邹平县魏桥镇齐东路34号	棉、化纤纺织加工
山东魏联印染有限公司	山东省滨州市邹平县魏桥镇齐东路34号	棉、化纤印染精加工
山东时风集团		
山东时风(集团)有限责任公司	山东省聊城市高唐县时风路1号	其他农林牧渔业机械制造及机
山东时风高唐涂料有限公司	山东省聊城市高唐县	涂料制造
山东时风集团高唐酒业有限公司	山东省聊城市高唐县金城路43号	白酒制造
山东时风高唐加油城有限公司	山东省聊城市高唐县西环南首	机动车燃料零售
山东时风集团高唐酒业销售有限公司	山东省聊城市高唐县金城路43号	饮料及茶叶批发
山东工程机械集团		
山东工程机械集团有限公司	山东省济宁市吴泰闸东路71号 (济南市黑虎泉西)	拖拉机制造
山东山推机械有限公司	山东省济宁市	拖拉机制造
山推工程机械股份有限公司	山东省济宁市	拖拉机制造
山东山工机械有限公司	山东省潍坊市青州市	拖拉机制造
山东临沂工程机械股份有限公司	山东省临沂市	拖拉机制造
浪潮集团		
浪潮集团有限公司	山东省济南市山大路224号	光学仪器制造
浪潮电子信息产业股份有限公司	山东省济南市	光学仪器制造
山东超越数控电子有限公司	山东省济南市	光学仪器制造
浪潮乐金数字移动通信有限公司	山东省烟台市	光学仪器制造
聊城浪潮电子信息有限公司	山东省聊城市	光学仪器制造
三联集团		
山东三联集团有限责任公司	山东省济南市趵突泉北路12号	家用电器零售
三联商社	山东省济南市历下区	家用电器零售
山东三联汇泉股份有限公司	山东省济南市历下区	正餐服务

续表 2

集团及成员企业名称	企业地址	主营行业
山东三联城市建设有限公司	山东省济南市市中区	房地产开发经营
山东三联电子信息有限公司	山东省济南市历下区	互联网信息服务
山东晨鸣纸业集团		
山东晨鸣纸业集团股份有限公司	山东省潍坊市寿光市圣城街 595 号	机制纸及纸板制造
山东晨鸣纸业集团齐河板纸有限责任公司	山东省德州市齐河县	机制纸及纸板制造
山东晨鸣热电股份有限公司	山东省潍坊市寿光市	火力发电
武汉晨鸣汉阳纸业股份有限公司	湖北省武汉市经济开发区	机制纸及纸板制造
襄樊晨鸣铜版纸有限责任公司	湖北省襄樊市	加工纸制造
山东金锣企业集团总公司		
临沂新程金锣肉制品有限公司	山东省临沂市兰山区半程镇	肉制品及副产品加工
临沂山松包装有限公司	山东省临沂市兰山区	塑料包装箱及容器制造
临沂益康大豆蛋白加工厂	山东省临沂市兰山区	饲料加工
金锣集团广元肉类联合加工厂	四川省广元市	肉制品及副产品加工
临沂市良种猪繁育场	山东省临沂市兰山区	猪的饲养
颐中集团		
颐中烟草(集团)有限公司	山东省青岛市市北区华阳路 20 号	卷烟制造
青岛颐中投资发展有限公司	山东省青岛市	投资与资产管理
青岛颐中国际大酒店有限公司	山东省青岛市	旅游饭店
颐中(青岛)运输车辆制造有限公司	山东省青岛市	汽车整车制造
颐中(青岛)体育发展有限公司	山东省青岛市	体育场馆
青岛澳柯玛集团		
青岛澳柯玛集团总公司	山东省青岛市经济技术开发区前湾港路 315 号	家用制冷电器具制造
青岛澳柯玛股份有限公司	山东省青岛经济技术开发区前湾港路 315 号	家用制冷电器具制造
青岛澳柯玛物资配套公司	山东省青岛经济技术开发区前湾港路 315 号	家用制冷电器具制造
青岛澳柯玛商务有限公司	山东省青岛经济技术开发区前湾港路 315 号	家用制冷电器具制造
青岛澳柯玛自动商用设备有限公司	山东省青岛经济技术开发区江山中路 169 号	商业、饮食、服务业专用设备
双星集团		
双星集团有限责任公司	山东省青岛市贵州路 5 号	橡胶靴鞋制造
双星名人实业股份有限公司	山东省青岛市	橡胶靴鞋制造
青岛双星鞋业股份有限公司	山东青岛市	皮鞋制造
海江鞋业有限公司	山东青岛市	橡胶靴鞋制造
成都(青岛双星)鞋业有限公司	四川成都	橡胶靴鞋制造
山东三箭集团		
山东三箭置业集团有限公司	山东省济南市历城区东外环路中段 2668 号	房屋工程建筑
江苏南通六建集团	江苏南通	房屋工程建筑
江苏常乐建工集团	江苏常乐	房屋工程建筑
江苏南通二建公司	江苏南通	房屋工程建筑
肥城新雅安装公司	山东肥城	房屋工程建筑

续表3

集团及成员企业名称	企业地址	主营行业
诸城外贸有限责任公司		
诸城外贸有限责任公司	山东省潍坊市诸城市密州路东首	肉制品及副产品加工
诸城兴贸有限责任公司	山东省诸城市密州路东首	冷冻饮品及食用冰制造
山东尽美食品有限责任公司	山东省诸城市密州路东首	肉制品及副产品加工
山东凤祥食品有限责任公司	山东省诸城市密州路东首	肉制品及副产品加工
诸城东方食品有限公司	山东省诸城市密州路东首	肉制品及副产品加工
将军烟草集团		
将军烟草集团有限公司	山东省济南市历城区将军路80号	卷烟制造
将军经贸有限公司	山东省济南市历城区北园路7号	其他烟草制品加工
济南九州纸业有限公司	山东省济南市历城区北园路1号	纸和纸板容器的制造
济南九州富得有限责任公司	山东省济南市开发区新泺路2号	香料、香精制造
将军汽运有限公司	山东省济南市历城区将军路80号	公共电汽车客运
中国联通有限公司山东分公司		
中国联通有限公司山东分公司	山东省济南市经十路124号	移动电信服务
中国联通济南分公司	山东省济南市山大路234号	移动电信服务
中国联通潍坊分公司	山东省潍坊市开发区东明路	移动电信服务
中国联通淄博分公司	山东省淄博市张店区柳泉路236号	移动电信服务
中国联通烟台分公司	山东省烟台市南大街133号	移动电信服务
山东省高速公路有限责任公司		
山东省高速公路有限责任公司	山东省济南市市中区舜耕路21号	公路管理与养护
山东基建股份有限公司	山东省济南市	公路管理与养护
威海市商业银行	山东省威海市	商业银行
山东省高速公路鲁西开发公司	山东省济南市	其他道路运输辅助活动
山东省高速公路开发总公司	山东省济南市	其他道路运输辅助活动
山东海化集团		
山东海化集团有限公司	山东省潍坊市海洋化工开发区	采盐
山东海化股份有限公司	山东省潍坊市海洋化工开发区	无机碱制造
薛城振兴焦化有限公司	山东省枣庄市薛城区	炼焦
潍坊科达化工工程有限公司	山东省潍坊市海洋化工开发区	工程勘察设计
潍坊振兴焦化有限公司	山东省潍坊市昌乐县	炼焦
青岛广源发集团		
青岛广源发集团公司	山东省青岛市城阳区夏庄街道办事处丹山岭	原油加工及石油制品制造
青岛广源发沥青有限公司	山东青岛城阳棘洪滩铁家庄	原油加工及石油制品制造
青岛广源发集团进出口有限公司	山东青岛市城阳夏庄丹山岭	石油及制品批发
青岛广源发埃尔来沥青有限公司	山东青岛市城阳夏庄丹山岭	原油加工及石油制品制造
青岛市城阳区石油公司	山东青岛市城阳区夏庄丹山岭	机动车燃料零售
淄博矿业集团		
淄博矿业集团有限责任公司	山东省淄博市淄川区般阳东路215号	烟煤和无烟煤的开采洗选
西河煤矿	山东省淄博市淄川区	烟煤和无烟煤的开采洗选
光正公司	山东省淄博市淄川区	烟煤和无烟煤的开采洗选
宇峰公司	山东省淄博市淄川区	烟煤和无烟煤的开采洗选
坤升公司	山东省淄博市淄川区	烟煤和无烟煤的开采洗选
宏安集团		
宏安集团有限公司	山东省威海市文登市横山路88号	通信传输设备制造

续表4

集团及成员企业名称	企业地址	主营行业
文登市宏安酒店有限公司	山东省文登市横山路88号	正餐服务
文登市邮电器材供销有限公司	山东省文登市横山路88号	通信传输设备制造
文登市宏安电力电缆有限公司	山东省文登市横山路88号	通信传输设备制造
文登市宏安木材加工有限公司	山东省文登市横山路88号	建筑用木料及木材组件加工
山东省商业集团		
山东省商业集团总公司	山东省济南市山师东路4号	企业管理机构
山东银座圣洋物流中心有限公司	山东省济南市	肉、禽、蛋及水产品批发
山东银座泉城大酒店有限公司	山东省济南市	旅游饭店
山东省中威国贸有限公司	山东省济南市	其他综合零售
山东省商业房地产开发公司	山东省济南市	房地产开发经营
山东成山橡胶集团		
山东成山集团有限公司	山东省威海市地区荣成市荣安路11号	车辆、飞机及工程机械轮
山东成山轮胎股份有限公司	山东荣成市荣安路11号	车辆、飞机及工程机械轮
荣成荣膺橡胶制品有限公司	山东荣成市崖头镇	车辆、飞机及工程机械轮
荣成现代装饰公司	山东荣成市幸福西街12号	建筑装饰业
荣成市成山宾馆	山东荣成市荣安路11号	旅游饭店
山东太阳纸业集团		
山东太阳纸业股份有限公司	山东省济宁市兖州市西关大街66号	机制纸及纸板制造
太阳纸业有限公司	山东省济宁市兖州市	机制纸及纸板制造
兖州金鹰纸业有限公司	山东省济宁市兖州市	机制纸及纸板制造
兖州诚信纸业有限公司	山东省济宁市兖州市	机制纸及纸板制造
兖州天颐纸业有限公司	山东省济宁市兖州市	机制纸及纸板制造
华盛江泉集团		
华盛江泉集团有限公司	山东省临沂市罗庄区工业街东首	卫生陶瓷制品制造
山东江泉实业股份有限公司	山东省临沂市罗庄区工业街东首	卫生陶瓷制品制造
临沂江唯建筑陶瓷有限公司	山东省临沂市罗庄区工业街东首	卫生陶瓷制品制造
山东华盛江泉热电有限公司	山东省临沂市罗庄区工业街东首	火力发电
临沂江泰铝业有限公司	山东省临沂市罗庄区工业街东首	铝冶炼
华泰集团		
华泰集团有限公司	山东省东营市广饶县大王镇	机制纸及纸板制造
山东华泰纸业股份有限公司	山东省东营市广饶县大王镇	机制纸及纸板制造
东营华泰大厦有限责任公司	山东省东营市广饶县大王镇	正餐服务
东营华泰新华印刷有限责任公司	山东省东营市广饶县	书、报、刊印刷
东营华泰化工有限责任公司	山东省东营市东营区东二路	无机酸制造
三角集团		
三角集团有限公司	山东省威海市青岛中路56号	车辆、飞机及工程机械轮
三角轮胎股份有限公司	山东省威海市青岛中路56号	车辆、飞机及工程机械轮
威海海轮橡胶有限公司	山东省威海市经济技术开发区庆工团南端	车辆、飞机及工程机械轮
威海经济技术开发区精细化工厂	山东省威海市青岛中路56号	肥皂及合成洗涤剂制造
山东轮胎厂维修中心	山东省威海市环翠区张村镇姜南庄	其他金属加工机械制造
青岛建设集团		
青岛建设公司	山东省青岛市市北区堂邑路11号	房屋工程建筑
青岛市第一建筑工程公司	山东省青岛市四方区	房屋工程建筑
青岛市第二建筑工程公司	山东省青岛市市北区	房屋工程建筑
青岛市第三建筑工程公司	山东省青岛市四方区	房屋工程建筑

续表 5

集团及成员企业名称	企业地址	主营行业
青岛安装建设股份有限公司	山东省青岛市四方区	建筑安装业
山东鲁北企业集团		
山东鲁北化工股份有限公司	山东省滨州市无棣县埕口镇	复混肥料制造
山东鲁北盐场	山东省滨州市无棣县埕口镇	采盐
鲁北企业集团氯碱厂	山东省滨州市无棣县埕口镇	无机碱制造
鲁北企业集团予制厂	山东省滨州市无棣县埕口镇	其他水泥制品制造
鲁北企业集团印刷厂	山东省滨州市无棣县埕口镇	书、报、刊印刷
山东招金集团		
山东招金集团有限公司	山东省烟台市招远市文化路 2 号	金矿采选
中矿金业股份有限公司	山东省招远市	金矿采选
金翅岭矿冶有限公司	山东省招远市	金矿采选
蚕庄金矿	山东省招远市	金矿采选
河东矿业有限公司	山东省招远市	金矿采选
中国轻骑集团		
中国轻骑集团有限公司	山东省济南市和平路 34 号	摩托车整车制造
济南轻骑铃木摩托车有限公司	山东省济南市高新技术开发区东部新区	摩托车整车制造
商河县昌盛运输车有限公司	山东省济南市商河济盐路 1 号	摩托车整车制造
中国轻骑集团总公司磁电机厂	山东省济南市高新开发区华龙路 579 号	摩托车零部件及配件制造
济南四机数控机床有限公司	山东省济南市历下区机床四厂路 1 号	金属切削机床制造
青岛黄海橡胶集团		
青岛黄海橡胶集团有限责任公司	山东省青岛市李沧区沧安路 1 号	车辆、飞机及工程机械轮
青岛橡六集团有限公司	山东省青岛市市北区华阳路 36 号	橡胶板、管、带的制造
青岛双蝶集团股份有限公司	山东省青岛市市北区台东一路 103 号	日用及医用橡胶制品制造
青岛橡胶制品有限责任公司	山东省青岛市四方区宜昌路 39 号	橡胶零件制造
青岛橡胶机械厂	山东省青岛市城阳区安顺路 36 号	橡胶加工专用设备制造
利群集团		
利群集团股份有限公司	山东省青岛市市北区台东三路 77 号	百货零售
青岛长江商厦股份有限公司	山东省青岛市	百货零售
青岛利群集团胶南商厦有限公司	山东省青岛市	百货零售
青岛利群即墨商厦有限公司	山东省青岛市	百货零售
青岛利群四方购物广场有限公司	山东省青岛市	百货零售
济南齐鲁化纤集团		
济南齐鲁化纤集团有限责任公司	山东省济南市历下区化纤厂路 6 号	涤纶纤维制造
济南兰狮纺织有限公司	山东省济南市	棉、化纤纺织加工
济南贝格威织造有限公司	山东省济南市	棉、化纤纺织加工
济南赛班纺织服饰有限公司	山东省济南市	棉、化纤纺织加工
济南鲁港丝绸有限公司	山东省济南市	棉、化纤纺织加工
润华集团		
润华集团股份有限公司	山东省济南市经十西路 239 号	汽车、摩托车及零配件批发
山东润华药业有限公司	山东省济南市经十西路 225 号	化学药品制剂制造
山东润华智星计算机技术有限公司	山东省济南市山大路 180 号	计算机、软件及辅助设备批发
润华集团山东房地产开发有限公司	山东省济南市经七路 156 号	房屋工程建筑
润华集团山东物业管理有限责任公司	山东省济南市经十西路 239 号	物业管理
山东信发铝电集团		
山东信发铝电集团有限公司	山东省聊城市在平县北顺河街 241 号	金冶炼

续表 6

集团及成员企业名称	企业地址	主营行业
茌平电业公司	山东省聊城市茌平县	电力供应
茌平鲁艺家具有限公司	山东省聊城市茌平县	纤维板制造
茌平新中发木业有限公司	山东省聊城市茌平县	纤维板制造
茌平仲嘉变电器材有限公司	山东省聊城市茌平县	其他电子设备制造
山东德棉集团		
山东德棉集团有限公司	山东省德州市顺河西路 18 号	棉、化纤纺织加工
德州恒丰纺织有限公司	山东省德州市	棉、化纤纺织加工
德州印染有限公司	山东省德州市	毛针织品及编织品制造
德州雅德联针织有限公司	山东省德州市的城区	棉、化纤针织品及编织品制造
栖霞纺织有限公司	山东省烟台市	棉、化纤纺织加工
科达集团		
科达集团股份有限公司	山东省东营市广饶县大王经济开发区	铁路、道路、隧道和桥梁工程
河北万全油田化学有限公司	河北张家口	原油加工及石油制品制造
东营精细化工厂	山东东营广饶	其他基础化学原料制造
东营科英激光电子有限公司	山东东营市	光电子器件及其他电子器件制造
东营黄河公路大桥有限责任公司	山东东营市	其他道路运输辅助活动
青岛泰发集团		
青岛泰发股份有限公司	山东省青岛市胶南市隐珠镇	工矿有轨专用车辆制造
青岛琴达工业品制造有限公司	山东省青岛市胶南市隐珠镇	力车胎制造
青岛泰发运输有限公司	山东省青岛市胶南市隐珠镇	公路旅客运输
青岛泰发集团物资公司	山东省青岛市胶南市隐珠镇	其他化工产品批发
青岛泰发集团宏达木器公司	山东省青岛市胶南市隐珠镇	工矿有轨专用车辆制造
山东银座商城股份有限公司		
山东银座商城股份有限公司	山东省济南市泺源大街 66 号	百货零售
济南银座购物广场有限公司	山东省济南市	百货零售
泰安银座商城有限公司	山东省泰安市	百货零售
济南银座商城有限公司	山东省济南市	百货零售
淄博银座商城有限公司	山东省淄博市	百货零售
山东丛林集团		
山东丛林集团公司	山东省烟台市龙口诸由观镇政府驻地	常用有色金属压延加工
龙口市龙耀铝材有限公司	山东省烟台市龙口诸由观镇政府驻地	常用有色金属压延加工
龙口市泛林球墨铸铁管有限公司	山东省烟台市龙口诸由观镇政府驻地	建筑装饰及水暖管道零件制造
龙口市塑胶带厂	山东省烟台市龙口诸由观镇政府驻地	橡胶板、管、带的制造
龙口市丛林热电厂	山东省烟台市龙口诸由观镇政府驻地	火力发电
青岛即发集团		
青岛即发集团股份有限公司	山东省青岛市即墨市即发路 1 号	棉、化纤针织品及编织品制造
青岛贵华针织有限公司	山东省青岛即墨市	棉、化纤针织品及编织品制造
青岛世纪发制品有限公司	山东省青岛即墨市	其他工艺美术品制造
即墨市即发纺织有限公司	山东省青岛即墨市	棉、化纤纺织加工
青岛颐和针织有限公司	山东省青岛即墨市	棉、化纤印染精加工
山东冠鲁企业集团		
山东冠鲁置业有限公司	山东省临沂市平邑县浚河路 207 号	房屋工程建筑
山东冠鲁股份公司	山东省临沂市平邑县	房屋工程建筑
平邑房地产综合开发有限公司	山东省临沂市平邑县浚河路 207 号	房地产开发经营
平邑经济开发区物业公司	山东省临沂市平邑县	物业管理

续表7

集团及成员企业名称	企业地址	主营行业
平邑金马鞋业有限公司	山东省临沂市平邑县浚河路207号	皮鞋制造
山东里能集团		
山东里能集团有限公司	山东省济宁市邹城市太平镇里彦	火力发电
山东里能里彦发电有限公司	山东省济宁市邹城市太平镇	火力发电
山东里能里彦矿业有限公司	山东省济宁市邹城市太平镇	烟煤和无烟煤的开采洗选
山东里能六四农场有限公司	山东省济宁市济宁市许庄镇	谷物的种植
山东里能发展有限公司	山东省济宁高新技术开发区	水泥制造
山东东明石化集团		
山东东明石化集团有限公司	山东省菏泽市东明县黄河路27号	原油加工及石油制品制造
山东东明石化集团恒昌公司	山东省菏泽市东明县黄河路27号	原油加工及石油制品制造
山东东明石化集团恒利公司	山东省菏泽市东明县黄河路27号	原油加工及石油制品制造
山东东明石化集团恒泰公司	山东省菏泽市东明县黄河路27号	原油加工及石油制品制造
山东东明石化集团热电公司	山东省菏泽市东明县黄河路27号	热力生产和供应
力诺集团有限责任公司		
力诺集团有限责任公司	山东省济南市经十东路8169号	日用玻璃制品及玻璃包装容器
济南力诺药业控股集团有限公司	山东省济南市历城区	化学药品制剂制造
济南力诺玻璃制品有限公司	山东省济南市商河县玉皇庙	日用玻璃制品及玻璃包装容器
东营力诺玻璃制品有限公司	山东省东营市垦利县孤东油区	日用玻璃制品及玻璃包装容器
天津力诺玻璃制品有限公司	河北区南口路	日用玻璃制品及玻璃包装容器
山东绮丽集团		
山东绮丽公司	山东省青岛市南京路2号	服装批发
山东绮丽集团东丽服装有限公司	山东省青岛市	服装批发
山东绮丽集团欧达服装有限公司	山东省青岛市	服装批发
山东绮丽集团美达服装有限公司	山东省青岛市	服装批发
山东绮丽集团亚太贸易分公司	山东省青岛市	服装批发
新牟国际集团		
新牟国际集团公司	山东省烟台市牟平区通海路250号	金属结构制造
烟台新潮实业股份有限公司	山东省烟台市牟平区	毛针织品及编织品制造
烟台新牟电缆有限公司	山东省烟台市牟平区	电子计算机整机制造
烟台新利纺织有限公司	山东省烟台市牟平区	绢纺和丝织加工
烟台新潮网络设备有限公司	山东省烟台市牟平区	广播电视接收设备及器材制造
山东省建设建工集团		
山东省建设建工(集团)有限责任公司	山东省济南市历下区济王路164号	房屋工程建筑
山东德隆公司	山东省济南市历下区济王路164号	房屋工程建筑
济南功力公司	山东省济南市历下区济王路164号	房屋工程建筑
深圳华辉公司	山东省济南市历下区济王路164号	房屋工程建筑
南通三建公司	山东省济南市历下区济王路164号	房屋工程建筑
山东泉林纸业有限责任公司		
山东泉林纸业有限责任公司	山东省聊城市高唐县官道街26号	机制纸及纸板制造
山东华盛爱德纸业发展有限公司	山东省聊城市高唐县	机制纸及纸板制造
高唐县福利纸业有限责任公司	山东省聊城市高唐县	机制纸及纸板制造
山东泉林纸业夏津有限公司	山东省德州市夏津县	机制纸及纸板制造
山东泉林包装有限公司	山东省聊城市高唐县	纸和纸板容器的制造
山东省对外贸易集团		
山东省对外贸易有限公司	山东省青岛市太平路51号	石油及制品批发

续表 8

集团及成员企业名称	企业地址	主营行业
山东省技术进出口公司	山东省青岛市太平路 51 号	其他未列明的批发
山东省轻工业品进出口有限公司	山东省青岛市福州路 97 号	其他未列明的批发
山东外贸集团瑞丰有限公司	山东省青岛市太平路 51 号	其他未列明的批发
山东外贸集团永丰有限公司	山东省青岛市太平路 51 号	其他未列明的批发
青岛益佳国际贸易集团		
青岛益佳贸易有限公司	山东省青岛市香港中路 6 号世贸中心 A 座	纺织品、针织品及原料批发
青岛益佳纺织服装实业公司	山东省青岛市市南区香港中路 6 号	鞋帽批发
青岛益佳世贸中心集团公司	山东省青岛市市南区香港中路 6 号	贸易经纪与代理
青岛益佳抽纱进出口有限公司	山东省青岛市市南区香港中路 6 号	纺织品、针织品及原料批发
青岛益佳工艺品进出口有限公司	山东省青岛市市南区香港中路 6 号	首饰、工艺品及收藏品批发
济南山水集团		
济南山水集团有限公司	山东省济南市长清区崮山山水工业园	水泥制造
山东水泥厂	山东省济南市市中区	水泥制造
济南水泥制品厂	山东省济南市市中区	水泥制品制造
济南新型建筑材料厂	山东省济南市历城区	粘土砖瓦及建筑砌块制造
济南东岳塑编包装公司	山东省济南市市中区	塑料丝、绳及编织品的制造
青岛国风集团		
青岛国风集团有限责任公司	山东省青岛市延安三路 101 号	西药批发
青岛国风药业股份有限公司	山东省青岛市市南区	中成药制造
青岛国风集团黄海制药有限责任公司	山东省青岛市市南区	化学药品制剂制造
青岛国风集团华阳制药有限责任公司	山东省青岛市市北区	化学药品制剂制造
青岛国风集团医药有限责任公司	山东省青岛市市南区	西药批发
得利斯集团		
得利斯集团有限公司	山东省潍坊市诸城市昌城镇得利斯西路	肉制品及副产品加工
诸城合利食品有限公司	山东省诸城市昌城镇得利斯西路	肉制品及副产品加工
潍坊爱斯特食品有限公司	山东省诸城市昌城镇得利斯西路	肉制品及副产品加工
诸城正兴调味品有限公司	山东省诸城市昌城镇得利斯西路	肉制品及副产品加工
山东北极神生物工程有限公司	山东省诸城市昌城镇得利斯西路	肉制品及副产品加工
烟台万华合成革集团		
烟台万华合成革集团有限公司	山东省烟台市芝罘区幸福南路 2 号	合成纤维单(聚合)体的制造
烟台万华聚氨酯股份有限公司	山东省烟台市芝罘区	合成纤维单(聚合)体的制造
烟台万华华力热电股份有限公司	山东省烟台市芝罘区	火力发电
烟台万华氯碱股份有限公司	山东省烟台市芝罘区	无机碱制造
烟台万华华大化学工业公司	山东省烟台市芝罘区	初级形态的塑料及合成树脂制造
山东泰山钢铁有限公司		
山东泰山钢铁有限公司	山东省莱芜市新甫路 1 号	钢压延加工
山东泰山有限公司焦化厂	山东省莱芜市	炼焦
莱芜泰钢热电有限公司	山东省莱芜市	火力发电
莱芜市白象消防器材有限公司	山东省莱芜市	社会公共安全设备及器材制造
莱芜市泰钢新材料有限公司	山东省莱芜市	钢铁铸件制造
烟台张裕集团		
烟台张裕集团有限公司	山东省烟台市芝罘区世回尧路 174 号	企业管理机构
烟台张裕葡萄酿酒股份有限公司	山东省烟台市芝罘区	葡萄酒制造
福山醴泉公司	山东省烟台市福山区	白酒制造
烟台酿酒厂	山东省烟台市芝罘区	白酒制造

续表 9

集团及成员企业名称	企业地址	主营行业
烟台中药厂	山东省烟台市芝罘区	中成药制造
山东省医药集团有限公司		
山东省医药集团有限公司	山东省济南市历下区解放路 11 号	西药批发
山东省医药公司	山东省济南市历下区解放路 11 号	西药批发
山东省医疗器械公司	山东省济南市历下区解放路 11 号	医疗用品及器材批发
山东省济南医药采购供应站	山东省济南市历下区解放路 11 号	西药批发
山东省淄博医药采购供应站	山东省淄博市	西药批发
利华益集团		
利华益集团股份有限公司	山东省东营市利津县大桥路 29 号	原油加工及石油制品制造
利津石油化工厂有限公司	山东省东营市利津县	原油加工及石油制品制造
山东凤凰制药股份有限公司	山东省东营市利津县	中成药制造
利津利华益石化产品有限公司	山东省东营市利津县	石油及制品批发
利津利华益工程安装有限公司	山东省东营市利津县	建筑安装业
山东省塑料工业有限公司		
山东省塑料工业有限公司	山东省济南市历下区泺文路 9 号	石油及制品批发
烟台公司	山东省烟台市	石油及制品批发
山东省塑料包装公司	山东省济南市	石油及制品批发
山东省塑料制品销售公司	山东省济南市	石油及制品批发
山东省塑料工业试验厂	山东省济南市	石油及制品批发
山东凤祥集团		
山东凤祥(集团)有限责任公司	山东省聊城市阳谷县刘庙村	畜禽屠宰
山东凤祥对外贸易有限公司	山东聊城阳谷	贸易经纪与代理
山东凤祥爱迪西有限公司	山东聊城阳谷	畜禽屠宰
山东爱迪西凤祥有限公司	山东聊城阳谷	肉制品及副产品加工
山东钰丰油脂有限公司	山东聊城阳谷	食用植物油加工
威海市金猴集团		
威海市金猴集团有限责任公司	山东省威海市和平路 106 号	皮鞋制造
威海市金猴集团服装有限公司	山东省威海市昆明路 81 号	纺织服装制造
威海市金猴集团皮具有限公司	山东省威海市烟台东路 2 号	皮箱、包(袋)制造
威海市金猴集团进出口贸易公司	山东省威海市古寨路 108－5 号	其他未列明的批发
威海市金猴商场有限公司	山东省威海市和平路 106 号	其他未列明的批发
山东齐星集团		
山东齐星集团有限责任公司	山东省滨州市邹平县黛溪三路 69 号	金冶炼
邹平县供电公司	山东省滨州市邹平县黛溪三路 69 号	电力供应
邹平县电力总公司热电厂	山东省滨州市邹平县环城北路	火力发电
邹平顶峰热电有限公司	山东省滨州市邹平县韩店镇	火力发电
邹平铝业有限公司	山东省滨州市邹平县城东工业园区	金冶炼
济南华达企业集团总公司		
济南华达企业集团总公司	山东省济南市历下区和平路中段燕山小区中心	汽车零售
山东华达汽车股份有限公司	山东省济南市历下区工业南路 60 号	汽车修理
山东华达汽车商贸有限公司	山东省济南市历下区工业南路 60 号	汽车零售
山东华达汽车服务有限公司	山东省济南市历下区工业南路 60 号	汽车零售

续表 10

集团及成员企业名称	企业地址	主营行业
山东华瑞汽车销售服务有限公司	山东省济南市历下区工业南路 60 号	汽车零售
凯远集团		
凯远有限公司	山东省青岛市东海西路 39 号世纪大厦 19 楼	其他未列明的批发
山东省国际贸易集团中心	山东省青岛市东海西路 39 号世纪大厦 19 楼	纺织品、针织品及原料批发
山东省医药保健品进出口公司	山东省青岛市	药品零售
山东省物产进出口公司	山东省青岛市	其他食品批发
山东省肉食蛋品进出口公司	山东省青岛市	肉、禽、蛋及水产品批发
万达集团		
万达集团股份有限公司	山东省东营市垦利县胜坨镇永莘路 68 号	电线电缆制造
山东万达电缆有限公司	山东省东营市垦利县胜坨镇	电线电缆制造
山东万达化工有限公司	山东省东营市垦利县胜坨镇	化学试剂和助剂制造
东营市万达建安有限责任公司	山东省东营市垦利县胜坨镇	房屋工程建筑
东营市华达精密铸造有限公司	山东省东营市垦利县胜坨镇	风机、风扇制造
山东航空集团		
山东航空集团有限公司	山东省济南市二环东路 5746 号	航空旅客运输
山东航空股份有限公司	山东省济南市二环东路 5746 号	航空旅客运输
山东太古飞机工程有限公司	山东省济南市遥墙国际机场	其他航空运输辅助活动
山东翔宇航空技术服务公司	山东省济南市遥墙国际机场	其他航空运输辅助活动
山东国际航空培训航空公司	山东省济南市遥墙国际机场	其他航空运输辅助活动
龙大食品集团		
龙大食品集团有限公司	山东省烟台市莱阳市龙旺庄街道办事处龙大工业	其他未列明的农副食品加工
烟台龙大食品有限公司	山东省莱阳市龙旺庄街道龙大工业园	其他未列明的农副食品加工
烟台新味食品有限公司	山东省莱阳市龙旺庄街道龙大工业园	淀粉及淀粉制品的制造
山东龙大冷冻食品有限公司	山东省莱阳市龙旺庄街道龙大工业园	其他未列明的农副食品加工
山东龙藤不二食品有限公司	山东省烟台市莱阳市	其他未列明的农副食品加工
山东如意科技集团		
山东如意科技集团有限公司	山东省济宁市高新区如意工业园内	毛纺织
山东如意毛纺集团有限责任公司	山东省济宁市	毛纺织
山东济宁如意毛纺织股份有限公司	山东省济宁市	毛纺织
济宁如意毛纺制品有限责任公司	山东省济宁市	毛纺织
济宁如意印染有限公司	山东省济宁市	棉、化纤印染精加工
山东广饶石化集团		
山东广饶石化集团股份有限公司	山东省东营市广饶石村辛桥	原油加工及石油制品制造
广饶县石油产品销售公司	山东东营广饶石村辛桥	地毯、挂毯制造
广饶县油区废旧物资回收站	山东东营广饶石村辛桥	非金属废料和碎屑的加工处理
广饶县化工原料厂	山东东营广饶石村辛桥	初级形态的塑料及合成树脂制造
广饶线实业发展公司	山东东营广饶石村辛桥	公共电汽车客运
潍坊医药集团		
潍坊医药集团股份有限公司	山东省潍坊市潍城区东风西街 362 号	西药批发

续表11

集团及成员企业名称	企业地址	主营行业
潍坊海王医药有限公司	山东潍坊	西药批发
潍坊制药厂有限公司	山东潍坊	化学药品原药制造
潍坊金钟药业有限公司	山东潍坊	化学药品原药制造
潍坊欣力药业有限公司	山东潍坊	化学药品制剂制造
青岛变压器集团		
青岛变压器有限公司	山东省青岛市城阳区长城路南段	变压器、整流器和电感器制造
青岛青波变压器股份有限公司	山东省青岛市城阳区长城路南段	变压器、整流器和电感器制造
青岛恒生电器有限公司	山东省青岛市城阳区长城路南段	变压器、整流器和电感器制造
青岛龙达电器有限公司	山东省青岛市城阳区新城工业园	变压器、整流器和电感器制造
青岛恒讯电线有限公司	山东省青岛市城阳区长城路南段	电线电缆制造
山东只楚集团		
山东只楚集团有限公司	山东省烟台市芝罘区只楚路75号	汽车零部件及配件制造
烟台汽车内饰总公司	山东省烟台市	汽车零部件及配件制造
烟台只楚药业有限公司	山东省烟台市	化学药品原药制造
烟台市电缆厂	山东省烟台市	电子计算机整机制造
烟台只楚鲁宝有色合金厂	山东省烟台市	有色金属合金制造
山东寿光巨能电力集团		
山东寿光巨能电力集团有限公司	山东省潍坊市寿光市渤海路268号	电力供应
山东寿光巨能电力建设有限责任公司	山东潍坊寿光	其他电子设备制造
山东寿光巨能电力集团金玉米开发公司	山东潍坊寿光	食品及饲料添加剂制造
山东寿光巨能热电有限责任公司	山东潍坊寿光	火力发电
山东寿光巨能电力设备有限公司	山东潍坊寿光	电子计算机外部设备制造
山东九发集团		
山东九发集团公司	山东省烟台市牟平区牟玉路1号	企业管理机构
山东九发食用菌股份有限公司	山东省烟台市牟平区牟玉路1号	其他调味品、发酵制品制造
山东九发深海矿泉开发有限公司	山东省烟台市牟平区牟玉路1号	茶饮料及其他软饮料制造
烟台牟平九发包装材料有限公司	山东省烟台市牟平区牟玉路1号	包装装潢及其他印刷
北京九发药业有限公司	北京市门头沟	化学药品原药制造
山东淄博付山集团		
山东天下第一店酒厂	山东省淄博市张店区卫固镇付山村	白酒制造
山东富博集团公司	山东省淄博市张店区卫固镇	白酒制造
付山热电厂	山东省淄博市张店区卫固镇	热力生产和供应
付山钢铁厂	山东省淄博市张店区卫固镇	炼铁
张店社会福利化工厂	山东省淄博市张店区卫固镇	无机盐制造
临清彩红集团		
临清彩红热电有限责任公司	山东省聊城市临清市西门里街384号	火力发电
临清运河热电公司	山东省临清市	火力发电
山东奥博特铜铝业有限公司	山东省临清市	常用有色金属压延加工
临清市中远精铸有限公司	山东省临清市	风机、风扇制造
临清天力变压器有限公司	山东省临清市	变压器、整流器和电感器制造
山东同济万鑫集团有限公司		
山东同济万鑫集团有限公司	山东省淄博市桓台县唐山镇政府驻地	房屋工程建筑
山东万鑫建筑总公司	山东省淄博市张店区	房屋工程建筑
淄博社会福利炭素厂	山东省淄博博桓台县	有机化学原料制造
淄博鑫强预制厂	山东省淄博市桓台县	铁路、道路、隧道和桥梁工程

续表 12

集团及成员企业名称	企业地址	主营行业
淄博鑫科钢构厂	山东省淄博市桓台县	工矿工程建筑
齐鲁制药有限公司(集团)		
齐鲁制药有限公司	山东省济南市历城区工业北路 243 号	化学药品制剂制造
齐鲁动物保健品厂	山东省济南市工业北路 243 号	饲料加工
齐鲁制药厂平阴分厂	山东省济南市平阴县城青龙路 21 号	化学药品原药制造
齐鲁安替比奥制药有限公司	山东省济南市历城区董家镇 849 号	化学药品原药制造
山东齐鲁兴华制药厂	山东省济南市工业北路 245 号	化学药品原药制造
济南四建集团		
济南四建(集团)有限责任公司	山东省济南市天桥区济洛路 163 号	房屋工程建筑
济南四建集团房地产有限公司	山东省济南市天桥区	房地产开发经营
济南京鲁预应力有限责任公司	山东省济南市天桥区	房屋工程建筑
济南四建集团建筑设计有限公司	山东省济南市天桥区	其他未列明的服务
济南四建集团印务有限公司	山东省济南市历下区	书、报、刊印刷
烟台建设集团		
烟台建设集团有限公司	山东省烟台市芝罘南洪街 100 号	房屋工程建筑
烟台建设集团第二建安公司	山东省烟台市莱阳五龙北路 168	房屋工程建筑
烟台建设集团工业设备安装公司	山东省烟台市芝罘区通伸南街 3 号	建筑安装业
烟台建设集团钢结构公司	山东省烟台市福山区永达街 880	房屋工程建筑
烟台合力混凝土有限公司	山东省烟台市开发区珠江路 95 号	房屋工程建筑
烟台冰轮集团		
烟台冰轮集团有限公司	山东省烟台市芝罘区西山路 80 号	制冷、空调设备制造
烟台冰轮股份有限公司	山东省烟台市芝罘区西山路 80 号	制冷、空调设备制造
烟台冰轮铸造有限公司	山东省烟台市芝罘区只楚南路 3 号	钢铁铸件制造
烟台弘达制冷设备有限公司	山东省烟台市芝罘区只楚路 3 号	钢铁铸件制造
烟台埃克米制冷设备有限公司	山东省烟台市芝罘区只楚路 122 号	制冷、空调设备制造
青岛星火纺机纺织集团股份有限公司		
青岛星火纺机纺织股份有限公司	山东省青岛市胶南市王台镇	纺织专用设备制造
青岛引春机械有限公司	山东省青岛市胶南市王台镇	纺织专用设备制造
青岛青天环境工程有限公司	山东省青岛市胶南市王台镇	环境污染防治专用设备制造
青岛大元钢箔有限公司	山东省青岛市胶南市王台镇	其他未列明的金属制品制造
青岛常春钢结构工程有限公司	山东省青岛市胶南市海滨工业园	金属结构制造
青岛汉缆集团有限公司		
青岛汉缆有限公司	山东省青岛市崂山区汉河	电线电缆制造
青岛汉河电缆有限公司	山东省青岛市崂山区汉河	电线电缆制造
青岛汉河防腐蚀材料公司	山东省青岛市崂山区汉河	电线电缆制造
大连汉河电缆有限公司	大连市沙河口区华北路	电线电缆制造
新疆喀什疏勒汉河电缆有限公司	新疆喀什沙河	电线电缆制造
山东省交通工业集团总公司		
山东省交通工业集团总公司	山东省济南市天桥区济洛路 168 号	改装汽车制造
省交通物资供销公司	山东省济南市天桥区济洛路 168 号	其他未列明的批发
山东聊城客车工业集团	山东省聊城市	改装汽车制造
山东鲁峰专用汽车公司	山东省泰安市	汽车零部件及配件制造
山东淄博交通轮厂	山东省淄博市	汽车零部件及配件制造
山东六和集团有限公司		
山东六和集团有限公司	山东省青岛市城阳区青大工业园	畜禽屠宰

续表13

集团及成员企业名称	企业地址	主营行业
青岛田润食品有限公司	山东青岛平度市	畜禽屠宰
山东六合集团栖霞分公司	山东青岛栖霞	畜禽屠宰
山东六合集团临沂分公司	山东临沂兰山区	畜禽屠宰
山东六合集团平邑冷藏厂	山东临沂平沂	畜禽屠宰
青岛红星化工集团		
青岛红星化工有限责任公司	山东省青岛市市北区济阳路8号	无机盐制造
青岛红星化工厂	山东省青岛市李沧区	无机盐制造
青岛东风化工有限公司	山东省青岛市四方区	无机盐制造
青岛红星化工集团进出口有限公司	山东省青岛市市北区	其他化工产品批发
青岛红星化工集团天然色素有限公司	山东省青岛市李沧区	食品及饲料添加剂制造
鲁泰集团		
鲁泰纺织股份有限公司	山东省淄博市淄川区松龄东路81号	棉、化纤纺织加工
北京鲁泰衬衫有限公司	北京市	纺织服装制造
北京思创服饰有限公司	北京市	纺织服装制造
东营鲁信纺织有限公司	山东省东营市	棉、化纤纺织加工
新疆鲁泰丰收棉业有限公司	新疆	棉、化纤纺织加工
山东黄金集团		
山东黄金集团有限公司	山东省济南市历下区解放路16号	金矿采选
黄金矿业股份有限公司	山东省济南市历下区解放路16号	金矿采选
平度市黄金公司	山东省平度市	金矿采选
黄金电力公司	山东省莱洲市	电力供应
黄金物资公司	山东省潍坊市	煤炭及制品批发
烟台市首钢东星集团		
烟台首钢东星集团公司	山东省烟台市经济技术开发区珠江路20号	汽车零部件及配件制造
烟台首钢电装有限公司	山东省烟台市经济技术开发区珠江路20号	汽车零部件及配件制造
烟台开发区东星工业有限责任公司	山东省烟台市经济技术开发区珠江路20号	锻件及粉末冶金制品制造
烟台首钢东星汽车空调管路有限公司	山东省烟台市经济技术开发区珠江路20号	汽车零部件及配件制造
烟台首钢瓷性材料股份有限公司	山东省烟台市福山区	锻件及粉末冶金制品制造
济宁矿业集团		
济宁矿业集团有限公司	山东省济宁市红星中路23号信托大厦15楼	烟煤和无烟煤的开采洗选
济宁矿业集团落陵煤矿	山东省济宁市邹城市	烟煤和无烟煤的开采洗选
山东济宁运河煤矿有限责任公司	山东省济宁市任城区	烟煤和无烟煤的开采洗选
济宁市蔡园生建煤矿	山东省济宁市微山县	烟煤和无烟煤的开采洗选
济宁市金桥煤矿	山东省济宁市金乡县	烟煤和无烟煤的开采洗选
泰丰纺织集团		
泰丰纺织集团有限公司	山东省莱芜市莱城区大桥南路63号	棉、化纤纺织加工
山东泰丰进出口公司	山东省莱芜市莱城区大桥南路63号	纺织品、针织品及原料批发
莱芜市润丰纺织有限公司	山东省莱芜市莱城区大桥南路63号	棉、化纤纺织加工
莱芜泰丰家纺有限公司	山东省莱芜市莱城区大桥南路63号	纺织服装制造
莱芜经纶纺织有限公司	山东省莱芜市莱城区大桥南路63号	棉、化纤纺织加工
青岛纺联集团		
青岛纺联集团进出口有限公司	山东省青岛市市北区馆陶路3号	纺织品、针织品及原料批发
青岛纺联集团一棉有限公司	山东省青岛市四方区	棉、化纤纺织加工
青岛纺联集团五棉有限公司	山东省青岛市四方区	棉、化纤纺织加工

续表 14

集团及成员企业名称	企业地址	主营行业
青岛纺联集团六棉有限公司	山东省青岛市李沧区	棉、化纤纺织加工
青岛纺联集团八棉有限公司	山东省青岛市李沧区	棉、化纤纺织加工
欧美投资集团		
欧美投资有限公司	山东省青岛市东海路 35 号 4 栋 12 楼	其他化工产品批发
青岛欧美进出口有限公司	山东省青岛市南区东海路 35 号	其他化工产品批发
青岛诚远海空通运有限公司	山东省青岛市东海路 35 号	航空货物运输
青岛金世纪广告有限公司	山东省青岛市南区东海路 35 号	广告业
青岛金世纪房地产有限公司	山东省青岛胶南经济技术开发区	房地产开发经营
山东龙喜集团		
烟台新华印染厂	山东省烟台市龙口市诸由观镇西台村	棉、化纤印染精加工
烟台新华印染三厂	山东省烟台龙口市诸由观镇西台村	棉、化纤印染精加工
龙口市印染厂	山东烟台龙口市	棉、化纤印染精加工
山东北方水泥厂	山东省烟台龙口市诸由观镇西台村	水泥制品制造
龙口迪起食品有限公司	山东省烟台龙口市诸由观镇西台村	糕点、面包制造
好当家集团		
荣成邱家水产有限公司	山东省威海市荣成市虎山镇好当家工业园区	水产品冷冻加工
山东好当家海洋发展股份有限公司	山东省威海市荣成市虎山镇好当家工业园区	水产品冷冻加工
荣成荣东食品有限公司	山东省威海市荣成市虎山镇好当家工业园区	水产品冷冻加工
荣成源运水产有限公司	山东省威海市荣成市虎山镇好当家工业园区	水产品冷冻加工
荣成荣山食品有限公司	山东省威海市荣成市虎山镇好当家工业园区	水产品冷冻加工
山东海龙股份有限公司		
山东海龙股份有限公司	山东省潍坊市寒亭区潍县北路 555 号	人造纤维(纤维素纤维)制造
山东博莱特化纤有限公司	山东潍坊安丘市	纺织带和帘子布制造
山东海龙进出口有限公司	山东省潍坊市寒亭区潍县北路 518 号	纺织品、针织品及原料批发
山东海龙工程设计有限公司	山东省潍坊市寒亭区潍县北路 555 号	工程勘察设计
山东海龙钢结构有限公司	山东省潍坊市寒亭区潍县北路 555 号	建筑安装业
青岛喜盈门集团		
青岛第四毛巾厂	山东省青岛市城阳区正阳街 188 号	棉及化纤制品制造
青岛城阳联合纸箱厂	山东省青岛市城阳	纸和纸板容器的制造
青岛喜盈门集团喜盈门商场	山东省青岛市城阳区	百货零售
青岛喜盈门化纤纺织有限公司	山东省青岛市城阳区	棉、化纤纺织加工
青岛喜盈门进出口有限公司	山东省青岛市城阳区	纺织品、针织品及原料批发
菱花集团		
菱花集团公司	山东省济宁市高新区柳行	味精制造
山东菱花味精股份限公司	山东省济宁市高新区柳行	味精制造
菱花集团公司化肥厂	山东省济宁市车站东路 49 号	氮肥制造
菱花集团物贸公司	山东省济宁市琵琶山西路	盐及调味品批发
菱花集团实业公司	山东省济宁市高新区柳行	房地产开发经营
山东胜通集团股份有限公司		

续表 15

集团及成员企业名称	企业地址	主营行业
山东胜通集团股份有限公司	山东省东营市垦利县胜坨镇	化学试剂和助剂制造
东营市胜坨建筑安装公司	山东省东营市垦利县	建筑安装业
东营市华鲁玻钢厂	山东省东营市垦利县	平板玻璃制造
山东省垦利县石油化工厂	山东省东营市垦利县	原油加工及石油制品制造
东营市大成液压机械厂	山东省东营市垦利县	其他专用设备制造
山东沂州水泥集团总公司		
山东临沂沂州水泥股份有限公司	山东省临沂市罗庄区付庄镇	水泥制造
沂州水泥股份有限公司	山东省临沂市罗庄区付庄镇	水泥制造
临沂沂州水泥销售公司	山东省临沂市罗庄区付庄镇	建材批发
沂州集团罗庄热电厂	山东省临沂市罗庄区	热力生产和供应
临沂长泉包装有限公司	山东省临沂市罗庄区	塑料丝、绳及编织品的制造
山东翔龙集团		
山东翔龙实业有限公司	山东省临沂市沂蒙路352号	复混肥料制造
临沂市供销实业总公司	山东省临沂市沂蒙路352415号	化肥批发
临沂翔龙钢铁有限公司	山东省临沂市工业大道41号	炼铁
山东施可丰化工股份有限公司	山东省临沂市金七路	复混肥料制造
山东施可丰费县化工有限公司	山东省临沂市费县费城	其他肥料制造
济南一建集团		
济南一建集团总公司	山东省济南市工业北路295号	房屋工程建筑
一建集团第一有限责任公司	山东省济南市历城区	房屋工程建筑
一建集团第二有限公司	山东省济南市历城区	房屋工程建筑
一建集团第三有限公司	山东省济南市历城区	房屋工程建筑
一建集团第四有限公司	山东省济南市历城区	房屋工程建筑
齐鲁考格尔集团		
齐鲁考格尔集团有限公司	山东省济南市济洛路26号	改装汽车制造
齐鲁考格尔集团重型专用汽车有限公司	山东省济南市历城区	改装汽车制造
济南重工股份有限公司	山东省济南市历城区	采矿、采石设备制造
济南市园林机械厂	山东省济南市天桥区	改装汽车制造
齐鲁考格尔集团天桥专用汽车有限公司	山东省济南市天桥区	改装汽车制造
菏泽粮油集团总公司		
菏泽华瑞食品有限公司	山东省菏泽市人民路22号	面粉加工企业
花瑞油脂有限公司	山东省菏泽市人民路22号	食用植物油加工
市粮油中转储备库	山东省菏泽市人民路22号	粮库
巨野国家粮食储备库	山东省菏泽市巨野县	粮库
市粮油贸易公司	山东省菏泽市	谷物、豆及薯类批发
山东亚光纺织集团		
山东亚光纺织集团有限公司	山东省滨州市滨城区滨北镇经二路8号	棉及化纤制品制造
山东滨州亚光毛巾有限公司	山东省滨州市滨城区滨北镇	棉及化纤制品制造
山东亚光纺织集团进出口有限公司	山东省滨州市滨城区滨北镇	棉及化纤制品制造
滨州亚光毛绒制品有限公司	山东省滨州市滨城区滨北镇	毛纺织
滨州市亚光电脑绣品有限公司	山东省滨州市滨城区滨北镇	棉及化纤制品制造
山东西王集团公司		
山东西王集团有限公司	山东省滨州市邹平县西王工业园	淀粉及淀粉制品的制造
山东西王淀粉有限责任公司	山东省滨州市邹平县西王工业园	淀粉及淀粉制品的制造
山东西王粮油股份有限公司	山东省滨州市邹平县西王工业园	淀粉及淀粉制品的制造

续表 16

集团及成员企业名称	企业地址	主营行业
山东西王糖业有限责任公司	山东省滨州市邹平县西王工业园	淀粉及淀粉制品的制造
山东邹平西王运输有限责任有限公司	山东省滨州市邹平县西王工业园	道路货物运输
泰安鲁润股份有限公司		
泰安鲁润股份有限公司	山东省泰安市泰山区青年路 111 号	石油及制品批发
山东鲁润京九石化有限公司	山东济宁梁山县	基础软件服务
山东童海港业股份有限公司	山东省日照市	基础软件服务
山东平度鲁润黄金矿业有限公司	山东青岛平度市	金矿采选
泰安鲁润水泥制造有限公司	山东省泰安市	水泥制造
山东渤海活塞集团		
山东滨州渤海活塞股份有限公司	山东省滨州市渤海六路 680 号	汽车零部件及配件制造
淄博渤海活塞有限责任公司	山东省淄博市高青县	内燃机及配件制造
滨州渤海机械有限公司	山东省滨州市	常用有色金属压延加工
惠民渤海活塞有限责任公司	山东省滨州市惠民县	内燃机及配件制造
长春渤海活塞有限公司	吉林省长春市	汽车零部件及配件制造
山东大陆企业集团有限公司		
山东大陆企业集团有限公司	山东省临沂市临西五路 8 号	金属及金属矿批发
山东大陆金属公司	山东省临沂市临西八路	金属及金属矿批发
山东大陆八方公司	山东省临沂市临西五路	金属及金属矿批发
山东大陆贸易公司	山东省临沂市临西五路	金属及金属矿批发
山东大陆建材公司	山东省临沂市河东区芝麻墩	金属及金属矿批发
青岛万福集团		
青岛万福股份有限公司	山东省青岛市莱西市威海西路 68 号	其他未列明的农副食品加工
青岛华福食品有限公司	山东省青岛莱西市威海西路 68 号	其他未列明的农副食品加工
青岛京西食品有限公司	山东省青岛莱西市威海西路 68 号	其他未列明的农副食品加工
青岛万福集团股份有限公司莱西市万福肉类联合加工	山东省青岛莱西市威海西路 68 号	肉制品及副产品加工
青岛万福集团股份有限公司平度万福食品分公司	山东省青岛平度市	其他未列明的农副食品加工
山东小鸭集团		
山东小鸭集团有限责任公司	山东省济南市工业南路 51 号	家用清洁卫生电器具制造
山东小鸭电器股份有限公司	山东省济南市	家用清洁卫生电器具制造
济南雅奥家用电器厂	山东省济南市	家用清洁卫生电器具制造
山东小鸭集团热水器有限公司	山东省济南市	家用清洁卫生电器具制造
山东小鸭集团太阳能有限公司	山东省济南市	燃气、太阳能及类似能源的器具制造
山东华金集团		
山东华金集团有限公司	山东省济宁市泗水县金庄镇	机制纸及纸板制造
泗水金益纸业有限公司	山东济宁泗水	机制纸及纸板制造
山东华金板纸有限公司	山东济宁泗水	机制纸及纸板制造
山东华金建材有限公司	山东济宁泗水	石灰和石膏制造
吉林华金纸业有限公司	吉林省白城	机制纸及纸板制造
山东恒源石油化工集团		
临邑石油化工厂	山东省德州市临邑县恒源路 11 号	炼焦
无机盐厂	山东省德州市临邑县恒源路 11 号	其他专用化学产品制造
油毡厂	山东省德州市临邑县恒源路 11 号	原油加工及石油制品制造

续表17

集团及成员企业名称	企业地址	主营行业
净化厂	山东省德州市临邑县恒源路11号	原油加工及石油制品制造
梅花玉厂	山东省德州市临邑县恒源路11号	雕塑工艺品制造
威海光威集团		
威海光威集团有限责任公司	山东省威海市烟台中路45号	其他体育用品制造
威海光威渔竿有限责任公司	山东省威海市烟台中路125号	其他体育用品制造
威海市碳素渔竿厂	山东省威海市高技区天津路130号	其他体育用品制造
威海时光渔具有限公司	山东省威海市烟台中路53号	其他体育用品制造
威海光威渔线轮有限公司	山东省威海市高技区南山	其他体育用品制造
中国石化胜利油田大明(集团)股份有限		
中国石化胜利油田大明(集团)股份有限公司	山东省东营市济南路228号	天然原油和天然气开采
胜利油田大明油气勘探开发科技有限责任公司	山东省东营市东营区	天然原油和天然气开采
东营大明新型建材有限责任公司	山东省东营市东营区	塑料板、管、型材的制造
东营大明置业发展有限责任公司	山东省东营市东营区	房地产开发经营
东营大明投资发展有限责任公司	山东省东营市东营区	证券投资
山东天府集团公司		
山东天俯集团公司	山东省烟台市莱阳市团旺镇驻地	白酒制造
烟台市天俯酿酒总厂	山东省烟台莱阳市团旺镇驻地	白酒制造
烟台天俯矿业有限公司	山东省烟台莱阳市团旺镇驻地	白酒制造
烟台市天俯集团总公司粮油公司	山东省烟台莱阳市团旺镇驻地	糖果、巧克力制造
莱阳天俯饮料有限公司	山东省烟台莱阳市团旺镇驻地	碳酸饮料制造
烟台有色金属集团		
烟台有色金属集团有限公司	山东省烟台市芝罘区幸福中路178号	铜冶炼
烟台有色金属集团股份有限公司	山东省烟台市芝罘区幸福中路178号	铜冶炼
烟台鑫洋铜业有限公司	山东省烟台市芝罘区楚凤街3号	铜冶炼
烟台化肥厂	山东省烟台市只楚路4号	常用有色金属压延加工
烟台五金总厂	山东省烟台市	铜冶炼
山东大成化工集团		
山东大成化工集团有限公司	山东省淄博市张店区洪沟路25号	无机盐制造
山东大成农药股份有限公司	山东省淄博市张店区	化学农药制造
淄博合力化工有限公司	山东省淄博市张店区	其他基础化学原料制造
山东大成化工集团有限公司锦纶分公司	山东省淄博市张店区	锦纶纤维制造
山东大成化工集团有限公司腈纶分公司	山东省淄博市张店区	腈纶纤维制造
山东华乐实业集团		
乐陵市华乐纺织有限责任公司	山东省德州市乐陵市寨头堡镇	棉、化纤纺织加工
华乐纺织集团帆布厂	山东省德州市乐陵市	其他针织品及编织品制造
华乐纺织集团制线厂	山东省德州市乐陵市	毛条加工
华乐纺织集团热电厂	山东省德州市乐陵市	火力发电
华乐纺织集团华乐园棉纺厂	山东省德州市乐陵市	棉、化纤纺织加工
青岛国人集团有限公司		
青岛国人集团有限公司	山东省青岛市市南区香港西路67号光大金融中心1	车辆、飞机及工程机械轮
青岛国人科技股份有限公司	山东省青岛市市北区	车辆、飞机及工程机械轮

续表 18

集团及成员企业名称	企业地址	主营行业
青岛国人机械有限公司	山东省青岛市市北区	汽车零部件及配件制造
青岛森泰达橡胶有限公司	山东省青岛市市南区	再生物资回收与批发
青岛保税区国人国际贸易有限公司	山东省青岛市黄岛区	其他橡胶制品制造
青岛维客集团		
青岛崂山百货有限公司	山东省青岛市李沧区向阳路 65 号	百货零售
青岛崂山百货公司	山东省青岛市李沧区	其他未列明的批发
青岛维客超市有限公司	山东省青岛市李沧区	超级市场零售
青岛维客高密购物中心有限公司	山东省潍坊高密市	百货零售
青岛维客平度购物中心有限公司	山东省青岛平度市	百货零售
山东西水橡胶集团有限公司		
山东西水橡胶集团有限公司	山东省东营市广饶县稻庄镇	车辆、飞机及工程机械轮
山东省广饶县东源橡胶厂	山东省东营市广饶县	车辆、飞机及工程机械轮
山东省广饶县兴源橡胶有限公司	山东省东营市广饶县	车辆、飞机及工程机械轮
东营市华源橡胶有限公司	山东省东营市广饶县	车辆、飞机及工程机械轮
山东鑫泰橡胶有限公司	山东省东营市广饶县	车辆、飞机及工程机械轮
临沂市医药集团		
临沂市医药集团总公司	山东省临沂市兰山区解放路东段 46 号	西药批发
临沂市医药采购供应站	山东省临沂市解放路东段 46 号	西药批发
临沂市仁丰医药公司	山东省临沂市解放路东段 46 号	中药材及中成药批发
临沂市仁和堂医药公司	山东省临沂市沂州路 22 号	药品零售
临沂市医疗器械采购供应站	山东省临沂市银雀山 51 号	医疗用品及器材批发
方圆集团		
方圆集团有限公司	山东省烟台市海阳市面上方圆工业园	建筑工程用机械制造
方圆富兰克	山东省烟台海阳市面上方圆工业园	建筑工程用机械制造
海阳富兰克	山东省烟台海阳市面上方圆工业园	建筑工程用机械制造
方圆运输公司	山东省烟台海阳市面上方圆工业园	公路旅客运输
方圆货运公司	山东省烟台海阳市面上方圆工业园	公路旅客运输
山东东大化学工业有限公司		
山东东大化学工业有限公司	山东省淄博市张店区新村东路 21 号	初级形态的塑料及合成树脂制造
淄博东大化工股份有限公司	山东省淄博市	其他合成材料制造
山东东大聚合物有限公司	山东省淄博市	初级形态的塑料及合成树脂制造
山东东大化学工业集团公司橡胶厂	山东省淄博市	日用及医用橡胶制品制造
淄博东大设备安装有限责任公司	山东省淄博市	建筑安装业
山东郯化集团		
山东恒通化工股份有限公司	山东省临沂市郯城县人民路 305 号	氮肥制造
山东郯化集团有限责任公司	山东临沂郯城	无机碱制造
郯城华深化工有限公司	山东临沂郯城	无机盐制造
郯城汇通化工有限公司	山东临沂郯城	有机化学原料制造
郯城恒达化工有限公司	山东临沂郯城	有机化学原料制造
日照市水产集团总公司		
日照市水产集团总公司	山东省日照市北京路中段	水产品冷冻加工
日照美佳食品有限公司	山东日照市北京路中段	水产品冷冻加工
日照常信食品有限公司	山东日照市北京路中段	水产品冷冻加工
日照市岚山水产冷藏厂	山东日照市岚山	水产品冷冻加工
日照市岚山第二水产冷藏厂	山东日照市岚山	水产品冷冻加工

续表 19

集团及成员企业名称	企业地址	主营行业
山东斥山水产集团		
荣成市斥山渔业股份有限公司	山东省威海市荣成市石岛镇东寨村	水产品冷冻加工
山东斥山水产集团鱼粉厂	山东省威海荣成市石岛镇东寨村	鱼糜制品及水产品干腌制加工
山东斥山水产集团润通冷藏厂	山东省威海荣成市石岛镇东寨村	水产品冷冻加工
山东斥山水产集团渔港冷藏厂	山东省威海荣成市石岛镇东寨村	水产品冷冻加工
荣成市新世纪水产有限公司	山东省威海荣成市石岛镇东寨村	水产品冷冻加工
青岛正进集团		
青岛正进集团进出口有限公司	山东省青岛市城阳区长城路南端	水产品冷冻加工
青岛正进集团进出口有限公司	山东省青岛市城阳区	水产品冷冻加工
青岛正进集团永进食品有限公司	山东省青岛市城阳区	水产品冷冻加工
青岛正进海青水产品有限公司	山东省青岛市城阳区	水产品冷冻加工
青岛永进水产品有限公司	山东省青岛市城阳区	水产品冷冻加工
兰雁集团		
兰雁集团股份有限公司	山东省淄博市周村区东门路 161 号	毛条加工
兰雁集团淄川服装公司	山东省淄博市淄川区淄城路 286 号	纺织服装制造
兰雁集团针织服装公司	山东省淄博市周村区新建路 9 路	纺织服装制造
兰雁集团兰丽服装有限公司	山东省淄博市高新区六路北首	纺织服装制造
兰雁集团启发服装公司	山东省淄博市高新区六路北首	纺织服装制造
山东岱银纺织服装集团		
山东岱银纺织集团股份有限公司	山东省泰安市泰山区东岳大街东首	棉、化纤纺织加工
泰安雷诺服饰有限公司	山东省泰安市泰山区	纺织服装制造
泰安雷诺制衣有限责任公司	山东省泰安市泰山区	纺织服装制造
泰安岱银纺纱有限责任公司	山东省泰安市泰山区	棉、化纤纺织加工
泰安岱银进出口有限责任公司	山东省泰安市泰山区	纺织服装制造
山东靖海实业集团		
山东靖海实业集团有限公司	山东省威海市荣成市人和镇沙窝岛村	水产品冷冻加工
荣成市远达海洋捕捞有限公司	山东省威海荣成市人和镇沙窝岛村	海洋捕捞
荣成市绿源海水养殖有限公司	山东省威海荣成市人和镇沙窝岛村	海洋捕捞
荣成市良友水产品贸易有限公司	山东省威海荣成市东山镇固山村	水产品冷冻加工
威海海大海洋生物制品有限公司	山东省威海荣成市人和镇沙窝岛村	水产品冷冻加工
山东华鲁恒升集团		
山东华鲁恒升集团有限公司	山东省德州市德城区天衢西路 24 号	氮肥制造
山东华鲁恒升化工股份有限公司	山东省德州市德城区	氮肥制造
山东华鲁恒升集团德州热电有限责任公司	山东省德州市德城区天衢西路 42 号	火车发电
德州国立农化服务有限公司	山东省德州市德城区	复混肥料制造
德州大华实业有限公司	山东省德州市德城区	其他合成材料制造
鲁银投资集团股份有限公司		
鲁银投资集团股份有限公司	山东省济南市经十路 128 号	毛纺织
烟台药业集团有限公司	山东省烟台白石路 102 号	化学药品制剂制造
山东毛绒制品有限公司	山东德州禹城市解放路 264 号	其他工艺美术品制造
山东鲁帮房地产公司	山东省青岛市北区房地产公司	房地产开发经营
粉末冶金有限公司	山东省莱芜市	其他未列明的金属制品制造
青岛泰能燃气集团		
青岛泰能燃气有限公司	山东省青岛市宁夏路 123 号	燃气生产和供应业

续表 20

集团及成员企业名称	企业地址	主营行业
青岛焦化制气有限责任公司	山东省青岛市四方区镇平一路 2 号	燃气生产和供应业
青岛泰能汽车燃气发展有限公司	山东省青岛市人民路 399 号	机动车燃料零售
青岛金焰实业公司	山东省青岛市人民路 399 号	其他农畜产品批发
青岛平度泰能液化气有限公司	山东省平度市人民路 197 号	机动车燃料零售
耶莉娅集团		
山东耶莉娅服装集团总公司	山东省潍坊市潍城区北宫西街 126 号	纺织服装制造
山东耶莉娅服装服饰有限公司	山东省潍坊市	纺织服装制造
山东省昌邑市丝织一厂	山东省潍坊市	纺织服装制造
天津长城服装集团有限公司	天津市	纺织服装制造
潍坊服装四厂	山东省潍坊市	纺织服装制造
烟台正海集团		
烟台正海集团有限公司	山东省烟台市经济技术开发区珠江路 22 号	电子元件及组件制造
烟台正海电子网板股份有限公司	山东烟台开发区	电子元件及组件制造
烟台正海磁性材料有限公司	山东烟台开发区	稀土金属冶炼
烟台正海化工有限公司	山东烟台芝罘区	无机盐制造
烟台正海华夏工贸有限公司	山东烟台开发区	其他未列明的服务
济南华联商厦集团		
济南华联商厦集团股份有限公司	山东省济南市经二路 571 号	百货零售
济南嘉华购物广场有限公司	山东省济南市经二路 588 号	百货零售
济南华联超市有限公司	山东省济南市经二路 431 号	百货零售
济南华联商厦有限公司	山东省济南市经二路 571 号	百货零售
济南华联商厦大酒店	山东省济南市经二路 571 号	百货零售
青岛交运集团		
青岛交运公司	山东省青岛市市北区延吉路 112 号	公共电汽车客运
青岛交运第一汽车运输有限公司	山东省青岛市	公共电汽车客运
青岛交运联运有限公司	山东省青岛市市北区	公共电汽车客运
青岛市大型起重机运输公司	山东省青岛市市北区	公共电汽车客运
青岛交运陆海国际货运股份有限公司	山东省青岛市市北区	公共电汽车客运
山东大洋食品集团有限公司		
山东大洋食品有限公司	山东省青岛市胶州市大沽河工业园	水产品冷冻加工
青岛大洋食品有限公司	山东省青岛市胶洲市	水产品冷冻加工
青岛澳大食品有限公司	山东省青岛市胶洲市	水产品冷冻加工
青岛味合食品有限公司	山东省青岛市胶洲市	水产品冷冻加工
青岛龙润食品有限公司	山东省青岛市胶洲市	水产品冷冻加工
青岛亨达玻璃集团公司		
青岛亨达实业有限公司	山东省青岛市市北区绍兴路 76 号	技术玻璃制品制造
青岛新纪元装饰有限公司	山东省青岛市市北区镇江路 19 号	手工具制造
青岛华伦鞋业有限公司	山东省青岛市市北区绍兴路 76 号	橡胶靴鞋制造
青岛捷登鞋业有限公司	山东省青岛市市北区绍兴路 76 号	橡胶靴鞋制造
青岛亨通鞋业有限公司	山东省青岛市市北区绍兴路 76 号	橡胶靴鞋制造
青岛亨达集团有限公司		
青岛市亨达皮鞋厂	山东省青岛市即墨市烟青路 256 号	皮鞋制造
青岛即墨市意达鞋业有限公司	山东省青岛即墨市	皮鞋制造
青岛华伦鞋业有限公司	山东省青岛即墨市	皮鞋制造
青岛捷登鞋业有限公司	山东省青岛即墨市	皮鞋制造

续表21

集团及成员企业名称	企业地址	主营行业
青岛亨通鞋业有限公司	山东省青岛即墨市	皮鞋制造
山东乐化集团		
山东乐化集团有限公司	山东省潍坊市昌乐县红河镇乐化工业园	涂料制造
山东乐化漆业股份有限公司	山东省潍坊市昌乐县	涂料制造
山东乐化酒业有限公司	山东省潍坊市昌乐县	酒精制造
乐化塑编有限公司	山东省潍坊市昌乐县	塑料丝、绳及编织品的制造
乐化医疗器械有限公司	山东省潍坊市昌乐县	医疗诊断、监护及治疗设备制造
青岛海晶化工集团		
青岛海晶化工有限公司	山东省青岛市四方区唐河路8号	无机碱制造
青岛化工厂二分厂	山东省青岛市四方区	其他基础化学原料制造
青岛宏润化塑有限公司	山东省青岛市四方区	泡沫塑料制造
青岛合成材料研究所	山东省青岛市四方区	化妆品制造
青岛化工工程公司	山东省青岛市四方区	医疗诊断、监护及治疗设备制造
山东省金海集团		
山东金海集团有限公司	山东省烟台市招远市罗峰路158号	企业管理机构
烟台金海建工有限公司	山东省招远市罗峰路158号	房屋工程建筑
山东金海缘股份有限公司	山东省招远市罗峰路158号	房屋工程建筑
山东金海大厦有限公司	山东省招远市罗峰路158号	百货零售
招远金海工业有限公司	山东省招远市罗峰路158号	房屋工程建筑
山东聊城客车工业集团		
山东聊城客车工业集团有限责任公司	山东省聊城市建设东路10号	改装汽车制造
中通客车控股股份公司	山东聊城市建设东路10号	改装汽车制造
中通钢结构建筑有限公司	山东聊城市凤凰工业园富民路6号	房屋工程建筑
中通光岳特种车制造有限公司	山东聊城市东外环北首	改装汽车制造
聊城龙兴汽车附件有限公司	山东省聊城市东阿县姜楼乡王小楼村	汽车零部件及配件制造
威海木机集团		
威海木机集团公司	山东省威海市青岛中路148号	木材加工机械制造
威海木机集团运输公司	山东省威海市青岛中路148号	其他道路运输辅助活动
威海木机集团招待所	山东省威海市青岛中路148号	其他住宿服务
威海环翠机床厂	山东省威海市经技区高家庄村	木材加工机械制造
威海木机集团纸箱厂	山东省威海市经技区高家庄村	纸和纸板容器的制造
烟台市钢铁企业集团		
烟台钢铁企业集团公司	山东省烟台市芝罘区南大街156号	炼钢
山东三站股份有限公司	山东省烟台市芝罘区南大街156号	百货零售
烟台黄海钢铁有限公司	山东省烟台市芝罘区南大街156号	钢压延加工
烟台平安物业管理有限公司	山东省烟台市芝罘区	钢压延加工
烟台市治金工业供销公司	山东省烟台市芝罘区	金属及金属矿批发
山东胜利股份有限公司		
山东胜利股份有限公司	山东省济南市高新区东辰大街	兽用药品制造
山东海上石油服务有限公司	山东省东营市	其他未列明的批发
山东胜利石油化工有限公司	山东省济南市	原油加工及石油制品制造
山东胜宇药业有限公司	山东省济南市	兽用药品制造
山东胜邦绿野化学有限公司	山东省济南市	化学药品原药制造
青岛市市政工程集团有限公司		
青岛市第一市政工程公司	山东省青岛市龙江路25号	房屋工程建筑

续表 22

集团及成员企业名称	企业地址	主营行业
青岛城建集团有限公司	山东省青岛市龙江路25号	房屋工程建筑
青岛市政建设综合开发公司	山东省青岛市燕儿岛路	房屋工程建筑
青岛市路桥养护维修有限公司	山东省青岛市龙江路25号	铁路、道路、隧道和桥梁工程
青岛市市政工程设计研究院	山东省青岛市燕儿岛路26	工程管理服务
青岛金王集团有限公司		
青岛金王集团有限公司	山东省青岛市香港中路18号福泰广场24层	其他基础化学原料制造
青岛金王轻工制品有限公司	山东省青岛市辽宁路280号	其他基础化学原料制造
青岛金货运代理王有限公司	山东省青岛市东海路18号	运输代理服务
青岛金王汽车销售有限公司	山东省青岛市辽宁路280号	汽车、摩托车及零配件批发
青岛金王工业园有限公司	山东省青岛市即墨三里庄	其他基础化学原料制造
山东蓝星玻璃集团		
山东蓝星玻璃(集团)有限公司	山东省威海市经技区北山村西	平板玻璃制造
威海蓝星玻璃股份有限公司	山东省威海市经技区北山村西	平板玻璃制造
威海蓝星新技术玻璃有限公司	山东省威海市经技区北山村西	平板玻璃制造
威海蓝星超薄玻璃有限公司	山东省威海市环翠区草庙子镇	平板玻璃制造
乌海蓝星玻璃集团股份有限公司	内蒙古乌海市海渤湾区	平板玻璃制造
山东威高集团		
山东威高集团有限公司	山东省威海市烟台西路35号	卫生材料及医药用品制造
山东威高集团输液器制品有限公司	山东省威海市烟台西路35号	卫生材料及医药用品制造
山东威高集团注射器制品有限公司	山东省威海市烟台西路35号	卫生材料及医药用品制造
山东威高集团输血器材有限公司	山东省威海市烟台西路35号	卫生材料及医药用品制造
山东威高集团齿科器材有限公司	山东省威海市烟台西路35号	卫生材料及医药用品制造
烟台东方电子信息产业集团		
烟台东方电子信息产业集团有限公司	山东省烟台市芝罘区市世回尧路228号	其他电子设备制造
烟台东方电子信息产业股份有限公司	山东省烟台市芝罘区	其他电子设备制造
烟台东方电子玉麟电气有限公司	山东省烟台市芝罘区	其他电子设备制造
烟台东方通信技术有限公司	山东省烟台市芝罘区	其他电子设备制造
烟台东方佳苑物业管理服务有限公司	山东省烟台市芝罘区	物业管理
威海北洋电气集团		
威海北洋电气集团股份有限公司	山东省威海市新威路11号	电子元件及组件制造
山东宝岩电气有限公司	山东省威海市新威路11号	电子元件及组件制造
山东华菱电子有限公司	山东省威海市新威路11号	电子元件及组件制造
威海星地电子有限公司	山东省威海市新威路11号	电子元件及组件制造
山东康威电子有限公司	山东省威海市新威路11号	电子元件及组件制造
威海建设集团		
威海建设集团股份有限公司	山东省威海市昆明路13号	房屋工程建筑
威海新世纪装饰工程有限公司	山东省威海市安源街8号	房屋工程建筑
威海建大实业有限公司	山东省威海市纪念路42号	房地产开发经营
威海建设集团劳动服务公司	山东省威海市卧龙山	市场管理
威海建兴设计有限公司	山东省威海市昆明路13号	工程勘察设计
山东大正实业(集团)有限公司		
山东大正实业(集团)有限公司	山东省济南市历城区大正科技工业示范区东郑村2	通信传输设备制造

续表23

集团及成员企业名称	企业地址	主营行业
济南大正通讯电缆有限线公司	山东省济南市历城区大正科技工业示范区东郑村2	通信传输设备制造
济南市历城区社会福利电信电子器材厂	山东省济南市历城区大正科技工业示范区东郑村2	通信传输设备制造
济南派克线缆有限公司	山东省济南市历城区大正科技工业示范区东郑村2	通信传输设备制造
济南盛瑞光电有限责任公司	山东省济南市历城区大正科技工业示范区东郑村2	通信传输设备制造
山东省济宁市医药(集团)总公司		
山东省济宁市医药(集团)总公司	山东省济宁市太白东路38号	西药批发
济宁市医药(集团)兖州医药公司	山东省济宁市兖州市	西药批发
济宁市医药(集团)曲阜医药公司	山东省济宁市曲阜市	西药批发
济宁医药(集团)泗水医药公司	山东省济宁市泗水县	西药批发
济宁医药(集团)邹城医药公司	山东省济宁市邹城市	西药批发
青岛市胶州建设集团有限公司		
青岛市胶州建设有限公司	山东省青岛市胶州市福州南路28号	房屋工程建筑
青岛胶州市金龙置业有限公司	山东省青岛市胶州市兰州西路西宋12号	房地产开发经营
青岛德信物业管理有限公司	山东省青岛市胶州市惠州路小区49号网点住宅	物业管理
胶州市龙泉房屋修缮有限公司	山东省青岛市胶州市赣州路	房屋工程建筑
胶州市建设安全电器设备有限公司	山东省青岛市胶州市大沽河开发区	其他电工器材制造
青岛公交集团		
青岛公交有限责任公司	山东省青岛市市北区道口路17号	公共电汽车客运
青岛公交集团巴士股份有限公司	山东省青岛市	公共电汽车客运
青岛公交集团通达巴士有限责任公司	山东省青岛市	公共电汽车客运
青岛公交集团胶州巴士有限责任公司	山东省胶州市	公共电汽车客运
青岛市出租汽车股份有限公司	山东省青岛市	出租车客运
山东潍坊外贸实业集团		
山东潍坊出口商品基地建设有限公司	山东省潍坊市奎文区道口北街9号	其他未列明的批发
潍坊中基饲料有限公司	山东省潍坊市坊子区	饲料加工
潍坊美城食品有限公司	山东省潍坊市潍城区	饲料加工
潍坊山美动物保健品有限公司	山东省潍坊市潍城区	兽用药品制造
潍坊健川食品有限公司	山东省潍坊市安丘	蔬菜、水果和坚果加工
山东省高青县供销企业集团总公司		
山东省高青县供销企业集团总公司	山东省淄博市高青县田镇黄河路82号	企业管理机构
高青县纺织有限责任公司	山东省淄博市高青县	棉、化纤纺织加工
高青县第一油棉厂	山东省淄博市高青县	棉、化纤纺织加工
高青县第三油棉厂	山东省淄博市高青县	棉、化纤纺织加工
高青县第四油棉厂	山东省淄博市高青县	棉、化纤纺织加工
济南二机床集团		
济南二机床集团有限公司	山东省济南市槐荫区机床二厂路4号	金属成形机床制造
济南二机床集团联合实业公司	山东省济南市槐荫区	其他综合零售
济南二机床集团实业发展公司	山东省济南市槐荫区	其他综合零售
济南二机床集团科技博源公司	山东省济南市槐荫区	其他计算机服务

续表 24

集团及成员企业名称	企业地址	主营行业
济南二机床集团工具销售公司	山东省济南市槐荫区	其他综合零售
山东燕山集团总公司		
山东燕山集团有限公司	山东省济南市市中区燕子山路 15 号	化学农药制造
济南三荣化学品有限公司	山东省济南历下区丁家庄南路	化学农药制造
济南燕山电焊机厂	山东省济南历下区燕子山路 11 号	冶金专用设备制造
济南开发区燕山制版总厂	山东省济南历下区燕子山路 11 号	冶金专用设备制造
济南新凌科技发展有限公司	山东省济南历下区燕子山路 11 号	其他日用杂品制造
青岛康大外贸集团有限公司		
青岛康大外贸有限公司	山东省青岛市胶南经济技术开发区海南路 1 号	肉、禽、蛋及水产品批发
胶南市康大实业公司	山东省青岛市胶南市经济技术开发区	石墨及碳素制品制造
青岛康宏肉食蛋品有限公司	山东省青岛市胶南市经济技术开发区	肉制品及副产品加工
青岛胶南康大饲料有限公司	山东省青岛市胶南市经济技术开发区	饲料加工
青岛胶南市康大房地产开发有限公司	山东省青岛市胶南市珠海路 94 号	房地产开发经营
山东常林机械集团		
山东常林机械集团股份有限公司	山东省临沂市临沭县常林西大街 112 号	拖拉机制造
临沭县机械厂	山东省临沂市临沭县曹庄镇大哨村	农林牧渔机械配件制造
常林集团久远肥料有限公司	山东省临沂市临沭县常林西大街西首	复混肥料制造
临沭县常林农机有限公司	山东省临沂市常林西大街西首	其他未列明的批发
常林建筑有限公司	山东省临沂市临沭县常林西大街 7 号	房屋工程建筑
青岛三恩集团		
青岛三恩公司	山东省青岛市城阳区 204 路 44 号	钢压延加工
青岛三恩带钢有限公司	山东省青岛市城阳区	钢压延加工
青岛鹰伯尔运动器材有限公司	山东省青岛市城阳区	其他体育用品制造
青岛三恩实业有限公司	山东省青岛市城阳区	钢压延加工
青岛祥兴钢管有限公司	山东省青岛市城阳区	钢压延加工
山东鸿达建工集团有限公司		
莱阳市建筑机械厂	山东省烟台市莱阳龙门东路 26 号	起重运输设备制造
莱阳市建筑机械厂乌市分厂	新疆乌市石山路 88 号	起重运输设备制造
烟台鸿达宇欣食品有限公司	山东省莱阳市合门东路 26 号	淀粉及淀粉制品的制造
烟台北海有机食品有限公司	山东省莱阳市合门东路 26 号	淀粉及淀粉制品的制造
莱阳鸿达建筑工程有限责任公司	山东省莱阳市玉岱路 29 号	房屋工程建筑
山东云龙绣品工业公司		
山东云龙绣品工业公司	山东省威海市文登市龙山路 89 号	抽纱刺绣工艺品制造
文登芸祥绣品有限公司	山东省威海文登市昆嵛北路 92 号	抽纱刺绣工艺品制造
文登龙福印花有限公司	山东省威海文登市文山路南壕街 98 号	抽纱刺绣工艺品制造
文登利城服装有限公司	山东省威海文登市龙山路 89 号	抽纱刺绣工艺品制造
文登中兴服装厂	山东省威海文登市龙山路 89 号	抽纱刺绣工艺品制造
潍坊新立克集团		
潍坊新立克集团	山东省潍坊市高新区东风东街 189 号	贸易经纪与代理
潍坊新立克置业有限公司	山东省潍坊市高新区	房地产开发经营
山东新立克塑胶股份有限公司	山东省潍坊市高新区	塑料薄膜制造
潍坊新立克石材制品有限公司	山东省潍坊市高新区	建筑用石加工
潍坊新立克(集团)海外贸易有限公司	山东省潍坊市高新区	金属及金属矿批发

续表25

集团及成员企业名称	企业地址	主营行业
山东水产企业集团		
山东省水产企业集团总公司	山东省济南市和平路43号	肉、禽、蛋及水产品批发
山东省中鲁远洋渔业股份有限公司	山东省济南市	海洋捕捞
山东省万祥水产有限公司	山东省济南市	肉、禽、蛋及水产品批发
山东省万合水产有限公司	山东省济南市	肉、禽、蛋及水产品批发
山东省万丰水产有限公司	山东省济南市	肉、禽、蛋及水产品批发
淄博华辰集团		
淄博华辰集团有限责任公司	山东省淄博市开发区华辰工业园	水泥制造
山东建设锦宏水泥有限公司	山东淄博博山区	水泥制造
淄博锦宏水泥有限公司	山东淄博淄川区	水泥制造
山东崇正鲁建重型机械有限公司	山东淄博博山区	其他非金属加工专用设备制造
淄博压力容器厂	山东淄博博山区	汽车零部件及配件制造
烟台交运集团有限责任公司		
烟台交运集团有限责任公司	山东省烟台市芝罘区青年路16号	公共电汽车客运
烟台交运集团蓬莱运输有限公司	山东省烟台蓬莱市	公共电汽车客运
烟台交运集团龙口运输有限公司	山东省烟台龙口市	公共电汽车客运
烟台交运集团莱州运输有限公司	山东省烟台莱州市	公共电汽车客运
烟台交运集团莱阳运输有限公司	山东省烟台莱阳市	公共电汽车客运
大众报业集团(大众日报社)		
大众报业集团(大众日报社)	山东省济南市经十路46号	群众文化活动
大众报业(集团)广告有限公司	山东省济南市	广告业
大众报业(集团)发行有限公司	山东省济南市	报刊批发
山东大众华泰印务有限公司	山东省济南市	书、报、刊印刷
山东新闻大厦有限公司	山东省济南市	旅游饭店
青岛海珊服装服饰集团		
青岛海珊服装服饰集团有限责任公司	山东省青岛市市南区宁夏路266号	纺织服装制造
青岛海珊制衣股份有限公司	山东省青岛市市南区延安三路109号	纺织服装制造
青岛鑫天集团股份有限公司	山东省青岛市四方区都昌路3号	纺织服装制造
青岛三美士西装有限公司	山东省青岛市四方区都昌路3号	纺织服装制造
青岛海珊毛衫制品有限公司	山东省青岛市四方区兴隆路115号	毛针织品及编织品制造
山东英克莱集团		
山东英克莱集团有限公司	山东省济宁市高新区火炬路29号	脚踏自行车及残疾人座车制造
邹城英克莱自行车有限公司	山东省济宁市邹城县东滩路42号	脚踏自行车及残疾人座车制造
山东英克莱健身器械有限公司	山东省济宁市高新区火炬路29号	训练健身器材制造
济宁英克莱电动车有限公司	山东省济宁市高新区火炬路29号	助动自行车制造
济宁英克莱电容器有限公司	山东省济宁市高新区火炬路29号	电容器及其配套设备制造
山东省翔宇实业集团有限公司		
山东省翔宇实业集团有限公司	山东省临沂市金源路307号	防水建筑材料制造
山东省翔宇健康制药有限公司	山东省临沂市	中成药制造
山东省翔宇汽车服务有限公司	山东省临沂市	汽车零售
临沂翔宇经贸有限公司	山东省临沂市	家用电器批发
临沂宇龙置业有限公司	山东省临沂市	房地产开发经营

2－14　企业集团成员企业(单位)主要指标(2003 年)

单位:万元

	单位数(个)	比重(%)	注册资本合计	资产总计	负债合计
总计	4600	100.0	24511496	132991558	83279194
一、按企业集团主营行业分					
第一产业合计	45	1.0	74725	242458	190371
农、林、牧、渔业	45	1.0	74725	242458	190371
第二产业合计	3160	68.7	17597537	96066902	59488486
工业小计	2877	62.5	16990939	92000182	56451701
采矿业	100	2.2	3626242	16957272	11852514
制造业	2691	58.5	11148356	63918229	38083038
电力、燃气及水的生产和供应业	86	1.9	2216341	11124681	6516149
建筑业	283	6.2	606598	4066720	3036785
第三产业合计	1395	30.3	6839234	36682198	23600337
交通运输、仓储和邮政业	166	3.6	1351844	6067303	3186435
信息传输、计算机服务和软件业	55	1.2	1532362	7910066	5019038
批发和零售业	703	15.3	1399828	11559245	7596384
住宿和餐饮业	92	2.0	144086	536583	344582
金融业	14	0.3	216518	2645611	2380270
房地产业	175	3.8	925566	3747553	2633760
其他合计	190	4.1	1269030	4215837	2439868
租赁和商务服务业	79	1.7	1127948	3696253	2219728
科学研究、技术服务和地质勘查业	43	0.9	30042	132347	84579
水利、环境和公共设施管理业	19	0.4	5842	19430	9919
居民服务业和其他服务业	30	0.7	62602	139541	22932
教育	5	0.1	482	1875	1134
卫生、社会保障和社会福利业	2	0.0	3659	17097	5370
文化、体育和娱乐业	12	0.3	38455	209294	96206
公共管理和社会组织	0	0.0	0	0	0
国际组织	0	0.0	0	0	0
二、按母公司登记注册类型分					
国有企业	569	12.4	4305213	21466264	13892637
公司制企业	3248	70.6	18453955	96756252	61505523
国有独资公司	207	4.5	3206945	20353699	17098868
其他有限责任公司	2183	47.5	10454383	49653510	29667850
股份有限公司	481	10.5	3562223	21840195	11795374
中外合资企业	262	5.7	910277	3371423	1982803
港澳台合资企业	115	2.5	320127	1537425	960628
其他	783	17.0	1752328	14769042	7881034

续表 1

单位:万元

	营业收入	主营业务收入	其他业务收入	利润总额	从业人员(人)
总计	107065104	104096796	2968308	6953277	2873624
一、按企业集团主营行业分					
第一产业合计	154057	152234	1823	-18250	10576
农、林、牧、渔业	154057	152234	1823	-18250	10576
第二产业合计	85806618	83106133	2700485	5709186	2530186
工业小计	82531307	79995045	2536262	5584349	2278781
采矿业	17354421	16047232	1307189	2168620	510478
制造业	59214531	58051751	1162780	3225908	1677261
电力、燃气及水的生产和供应业	5962355	5896062	66293	189821	91042
建筑业	3275311	3111088	164223	124837	251405
第三产业合计	21104429	20838429	266000	1262341	332862
交通运输、仓储和邮政业	2210402	2105682	104720	371257	95874
信息传输、计算机服务和软件业	3844476	3791338	53138	518717	57801
批发和零售业	13857676	13780783	76893	165623	130597
住宿和餐饮业	226653	226068	585	1146	16210
金融业	51459	51123	336	17088	1036
房地产业	619833	613457	6376	114272	18159
其他合计	293930	269978	23952	74238	13185
租赁和商务服务业	131757	120166	11591	75162	4580
科学研究、技术服务和地质勘查业	41416	32942	8474	2969	1804
水利、环境和公共设施管理业	12494	11455	1039	-267	1420
居民服务业和其他服务业	33169	30460	2709	2484	2673
教育	653	650	3	-72	157
卫生、社会保障和社会福利业	12820	12820	0	1278	550
文化、体育和娱乐业	61621	61485	136	-7316	2001
公共管理和社会组织	0	0	0	0	0
国际组织	0	0	0	0	0
二、按母公司登记注册类型分					
国有企业	15115146	14630717	484429	618993	356141
公司制企业	77159931	74761649	2398282	5665605	2201655
国有独资公司	15988071	15178146	809925	607182	417332
其他有限责任公司	38788964	37550928	1238036	3479623	1183785
股份有限公司	17403208	17130154	273054	1291490	467724
中外合资企业	3402919	3337971	64948	197168	96425
港澳台合资企业	1576769	1564450	12319	90142	36389
其他	14790027	14704430	85597	668679	315828

续表 2

单位:%

	资产负债率	劳动生产率	销售利润率	总资产使用率
总计	62.62	37.26	6.49	78.27
一、按企业集团主营行业分				
第一产业合计	78.52	14.57	-11.85	62.79
农、林、牧、渔业	78.52	14.57	-11.85	62.79
第二产业合计	61.92	33.91	6.65	86.51
工业小计	61.36	36.22	6.77	86.95
采矿业	69.90	34.00	12.50	94.63
制造业	59.58	35.30	5.45	90.82
电力、燃气及水的生产和供应业	58.57	65.49	3.18	53.00
建筑业	74.67	13.03	3.81	76.50
第三产业合计	64.34	63.40	5.98	56.81
交通运输、仓储和邮政业	52.52	23.06	16.80	34.71
信息传输、计算机服务和软件业	63.45	66.51	13.49	47.93
批发和零售业	65.72	106.11	1.20	119.22
住宿和餐饮业	64.22	13.98	0.51	42.13
金融业	89.97	49.67	33.21	1.93
房地产业	70.28	34.13	18.44	16.37
其他合计	57.87	22.29	25.26	6.40
租赁和商务服务业	60.05	28.77	57.05	3.25
科学研究、技术服务和地质勘查业	63.91	22.96	7.17	24.89
水利、环境和公共设施管理业	51.05	8.80	-2.14	58.96
居民服务业和其他服务业	16.43	12.41	7.49	21.83
教育	60.48	4.16	-11.03	34.67
卫生、社会保障和社会福利业	31.41	23.31	9.97	74.98
文化、体育和娱乐业	45.97	30.80	-11.87	29.38
公共管理和社会组织	0.00	0.00	0.00	0.00
国际组织	0.00	0.00	0.00	0.00
二、按母公司登记注册类型分				
国有企业	64.72	42.44	4.10	68.16
公司制企业	63.57	35.05	7.34	77.27
国有独资公司	84.01	38.31	3.80	74.57
其他有限责任公司	59.75	32.77	8.97	75.63
股份有限公司	54.01	37.21	7.42	78.43
中外合资企业	58.81	35.29	5.79	99.01
港澳台合资企业	62.48	43.33	5.72	101.76
其他	53.36	46.83	4.52	99.56

2－15 积极应对市场严峻挑战 山东企业集团亮点纷呈

在山东省委、省政府关于实施“企业集团带动战略”的重大决策推动和各项政策引导下，全省企业集团发展较快，到2003年末，母子公司体制比较规范且纳入《企业集团统计制度》的已达730余家，其中，工业集团548家，批零贸易餐饮业集团71家，建筑业集团45家，房地产业集团25家，运输邮电业集团18家，农林牧渔业集团3家，其他行业集团22家。几年来，全省企业集团抢抓机遇，深化改革，以提高经济效益为中心，加大科技投入，强化资产营运，全面加强管理，发展态势良好。特别是2003年，先后爆发伊拉克战争和肆虐部分国家的非典型肺炎，国际陆、海、空运输一度中断，原材料价格飞涨，政治经济形势剧烈动荡。面对这一不利环境，全省企业集团处乱不惊，沉着应对，全方位强化措施，努力克服战争和非典带来的不良影响，稳健经营，开拓市场，仍创造了骄人的业绩，呈现出亮点纷呈的好局面。

亮点之一：企业规模继续扩大。2003年，全省企业集团继续加大兼并、重组力度，实施低成本扩张，先后有68家企业集团斥资成立了新的子公司，有38家企业集团购并增加了子公司，有17家企业集团对子公司实施了分立或分拆，目前已拥有成员企业4500余个，平均每家企业集团拥有成员企业6个，较上年增加1个；年末拥有资产10982.87亿元，同比增长16.6%，平均每家企业集团拥有资产15亿元，较上年增加2.77亿元。其中，资产5亿元以上的企业集团有322家，10亿元以上的有198家，50亿元以上的有45家，100亿元以上的有21家，200亿元以上的有6家，分别是山东电力集团、胜利油田有限公司、中国网通山东通信公司、海尔集团、山东鲁能集团和兖矿集团。企业集团资产的迅速增加，为企业集团实现规模效益提供了保障。

亮点之二：多元化经营领域拓宽。全省企业集团继续发挥跨地区、跨行业、跨所有制经营的优势，积极拓展多元化经营领域，2003年在新的行业领域中开辟业务的企业集团达321家，从而使成员企业完全不在同行业大类投资经营的企业集团达到168家，使成员企业虽不处于同一大类行业，但对主业有辅助作用的企业集团达到295家，全省企业集团成员企业(子公司)已在国民经济行业的18个门类、82个大类、280个中类、535个小类中分布，分别占国民经济行业的90.0%、86.32%、70.7%和58.6%。从企业集团成员企业所在地看，在省内的成员企业已发展到4353个，在省外的成员企业发展到163个，另有近30个成员企业在境外发展。从企业集团成员企业登记注册类型考察，全省企业集团成员企业(子公司)已基本覆盖所有类型，其中，国有企业572个，国有独资公司207个，有限责任公司2134个，股份有限公司476个，中外合资企业260个，港澳台合资企业117个，其他类型企业780个。

亮点之三：企业生产大幅增长。2003年，全省732家企业集团中，农、林、牧、渔业企业集团实现产值34.39亿元，增长26.4%；工业企业集团实现产值6682.09亿元，增长23.6%；建筑业企业集团实现产值299.66亿元，增长20.04%；批发零售贸易餐饮业企业集团实现商品销售总额1095.25亿元，增长19.6%；交通运输业企业集团客运量虽下降11.2%，但其绝对量仍达66875万人，更可喜的是货运量以16.1%的速度增长，总量达36323.6万吨。

亮点之四：经济效益稳步提高。我省企业集团2003年实现营业收入9100.17亿元，同比增长24.0%，较上年提高7.6个百分点；实现利润58.41亿元，同比增长36.4%，较上年提高24.76个百分点；上缴税金403.81亿元，同比增长20.37%，较上年提高9.88个百分点。在全省732家企业集团中，营业收入超过十亿元的有106家，超过50亿元的有31家，超过100亿元的12家，分别是海尔集团、胜利油田公司、山东电力集团、海信集团、鲁能集团、重汽集团、兖矿集团、济钢集团、莱钢集体、青钢集团、青岛汽车厂和魏桥创业集团。企业集团实现利润5亿元以上的16家，超过10亿元的4家。企业集团上缴税金5亿元以上的14家，超过10亿元的7家。

亮点之五：出口创汇能力增强。截止到2003末，全省732家企业集团拥有自营产品进出口权的达503家，占68.72%；拥有对外工程承包与劳动合作权的达413家，占56.42%；拥有境外融资权的达195家，占26.24%，与上年相比，这三个比率都有所提高。2003年，全省企业集团对境外投资6628万元，同比增长66.2%，实现出口销售总额为713.97亿元，同比增长22.5%，出口销售总额占主营业务收入的比重已达8.09%。

亮点之六：科技实力壮大，创新成果显著。一是研发队伍壮大。2003年，全省企业集团研究开发人员81432人，同比增长5.7%，比在岗职工人数增速高3.0个百分点。研发人员占在岗职工的比重为3.16%，比上年提高0.1个百分点。二是研发经费增加。732家企业集团投入研究开发的费用为112.75亿元，同比增长15.1%，占主营业务收入的比重已达1.28%。三是技术研究开发中心实力增强。全省企业集团已建立技术研究开发中心的有508家，占68.85%，较上年提高12.86个百分点；企业集团获得的新产品、新技术等科技成果，有63.5%的是自主开发，48.22%是引进技术消化、吸收和创新，43.44%的是与院校、科研机构联合开发，仅有18.99%的靠委托开发；近三年来全省企业集团已有219家企业集团获得国内专利申请授权，应用率达95.89%，另有16家获得美国专利申请授权，93.75%的专利得到应用。四是科技成果转化效益明显。2003年，全省企业集团实现新产品销售收入1251.02亿元，同比增长23.5%，新产品销售收入占主营业务收入的比重已达13.75%。

亮点之七：企业改革进一步深化。一是产权制度趋向完善。732家企业集团中，母公司出资人已全部明确的已达710家，占96.99%，同比提高1.03个百分点。企业集团子公司出资人已全部明确的已达639家，占87.3%；部分明确的70家，占10.79%；未明确的23家，仅占3.14%。二是现代企业制度组织机构进一步健全。企业集团母公司已成立股东大会、董事会、监事会的分别为80.64%、97.37%和90.37%，同比都有所提高。三是企业集团的劳动、人事和分配制度改革基本到位。94.26%的企业集团全面实行劳动合同制，85.93%的实行了全员竞争上岗，75.55%的取消了“干部”与“工人”的身份界限，87.5%的按照规定足额缴纳社会保险金，89.75%的实行了以岗位工资为主的工资制度。现代企业制度的基本建立，制衡机制趋向完善，激励和约束机制的形成，为企业集团的发展注入了新的生机和活力。

亮点之八：企业整体能力提升。一是资金周转快，营运能力强。企业营运能力的强弱，集中体现在流动资金周转速度的快慢上，而流动资金周转速度又是产品市场适应度、营销策略与业绩和企业管理水平的综合反映。依据统计资料测算，全省企业集团2003年流动资产周转次数为1.96次，较上年多周转0.03次。二是总资产贡献率提高，盈利能力增强。评价和考核企业盈利能力的核心指标通常采用总资产贡献率，它是企业经营业绩和管理水平的集中体现。2003年全省企业集团总资产贡献率为10.94%，比上年上升0.79个百分点。三是产出效率提高，竞争能力强。企业的产出效率一般以成本费用利润率和全员劳动生产率来衡量，而产出效率的高低，是企业竞争能力强弱的内在体现。2003年全省企业集团成本费用利润率为7.21%，较上年提高0.64个百分点。以主营业务收入计算的企业（集团）全员劳动生产率为年人均35.34万元，较上年增加6.07万元。四是资本保值增值率提高，发展能力增强。企业资本保值增值率反映了企业净资产的变动状况和企业的经营业绩，集中体现了自身的发展能力。2003年全省企业集团保值增值率高达111.84%，显示出全省企业集团较强的发展能力和发展后劲。

亮点之九：民营企业集团发展较快，质量较好。民营经济是山东省委、省政府确定的并努力发展的三个经济“亮点”之一，民营企业集团作为民营经济的重要组成部分，2003年已发展到302家，比上年增加16家，占全省企业企业集团的比重为41.26%，较上年提高5.19个百分点；总资产达2319.23亿元，占全省企业企业集团的比重为39.6%，较上年提高25.53个百分点；实现营业收入1971.59亿元，同比增长39.3%，较上年提高22.89个百分点；完成出口销售额196.2亿元，同比增长21.6%，较上年提高4.31个百分点；实现利润104.83亿元，同比增长51.3%，较上年提高39.57个百分点，成为山东经济发展“亮点”中的“闪光点”。

综上所述，山东企业集团在先后爆发伊拉克战争和肆虐部分国家的非典型肺炎，国际政治经济形势动荡的不利环境下，创造了骄人的业绩，并展现出良好的发展前景，据对全省732家企业集团董事长（总经理）问卷调查，认为发展前景“很好”或者“较好”的占90.85%，仅有8.74%认为发展前景“一般”，预示着山东企业集团会发展得更快更好。

第三篇

企业景气

3－1 企业景气调查概述

企业景气调查20世纪40年代起源于西方国家，此后在世界范围内得到了迅速的推广和普及。1994年8月起，国家统计局开始进行企业景气调查工作，调查主要是借助信息公司的技术力量，开展对工业和建筑业企业直接问卷调查。全国范围的企业景气调查于1998年在统计系统正式进行，由国家统计局各级企业调查队组织实施。

一、企业景气调查的概念及特点

企业景气调查是通过对部分企业负责人定期进行问卷调查，并根据他们对企业经营状况及宏观经济环境的判断和预期来编制景气指数，从而准确、及时地反映宏观经济运行和企业经营状况，预测经济发展的变动趋势的一种调查统计方法。它是适应我国社会主义市场经济发展的新形势，借鉴西方国家的经验而建立起来的一项进行事前统计的调查制度，它是增强统计服务时效性、扩大统计服务范围，提高统计服务质量的一种新的调查工作。

企业景气调查以问卷为调查形式，以定性为主、定量为辅，定性与定量相结合的景气指标为体系，以对企业的宏观经济环境判断和微观经营状况判断相结合的意向调查为内容。其信息具有较高的超前性、客观性、可靠性和连续性，无论在时间上还是在指标设置上都弥补了传统统计方法的不足。

二、企业景气调查的范围及对象

调查范围为：采掘业；制造业；电力、煤气及水的生产和供应业；建筑业；交通运输、仓储及邮政业；批发和零售业；房地产业、社会服务业；信息传输、计算机服务和软件业；住宿和餐饮业。

调查对象为：上述调查范围内的全部大型及以上和部分抽中的中小型法人企业及其负责人。

三、企业景气调查的内容

企业景气调查包括以下四方面的内容：

1. 企业基本情况。

2. 企业负责人对本期行业景气状况的判断；包括企业负责人对当前本行业景气状况的判断、对下期本行业的景气状况的预计等。

3. 企业负责人对企业生产经营景气状况的判断；包括对本期企业的生产成本、产销总量、价格、库存、资金、盈利、用工、投资及综合生产经营情况等景气状况的判断和下期景气状况的预计。因为同行业的企业所反映企业生产经营景气状况的内容不同，故对不同行业所设置的反映企业生产经营景气状况的指标也不同。

4. 企业负责人对企业生产经营问题的判断：包括对目前本企业生产经营中的问题和生产经营的重点判断，以及企业对政府经济管理部门的要求等。

四、景气指数

1. 景气指数的概念：景气指数又称景气度，它是对企业景气调查中的定性指标通过定量方法加工汇总，综合反映某一特定调查群体或某一社会经济现象所处的状态或发展趋势的一种指标。

企业家信心指数（宏观经济景气指数）：是根据企业负责人对企业外部市场环境与宏观政策的认识、看法、判断与预期而编制的指数，用以综合反映企业负责人对宏观经济环境的感受与信心。

企业景气指数（企业综合生产经营景气指数）：是根据企业负责人对本企业综合生产经营情况的判断与预期而编制的指数，用以综合反映企业的生产经营状况。

其他景气指数（具体指标景气指数）：一般由指标名称之后加景气指数四个字组成。如由产品订货指标综合而成的景气指数称之为“产品订货景气指数”。

2. 景气指数的表示形式。景气指数的表示形式一般有三种；

（1）用正负百分数形式表示，以0作为景气指数的临界值，其数值范围在－100%—100%之间。

（2）用正负小数形式表示，以0作为景气指数临界值，其数值范围在－1—1之间。

（3）用纯正数形式表示，以100作为景气指数临界值，其数值范围在0—200之间。

当景气指数大于临界值时，表明经济状况趋于上升或改善，处于景气状态；当景气指数小于临界值时，表明经济状况趋于下降或恶化，处于不景气状态。

3－2 企业家信心指数(2003年)

类　　别	一季度	二季度	三季度	四季度
总体状况	139.29	124.77	136.36	138.83
一、按行业门类分				
(一)工业	142.58	130.16	139.20	141.89
采矿业	164.75	164.67	164.78	171.34
制造业	141.29	126.05	136.83	139.67
电力、燃气及水的生产和供应业	139.17	141.37	142.58	142.80
(二)建筑业	134.48	136.56	133.56	136.13
房屋和土木工程建筑业	135.90	136.85	133.79	136.12
建筑安装业	120.54	137.37	131.86	137.88
建筑装饰业	116.67	116.67	133.33	133.33
其他建筑业	100.00	100.00	100.00	100.00
(三)交通运输、仓储及邮政业	122.02	94.17	125.16	123.19
铁路运输业	61.09	0.00	169.45	169.45
道路运输业	135.04	85.78	112.64	111.11
城市公共交通业	119.69	97.95	136.18	130.36
水上运输业	118.87	112.95	116.67	131.67
航空运输业	147.14	146.65	200.00	200.00
管道运输业	100.00	100.00	100.00	100.00
装卸搬运和其他运输服务业	100.00	100.00	100.00	100.00
仓储业	116.67	83.33	66.67	83.33
邮政业	97.35	114.20	132.38	118.74
(四)批发和零售业	126.68	117.58	121.34	124.46
批发业	125.56	116.55	119.31	119.45
零售业	128.09	118.28	124.31	132.74
(五)房地产业	152.24	143.46	150.00	154.34
(六)社会服务业	150.78	90.92	134.67	142.28
租赁业	109.09	100.00	118.18	90.91
商务服务业	153.62	72.85	132.47	144.61
环境资源管理业	200.00	133.33	200.00	200.00
公共设施管理业	155.00	115.00	140.00	155.00
居民服务业	160.00	120.00	140.00	140.00
其他服务业	200.00	100.00	100.00	100.00
(七)信息传输、计算机服务和软件业	159.48	151.37	149.98	152.81
信息传输业	165.36	153.64	151.69	153.74
计算机服务业	137.50	137.50	137.50	137.50
软件业	130.03	150.00	146.27	162.50
(八)住宿和餐饮业	133.55	64.30	137.62	138.13
住宿业	130.79	59.67	136.48	137.37
餐饮业	144.45	83.67	142.44	141.35
二、按企业登记注册类型分				
国有企业	134.74	117.64	132.26	134.06
集体企业	133.64	121.38	125.77	136.28
股份合作企业	135.38	115.62	129.18	135.52
联营企业	130.59	126.94	131.90	132.63
有限责任公司	141.59	124.00	139.32	141.75
股份有限公司	151.01	137.26	146.10	149.32
私营企业	132.94	129.05	137.48	133.39
其它内资企业	171.43	128.57	157.14	142.86
外商及港、澳、台投资企业	154.27	134.84	149.61	149.64
三、按企业规模分				
大型及以上	156.28	139.47	152.77	156.76
中型	134.54	118.18	130.34	131.98
小型	126.26	112.06	123.37	126.34
四、特殊分组				
省重点企业	159.38	132.33	155.71	158.72
乡镇企业	156.19	141.06	150.05	151.15
上市公司	139.90	124.96	140.52	145.20
国有控股企业	141.28	122.67	138.69	141.36

3－3　企业景气指数(2003年)

类　　别	一季度	二季度	三季度	四季度
总体状况	133.85	121.57	139.60	139.64
一、按行业门类分				
(一)工业	140.95	130.70	146.52	147.54
采矿业	168.61	171.63	170.85	176.80
制造业	139.39	126.18	145.58	145.71
电力、燃气及水的生产和供应业	138.47	143.17	141.71	147.63
(二)建筑业	114.62	125.52	127.95	118.40
房屋和土木工程建筑业	114.43	126.72	128.52	120.00
建筑安装业	122.86	119.53	121.68	95.33
建筑装饰业	100.00	100.00	116.67	116.67
其他建筑业	100.00	100.00	100.00	100.00
(三)交通运输、仓储及邮政业	116.48	83.98	126.90	120.14
铁路运输业	61.09	69.45	169.45	100.00
道路运输业	129.02	68.70	124.87	120.61
城市公共交通业	113.04	67.52	110.09	109.09
水上运输业	129.89	104.36	135.00	140.00
航空运输业	147.64	52.36	200.00	147.64
管道运输业	100.00	100.00	100.00	100.00
装卸搬运和其他运输服务业	100.00	0.00	200.00	100.00
仓储业	83.33	100.00	66.67	66.67
邮政业	103.78	118.74	128.24	123.29
(四)批发和零售业	120.99	114.12	123.22	130.93
批发业	118.45	116.36	123.47	128.69
零售业	126.05	108.35	122.30	134.77
(五)房地产业	137.88	147.58	141.56	146.88
(六)社会服务业	124.44	54.69	119.82	109.71
租赁业	100.00	100.00	90.91	63.64
商务服务业	132.47	43.31	124.01	113.96
环境资源管理业	133.33	66.67	133.33	100.00
公共设施管理业	120.00	45.00	125.00	125.00
居民服务业	120.00	60.00	120.00	100.00
其他服务业	100.00	100.00	100.00	100.00
(七)信息传输、计算机服务和软件业	158.28	151.73	160.70	162.57
信息传输业	169.46	166.09	170.86	167.98
计算机服务业	87.50	75.00	100.00	150.00
软件业	150.00	125.00	150.00	137.50
(八)住宿和餐饮业	129.23	37.56	128.54	127.10
住宿业	123.19	31.91	129.09	126.10
餐饮业	152.86	61.15	126.24	131.35
二、按企业登记注册类型分				
国有企业	128.91	116.25	133.61	133.18
集体企业	130.33	112.08	128.18	126.17
股份合作企业	123.34	112.35	120.59	130.79
联营企业	123.66	117.41	114.87	115.50
有限责任公司	135.42	124.04	145.21	147.34
股份有限公司	147.64	132.48	156.70	158.57
私营企业	142.90	132.79	138.80	136.33
其他内资企业	157.14	142.86	171.43	157.14
外商及港、澳、台投资企业	155.60	128.21	146.74	145.27
三、按企业规模分				
大型及以上	157.45	145.35	171.81	170.30
中型	127.67	111.92	127.02	130.34
小型	117.75	102.08	118.15	118.64
四、特殊分组				
省重点企业	162.69	141.83	185.02	179.09
乡镇企业	152.83	135.76	146.60	150.72
上市公司	141.45	125.21	180.49	176.22
国有控股企业	137.26	122.04	140.86	142.42

3－3－1　工业企业企业家信心指数(2003年)

类　　别	一季度	二季度	三季度	四季度
工业企业总体状况	142.58	130.16	139.20	141.89
一、按主要行业门类分				
采矿业	164.75	164.67	164.78	171.34
制造业	141.29	126.05	136.83	139.67
电力、燃气及水的生产和供应业	139.17	141.37	142.58	142.80
二、按企业登记注册类型分				
国有企业	142.42	130.13	138.79	139.82
集体企业	140.58	129.08	127.53	142.34
股份合作企业	126.12	118.41	121.49	133.14
联营企业	158.77	153.71	165.28	165.28
有限责任公司	139.43	125.00	140.66	142.71
股份有限公司	151.77	136.36	145.70	147.95
私营企业	139.36	136.20	141.47	138.08
其他分内资企业	160.00	160.00	160.00	160.00
外商及港、澳、台投资企业	146.80	139.48	143.79	143.66
三、按企业规模分				
大型及以上	157.36	138.74	152.87	156.89
中型	134.07	125.24	131.04	131.50
小型	128.34	121.86	126.37	130.11

3－3－2　工业企业企业景气指数(2003年)

类　　别	一季度	二季度	三季度	四季度
工业企业总体状况	140.95	130.70	146.52	147.54
一、按主要行业门类分				
采矿业	168.61	171.63	170.85	176.80
制造业	139.39	126.18	145.58	145.71
电力、燃气及水的生产和供应业	138.47	143.17	141.71	147.63
二、按企业登记注册类型分				
国有企业	141.54	135.75	144.03	145.02
集体企业	137.27	122.97	129.24	130.14
股份合作企业	123.28	112.67	120.10	122.40
联营企业	158.77	158.77	163.95	144.43
有限责任公司	137.87	128.97	149.56	151.30
股份有限公司	146.49	132.80	156.81	158.04
私营企业	146.56	147.00	149.22	145.95
其他内资企业	160.00	180.00	180.00	180.00
外商及港、澳、台投资企业	152.43	128.63	141.02	139.68
三、按企业规模分				
大型及以上	160.29	146.03	175.66	174.04
中型	129.97	123.02	128.00	131.02
小型	122.07	113.93	121.15	123.76

3-3-3 工业企业生产成本景气指数(2003年)

类 别	一季度	二季度	三季度	四季度
工业企业总体状况	79.60	79.78	82.28	63.54
一、按主要行业门类分				
采矿业	85.22	90.86	99.97	78.38
制造业	79.09	78.01	82.28	63.88
电力、燃气及水的生产和供应业	80.71	85.16	69.12	53.02
二、按企业登记注册类型分				
国有企业	71.55	80.08	80.62	57.90
集体企业	79.97	108.35	94.73	73.72
股份合作企业	63.40	82.05	80.25	66.22
联营企业	116.07	84.95	128.96	47.46
有限责任公司	69.00	85.61	82.21	55.47
股份有限公司	90.65	67.87	78.49	71.92
私营企业	89.82	89.60	81.68	50.21
其他内资企业	20.00	120.00	100.00	60.00
外商及港、澳、台投资企业	90.97	66.92	90.98	71.71
三、按企业规模分				
大型及以上	82.35	74.16	82.94	66.52
中型	74.76	79.97	81.12	60.10
小型	82.56	90.44	82.97	63.54

3-3-4 工业企业生产总量景气指数(2003年)

类 别	一季度	二季度	三季度	四季度
工业企业总体状况	129.65	127.97	131.79	138.02
一、按主要行业门类分				
采矿业	102.83	117.29	112.88	105.13
制造业	132.40	126.39	133.28	140.71
电力、燃气及水的生产和供应业	128.08	150.41	136.40	141.19
二、按企业登记注册类型分				
国有企业	131.29	129.49	127.39	139.89
集体企业	122.66	120.62	114.31	124.49
股份合作企业	104.38	111.72	120.78	118.69
联营企业	92.98	104.20	141.72	165.30
有限责任公司	125.68	119.84	133.27	141.04
股份有限公司	137.73	138.73	142.02	142.33
私营企业	146.56	121.88	125.54	122.68
其他内资企业	160.00	200.00	160.00	180.00
外商及港、澳、台投资企业	131.71	124.26	130.89	133.64
三、按企业规模分				
大型及以上	141.58	139.72	144.84	155.63
中型	122.75	123.00	126.76	126.49
小型	118.26	113.42	114.84	122.99

3-3-5 工业企业产品订货景气指数(2003年)

类　别	一季度	二季度	三季度	四季度
工业企业总体状况	129.15	103.96	128.41	132.35
一、按主要行业门类分				
采矿业	100.03	107.89	111.85	159.42
制造业	132.34	102.09	131.01	132.54
电力、燃气及水的生产和供应业	118.36	122.68	118.99	109.75
二、按企业登记注册类型分				
国有企业	123.60	100.03	120.75	120.08
集体企业	129.88	109.15	113.43	127.24
股份合作企业	115.42	95.50	108.80	119.40
联营企业	142.03	115.05	94.69	112.76
有限责任公司	126.19	107.89	130.49	137.65
股份有限公司	139.39	101.20	142.81	144.10
私营企业	131.20	112.38	125.54	122.27
其他内资企业	100.00	100.00	100.00	100.00
外商及港、澳、台投资企业	129.67	109.57	124.75	125.35
三、按企业规模分				
大型及以上	146.13	105.32	146.93	147.77
中型	118.41	106.19	119.83	124.07
小型	113.64	97.44	106.46	115.52

3-3-6 工业企业产品国外订货景气指数(2003年)

类　别	一季度	二季度	三季度	四季度
工业企业总体状况	117.09	95.28	105.41	114.15
一、按主要行业门类分				
采矿业	100.68	89.35	90.62	96.50
制造业	119.71	95.53	107.36	116.72
电力、燃气及水的生产和供应业	98.30	97.74	96.17	99.21
二、按企业登记注册类型分				
国有企业	109.76	95.08	87.59	97.99
集体企业	104.79	96.19	94.06	107.40
股份合作企业	107.72	102.52	105.33	97.27
联营企业	116.58	101.22	98.61	85.71
有限责任公司	110.26	89.09	103.31	118.21
股份有限公司	131.40	95.70	122.57	124.42
私营企业	112.35	117.32	102.44	110.32
其他内资企业	133.33	133.33	133.33	133.33
外商及港、澳、台投资企业	122.45	103.25	109.67	115.41
三、按企业规模分				
大型及以上	133.81	97.49	118.08	131.80
中型	104.03	93.09	96.21	100.64
小型	100.00	93.90	92.02	95.98

3-3-7 工业企业产品销售景气指数(2003年)

类 别	一季度	二季度	三季度	四季度
工业企业总体状况	130.03	112.90	136.47	140.13
一、按主要行业门类分				
采矿业	139.28	118.58	118.10	165.64
制造业	129.97	108.84	137.71	139.07
电力、燃气及水的生产和供应业	126.34	144.83	144.32	135.75
二、按企业登记注册类型分				
国有企业	129.14	115.06	131.29	135.11
集体企业	120.90	108.72	116.90	135.59
股份合作企业	113.49	103.71	126.25	115.46
联营企业	74.20	77.76	136.12	143.08
有限责任公司	126.07	115.52	142.30	139.03
股份有限公司	142.99	111.61	143.39	155.01
私营企业	133.51	116.13	140.34	121.42
其他内资企业	120.00	120.00	120.00	120.00
外商及港、澳、台投资企业	123.45	110.40	129.03	135.66
三、按企业规模分				
大型及以上	144.77	113.72	149.59	159.27
中型	123.10	115.15	129.10	129.45
小型	113.11	107.42	123.27	120.72

3-3-8 工业企业产品销售价格景气指数(2003年)

类 别	一季度	二季度	三季度	四季度
工业企业总体状况	109.44	87.38	104.53	121.17
一、按主要行业门类分				
采矿业	137.41	62.92	144.69	178.52
制造业	108.98	88.47	102.26	119.41
电力、燃气及水的生产和供应业	93.81	96.45	95.66	99.51
二、按企业登记注册类型分				
国有企业	103.11	93.27	105.68	117.19
集体企业	100.57	86.83	104.77	120.46
股份合作企业	96.41	80.19	86.16	109.87
联营企业	110.00	120.00	101.35	122.22
有限责任公司	108.43	84.55	101.53	129.51
股份有限公司	123.86	83.24	110.97	123.76
私营企业	107.99	93.84	91.91	108.75
其他内资企业	120.00	80.00	80.00	100.00
外商及港、澳、台投资企业	102.86	97.49	102.60	107.54
三、按企业规模分				
大型及以上	126.21	82.43	116.69	132.91
中型	98.42	92.36	96.31	113.41
小型	95.63	88.52	94.77	111.33

3-3-9 工业企业产成品库存景气指数(2003年)

类　别	一季度	二季度	三季度	四季度
工业企业总体状况	126.11	118.33	134.63	131.83
一、按主要行业门类分				
采矿业	159.07	112.45	156.83	163.48
制造业	124.46	119.81	135.01	130.88
电力、燃气及水的生产和供应业	108.92	106.28	105.47	105.34
二、按企业登记注册类型分				
国有企业	129.73	117.79	118.44	129.97
集体企业	123.81	121.49	126.95	122.71
股份合作企业	137.15	114.81	125.59	129.53
联营企业	130.92	120.00	133.63	112.76
有限责任公司	123.35	121.89	134.97	137.34
股份有限公司	124.95	114.25	153.64	130.99
私营企业	127.63	122.10	135.42	135.01
其他内资企业	120.00	100.00	140.00	140.00
外商及港、澳、台投资企业	134.27	115.13	118.37	131.18
三、按企业规模分				
大型及以上	134.48	123.28	157.18	149.62
中型	119.97	115.28	116.17	117.57
小型	119.94	113.68	121.43	120.41

3-3-10 工业企业盈利(亏损)变化景气指数(2003年)

类　别	一季度	二季度	三季度	四季度
工业企业总体状况	120.88	115.48	128.14	133.32
一、按主要行业门类分				
采矿业	147.31	150.23	151.85	162.51
制造业	120.57	111.23	126.65	133.39
电力、燃气及水的生产和供应业	108.89	125.76	124.87	116.28
二、按企业登记注册类型分				
国有企业	114.44	122.91	123.22	132.16
集体企业	120.04	118.03	119.05	122.48
股份合作企业	99.62	99.01	85.38	108.48
联营企业	158.77	115.05	147.23	123.87
有限责任公司	125.44	125.93	131.33	130.56
股份有限公司	125.82	107.45	144.82	149.24
私营企业	121.94	113.95	126.15	103.42
其他内资企业	80.00	80.00	120.00	100.00
外商及港、澳、台投资企业	120.04	108.61	113.47	132.78
三、按企业规模分				
大型及以上	139.80	127.35	150.22	157.54
中型	108.72	110.49	114.26	119.74
小型	104.93	100.82	108.59	108.89

3－3－11　工业企业流动资金景气指数(2003 年)

类　　别	一季度	二季度	三季度	四季度
工业企业总体状况	92.35	92.11	94.07	94.45
一、按主要行业门类分				
采矿业	133.66	139.29	130.32	136.47
制造业	90.15	88.50	91.83	91.92
电力、燃气及水的生产和供应业	85.74	93.50	90.68	89.44
二、按企业登记注册类型分				
国有企业	85.39	84.57	86.63	82.74
集体企业	77.32	88.50	80.92	88.43
股份合作企业	62.90	63.30	57.11	56.85
联营企业	107.28	82.23	106.73	120.54
有限责任公司	85.49	78.16	82.44	88.48
股份有限公司	118.09	117.49	121.65	116.94
私营企业	73.00	87.76	98.47	84.15
其他内资企业	180.00	140.00	120.00	160.00
外商及港、澳、台投资企业	89.61	94.14	96.29	93.27
三、按企业规模分				
大型及以上	127.55	124.01	125.37	124.20
中型	65.93	69.37	72.32	72.33
小型	69.21	68.77	69.97	73.61

3－3－12　工业企业货款拖欠景气指数(2003 年)

类　　别	一季度	二季度	三季度	四季度
工业企业总体状况	112.42	112.97	113.82	117.14
一、按主要行业门类分				
采矿业	120.52	115.68	111.55	118.04
制造业	113.48	114.12	115.21	119.40
电力、燃气及水的生产和供应业	100.47	105.41	107.64	103.34
二、按企业登记注册类型分				
国有企业	111.52	101.77	108.98	113.92
集体企业	109.20	96.27	109.40	108.52
股份合作企业	90.49	100.25	100.82	100.21
联营企业	137.28	84.95	109.76	100.00
有限责任公司	122.78	117.27	117.16	116.96
股份有限公司	110.42	129.13	120.02	128.87
私营企业	117.29	109.35	117.27	117.27
其他内资企业	80.00	160.00	120.00	100.00
外商及港、澳、台投资企业	99.52	100.28	97.75	101.87
三、按企业规模分				
大型及以上	117.81	125.00	130.59	136.71
中型	109.54	105.92	102.42	106.70
小型	106.89	101.39	100.28	96.07

3－3－13 工业企业劳动力需求景气指数(2003年)

类　别	一季度	二季度	三季度	四季度
工业企业总体状况	113.84	105.06	107.39	112.49
一、按主要行业门类分				
采矿业	103.73	100.65	100.92	99.29
制造业	116.58	106.87	108.88	115.17
电力、燃气及水的生产和供应业	98.58	94.14	99.46	99.75
二、按企业登记注册类型分				
国有企业	102.60	99.70	95.49	105.53
集体企业	119.43	102.60	103.97	108.89
股份合作企业	106.47	95.45	95.50	108.71
联营企业	100.00	115.05	93.04	100.00
有限责任公司	120.86	107.84	109.80	118.99
股份有限公司	113.52	105.57	111.97	110.90
私营企业	131.52	110.61	121.14	119.14
其他内资企业	100.00	100.00	100.00	100.00
外商及港、澳、台投资企业	124.81	115.50	119.96	125.83
三、按企业规模分				
大型及以上	120.03	108.61	106.69	115.79
中型	110.73	105.71	108.32	108.41
小型	107.10	96.98	107.14	112.98

3－3－14 工业企业固定资产投资景气指数(2003年)

类　别	一季度	二季度	三季度	四季度
工业企业总体状况	119.27	129.80	128.13	128.55
一、按主要行业门类分				
采矿业	141.22	141.63	147.50	123.73
制造业	116.68	127.65	125.72	127.12
电力、燃气及水的生产和供应业	125.49	138.34	134.86	145.85
二、按企业登记注册类型分				
国有企业	120.32	129.14	133.69	135.89
集体企业	121.75	130.90	113.32	121.33
股份合作企业	116.70	107.75	117.02	103.23
联营企业	89.15	145.05	83.28	165.30
有限责任公司	119.68	129.72	134.87	135.87
股份有限公司	119.58	136.09	127.20	121.48
私营企业	113.49	123.95	129.35	140.08
其他内资企业	80.00	80.00	120.00	120.00
外商及港、澳、台投资企业	118.83	124.00	119.36	118.53
三、按企业规模分				
大型及以上	126.10	146.74	141.19	138.58
中型	117.57	120.19	120.77	126.67
小型	108.82	113.02	115.04	111.98

3－3－15　工业企业科技创新景气指数(2003年)

类　　别	一季度	二季度	三季度	四季度
工业企业总体状况	129.00	131.80	132.15	131.72
一、按主要行业门类分				
采矿业	144.58	135.58	139.07	150.49
制造业	128.98	132.23	132.60	131.55
电力、燃气及水的生产和供应业	117.99	123.56	123.03	120.67
二、按企业登记注册类型分				
国有企业	120.00	123.20	126.09	123.18
集体企业	113.38	115.73	112.05	116.60
股份合作企业	120.81	112.40	105.00	109.66
联营企业	89.15	135.05	111.11	136.12
有限责任公司	127.75	130.98	134.76	137.06
股份有限公司	148.31	151.85	152.02	147.52
私营企业	121.18	122.72	121.49	118.77
其他内资企业	160.00	100.00	120.00	140.00
外商及港、澳、台投资企业	113.49	125.03	115.40	112.72
三、按企业规模分				
大型及以上	146.80	152.21	152.55	154.62
中型	117.15	119.49	118.37	114.73
小型	112.28	110.32	113.25	113.39

3－3－16　工业企业原材料及能源购进价景气指数(2003年)

类　　别	一季度	二季度	三季度	四季度
工业企业总体状况	57.03	69.90	64.49	43.30
一、按主要行业门类分				
采矿业	85.49	80.28	81.97	66.22
制造业	53.58	67.01	61.52	39.99
电力、燃气及水的生产和供应业	67.48	85.18	77.55	56.58
二、按企业登记注册类型分				
国有企业	64.18	78.68	67.50	43.32
集体企业	58.85	73.59	75.20	51.24
股份合作企业	52.62	80.57	62.45	44.65
联营企业	113.72	84.95	101.35	47.46
有限责任公司	52.83	64.35	57.17	33.74
股份有限公司	53.79	64.02	63.90	47.75
私营企业	52.56	82.94	57.68	32.21
其他内资企业	20.00	100.00	80.00	40.00
外商及港、澳、台投资企业	65.30	66.00	72.50	49.90
三、按企业规模分				
大型及以上	56.17	62.07	61.24	45.07
中型	53.90	71.88	64.52	37.86
小型	64.11	81.87	70.80	49.17

3－3－17 工业企业原材料及能源供应景气指数(2003年)

类别	一季度	二季度	三季度	四季度
工业企业总体状况	126.91	125.47	128.75	111.41
一、按主要行业门类分				
采矿业	169.54	167.83	166.28	169.80
制造业	123.15	120.54	123.76	104.76
电力、燃气及水的生产和供应业	130.04	138.38	145.50	129.77
二、按企业登记注册类型分				
国有企业	124.80	126.76	134.59	116.17
集体企业	127.03	131.44	130.21	121.36
股份合作企业	114.79	118.31	115.45	98.39
联营企业	157.55	133.46	159.69	118.07
有限责任公司	117.56	119.38	124.74	107.52
股份有限公司	134.88	123.81	125.79	105.47
私营企业	122.84	130.22	131.74	121.00
其他内资企业	160.00	200.00	200.00	180.00
外商及港、澳、台投资企业	141.46	135.70	138.58	120.94
三、按企业规模分				
大型及以上	129.49	124.93	132.89	110.63
中型	125.71	124.28	123.39	112.66
小型	123.90	128.57	129.83	110.83

3－4－1 建筑业企业企业家信心指数(2003年)

类别	一季度	二季度	三季度	四季度
建筑业企业总体状况	134.48	136.56	133.56	136.13
一、按主要行业门类分				
房屋和土木工程建筑业	135.90	136.85	133.79	136.12
建筑安装业	120.54	137.37	131.86	137.88
建筑装饰业	116.67	116.67	133.33	133.33
二、按企业登记注册类型分				
国有企业	130.35	142.16	131.37	128.84
集体企业	126.37	131.74	136.18	135.89
股份合作企业	157.14	135.30	142.86	142.86
联营企业	100.00	100.00	100.00	100.00
有限责任公司	145.13	132.26	135.71	152.03
股份有限公司	154.03	152.96	152.96	152.96
私营企业	100.00	125.00	125.00	100.00
其他内资企业	100.00	100.00	100.00	100.00
外商及港、澳、台投资企业	100.00	100.00	200.00	100.00
三、按企业规模分				
大型及以上	149.41	150.26	146.47	146.02
中型	126.53	125.00	120.83	137.50
小型	122.08	127.63	126.32	123.68

3-4-2 建筑业企业企业景气指数(2003年)

类 别	一季度	二季度	三季度	四季度
建筑业企业总体状况	114.62	125.52	127.95	118.40
一、按主要行业门类分				
房屋和土木工程建筑业	114.43	126.72	128.52	120.00
建筑安装业	122.86	119.53	121.68	95.33
建筑装饰业	100.00	100.00	116.67	116.67
二、按企业登记注册类型分				
国有企业	102.66	119.61	120.60	113.42
集体企业	119.62	124.66	126.45	111.76
股份合作企业	129.99	141.44	142.86	121.02
联营企业	100.00	100.00	200.00	200.00
有限责任公司	123.99	136.66	140.76	125.45
股份有限公司	138.29	139.36	122.95	132.69
私营企业	125.00	100.00	75.00	75.00
其他内资企业	100.00	100.00	100.00	100.00
外商及港、澳、台投资企业	100.00	100.00	200.00	100.00
三、按企业规模分				
大型及以上	110.65	133.72	133.13	119.31
中型	118.37	116.67	122.92	129.17
小型	116.88	121.33	125.00	110.53

3-4-3 建筑业企业工程合同数景气指数(2003年)

类 别	一季度	二季度	三季度	四季度
建筑业企业总体状况	102.25	131.78	135.04	125.74
一、按主要行业门类分				
房屋和土木工程建筑业	103.45	136.94	135.81	123.60
建筑安装业	94.88	87.07	137.88	159.79
建筑装饰业	83.33	83.33	100.00	100.00
二、按企业登记注册类型分				
国有企业	100.51	115.89	137.32	129.36
集体企业	101.86	132.89	132.99	120.73
股份合作企业	142.86	115.70	115.70	122.44
联营企业	100.00	200.00	200.00	200.00
有限责任公司	102.79	150.80	141.47	126.72
股份有限公司	107.36	153.49	114.54	140.96
私营企业	125.00	100.00	100.00	100.00
其他内资企业	100.00	100.00	100.00	100.00
外商及港、澳、台投资企业	100.00	100.00	200.00	100.00
三、按企业规模分				
大型及以上	99.84	131.11	156.65	148.12
中型	104.08	135.42	118.75	116.67
小型	103.90	130.26	119.74	105.26

3-4-4　建筑业企业国(境)外合同景气指数(2003年)

类　别	一季度	二季度	三季度	四季度
建筑业企业总体状况	104.24	98.94	97.66	95.14
一、按主要行业门类分				
房屋和土木工程建筑业	104.62	98.83	97.50	93.49
建筑安装业	112.50	100.00	98.37	116.50
建筑装饰业	66.67	100.00	100.00	100.00
二、按企业登记注册类型分				
国有企业	106.95	95.04	100.41	88.37
集体企业	97.54	105.13	97.44	107.32
股份合作企业	100.00	113.22	100.00	100.00
联营企业	100.00	100.00	100.00	100.00
有限责任公司	99.82	94.37	92.31	86.96
股份有限公司	124.33	104.43	96.83	105.69
私营企业	100.00	100.00	100.00	100.00
其他内资企业	100.00	100.00	100.00	100.00
外商及港、澳、台投资企业	100.00	100.00	100.00	100.00
三、按企业规模分				
大型及以上	109.42	99.34	99.53	90.55
中型	108.00	111.54	100.00	103.33
小型	95.65	91.11	94.23	96.00

3-4-5　建筑业企业建筑工程量景气指数(2003年)

类　别	一季度	二季度	三季度	四季度
建筑业企业总体状况	83.46	150.34	146.65	136.11
一、按主要行业门类分				
房屋和土木工程建筑业	86.04	155.64	148.89	135.81
建筑安装业	59.12	119.64	137.97	145.37
建筑装饰业	66.67	66.67	100.00	116.67
二、按企业登记注册类型分				
国有企业	83.08	160.47	142.94	153.38
集体企业	82.35	139.03	150.39	121.60
股份合作企业	88.55	163.28	129.99	136.72
联营企业	100.00	200.00	200.00	200.00
有限责任公司	92.19	139.45	150.10	127.75
股份有限公司	82.13	180.36	148.08	169.31
私营企业	100.00	125.00	125.00	75.00
其他内资企业	100.00	100.00	100.00	100.00
外商及港、澳、台投资企业	0.00	0.00	100.00	200.00
三、按企业规模分				
大型及以上	70.30	160.81	161.08	154.96
中型	91.84	147.92	143.75	150.00
小型	93.51	139.47	131.58	105.26

3－4－6 建筑业企业新开工工程量景气指数(2003年)

类　　别	一季度	二季度	三季度	四季度
建筑业企业总体状况	100.00	100.00	100.00	100.00
一、按主要行业门类分				
房屋和土木工程建筑业	100.00	100.00	100.00	100.00
建筑安装业	100.00	100.00	100.00	100.00
建筑装饰业	100.00	100.00	100.00	100.00
二、按企业登记注册类型分				
国有企业	100.00	100.00	100.00	100.00
集体企业	100.00	100.00	100.00	100.00
股份合作企业	100.00	100.00	100.00	100.00
联营企业	100.00	100.00	100.00	100.00
有限责任公司	100.00	100.00	100.00	100.00
股份有限公司	100.00	100.00	100.00	100.00
私营企业	100.00	100.00	100.00	100.00
其他内资企业	100.00	100.00	100.00	100.00
外商及港、澳、台投资企业	100.00	100.00	100.00	100.00
三、按企业规模分				
大型及以上	100.00	100.00	100.00	100.00
中型	100.00	100.00	100.00	100.00
小型	100.00	100.00	100.00	100.00

3－4－7 建筑业企业施工产值景气指数(2003年)

类　　别	一季度	二季度	三季度	四季度
建筑业企业总体状况	88.41	149.44	145.09	135.45
一、按主要行业门类分				
房屋和土木工程建筑业	89.35	150.82	146.86	133.54
建筑安装业	80.44	152.31	128.44	161.66
建筑装饰业	83.33	100.00	133.33	133.33
二、按企业登记注册类型分				
国有企业	79.47	139.92	141.58	141.71
集体企业	96.17	157.89	146.40	128.77
股份合作企业	88.55	163.28	129.99	149.59
联营企业	100.00	200.00	200.00	200.00
有限责任公司	93.14	143.01	152.09	127.09
股份有限公司	131.24	192.26	141.17	147.46
私营企业	100.00	150.00	125.00	125.00
其他内资企业	100.00	100.00	100.00	100.00
外商及港、澳、台投资企业	0.00	100.00	200.00	200.00
三、按企业规模分				
大型及以上	73.28	152.00	154.99	150.33
中型	89.80	152.08	127.08	127.08
小型	105.19	144.74	144.74	122.97

3-4-8 建筑业企业竣工产值景气指数(2003年)

类　　别	一季度	二季度	三季度	四季度
建筑业企业总体状况	74.97	134.57	132.45	147.06
一、按主要行业门类分				
房屋和土木工程建筑业	74.91	140.39	135.34	148.28
建筑安装业	75.94	82.49	106.45	153.15
建筑装饰业	66.67	83.33	100.00	100.00
二、按企业登记注册类型分				
国有企业	69.18	155.12	130.87	153.28
集体企业	77.71	120.62	122.37	141.99
股份合作企业	66.71	135.30	149.59	149.59
联营企业	0.00	200.00	200.00	200.00
有限责任公司	75.63	122.94	139.84	135.31
股份有限公司	111.24	139.89	142.01	178.66
私营企业	125.00	75.00	150.00	100.00
其他内资企业	100.00	100.00	100.00	100.00
外商及港、澳、台投资企业	0.00	0.00	100.00	200.00
三、按企业规模分				
大型及以上	61.32	155.54	139.38	166.57
中型	93.88	129.17	133.33	145.83
小型	78.95	113.16	123.68	125.00

3-4-9 建筑业企业工程结算收入景气指数(2003年)

类　　别	一季度	二季度	三季度	四季度
建筑业企业总体状况	75.57	127.88	135.53	151.29
一、按主要行业门类分				
房屋和土木工程建筑业	77.38	133.81	138.65	152.25
建筑安装业	53.19	88.65	124.17	162.37
建筑装饰业	83.33	50.00	66.67	100.00
二、按企业登记注册类型分				
国有企业	79.57	125.04	134.08	163.21
集体企业	73.00	123.91	127.39	152.77
股份合作企业	81.00	163.28	142.86	171.43
联营企业	0.00	200.00	200.00	200.00
有限责任公司	71.97	123.89	144.31	148.30
股份有限公司	103.62	157.18	139.02	130.32
私营企业	100.00	100.00	50.00	25.00
其他内资企业	100.00	100.00	100.00	100.00
外商及港、澳、台投资企业	0.00	0.00	100.00	0.00
三、按企业规模分				
大型及以上	63.58	135.19	152.98	165.44
中型	77.55	133.33	122.92	147.92
小型	88.31	115.79	122.67	136.84

3-4-10 建筑业企业建筑材料购进价格景气指数(2003年)

类 别	一季度	二季度	三季度	四季度
建筑业企业总体状况	68.72	84.09	88.13	92.34
一、按主要行业门类分				
房屋和土木工程建筑业	68.43	82.90	87.83	92.97
建筑安装业	66.84	104.58	91.84	95.74
建筑装饰业	83.33	66.67	83.33	66.67
二、按企业登记注册类型分				
国有企业	57.21	115.24	104.14	112.64
集体企业	67.13	76.03	81.32	71.52
股份合作企业	72.03	66.12	38.14	117.12
联营企业	100.00	100.00	200.00	200.00
有限责任公司	85.61	63.65	83.48	93.62
股份有限公司	77.50	38.36	78.72	82.45
私营企业	0.00	50.00	75.00	25.00
其他内资企业	100.00	100.00	100.00	100.00
外商及港、澳、台投资企业	100.00	0.00	100.00	100.00
三、按企业规模分				
大型及以上	68.26	96.93	90.66	121.32
中型	73.47	72.34	83.33	70.83
小型	66.23	76.32	88.16	72.37

3-4-11 建筑业企业工程结算成本景气指数(2003年)

类 别	一季度	二季度	三季度	四季度
建筑业企业总体状况	87.54	64.17	60.27	34.11
一、按主要行业门类分				
房屋和土木工程建筑业	88.04	64.23	58.43	32.16
建筑安装业	78.11	56.79	65.95	45.19
建筑装饰业	100.00	83.33	100.00	50.00
二、按企业登记注册类型分				
国有企业	84.17	63.98	61.60	20.59
集体企业	79.31	75.47	66.68	31.54
股份合作企业	52.43	51.01	14.29	14.29
联营企业	200.00	0.00	100.00	0.00
有限责任公司	110.40	63.09	54.85	59.54
股份有限公司	37.53	38.93	55.05	18.56
私营企业	100.00	75.00	75.00	50.00
其他内资企业	100.00	100.00	100.00	100.00
外商及港、澳、台投资企业	200.00	100.00	200.00	0.00
三、按企业规模分				
大型及以上	92.33	53.70	55.49	29.95
中型	83.67	66.67	56.25	41.67
小型	84.42	75.00	68.42	34.21

3－4－12 建筑业企业盈利(亏损)变化景气指数(2003年)

类别	一季度	二季度	三季度	四季度
建筑业企业总体状况	93.90	107.69	91.69	70.74
一、按主要行业门类分				
房屋和土木工程建筑业	93.92	105.30	90.57	67.42
建筑安装业	91.37	132.28	84.81	96.61
建筑装饰业	100.00	116.67	133.33	100.00
二、按企业登记注册类型分				
国有企业	94.62	80.95	79.71	53.10
集体企业	91.45	124.11	84.84	81.83
股份合作企业	58.56	141.44	97.98	113.46
联营企业	100.00	200.00	0.00	0.00
有限责任公司	104.70	127.63	117.77	74.56
股份有限公司	116.88	119.36	83.36	88.95
私营企业	100.00	100.00	75.00	50.00
其他内资企业	100.00	100.00	100.00	100.00
外商及港、澳、台投资企业	100.00	0.00	200.00	0.00
三、按企业规模分				
大型及以上	96.60	101.44	98.12	56.94
中型	91.67	116.67	87.50	87.50
小型	92.11	109.46	86.67	76.32

3－4－13 建筑业企业流动资金景气指数(2003年)

类别	一季度	二季度	三季度	四季度
建筑业企业总体状况	58.34	70.86	81.62	89.88
一、按主要行业门类分				
房屋和土木工程建筑业	57.13	68.72	81.27	86.98
建筑安装业	76.17	95.65	79.88	125.20
建筑装饰业	50.00	66.67	100.00	83.33
二、按企业登记注册类型分				
国有企业	50.51	89.87	80.33	101.52
集体企业	65.53	66.84	82.31	77.42
股份合作企业	70.01	55.72	70.01	87.13
联营企业	0.00	0.00	200.00	200.00
有限责任公司	64.82	66.07	84.28	88.23
股份有限公司	58.99	33.77	84.59	89.61
私营企业	75.00	75.00	100.00	50.00
其他内资企业	100.00	100.00	100.00	100.00
外商及港、澳、台投资企业	100.00	100.00	100.00	100.00
三、按企业规模分				
大型及以上	61.15	84.37	86.87	122.70
中型	42.86	55.32	72.92	66.67
小型	64.94	64.47	81.08	66.67

3-4-14 建筑业企业货款拖欠景气指数(2003年)

类别	一季度	二季度	三季度	四季度
建筑业企业总体状况	72.21	56.39	58.68	50.95
一、按主要行业门类分				
房屋和土木工程建筑业	69.62	54.20	56.11	50.82
建筑安装业	99.02	83.50	89.18	55.59
建筑装饰业	83.33	50.00	50.00	50.00
二、按企业登记注册类型分				
国有企业	64.73	54.02	65.16	42.03
集体企业	60.67	57.26	57.14	56.06
股份合作企业	71.43	64.70	50.41	36.72
联营企业	200.00	0.00	0.00	0.00
有限责任公司	89.89	61.95	59.54	57.31
股份有限公司	62.56	34.28	31.09	50.29
私营企业	125.00	100.00	100.00	50.00
其他内资企业	100.00	100.00	100.00	100.00
外商及港、澳、台投资企业	200.00	100.00	100.00	100.00
三、按企业规模分				
大型及以上	75.54	52.92	61.77	43.76
中型	57.14	47.92	50.00	60.42
小型	77.92	65.79	60.53	53.33

3-4-15 建筑业企业劳动力需求景气指数(2003年)

类别	一季度	二季度	三季度	四季度
建筑业企业总体状况	85.76	126.09	113.14	89.95
一、按主要行业门类分				
房屋和土木工程建筑业	84.76	129.37	113.76	89.19
建筑安装业	110.01	94.73	112.18	98.45
建筑装饰业	50.00	100.00	100.00	100.00
二、按企业登记注册类型分				
国有企业	78.09	94.17	96.54	84.30
集体企业	93.24	134.18	117.97	91.94
股份合作企业	86.54	140.84	113.69	98.58
联营企业	200.00	200.00	100.00	0.00
有限责任公司	83.45	142.87	129.51	90.58
股份有限公司	106.93	169.31	97.10	99.67
私营企业	100.00	150.00	75.00	100.00
其他内资企业	100.00	100.00	100.00	100.00
外商及港、澳、台投资企业	0.00	100.00	100.00	100.00
三、按企业规模分				
大型及以上	75.98	123.14	115.54	75.95
中型	95.92	129.17	108.33	104.17
小型	90.79	127.63	113.33	97.37

3-4-16 建筑业企业固定资产投资景气指数(2003年)

类 别	一季度	二季度	三季度	四季度
建筑业企业总体状况	102.40	130.55	126.01	111.04
一、按主要行业门类分				
房屋和土木工程建筑业	105.00	131.71	128.07	110.51
建筑安装业	79.68	123.67	115.59	116.06
建筑装饰业	83.33	116.67	83.33	116.67
二、按企业登记注册类型分				
国有企业	90.16	143.47	123.76	104.78
集体企业	99.61	114.84	128.11	104.58
股份合作企业	85.71	112.27	93.87	108.15
联营企业	200.00	200.00	200.00	200.00
有限责任公司	118.35	139.76	121.73	117.73
股份有限公司	133.24	111.45	152.69	149.71
私营企业	125.00	100.00	150.00	125.00
其他内资企业	100.00	100.00	100.00	100.00
外商及港、澳、台投资企业	100.00	200.00	100.00	200.00
三、按企业规模分				
大型及以上	102.43	154.02	136.41	118.72
中型	93.88	118.75	129.17	110.42
小型	107.79	110.53	111.84	102.63

3-5-1 交通运输、仓储及邮政业企业企业家信心指数(2003年)

类 别	一季度	二季度	三季度	四季度
交通运输、仓储及邮政业企业总体状况	122.02	94.17	125.16	123.19
一、按主要行业门类分				
铁路运输业	61.09	0.00	169.45	169.45
道路运输业	135.04	85.78	112.64	111.11
城市公共交通业	119.69	97.95	136.18	130.36
水上运输业	118.87	112.95	116.67	131.67
航空运输业	147.14	146.65	200.00	200.00
管道运输业	100.00	100.00	100.00	100.00
装卸搬运和其他运输服务业	100.00	100.00	100.00	100.00
仓储业	116.67	83.33	66.67	83.33
邮政业	97.35	114.20	132.38	118.74
二、按企业登记注册类型分				
国有企业	117.67	100.12	131.71	138.71
集体企业	94.12	94.12	100.00	82.35
股份合作企业	100.00	66.67	133.33	83.33
联营企业	100.00	100.00	100.00	100.00
有限责任公司	137.84	75.68	115.15	111.34
股份有限公司	162.88	133.73	170.84	170.84
私营企业	100.00	100.00	100.00	100.00
其他内资企业	100.00	100.00	100.00	100.00
外商及港、澳、台投资企业	133.33	100.00	100.00	100.00
三、按企业规模分				
大型及以上	125.15	93.00	157.86	158.46
中型	133.93	87.50	119.64	126.79
小型	107.69	101.92	115.38	101.96

3－5－2 交通运输、仓储及邮政业企业企业景气指数(2003年)

类 别	一季度	二季度	三季度	四季度
交通运输、仓储及邮政业企业总体状况	116.48	83.98	126.90	120.14
一、按主要行业门类分				
铁路运输业	61.09	69.45	169.45	100.00
道路运输业	129.02	68.70	124.87	120.61
城市公共交通业	113.04	67.52	110.09	109.09
水上运输业	129.89	104.36	135.00	140.00
航空运输业	147.64	52.36	200.00	147.64
管道运输业	100.00	100.00	100.00	100.00
装卸搬运和其他运输服务业	100.00	0.00	200.00	100.00
仓储业	83.33	100.00	66.67	66.67
邮政业	103.78	118.74	128.24	123.29
二、按企业登记注册类型分				
国有企业	113.42	105.16	134.97	130.13
集体企业	94.12	64.71	88.24	82.35
股份合作企业	100.00	50.00	100.00	116.67
联营企业	100.00	100.00	100.00	100.00
有限责任公司	127.80	64.59	127.80	112.65
股份有限公司	148.60	65.10	156.56	162.88
私营企业	100.00	100.00	100.00	100.00
其他内资企业	100.00	100.00	100.00	100.00
外商及港、澳、台投资企业	133.33	66.67	133.33	100.00
三、按企业规模分				
大型及以上	139.68	90.76	183.10	150.35
中型	119.64	78.57	123.21	128.57
小型	101.92	86.54	103.85	96.08

3－5－3 交通运输、仓储及邮政业企业业务需求量景气指数(2003年)

类 别	一季度	二季度	三季度	四季度
交通运输、仓储及邮政业企业总体状况	107.69	72.95	129.80	111.56
一、按主要行业门类分				
铁路运输业	30.55	0.00	200.00	61.09
道路运输业	115.50	40.41	115.44	110.42
城市公共交通业	128.13	79.17	146.92	97.86
水上运输业	111.08	117.95	150.00	123.87
航空运输业	147.64	94.28	200.00	147.64
管道运输业	100.00	100.00	100.00	100.00
装卸搬运和其他运输服务业	0.00	0.00	100.00	100.00
仓储业	83.33	66.67	33.33	66.67
邮政业	96.82	113.64	126.34	135.80
二、按企业登记注册类型分				
国有企业	113.33	94.19	137.49	119.89
集体企业	64.71	88.24	94.12	94.12
股份合作企业	66.67	33.33	116.67	83.33
联营企业	100.00	100.00	100.00	100.00
有限责任公司	121.04	30.48	126.57	98.18
股份有限公司	134.31	54.34	170.26	162.88
私营企业	100.00	100.00	100.00	100.00
其他内资企业	100.00	100.00	100.00	100.00
外商及港、澳、台投资企业	66.67	100.00	133.33	100.00
三、按企业规模分				
大型及以上	116.93	64.11	182.56	113.06
中型	114.29	73.21	126.79	123.21
小型	96.15	76.92	107.69	98.04

3-5-4　交通运输、仓储及邮政业企业业务收入景气指数(2003年)

类　　别	一季度	二季度	三季度	四季度
交通运输、仓储及邮政业企业总体状况	118.80	61.51	130.10	104.80
一、按主要行业门类分				
铁路运输业	30.55	0.00	200.00	0.00
道路运输业	123.77	28.57	111.21	100.67
城市公共交通业	123.79	56.52	146.92	123.92
水上运输业	132.20	118.41	145.00	132.10
航空运输业	152.86	0.00	200.00	48.13
管道运输业	100.00	100.00	100.00	100.00
装卸搬运和其他运输服务业	0.00	0.00	100.00	200.00
仓储业	50.00	66.67	33.33	50.00
邮政业	133.18	113.64	144.52	135.43
二、按企业登记注册类型分				
国有企业	131.03	89.28	136.65	107.11
集体企业	88.24	70.59	100.00	94.12
股份合作企业	66.67	16.67	83.33	83.33
联营企业	100.00	100.00	100.00	100.00
有限责任公司	118.01	24.24	135.66	108.22
股份有限公司	136.53	0.00	170.26	105.74
私营企业	100.00	100.00	100.00	100.00
其他内资企业	100.00	100.00	100.00	100.00
外商及港、澳、台投资企业	66.67	66.67	100.00	133.33
三、按企业规模分				
大型及以上	132.00	47.23	184.15	89.33
中型	110.71	57.14	128.57	125.00
小型	121.15	73.08	105.77	90.20

3-5-5　交通运输、仓储及邮政业企业业务收费价格景气指数(2003年)

类　　别	一季度	二季度	三季度	四季度
交通运输、仓储及邮政业企业总体状况	100.55	87.49	90.73	104.43
一、按主要行业门类分				
铁路运输业	100.00	100.00	100.00	100.00
道路运输业	101.04	83.64	90.91	97.38
城市公共交通业	100.00	84.91	90.00	100.00
水上运输业	98.33	89.47	92.98	124.56
航空运输业	152.86	99.50	47.64	152.36
管道运输业	100.00	100.00	100.00	100.00
装卸搬运和其他运输服务业	100.00	100.00	100.00	100.00
仓储业	66.67	66.67	66.67	80.00
邮政业	100.00	100.00	100.00	100.00
二、按企业登记注册类型分				
国有企业	100.03	91.93	94.47	107.79
集体企业	105.88	87.50	87.50	100.00
股份合作企业	83.33	66.67	50.00	83.33
联营企业	100.00	100.00	100.00	100.00
有限责任公司	100.00	81.82	100.00	103.33
股份有限公司	122.24	100.00	74.05	122.24
私营企业	100.00	100.00	100.00	100.00
其他内资企业	100.00	100.00	100.00	100.00
外商及港、澳、台投资企业	66.67	66.67	100.00	66.67
三、按企业规模分				
大型及以上	120.43	99.43	101.04	125.39
中型	98.18	78.57	89.09	101.82
小型	94.00	91.84	88.00	97.96

3-5-6 交通运输、仓储及邮政业企业营业成本景气指数(2003年)

类　　别	一季度	二季度	三季度	四季度
交通运输、仓储及邮政业企业总体状况	59.44	61.40	62.22	58.27
一、按主要行业门类分				
铁路运输业	138.91	0.00	0.00	30.55
道路运输业	67.07	70.75	86.32	70.18
城市公共交通业	50.14	63.64	65.22	81.82
水上运输业	40.11	51.13	26.13	33.72
航空运输业	47.64	94.78	52.86	47.64
管道运输业	100.00	100.00	100.00	100.00
装卸搬运和其他运输服务业	200.00	200.00	0.00	100.00
仓储业	100.00	100.00	66.67	66.67
邮政业	18.74	46.39	60.42	41.84
二、按企业登记注册类型分				
国有企业	59.35	55.71	54.56	52.97
集体企业	56.25	76.47	70.59	58.82
股份合作企业	66.67	60.00	50.00	50.00
联营企业	100.00	100.00	100.00	100.00
有限责任公司	53.83	57.58	76.01	69.95
股份有限公司	77.76	68.62	79.97	49.18
私营企业	100.00	100.00	100.00	100.00
其他内资企业	100.00	100.00	100.00	100.00
外商及港、澳、台投资企业	100.00	100.00	0.00	66.67
三、按企业规模分				
大型及以上	62.69	52.20	43.03	43.67
中型	62.96	44.64	55.36	55.36
小型	54.00	84.31	78.85	68.63

3-5-7 交通运输、仓储及邮政业企业盈利(亏损)变化景气指数(2003年)

类　　别	一季度	二季度	三季度	四季度
交通运输、仓储及邮政业企业总体状况	91.48	70.37	114.25	103.47
一、按主要行业门类分				
铁路运输业	61.09	0.00	130.55	100.00
道路运输业	107.64	57.73	113.43	109.91
城市公共交通业	80.31	50.00	112.14	60.55
水上运输业	88.87	103.87	119.08	129.78
航空运输业	95.27	0.00	200.00	95.27
管道运输业	100.00	100.00	100.00	100.00
装卸搬运和其他运输服务业	0.00	0.00	100.00	200.00
仓储业	83.33	100.00	66.67	100.00
邮政业	89.25	118.71	115.36	105.26
二、按企业登记注册类型分				
国有企业	92.93	87.91	114.85	104.52
集体企业	88.24	75.00	88.24	82.35
股份合作企业	100.00	66.67	66.67	100.00
联营企业	100.00	100.00	100.00	100.00
有限责任公司	87.18	49.01	132.63	110.12
股份有限公司	112.07	14.29	156.56	140.64
私营企业	100.00	100.00	100.00	100.00
其他内资企业	100.00	100.00	100.00	100.00
外商及港、澳、台投资企业	66.67	66.67	33.33	66.67
三、按企业规模分				
大型及以上	111.02	61.93	162.08	117.89
中型	85.45	63.64	112.73	121.82
小型	88.46	82.00	92.00	75.51

3－5－8 交通运输、仓储及邮政业企业流动资金景气指数(2003年)

类　　别	一季度	二季度	三季度	四季度
交通运输、仓储及邮政业企业总体状况	55.00	50.20	62.44	59.09
一、按主要行业门类分				
铁路运输业	100.00	69.45	138.91	138.91
道路运输业	61.25	53.38	63.25	63.24
城市公共交通业	50.13	63.82	65.22	60.04
水上运输业	41.13	45.02	65.02	47.05
航空运输业	147.14	52.86	199.50	147.64
管道运输业	100.00	100.00	100.00	100.00
装卸搬运和其他运输服务业	200.00	200.00	100.00	100.00
仓储业	50.00	50.00	50.00	66.67
邮政业	13.64	22.73	9.09	9.52
二、按企业登记注册类型分				
国有企业	42.50	44.68	48.68	48.53
集体企业	41.18	41.18	47.06	47.06
股份合作企业	66.67	33.33	50.00	50.00
联营企业	100.00	100.00	100.00	100.00
有限责任公司	67.62	64.16	82.34	74.21
股份有限公司	90.87	37.12	113.70	91.45
私营企业	100.00	100.00	100.00	100.00
其他内资企业	100.00	100.00	100.00	100.00
外商及港、澳、台投资企业	133.33	133.33	100.00	100.00
三、按企业规模分				
大型及以上	81.67	87.06	132.19	105.62
中型	55.36	35.71	51.79	55.36
小型	42.31	48.08	40.38	40.00

3－5－9 交通运输、仓储及邮政业企业货款拖欠景气指数(2003年)

类　　别	一季度	二季度	三季度	四季度
交通运输、仓储及邮政业企业总体状况	109.95	92.21	102.75	94.59
一、按主要行业门类分				
铁路运输业	169.45	130.55	100.00	100.00
道路运输业	113.69	89.15	95.56	99.41
城市公共交通业	80.24	66.04	106.39	78.69
水上运输业	103.32	106.12	116.58	68.90
航空运输业	152.36	105.22	152.36	152.36
管道运输业	100.00	100.00	100.00	100.00
装卸搬运和其他运输服务业	100.00	100.00	100.00	100.00
仓储业	100.00	83.33	33.33	83.33
邮政业	97.28	121.54	121.48	127.09
二、按企业登记注册类型分				
国有企业	116.21	104.60	118.91	95.71
集体企业	93.33	75.00	87.50	100.00
股份合作企业	83.33	66.67	66.67	83.33
联营企业	100.00	100.00	100.00	100.00
有限责任公司	107.74	87.64	92.26	82.32
股份有限公司	107.37	85.08	67.54	117.54
私营企业	100.00	100.00	100.00	100.00
其他内资企业	100.00	100.00	100.00	100.00
外商及港、澳、台投资企业	166.67	66.67	100.00	100.00
三、按企业规模分				
大型及以上	136.26	123.91	135.43	92.59
中型	107.27	78.57	92.73	88.68
小型	100.00	93.62	100.00	102.08

3－5－10　交通运输、仓储及邮政业企业劳动力需求景气指数（2003 年）

类　　别	一季度	二季度	三季度	四季度
交通运输、仓储及邮政业企业总体状况	87.30	72.69	94.87	87.35
一、按主要行业门类分				
铁路运输业	100.00	69.45	100.00	69.45
道路运输业	80.22	53.98	78.40	96.65
城市公共交通业	96.56	76.21	98.86	82.65
水上运输业	95.00	107.69	107.31	90.00
航空运输业	200.00	0.00	199.50	94.78
管道运输业	100.00	100.00	100.00	100.00
装卸搬运和其他运输服务业	100.00	100.00	100.00	100.00
仓储业	33.33	66.67	50.00	50.00
邮政业	74.06	83.15	100.40	81.82
二、按企业登记注册类型分				
国有企业	81.88	81.06	94.40	82.79
集体企业	88.24	76.47	81.25	76.47
股份合作企业	66.67	50.00	116.67	83.33
联营企业	100.00	100.00	100.00	100.00
有限责任公司	81.99	58.01	85.45	98.40
股份有限公司	142.27	66.67	116.67	84.08
私营企业	100.00	100.00	100.00	100.00
其他内资企业	100.00	100.00	100.00	100.00
外商及港、澳、台投资企业	133.33	133.33	133.33	133.33
三、按企业规模分				
大型及以上	112.46	49.77	101.18	98.22
中型	87.50	83.93	96.43	94.44
小型	75.00	71.15	90.20	74.51

3－5－11　交通运输、仓储及邮政业企业固定资产投资景气指数（2003 年）

类　　别	一季度	二季度	三季度	四季度
交通运输、仓储及邮政业企业总体状况	110.45	115.02	131.59	122.40
一、按主要行业门类分				
铁路运输业	61.09	138.91	130.55	200.00
道路运输业	112.14	106.81	127.39	116.91
城市公共交通业	128.22	138.50	148.73	122.73
水上运输业	103.77	126.67	131.67	99.38
航空运输业	147.64	0.99	147.64	200.00
管道运输业	100.00	100.00	100.00	100.00
装卸搬运和其他运输服务业	100.00	100.00	100.00	100.00
仓储业	83.33	150.00	100.00	100.00
邮政业	98.67	100.00	134.50	125.01
二、按企业登记注册类型分				
国有企业	108.38	116.88	129.76	123.39
集体企业	125.00	131.25	125.00	93.75
股份合作企业	66.67	83.33	116.67	100.00
联营企业	100.00	100.00	100.00	100.00
有限责任公司	109.52	127.10	143.38	127.53
股份有限公司	120.61	57.73	120.03	142.86
私营企业	100.00	100.00	100.00	100.00
其他内资企业	100.00	100.00	100.00	100.00
外商及港、澳、台投资企业	133.33	100.00	133.33	166.67
三、按企业规模分				
大型及以上	107.19	127.29	154.82	133.37
中型	108.93	107.14	130.36	125.00
小型	113.73	117.65	121.57	114.00

3－6－1 批发和零售业企业企业家信心指数(2003年)

类别	一季度	二季度	三季度	四季度
批发和零售业企业总体状况	126.68	117.58	121.34	124.46
一、按主要行业门类分				
批发业	125.56	116.55	119.31	119.45
零售业	128.09	118.28	124.31	132.74
二、按企业登记注册类型分				
国有企业	114.12	111.78	112.03	108.99
集体企业	120.83	105.38	111.38	123.98
股份合作企业	141.80	123.04	129.30	150.00
联营企业	140.00	120.00	139.21	140.00
有限责任公司	136.95	120.83	129.25	129.40
股份有限公司	146.58	141.12	137.63	150.22
私营企业	66.67	100.00	133.33	66.67
其他内资企业	100.00	100.00	100.00	100.00
外商及港、澳、台投资企业	183.33	124.29	162.98	200.00
三、按企业规模分				
大型及以上	150.17	135.36	142.26	148.74
中型	124.57	116.67	119.30	121.64
小型	94.12	91.18	92.54	92.54

3－6－2 批发和零售业企业企业景气指数(2003年)

类别	一季度	二季度	三季度	四季度
批发和零售业企业总体状况	120.99	114.12	123.22	130.93
一、按主要行业门类分				
批发业	118.45	116.36	123.47	128.69
零售业	126.05	108.35	122.30	134.77
二、按企业登记注册类型分				
国有企业	108.53	104.40	112.68	112.75
集体企业	116.34	100.24	113.37	127.22
股份合作企业	139.99	131.24	131.26	160.00
联营企业	119.21	99.21	79.21	119.21
有限责任公司	125.04	123.00	133.64	140.29
股份有限公司	149.55	139.69	148.37	161.77
私营企业	100.00	100.00	100.00	100.00
其他内资企业	100.00	100.00	100.00	100.00
外商及港、澳、台投资企业	164.99	122.62	162.98	200.00
三、按企业规模分				
大型及以上	146.79	142.45	151.48	161.20
中型	116.18	108.05	113.61	123.08
小型	91.04	83.82	101.49	101.52

3-6-3 批发和零售业企业商品购进景气指数(2003年)

类　别	一季度	二季度	三季度	四季度
批发和零售业企业总体状况	107.89	101.71	122.76	129.17
一、按主要行业门类分				
批发业	109.37	106.25	120.88	121.73
零售业	102.07	94.23	125.81	144.19
二、按企业登记注册类型分				
国有企业	91.63	101.93	116.38	107.34
集体企业	134.76	95.54	125.44	122.20
股份合作企业	118.75	82.58	112.50	141.80
联营企业	81.58	140.00	120.00	160.00
有限责任公司	124.48	98.10	129.60	144.80
股份有限公司	117.22	104.91	136.62	153.85
私营企业	133.33	66.67	0.00	66.67
其他内资企业	100.00	100.00	100.00	100.00
外商及港、澳、台投资企业	133.33	92.97	183.33	168.34
三、按企业规模分				
大型及以上	135.24	120.92	147.47	145.03
中型	95.98	94.83	113.53	127.06
小型	94.12	88.24	105.97	108.96

3-6-4 批发和零售业企业商品购进价格景气指数(2003年)

类　别	一季度	二季度	三季度	四季度
批发和零售业企业总体状况	88.86	100.75	92.27	73.12
一、按主要行业门类分				
批发业	80.39	94.06	88.60	69.37
零售业	104.19	111.84	98.36	79.49
二、按企业登记注册类型分				
国有企业	86.91	84.71	90.85	77.95
集体企业	76.61	98.93	89.57	62.22
股份合作企业	66.79	109.37	68.74	49.99
联营企业	80.00	140.00	80.00	80.00
有限责任公司	103.69	113.28	106.03	79.68
股份有限公司	80.99	119.87	88.31	61.09
私营企业	133.33	66.67	33.33	33.33
其他内资企业	100.00	100.00	100.00	100.00
外商及港、澳、台投资企业	111.31	127.98	88.69	96.32
三、按企业规模分				
大型及以上	89.91	114.33	94.74	75.23
中型	90.80	97.70	95.32	75.29
小型	82.09	86.76	80.30	64.18

3－6－5　批发和零售业企业商品销售景气指数(2003 年)

类　别	一季度	二季度	三季度	四季度
批发和零售业企业总体状况	113.70	96.00	120.26	130.10
一、按主要行业门类分				
批发业	113.81	103.94	121.71	119.40
零售业	110.31	83.18	115.86	148.55
二、按企业登记注册类型分				
国有企业	99.29	92.20	105.24	107.30
集体企业	128.13	83.76	142.84	132.27
股份合作企业	127.35	99.98	123.05	137.50
联营企业	80.00	140.00	100.00	139.21
有限责任公司	119.62	97.83	128.02	137.22
股份有限公司	144.86	97.12	135.46	168.78
私营企业	100.00	50.00	0.00	66.67
其他内资企业	100.00	100.00	100.00	100.00
外商及港、澳、台投资企业	180.00	94.64	183.33	160.72
三、按企业规模分				
大型及以上	146.54	116.06	151.48	158.14
中型	105.20	90.17	111.83	125.44
小型	81.25	78.46	90.77	96.97

3－6－6　批发和零售业企业出口商品销售景气指数(2003 年)

类　别	一季度	二季度	三季度	四季度
批发和零售业企业总体状况	104.67	107.06	111.08	100.71
一、按主要行业门类分				
批发业	104.45	109.28	112.90	100.38
零售业	101.59	98.68	103.08	100.38
二、按企业登记注册类型分				
国有企业	100.96	117.73	112.79	99.21
集体企业	100.00	91.93	101.42	91.50
股份合作企业	100.00	71.43	100.00	100.00
联营企业	133.33	100.00	133.33	100.00
有限责任公司	118.90	110.64	116.42	112.46
股份有限公司	93.41	96.05	105.78	97.31
私营企业	100.00	100.00	100.00	50.00
其他内资企业	100.00	100.00	100.00	100.00
外商及港、澳、台投资企业	100.00	100.00	125.00	125.00
三、按企业规模分				
大型及以上	129.86	131.10	140.77	111.60
中型	95.79	96.70	100.00	100.00
小型	86.11	94.87	95.35	87.50

3-6-7 批发和零售业企业商品销售价格景气指数(2003年)

类　　别	一季度	二季度	三季度	四季度
批发和零售业企业总体状况	104.32	83.95	97.95	113.90
一、按主要行业门类分				
批发业	111.40	90.33	104.08	117.87
零售业	90.34	73.87	86.56	106.09
二、按企业登记注册类型分				
国有企业	94.43	90.52	93.73	111.34
集体企业	120.95	75.68	117.93	127.52
股份合作企业	123.16	77.44	106.26	137.51
联营企业	140.00	79.21	139.21	119.21
有限责任公司	105.18	83.26	86.44	104.71
股份有限公司	113.53	75.88	105.48	125.54
私营企业	0.00	33.33	33.33	33.33
其他内资企业	100.00	100.00	100.00	100.00
外商及港、澳、台投资企业	122.02	96.32	127.98	100.00
三、按企业规模分				
大型及以上	112.09	85.01	100.84	117.54
中型	100.57	79.89	100.00	115.88
小型	101.47	92.65	88.06	102.99

3-6-8 批发和零售业企业商品库存景气指数(2003年)

类　　别	一季度	二季度	三季度	四季度
批发和零售业企业总体状况	115.91	127.23	111.28	104.31
一、按主要行业门类分				
批发业	118.00	124.75	109.65	108.33
零售业	111.64	128.67	112.33	94.92
二、按企业登记注册类型分				
国有企业	116.23	123.22	116.31	113.30
集体企业	129.70	130.12	113.71	90.47
股份合作企业	67.40	156.25	110.53	96.29
联营企业	139.21	120.00	139.21	99.21
有限责任公司	117.01	129.76	106.40	101.40
股份有限公司	125.87	136.10	108.30	105.26
私营企业	33.33	100.00	66.67	100.00
其他内资企业	100.00	100.00	100.00	100.00
外商及港、澳、台投资企业	88.69	81.66	83.33	53.68
三、按企业规模分				
大型及以上	114.42	139.35	108.90	99.89
中型	117.92	123.26	115.48	106.47
小型	113.24	117.65	104.55	105.97

3－6－9 批发和零售业企业经营费用景气指数(2003年)

类　　别	一季度	二季度	三季度	四季度
批发和零售业企业总体状况	100.46	99.90	93.18	79.26
一、按主要行业门类分				
批发业	100.88	103.15	90.96	80.43
零售业	100.31	89.63	96.06	74.14
二、按企业登记注册类型分				
国有企业	104.36	108.91	97.80	95.57
集体企业	116.89	107.33	96.79	59.36
股份合作企业	77.45	93.77	100.00	78.91
联营企业	178.42	80.00	159.21	80.00
有限责任公司	87.37	102.65	79.68	75.77
股份有限公司	86.75	81.95	92.20	66.05
私营企业	100.00	66.67	66.67	66.67
其他内资企业	100.00	100.00	100.00	100.00
外商及港、澳、台投资企业	72.02	116.67	74.29	85.01
三、按企业规模分				
大型及以上	96.93	89.67	83.83	69.86
中型	101.71	105.17	100.59	82.94
小型	102.99	102.94	89.39	85.07

3－6－10 批发和零售业企业盈利(亏损)变化景气指数(2003年)

类　　别	一季度	二季度	三季度	四季度
批发和零售业企业总体状况	112.82	100.60	108.58	122.77
一、按主要行业门类分				
批发业	113.44	100.86	109.81	114.51
零售业	110.26	101.53	105.70	137.49
二、按企业登记注册类型分				
国有企业	101.02	92.08	94.94	93.86
集体企业	111.32	97.99	112.25	118.16
股份合作企业	162.50	106.23	112.50	133.82
联营企业	80.00	158.42	79.21	158.42
有限责任公司	119.29	109.18	118.40	141.28
股份有限公司	143.19	97.95	132.65	159.34
私营企业	100.00	33.33	0.00	66.67
其他内资企业	100.00	100.00	100.00	100.00
外商及港、澳、台投资企业	127.98	105.95	179.65	174.29
三、按企业规模分				
大型及以上	138.17	121.92	136.93	154.81
中型	108.82	90.06	99.39	117.86
小型	82.09	92.65	85.07	83.33

3－6－11　批发和零售业企业流动资金景气指数(2003年)

类　　别	一季度	二季度	三季度	四季度
批发和零售业企业总体状况	80.32	78.49	72.83	73.60
一、按主要行业门类分				
批发业	70.64	73.83	65.22	65.07
零售业	97.45	87.55	86.70	90.12
二、按企业登记注册类型分				
国有企业	56.05	56.92	54.60	55.85
集体企业	72.21	76.48	68.91	64.33
股份合作企业	106.25	118.75	79.30	79.29
联营企业	79.21	79.21	79.21	99.21
有限责任公司	101.34	85.63	82.42	77.49
股份有限公司	103.13	102.84	98.84	111.26
私营企业	100.00	66.67	66.67	0.00
其他内资企业	100.00	100.00	100.00	100.00
外商及港、澳、台投资企业	146.32	179.65	144.64	179.65
三、按企业规模分				
大型及以上	106.83	100.25	97.49	100.16
中型	78.29	77.01	70.41	69.41
小型	42.65	47.06	38.81	41.79

3－6－12　批发和零售业企业货款拖欠景气指数(2003年)

类　　别	一季度	二季度	三季度	四季度
批发和零售业企业总体状况	120.32	122.11	113.37	118.80
一、按主要行业门类分				
批发业	120.14	119.40	112.49	118.36
零售业	119.54	124.66	113.65	118.51
二、按企业登记注册类型分				
国有企业	114.19	109.65	107.16	112.53
集体企业	120.09	123.42	128.64	126.13
股份合作企业	87.49	118.76	77.44	77.44
联营企业	139.21	140.00	140.79	120.00
有限责任公司	135.51	135.62	119.63	133.19
股份有限公司	123.56	138.20	123.53	124.48
私营企业	133.33	133.33	66.67	100.00
其他内资企业	100.00	100.00	100.00	100.00
外商及港、澳、台投资企业	144.64	116.67	111.31	120.00
三、按企业规模分				
大型及以上	132.23	136.57	123.07	124.76
中型	117.92	120.59	113.77	120.83
小型	107.35	102.94	97.01	104.48

3－6－13 批发和零售业企业劳动力需求景气指数(2003年)

类　别	一季度	二季度	三季度	四季度
批发和零售业企业总体状况	89.16	83.00	96.63	99.55
一、按主要行业门类分				
批发业	86.11	77.03	92.54	90.71
零售业	92.88	94.24	102.06	117.07
二、按企业登记注册类型分				
国有企业	81.61	77.84	86.46	89.79
集体企业	84.67	83.78	88.29	104.44
股份合作企业	104.30	58.08	98.05	71.21
联营企业	60.79	118.42	79.21	139.21
有限责任公司	107.59	81.71	117.86	95.85
股份有限公司	98.52	86.73	95.08	123.57
私营企业	66.67	100.00	133.33	33.33
其他内资企业	100.00	100.00	100.00	100.00
外商及港、澳、台投资企业	77.98	94.64	133.57	116.67
三、按企业规模分				
大型及以上	106.22	105.60	119.57	120.78
中型	84.48	75.29	87.72	95.32
小型	73.53	66.18	81.82	76.12

3－6－14 批发和零售业企业固定资产投资景气指数(2003年)

类　别	一季度	二季度	三季度	四季度
批发和零售业企业总体状况	106.66	112.28	105.17	105.46
一、按主要行业门类分				
批发业	101.32	108.47	102.20	101.12
零售业	116.83	119.73	111.46	113.90
二、按企业登记注册类型分				
国有企业	102.21	109.98	98.87	92.58
集体企业	108.57	111.14	116.87	118.45
股份合作企业	135.31	99.99	95.80	93.40
联营企业	99.21	79.21	79.21	119.21
有限责任公司	107.55	110.63	105.02	109.39
股份有限公司	108.48	125.64	118.81	119.70
私营企业	100.00	133.33	100.00	133.33
其他内资企业	100.00	100.00	100.00	100.00
外商及港、澳、台投资企业	127.98	161.31	127.98	150.00
三、按企业规模分				
大型及以上	116.41	125.91	116.32	108.87
中型	107.10	110.06	100.00	106.06
小型	89.55	95.45	100.00	98.51

3-7-1　房地产业企业企业家信心指数(2003年)

类　　别	一季度	二季度	三季度	四季度
房地产业企业总体状况	152.24	143.46	150.00	154.34
一、按主要行业门类分				
房地产业	152.24	143.46	150.00	154.34
二、按企业登记注册类型分				
国有企业	142.41	131.24	143.03	150.15
集体企业	163.64	145.45	163.64	145.45
股份合作企业	150.00	150.00	133.33	133.33
联营企业	100.00	100.00	100.00	100.00
有限责任公司	170.59	161.76	154.55	167.65
股份有限公司	162.50	175.00	187.50	175.00
私营企业	200.00	200.00	200.00	200.00
其他内资企业	100.00	100.00	100.00	100.00
外商及港、澳、台投资企业	140.00	133.33	146.67	140.00
三、按企业规模分				
大型及以上	162.51	171.51	185.73	184.27
中型	156.90	150.00	153.45	151.72
小型	146.58	132.88	140.28	150.68

3-7-2　房地产业企业企业景气指数(2003年)

类　　别	一季度	二季度	三季度	四季度
房地产业企业总体状况	137.88	147.58	141.56	146.88
一、按主要行业门类分				
房地产业	137.88	147.58	141.56	146.88
二、按企业登记注册类型分				
国有企业	127.25	138.26	132.43	136.90
集体企业	163.64	136.36	163.64	145.45
股份合作企业	100.00	150.00	116.67	150.00
联营企业	100.00	100.00	100.00	100.00
有限责任公司	141.18	155.88	151.52	164.71
股份有限公司	175.00	187.50	175.00	187.50
私营企业	200.00	200.00	200.00	200.00
其他内资企业	100.00	100.00	100.00	100.00
外商及港、澳、台投资企业	153.33	153.33	133.33	126.67
三、按企业规模分				
大型及以上	128.09	171.35	163.16	164.15
中型	139.66	144.83	144.83	146.55
小型	138.36	145.21	134.72	143.84

3-7-3 房地产业企业土地开发面积景气指数(2003年)

类　　别	一季度	二季度	三季度	四季度
房地产业企业总体状况	96.31	110.24	101.56	106.85
一、按主要行业门类分				
房地产业	96.31	110.24	101.56	106.85
二、按企业登记注册类型分				
国有企业	90.62	107.17	96.93	104.31
集体企业	100.00	109.09	127.27	118.18
股份合作企业	50.00	83.33	50.00	83.33
联营企业	100.00	100.00	100.00	100.00
有限责任公司	100.00	117.65	118.18	114.71
股份有限公司	125.00	100.00	112.50	112.50
私营企业	200.00	200.00	200.00	200.00
其他内资企业	100.00	100.00	100.00	100.00
外商及港、澳、台投资企业	113.33	121.43	73.33	93.33
三、按企业规模分				
大型及以上	104.63	112.46	101.72	135.24
中型	91.38	110.34	103.45	101.72
小型	98.63	109.72	100.00	105.48

3-7-4 房地产业企业完成投资景气指数(2003年)

类　　别	一季度	二季度	三季度	四季度
房地产业企业总体状况	105.77	138.76	137.15	133.49
一、按主要行业门类分				
房地产业	105.77	138.76	137.15	133.49
二、按企业登记注册类型分				
国有企业	106.02	137.38	135.07	133.86
集体企业	90.91	136.36	154.55	136.36
股份合作企业	66.67	116.67	83.33	83.33
联营企业	100.00	100.00	100.00	100.00
有限责任公司	102.94	155.88	148.48	144.12
股份有限公司	125.00	125.00	187.50	175.00
私营企业	200.00	100.00	200.00	200.00
其他内资企业	100.00	100.00	100.00	100.00
外商及港、澳、台投资企业	120.00	126.67	100.00	100.00
三、按企业规模分				
大型及以上	73.64	145.86	136.58	182.55
中型	101.75	137.50	147.37	131.03
小型	115.07	138.36	129.17	126.03

3－7－5　房地产业企业新开工面积景气指数(2003 年)

类　　别	一季度	二季度	三季度	四季度
房地产业企业总体状况	99.32	114.79	108.86	106.57
一、按主要行业门类分				
房地产业	99.32	114.79	108.86	106.57
二、按企业登记注册类型分				
国有企业	94.39	118.09	108.79	108.05
集体企业	81.82	90.91	118.18	90.91
股份合作企业	66.67	83.33	50.00	83.33
联营企业	100.00	100.00	100.00	100.00
有限责任公司	111.76	132.35	124.24	111.76
股份有限公司	150.00	125.00	162.50	150.00
私营企业	100.00	100.00	100.00	100.00
其他内资企业	100.00	100.00	100.00	100.00
外商及港、澳、台投资企业	93.33	86.67	66.67	86.67
三、按企业规模分				
大型及以上	92.96	123.55	98.32	132.30
中型	94.83	118.97	113.79	105.17
小型	104.11	109.72	106.94	102.74

3－7－6　房地产业企业房屋竣工面积景气指数(2003 年)

类　　别	一季度	二季度	三季度	四季度
房地产业企业总体状况	86.70	108.30	110.69	123.07
一、按主要行业门类分				
房地产业	86.70	108.30	110.69	123.07
二、按企业登记注册类型分				
国有企业	89.89	111.03	109.09	117.75
集体企业	63.64	118.18	100.00	127.27
股份合作企业	50.00	83.33	116.67	66.67
联营企业	100.00	100.00	100.00	100.00
有限责任公司	97.06	108.82	121.21	135.29
股份有限公司	87.50	100.00	125.00	162.50
私营企业	100.00	100.00	100.00	100.00
其他内资企业	100.00	100.00	100.00	100.00
外商及港、澳、台投资企业	80.00	100.00	93.33	121.43
三、按企业规模分				
大型及以上	77.44	142.55	102.04	114.21
中型	74.14	103.45	110.34	126.32
小型	98.61	105.56	112.68	122.22

3－7－7 房地产业企业商品房预售面积景气指数(2003年)

类　别	一季度	二季度	三季度	四季度
房地产业企业总体状况	99.75	112.42	119.78	122.30
一、按主要行业门类分				
房地产业	99.75	112.42	119.78	122.30
二、按企业登记注册类型分				
国有企业	100.33	121.40	123.63	129.00
集体企业	100.00	127.27	163.64	145.45
股份合作企业	50.00	66.67	66.67	83.33
联营企业	100.00	100.00	100.00	100.00
有限责任公司	100.00	97.06	115.15	114.71
股份有限公司	137.50	137.50	137.50	175.00
私营企业	0.00	100.00	100.00	100.00
其他内资企业	100.00	100.00	100.00	100.00
外商及港、澳、台投资企业	100.00	100.00	93.33	80.00
三、按企业规模分				
大型及以上	104.58	150.12	139.21	157.92
中型	85.96	106.90	115.52	121.05
小型	109.59	109.59	119.44	116.44

3－7－8 房地产业企业商品房销售面积景气指数(2003年)

类　别	一季度	二季度	三季度	四季度
房地产业企业总体状况	90.94	117.57	114.88	121.52
一、按主要行业门类分				
房地产业	90.94	117.57	114.88	121.52
二、按企业登记注册类型分				
国有企业	94.28	135.05	114.88	128.51
集体企业	118.18	109.09	145.45	154.55
股份合作企业	50.00	116.67	100.00	50.00
联营企业	100.00	100.00	100.00	100.00
有限责任公司	85.29	97.06	109.09	114.71
股份有限公司	87.50	125.00	137.50	175.00
私营企业	0.00	0.00	0.00	100.00
其他内资企业	100.00	100.00	100.00	100.00
外商及港、澳、台投资企业	93.33	93.33	106.67	80.00
三、按企业规模分				
大型及以上	42.56	159.26	102.01	130.03
中型	91.38	117.24	117.24	115.52
小型	100.00	109.72	115.49	124.66

3－7－9　房地产业企业商品房销售价格景气指数(2003年)

类　　别	一季度	二季度	三季度	四季度
房地产业企业总体状况	120.44	123.86	132.38	137.05
一、按主要行业门类分				
房地产业	120.44	123.86	132.38	137.05
二、按企业登记注册类型分				
国有企业	114.09	115.94	120.34	126.90
集体企业	127.27	130.00	163.64	127.27
股份合作企业	116.67	133.33	116.67	116.67
联营企业	100.00	100.00	100.00	100.00
有限责任公司	132.35	132.35	148.48	161.76
股份有限公司	112.50	150.00	150.00	175.00
私营企业	200.00	100.00	200.00	200.00
其他内资企业	100.00	100.00	100.00	100.00
外商及港、澳、台投资企业	120.00	120.00	126.67	120.00
三、按企业规模分				
大型及以上	118.87	123.95	125.92	140.84
中型	112.07	124.14	134.48	141.38
小型	127.40	123.61	131.94	132.88

3－7－10　房地产业企业空置商品房面积景气指数(2003年)

类　　别	一季度	二季度	三季度	四季度
房地产业企业总体状况	144.43	153.78	151.26	158.52
一、按主要行业门类分				
房地产业	144.43	153.78	151.26	158.52
二、按企业登记注册类型分				
国有企业	142.93	148.89	145.29	155.47
集体企业	154.55	136.36	154.55	163.64
股份合作企业	166.67	166.67	166.67	200.00
联营企业	100.00	100.00	100.00	100.00
有限责任公司	129.41	158.82	160.61	158.82
股份有限公司	162.50	175.00	150.00	150.00
私营企业	200.00	200.00	200.00	200.00
其他内资企业	100.00	100.00	100.00	100.00
外商及港、澳、台投资企业	153.33	160.00	146.67	153.33
三、按企业规模分				
大型及以上	145.91	171.34	152.15	144.77
中型	155.17	158.62	160.34	157.89
小型	135.62	146.58	143.66	161.64

3－7－11 房地产业企业盈利(亏损)变化景气指数(2003年)

类　别	一季度	二季度	三季度	四季度
房地产业企业总体状况	119.78	126.86	125.88	128.79
一、按主要行业门类分				
房地产业	119.78	126.86	125.88	128.79
二、按企业登记注册类型分				
国有企业	113.72	132.56	122.36	119.95
集体企业	100.00	118.18	163.64	127.27
股份合作企业	116.67	166.67	83.33	100.00
联营企业	100.00	100.00	100.00	100.00
有限责任公司	130.30	123.53	125.00	150.00
股份有限公司	150.00	150.00	162.50	175.00
私营企业	200.00	0.00	100.00	100.00
其他内资企业	100.00	100.00	100.00	100.00
外商及港、澳、台投资企业	120.00	93.33	114.29	113.33
三、按企业规模分				
大型及以上	132.07	163.89	153.53	119.64
中型	106.90	127.59	118.97	125.86
小型	127.78	119.18	126.09	132.88

3－7－12 房地产业企业流动资金景气指数(2003年)

类　别	一季度	二季度	三季度	四季度
房地产业企业总体状况	77.31	85.91	82.10	84.25
一、按主要行业门类分				
房地产业	77.31	85.91	82.10	84.25
二、按企业登记注册类型分				
国有企业	66.33	70.93	70.53	73.40
集体企业	81.82	100.00	100.00	90.91
股份合作企业	50.00	83.33	83.33	116.67
联营企业	100.00	100.00	100.00	100.00
有限责任公司	85.29	97.06	90.91	91.18
股份有限公司	87.50	112.50	87.50	100.00
私营企业	100.00	100.00	100.00	100.00
其他内资企业	100.00	100.00	100.00	100.00
外商及港、澳、台投资企业	113.33	106.67	100.00	93.33
三、按企业规模分				
大型及以上	50.69	82.69	72.98	65.49
中型	81.03	89.66	72.41	72.41
小型	79.45	83.56	91.67	97.26

3－7－13　房地产业企业货款拖欠景气指数(2003年)

类　　别	一季度	二季度	三季度	四季度
房地产业企业总体状况	121.43	123.31	114.03	115.05
一、按主要行业门类分				
房地产业	121.43	123.31	114.03	115.05
二、按企业登记注册类型分				
国有企业	120.71	112.50	114.40	115.50
集体企业	110.00	130.00	136.36	127.27
股份合作企业	100.00	116.67	116.67	100.00
联营企业	100.00	100.00	100.00	100.00
有限责任公司	121.21	135.29	112.12	126.47
股份有限公司	150.00	150.00	112.50	75.00
私营企业	100.00	100.00	200.00	100.00
其他内资企业	100.00	100.00	100.00	100.00
外商及港、澳、台投资企业	126.67	133.33	93.33	106.67
三、按企业规模分				
大型及以上	117.38	109.51	114.74	97.52
中型	125.86	131.03	112.07	118.97
小型	118.57	119.72	115.49	115.07

3－7－14　房地产业企业劳动力需求景气指数(2003年)

类　　别	一季度	二季度	三季度	四季度
房地产业企业总体状况	101.37	104.89	107.71	100.03
一、按主要行业门类分				
房地产业	101.37	104.89	107.71	100.03
二、按企业登记注册类型分				
国有企业	91.21	97.71	100.59	91.15
集体企业	109.09	100.00	118.18	100.00
股份合作企业	83.33	66.67	50.00	50.00
联营企业	100.00	100.00	100.00	100.00
有限责任公司	108.82	108.82	118.18	111.76
股份有限公司	162.50	175.00	162.50	187.50
私营企业	100.00	100.00	100.00	100.00
其他内资企业	100.00	100.00	100.00	100.00
外商及港、澳、台投资企业	100.00	113.33	106.67	93.33
三、按企业规模分				
大型及以上	71.31	107.74	107.85	107.47
中型	94.83	105.17	101.72	100.00
小型	112.33	104.11	112.50	98.63

3-7-15 房地产业企业固定资产投资景气指数(2003年)

类　别	一季度	二季度	三季度	四季度
房地产业企业总体状况	109.09	122.74	128.60	117.16
一、按主要行业门类分				
房地产业	109.09	122.74	128.60	117.16
二、按企业登记注册类型分				
国有企业	109.16	117.47	120.13	109.03
集体企业	109.09	154.55	181.82	118.18
股份合作企业	66.67	100.00	83.33	66.67
联营企业	100.00	100.00	100.00	100.00
有限责任公司	108.82	123.53	139.39	135.29
股份有限公司	137.50	175.00	162.50	175.00
私营企业	100.00	100.00	100.00	200.00
其他内资企业	100.00	100.00	100.00	100.00
外商及港、澳、台投资企业	113.33	106.67	107.14	100.00
三、按企业规模分				
大型及以上	72.76	114.05	112.42	91.99
中型	108.62	132.76	133.33	122.41
小型	116.44	116.44	127.78	117.81

3-8-1 社会服务业企业企业家信心指数(2003年)

类　别	一季度	二季度	三季度	四季度
社会服务业企业总体状况	150.78	90.92	134.67	142.28
一、按主要行业门类分				
租赁业	109.09	100.00	118.18	90.91
商务服务业	153.62	72.85	132.47	144.61
环境资源管理业	200.00	133.33	200.00	200.00
公共设施管理业	155.00	115.00	140.00	155.00
居民服务业	160.00	120.00	140.00	140.00
其他服务业	200.00	100.00	100.00	100.00
二、按企业登记注册类型分				
国有企业	146.34	70.73	126.83	134.15
集体企业	157.14	142.86	142.86	171.43
股份合作企业	160.00	100.00	160.00	120.00
联营企业	100.00	100.00	100.00	100.00
有限责任公司	150.00	94.74	135.00	145.00
股份有限公司	161.58	124.08	149.08	161.58
私营企业	120.00	60.00	100.00	100.00
其他内资企业	200.00	50.00	150.00	100.00
外商及港、澳、台投资企业	100.00	100.00	100.00	100.00
三、按企业规模分				
大型及以上	194.80	185.06	191.85	186.78
中型	145.83	73.91	133.33	133.33
小型	148.28	87.93	129.31	141.38

3-8-2　社会服务业企业企业景气指数(2003年)

类　　别	一季度	二季度	三季度	四季度
社会服务业企业总体状况	124.44	54.69	119.82	109.71
一、按主要行业门类分				
租赁业	100.00	100.00	90.91	63.64
商务服务业	132.47	43.31	124.01	113.96
环境资源管理业	133.33	66.67	133.33	100.00
公共设施管理业	120.00	45.00	125.00	125.00
居民服务业	120.00	60.00	120.00	100.00
其他服务业	100.00	100.00	100.00	100.00
二、按企业登记注册类型分				
国有企业	119.51	43.90	107.32	95.12
集体企业	142.86	42.86	157.14	114.29
股份合作企业	100.00	80.00	100.00	120.00
联营企业	100.00	100.00	100.00	100.00
有限责任公司	115.00	31.58	115.00	125.00
股份有限公司	149.08	114.29	150.00	137.50
私营企业	120.00	40.00	100.00	60.00
其他内资企业	150.00	50.00	150.00	100.00
外商及港、澳、台投资企业	100.00	100.00	100.00	100.00
三、按企业规模分				
大型及以上	191.85	183.95	190.70	192.42
中型	129.17	40.91	116.67	95.83
小型	115.52	46.55	113.79	106.90

3-8-3　社会服务业企业业务需求量景气指数(2003年)

类　　别	一季度	二季度	三季度	四季度
社会服务业企业总体状况	120.35	58.44	136.16	94.76
一、按主要行业门类分				
租赁业	118.18	127.27	118.18	90.91
商务服务业	122.51	40.89	143.44	105.53
环境资源管理业	100.00	66.67	100.00	66.67
公共设施管理业	120.00	50.00	140.00	55.00
居民服务业	125.00	75.00	120.00	140.00
其他服务业	100.00	100.00	100.00	100.00
二、按企业登记注册类型分				
国有企业	110.00	46.15	126.83	75.61
集体企业	142.86	114.29	171.43	100.00
股份合作企业	100.00	40.00	140.00	100.00
联营企业	100.00	100.00	100.00	100.00
有限责任公司	115.00	57.89	145.00	105.00
股份有限公司	148.02	87.35	150.00	125.00
私营企业	140.00	20.00	80.00	100.00
其他它内资企业	150.00	50.00	150.00	50.00
外商及港、澳、台投资企业	100.00	100.00	100.00	100.00
三、按企业规模分				
大型及以上	191.75	94.57	197.05	189.86
中型	116.67	39.13	129.17	70.83
小型	114.29	62.50	132.76	94.83

3－8－4 社会服务业企业竞争能力景气指数(2003年)

类　　别	一季度	二季度	三季度	四季度
社会服务业企业总体状况	147.73	125.71	136.25	136.15
一、按主要行业门类分				
租赁业	140.00	120.00	130.00	110.00
商务服务业	153.72	126.28	144.44	146.00
环境资源管理业	150.00	100.00	100.00	100.00
公共设施管理业	150.00	121.05	121.05	136.84
居民服务业	100.00	175.00	166.67	125.00
其他服务业	100.00	100.00	100.00	100.00
二、按企业登记注册类型分				
国有企业	147.22	115.79	121.62	121.05
集体企业	128.57	150.00	166.67	142.86
股份合作企业	120.00	120.00	160.00	120.00
联营企业	100.00	100.00	100.00	100.00
有限责任公司	152.63	127.78	142.11	144.44
股份有限公司	174.08	162.50	157.14	162.50
私营企业	125.00	100.00	125.00	150.00
其他内资企业	150.00	100.00	150.00	150.00
外商及港、澳、台投资企业	100.00	100.00	100.00	100.00
三、按企业规模分				
大型及以上	194.36	196.55	200.00	194.09
中型	145.45	109.52	140.91	145.45
小型	143.40	125.45	126.92	125.93

3－8－5 社会服务业企业旅游客源景气指数(2003年)

类　　别	一季度	二季度	三季度	四季度
社会服务业企业总体状况	110.80	22.58	151.33	77.75
一、按主要行业门类分				
租赁业	75.00	60.00	150.00	60.00
商务服务业	110.28	14.00	152.42	77.50
环境资源管理业	100.00	0.00	133.33	133.33
公共设施管理业	118.75	27.78	153.33	66.67
居民服务业	150.00	100.00	150.00	100.00
其他服务业	100.00	100.00	100.00	100.00
二、按企业登记注册类型分				
国有企业	113.89	31.43	147.06	73.53
集体企业	125.00	0.00	200.00	83.33
股份合作企业	100.00	0.00	100.00	0.00
联营企业	100.00	100.00	100.00	100.00
有限责任公司	92.86	7.69	146.15	100.00
股份有限公司	120.00	40.00	180.00	100.00
私营企业	100.00	25.00	125.00	25.00
其他内资企业	200.00	0.00	200.00	0.00
外商及港、澳、台投资企业	100.00	100.00	100.00	100.00
三、按企业规模分				
大型及以上	178.13	72.51	171.22	151.30
中型	115.00	21.05	150.00	57.89
小型	102.38	18.60	150.00	81.40

3-8-6 社会服务业企业业务收费(服务)价格景气指数(2003年)

类　　别	一季度	二季度	三季度	四季度
社会服务业企业总体状况	78.82	57.14	86.21	75.90
一、按主要行业门类分				
租赁业	90.91	81.82	81.82	54.55
商务服务业	60.87	26.67	75.00	62.22
环境资源管理业	66.67	133.33	133.33	133.33
公共设施管理业	105.26	84.21	105.26	105.56
居民服务业	100.00	100.00	100.00	100.00
其他服务业	200.00	200.00	100.00	100.00
二、按企业登记注册类型分				
国有企业	77.50	60.98	95.12	74.36
集体企业	100.00	57.14	85.71	85.71
股份合作企业	100.00	75.00	80.00	80.00
联营企业	100.00	100.00	100.00	100.00
有限责任公司	73.68	38.89	84.21	77.78
股份有限公司	85.71	71.43	75.00	71.43
私营企业	40.00	40.00	20.00	60.00
其他内资企业	100.00	100.00	150.00	100.00
外商及港、澳、台投资企业	100.00	100.00	100.00	100.00
三、按企业规模分				
大型及以上	100.00	100.00	100.00	100.00
中型	78.26	45.45	100.00	66.67
小型	77.19	57.89	79.31	77.19

3-8-7 社会服务业企业营业收入景气指数(2003年)

类　　别	一季度	二季度	三季度	四季度
社会服务业企业总体状况	111.92	45.40	131.78	92.43
一、按主要行业门类分				
租赁业	118.18	109.09	90.91	81.82
商务服务业	109.51	29.06	135.53	101.39
环境资源管理业	66.67	66.67	100.00	133.33
公共设施管理业	110.00	30.00	150.00	57.89
居民服务业	140.00	60.00	140.00	120.00
其他服务业	200.00	200.00	100.00	100.00
二、按企业登记注册类型分				
国有企业	107.32	36.59	130.00	74.36
集体企业	85.71	14.29	142.86	85.71
股份合作企业	140.00	60.00	140.00	120.00
联营企业	100.00	100.00	100.00	100.00
有限责任公司	105.00	47.37	145.00	115.00
股份有限公司	136.44	74.85	125.00	112.50
私营企业	80.00	20.00	40.00	60.00
其他内资企业	200.00	100.00	150.00	50.00
外商及港、澳、台投资企业	100.00	100.00	100.00	100.00
三、按企业规模分				
大型及以上	191.48	91.61	194.09	191.54
中型	108.33	43.48	125.00	56.52
小型	105.17	41.38	128.07	96.49

3-8-8 社会服务业企业营业成本景气指数(2003年)

类　别	一季度	二季度	三季度	四季度
社会服务业企业总体状况	83.88	97.13	72.02	69.94
一、按主要行业门类分				
租赁业	72.73	60.00	80.00	80.00
商务服务业	83.01	101.55	72.32	60.14
环境资源管理业	133.33	100.00	66.67	66.67
公共设施管理业	85.00	90.00	65.00	85.00
居民服务业	80.00	140.00	80.00	80.00
其他服务业	100.00	100.00	100.00	100.00
二、按企业登记注册类型分				
国有企业	85.37	102.44	65.85	68.29
集体企业	114.29	42.86	71.43	85.71
股份合作企业	40.00	60.00	20.00	40.00
联营企业	100.00	100.00	100.00	100.00
有限责任公司	80.00	105.88	78.95	52.63
股份有限公司	75.15	74.08	99.08	100.15
私营企业	60.00	120.00	60.00	60.00
其他内资企业	150.00	150.00	150.00	150.00
外商及港、澳、台投资企业	100.00	100.00	100.00	100.00
三、按企业规模分				
大型及以上	96.97	92.69	94.36	97.41
中型	95.83	100.00	79.17	75.00
小型	77.59	96.43	66.67	64.91

3-8-9 社会服务业企业盈利(亏损)变化景气指数(2003年)

类　别	一季度	二季度	三季度	四季度
社会服务业企业总体状况	100.58	47.98	126.72	88.74
一、按主要行业门类分				
租赁业	109.09	81.82	81.82	81.82
商务服务业	94.97	30.02	130.39	81.73
环境资源管理业	66.67	66.67	133.33	66.67
公共设施管理业	110.00	45.00	145.00	100.00
居民服务业	120.00	100.00	120.00	120.00
其他服务业	100.00	100.00	100.00	100.00
二、按企业登记注册类型分				
国有企业	95.12	36.59	121.95	65.85
集体企业	128.57	14.29	142.86	128.57
股份合作企业	120.00	80.00	100.00	140.00
联营企业	100.00	100.00	100.00	100.00
有限责任公司	70.00	31.58	140.00	95.00
股份有限公司	124.08	98.02	136.58	127.53
私营企业	120.00	40.00	60.00	40.00
其他内资企业	150.00	50.00	150.00	50.00
外商及港、澳、台投资企业	100.00	100.00	100.00	100.00
三、按企业规模分				
大型及以上	191.85	179.10	191.85	186.78
中型	100.00	47.83	120.83	50.00
小型	91.38	34.48	122.41	94.74

3－8－10　社会服务业企业流动资金景气指数(2003年)

类　别	一季度	二季度	三季度	四季度
社会服务业企业总体状况	74.12	55.45	72.88	74.02
一、按主要行业门类分				
租赁业	27.27	45.45	45.45	27.27
商务服务业	94.64	56.44	75.74	86.15
环境资源管理业	0.00	33.33	33.33	33.33
公共设施管理业	65.00	55.00	85.00	75.00
居民服务业	40.00	40.00	60.00	60.00
其他服务业	100.00	100.00	100.00	100.00
二、按企业登记注册类型分				
国有企业	63.41	39.02	68.29	70.73
集体企业	85.71	71.43	71.43	57.14
股份合作企业	40.00	60.00	60.00	80.00
联营企业	100.00	100.00	100.00	100.00
有限责任公司	85.00	47.37	80.00	60.00
股份有限公司	98.17	100.00	87.50	100.00
私营企业	60.00	40.00	0.00	60.00
其他内资企业	50.00	50.00	50.00	50.00
外商及港、澳、台投资企业	100.00	100.00	100.00	100.00
三、按企业规模分				
大型及以上	187.05	187.35	185.63	185.63
中型	66.67	43.48	75.00	58.33
小型	65.52	46.55	60.34	68.97

3－8－11　社会服务业企业货款拖欠景气指数(2003年)

类　别	一季度	二季度	三季度	四季度
社会服务业企业总体状况	99.63	87.72	95.14	102.12
一、按主要行业门类分				
租赁业	90.91	80.00	81.82	90.91
商务服务业	103.77	93.05	100.27	108.23
环境资源管理业	100.00	100.00	100.00	133.33
公共设施管理业	95.00	75.00	84.21	85.00
居民服务业	100.00	100.00	100.00	120.00
其他服务业	100.00	100.00	100.00	100.00
二、按企业登记注册类型分				
国有企业	86.84	74.36	81.58	105.00
集体企业	128.57	116.67	71.43	114.29
股份合作企业	60.00	80.00	40.00	80.00
联营企业	100.00	100.00	100.00	100.00
有限责任公司	120.00	105.26	110.00	110.00
股份有限公司	61.58	86.58	148.17	87.65
私营企业	140.00	80.00	80.00	80.00
其他内资企业	150.00	100.00	50.00	50.00
外商及港、澳、台投资企业	100.00	100.00	100.00	100.00
三、按企业规模分				
大型及以上	94.80	94.80	181.14	97.41
中型	100.00	73.91	75.00	95.83
小型	100.00	92.73	94.55	105.26

3－8－12 社会服务业企业劳动力需求景气指数(2003年)

类 别	一季度	二季度	三季度	四季度
社会服务业企业总体状况	108.99	56.18	124.47	82.93
一、按主要行业门类分				
租赁业	100.00	100.00	81.82	90.91
商务服务业	116.35	38.25	136.37	89.55
环境资源管理业	100.00	100.00	100.00	100.00
公共设施管理业	100.00	60.00	125.00	60.00
居民服务业	100.00	60.00	120.00	80.00
其他服务业	100.00	100.00	100.00	100.00
二、按企业登记注册类型分				
国有企业	95.12	53.66	129.27	60.98
集体企业	85.71	42.86	142.86	85.71
股份合作企业	100.00	20.00	120.00	80.00
联营企业	100.00	100.00	100.00	100.00
有限责任公司	130.00	57.89	140.00	120.00
股份有限公司	114.29	87.50	76.06	88.56
私营企业	140.00	60.00	100.00	80.00
其他内资企业	150.00	50.00	150.00	100.00
外商及港、澳、台投资企业	100.00	100.00	100.00	100.00
三、按企业规模分				
大型及以上	97.05	97.89	108.96	99.66
中型	116.67	47.83	129.17	58.33
小型	107.02	55.17	124.14	91.38

3－8－13 社会服务业企业固定资产投资景气指数(2003年)

类 别	一季度	二季度	三季度	四季度
社会服务业企业总体状况	106.93	99.83	100.30	103.99
一、按主要行业门类分				
租赁业	90.91	90.91	72.73	54.55
商务服务业	104.30	93.40	100.28	109.72
环境资源管理业	100.00	133.33	100.00	166.67
公共设施管理业	125.00	100.00	120.00	115.79
居民服务业	100.00	140.00	100.00	60.00
其他服务业	100.00	100.00	100.00	100.00
二、按企业登记注册类型分				
国有企业	97.50	87.50	92.68	79.49
集体企业	100.00	85.71	157.14	128.57
股份合作企业	100.00	120.00	100.00	120.00
联营企业	100.00	100.00	100.00	100.00
有限责任公司	125.00	110.53	90.00	110.00
股份有限公司	100.00	100.92	113.42	123.94
私营企业	120.00	140.00	100.00	120.00
其他内资企业	150.00	50.00	200.00	200.00
外商及港、澳、台投资企业	100.00	100.00	100.00	100.00
三、按企业规模分				
大型及以上	100.44	97.62	104.36	189.81
中型	130.43	100.00	100.00	86.96
小型	98.28	100.00	100.00	101.79

3-9-1 信息传输、计算机服务和软件业企业企业家信心指数（2003年）

类　别	一季度	二季度	三季度	四季度
信息传输、计算机服务和软件业企业总体状况	159.48	151.37	149.98	152.81
一、按主要行业门类分				
信息传输业	165.36	153.64	151.69	153.74
计算机服务业	137.50	137.50	137.50	137.50
软件业	130.03	150.00	146.27	162.50
二、按企业登记注册类型分				
国有企业	145.31	131.85	127.85	133.41
集体企业	200.00	100.00	200.00	100.00
股份合作企业	200.00	150.00	150.00	200.00
联营企业	100.00	100.00	100.00	100.00
有限责任公司	160.00	170.00	170.00	150.00
股份有限公司	135.06	175.00	142.53	175.00
私营企业	100.00	200.00	150.00	200.00
其他内资企业	100.00	100.00	100.00	100.00
外商及港、澳、台投资企业	190.16	174.77	184.62	184.62
三、按企业规模分				
大型及以上	176.26	185.79	180.87	186.08
中型	148.28	137.93	137.93	148.28
小型	158.33	137.50	137.50	129.17

3-9-2 信息传输、计算机服务和软件业企业企业景气指数（2003年）

类　别	一季度	二季度	三季度	四季度
信息传输、计算机服务和软件业企业总体状况	158.28	151.73	160.70	162.57
一、按主要行业门类分				
信息传输业	169.46	166.09	170.86	167.98
计算机服务业	87.50	75.00	100.00	150.00
软件业	150.00	125.00	150.00	137.50
二、按企业登记注册类型分				
国有企业	150.06	146.49	151.34	151.34
集体企业	200.00	0.00	200.00	200.00
股份合作企业	200.00	150.00	100.00	150.00
联营企业	100.00	100.00	100.00	100.00
有限责任公司	110.00	130.00	150.00	140.00
股份有限公司	200.00	200.00	175.00	175.00
私营企业	150.00	150.00	150.00	200.00
其他内资企业	100.00	100.00	100.00	100.00
外商及港、澳、台投资企业	192.31	174.77	189.33	192.31
三、按企业规模分				
大型及以上	193.07	191.80	187.18	188.93
中型	146.43	148.28	160.71	167.86
小型	141.67	120.83	137.50	133.33

3-9-3 信息传输、计算机服务和软件业企业产品销售(提供服务)景气指数(2003年)

类　别	一季度	二季度	三季度	四季度
信息传输、计算机服务和软件业企业总体状况	155.20	145.59	162.68	164.04
一、按主要行业门类分				
信息传输业	166.68	162.55	172.50	167.80
计算机服务业	87.50	75.00	87.50	142.86
软件业	141.23	91.23	166.23	153.73
二、按企业登记注册类型分				
国有企业	157.33	145.03	151.96	154.40
集体企业	200.00	0.00	200.00	200.00
股份合作企业	150.00	100.00	150.00	200.00
联营企业	100.00	100.00	100.00	100.00
有限责任公司	120.00	120.00	160.00	150.00
股份有限公司	182.47	157.47	157.47	132.47
私营企业	150.00	150.00	150.00	200.00
其他内资企业	100.00	100.00	100.00	100.00
外商及港、澳、台投资企业	147.62	172.47	184.62	184.62
三、按企业规模分				
大型及以上	163.31	189.22	184.54	184.54
中型	164.29	134.48	164.29	165.52
小型	137.50	120.83	141.67	143.48

3-9-4 信息传输、计算机服务和软件业企业产品订货景气指数(2003年)

类　别	一季度	二季度	三季度	四季度
信息传输、计算机服务和软件业企业总体状况	142.42	139.21	142.44	154.36
一、按主要行业门类分				
信息传输业	154.12	150.21	150.58	158.43
计算机服务业	75.00	62.50	75.00	142.86
软件业	137.50	141.23	153.73	137.50
二、按企业登记注册类型分				
国有企业	143.10	132.00	128.73	144.38
集体企业	200.00	0.00	200.00	200.00
股份合作企业	100.00	150.00	150.00	150.00
联营企业	100.00	100.00	100.00	100.00
有限责任公司	130.00	129.07	130.00	140.00
股份有限公司	200.00	132.47	157.47	150.00
私营企业	50.00	150.00	100.00	150.00
其他内资企业	100.00	100.00	100.00	100.00
外商及港、澳、台投资企业	132.24	166.67	170.32	180.16
三、按企业规模分				
大型及以上	162.34	185.27	179.57	182.99
中型	140.74	133.33	133.33	153.57
小型	127.27	104.55	118.18	130.43

3－9－5　信息传输、计算机服务和软件业企业竞争能力景气指数(2003年)

类　别	一季度	二季度	三季度	四季度
信息传输、计算机服务和软件业企业总体状况	153.84	154.97	150.68	148.24
一、按主要行业门类分				
信息传输业	157.06	160.85	154.79	149.12
计算机服务业	112.50	125.00	125.00	150.00
软件业	175.70	142.86	147.13	142.86
二、按企业登记注册类型分				
国有企业	142.57	137.64	146.18	136.66
集体企业	200.00	100.00	200.00	200.00
股份合作企业	200.00	150.00	150.00	150.00
联营企业	100.00	100.00	100.00	100.00
有限责任公司	150.93	160.00	140.93	140.93
股份有限公司	182.47	200.00	182.47	200.00
私营企业	200.00	200.00	200.00	200.00
其他内资企业	100.00	100.00	100.00	100.00
外商及港、澳、台投资企业	189.34	176.89	174.56	189.34
三、按企业规模分				
大型及以上	156.01	183.71	152.35	158.16
中型	144.44	146.43	157.14	150.00
小型	162.50	139.13	141.67	137.50

3－9－6　信息传输、计算机服务和软件业企业销售(收费)价格景气指数(2003年)

类　别	一季度	二季度	三季度	四季度
信息传输、计算机服务和软件业企业总体状况	98.38	89.59	93.68	89.08
一、按主要行业门类分				
信息传输业	94.70	91.61	93.98	91.35
计算机服务业	100.00	75.00	75.00	87.50
软件业	132.84	95.73	116.23	75.00
二、按企业登记注册类型分				
国有企业	93.22	103.80	94.14	89.52
集体企业	200.00	0.00	100.00	0.00
股份合作企业	100.00	100.00	50.00	100.00
联营企业	100.00	100.00	100.00	100.00
有限责任公司	111.11	66.67	100.00	60.93
股份有限公司	132.47	92.53	107.47	75.00
私营企业	50.00	100.00	50.00	150.00
其他内资企业	100.00	100.00	100.00	100.00
外商及港、澳、台投资企业	94.88	57.07	94.06	102.70
三、按企业规模分				
大型及以上	99.27	68.56	92.32	90.08
中型	100.00	96.43	96.43	93.10
小型	95.65	100.00	91.67	83.33

3－9－7 信息传输、计算机服务和软件业企业营业收入景气指数(2003年)

类　别	一季度	二季度	三季度	四季度
信息传输、计算机服务和软件业企业总体状况	133.60	138.06	154.82	151.20
一、按主要行业门类分				
信息传输业	140.46	154.04	159.68	162.05
计算机服务业	75.00	75.00	112.50	112.50
软件业	150.00	87.50	162.50	112.50
二、按企业登记注册类型分				
国有企业	150.44	142.65	144.20	142.03
集体企业	200.00	0.00	200.00	100.00
股份合作企业	150.00	100.00	150.00	150.00
联营企业	100.00	100.00	100.00	100.00
有限责任公司	90.00	120.00	160.00	110.00
股份有限公司	200.00	175.00	175.00	175.00
私营企业	100.00	150.00	100.00	200.00
其他内资企业	100.00	100.00	100.00	100.00
外商及港、澳、台投资企业	151.80	131.96	176.92	187.86
三、按企业规模分				
大型及以上	108.87	172.20	193.18	185.20
中型	151.72	137.93	148.28	151.72
小型	133.33	108.33	129.17	120.83

3－9－8 信息传输、计算机服务和软件业企业营业成本景气指数(2003年)

类　别	一季度	二季度	三季度	四季度
信息传输、计算机服务和软件业企业总体状况	94.84	87.81	91.41	91.75
一、按主要行业门类分				
信息传输业	97.67	86.40	91.38	86.62
计算机服务业	62.50	62.50	75.00	112.50
软件业	112.50	128.73	112.50	108.77
二、按企业登记注册类型分				
国有企业	64.47	76.29	74.99	68.98
集体企业	100.00	100.00	100.00	100.00
股份合作企业	100.00	50.00	50.00	150.00
联营企业	100.00	100.00	100.00	100.00
有限责任公司	100.00	89.07	98.15	98.15
股份有限公司	150.00	107.47	100.00	67.53
私营企业	0.00	100.00	150.00	50.00
其他内资企业	100.00	100.00	100.00	100.00
外商及港、澳、台投资企业	129.92	110.98	104.56	115.49
三、按企业规模分				
大型及以上	129.45	99.91	145.92	128.06
中型	68.97	79.31	65.52	44.83
小型	95.83	87.50	75.00	116.67

3－9－9　信息传输、计算机服务和软件业企业盈利(亏损)变化景气指数(2003年)

类　别	一季度	二季度	三季度	四季度
信息传输、计算机服务和软件业企业总体状况	136.81	124.95	129.68	138.40
一、按主要行业门类分				
信息传输业	145.75	136.10	138.58	139.43
计算机服务业	75.00	62.50	62.50	150.00
软件业	142.86	112.50	137.50	125.00
二、按企业登记注册类型分				
国有企业	135.23	112.12	127.60	127.20
集体企业	100.00	0.00	100.00	200.00
股份合作企业	200.00	100.00	50.00	150.00
联营企业	100.00	100.00	100.00	100.00
有限责任公司	90.93	90.00	100.93	88.89
股份有限公司	200.00	175.00	150.00	150.00
私营企业	50.00	150.00	100.00	200.00
其他内资企业	100.00	100.00	100.00	100.00
外商及港、澳、台投资企业	178.67	155.46	184.62	192.31
三、按企业规模分				
大型及以上	143.85	161.72	150.80	138.22
中型	144.44	114.29	125.00	128.57
小型	121.74	104.35	116.67	150.00

3－9－10　信息传输、计算机服务和软件业企业流动资金景气指数(2003年)

类　别	一季度	二季度	三季度	四季度
信息传输、计算机服务和软件业企业总体状况	96.83	108.13	104.96	99.02
一、按主要行业门类分				
信息传输业	102.93	116.73	107.54	97.76
计算机服务业	75.00	62.50	87.50	100.00
软件业	78.73	87.50	103.73	112.50
二、按企业登记注册类型分				
国有企业	63.27	69.70	64.48	65.13
集体企业	200.00	0.00	200.00	200.00
股份合作企业	50.00	50.00	50.00	100.00
联营企业	100.00	100.00	100.00	100.00
有限责任公司	100.93	140.00	130.00	100.93
股份有限公司	182.47	150.00	157.47	200.00
私营企业	50.00	100.00	150.00	150.00
其他内资企业	100.00	100.00	100.00	100.00
外商及港、澳、台投资企业	167.56	164.58	161.07	160.60
三、按企业规模分				
大型及以上	122.32	147.70	165.10	134.63
中型	89.29	106.90	86.21	86.21
小型	83.33	75.00	75.00	83.33

3－9－11 信息传输、计算机服务和软件业企业货款拖欠景气指数(2003年)

类 别	一季度	二季度	三季度	四季度
信息传输、计算机服务和软件业企业总体状况	107.82	117.51	102.31	114.34
一、按主要行业门类分				
信息传输业	112.57	126.45	110.73	117.36
计算机服务业	112.50	87.50	50.00	87.50
软件业	67.53	80.03	92.53	121.27
二、按企业登记注册类型分				
国有企业	97.50	111.14	94.54	96.04
集体企业	100.00	0.00	0.00	100.00
股份合作企业	50.00	100.00	150.00	100.00
联营企业	100.00	100.00	100.00	100.00
有限责任公司	100.00	98.15	98.15	138.15
股份有限公司	135.06	110.06	110.06	142.53
私营企业	100.00	100.00	100.00	50.00
其他内资企业	100.00	100.00	100.00	100.00
外商及港、澳、台投资企业	144.18	132.85	81.53	114.25
三、按企业规模分				
大型及以上	107.75	137.16	107.92	120.60
中型	100.00	100.00	96.43	103.57
小型	117.39	121.74	104.35	121.74

3－9－12 信息传输、计算机服务和软件业企业劳动力需求景气指数(2003年)

类 别	一季度	二季度	三季度	四季度
信息传输、计算机服务和软件业企业总体状况	123.58	98.40	117.06	119.26
一、按主要行业门类分				
信息传输业	127.09	105.89	123.94	124.88
计算机服务业	100.00	37.50	62.50	100.00
软件业	121.27	112.50	125.00	96.27
二、按企业登记注册类型分				
国有企业	115.99	96.80	117.03	112.43
集体企业	200.00	0.00	100.00	100.00
股份合作企业	150.00	100.00	100.00	50.00
联营企业	100.00	100.00	100.00	100.00
有限责任公司	139.07	100.00	129.07	139.07
股份有限公司	117.53	150.00	150.00	117.53
私营企业	50.00	50.00	50.00	50.00
其他内资企业	100.00	100.00	100.00	100.00
外商及港、澳、台投资企业	112.14	105.12	105.12	127.71
三、按企业规模分				
大型及以上	140.22	108.64	160.11	153.60
中型	113.79	100.00	110.34	110.34
小型	120.83	87.50	87.50	100.00

3－9－13　信息传输、计算机服务和软件业企业固定资产投资景气指数(2003年)

类　别	一季度	二季度	三季度	四季度
信息传输、计算机服务和软件业企业总体状况	117.35	139.64	132.02	146.15
一、按主要行业门类分				
信息传输业	127.05	149.27	140.83	152.27
计算机服务业	62.50	87.50	100.00	137.50
软件业	100.00	125.00	103.73	112.50
二、按企业登记注册类型分				
国有企业	120.80	132.59	122.32	136.24
集体企业	100.00	100.00	100.00	100.00
股份合作企业	100.00	100.00	50.00	50.00
联营企业	100.00	100.00	100.00	100.00
有限责任公司	138.15	160.00	160.00	159.07
股份有限公司	100.00	200.00	157.47	175.00
私营企业	50.00	50.00	50.00	50.00
其他资企业	100.00	100.00	100.00	100.00
外商及港、澳、台投资企业	84.59	135.48	127.79	183.01
三、按企业规模分				
大型及以上	123.05	163.51	147.87	184.25
中型	113.79	137.93	137.04	128.57
小型	116.67	120.83	112.50	133.33

3－10－1　住宿和餐饮业企业企业家信心指数(2003年)

类　别	一季度	二季度	三季度	四季度
住宿和餐饮业企业总体状况	133.55	64.30	137.62	138.13
一、按主要行业门类分				
住宿业	130.79	59.67	136.48	137.37
餐饮业	144.45	83.67	142.44	141.35
二、按企业登记注册类型分				
国有企业	129.05	58.61	132.61	136.57
集体企业	113.78	56.13	126.09	131.41
股份合作企业	116.67	33.33	100.00	116.67
联营企业	100.00	100.00	100.00	100.00
有限责任公司	134.52	74.30	147.60	127.13
股份有限公司	129.78	108.46	148.25	140.01
私营企业	200.00	0.00	100.00	200.00
其他内资企业	100.00	100.00	100.00	100.00
外商及港、澳、台投资企业	169.57	65.14	156.52	147.83
三、按企业规模分				
大型及以上	159.83	95.34	187.75	181.15
中型	140.48	67.07	141.25	137.50
小型	111.11	46.30	109.43	119.23

3－10－2 住宿和餐饮业企业企业景气指数(2003年)

类 别	一季度	二季度	三季度	四季度
住宿和餐饮业企业总体状况	129.23	37.56	128.54	127.10
一、按主要行业门类分				
住宿业	123.19	31.91	129.09	126.10
餐饮业	152.86	61.15	126.24	131.35
二、按企业登记注册类型分				
国有企业	110.12	23.74	123.38	124.17
集体企业	126.09	43.09	131.41	105.32
股份合作企业	116.67	33.33	66.67	100.00
联营企业	100.00	100.00	100.00	100.00
有限责任公司	150.00	51.96	117.65	137.13
股份有限公司	161.35	37.57	160.75	156.51
私营企业	200.00	0.00	100.00	200.00
其他内资企业	100.00	100.00	100.00	100.00
外商及港、澳、台投资企业	151.62	58.76	155.97	142.84
三、按企业规模分				
大型及以上	188.98	62.88	190.89	162.52
中型	129.76	37.80	131.25	127.85
小型	101.85	25.93	96.23	109.62

3－10－3 住宿和餐饮业企业产品销售(提供服务)景气指数(2003年)

类 别	一季度	二季度	三季度	四季度
住宿和餐饮业企业总体状况	107.91	23.78	142.95	116.34
一、按主要行业门类分				
住宿业	101.39	23.84	140.41	115.89
餐饮业	133.78	23.45	153.71	118.36
二、按企业登记注册类型分				
国有企业	92.98	15.67	138.96	113.65
集体企业	111.05	23.82	135.18	130.63
股份合作企业	100.00	16.67	83.33	83.33
联营企业	100.00	100.00	100.00	100.00
有限责任公司	109.75	46.69	140.22	107.00
股份有限公司	137.33	0.00	169.01	145.77
私营企业	200.00	0.00	100.00	200.00
其他内资企业	100.00	100.00	100.00	100.00
外商及港、澳、台投资企业	142.31	27.19	173.91	91.19
三、按企业规模分				
大型及以上	110.38	57.57	193.47	129.82
中型	118.07	20.99	147.50	116.46
小型	90.20	12.96	113.21	109.80

3－10－4　住宿和餐饮业企业竞争能力景气指数(2003年)

类　别	一季度	二季度	三季度	四季度
住宿和餐饮业企业总体状况	134.21	104.13	137.11	139.31
一、按主要行业门类分				
住宿业	128.42	97.37	137.42	142.86
餐饮业	153.54	132.43	135.78	124.35
二、按企业登记注册类型分				
国有企业	128.74	99.01	125.57	135.01
集体企业	128.68	86.57	149.23	143.86
股份合作企业	100.00	66.67	100.00	100.00
联营企业	100.00	100.00	100.00	100.00
有限责任公司	139.52	127.65	147.60	142.44
股份有限公司	152.00	146.68	142.26	152.51
私营企业	200.00	200.00	100.00	200.00
其他内资企业	100.00	100.00	100.00	100.00
外商及港、澳、台投资企业	138.50	110.30	160.87	140.52
三、按企业规模分				
大型及以上	175.60	135.88	188.60	155.52
中型	138.55	112.20	135.00	141.25
小型	109.43	77.78	116.98	128.85

3－10－5　住宿和餐饮业企业客房出租景气指数(2003年)

类　别	一季度	二季度	三季度	四季度
住宿和餐饮业企业总体状况	70.28	19.59	93.40	88.43
一、按主要行业门类分				
住宿业	70.66	20.60	96.82	90.92
餐饮业	69.06	8.70	72.04	79.36
二、按企业登记注册类型分				
国有企业	54.02	9.50	85.19	88.40
集体企业	79.10	35.61	85.36	76.50
股份合作企业	100.00	20.00	65.67	100.00
联营企业	100.00	100.00	100.00	100.00
有限责任公司	88.94	22.22	94.86	80.35
股份有限公司	92.21	11.11	125.00	146.90
私营企业	100.00	100.00	100.00	100.00
其他内资企业	100.00	100.00	100.00	100.00
外商及港、澳、台投资企业	71.43	10.53	130.93	81.50
三、按企业规模分				
大型及以上	124.63	61.89	136.24	123.81
中型	65.38	15.38	97.47	88.61
小型	54.00	8.16	68.63	74.00

3-10-6 住宿和餐饮业企业业务收费价格景气指数(2003年)

类别	一季度	二季度	三季度	四季度
住宿和餐饮业企业总体状况	80.41	62.05	103.12	81.39
一、按主要行业门类分				
住宿业	75.25	59.35	104.29	76.70
餐饮业	101.26	73.87	97.26	111.48
二、按企业登记注册类型分				
国有企业	74.21	53.47	95.09	79.28
集体企业	79.39	71.13	107.91	94.55
股份合作企业	33.33	50.00	83.33	66.67
联营企业	100.00	100.00	100.00	100.00
有限责任公司	102.60	62.13	98.08	69.58
股份有限公司	74.22	37.57	119.25	117.26
私营企业	100.00	100.00	0.00	0.00
其他内资企业	100.00	100.00	100.00	100.00
外商及港、澳、台投资企业	100.00	70.84	128.15	70.63
三、按企业规模分				
大型及以上	65.45	94.78	155.50	87.59
中型	89.02	58.75	96.15	77.92
小型	73.58	52.83	90.38	84.00

3-10-7 住宿和餐饮业企业营业收入景气指数(2003年)

类别	一季度	二季度	三季度	四季度
住宿和餐饮业企业总体状况	102.65	19.91	143.72	105.73
一、按主要行业门类分				
住宿业	100.08	18.66	143.10	100.35
餐饮业	112.69	25.07	146.28	128.54
二、按企业登记注册类型分				
国有企业	85.66	15.67	137.66	104.65
集体企业	112.65	20.61	135.18	113.23
股份合作企业	116.67	16.67	100.00	50.00
联营企业	100.00	100.00	100.00	100.00
有限责任公司	111.70	31.96	147.65	94.30
股份有限公司	137.33	0.00	157.74	163.03
私营企业	200.00	0.00	200.00	200.00
其他内资企业	100.00	100.00	100.00	100.00
外商及港、澳、台投资企业	110.18	27.19	175.95	86.84
三、按企业规模分				
大型及以上	142.87	32.73	184.19	112.26
中型	103.57	21.95	153.16	107.50
小型	83.33	11.11	111.32	100.00

3－10－8 住宿和餐饮业企业营业成本景气指数(2003年)

类 别	一季度	二季度	三季度	四季度
住宿和餐饮业企业总体状况	91.44	116.39	77.34	81.73
一、按主要行业门类分				
住宿业	90.31	117.23	75.45	82.83
餐饮业	95.95	112.80	85.17	76.97
二、按企业登记注册类型分				
国有企业	83.75	118.70	66.83	70.53
集体企业	107.56	109.09	107.91	102.18
股份合作企业	66.67	100.00	50.00	66.67
联营企业	100.00	100.00	100.00	100.00
有限责任公司	81.42	130.65	52.13	110.95
股份有限公司	113.58	97.53	78.51	40.71
私营企业	100.00	200.00	200.00	0.00
其他内资企业	100.00	100.00	100.00	100.00
外商及港、澳、台投资企业	81.97	123.25	79.73	91.94
三、按企业规模分				
大型及以上	125.89	96.75	126.77	114.59
中型	84.34	134.15	70.00	77.50
小型	87.04	98.15	66.04	73.08

3－10－9 住宿和餐饮业企业盈利(亏损)变化景气指数(2003年)

类 别	一季度	二季度	三季度	四季度
住宿和餐饮业企业总体状况	100.00	25.42	122.93	113.55
一、按主要行业门类分				
住宿业	97.83	22.54	127.65	110.97
餐饮业	108.58	37.46	102.79	124.35
二、按企业登记注册类型分				
国有企业	79.12	23.36	116.88	105.12
集体企业	121.00	24.95	121.13	112.04
股份合作企业	60.00	16.67	66.67	83.33
联营企业	100.00	100.00	100.00	100.00
有限责任公司	80.96	19.56	130.21	97.44
股份有限公司	156.02	11.11	132.74	163.03
私营企业	200.00	100.00	100.00	0.00
其他内资企业	100.00	100.00	100.00	100.00
外商及港、澳、台投资企业	111.29	32.12	157.36	124.60
三、按企业规模分				
大型及以上	145.85	48.64	162.50	162.52
中型	102.41	28.05	136.25	113.92
小型	75.00	11.11	84.91	90.38

3－10－10 住宿和餐饮业企业流动资金景气指数(2003年)

类别	一季度	二季度	三季度	四季度
住宿和餐饮业企业总体状况	80.45	47.28	79.49	78.31
一、按主要行业门类分				
住宿业	75.82	42.89	80.59	75.50
餐饮业	98.40	65.63	74.81	90.06
二、按企业登记注册类型分				
国有企业	64.20	32.45	67.98	60.94
集体企业	77.48	50.65	76.50	77.27
股份合作企业	50.00	16.67	33.33	16.67
联营企业	100.00	100.00	100.00	100.00
有限责任公司	69.52	47.40	95.48	102.35
股份有限公司	77.78	48.68	71.26	75.00
私营企业	200.00	100.00	0.00	100.00
其他内资企业	100.00	100.00	100.00	100.00
外商及港、澳、台投资企业	116.22	56.96	112.41	121.11
三、按企业规模分				
大型及以上	143.84	106.86	136.65	106.66
中型	75.90	39.02	77.50	76.92
小型	59.26	33.33	56.60	67.31

3－10－11 住宿和餐饮业企业货款拖欠景气指数(2003年)

类别	一季度	二季度	三季度	四季度
住宿和餐饮业企业总体状况	85.16	98.88	84.34	88.98
一、按主要行业门类分				
住宿业	83.48	99.84	83.93	87.01
餐饮业	91.50	94.93	86.12	97.42
二、按企业登记注册类型分				
国有企业	77.53	96.96	76.89	91.35
集体企业	70.31	98.87	104.55	77.68
股份合作企业	83.33	100.00	50.00	66.67
联营企业	100.00	100.00	100.00	100.00
有限责任公司	104.73	77.18	99.25	102.44
股份有限公司	90.45	96.68	91.24	103.64
私营企业	0.00	100.00	100.00	100.00
其他内资企业	100.00	100.00	100.00	100.00
外商及港、澳、台投资企业	101.23	105.22	69.90	99.76
三、按企业规模分				
大型及以上	114.79	117.67	85.73	78.38
中型	87.80	103.70	86.25	100.00
小型	67.31	82.69	80.77	76.47

3－10－12 住宿和餐饮业企业劳动力需求景气指数(2003年)

类 别	一季度	二季度	三季度	四季度
住宿和餐饮业企业总体状况	104.43	39.26	124.59	99.55
一、按主要行业门类分				
住宿业	103.61	33.14	124.62	101.94
餐饮业	107.80	64.74	124.43	89.49
二、按企业登记注册类型分				
国有企业	91.28	25.92	126.09	94.48
集体企业	120.61	58.60	117.00	121.54
股份合作企业	83.33	33.33	66.67	66.67
联营企业	100.00	100.00	100.00	100.00
有限责任公司	97.03	32.18	122.65	89.35
股份有限公司	140.89	48.68	80.72	114.25
私营企业	100.00	0.00	100.00	0.00
其他内资企业	100.00	100.00	100.00	100.00
外商及港、澳、台投资企业	115.37	45.72	155.97	90.67
三、按企业规模分				
大型及以上	158.72	82.56	173.39	122.08
中型	96.34	28.05	117.50	97.50
小型	92.59	37.04	113.21	92.31

3－10－13 住宿和餐饮业企业固定资产投资景气指数(2003年)

类 别	一季度	二季度	三季度	四季度
住宿和餐饮业企业总体状况	99.18	83.86	118.60	112.55
一、按主要行业门类分				
住宿业	102.03	78.31	117.06	113.33
餐饮业	88.23	107.11	125.21	109.32
二、按企业登记注册类型分				
国有企业	93.14	72.48	113.81	108.84
集体企业	96.39	99.61	122.73	131.82
股份合作企业	83.33	66.67	66.67	66.67
联营企业	100.00	100.00	100.00	100.00
有限责任公司	125.00	94.52	124.78	112.35
股份有限公司	65.76	66.43	126.99	99.21
私营企业	100.00	0.00	0.00	200.00
其他内资企业	100.00	100.00	100.00	100.00
外商及港、澳、台投资企业	111.56	95.53	132.66	105.83
三、按企业规模分				
大型及以上	127.88	92.40	142.49	106.06
中型	93.90	81.71	111.25	117.72
小型	94.44	83.33	118.87	107.69

3－11　宏观景气创新高　企业经营开门好

——山东省2003年一季度企业景气调查报告

山东省企业调查队2003年一季度对全省3000家企业的景气调查显示，今年首季山东省宏观经济运行景气指数继续攀升，再创近年来最高点。企业综合经营状况、企业生产总量、效益比上季度有所下降，但明显好于去年同期。

一、企业综合生产经营景气状况继续在高位运行

一季度反映企业综合生产经营状况的企业景气指数为133.9，比上季度下降2.5点，比去年同期提高6.2点，企业生产经营景气度继续在高位运行。一季度认为企业综合生产经营状况良好的企业占43.8%，认为一般的占46.3%，认为不佳的占9.9%，下季度企业景气指数比本季度将有大幅度提升，预计为140.0。

1. 分登记注册类型看：国有企业的企业景气指数与上季度持平，景气指数为128.9，比去年同期提高10.8点；集体企业为130.3，比上季度下降4.9点，与去年同期持平；外商及港澳台商投资企业的企业景气指数较高，为155.6，比上季度和去年同期分别提高10.2点和17.5点；私营企业的企业景气指数为142.9，比上季度和去年同期提高0.4点和0.9点；股份有限公司为147.6，比上季度下降1.8点，比去年同期提高14.3点；有限责任公司为135.4，比上季度下降3.1点，去年同期下降0.4点。

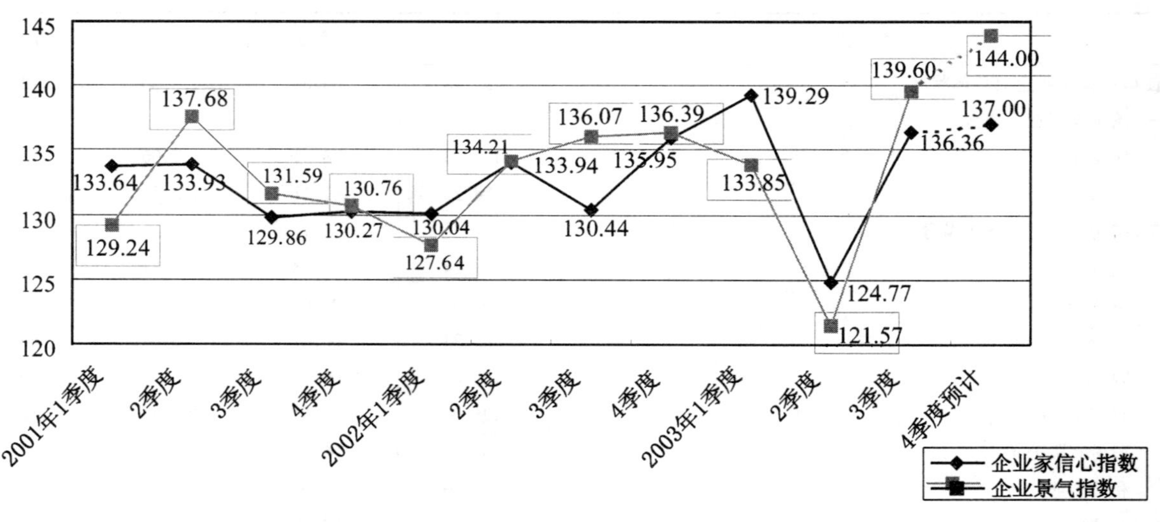

图1　企业景气指数和企业家信心指数变化情况

2. 分行业看：工业企业景气指数为141.0，比

上季度下降1.9点,比去年同期提高10.6点;建筑业企业为114.6,受季节因素影响,比上季度和去年同期下降22.1点和4.6点;交通运输仓储邮政业企业为116.5,比上季度和去年同期下降2.4点和10.1点;批发和零售业为121.0,比上季度和去年同期提高3.8点和1.6点;房地产业企业的企业景气指数为137.9,比上季度和去年同期提高4.7点和5.5点;社会服务业企业为124.4,比上季度下降0.3点,比去年同期提高2.2点;信息传输计算机服务和软件业景气度最高为158.3,比上季度和去年同期分别提高0.5点和0.6点;住宿和餐饮业为129.2,比上季度和去年同期分别提高3.6点和20.4点。

3. 从特殊分类看:一季度省重点企业集团企业景气指数为162.7,比上季度下降9.1点,比去年同期提高7.8点,比全省企业景气指数高出28.8点;高技术产业企业景气指数为136.9,比上季度提高8.5点;上市公司企业景气指数为141.5,比上季度下降30.1点,乡镇企业企业景气指数为152.8,比上季度提高0.3点。

二、企业生产总量经济效益仍处于较高位

1. 企业生产总量较上季度有所下降,但好于上年同期。一季度反映全省企业生产总量的景气指数为120.2,比上季度下降8.7点,但比上年同期提高5.2点,下季度全省企业生产景气状况预计有较大幅度提升。八大行业中社会服务业反映业务需求量的景气指数为120.4,比上季度提高28点,比上年同期提高1.7点;工业企业反映企业生产总量的景气指数为126.7,比上季度下降2.1点,比上年同期提高9.7点;批发和零售业企业反映商品销售的景气指数为113.7,比上季度下降9.6点,但比上年同期提高6.2点;受季节因素影响,建筑业企业反映企业建筑工程量的景气指数为83.5,比上季度下降47.8点,落入不景气区间;房地产业企业反映完成投资的景气指数为105.8,比上季度下降23.9点;交通运输仓储及邮政业企业反映业务需求量的景气指数为107.7,比上季度下降16.4点;住宿和餐饮业企业反映产品销售(提供服务)的景气指数为107.9,比上季度下降5.5点,比上年同期提高17点;信息传输计算机服务和软件业企业景气指数为155.2,景气度最高,比上季度下降0.8点,比上年同期提高0.1点。

2. 企业经济效益处于较高水平。一季度反映全省企业盈利景气指数为114.3,比上季度下降6.3点,比上年同期提高14.7点,处于理想的景气区间。工业企业盈利景气指数为114.3,比上季度下降6.3点,但比上年同期提高14.7点,我省采掘业盈利水平继续对整体工业企业经济效益的提高起了重要作用,一季度我省采掘业企业盈利景气指数为147.3,虽比上季度下降15点,但比上年同期仍高出38.6点;社会服务业企业盈利景气指数为100.6,比上季度提高7点,回升到景气区间,比上年同期提高6.5点;房地产业企业为119.8,比上季度和上年同期提高3.7点和9.6点;批发和零售业企业盈利景气指数为112.8,比上季度下降1.8点,比上年同期提高11.3点;住宿和餐饮业企业盈利景气处于景气临界点,比上季度下降3.1点,比上年同期提高14.9点。

3. 企业劳动力需求回升。一季度反映全省企业劳动力需求量的景气指数为105.5,由不景气回升到景气区间,比上季度提高6.8点,比上年同期提高13.0点。一季度工业、批发零售业劳动力需求景气指数为113.8和89.2,分别比上季度提高11.8和4.3点,比上年同期分别提高18.3和8.6点;建筑业企业劳动力需求较上季度大幅下降,景气指数为85.8,比上季度下降23.2点;社会服务业劳动力需求景气指数为109.0,比上季度提高22.5点,比上年同期提高6.3点;信息传输计算机服务和软件业景气指数为123.6,比上季度提高21.1点。

4. 企业资金紧张有所缓解。一季度反映我省企业流动资金景气指数为83.2,虽然仍在不景气区间,但比上季度和上年同期提高6.9点和7.7点,表明我省企业资金紧张有所缓解,工业企业流动资金景气指数为92.4,比上季度提高10.5点,比上年同期提高12点;批发零售业企业为80.3,比上季度和上年同期分别提高10.4点和8.5点;建筑业和交通运输仓储邮政业资金依然十分紧张,景气指数仅为58.3点和55.0点,处于不景气区间的低位,且比上季度下降1.1点和0.5点。

5. 产品价格出现上涨。一季度调查的工业企业中,产品销售价格景气指数为109.4,较上季度提高11.1点,认为产品销售价格上升的企业占

27.3%,认为持平的占54.8%,认为下降的占17.9%;认为原材料及能源购进价格上升的工业企业占51.0%,认为持平的占41.1%,认为下降的占7.9%。建筑业企业认为建筑材料购进价格上升的企业占44.0%,认为持平的占43.3%,认为下降的占12.7%;批发和零售企业商品销售价格景气指数为104.3,比上季度提高15.2点,其中认为价格上升的企业占23.3%,认为持平的占57.7%,认为下降的占19.0%。

6. 工业产品订货景气看好。工业产品订货景气指数为129.2,比上季度提高28.8,提高幅度大,其中国外订货景气指数为117.1,比上季度提高12.9点。建筑业企业工程合同景气指数下降了22.3点,景气指数为102.3。

7. 企业库存下降。工业产成品库存景气指数为126.1,比上季度提高26.5点。有近九成企业认为产成品库存处于正常水平;批发和零售业商品库存景气指数为115.9,比上季度提高2.5点。

8. 工业企业设备利用率提高。调查的工业企业中本期设备利用率为87.75%,上季度为85.24%,去年同期为82.2%。

三、企业家信心指数上升,对宏观经济充满信心

一季度反映企业家对宏观经济信心与预期的企业家信心指数为139.3,达到近年来最高点,比上季度和去年同期提高3.3点和9.3点,下季度预计企业家信心指数将保持本季度水平,表明企业家对宏观经济充满信心。

1. 分行业看,工业、批发和零售业、住宿和餐饮业企业家信心指数为142.6.126.7和133.6,分别比上季度提高4.3点、5.8点和1.1点;信息传输计算机服务和软件业景气度最高,提升幅度也最大,企业家景气指数为159.5,比上季度和上年同期提高8.5点和12.1点;建筑业和房地产业为134.5和152.2,比上季度提高4.9点和3.0点;惟有交通运输仓储邮政业景气度下降8.8点,企业家信心指数为122.0。

2. 分企业登记注册类型看,一季度国有企业企业家信心指数为134.7,比上季度和上年同期分别提高3.5点和9.3点;股份有限公司和有限责任公司为151.0和141.6,比上季度提高14.3点和1.1点,比上年同期提高25.3点和9.9点;外商及港澳台投资企业为154.3,比上季度下降1.3点,但比上年同期提高14.6点,集体企业和私营企业企业家信心指数为133.6和132.9,比上季度下降2.8点和8.6点,比上年同期下降2.4点和12.2点。

四、企业生产经营存在的主要问题

对调查中所列示的企业生产经营存在的主要问题,企业家按影响程度选择3项,列前三位的分别是市场竞争激烈占74.6%,资金筹措困难占55.5%,市场需求不足占38.2%。其中国有企业列前三位的是市场竞争激烈占70.0%,资金筹措困难占57.0%,历史债务负担重占38.1%;私营企业列前三位的是市场竞争激烈占77.3%,资金筹措困难占62.1%,相互拖欠货款占42.4%;外商及港澳台投资企业列前三位的是市场竞争激烈占81.4%,资金筹措困难占40.7%,市场需求不足占38.2%。

3－12　宏观经济运行势头再现强劲 企业生产经营景气又攀新高

——山东省2003年三季度企业景气调查报告

山东省企业调查队2003年三季度对全省3000家企业景气调查显示，我省经济运行在新一轮经济增长周期的推动下，虽经历二季度短暂波动，三季度再现强劲的发展势头，反映企业综合生产经营状况的企业景气指数攀升到近年来最高点，反映企业家对宏观经济信心与预期的企业家信心指数上升到近年来的次高点。从企业家对下季度的预期看，全省经济景气状况四季度将继续看好。

一、企业综合生产经营状况显著提高

三季度反映全省企业综合生产经营状况的企业景气指数为139.6，比上季度提高18点，比去年同期提高3.5点，创下自1998年开展企业景气调查以来的最高点。经加权汇总计算，三季度认为企业综合生产经营状况良好的企业占48.5%，认为一般的占42.6%，认为不佳的占8.9%。调查企业的企业家判断下季度企业景气指数仍将继续提升，预计为144。由此推断我省全年经济将处于上升通道的高平台上运行。

1. 分行业看工业快速增长，受非典影响较大的行业全面恢复。三季度工业企业景气指数为146.5，比上季度提高15.8点，比去年同期提高5.2点。其中制造业景气度提高幅度较大，三季度企业景气指数为145.6，分别比上季度和去年同期提高19.4点和7点。受非典影响较大行业企业生产经营恢复上扬。住宿和餐饮业企业三季度企业景气指数为128.5，比上季度提高91点；社会服务业企业景气指数为119.8，比上季度提高65.1点；交通运输仓储邮政业企业景气指数为126.9，比上季度提高42.9点。信息传输计算机和软件业企业景气指数仍然最高，三季度为160.7，分别比上季度和去年同期提高9点和9.4点。建筑业和房地产业企业景气度增势相对放缓，三季度建筑业企业景气指数为128.0，比上季度提高2.4点，比去年同期下降10.4点；房地产业三季度企业景气指数为141.6，比上季度下降6点，但比去年同期提高10.9点。

2. 分登记注册类型看，呈全面提升态势。三季度国有企业的企业景气指数为133.6，比上季度和去年同期分别提高17.4点和4.3点；集体企业为128.2，比上季度提高16.1点，比去年同期下降5.5点；股份有限公司、有限责任公司企业景气指数为156.7和145.2，比上季度分别提高24.2点和21.2点，比去年同期分别提高11.1点和5.8点。私营企业的企业景气指数为138.8，比上季度提高6.0点，比去年同期下降5点。外商及港澳台投资企业的企业景气指数为146.7，比上季度提高18.5点，比去年同期下降1.8点。

3. 从特殊分类看，重点企业优势明显。三季度我省高技术产业企业景气指数为147.7，比上季度和去年同期分别提高33.3点和22.3点；上市公司企业景气指数为180.5，比上季度和去年同期分别提高56点和10点；省重点企业的企业景气指数为185.0，比上季度和去年同期分别提高40.7点和15.6点。

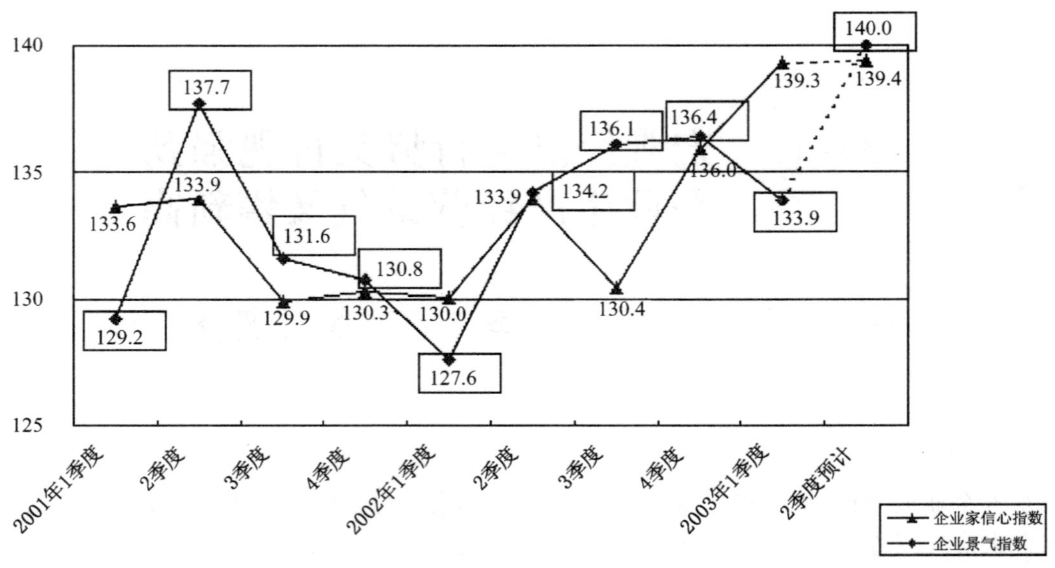

图 1　企业景气指数和企业家信心指数变化情况

二、企业生产总量和经济效益大幅提高

1. 企业生产总量景气状况全面上扬。一季度反映全省企业生产总量的景气指数为 133，比上季度提高 14.7 点，比去年同期提高 0.6 点。在调查的八大行业中，住宿和餐饮业特点突出，从受非典影响中全面恢复，加之三季度为我省旅游旺季，外出旅游就餐大幅增加，尤其是沿海地区宾馆饭店出现爆满，反映住宿和餐饮业企业产品销售（提供服务）的景气指数为 143，比上季度提高 119.2 点，比去年同期提高 9.5 点；与之相似，社会服务业和交通运输仓储邮政业反映业务需求量的景气指数为 136.2 和 129.8，比上季度分别提高 77.7 点和 56.9 点，比去年同期分别提高 15.2 点和 4.5 点。三季度批发和零售业企业反映商品销售的景气指数为 120.3，比上季度和去年同期分别提高 24.3 点和 5.1 点；工业企业反映企业生产总量的景气指数为 131.8 点，比上季度提高 3.8 点，比去年同期下降 3.0 点；建筑业和房地产业企业反映企业建筑工程量和完成投资的景气指数为 146.7 和 137.2，分别比上季度下降 3.7 点和 1.6 点，但比去年同期提高 7.3 点和 0.8 点；信息传输计算机服务和软件业企业反映生产总量的景气度最高为 162.7，比上季度和去年同期分别提高 17.1 点和6.9点。

2. 企业经济效益明显看好。三季度反映全省企业盈利的景气指数为 121.5，比上季度提高 15.3 点，比去年同期提高 1.0 点。与企业生产总量大幅提升相对应，三季度住宿和餐饮业、社会服务业和交通运输仓储邮政业企业经济效益景气状况大幅度提升，反映盈利的景气指数为 122.9.126.7 和 114.3，分别比上季度提高 97.5 点、78.7 点和 43.9 点。工业企业反映企业盈利的景气指数为 128.1，比上季度和去年同期提高 12.7 点和 7.1 点；批发零售业为 108.6，比上季度和去年同期提高 8.0 点和 0.1 点；信息传输计算机服务和软件业为 129.7，比上季度和去年同期分别提高 4.7 点和 1.9 点；建筑业企业经济效益出现回落，反映企业盈利的景气指数为 91.7，由景气区间下滑到不景气区间，景气指数比上季度和去年同期分别下降 16 点和 40 点，房地产企业盈利景气指数为 125.9，比上季度下降 1.0 点，比去年同期提高 11.9 点。

3. 企业劳动力需求景气度达到近年来最高点。三季度由于企业生产总量全面提高，企业用工状况全面改善，反映企业劳动力需求的景气指数达到近五年来的最高点为 106.7，处于景气区间，分别比上季度和去年同期提高 8.0 点和 5.3 点。其中住宿餐饮业、社会服务业等劳动密集型行业贡献大，以上两行业三季度反映企业劳动力需求的景气指数为124.6和124.5,分别比上季度提高85.3点和68.3点,比去年同期分别提高16.7点和6.7点;批发零售业、交通运输仓储邮政业劳动力需求景气也大幅提高,景气指数为94.9和96.6,比上季度提高13.6点和22.2点,比去年同期提高12.4点和5.9点;工业企业和房地产企业劳动力需求景气度平稳上升,景气指数为107.4,比上季度提高2.3点和2.8点,比去年同期提高6.8点、5点。信息传输计算机服务和软件劳动力需求景气状况提升势头强劲,景气指数为117.1,比上季度和去年同期分别提高18.7点和19.2点。建筑业企业劳动力需求明显下滑,三季度反映劳动力需求的景气指数为113.1,比上季度下降13点,比去年同期下降20.6点。

三、企业家对全省宏观经济充满信心

三季度反映企业家对宏观经济信心与预期的企业家信心指数为136.4,比上季度提高11.6点,比去年同期提高5.9点,为近年来的次高点,仅比最高点今年一季度低2.9点。下季度企业家信心指数预计为137,表明我省宏观经济全面看好。

分行业看,工业企业家信心指数为139.2,比上季度和去年同期分别提高9点和10点。交通运输仓储邮政业、社会服务业、住宿餐饮业企业家信心指数大幅上扬,分别比上季度提高31点、43.8点和73.3点;批发和零售业企业家信心指数为121.3,比上季度和去年同期分别提高3.8点和6.4点;房地产业企业家信心指数最高为150,比上季度提高6.5点,比去年同期下降3.5点;建筑业企业家信心指数为133.6,比上季度下降3点,比去年同期提高4.2点;信息传输计算机服务和软件业企业家信心指数为150点,比上季度下降1.4点,比去年同期提高2.6点。

3-13 宏观经济运行势头保持强劲 企业生产经营景气再攀新高

——山东省2003年四季度企业景气调查报告

山东省企业调查队2003年四季度对全省3000家企业景气调查显示,山东省经济运行在新一轮周期上升期的推动下,继续保持三季度强劲的发展势头,反映企业综合生产经营状况的企业景气指数继续处在近年来最高点,反映企业家对宏观经济信心与预期的企业家信心指数上升到近年来的次高点。从企业家对下季度的预期看,山东省经济景气状况2004年一季度将继续看好。

一、企业综合生产经营状况保持快速增长

四季度反映全省企业综合生产经营状况的企业景气指数为139.6,比上季度略有提高,再创自1998年开展企业景气调查以来的最高点。经加权汇总计算,四季度认为企业综合生产经营状况良好的企业占49.4%,认为一般的占40.9%,认为不佳的占9.7%。调查企业的企业家判断下季度企业景气指数仍将继续提升,预计为140。由

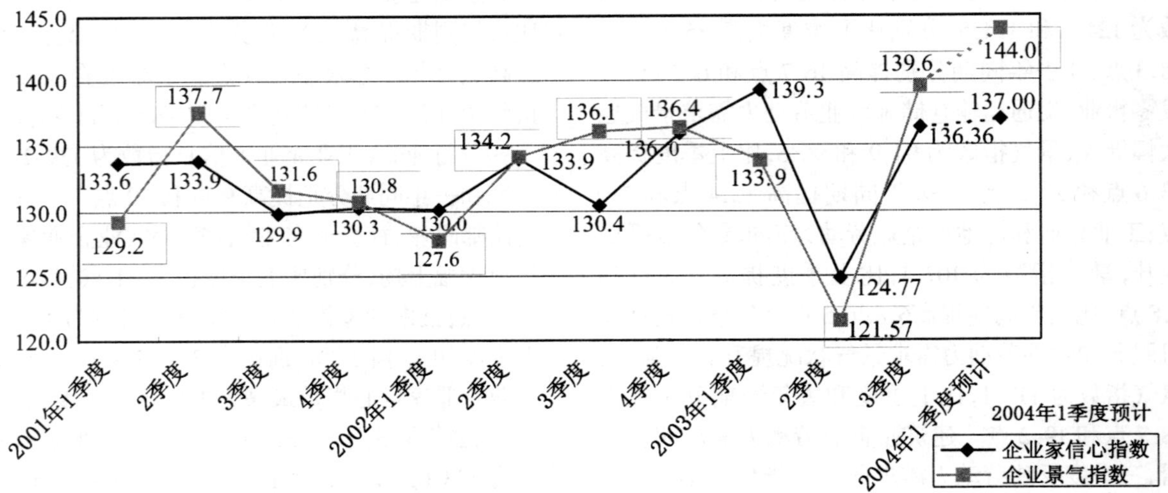

图 1　企业景气指数和企业家信心指数变化情况

表 1　**2003 年四季度主要景气指数表**

行业	企业景气指数	企业家信心指数
总体情况	139.6	138.8
工业	147.5	141.9
建筑业	118.4	136.1
交通运输、仓储和邮政业	120.1	123.2
批发和零售业	130.9	124.5
房地产业	146.9	154.3
社会服务业	109.7	142.3
信息传输、计算机服务和软件业	162.6	152.8
住宿和餐饮业	127.1	138.1

此推断我省全年经济处于上升通道的高平台上运行。明年经济运行持续看好。

1. 分行业看工业持续快速增长，涉及能源领域企业景气状况高位攀升。四季度工业企业景气指数为 147.5，比上季度提高 1.0 点，比去年同期提高 4.7 点。能源行业受需求强烈拉动，景气状况高位攀升，工业中采掘业企业景气指数为 176.8，处于高度的景气状态，景气度比上季度提高 6.0 点，比去年同期提高了 3.3 点。电力、煤气及水的生产和供应业企业景气指数为 147.6，比上季度提高5.9点。工业中制造业企业景气指数为 145.7，分别比上季度和去年同期提高 0.1 点和 6.2 点。四季度我省产销两旺，批发和零售业企业景气指数为 130.9，分别比上季度和去年同期提高 7.7 点和13.7点。信息传输计算机和软件业企业景气指数仍然最高，四季度为162.6，分别比上季度和去年同期提高 1.9 点和 4.8 点。受季节因素影响，建筑业企业景气度增势相对放缓，四季度建筑业企业景气指数为 118.4，比上季度下降 9.6 点；四季度房地产业继续升温，企业景气指数为 146.9，比上季度和去年同期分别提高 5.3 点和 13.7 点；住宿和餐饮业企业四季度企业景气指数为 127.1 比上季度下降 1.4 点，但比去年同期提高 1.5 点；受旅游淡季等因素影响，社会服务业企业景气指数为 109.7，比上季度下降 10.1 点；交通运输仓储邮政业企业景气指数为 120.1，比上季度下降 6.8 点。

2. 分登记注册类型看，股份合作企业上升幅度大。四季度国有企业的企业景气指数为 133.2，与上季度基本持平，比去年同期提高 4.1 点；集体企业为 126.2，比上季度下降 2.0 点；股份有限公司、有限责任公司企业景气指数为 158.6 和 147.3，比上季度分别提高 1.9 点和 2.1 点，比去年同期分别提高 9.2 点和 8.8 点。股份合作企业景气指数为 130.8,分别比上季度和去年同期提高 10.2点和6.6点。私营企业的企业景气指数为 136.3,比上季度下降 2.5 点,比去年同期下降 6.1 点;外商及港澳台投资企业的企业景气指数处于高位,为145.3,但比上季度下降 1.5 点,与去年同期持平。

3. 从特殊分类看,重点企业优势明显。四季度我省高技术产业企业景气指数为 153.1,比上季度和去年同期分别提高 5.4 点和 24.7 点;上市公司企业景气指数为 176.2,比上季度下降 4.3 点,比去年同期提高 4.6 点;省重点企业的企业景气指数为 179.1,比上季度下降 5.9 点,比去年同期提高 7.3 点。

二、企业家对我省宏观经济充满信心

四季度反映企业家对宏观经济信心与预期的企业家信心指数为 138.8,比上季度提高 2.5 点,比去年同期提高 2.9 点,上升为近年来的次高点,仅比最高点今年一季度低 0.5 点。下季度企业家信心指数预计为 137.5,表明山东省宏观经济全面看好。

分行业看企业家信心全面提升,工业企业家信心指数为 141.9,比上季度和去年同期分别提高 2.7 点和 3.6 点;建筑业企业家信心指数为 136.1,分别比上季度和去年同期提高 2.6 点和 6.5 点;批发零售业、住宿餐饮业企业家信心指数上扬,分别比上季度提高 3.1 点和 0.5 点,比去年同期提高3.6点和 5.7 点;房地产业企业家信心指数最高为 154.3,比上季度提高 4.3 点,比去年同期下降 5.1 点;社会服务业企业家信心指数为 142.3,比上季度上升 7.6 点;信息传输计算机服务和软件业企业家信心指数为 152.8 点,比上季度提高 2.8 点,比去年同期提高 1.8 点。

第四篇

企业改革发展

4－1　重点企业建立现代企业制度名词解释

1. 什么是现代企业制度？ 现代企业制度，是指适应社会主义市场经济要求、以规范和完善的法人制度为主体，以有限责任制度为核心的，产权清晰、权责明确、政企分开、管理科学的一种新型的企业制度。

2. 重点企业类型：指各有关部门批准或管理的企业。主要有：(1)中央管理企业：指1999年以来，经中共中央有关部门批准纳入中央管理的企业。(2)520户国家重点企业：指1999年10月经国务院准确定的520户国家重点企业。(3)重组为集团公司的原512户国家重点企业：指经国务院批准确定的原512户重点企业中，经过重组，已成为某个企业集团的母公司或子公司的企业。(4)省级重点企业：指各省、自治区、直辖市人民政府及主管部门确定的省(自治区、直辖市)级重点企业。(5)现代企业制度原国家试点企业：指经国务院1994年批准确定的建立现代企业制度百户试点企业。(6)现代企业制度原省级试点企业：指各省、自治区、直辖市人民政府及主管部门于1994—1997年批准确定的省(自治区、直辖市)级建立现代企业制度原试点企业。(7)国家试点企业集团母公司：指国务院批准成立的国家试点企业集团的母公司(核心企业)。(8)以军工生产为主的企业：指是否主要为国防、军事部门(如航空、航天、船舶、兵器、核工业等部门)生产制造或加工军用产品的企业。(9)其他：指上述类型以外的企业。

3. 控股情况：指按所有制性质和控股状况划分的企业情况，包括：(1)国有绝对控股：指在企业的全部资本中，国家资本(股本)所占比例大于50%的企业。(2)国有相对控股：指在企业的全部资本中，国家资本(股本)所占的比例虽未大于50%，但相对大于企业中的其他经济成份所占比例的企业；或者虽不大于其他经济成份，但根据协议规定，由国家拥有实际控制权的企业(协议控制)。(3)集体绝对控股：指在企业的全部资本中，集体资本(股本)所占比例大于50%的企业。(4)集体相对控股：指在企业的全部资本中，集体资本(股本)所占的比例虽未大于50%，但相对大于企业中的其他经济成份所占比例的企业；或者虽不大于其他经济成分，但根据协议规定，由集体拥有实际控制权的企业(协议控制)。

4. 登记注册类型：指在工商行政管理机关登记注册的具有法人资格的各类企业。其中：

(1)国有企业：指企业全部资产归国家所有，并按《中华人民共和国企业法人登记管理条例》规定登记注册的非公司制的经济组织。不包括有限责任公司中的国有独资公司。

(2)国有独资公司：指国家授权的投资机构或者国家授权的部门单独投资设立的有限责任公司。

(3)其他有限责任公司：指根据《中华人民共和国公司登记管理条例》规定登记注册，由2个以上，50个以下的股东共同出资，每个股东以其所认缴的出资额对公司承担有限责任，公司以其全部资产对其债务承担责任的经济组织。其他有限责任公司不包括国有独资公司。

(4)股份有限公司：指根据《中华人民共和国公司登记管理条例》规定登记注册，其全部注册资本由等额股份构成并通过发行股票筹集资本，股东以其认购的股份对公司承担有限责任，公司以其全部资产对其债条承担责任的经济组织。

(5)中外合资企业：指外国企业或外国人与中国内地企业依照《中华人民共和国中外合资经营企业法》及有关法律的规定，按合同规定的比例投资设立，分享利润和分担风险的企业。

(6)港澳台合资企业：指港澳台地区投资者与内地企业依照《中华人民共和国中外合资经营企业法》及有关法律的规定，按合同规定的比例投资设立，分享利润和分担风险的企业。

4－2 建立现代企业制度企业构成情况(2003 年)

分　　组	企业单位数(个)	占调查企业的比重(%)
总　计	248	100.0
按控股情况分		
国有及国有控股小计	163	65.7
国有绝对控股	118	47.6
国有相对控股	45	18.1
集体控股小计	28	11.3
集体绝对控股	18	7.3
集体相对控股	10	4.0
其他	57	23.0
按主营行业分		
农、林、牧、渔业	1	0.4
工业小计	188	75.8
采矿业	13	5.2
制造业	171	69.0
电力、燃气及水的生产和供应业	4	1.6
建筑业	0	0.0
交通运输、仓储和邮政业	11	4.4
信息传输、计算机服务和软件业	5	2.0
批发和零售业	31	12.5
住宿和餐饮业	0	0.0
金融业	0	0.0
房地产业	0	0.0
租赁和商务服务业	12	4.8
科学研究、技术服务和地质勘查业	0	0.0
水利、环境和公共设施管理业	0	0.0
居民服务和其他服务业	0	0.0
教育	0	0.0
卫生、社会保障和社会福利业	0	0.0
文化、体育和娱乐业	0	0.0
公共管理和社会组织	0	0.0
国际组织	0	0.0
按登记注册类型分		
国有企业	21	8.5
公司制企业小计	214	86.3
国有独资企业	47	19.0
其他有限责任公司	50	20.2
股份有限公司	108	43.5
中外合资企业	6	2.4
港澳台合资企业	3	1.2
其他	13	5.2
按企业规模分		
大型	180	72.6
中型	56	22.6
小型	9	3.6
其他	3	1.2
按三次产业分		
第一产业	1	0.4
第二产业	188	75.8
第三产业	59	23.8
按重点企业类型分		
中央企业	1	0.4
520 户国家重点企业	49	19.8
原 512 户国家重点企业	5	2.0
省级重点企业	165	66.5
现企国家百户试点企业	4	1.6
现企省级试点企业	43	17.3
国家试点企业集团母公司	4	1.6

4－3　现代企业制度企业分市地主要经济指标(2003 年)

市　地	企业个数(个)	年末资产(万元)	年末负债(万元)	所有者权益(万元)	主营业务收入(万元)	利润(万元)
全省合计	248	80249671	43097377	37152294	60619922	5001828
济南市	49	24604043	14380613	10223430	13598633	1108775
青岛市	32	13872942	7636347	6236595	18403909	568905
淄博市	25	5174733	2602004	2572729	3785843	222198
枣庄市	4	1311409	845334	466075	596807	－7375
东营市	9	6771790	2092318	4679472	5617483	1686410
烟台市	26	4670094	2166092	2504002	3003062	290669
潍坊市	17	3476090	1987125	1488965	2323144	133436
济宁市	14	6808351	3419656	3388695	3790303	404742
泰安市	12	2826901	1683346	1143555	1266826	55632
威海市	10	890431	529610	360821	1123062	65807
日照市	4	571547	323148	248399	158861	14186
莱芜市	4	1967565	1069842	897723	1540294	107574
临沂市	13	1507989	833679	674310	1022347	58233
德州市	6	715261	447588	267673	336234	26938
聊城市	11	2248035	1396804	851231	1872004	122152
滨州市	8	2680175	1580377	1099798	2014772	136914
菏泽市	4	152315	103494	48821	166338	6632

4－4　现代企业制度企业分市地劳动工资指标(2003 年)

市　地	从业人员年末人数(人)	其中:在岗职工(人)	其中:研究开发人员(人)	从业人员劳动报酬(万元)	其中:在岗职工(万元)	其中:研究开发人员(万元)
全省合计	1438933	1394144	66261	2328521	2293825	153741
济南市	196240	193459	12791	470817	468311	28566
青岛市	207812	190498	12468	332607	322503	39662
淄博市	125062	114913	4551	168739	162411	7028
枣庄市	71094	70247	962	95617	95212	1392
东营市	101172	101158	8635	273446	273420	26640
烟台市	99637	98282	5450	113225	111439	13310
潍坊市	54853	53674	3642	59836	57957	6751
济宁市	209525	202011	2199	346576	338693	4114
泰安市	91149	90882	5344	141161	141068	7958
威海市	25309	25264	1506	31007	30949	3414
日照市	13931	13931	152	26237	26237	120
莱芜市	28868	28868	497	55156	55156	760
临沂市	63317	60585	1048	56962	54980	2348
德州市	20036	19991	679	17644	17543	693
聊城市	68514	68352	4127	67418	67357	7775
滨州市	58756	58376	1916	67476	65998	2636
菏泽市	3658	3653	294	4597	4591	574

4－5 现代企业制度企业主要经济指标(2003年)

单位:万元

分组	注册资本合计	年末资产总计	固定资产原价	累计折旧	本年折旧
总计	15647931	80249671	57722754	23245433	3785979
按控股情况分					
国有及国有控股小计	13022306	58817637	47903851	20548719	3498339
国有绝对控股	11802049	52088685	43861528	19221586	3298181
国有相对控股	1220257	6728952	4042323	1327133	200158
集体控股小计	752736	9385792	3103419	765947	107196
集体绝对控股	401275	7403054	2740170	636441	112574
集体相对控股	351461	1982738	363249	129506	－5378
其他	1872889	12046242	6715484	1930767	180444
按主营行业分					
农、林、牧、渔业	26607	56274	51626	17354	2765
工业小计	12327727	65133828	45253880	18090704	2827254
采矿业	4139575	14271725	17841784	9096440	966824
制造业	6060839	42806213	20929387	6677865	915333
电力、燃气及水的生产和供应业	2127313	8055890	6482709	2316399	945097
建筑业	0	0	0	0	0
交通运输、仓储和邮政业	822651	4098230	2697172	764920	101835
信息传输、计算机服务和软件业	1406065	6467370	8801456	4140793	817766
批发和零售业	388725	2600479	716151	138404	23945
住宿和餐饮业	0	0	0	0	0
金融业	0	0	0	0	0
房地产业	0	0	0	0	0
租赁和商务服务业	676156	1893490	202469	93258	12414
科学研究、技术服务和地质勘查业	0	0	0	0	0
水利、环境和公共设施管理业	0	0	0	0	0
居民服务和其他服务业	0	0	0	0	0
教育	0	0	0	0	0
卫生、社会保障和社会福利业	0	0	0	0	0
文化、体育和娱乐业	0	0	0	0	0
公共管理和社会组织	0	0	0	0	0
国际组织	0	0	0	0	0
按登记注册类型分					
国有企业	2273470	9085274	9330288	4157817	734894
公司制企业小计	12741757	63638074	44937764	18098410	2943289
国有独资企业	3232976	24239436	13713213	4634941	762504
其他有限责任公司	5486282	16938771	16673733	8570105	1086505
股份有限公司	3259415	19254579	11435704	3843180	445067
中外合资企业	709288	2981479	2978747	1007629	655002
港澳台合资企业	53796	223809	136367	42555	－5789
其他	632704	7526323	3454702	989206	107796
按企业规模分					
大型	14323496	72904176	53849056	22178364	3689640
中型	934267	5965987	3611682	991740	83041
小型	322453	1008306	117171	52173	5156
其他	67715	371202	144845	23156	8142
按三次产业分					
第一产业	26607	56274	51626	17354	2765
第二产业	12327727	65133828	45253880	18090704	2827254
第三产业	3293597	15059569	12417248	5137375	955960
按重点企业类型分					
中央企业	58648	106169	101650	36740	2470
520户国家重点企业	3008136	24118906	12591106	4426645	621605
原512户国家重点企业	4386372	11068701	15648737	8309887	1029127
省级重点企业	12109176	62559317	45453638	18892985	2811899
现企国家百户试点企业	354501	3417679	2495388	989560	147616
现企省级试点企业	878889	6159185	2533655	874921	107913
国家试点企业集团母公司	561277	5912162	3330094	1122254	163378

续表 1　　　　单位:万元

分　组	无形资产	累计对外投资	本年对外投资	本年对境外投资	长期投资	短期投资
总　计	2173902	6163468	1388001	5069	7312898	416290
按控股情况分						
国有及国有控股小计	1564896	4363518	883022	3197	5284700	342503
国有绝对控股	1292295	3824209	727800	3197	4801252	318544
国有相对控股	272601	539309	155222	0	483448	23959
集体控股小计	204566	736213	266384	0	1146740	41231
集体绝对控股	157812	727928	263934	0	599440	41210
集体相对控股	46754	8285	2450	0	547300	21
其他	404440	1063737	238595	1872	881458	32556
按主营行业分						
农、林、牧、渔业	939	39445	0	0	2320	6
工业小计	1834707	4254363	1174958	5069	5602663	360332
采矿业	245518	460812	142247	705	630870	151393
制造业	1543849	3121762	717981	4364	3983065	109133
电力、燃气及水的生产和供应业	45340	671789	314730	0	988728	99806
建筑业	0	0	0	0	0	0
交通运输、仓储和邮政业	129425	507218	26857	0	629530	8010
信息传输、计算机服务和软件业	34552	239590	8315	0	230742	1240
批发和零售业	52260	155008	2090	0	115987	26418
住宿和餐饮业	0	0	0	0	0	0
金融业	0	0	0	0	0	0
房地产业	0	0	0	0	0	0
租赁和商务服务业	122019	967844	175781	0	731656	20284
科学研究、技术服务和地质勘查业	0	0	0	0	0	0
水利、环境和公共设施管理业	0	0	0	0	0	0
居民服务和其他服务业	0	0	0	0	0	0
教育	0	0	0	0	0	0
卫生、社会保障和社会福利业	0	0	0	0	0	0
文化、体育和娱乐业	0	0	0	0	0	0
公共管理和社会组织	0	0	0	0	0	0
国际组织	0	0	0	0	0	0
按登记注册类型分						
国有企业	290079	618195	56355	0	825542	20201
公司制企业小计	1822341	4640351	954895	5069	5754401	383484
国有独资企业	577216	2251046	463857	1826	2749766	277906
其他有限责任公司	525014	1493688	280272	2577	1466318	47738
股份有限公司	610643	883819	201568	666	1378242	51145
中外合资企业	102766	6183	3583	0	154460	6695
港澳台合资企业	6702	5615	5615	0	5615	0
其他	61482	904922	376751	0	732955	12605
按企业规模分						
大型	1837561	5288862	1326224	4518	6376374	406203
中型	246163	245343	44345	551	702156	10052
小型	73287	498441	6822	0	137620	20
其他	16891	130822	10610	0	96748	15
按三次产业分						
第一产业	939	39445	0	0	2320	6
第二产业	1834707	4254363	1174958	5069	5602663	360332
第三产业	338256	1869660	213043	0	1707915	55952
按重点企业类型分						
中央企业	0	449	0	0	3083	0
520 户国家重点企业	850633	2699406	614191	2531	2836571	218925
原 512 户国家重点企业	41246	687941	318513	0	706981	4703
省级重点企业	1601574	5592707	1294327	4954	6214955	382751
现企国家百户试点企业	165998	0	0	0	353495	21597
现企省级试点企业	365316	803254	60773	1826	704786	19649
国家试点企业集团母公司	215252	170322	20305	1872	485807	24017

续表2

单位:万元

分组	存货	流动资产年平均余额	应收账款	年末负债合计	流动负债	年末股东(所有者)权益合计
总计	6723424	26810984	4864043	43097377	31746202	37152294
按控股情况分						
国有及国有控股小计	4311637	18367338	3198919	31639050	22451053	27178587
国有绝对控股	3500669	15535287	2585527	27968056	19462027	24120629
国有相对控股	810968	2832051	613392	3670994	2989026	3057958
集体控股小计	1168428	4506585	937834	5051315	4446280	4334477
集体绝对控股	1068750	3685518	876250	4105190	3622883	3297864
集体相对控股	99678	821067	61584	946125	823397	1036613
其他	1243359	3937061	727290	6407012	4848869	5639230
按主营行业分						
农、林、牧、渔业	7506	31875	2208	47379	43654	8895
工业小计	6107096	23306861	4006330	34429374	25155533	30704454
采矿业	467638	3166149	390526	6383972	4303171	7887753
制造业	5594908	18681409	3448970	23879259	19438468	18926954
电力、燃气及水的生产和供应业	44550	1459303	166834	4166143	1413894	3889747
建筑业	0	0	0	0	0	0
交通运输、仓储和邮政业	57442	789568	253698	1965667	1121635	2132563
信息传输、计算机服务和软件业	53760	752823	313658	3987303	3231535	2480067
批发和零售业	350214	1403672	263070	1995070	1731086	605409
住宿和餐饮业	0	0	0	0	0	0
金融业	0	0	0	0	0	0
房地产业	0	0	0	0	0	0
租赁和商务服务业	147406	526185	25079	672584	462759	1220906
科学研究、技术服务和地质勘查业	0	0	0	0	0	0
水利、环境和公共设施管理业	0	0	0	0	0	0
居民服务和其他服务业	0	0	0	0	0	0
教育	0	0	0	0	0	0
卫生、社会保障和社会福利业	0	0	0	0	0	0
文化、体育和娱乐业	0	0	0	0	0	0
公共管理和社会组织	0	0	0	0	0	0
国际组织	0	0	0	0	0	0
按登记注册类型分						
国有企业	239056	2186196	487098	5835458	4341499	3249816
公司制企业小计	5535927	21204711	3438706	33171495	23914971	30466579
国有独资企业	1865501	8562373	1365073	14639011	9541642	9600425
其他有限责任公司	1270413	4900163	673719	7759304	6361800	9179467
股份有限公司	2175039	6992111	1268470	9117596	7157640	10136983
中外合资企业	199013	655262	119851	1493361	731266	1488118
港澳台合资企业	25961	94802	11593	162223	122623	61586
其他	948441	3420077	938239	4090424	3489732	3435899
按企业规模分						
大型	5899129	23982062	4190842	39344645	28886638	33559531
中型	599573	2312642	617485	3081480	2408119	2884507
小型	180354	392026	28479	490155	279667	518151
其他	44368	124254	27237	181097	171778	190105
按三次产业分						
第一产业	7506	31875	2208	47379	43654	8895
第二产业	6107096	23306861	4006330	34429374	25155533	30704454
第三产业	608822	3472248	855505	8620624	6547015	6438945
按重点企业类型分						
中央企业	11736	30456	2159	38804	35404	67365
520户国家重点企业	2673007	10095741	1677881	14141176	10641354	9977730
原512户国家重点企业	176754	1619593	206382	4363450	2254598	6705251
省级重点企业	4906391	21058777	3728262	34999221	25976925	27560096
现企国家百户试点企业	153878	1054141	96259	1976311	996961	1441368
现企省级试点企业	913104	2937448	550630	4090146	3297588	2069039
国家试点企业集团母公司	414568	2351612	289528	3813894	2565267	2098268

续表 3　　　　单位:万元

分　　组	实收资本	主营业务收　　入	主营业务成　　本	主营业务税金及附加	其他业务收　　入	新 产 品销售收入
总　计	17021361	60619922	48013049	985032	2408423	11280046
按控股情况分						
国有及国有控股小计	13973396	39792953	30498631	900975	2197751	5878728
国有绝对控股	12657627	35499359	27202602	798759	2122752	5027312
国有相对控股	1315769	4293594	3296029	102216	74999	851416
集体控股小计	1156592	12143256	10929560	24851	51406	4424705
集体绝对控股	878723	11134539	9996426	21338	23280	4393315
集体相对控股	277869	1008717	933134	3513	28126	31390
其他	1891373	8683713	6584858	59206	159266	976613
按主营行业分						
农、林、牧、渔业	76607	31887	25889	163	27	0
工业小计	13222194	53100376	42498950	849292	2283087	11105128
采矿业	4090613	8255580	4482331	137815	1238577	221479
制造业	7004268	39837207	33299106	686629	980218	10871667
电力、燃气及水的生产和供应业	2127313	5007589	4717513	24848	64292	11982
建筑业	0	0	0	0	0	0
交通运输、仓储和邮政业	934706	1272184	787995	40780	63248	0
信息传输、计算机服务和软件业	1751811	2803381	1563256	82747	27091	116018
批发和零售业	362967	3199816	2970175	10580	22005	46521
住宿和餐饮业	0	0	0	0	0	0
金融业	0	0	0	0	0	0
房地产业	0	0	0	0	0	0
租赁和商务服务业	673076	212278	166784	1470	12965	12379
科学研究、技术服务和地质勘查业	0	0	0	0	0	0
水利、环境和公共设施管理业	0	0	0	0	0	0
居民服务和其他服务业	0	0	0	0	0	0
教育	0	0	0	0	0	0
卫生、社会保障和社会福利业	0	0	0	0	0	0
文化、体育和娱乐业	0	0	0	0	0	0
公共管理和社会组织	0	0	0	0	0	0
国际组织	0	0	0	0	0	0
按登记注册类型分						
国有企业	2627484	4340247	3349133	76108	380742	313164
公司制企业小计	13280971	45654063	35494018	876604	1997794	6557856
国有独资企业	3631744	16852487	14155675	373932	936679	3077908
其他有限责任公司	5584898	12775636	8783087	315144	553248	1211755
股份有限公司	3301245	14062468	11223283	100604	498278	2143764
中外合资企业	709288	1820977	1213137	86907	5722	57726
港澳台合资企业	53796	142495	118836	17	3867	66703
其他	1112906	10625612	9169898	32320	29887	4409026
按企业规模分						
大型	15810121	56437772	44693623	941321	2214271	10462037
中型	853147	3823793	3016387	38912	182841	761112
小型	289454	181377	158292	213	4495	197
其他	68639	176980	144747	4586	6816	56700
按三次产业分						
第一产业	76607	31887	25889	163	27	0
第二产业	13222194	53100376	42498950	849292	2283087	11105128
第三产业	3722560	7487659	5488210	135577	125309	174918
按重点企业类型分						
中央企业	58648	45546	33332	847	12248	0
520 户国家重点企业	3643490	21621730	17506201	559588	963672	6915815
原 512 户国家重点企业	4392117	8434671	6224732	101852	548899	11982
省级重点企业	13505052	49233253	39189576	895077	1925165	10048650
现企国家百户试点企业	381457	1458748	849658	17932	279588	12379
现企省级试点企业	1131743	5803414	5006303	42424	96957	2229249
国家试点企业集团母公司	616399	3372570	2511079	24972	292931	227065

续表 4　　　　单位:万元

分　组	出口销售总额	存货跌价损失和营业、管理、财务等费用	税　金	劳动、待业保险费	职　工教育费	广告费	利息支出
总　计	4500725	6589830	170999	415592	33395	254132	879761
按控股情况分							
国有及国有控股小计	2330264	4602132	140325	359601	27757	163562	659526
国有绝对控股	1893078	3945288	120970	335035	24319	98617	578205
国有相对控股	437186	656844	19355	24566	3438	64945	81321
集体控股小计	694762	913233	7336	5377	1739	80762	70128
集体绝对控股	655727	835228	5918	3857	1271	72632	57750
集体相对控股	39035	78005	1418	1520	468	8130	12378
其他	1475699	1074465	23338	50614	3899	9808	150107
按主营行业分							
农、林、牧、渔业	16621	24040	54	413	0	0	1855
工业小计	4337176	5404936	153998	338861	26867	220028	669737
采矿业	821625	1309629	26074	173944	8025	1818	147260
制造业	3513274	3953712	121885	156137	18399	218193	424148
电力、燃气及水的生产和供应业	2277	141595	6039	8780	443	17	98329
建筑业	0	0	0	0	0	0	0
交通运输、仓储和邮政业	0	207099	4338	30668	3418	243	39413
信息传输、计算机服务和软件业	4159	663748	8261	37311	2364	23171	119517
批发和零售业	115406	237157	3264	7169	485	5033	44365
住宿和餐饮业	0	0	0	0	0	0	0
金融业	0	0	0	0	0	0	0
房地产业	0	0	0	0	0	0	0
租赁和商务服务业	27363	52850	1084	1170	261	5657	4874
科学研究、技术服务和地质勘查业	0	0	0	0	0	0	0
水利、环境和公共设施管理业	0	0	0	0	0	0	0
居民服务和其他服务业	0	0	0	0	0	0	0
教育	0	0	0	0	0	0	0
卫生、社会保障和社会福利业	0	0	0	0	0	0	0
文化、体育和娱乐业	0	0	0	0	0	0	0
公共管理和社会组织	0	0	0	0	0	0	0
国际组织	0	0	0	0	0	0	0
按登记注册类型分							
国有企业	33873	884823	18567	91232	4157	9771	138807
公司制企业小计	3868215	4785153	148075	320038	27955	171569	676471
国有独资企业	1351733	1654646	76403	187263	9824	49189	254686
其他有限责任公司	451719	1140024	24243	37676	7446	22595	168236
股份有限公司	1964140	1648247	43595	90433	9776	47464	191912
中外合资企业	48250	321658	3539	3693	832	52321	57145
港澳台合资企业	52373	20578	295	973	77	0	4492
其他	598637	919854	4357	4322	1283	72792	64483
按企业规模分							
大型	4062184	5985674	158844	396527	31225	231638	812812
中型	368238	557568	11322	16980	1983	21570	62440
小型	37752	25010	436	675	55	8	4140
其他	32551	21578	397	1410	132	916	369
按三次产业分							
第一产业	16621	24040	54	413	0	0	1855
第二产业	4337176	5404936	153998	338861	26867	220028	669737
第三产业	146928	1160854	16947	76318	6528	34104	208169
按重点企业类型分							
中央企业	0	9200	342	1126	26	0	809
520 户国家重点企业	1949110	2596323	43527	208622	12217	161436	266638
原 512 户国家重点企业	2277	532045	8720	15740	874	826	98692
省级重点企业	2938422	5160656	133689	321434	24180	219332	697318
现企国家百户试点企业	398431	279377	5238	47835	2505	3160	43496
现企省级试点企业	828836	634199	13144	27524	2103	40484	72137
国家试点企业集团母公司	393624	467617	7221	63253	2528	1	74867

续表 5

单位:万元

分　组	投资收益	营业外收　入	利润总额	应　交所得税	应　交增值税	固定资产投资完成额	研究开发费　用
总　计	515145	52656	5001828	1566195	2195510	8257741	1037423
按控股情况分							
国有及国有控股小计	407586	35205	3825676	1328714	1808825	6084011	474860
国有绝对控股	360341	31021	3523662	1244197	1600330	5624936	421813
国有相对控股	47245	4184	302014	84517	208495	459075	53047
集体控股小计	44130	6863	430583	65867	185744	802425	425771
集体绝对控股	43622	6123	362396	58539	160304	710144	417316
集体相对控股	508	740	68187	7328	25440	92281	8455
其他	63429	10588	745569	171614	200941	1371305	136792
按主营行业分							
农、林、牧、渔业	-855	124	-21514	165	-54	14619	0
工业小计	407479	71952	4181082	1316964	2171295	6650636	1012871
采矿业	47537	24599	1869888	720767	662108	2023974	48508
制造业	297067	39911	2084947	534311	1276176	4183797	960396
电力、燃气及水的生产和供应业	62875	7442	226247	61886	233011	442865	3994
建筑业	0	0	0	0	0	0	0
交通运输、仓储和邮政业	38350	3505	294166	82861	1909	465107	21000
信息传输、计算机服务和软件业	6863	-24683	452128	139482	2098	1079852	1542
批发和零售业	20724	-204	48741	21798	11864	38207	217
住宿和餐饮业	0	0	0	0	0	0	0
金融业	0	0	0	0	0	0	0
房地产业	0	0	0	0	0	0	0
租赁和商务服务业	42584	1962	47225	4925	8398	9320	1793
科学研究、技术服务和地质勘查业	0	0	0	0	0	0	0
水利、环境和公共设施管理业	0	0	0	0	0	0	0
居民服务和其他服务业	0	0	0	0	0	0	0
教育	0	0	0	0	0	0	0
卫生、社会保障和社会福利业	0	0	0	0	0	0	0
文化、体育和娱乐业	0	0	0	0	0	0	0
公共管理和社会组织	0	0	0	0	0	0	0
国际组织	0	0	0	0	0	0	0
按登记注册类型分							
国有企业	80840	20509	193011	71268	126470	1160062	27682
公司制企业小计	380535	28576	4446533	1448953	1935954	6305406	604138
国有独资企业	170796	29156	763628	225411	600920	1950516	263194
其他有限责任公司	107476	-19368	2235047	756974	656013	1993401	129351
股份有限公司	91311	17011	1218830	399470	509702	2304752	195360
中外合资企业	10952	1752	213199	64340	161309	48185	10881
港澳台合资企业	0	25	15829	2758	8010	8552	5352
其他	53770	3571	362284	45974	133086	792273	405603
按企业规模分							
大型	482109	50874	4672819	1515094	2036681	7049705	996507
中型	25645	492	313381	45941	149930	1162472	40710
小型	6571	1093	7522	2143	2803	781	64
其他	820	197	8106	3017	6096	44783	142
按三次产业分							
第一产业	-855	124	-21514	165	-54	14619	0
第二产业	407479	71952	4181082	1316964	2171295	6650636	1012871
第三产业	108521	-19420	842260	249066	24269	1592486	24552
按重点企业类型分							
中央企业	3	0	1692	264	2410	4746	578
520 户国家重点企业	259078	23894	868500	237656	662689	2031457	693020
原 512 户国家重点企业	53209	15638	1571165	570953	600396	1411108	12305
省级重点企业	455594	40396	3869403	1171555	1664429	6418180	907355
现企国家百户试点企业	9889	2973	107010	65100	58423	397846	9541
现企省级试点企业	56929	9822	182664	56499	148069	365966	160143
国家试点企业集团母公司	29982	4310	192830	64655	107800	563031	84213

续表6 单位:万元

分　组	从业人员年末人数(人)	在岗职工	其他从业人员	研究开发人员	从业人员劳动报酬(万元)	在岗职工	其他从业人员	研究开发人员
总　计	1438933	1394144	44789	66261	2328521	2293825	34696	153741
按控股情况分								
国有及国有控股小计	1023287	990550	32737	48816	1845952	1821944	24008	118321
国有绝对控股	871588	841848	29740	42177	1651128	1630541	20587	103610
国有相对控股	151699	148702	2997	6639	194824	191403	3421	14711
集体控股小计	146509	141032	5477	8299	152548	148061	4487	19631
集体绝对控股	120304	115404	4900	7424	128400	124605	3795	18079
集体相对控股	26205	25628	577	875	24148	23456	692	1552
其他	269137	262562	6575	9146	330021	323820	6201	15789
按主营行业分								
农、林、牧、渔业	1217	883	334	0	1147	991	156	0
工业小计	1300520	1263021	37499	63005	2014615	1984707	29908	145707
采矿业	427784	416586	11198	12466	807362	799387	7975	33195
制造业	814679	788478	26201	49929	1039215	1017615	21600	110439
电力、燃气及水的生产和供应业	58057	57957	100	610	168038	167705	333	2073
建筑业	0	0	0	0	0	0	0	0
交通运输、仓储和邮政业	38310	37074	1236	1247	112044	110596	1448	2346
信息传输、计算机服务和软件业	43205	43205	0	1131	142953	142953	0	3995
批发和零售业	39236	38308	928	170	40174	39550	624	241
住宿和餐饮业	0	0	0	0	0	0	0	0
金融业	0	0	0	0	0	0	0	0
房地产业	0	0	0	0	0	0	0	0
租赁和商务服务业	16445	11653	4792	708	17588	15028	2560	1452
科学研究、技术服务和地质勘查业	0	0	0	0	0	0	0	0
水利、环境和公共设施管理业	0	0	0	0	0	0	0	0
居民服务和其他服务业	0	0	0	0	0	0	0	0
教育	0	0	0	0	0	0	0	0
卫生、社会保障和社会福利业	0	0	0	0	0	0	0	0
文化、体育和娱乐业	0	0	0	0	0	0	0	0
公共管理和社会组织	0	0	0	0	0	0	0	0
国际组织	0	0	0	0	0	0	0	0
按登记注册类型分								
国有企业	148910	142654	6256	5828	317772	315279	2493	9594
公司制企业小计	1190712	1155708	35004	53266	1885613	1856256	29357	126907
国有独资企业	477506	456457	21049	17775	804052	788259	15793	45191
其他有限责任公司	265821	261243	4578	16038	460293	456066	4227	41334
股份有限公司	397596	388359	9237	18721	545178	535967	9211	38341
中外合资企业	42999	42859	140	546	66985	66859	126	1403
港澳台合资企业	6790	6790	0	186	9105	9105	0	638
其他	99311	95782	3529	7167	125136	122290	2846	17240
按企业规模分								
大型	1323194	1286157	37037	61054	2183860	2153791	30069	143653
中型	102063	94641	7422	5060	127219	122935	4284	9863
小型	4623	4293	330	47	6877	6534	343	70
其他	9053	9053	0	100	10565	10565	0	155
按三次产业分								
第一产业	1217	883	334	0	1147	991	156	0
第二产业	1300520	1263021	37499	63005	2014615	1984707	29908	145707
第三产业	137196	130240	6956	3256	312759	308127	4632	8034
按重点企业类型分								
中央企业	5847	5847	0	78	7419	7419	0	101
520户国家重点企业	501443	490914	10529	27254	788941	778315	10626	63196
原512户国家重点企业	128025	127925	100	7501	393608	393275	333	25517
省级重点企业	1068409	1036613	31796	52518	1792968	1768372	24596	124896
现企国家百户试点企业	109048	100834	8214	969	173213	166857	6356	2154
现企省级试点企业	114472	113051	1421	8390	152519	151197	1322	23114
国家试点企业集团母公司	128882	122755	6127	3627	222898	216877	6021	7483

4－6　现代企业制度企业主要效益指标(2003 年)

单位:%

分　　组	净资产收益率	总资产报酬率	销　售利润率	资本保值增值率	劳动生产率(万元/人)	成本费用利润率
总　计	9.25	7.33	7.94	108.57	43.80	9.16
按控股情况分						
国有及国有控股小计	9.19	7.63	9.11	104.37	41.04	10.90
国有绝对控股	9.45	7.87	9.37	103.85	43.17	11.31
国有相对控股	7.11	5.70	6.91	108.64	28.80	7.64
集体控股小计	8.41	5.33	3.53	119.49	83.23	3.64
集体绝对控股	9.21	5.68	3.25	122.37	92.75	3.35
集体相对控股	5.87	4.06	6.58	111.15	39.57	6.74
其他	10.18	7.44	8.43	123.91	32.86	9.73
按主营行业分						
农、林、牧、渔业	-243.72	-34.93	-67.41	26.63	26.22	-43.09
工业小计	9.33	7.45	7.55	110.49	42.59	8.73
采矿业	14.57	14.13	19.70	111.75	22.19	32.28
制造业	8.19	5.86	5.11	114.31	50.10	5.60
电力、燃气及水的生产和供应业	4.23	4.03	4.46	93.20	37.36	4.66
建筑业	0.00	0.00	0.00	0.00	0.00	0.00
交通运输、仓储和邮政业	9.91	8.14	22.03	111.81	34.86	29.56
信息传输、计算机服务和软件业	12.61	8.84	15.97	84.38	55.51	20.30
批发和零售业	4.45	3.58	1.51	112.78	32.11	1.52
住宿和餐饮业	0.00	0.00	0.00	0.00	0.00	0.00
金融业	0.00	0.00	0.00	0.00	0.00	0.00
房地产业	0.00	0.00	0.00	0.00	0.00	0.00
租赁和商务服务业	3.46	2.75	20.97	120.66	13.70	21.50
科学研究、技术服务和地质勘查业	0.00	0.00	0.00	0.00	0.00	0.00
水利、环境和公共设施管理业	0.00	0.00	0.00	0.00	0.00	0.00
居民服务和其他服务业	0.00	0.00	0.00	0.00	0.00	0.00
教育	0.00	0.00	0.00	0.00	0.00	0.00
卫生、社会保障和社会福利业	0.00	0.00	0.00	0.00	0.00	0.00
文化、体育和娱乐业	0.00	0.00	0.00	0.00	0.00	0.00
公共管理和社会组织	0.00	0.00	0.00	0.00	0.00	0.00
国际组织	0.00	0.00	0.00	0.00	0.00	0.00
按登记注册类型分						
国有企业	3.75	3.65	4.09	91.13	31.70	4.56
公司制企业小计	9.84	8.05	9.33	110.06	40.02	11.04
国有独资企业	5.61	4.20	4.29	104.16	37.25	4.83
其他有限责任公司	16.10	14.19	16.77	112.59	50.14	22.52
股份有限公司	8.08	7.33	8.37	114.08	36.62	9.47
中外合资企业	10.00	9.07	11.67	108.81	42.48	13.89
港澳台合资企业	21.22	9.08	10.81	104.28	21.56	11.35
其他	9.21	5.67	3.40	115.68	107.29	3.59
按企业规模分						
大型	9.41	7.52	7.97	109.67	44.33	9.22
中型	9.27	6.30	7.82	99.69	39.26	8.77
小型	1.04	1.16	4.05	100.17	40.21	4.10
其他	2.68	2.28	4.41	91.34	20.30	4.87
按三次产业分						
第一产业	-243.72	-34.93	-67.41	26.63	26.22	-43.09
第二产业	9.33	7.45	7.55	110.49	42.59	8.73
第三产业	9.21	6.98	11.06	100.69	55.49	12.67
按重点企业类型分						
中央企业	2.12	2.36	2.93	102.18	9.88	3.98
520 户国家重点企业	6.32	4.71	3.85	105.97	45.04	4.32
原 512 户国家重点企业	14.92	15.09	17.49	98.14	70.17	23.25
省级重点企业	9.79	7.30	7.56	107.28	47.88	8.72
现企国家百户试点企业	2.91	4.40	6.16	108.91	15.94	9.48
现企省级试点企业	6.10	4.14	3.10	98.39	51.54	3.24
国家试点企业集团母公司	6.11	4.53	5.26	129.54	28.44	6.47

续表1

单位:%

分　　组	资产利税　率	总资产使用率	流动资产比率	资　金利润率	资　产负债率	长期负债与资产总计比　率
总　计	10.20	75.54	33.41	8.16	53.70	14.14
按控股情况分						
国有及国有控股小计	11.11	67.65	31.23	8.37	53.79	15.62
国有绝对控股	11.37	68.15	29.82	8.77	53.69	16.33
国有相对控股	9.11	63.81	42.09	5.44	54.56	10.13
集体控股小计	6.83	129.38	48.01	6.29	53.82	6.45
集体绝对控股	7.35	150.40	49.78	6.26	55.45	6.51
集体相对控股	4.90	50.87	41.41	6.46	47.72	6.19
其他	8.35	72.09	32.68	8.55	53.19	12.93
按主营行业分						
农、林、牧、渔业	-38.04	56.66	56.64	-32.52	84.19	6.62
工业小计	11.06	81.53	35.78	8.28	52.86	14.24
采矿业	18.71	57.85	22.18	15.70	44.73	14.58
制造业	9.46	93.06	43.64	6.33	55.78	10.37
电力、燃气及水的生产和供应业	6.01	62.16	18.11	4.02	51.72	34.16
建筑业	0.00	0.00	0.00	0.00	0.00	0.00
交通运输、仓储和邮政业	8.22	31.04	19.27	10.81	47.96	20.60
信息传输、计算机服务和软件业	8.30	43.35	11.64	8.35	61.65	11.69
批发和零售业	2.74	123.05	53.98	2.46	76.72	10.15
住宿和餐饮业	0.00	0.00	0.00	0.00	0.00	0.00
金融业	0.00	0.00	0.00	0.00	0.00	0.00
房地产业	0.00	0.00	0.00	0.00	0.00	0.00
租赁和商务服务业	3.02	11.21	27.79	7.43	35.52	11.08
科学研究、技术服务和地质勘查业	0.00	0.00	0.00	0.00	0.00	0.00
水利、环境和公共设施管理业	0.00	0.00	0.00	0.00	0.00	0.00
居民服务和其他服务业	0.00	0.00	0.00	0.00	0.00	0.00
教育	0.00	0.00	0.00	0.00	0.00	0.00
卫生、社会保障和社会福利业	0.00	0.00	0.00	0.00	0.00	0.00
文化、体育和娱乐业	0.00	0.00	0.00	0.00	0.00	0.00
公共管理和社会组织	0.00	0.00	0.00	0.00	0.00	0.00
国际组织	0.00	0.00	0.00	0.00	0.00	0.00
按登记注册类型分						
国有企业	4.35	47.77	24.06	2.62	64.23	16.44
公司制企业小计	11.41	71.74	33.32	9.26	52.13	14.55
国有独资企业	7.17	69.53	35.32	4.33	60.39	21.03
其他有限责任公司	18.93	75.42	28.93	17.19	45.81	8.25
股份有限公司	9.50	73.03	36.31	8.36	47.35	10.18
中外合资企业	15.48	61.08	21.98	8.12	50.09	25.56
港澳台合资企业	10.66	63.67	42.36	8.39	72.48	17.69
其他	7.01	141.18	45.44	6.16	54.35	7.98
按企业规模分						
大型	10.49	77.41	32.90	8.40	53.97	14.34
中型	8.42	64.09	38.76	6.35	51.65	11.29
小型	1.05	17.99	38.88	1.65	48.61	20.88
其他	5.06	47.68	33.47	3.30	48.79	2.51
按三次产业分						
第一产业	-38.04	56.66	56.64	-32.52	84.19	6.62
第二产业	11.06	81.53	35.78	8.28	52.86	14.24
第三产业	6.65	49.72	23.06	7.83	57.24	13.77
按重点企业类型分						
中央企业	4.66	42.90	28.69	1.77	36.55	3.20
520户国家重点企业	8.67	89.65	41.86	4.76	58.63	14.51
原512户国家重点企业	20.54	76.20	14.63	17.54	39.42	19.05
省级重点企业	10.28	78.70	33.66	8.13	55.95	14.42
现企国家百户试点企业	5.37	42.68	30.84	4.18	57.83	28.66
现企省级试点企业	6.06	94.22	47.69	3.97	66.41	12.87
国家试点企业集团母公司	5.51	57.04	39.78	4.23	64.51	21.12

续表 2　　单位:%

分　　组	已获利息倍数(倍)	流动比率	速动比率	新产品销售收入与营业收入比率	研究开发费用与营业收入比率	研究开发费用与主营业务收入比率
总　计	6.69	84.45	63.28	17.90	1.65	1.71
按控股情况分						
国有及国有控股小计	6.80	81.81	62.61	14.00	1.13	1.19
国有绝对控股	7.09	79.82	61.84	13.36	1.12	1.19
国有相对控股	4.71	94.75	67.62	19.49	1.21	1.24
集体控股小计	7.14	101.36	75.08	36.28	3.49	3.51
集体绝对控股	7.28	101.73	72.23	39.37	3.74	3.75
集体相对控股	6.51	99.72	87.61	3.03	0.82	0.84
其他	5.97	81.20	55.55	11.04	1.55	1.58
按主营行业分						
农、林、牧、渔业	-10.60	73.02	55.82	0.00	0.00	0.00
工业小计	7.24	92.65	68.37	20.05	1.83	1.91
采矿业	13.70	73.58	62.71	2.33	0.51	0.59
制造业	5.92	96.11	67.32	26.63	2.35	2.41
电力、燃气及水的生产和供应业	3.30	103.21	100.06	0.24	0.08	0.08
建筑业	0.00	0.00	0.00	0.00	0.00	0.00
交通运输、仓储和邮政业	8.46	70.39	65.27	0.00	1.57	1.65
信息传输、计算机服务和软件业	4.78	23.30	21.63	4.10	0.05	0.06
批发和零售业	2.10	81.09	60.86	1.44	0.01	0.01
住宿和餐饮业	0.00	0.00	0.00	0.00	0.00	0.00
金融业	0.00	0.00	0.00	0.00	0.00	0.00
房地产业	0.00	0.00	0.00	0.00	0.00	0.00
租赁和商务服务业	10.69	113.71	81.85	5.50	0.80	0.84
科学研究、技术服务和地质勘查业	0.00	0.00	0.00	0.00	0.00	0.00
水利、环境和公共设施管理业	0.00	0.00	0.00	0.00	0.00	0.00
居民服务和其他服务业	0.00	0.00	0.00	0.00	0.00	0.00
教育	0.00	0.00	0.00	0.00	0.00	0.00
卫生、社会保障和社会福利业	0.00	0.00	0.00	0.00	0.00	0.00
文化、体育和娱乐业	0.00	0.00	0.00	0.00	0.00	0.00
公共管理和社会组织	0.00	0.00	0.00	0.00	0.00	0.00
国际组织	0.00	0.00	0.00	0.00	0.00	0.00
按登记注册类型分						
国有企业	2.39	50.36	44.85	6.63	0.59	0.64
公司制企业小计	7.57	88.67	65.52	13.76	1.27	1.32
国有独资企业	4.00	89.74	70.19	17.30	1.48	1.56
其他有限责任公司	14.29	77.02	57.06	9.09	0.97	1.01
股份有限公司	7.35	97.69	67.30	14.72	1.34	1.39
中外合资企业	4.73	89.61	62.39	3.16	0.60	0.60
港澳台合资企业	4.52	77.31	56.14	45.57	3.66	3.76
其他	6.62	98.00	70.83	41.38	3.81	3.82
按企业规模分						
大型	6.75	83.02	62.60	17.84	1.70	1.77
中型	6.02	96.04	71.14	19.00	1.02	1.06
小型	2.82	140.18	75.69	0.11	0.03	0.04
其他	22.97	72.33	46.51	30.85	0.08	0.08
按三次产业分						
第一产业	-10.60	73.02	55.82	0.00	0.00	0.00
第二产业	7.24	92.65	68.37	20.05	1.83	1.91
第三产业	5.05	53.04	43.74	2.30	0.32	0.33
按重点企业类型分						
中央企业	3.09	86.02	52.88	0.00	1.00	1.27
520 户国家重点企业	4.26	94.87	69.75	30.62	3.07	3.21
原 512 户国家重点企业	16.92	71.84	64.00	0.13	0.14	0.15
省级重点企业	6.55	81.07	62.18	19.64	1.77	1.84
现企国家百户试点企业	3.46	105.74	90.30	0.71	0.55	0.65
现企省级试点企业	3.53	89.08	61.39	37.78	2.71	2.76
国家试点企业集团母公司	3.58	91.67	75.51	6.19	2.30	2.50

4－7　现代企业制度企业改革情况(2003年)

单位:个

	总计	国有控股小计	国有绝对控股	国有相对控股	集体控股小计	集体绝对控股	集体相对控股	其他
合　　计	248	163	118	45	28	18	10	57
确定为现代企业制度试点企业情况								
企业为现代企业制度试点企业	47	38	30	8	0	0	0	9
试点时间1994－1997年	47	38	30	8	0	0	0	9
试点时间1997年以后	0	0	0	0	0	0	0	0
企业为公司制企业	214	142	97	45	19	11	8	53
注册登记为公司制企业的时间在1994年以前	44	25	7	18	4	9	4	19
注册登记为公司制企业的时间在1994－1997年	85	59	39	20	8	4	4	18
注册登记为公司制企业的时间在1997年以后	85	58	51	7	7	5	2	20
总经理简历								
40岁及以下	42	19	12	7	7	3	4	16
41－50岁	127	92	64	28	9	7	2	26
51岁及以上	78	51	41	10	12	8	4	15
男	237	155	114	41	27	18	9	55
女	10	7	3	4	1	0	1	2
工龄10年及以下	1	0	0	0	0	0	0	1
工龄11－20年	51	27	15	12	6	3	3	18
工龄21年及以上	195	135	102	33	22	15	7	38
任现职5年及以下	161	114	84	30	12	7	5	35
任现职6－10年	43	32	20	12	5	4	1	6
任现职11年及以上	43	16	13	3	11	7	4	16
从事管理10年及以下	38	27	18	9	2	0	2	9
从事管理11－20年	103	62	45	17	14	11	3	27
从事管理21年及以上	106	73	54	19	12	7	5	21
总经理文化程度								
博士	6	4	3	1	0	0	0	2
硕士	72	48	36	12	6	4	2	18
大学本科	113	75	54	21	14	7	7	24
大学专科	54	34	23	11	7	6	1	13
中专或高中	2	1	1	0	1	1	0	0
其他	0	0	0	0	0	0	0	0
总经理以前职业								
科学研究人员	4	3	3	0	1	1	0	0
工程技术人员	28	20	15	5	3	2	1	5
企业管理人员	189	123	87	36	21	14	7	45
党政机关人员	21	14	11	3	2	1	1	5
其他	5	2	1	1	1	0	1	2
总经理学历所属专业								
理工科技类	68	55	41	14	5	4	1	8
经济学类	83	46	31	15	13	7	6	24
文史哲法类	9	6	5	1	1	0	1	2
管理学类	85	53	38	15	9	7	2	23
其他	2	2	2	0	0	0	0	0
总经理产生方式								
主管部门任命	22	21	19	2	1	1	0	0
董事会聘任	161	88	51	37	21	12	9	52
政府提名董事会聘任	32	27	22	5	2	2	0	3
职代会选举上级任命	9	5	5	0	3	2	1	1
社会公开招聘	0	0	0	0	0	0	0	0
上级组织部门任命	24	22	21	1	1	1	0	1
其他	0	0	0	0	0	0	0	0

续表 1

单位：个

	总计	国有控股小计	国有绝对控股	国有相对控股	集体控股小计	集本绝对控股	集体相对控股	其他
企业经理层中多数人员的文化程度								
博士	2	1	1	0	1	0	1	0
硕士	9	5	3	2	0	0	0	4
大学本科	178	123	90	33	17	11	6	38
大学专科	56	33	23	10	10	7	3	13
中专或高中	3	1	1	0	0	0	0	2
其他	0	0	0	0	0	0	0	0
企业经理层中熟悉国际商务的人员比重								
100%	12	10	6	4	1	1	0	1
50% - 100%	97	66	53	13	9	6	3	22
50%以下	139	87	59	28	18	11	7	34
中层管理人员产生方式								
总经理自主决定	42	32	22	10	4	1	3	6
总经理提名主管部门批	21	12	10	2	2	2	0	7
总经理提名董事会聘任	108	60	43	17	15	10	5	33
主管部门提名并决定	4	4	3	1	0	0	0	0
职代会选举主管部门任命	1	0	0	0	0	0	0	1
公开招聘	40	28	19	9	5	4	1	7
其他	32	27	21	6	2	1	1	3
从业人员中具有大专以上文化程度的比重								
50%及以上	64	41	29	12	5	3	2	18
20% - 50%	108	70	53	17	12	8	4	26
10% - 20%	56	39	26	13	8	5	3	9
10%以下	20	13	10	3	3	2	1	4
行政管理人员占全部从业人员的比重								
50%及以上	5	4	4	0	0	0	0	1
20% - 50%	44	28	15	13	6	3	3	10
10% - 20%	99	69	49	20	9	6	3	21
10%以下	100	62	50	12	13	9	4	25
行政管理人员劳动报酬占全部从业人员的比重								
50%及以上	6	4	3	1	0	0	0	2
20% - 50%	77	48	31	17	10	6	4	19
10% - 20%	100	68	48	20	10	7	3	22
10%以下	65	43	36	7	8	5	3	14
董事长产生方式								
政府部门任命	56	52	46	6	3	2	1	1
董事会选举产生	139	77	45	32	19	13	6	43
资产运营机构指定	5	5	5	0	0	0	0	0
股东会任命	19	9	3	6	2	0	2	8
其他	6	1	1	0	1	1	0	4
企业出资人情况								
有明确出资人	230	149	106	43	25	15	10	56
出资人法定人数为 1 人	62	54	53	1	2	2	0	6
出资人法定人数为 2 - 5 人	47	28	21	7	10	6	4	9
出资人法定人数为 5 人以上	121	67	32	35	13	7	6	41
企业组织机构组建情况								
成立了股东会	161	89	44	45	19	9	10	53
成立了董事会	225	144	100	44	25	16	9	56
设立独立董事	118	76	41	35	10	6	4	32
董事长与总经理由一人兼任	66	35	28	7	9	6	3	22
兼任原因								
《公司法》允许	28	14	13	1	6	5	1	8
机构部门同意	21	18	17	1	3	2	1	0

续表2

单位:个

	总计	国有控股小计	国有绝对控股	国有相对控股	集体控股小计	集体绝对控股	集体相对控股	其他
董事会决定	44	21	14	7	9	6	3	14
正向分设过度	8	5	5	0	0	0	0	3
暂无分设必要	28	12	10	2	4	3	1	12
其他	6	4	4	0	0	0	0	2
成立了监事会	211	132	87	45	24	14	10	55
股东会职权行使情况								
决定经营方针和投资计划	158	88	44	44	18	9	9	52
选举和更换董事	159	88	44	44	19	9	10	52
选举和更换监事	157	87	43	44	19	9	10	51
审议批准董事会报告	159	88	44	44	19	9	10	52
审议批准监事会报告	158	87	43	44	19	9	10	52
审议批准财务方案	158	87	43	44	19	9	10	52
审议批准利润分配方案	158	88	44	44	19	9	10	51
决定增减注册资本	156	87	44	43	18	9	9	51
决定发行债券	148	81	42	39	16	8	8	51
决定转让出资	135	70	37	33	17	9	8	48
决定公司合分等事项	154	85	43	42	18	9	9	51
修改公司章程	159	88	44	44	19	9	10	52
董事会职权行使情况								
召集股东会	176	103	59	44	20	11	9	53
执行股东会决议	177	103	59	44	21	12	9	53
决定经营计划和投资方案	222	141	99	42	25	16	9	56
制订财务方案	222	141	98	43	25	16	9	56
制订利润分配方案	220	139	96	43	25	16	9	56
制订注册资本增减方案	217	136	94	42	25	16	9	56
拟定公司合分等事项方案	214	134	92	42	25	16	9	55
决定内部管理机构设置	219	139	96	43	24	15	9	56
聘任或解聘公司经理	204	124	82	42	24	15	9	56
经理提名,聘或解聘高管人员	213	132	90	42	25	16	9	56
制定公司基本管理制度	219	138	95	43	25	16	9	56
监事会职权行使情况								
检查公司财务	210	131	87	44	24	14	10	55
对董事和经理进行监督	209	130	86	44	24	14	10	55
纠正损害公司利益行为	209	130	87	43	24	14	10	55
提议召开临时股东会	179	103	60	43	23	13	10	53
其他职权	206	129	86	43	24	14	10	53
总经理职权行使情况								
主持生产经营管理	245	161	116	45	27	17	10	57
组织实施经营、投资方案	247	162	118	44	28	18	10	57
拟订管理制度及机构方案	247	162	118	44	28	18	10	57
聘或解聘高层管理人员	225	142	98	44	28	18	10	55
聘或解聘负责管理人员	228	145	102	43	27	17	10	56
企业劳动人事分配制度改革情况								
已全面实行劳动合同制度	240	160	117	43	25	15	10	55

续表 3

单位:个

	总计	国有控股小计	国有绝对控股	国有相对控股	集体控股小计	集体绝对控股	集体相对控股	其他
已实行全员竞争上岗制度	223	139	100	39	28	18	10	56
仍存在干部和工人身份界限	90	68	56	12	6	2	4	16
内部管理人员已实行公开竞聘	230	147	106	41	26	17	9	57
企业能足额缴纳社会保险费	232	150	112	38	26	16	10	56
企业是否实行以下分配方法								
企业经营者年薪制	148	98	70	28	14	10	4	36
企业经营者持有股权期权	69	25	13	12	13	8	5	31
岗位工资为主的工资制	230	149	110	39	28	18	10	53
科技人员收入分配激励机制	164	105	75	30	19	12	7	40
职工持股分配制	54	16	10	6	15	9	6	23
工资集体协商制度	62	40	30	10	10	6	4	12
企业技术创新情况								
企业已建立技术中心	176	114	82	32	20	13	7	42
国家级认定	55	43	29	14	5	4	1	7
省级认定	88	52	40	12	8	5	3	28
其他级别认定	33	19	13	6	7	4	3	7
技术中心设施、经费和人员是否满足需要								
完全满足	26	23	19	4	1	1	0	2
基本满足	139	82	57	25	18	12	6	39
不满足	11	9	6	3	1	0	1	1
企业获新产品新技术途径								
自主开发	190	126	93	33	19	13	6	45
委托开发	101	68	51	17	10	5	5	23
与院校科研机构联合开发	169	119	86	33	18	12	6	32
接受技术成果转让	91	67	46	21	8	6	2	16
引进技术消化吸收和创新	164	109	84	25	18	12	6	37
其他	70	42	34	8	9	6	3	19
企业近三年专利申请授权及应用情况								
获得国内专利申请授权	3973	1746	1509	237	1960	1837	123	267
已应用专利	3654	1608	1380	228	1852	1772	80	194
获得美国专利申请授权	29	8	6	2	16	16	0	5
已应用专利	25	6	4	2	16	16	0	3
企业建立商业网站情况								
已经建立	171	110	81	29	19	13	6	42
企业主要产品(服务)国内市场占有率								
50%及以上	28	20	14	6	2	2	0	6
20% - 50%	47	30	22	8	9	5	4	8
10% - 20%	45	29	20	9	5	3	2	11
1% - 10%	102	65	47	18	7	4	3	30
1%以下	26	19	15	4	5	4	1	2

续表4

单位:个

	总计	国有控股小计	国有绝对控股	国有相对控股	集体控股小计	集体绝对控股	集体相对控股	其他
企业在银行的信用等级								
AAA级	156	96	67	29	16	12	4	44
AA级	60	37	31	6	11	5	6	12
A级	14	13	8	5	0	0	0	1
BBB级	1	1	1	0	0	0	0	0
BB级	0	0	0	0	0	0	0	0
B级	7	7	5	2	0	0	0	0
CCC级	0	0	0	0	0	0	0	0
CC级	0	0	0	0	0	0	0	0
C级	1	1	1	0	0	0	0	0
企业是否有奖惩制度								
有,并且能严格执行	229	148	107	41	26	17	9	55
有,但很难严格执行	18	14	10	4	2	1	1	2
无	1	1	1	0	0	0	0	0
企业质量管理情况								
企业已通过ISO9000认证	205	135	97	38	22	14	8	48
企业已通过ISO14000认证	96	57	43	14	11	8	3	28
上市公司情况								
企业为上市公司	71	52	21	31	4	1	3	15
A股	67	49	19	30	4	1	3	14
B股	6	5	2	3	0	0	0	1
H股	4	2	1	1	0	0	0	2
企业签订"债转股"协议情况								
已签订"债转股"协议	25	23	20	3	1	0	1	1
1999年签订协议	0	0	0	0	0	0	0	0
2000年签订协议	12	10	9	1	1	0	1	1
2001年签订协议	5	5	5	0	0	0	0	0
2002年签订协议	3	3	2	1	0	0	0	0
2003年签订协议	5	5	4	1	0	0	0	0
协议"债转股"总额(万元)	1341267	1303583	1219947	83636	4684	0	4684	33000
1999年债转股总额(万元)	0	0	0	0	0	0	0	0
2000年债转股总额(万元)	419003	381319	361091	20228	4684	0	4684	33000
2001年债转股总额(万元)	390773	390773	390773	0	0	0	0	0
2002年债转股总额(万元)	243278	243278	210692	32586	0	0	0	0
2003年债转股总额(万元)	288213	288213	257391	30822	0	0	0	0
企业分离富余职工的主要去向								
安排到其他单位	28	14	10	4	5	4	1	9
企业内部消化	146	100	76	24	14	9	5	32
失业	27	18	12	6	3	2	1	6
提前退休	88	63	50	13	9	7	2	16
其他	60	48	38	10	2	1	1	10
本企业无富余职工	75	43	32	11	10	5	5	22

续表 5

单位:个

	总计	国有控股小计	国有绝对控股	国有相对控股	集体控股小计	集体绝对控股	集体相对控股	其他
企业办社会性服务机构分离情况								
全部分离	65	56	36	20	4	3	1	5
分离 50%及以上	22	20	17	3	0	0	0	2
分离 50%以下	10	8	8	0	1	0	1	1
没有分离	32	23	20	3	3	3	0	6
本企业无上述机构	119	56	37	19	20	12	8	43
国有企业未实行公司制主要原因								
没有改制计划	5	5	5	0	0	0	0	0
准备实行,现未启动	5	5	5	0	0	0	0	0
正在进行公司制改制	11	11	11	0	0	0	0	0
准备实行非公司制形式	0	0	0	0	0	0	0	0
公司制企业未进行注册登记的								
正在办理	0	0	0	0	0	0	0	0
暂未进行登记	0	0	0	0	0	0	0	0
其他	0	0	0	0	0	0	0	0
推进改革的主要障碍								
社会保障制度不完善	144	95	61	34	20	14	6	29
政府转变职能滞后	113	77	55	22	10	6	4	26
历史包袱沉重	79	61	46	15	6	2	4	12
产权不明确	61	46	37	9	6	4	2	9
市场体系不健全	131	80	53	27	17	12	5	34
缺乏激励和约束机制	104	68	54	14	15	9	6	21
影响生产经营主要因素								
市场需求不足	80	54	38	16	9	7	2	17
负债过高、利息负担重	75	56	42	14	3	1	2	16
资金紧缺	140	84	57	27	19	13	6	37
企业相互拖欠资金	88	52	32	20	13	9	4	23
人员过剩	41	35	26	9	2	2	0	4
设备及技术落后	44	29	21	8	5	3	2	10
原材料等价格偏高	109	78	58	20	12	8	4	19
管理机制不完善	85	53	35	18	12	8	4	20
改制后的总体评价								
效果很好	56	30	22	8	7	3	4	19
效果较好	133	88	59	29	12	8	4	33
效果一般	21	20	15	5	0	0	0	1
尚未见效	4	4	1	3	0	0	0	0
对未来发展前景预测								
很好	107	61	47	14	19	12	7	27
较好	131	93	66	27	9	131	3	29
一般	10	9	5	4	0	0	0	1

续表6

单位:个

分组	农林牧渔业	采矿业	制造业	电力燃气及水的生产和供应业	交通运输仓储和邮政业	信息传输计算机服务和软件业	批发和零售业	租赁和商务服务业
合计	1	13	171	4	11	5	31	12
确定为现代企业制度试点企业情况								
企业为现代企业制度试点企业	0	2	30	0	3	0	6	6
试点时间1994-1997年	0	2	30	0	3	0	6	6
试点时间1997年以后	0	0	0	0	0	0	0	0
企业为公司制企业	1	11	154	3	6	3	25	11
注册登记为公司制企业的时间在1994年以前	0	3	49	1	5	2	16	2
注册登记为公司制企业的时间在1994-1997年	0	3	62	1	3	1	8	7
注册登记为公司制企业的时间在1997年以后	1	7	60	2	3	2	7	3
总经理简历								
40岁及以下	0	0	33	0	1	1	4	3
41-50岁	0	6	90	3	4	3	18	3
51岁及以上	1	7	47	1	6	1	9	6
男	1	13	162	4	10	5	30	12
女	0	0	8	0	1	0	1	0
工龄10年及以下	0	0	1	0	0	0	0	0
工龄11-20年	0	0	43	0	1	1	3	3
工龄21年及以上	1	13	126	4	10	4	28	9
任现职5年及以下	0	10	110	2	6	5	20	8
任现职6-10年	1	2	27	2	3	0	7	1
任现职11年及以上	0	1	33	0	2	0	4	3
从事管理10年及以下	0	1	26	0	2	3	4	2
从事管理11-20年	0	5	75	2	3	1	13	4
从事管理21年及以上	1	7	69	2	6	1	14	6
总经理文化程度								
博士	0	2	3	0	0	1	0	0
硕士	0	5	44	2	4	2	10	5
大学本科	0	4	84	2	4	1	13	5
大学专科	1	1	38	0	3	1	8	2
中专或高中	0	1	1	0	0	0	0	0
其他	0	0	0	0	0	0	0	0
总经理以前职业								
科学研究人员	0	0	3	0	0	0	1	0
工程技术人员	0	2	23	0	0	1	0	2
企业管理人员	1	8	132	4	7	3	28	6
党政机关人员	0	2	9	0	4	1	1	4
其他	0	1	3	0	0	0	1	0
总经理学历所属专业								
理工科技类	1	4	50	2	4	3	0	4
经济学类	0	4	51	2	4	1	18	3
文史哲法类	0	0	6	0	0	0	2	1
管理学类	0	4	62	0	3	1	11	4
其他	0	1	1	0	0	0	0	0

续表 7　　单位：个

分　组	农林牧渔　业	采矿业	制造业	电力燃气及水的生产和供应业	交通运输仓储和邮政业	信息传输计算机服务和软件业	批发和零售业	租赁和商务服务业
总经理产生方式								
主管部门任命	0	5	9	1	1	2	4	0
董事会聘任	1	1	124	2	4	2	21	6
政府提名董事会聘任	0	3	23	0	0	0	3	3
职代会选举上级任命	0	0	5	0	2	0	2	0
社会公开招聘	0	0	0	0	0	0	0	0
上级组织部门任命	0	4	10	1	4	1	1	3
其他	0	0	0	0	0	0	0	0
企业经理层中多数人员的文化程度								
博士	0	0	1	0	0	0	1	0
硕士	0	0	7	0	0	1	1	0
大学本科	1	13	120	4	8	4	17	11
大学专科	0	0	40	0	3	0	12	1
中专或高中	0	0	3	0	0	0	0	0
其他	0	0	0	0	0	0	0	0
企业经理层中熟悉国际商务的人员比重								
100%	0	0	10	0	1	0	1	0
50% - 100%	0	4	66	1	7	2	8	9
50%以下	1	9	95	3	3	3	22	3
中层管理人员产生方式								
总经理自主决定	0	1	31	0	2	0	7	1
总经理提名主管部门批	0	0	15	1	2	0	3	0
总经理提名董事会聘任	0	7	76	1	3	2	15	4
主管部门提名并决定	0	1	1	1	1	0	0	0
职代会选举主管部门任命	0	0	0	0	0	0	1	0
公开招聘	1	1	32	1	1	1	1	2
其他	0	3	16	0	2	2	4	5
从业人员中具有大专以上文化程度的比重								
50%及以上	1	1	30	1	4	4	16	7
20% - 50%	0	3	80	2	7	1	12	3
10% - 20%	0	9	44	0	0	0	2	1
10%以下	0	0	17	1	0	0	1	1
行政管理人员占全部从业人员的比重								
50%及以上	0	0	1	0	0	0	2	2
20% - 50%	1	0	25	1	3	0	11	3
10% - 20%	0	5	67	2	4	5	12	4
10%以下	0	8	78	1	4	0	6	3
行政管理人员劳动报酬占全部从业人员的比重								
50%及以上	0	0	1	0	0	0	2	3
20% - 50%	1	1	46	2	4	3	16	4
10% - 20%	0	10	70	1	5	2	9	3
10%以下	0	2	54	1	2	0	4	2

续表 8

单位:个

分　组	农林牧渔　业	采矿业	制造业	电力燃气及水的生产和供应业	交通运输仓储和邮政业	信息传输计算机服务和软件业	批发和零售业	租赁和商务服务业
董事长产生方式								
政府部门任命	0	8	38	0	1	0	4	5
董事会选举产生	1	2	106	2	4	3	17	4
资产运营机构指定	0	1	0	1	1	0	1	1
股东会任命	0	0	13	0	0	0	5	1
其他	0	0	4	0	0	0	1	1
企业出资人情况								
有明确出资人	1	12	160	3	8	4	30	12
出资人法定人数为 1 人	0	9	34	1	4	3	6	5
出资人法定人数为 2-5 人	0	0	44	2	0	0	0	1
出资人法定人数为 5 人以上	1	3	82	0	4	1	24	6
企业组织机构组建情况								
成立了股东会	1	3	124	1	4	2	23	3
成立了董事会	1	11	161	3	6	3	28	12
设立独立董事	1	5	95	1	1	2	11	2
董事长与总经理由一人兼任	0	2	44	1	4	1	11	3
兼任原因								
《公司法》允许	0	1	20	0	2	1	3	1
机构部门同意	0	1	11	0	2	1	3	3
董事会决定	0	0	32	0	2	1	8	1
正向分设过度	0	0	6	1	1	0	0	0
暂无分设必要	0	0	19	0	2	1	5	1
其他	0	1	2	0	2	0	1	0
成立了监事会	1	8	155	3	4	2	26	12
股东会职权行使情况								
决定经营方针和投资计划	1	3	123	1	4	2	21	3
选举和更换董事	1	3	123	1	4	2	22	3
选举和更换监事	1	3	121	1	4	2	22	3
审议批准董事会报告	1	3	123	1	4	2	22	3
审议批准监事会报告	1	3	122	1	4	2	22	3
审议批准财务方案	1	3	122	1	4	2	22	3
审议批准利润分配方案	1	3	122	1	4	2	22	3
决定增减注册资本	1	3	122	1	4	2	20	3
决定发行债券	1	3	116	1	4	2	18	3
决定转让出资	0	2	107	1	4	2	17	2
决定公司合分等事项	1	3	120	1	4	2	20	3
修改公司章程	1	3	123	1	4	2	22	3
董事会职权行使情况								
召集股东会	1	2	132	1	5	3	25	7
执行股东会决议	1	2	133	1	5	3	25	7
决定经营计划和投资方案	1	10	159	3	6	3	28	12
制订财务方案	1	10	160	3	6	3	27	12
制订利润分配方案	1	9	159	3	6	3	27	12
制订注册资本增减方案	1	7	159	3	6	3	26	12
拟定公司合分等事项方案	1	7	156	3	6	3	26	12
决定内部管理机构设置	1	10	157	3	6	3	27	12
聘任或解聘公司经理	1	5	150	3	6	3	26	10
经理提名,聘或解聘高管人员	1	6	157	3	6	3	26	11
制定公司基本管理制度	1	10	157	3	6	3	27	12

续表 9　　单位:个

分组	农林牧渔业	采矿业	制造业	电力燃气及水的生产和供应业	交通运输仓储和邮政业	信息传输计算机服务和软件业	批发和零售业	租赁和商务服务业
监事会职权行使情况								
检查公司财务	1	8	154	3	4	2	26	12
对董事和经理进行监督	1	7	154	3	4	2	26	12
纠正损害公司利益行为	1	8	154	3	4	2	25	12
提议召开临时股东会	1	6	135	2	4	2	22	7
其他职权	1	8	151	3	4	2	25	12
总经理职权行使情况								
主持生产经营管理	1	13	169	4	10	5	31	12
组织实施经营、投资方案	0	13	171	4	11	5	31	12
拟订管理制度及机构方案	0	13	171	4	11	5	31	12
聘或解聘高层管理人员	0	8	159	3	10	4	30	11
聘或解聘负责管理人员	0	12	158	2	10	5	29	12
企业劳动人事分配制度改革情况								
已全面实行劳动合同制度	0	13	166	4	11	5	29	12
已实行全员竞争上岗制度	0	11	159	2	9	5	27	10
仍存在干部和工人身份界限	0	7	55	4	6	1	12	5
内部管理人员已实行公开竞聘	0	12	161	2	10	5	29	11
企业能足额缴纳社会保险费	0	13	159	4	11	5	28	12
企业是否实行以下分配方法								
企业经营者年薪制	0	8	107	2	7	1	17	6
企业经营者持有股权期权	0	1	51	0	2	2	11	2
岗位工资为主的工资制	0	12	162	4	10	5	25	12
科技人员收入分配激励机制	0	6	141	1	2	2	8	4
职工持股分配制	0	0	41	0	1	2	8	2
工资集体协商制度	0	3	49	2	1	1	4	2
企业技术创新情况								
企业已建立技术中心	0	12	154	1	2	2	3	2
国家级认定	0	4	47	0	1	1	0	2
省级认定	0	6	79	1	0	1	1	0
其他级别认定	0	2	28	0	1	0	2	0
技术中心设施、经费和人员是否满足需要								
完全满足	0	1	21	1	1	1	0	1
基本满足	0	11	124	0	0	1	2	1
不满足	0	0	9	0	1	0	1	0
企业获新产品新技术途径								
自主开发	0	12	150	3	3	4	10	8
委托开发	0	11	62	3	4	4	11	6
与院校科研机构联合开发	0	13	133	3	5	2	5	8
接受技术成果转让	1	11	60	3	3	1	8	4
引进技术消化吸收和创新	0	12	125	2	5	4	9	7
其他	0	5	44	2	6	3	10	0
企业近三年专利申请授权及应用情况								
获得国内专利申请授权	0	100	3656	8	157	4	3	45
已应用专利	0	67	3374	4	157	4	3	45
获得美国专利申请授权	0	4	23	0	0	0	2	0
已应用专利	0	2	21	0	0	0	2	0

续表10 单位:个

分组	农林牧渔业	采矿业	制造业	电力燃气及水的生产和供应业	交通运输仓储和邮政业	信息传输计算机服务和软件业	批发和零售业	租赁和商务服务业
企业建立商业网站情况								
已经建立	0	8	131	2	6	5	12	7
企业主要产品(服务)国内市场占有率								
50%及以上	1	1	14	1	1	1	6	3
20% - 50%	0	0	36	1	3	4	2	1
10% - 20%	0	2	41	0	1	0	1	0
1% - 10%	0	10	73	0	2	0	13	4
1%以下	0	0	7	2	4	0	9	4
企业在银行的信用等级								
AAA级	0	9	118	4	5	4	12	4
AA级	0	4	38	0	3	1	10	4
A级	0	0	8	0	1	0	2	3
BBB级	0	0	1	0	0	0	0	0
BB级	0	0	0	0	0	0	0	0
B级	1	0	3	0	0	0	3	0
CCC级	0	0	0	0	0	0	0	0
CC级	0	0	0	0	0	0	0	0
C级	0	0	0	0	1	0	0	0
企业是否有奖惩制度								
有,并且能严格执行	1	13	159	3	11	5	27	10
有,但很难严格执行	0	0	12	1	0	0	3	2
无	0	0	0	0	0	0	1	0
企业质量管理情况								
企业已通过ISO9000认证	0	9	164	2	8	4	10	8
企业已通过ISO14000认证	0	7	76	2	3	2	1	5
上市公司情况								
企业为上市公司	1	3	57	1	2	1	5	1
A股	0	3	56	0	1	1	5	1
B股	1	0	4	0	1	0	0	0
H股	0	1	2	1	0	0	0	0
企业签订"债转股"协议情况								
已签订"债转股"协议	0	5	17	0	0	0	1	2
1999年签订协议	0	0	0	0	0	0	0	0
2000年签订协议	0	1	9	0	0	0	1	1
2001年签订协议	0	0	4	0	0	0	0	1
2002年签订协议	0	2	1	0	0	0	0	0
2003年签订协议	0	2	3	0	0	0	0	0
协议"债转股"总额(万元)	0	350989	920461	0	0	0	20228	49589
1999年债转股总额(万元)	0	0	0	0	0	0	0	0
2000年债转股总额(万元)	0	71435	298707	0	0	0	20228	28633
2001年债转股总额(万元)	0	0	369817	0	0	0	0	20956
2002年债转股总额(万元)	0	210692	32586	0	0	0	0	0
2003年债转股总额(万元)	0	68862	219351	0	0	0	0	0

续表 11　　　　单位:个

分　组	农林牧渔　业	采矿业	制造业	电力燃气及水的生产和供应业	交通运输仓储和邮政业	信息传输计算机服务和软件业	批发和零售业	租赁和商务服务业
企业分离富余职工的主要去向								
安排到其他单位	0	2	15	0	1	0	10	0
企业内部消化	0	11	102	1	6	3	17	6
失业	0	0	11	1	1	1	10	3
提前退休	0	8	50	1	4	2	18	5
其他	1	6	35	2	2	1	8	5
本企业无富余职工	0	2	58	1	3	2	4	5
企业办社会性服务机构分离情况								
全部分离	0	1	50	0	2	2	5	5
分离 50%及以上	0	0	20	1	0	0	0	1
分离 50%以下	0	2	6	1	0	0	0	1
没有分离	0	5	20	1	4	0	1	1
本企业无上述机构	1	5	75	1	5	3	25	4
国有企业未实行公司制主要原因								
没有改制计划	0	0	4	0	0	0	1	0
准备实行,现未启动	0	0	2	0	2	0	1	0
正在进行公司制改制	0	2	3	1	3	1	1	0
准备实行非公司制形式	0	0	0	0	0	0	0	0
公司制企业未进行注册登记的								
正在办理	0	0	0	0	0	0	0	0
暂未进行登记	0	0	0	0	0	0	0	0
其他	0	0	0	0	0	0	0	0
推进改革的主要障碍								
社会保障制度不完善	1	10	105	3	1	4	15	5
政府转变职能滞后	1	3	81	1	4	3	15	5
历史包袱沉重	0	8	52	0	4	1	9	5
产权不明确	0	3	40	1	6	0	7	4
市场体系不健全	0	5	93	2	4	4	17	6
缺乏激励和约束机制	1	7	68	2	5	3	13	5
影响生产经营主要因素								
市场需求不足	0	0	57	3	3	3	9	5
负债过高、利息负担重	1	5	38	1	7	3	16	4
资金紧缺	0	4	96	0	7	3	24	6
企业相互拖欠资金	1	6	67	0	2	2	6	4
人员过剩	0	7	19	3	1	0	8	3
设备及技术落后	0	3	34	0	2	0	3	2
原材料等价格偏高	0	6	94	2	1	1	2	3
管理机制不完善	1	5	53	3	2	3	15	3
改制后的总体评价								
效果很好	0	3	39	2	2	0	7	3
效果较好	1	8	97	1	4	3	14	5
效果一般	0	0	15	0	0	0	3	3
尚未见效	0	0	3	0	0	0	1	0
对未来发展前景预测								
很好	0	4	75	3	4	4	11	6
较好	1	9	91	0	7	1	18	4
一般	0	0	5	1	0	0	2	2

续表 12　　单位:个

分组	国有企业	国有独资企业	其他有限责任公司	股份有限公司	中外合资企业	港澳台合资企业	其他
合　计	21	47	50	108	6	3	13
确定为现代企业制度试点企业情况							
企业为现代企业制度试点企业	4	20	5	16	1	1	0
试点时间 1994－1997 年	4	20	5	16	1	1	0
试点时间 1997 年以后	0	0	0	0	0	0	0
企业为公司制企业	0	47	50	108	6	3	0
注册登记为公司制企业的时间在 1994 年以前	21	0	7	34	2	1	13
注册登记为公司制企业的时间在 1994－1997 年	0	23	13	44	4	1	0
注册登记为公司制企业的时间在 1997 年以后	0	24	30	30	0	1	0
总经理简历							
40 岁及以下	1	2	9	26	1	0	3
41－50 岁	10	22	29	57	4	3	2
51 岁及以上	10	22	12	25	1	0	8
男	21	44	48	102	6	3	13
女	0	2	2	6	0	0	0
工龄 10 年及以下	0	0	0	1	0	0	0
工龄 11－20 年	2	3	10	32	2	0	2
工龄 21 年及以上	19	43	40	75	4	3	11
任现职 5 年及以下	14	28	34	77	1	1	6
任现职 6－10 年	4	10	8	15	3	1	2
任现职 11 年及以上	3	8	8	16	2	1	5
从事管理 10 年及以下	4	4	9	20	1	0	0
从事管理 11－20 年	7	17	21	46	2	3	7
从事管理 21 年及以上	10	25	20	42	3	0	6
总经理文化程度							
博士	1	1	1	3	0	0	0
硕士	7	15	16	29	2	0	3
大学本科	9	24	23	47	3	3	4
大学专科	4	6	9	28	1	0	6
中专或高中	0	0	1	1	0	0	0
其他	0	0	0	0	0	0	0
总经理以前职业							
科学研究人员	0	2	1	1	0	0	0
工程技术人员	4	4	3	15	1	0	1
企业管理人员	15	33	42	81	5	3	10
党政机关人员	1	7	4	9	0	0	0
其他	1	0	0	2	0	0	2
总经理学历所属专业							
理工科技类	9	13	10	29	2	3	2
经济学类	2	14	16	39	4	0	8
文史哲法类	1	2	1	4	0	0	1
管理学类	8	16	23	36	0	0	2
其他	1	1	0	0	0	0	0

续表 13

单位:个

分组	国有企业	国有独资企业	其他有限责任公司	股份有限公司	中外合资企业	港澳台合资企业	其他
总经理产生方式							
主管部门任命	11	5	3	2	0	0	1
董事会聘任	1	14	34	97	5	2	8
政府提名董事会聘任	0	14	9	7	1	1	0
职代会选举上级任命	3	1	2	1	0	0	2
社会公开招聘	0	0	0	0	0	0	0
上级组织部门任命	6	13	2	1	0	0	2
其他	0	0	0	0	0	0	0
企业经理层中多数人员的文化程度							
博士	0	1	0	1	0	0	0
硕士	0	1	1	7	0	0	0
大学本科	15	37	34	80	4	3	5
大学专科	6	7	14	20	2	0	7
中专或高中	0	1	1	0	0	0	1
其他	0	0	0	0	0	0	0
企业经理层中熟悉国际商务的人员比重							
100%	1	2	1	7	0	0	1
50% - 100%	9	26	19	39	1	0	3
50%以下	11	19	30	62	5	3	9
中层管理人员产生方式							
总经理自主决定	4	3	6	28	0	0	1
总经理提名主管部门批	3	2	3	9	3	0	1
总经理提名董事会聘任	3	22	32	38	3	3	7
主管部门提名并决定	2	0	1	1	0	0	0
职代会选举主管部门任命	0	0	0	1	0	0	0
公开招聘	2	10	5	20	0	0	3
其他	7	10	3	11	0	0	1
从业人员中具有大专以上文化程度的比重							
50%及以上	9	11	16	21	4	0	3
20% - 50%	9	19	17	57	0	1	5
10% - 20%	1	13	12	24	1	1	4
10%以下	2	4	5	6	1	1	1
行政管理人员占全部从业人员的比重							
50%及以上	3	1	0	0	0	0	1
20% - 50%	1	8	10	21	1	2	1
10% - 20%	10	19	18	46	0	0	6
10%以下	7	19	22	41	5	1	5
行政管理人员劳动报酬占全部从业人员的比重							
50%及以上	2	1	1	1	0	0	1
20% - 50%	6	15	14	34	2	2	4
10% - 20%	7	18	20	48	1	0	6
10%以下	6	13	15	25	3	1	2

续表 14

单位:个

分组	国有企业	国有独资企业	其他有限责任公司	股份有限公司	中外合资企业	港澳台合资企业	其他
董事长产生方式							
政府部门任命	4	31	10	8	1	0	2
董事会选举产生	1	9	31	87	4	2	5
资产运营机构指定	0	4	0	1	0	0	0
股东会任命	0	1	7	10	0	1	0
其他	0	1	1	0	1	0	3
企业出资人情况							
有明确出资人	15	46	49	101	6	3	10
出资人法定人数为1人	13	35	6	4	0	1	3
出资人法定人数为2－5人	1	8	18	11	4	2	3
出资人法定人数为5人以上	1	3	25	86	2	0	4
企业组织机构组建情况							
成立了股东会	0	0	40	108	5	3	5
成立了董事会	5	46	49	106	6	3	10
设立独立董事	3	10	12	84	3	1	5
董事长与总经理由一人兼任	1	17	21	19	3	2	3
兼任原因							
《公司法》允许	0	8	9	6	2	1	2
机构部门同意	0	11	8	2	0	0	0
董事会决定	0	7	16	13	3	2	3
正向分设过度	0	3	3	2	0	0	0
暂无分设必要	0	6	12	7	1	0	2
其他	1	2	2	1	0	0	0
成立了监事会	3	36	47	108	5	3	9
股东会职权行使情况							
决定经营方针和投资计划	0	0	39	106	5	3	5
选举和更换董事	0	0	39	107	5	3	5
选举和更换监事	0	0	39	105	5	3	5
审议批准董事会报告	0	0	39	107	5	3	5
审议批准监事会报告	0	0	39	106	5	3	5
审议批准财务方案	0	0	39	106	5	3	5
审议批准利润分配方案	0	0	39	106	5	3	5
决定增减注册资本	0	0	39	104	5	3	5
决定发行债券	0	0	37	100	4	3	4
决定转让出资	0	0	38	86	4	3	4
决定公司合分等事项	0	0	39	103	4	3	5
修改公司章程	0	0	39	107	5	3	5
董事会职权行使情况							
召集股东会	0	13	45	105	5	3	5
执行股东会决议	0	13	45	105	5	3	6
决定经营计划和投资方案	4	46	49	104	6	3	10
制订财务方案	3	46	49	105	6	3	10
制订利润分配方案	3	45	48	105	6	3	10
制订注册资本增减方案	3	43	48	104	6	3	10
拟定公司合分等事项方案	2	43	48	103	5	3	10
决定内部管理机构设置	2	46	47	105	6	3	10
聘任或解聘公司经理	2	35	43	106	5	3	10
经理提名,聘或解聘高管人员	3	39	48	105	5	3	10
制定公司基本管理制度	2	45	48	105	6	3	10

续表 15　　单位：个

分　　组	国　有 企　业	国有独 资企业	其他有 限责任 公　司	股份有 限公司	中外合 资企业	港澳台 合资企业	其他
监事会职权行使情况							
检查公司财务	3	36	46	108	5	3	9
对董事和经理进行监督	2	36	46	108	5	3	9
纠正损害公司利益行为	3	36	46	107	5	3	9
提议召开临时股东会	2	11	45	105	5	3	8
其它职权	2	36	46	106	4	3	9
总经理职权行使情况							
主持生产经营管理	19	47	50	108	6	3	12
组织实施经营、投资方案	21	47	50	107	6	3	13
拟订管理制度及机构方案	21	47	50	107	6	3	13
聘或解聘高层管理人员	14	38	47	105	6	3	12
聘或解聘负责管理人员	12	42	49	103	6	3	13
企业劳动人事分配制度改革情况							
已全面实行劳动合同制度	20	47	47	105	6	3	12
已实行全员竞争上岗制度	16	43	46	98	5	3	12
仍存在干部和工人身份界限	12	25	17	29	1	2	4
内部管理人员已实行公开竞聘	17	43	48	103	5	3	11
企业能足额缴纳社会保险费	21	45	47	98	6	3	12
企业是否实行以下分配方法							
企业经营者年薪制	9	30	25	74	4	1	5
企业经营者持有股权期权	3	6	21	31	2	1	5
岗位工资为主的工资制	20	46	45	98	6	2	13
科技人员收入分配激励机制	8	32	36	75	4	2	7
职工持股分配制	1	4	22	19	2	0	6
工资集体协商制度	5	12	17	22	2	1	3
企业技术创新情况							
企业已建立技术中心	11	33	38	79	5	3	7
国家级认定	4	15	6	26	2	0	2
省级认定	3	16	23	38	2	1	5
其他级别认定	4	2	9	15	1	2	0
技术中心设施、经费和人员是否满足需要							
完全满足	3	5	5	12	0	0	1
基本满足	7	26	30	62	5	3	6
不满足	1	2	3	5	0	0	0
企业获新产品新技术途径							
自主开发	12	40	38	85	4	2	9
委托开发	7	22	18	47	0	0	7
与院校科研机构联合开发	11	38	35	74	3	1	7
接受技术成果转让	5	20	20	40	1	1	4
引进技术消化吸收和创新	14	38	37	65	1	2	7
其他	7	17	12	28	2	0	4
企业近三年专利申请授权及应用情况							
获得国内专利申请授权	202	695	289	947	1	0	1839
已应用专利	196	653	217	816	1	0	1771
获得美国专利申请授权	2	0	2	4	C	0	21
已应用专利	2	0	0	4	C	0	19

续表 16 单位:个

分组	国有企业	国有独资企业	其他有限责任公司	股份有限公司	中外合资企业	港澳台合资企业	其他
企业建立商业网站情况							
已经建立	8	31	38	79	4	2	9
企业主要产品(服务)国内市场占有率							
50%及以上	2	6	6	13	1	0	0
20% - 50%	4	7	6	23	0	1	6
10% - 20%	4	4	10	22	1	1	3
1% - 10%	8	24	22	43	3	0	2
1%以下	3	6	6	7	1	1	2
企业在银行的信用等级							
AAA级	11	29	27	72	5	2	10
AA级	3	12	15	25	1	1	3
A级	1	3	4	6	0	0	0
BBB级	0	0	1	0	0	0	0
BB级	0	0	0	0	0	0	0
B级	1	2	2	2	0	0	0
CCC级	0	0	0	0	0	0	0
CC级	0	0	0	0	0	0	0
C级	1	0	0	0	0	0	0
企业是否有奖惩制度							
有,并且能严格执行	18	43	46	102	5	3	12
有,但很难严格执行	2	4	4	6	1	0	1
无	1	0	0	0	0	0	0
企业质量管理情况							
企业已通过ISO9000认证	14	39	43	92	5	2	10
企业已通过ISO14000认证	5	18	21	42	3	1	6
上市公司情况							
企业为上市公司	0	0	0	69	2	0	0
A股	0	0	0	66	1	0	0
B股	0	0	0	6	0	0	0
H股	0	0	0	2	2	0	0
企业签订"债转股"协议情况							
已签订"债转股"协议	1	9	12	2	1	0	0
1999年签订协议	0	0	0	0	0	0	0
2000年签订协议	0	3	8	1	0	0	0
2001年签订协议	0	2	2	1	0	0	0
2002年签订协议	0	2	1	0	0	0	0
2003年签订协议	1	2	1	0	1	0	0
协议"债转股"总额(万元)	58000	778606	431128	42711	30822	0	0
1999年债转股总额(万元)	0	0	0	0	0	0	0
2000年债转股总额(万元)	0	204240	201631	13132	0	0	0
2001年债转股总额(万元)	0	263956	97238	29579	0	0	0
2002年债转股总额(万元)	0	210692	32586	0	0	0	0
2003年债转股总额(万元)	58000	99718	99673	0	30822	0	0

续表 17

单位:个

分　　组	国　有 企　业	国有独 资企业	其他有 限责任 公　司	股份有 限公司	中外合 资企业	港 澳 台 合资企业	其他
企业分离富余职工的主要去向							
安排到其他单位	4	3	9	12	0	0	0
企业内部消化	16	33	33	52	4	3	5
失业	3	5	6	11	0	0	2
提前退休	9	26	19	28	3	0	3
其他	9	21	12	17	1	0	0
本企业无富余职工	3	12	11	42	1	0	6
企业办社会性服务机构分离情况							
全部分离	6	18	12	26	1	1	1
分离 50%及以上	0	7	8	7	0	0	0
分离 50%以下	2	3	2	2	0	0	1
没有分离	6	8	9	5	2	0	2
本企业无上述机构	7	11	19	68	3	2	9
国有企业未实行公司制主要原因							
没有改制计划	5	0	0	0	0	0	0
准备实行,现未启动	5	0	0	0	0	0	0
正在进行公司制改制	11	0	0	0	0	0	0
准备实行非公司制形式	0	0	0	0	0	0	0
公司制企业未进行注册登记的							
正在办理	0	0	0	0	0	0	0
暂未进行登记	0	0	0	0	0	0	0
其他	0	0	0	0	0	0	0
推进改革的主要障碍							
社会保障制度不完善	9	27	30	63	3	3	9
政府转变职能滞后	10	21	21	54	4	1	2
历史包袱沉重	13	17	17	27	2	0	3
产权不明确	9	14	7	23	3	0	5
市场体系不健全	9	21	30	55	4	2	10
缺乏激励和约束机制	10	22	20	42	2	1	7
影响生产经营主要因素							
市场需求不足	7	14	16	37	2	2	2
负债过高、利息负担重	11	17	10	32	2	1	2
资金紧缺	11	26	27	60	4	2	10
企业相互拖欠资金	7	14	16	41	3	1	6
人员过剩	4	11	10	13	1	0	2
设备及技术落后	5	9	8	18	1	1	2
原材料等价格偏高	9	24	27	40	4	1	4
管理机制不完善	9	12	19	37	1	1	6
改制后的总体评价							
效果很好	0	8	10	36	2	0	0
效果较好	0	32	32	62	4	3	0
效果一般	0	7	7	7	0	0	0
尚末见效	0	0	1	3	0	0	0
对未来发展前景预测							
很好	8	16	24	50	2	1	6
较好	12	28	23	55	4	2	7
一般	1	3	3	3	0	0	0

续表 18

单位:个

分组	大型	中型	小型	其他	中央企业	520户国家重点企业	原512户国家重点企业	省级重点企业	现企国家百户试点企业	现企省级试点企业	国家试点企业集团母公司
合计	180	56	9	3	1	49	5	165	4	43	4
确定为现代企业制度试点企业情况											
企业为现代企业制度试点企业	29	14	3	1	0	16	0	27	4	43	2
试点时间 1994－1997 年	29	14	3	1	0	16	0	27	4	43	2
试点时间 1997 年以后	0	0	0	0	0	0	0	0	0	0	0
企业为公司制企业	157	48	6	3	0	41	2	137	4	39	4
注册登记为公司制企业的时间在 1994 年以前	54	20	4	0	1	14	3	51	0	10	0
注册登记为公司制企业的时间在 1994－1997 年	61	19	2	3	0	20	0	52	3	25	2
注册登记为公司制企业的时间在 1997 年以后	65	17	3	0	0	15	2	62	1	8	2
总经理简历											
40 岁及以下	29	10	2	1	0	4	0	26	0	6	0
41－50 岁	94	28	3	2	0	22	3	83	1	21	2
51 岁及以上	56	18	4	0	1	22	2	55	3	16	2
男	172	53	9	3	1	46	5	158	4	39	4
女	7	3	0	0	0	2	0	6	0	4	0
工龄 10 年及以下	0	1	0	0	0	0	0	1	0	0	0
工龄 11－20 年	34	12	3	2	0	7	0	27	0	6	0
工龄 21 年及以上	145	43	6	1	1	41	5	136	4	37	4
任现职 5 年及以下	116	36	8	1	0	28	5	103	2	24	3
任现职 6－10 年	34	8	0	1	1	9	0	29	1	11	0
任现职 11 年及以上	29	12	1	1	0	11	0	32	1	8	1
从事管理 10 年及以下	25	10	2	1	0	7	0	21	0	5	0
从事管理 11－20 年	71	25	5	2	0	19	3	68	2	19	2
从事管理 21 年及以上	83	21	2	0	1	22	2	75	2	19	2
总经理文化程度											
博士	5	1	0	0	0	2	0	4	1	0	1
硕士	55	14	2	1	0	18	2	46	2	10	2
大学本科	80	28	4	1	1	19	2	78	1	24	0
大学专科	37	13	3	1	0	9	1	35	0	9	1
中专或高中	2	0	0	0	0	0	0	1	0	0	0
其他	0	0	0	0	0	0	0	0	0	0	0
总经理以前职业											
科学研究人员	2	2	0	0	0	1	0	2	0	2	0
工程技术人员	17	9	1	1	1	10	0	19	0	8	0
企业管理人员	144	36	7	2	0	33	5	126	2	30	3
党政机关人员	13	7	1	0	0	4	0	13	2	3	1
其他	3	2	0	0	0	0	0	4	0	0	0
总经理学历所属专业											
理工科技类	49	16	2	1	1	16	2	44	1	12	0
经济学类	56	22	5	0	0	13	2	59	2	13	1
文史哲法类	4	4	1	0	0	2	0	4	0	3	0
管理学类	69	13	1	2	0	15	1	55	1	14	2
其他	1	1	0	0	0	2	0	2	0	1	1

续表 19　　单位：个

分　组	大型	中型	小型	其他	中央企业	520户国家重点企业	原512户国家重点企业	省级重点企业	现企国家百户试点企业	现企省级试点企业	国家试点企业集团母公司
总经理产生方式											
主管部门任命	18	1	2	1	1	4	4	16	0	3	0
董事会聘任	108	45	6	2	0	25	1	93	0	29	1
政府提名董事会聘任	28	4	0	0	0	9	0	29	2	5	3
职代会选举上级任命	5	3	1	0	0	1	0	6	0	2	0
社会公开招聘	0	0	0	0	0	0	0	0	0	0	0
上级组织部门任命	21	3	0	0	0	10	0	21	2	4	0
其他	0	0	0	0	0	0	0	0	0	0	0
企业经理层中多数人员的文化程度											
博士	0	2	0	0	0	0	0	0	0	1	0
硕士	4	4	0	1	0	1	0	4	0	1	1
大学本科	132	38	7	1	1	37	4	118	3	30	3
大学专科	42	11	2	1	0	11	1	40	1	11	0
中专或高中	2	1	0	0	0	0	0	3	0	0	0
其他	0	0	0	0	0	0	0	0	0	0	0
企业经理层中熟悉国际商务的人员比重											
100%	10	0	2	0	0	3	1	7	0	2	0
50% - 100%	65	25	5	2	0	19	0	63	3	15	3
50%以下	105	31	2	1	1	27	4	95	1	26	1
中层管理人员产生方式											
总经理自主决定	24	15	2	1	0	5	1	19	0	11	0
总经理提名主管部门批	15	5	1	0	0	2	1	10	0	2	1
总经理提名董事会聘任	81	26	1	0	0	24	1	79	3	18	2
主管部门提名并决定	4	0	0	0	0	1	2	3	0	0	0
职代会选举主管部门任命	1	0	0	0	0	0	0	1	0	0	0
公开招聘	33	5	2	0	1	6	0	30	0	6	0
其他	22	5	3	2	0	11	0	23	1	6	1
从业人员中具有大专以上文化程度的比重											
50%及以上	45	11	6	2	0	12	1	46	1	12	0
20% - 50%	79	28	1	0	1	17	4	68	1	16	2
10% - 20%	42	11	2	1	0	17	0	39	2	10	2
10%以下	14	6	0	0	0	3	0	12	0	5	0
行政管理人员占全部从业人员的比重											
50%及以上	3	0	1	1	0	1	1	4	0	2	0
20% - 50%	28	12	3	1	0	5	1	23	0	9	0
10% - 20%	69	26	3	1	0	21	2	66	4	16	3
10%以下	80	18	2	0	1	22	1	72	0	16	1
行政管理人员劳动报酬占全部从业人员的比重											
50%及以上	2	1	2	1	0	1	1	5	0	1	0
20% - 50%	50	24	2	1	0	11	2	48	2	13	1
10% - 20%	77	20	2	1	1	23	2	68	2	19	3
10%以下	51	11	3	0	0	14	0	44	0	10	0

续表20　　　　单位:个

分组	大型	中型	小型	其他	中央企业	520户国家重点企业	原512户国家重点企业	省级重点企业	现企国家百户试点企业	现企省级试点企业	国家试点企业集团母公司
董事长产生方式											
政府部门任命	49	7	0	0	0	20	1	45	4	14	1
董事会选举产生	92	41	5	1	0	20	0	82	0	19	1
资产运营机构指定	3	1	0	1	0	2	1	4	0	3	1
股东会任命	14	3	1	1	0	2	0	11	0	4	0
其他	5	1	0	0	0	0	0	6	0	1	1
企业出资人情况											
有明确出资人	167	52	9	2	0	43	4	153	4	43	4
出资人法定人数为1人	49	8	4	1	0	23	4	51	3	21	3
出资人法定人数为2－5人	32	15	0	0	0	9	0	37	0	7	0
出资人法定人数为5人以上	86	29	5	1	0	11	0	65	1	15	1
企业组织机构组建情况											
成立了股东会	111	44	4	2	0	20	0	87	1	21	1
成立了董事会	163	53	6	3	0	44	2	148	4	41	4
设立独立董事	76	36	4	2	0	18	0	56	1	15	2
董事长与总经理由一人兼任	53	13	0	0	0	12	0	56	0	17	1
兼任原因											
《公司法》允许	23	5	0	0	0	4	0	25	0	5	0
机构部门同意	21	0	0	0	0	5	0	20	0	7	0
董事会决定	34	10	0	0	0	7	0	39	0	9	0
正向分设过度	6	2	0	0	0	0	0	7	0	1	0
暂无分设必要	25	3	0	0	0	4	0	27	0	3	0
其他	5	1	0	0	0	2	0	4	0	4	1
成立了监事会	151	51	6	3	0	38	2	135	4	35	3
股东会职权行使情况											
决定经营方针和投资计划	108	44	4	2	0	20	0	84	1	21	1
选举和更换董事	109	44	4	2	0	20	0	85	1	21	1
选举和更换监事	108	43	4	2	0	20	0	84	1	21	1
审议批准董事会报告	109	44	4	2	0	20	0	85	1	20	1
审议批准监事会报告	108	44	4	2	0	20	0	85	1	21	1
审议批准财务方案	108	44	4	2	0	20	0	85	1	21	1
审议批准利润分配方案	109	43	4	2	0	20	0	85	1	20	1
决定增减注册资本	107	43	4	2	0	20	0	83	1	19	1
决定发行债券	101	41	4	2	0	16	0	78	0	18	1
决定转让出资	93	37	3	2	0	15	0	74	0	18	1
决定公司合分等事项	106	42	4	2	0	19	0	81	1	19	1
修改公司章程	109	44	4	2	0	20	0	85	1	21	1
董事会职权行使情况											
召集股东会	124	45	5	2	0	24	0	105	1	23	1
执行股东会决议	123	47	5	2	0	24	0	105	1	24	1
决定经营计划和投资方案	161	52	6	3	0	44	2	147	4	41	4
制订财务方案	160	53	6	3	0	44	2	147	4	40	4
制订利润分配方案	158	53	6	3	0	43	1	145	4	39	4
制订注册资本增减方案	156	52	6	3	0	41	1	142	4	38	4
拟定公司合分等事项方案	154	51	6	3	0	39	1	141	4	38	4
决定内部管理机构设置	158	52	6	3	0	43	2	145	4	39	4
聘任或解聘公司经理	145	50	6	3	0	33	1	131	2	38	4
经理提名,聘或解聘高管人员	152	52	6	3	0	38	1	139	3	38	4
制定公司基本管理制度	158	52	6	3	0	43	2	145	4	38	4

续表 21

单位：个

分组	大型	中型	小型	其他	中央企业	520户国家重点企业	原512户国家重点企业	省级重点企业	现企国家百户试点企业	现企省级试点企业	国家试点企业集团母公司
监事会职权行使情况											
检查公司财务	150	51	6	3	0	38	2	134	4	35	3
对董事和经理进行监督	149	51	6	3	0	38	2	133	4	35	3
纠正损害公司利益行为	150	50	6	3	0	38	2	134	3	35	3
提议召开临时股东会	125	46	6	2	0	25	2	106	2	24	2
其它职权	148	49	6	3	0	36	2	131	4	34	3
总经理职权行使情况											
主持生产经营管理	177	56	9	3	1	48	5	163	4	42	4
组织实施经营、投资方案	179	56	9	3	1	49	5	165	4	43	4
拟订管理制度及机构方案	179	56	9	3	1	49	5	165	4	43	4
聘或解聘高层管理人员	162	52	8	3	0	43	1	147	3	38	4
聘或解聘负责管理人员	166	51	8	3	1	45	2	152	4	37	4
企业劳动人事分配制度改革情况											
已全面实行劳动合同制度	174	55	9	2	1	49	5	151	4	42	4
已实行全员竞争上岗制度	161	52	8	2	0	44	3	152	4	38	4
仍存在干部和工人身份界限	69	17	3	1	1	25	4	64	2	17	1
内部管理人员已实行公开竞聘	167	52	9	2	1	46	3	155	3	37	4
企业能足额缴纳社会保险费	173	48	8	3	1	46	5	157	3	39	4
企业是否实行以下分配方法											
企业经营者年薪制	109	33	4	2	0	32	3	95	3	28	3
企业经营者持有股权期权	54	12	3	0	0	12	2	55	0	13	1
岗位工资为主的工资制	167	53	7	3	1	47	4	155	3	39	4
科技人员收入分配激励机制	122	38	2	2	0	40	3	114	1	28	3
职工持股分配制	41	11	2	0	0	8	1	46	0	5	0
工资集体协商制度	49	11	1	1	0	20	3	46	0	3	2
企业技术创新情况											
企业已建立技术中心	138	36	1	1	1	45	3	117	2	30	4
国家级认定	48	7	0	0	0	26	1	34	2	14	3
省级认定	68	19	1	0	0	15	1	65	0	15	1
其他级别认定	22	10	0	1	1	4	1	18	0	1	0
技术中心设施、经费和人员是否满足需要											
完全满足	21	5	0	0	0	9	1	17	0	4	0
基本满足	108	29	1	1	1	33	2	94	2	23	4
不满足	9	2	0	0	0	3	0	6	0	3	0
企业获新产品新技术途径											
自主开发	146	38	4	2	0	46	4	130	2	33	4
委托开发	73	24	3	1	1	20	4	65	1	15	2
与院校科研机构联合开发	132	31	4	2	1	43	5	115	2	26	3
接受技术成果转让	71	18	2	0	0	21	4	61	2	11	2
引进技术消化吸收和创新	125	34	4	1	1	36	4	116	2	25	4
其他	51	17	2	0	0	10	1	50	1	7	2
企业近三年专利申请授权及应用情况											
获得国内专利申请授权	3635	323	1	14	0	2473	7	2309	18	525	216
已应用专利	3356	283	1	14	0	2368	3	2112	5	494	185
获得美国专利申请授权	27	2	0	0	0	18	0	25	0	0	0
已应用专利	23	2	0	0	0	16	0	21	0	0	0

续表 22

单位:个

分组	大型	中型	小型	其他	中央企业	520户国家重点企业	原512户国家重点企业	省级重点企业	现企国家百户试点企业	现企省级试点企业	国家试点企业集团母公司
企业建立商业网站情况											
已经建立	131	34	4	2	0	34	3	118	1	29	2
企业主要产品(服务)国内市场占有率											
50%及以上	19	6	1	2	0	5	1	19	1	4	0
20% - 50%	36	11	0	0	0	8	1	32	0	8	0
10% - 20%	35	9	1	0	0	12	1	29	0	6	2
1% - 10%	78	20	3	1	1	21	2	63	2	19	2
1%以下	12	10	4	0	0	3	0	22	1	6	0
企业在银行的信用等级											
AAA级	123	31	1	1	1	34	2	102	2	19	3
AA级	40	16	2	2	0	10	2	46	1	13	1
A级	9	3	2	0	0	2	0	7	1	6	0
BBB级	0	1	0	0	0	0	0	1	0	0	0
BB级	0	0	0	0	0	0	0	0	0	0	
B级	4	1	2	0	0	2	0	4	0	2	0
CCC级	0	0	0	0	0	0	0	0	0	0	0
CC级	0	0	0	0	0	0	0	0	0	0	0
C级	0	0	1	0	0	0	0	0	0	1	0
企业是否有奖惩制度											
有,并且能严格执行	169	51	7	2	1	43	4	152	3	37	4
有,但很难严格执行	11	5	1	1	0	6	1	12	1	6	0
无	0	0	1	0	0	0	0	1	0	0	0
企业质量管理情况											
企业已通过ISO9000认证	156	41	5	3	1	47	3	139	2	36	4
企业已通过ISO14000认证	82	12	1	1	1	26	0	66	2	13	1
上市公司情况											
企业为上市公司	46	21	2	2	0	5	0	11	0	2	0
A股	42	21	2	2	0	5	0	11	0	2	0
B股	6	0	0	0	0	1	0	2	0	0	0
H股	4	0	0	0	0	1	0	1	0	0	0
企业签订"债转股"协议情况											
已签订"债转股"协议	21	2	2	0	0	13	0	23	1	7	1
1999年签订协议	0	0	0	0	0	0	0	0	0	0	0
2000年签订协议	10	1	1	0	0	6	0	11	1	4	0
2001年签订协议	3	1	1	0	0	1	0	5	0	1	0
2002年签订协议	3	0	0	0	0	3	0	2	0	0	0
2003年签订协议	5	0	0	0	0	3	0	5	0	2	1
协议"债转股"总额(万元)	1261458	38625	41184	0	0	896231	0	1256981	28633	322678	10862
1999年债转股总额(万元)	0	0	0	0	0	0	0	0	0	0	0
2000年债转股总额(万元)	389729	9046	20228	0	0	279413	0	367303	28633	202004	0
2001年债转股总额(万元)	340238	29579	20956	0	0	243000	0	390773	0	20956	0
2002年债转股总额(万元)	243278	0	0	0	0	243278	0	210692	0	0	0
2003年债转股总额(万元)	288213	0	0	0	0	130540	0	288213	0	99718	10862

续表 23　　　　单位:个

分　组	大型	中型	小型	其他	中央企业	520户国家重点企业	原512户国家重点企业	省级重点企业	现企国家百户试点企业	现企省级试点企业	国家试点企业集团母公司
企业分离富余职工的主要去向											
安排到其他单位	18	8	2	0	0	3	0	18	0	3	0
企业内部消化	112	29	5	0	1	40	3	102	2	31	3
失业	16	9	2	0	0	4	1	15	1	5	0
提前退休	64	20	4	0	1	22	2	65	4	14	2
其他	43	13	4	0	0	15	2	42	2	14	2
本企业无富余职工	52	18	2	3	0	8	1	48	0	10	1
企业办社会性服务机构分离情况											
全部分离	47	15	2	1	0	16	0	41	2	13	1
分离50%及以上	15	6	1	0	0	6	1	14	0	7	0
分离50%以下	7	3	0	0	0	3	1	8	0	0	0
没有分离	29	3	0	0	1	11	2	25	1	5	2
本企业无上述机构	82	29	6	2	0	13	1	77	1	18	1
国有企业未实行公司制主要原因											
没有改制计划	3	1	1	0	0	1	2	5	0	0	0
准备实行,现未启动	4	0	1	0	0	2	0	4	0	2	0
正在进行公司制改制	8	2	1	0	1	3	1	6	0	2	0
准备实行非公司制形式	0	0	0	0	0	0	0	0	0	0	0
公司制企业未进行注册登记的											
正在办理	0	0	0	0	0	0	0	0	0	0	0
暂未进行登记	0	0	0	0	0	0	0	0	0	0	0
其他	0	0	0	0	0	0	0	0	0	0	0
推进改革的主要障碍											
社会保障制度不完善	103	35	5	1	1	27	3	95	1	27	2
政府转变职能滞后	81	30	2	0	0	16	4	70	3	23	2
历史包袱沉重	61	13	5	0	1	24	2	54	2	17	2
产权不明确	47	11	3	0	1	13	0	42	1	9	0
市场体系不健全	97	27	5	2	0	25	1	92	1	18	1
缺乏激励和约束机制	70	30	2	2	0	26	2	73	3	17	2
影响生产经营主要因素											
市场需求不足	52	24	1	3	0	14	1	55	1	13	2
负债过高、利息负担重	55	15	5	0	0	15	1	47	2	21	1
资金紧缺	103	31	4	2	0	26	2	100	4	29	2
企业相互拖欠资金	66	18	3	1	0	21	0	55	1	13	2
人员过剩	29	11	1	0	1	8	4	28	1	7	1
设备及技术落后	31	13	0	0	1	9	1	26	1	7	0
原材料等价格偏高	85	16	6	2	0	25	3	76	1	19	2
管理机制不完善	57	23	4	1	1	16	3	56	1	11	0
改制后的总体评价											
效果很好	41	13	2	0	0	7	1	33	0	12	0
效果较好	104	24	3	2	0	30	1	90	2	20	4
效果一般	11	8	1	1	0	3	0	12	1	6	0
尚未见效	1	3	0	0	0	1	0	2	1	1	0
对未来发展前景预测											
很好	81	23	3	0	1	15	2	73	1	13	0
较好	93	30	5	3	0	32	2	87	1	27	4
一般	6	3	1	0	0	2	1	5	2	3	0

4－8 山东省上市公司概况

公司名称	股票名称	股票代码	上市时间	公司办公地址	联系电话	邮政编码
山东小鸭电器股份有限公司	小鸭电器	000951	1999.11.25	山东省济南市工业北路44号	0531—8696203	250101
青岛啤酒股份有限公司	青岛啤酒	600600	1994.6.28	山东省青岛市香港中路签定大厦	0532—5711911	266071
	青岛啤酒H	0168	1993.7.15			
山东晨鸣纸业集团股份有限公司	晨鸣纸业	000488	1997.5.26	山东省潍坊市寿光市圣城街595号	0536—5280000	262700
	晨鸣B	200488	2000.11.20			
山东鲁北化工股份有限公司	鲁北化工	600727	1996.7.2	山东省滨州市无棣县埕口镇	0543—6451265	251909
山东潍坊海龙股份有限公司	山东海龙	000677	1996.12.26	山东省潍坊市寒亭区潍县北路555号	0536—2275127	261100
山东淄博华光陶瓷股份有限公司	华光陶瓷	000655	1996.11.28	山东省淄博市张店区湖田镇湖光路6号	0533—2064346	255076
鲁泰纺织股份有限公司	鲁泰A	000726	1997.8.1	山东省淄博市淄川区松龄东路81号	0533—5280809	255100
	鲁泰B	200726	2000.12.25			
山东东阿阿胶股份有限公司	东阿阿胶	000423	1996.7.29	山东省聊城市东阿县阿胶街78号	0635—3260013	252201
山东巨力股份有限公司	山东巨力	000880	1998.4.2	山东省潍坊市长松路69号	0536—8185856	261021
潍坊北大青鸟华光科技股份有限公司	海信电器	600060	1997.4.22	山东省潍坊市高新技术产业开发区华光电子区	0536—2991669	261061
山东胜利股份有限公司	胜利股份	000407	1996.7.3	山东省济南市高新区东辰大街	0531—8878899	250101
东安黑豹股份有限公司	山东黑豹	600760	1996.10.11	山东省威海市文登市龙山路107号	0631—8352146	264400
山东新华医疗器械股份有限公司	新华医疗	600587	2002.9.27	山东省淄博市高新区新华医疗科技园	0533—3587758	255086
青岛碱业股份有限公司	青岛碱业	600229	2000.9.1	山东省青岛市李沧区四流北路78号	0532—4812049	266043
山东济南百货大楼集团股份有限公司	济南百货	600807	1994.1.3	山东省济南市历下区泉城路264号	0531—6913442	250011
山东金泰集团股份有限公司	山东金泰	600385	2001.7.23	山东省济南市洪楼西路29号	0531—8902341	250100
鲁银投资集团股份有限公司	鲁银投资	600784	1996.12.25	山东省济南市经十路128号	0531—2024162	250001
银座渤海集团股份有限公司	渤海集团	600858	1993.8.38	山东省济南市泺源大街22号中银大厦20层	0531—6961258	250063
济南柴油机股份有限公司	石油济柴	000617	1996.10.22	山东省济南市历下区文化西路14号	0531—2965971	250063
山东省中鲁远洋渔业股份有限公司	中鲁B	200992	2000.7.24	山东省济南市历下区和平路43号	0531—6553248	250014
济南轻骑摩托车股份有限公司	济南轻骑	600698	1994.8.30	山东省济南市历下区和平路34号	0531—6599878	250014
	轻骑B	900946	1997.6.17			

续表 1

公司名称	股票名称	股票代码	上市时间	公司办公地址	联系电话	邮政编码
浪潮电子信息产业股份有限公司	浪潮信息	000977	2000.6.8	山东省济南市历下区山大路 224 号	0531—8932888	250014
华电国际电力股份有限公司	山东国际电源（H）	1071	1999.6.30	山东省济南市市中区经三路 14 号	0531—6932351	250001
山东浪潮齐鲁软件产业股分有限公司	浪潮软件	600756	1999.9.1	山东省济南市历下区山大路 224 号	0531—8932388	250013
山东山大华特科技股份有限公司	山大华特	000915	1999.6.9	山东省济南市历下区经十路 71 号	0531—5198077	250061
山东航空股份有限公司	山航 B	200152	2000.9.12	山东省济南市历下区二环东路 5746 号	0531—5698362	250014
山东基建股份有限公司	山东基建	600350	2002.3.18	山东省济南市历下区经十路 71 号	0531—2662962	250061
山东黄金矿业股份有限公司	山东黄金	600547	2003.8.2	山东省济南市历下区解放路 16 号	0531—8562807	250014
青岛黄海橡胶股份有限公司	黄海股份	600579	2002.8.9	山东省青岛市李沧区沧安路 1 号	0532—4693621—6366	266041
青岛海信电器股份有限公司	海信电器	600060	1997.4.22	山东省青岛市经济开发区团结路 18 号	0532—3878888—5883	266555
青岛建特生物投资股份有限公司	健特生物	000416	1996.7.19	山东省青岛市市南区太平角六路 12 号	0532—3884366	266071
青岛澳柯玛股份有限公司	澳柯玛	600336	2000.12.29	山东省青岛市经济技术开发区前湾港路 315 号	0532—6765167	266510
青岛普洛股份有限公司	青岛东方	000739	1997.5.9	山东省青岛市市北区胶州路 140 号	0532—2840739	266011
青岛海尔股份有限公司	青岛海尔	600690	1993.11.19	山东省青岛市黄岛区前湾港路	0532—6768107	266032
青岛双星股份有限公司	青岛双星	000599	1996.4.30	山东省青岛即墨市大信镇双星工业园	0532—2538569	266229
山东铝业股份有限公司	山东铝业	600205	1999.6.30	山东省淄博市张店区南定镇五公里路 1 号	0533—2944202	255052
山东金晶科技股份有限公司	金晶科技	600586	2002.8.15	山东省淄博市高新技术开发区	0355—3586479	255086
山东省药用玻璃股份有限公司	山东药玻	600529	2002.6.3	山东省淄博市沂源县二郎山路 8 号	0533—3242312	256100
山东大成农药股份有限公司	大成股份	600882	1995.12.6	山东省淄博市张店区洪沟路 25 号	0533—2111999	255009
四砂股份有限公司	四砂股份	600783	1996.12.25	山东省淄博市张店区南定车站街 69 号	0533—2980151	255055
山东新华制药股份有限公司	新华制药	000756	1997.1.1	山东省淄博市高新技术开发区化工区	0533—2184991	255005
	新华制药 H	0719	1996.12.31			
中国石化齐鲁股份有限公司	齐鲁石化	600002	1998.4.8	山东省淄博市张店区中润大道 111 号	0533—3583728	225086
山东万杰高科技股份有限公司	万杰高科	600223	2000.3.14	山东省淄博市高新区中心路	0533—3585809	255086
山东华泰纸业股份有限公司	华泰股份	600308	2000.9.28	山东省东营市广饶县大王镇	0546—6888721—8853	257335
中国石化胜利油田大明（集团）股份有限公司	石油大明	000406	1996.6.28	山东省东营市东营区济南路 228 号	0546—8558412	257000
烟台东方电子信息产业股份有限公司	东方电子	000682	1997.12.1	山东省烟台市芝罘区世回尧路 228 号	0535—6582508	264000

续表2

公司名称	股票名称	股票代码	上市时间	公司办公地址	联系电话	邮政编码
烟台华联发展集团股份有限公司	烟台发展	600766	1996.10.26	山东省烟台市芝罘区北马路1号	0755—25535941	264000
烟台冰轮股份有限公司	烟台冰轮	000811	1998.5.23	山东省烟台市芝罘区西山路80号	0535—6243451—6309	264000
烟台张裕葡萄酿酒股份有限公司	张裕A	000869	1997.9.23	山东省烟台市芝罘区世回尧路174号	0535—6691243	264000
	张裕B	200869	2000.10.26			
山东九发食用菌股份有限公司	九发股份	600180	1998.7.3	山东省烟台市牟平区武宁镇10号	0535—6603300	264001
烟台万华聚氨酯股份有限公司	烟台万华	600309	2001.4.1	山东省烟台市芝罘区幸福南街2号	0535—6837888—8378	264002
烟台新潮实业股份有限公司	新潮实业	600777	1996.11.21	山东省烟台市牟平区通海路250号	0535—4259777	264100
山东南山实业股份有限公司	南山实业	600219	1999.12.23	山东省烟台龙口市东江镇56号	0535—8616001	265718
潍坊亚星化学股份有限公司	亚星化学	600319	2001.3.26	山东省潍坊市奎文区鸢飞路899号	0536—8667941—2021	261031
山东海化股份有限公司	山东海化	000822	1998.7.3	山东省潍坊市海洋化工高新技术产业开发区	0536—5329890	262737
山东鲁抗医药股份有限公司	鲁抗医药	600789	1997.2.26	山东省济宁市中区太白西路173号	0537—2213961	272021
山推工程机械股份有限公司	山推股份	000680	1997.1.22	山东省济宁市中区太白东路58号	0537—2909644	272035
中国石化山东泰山石油股份有限公司	泰山石油	000554	1993.12.1	山东省泰安市泰山区东岳大街104号	0538—6269602	271000
泰安鲁润股份有限公司	鲁润股份	600157	1998.5.11	山东省泰安市泰山区青年路111号	0538—8226885	271000
山东鲁能泰山电缆股份有限公司	鲁能泰山	000720	1997.5.9	山东省泰安市泰山区普照寺路5号	0538—8539813	271000
山东华阳科技股份有限公司	华阳科技	600532	2002.10.31	山东省泰安市宁阳县磁窑镇	0538—5826001	271411
莱芜钢铁股份有限公司	莱钢股份	600102	1997.8.28	山东省莱芜市钢城区新兴路21号	0634—6822100	271104
山东临沂工程机械股份有限公司	山东临工	600162	1998.6.9	山东省临沂市兰山区金雀山路	0539—8315782	276004
山东江泉实业股份有限公司	江泉实业	600212	1999.8.1	山东省临沂市罗庄区龙潭路	0539—7100083	276017
山东兰陵陈香酒业股份有限公司	兰陵陈香	600735	1996.7.26	山东省临沂市罗庄区双月路153号	0539—8258002	276017
山东华鲁恒升化工股份有限公司	华鲁恒升	600426	2002.6.20	山东省德州市德城区天衢西路24号	0534—2465013	253024
中通客车控股股份有限公司	中通控股	000957	2000.1.1	山东省聊城市建设东路10号	0635—8322791	252000
山东鲁西化工股份有限公司	鲁西化工	000830	1998.8.7	山东聊城市鲁化路68号	0635—8331788	252000
华纺股份有限公司	华纺股份	600448	2001.9.3	山东省滨州市滨城区黄河二路819号	0543—3288255	256617
魏桥纺织股份有限公司	魏桥纺织H	2698	2003.9.2	山东省滨州市邹平县魏桥街34号	0543—4721194	256212
兖州煤业股份有限公司	兖州煤业	600188	1998.7.1	山东省济宁市邹城市尼山路40号	0537—5383848	273500
	兖州煤业H	1171	1998.3.31			

4－9　上市公司主要经济指标

主　要　指　标	单　位	2003年
上市公司单位数	个	71
单发行A股	个	60
单发行B股	个	2
单发行H股	个	2
合并发行A、B股	个	4
合并发行A、H股	个	3
股本合计	万股	3530134
资产总计	万元	18636726
流动资产年平均余额	万元	6117078
年末负债合计	万元	8141808
流动负债	万元	5936912
年末股东权益合计	万元	3548334
主营业务收入	万元	11719769
其中:主营业务成本	万元	8833779
新产品销售收入	万元	1672580
出口销售总额	万元	1543170
存货跌价损失和营业、管理、财务等费用合计	万元	1580795
其中:税金	万元	38363
劳动、待业保险费	万元	85766
职工教育费	万元	9297
利润总额	万元	1239615
应交所得税	万元	403372
应交增值税	万元	585516
固定资产投资完成额	万元	1949893
研究开发费用	万元	138044
从业人员年末人数	人	356189
从业人员劳动报酬	万元	524587

4－10　重点企业经营业绩明显提高 现代企业制度改革稳步推进

山东省企业调查队对全省248家重点企业建立现代企业制度跟踪统计调查结果显示:2003年全省重点企业克服战争和非典带来的不良影响,深化改革,抢抓机遇,开拓市场,稳健经营,呈现出现代企业制度改革稳步推进,企业经营业绩明显提高的局面。

一、公司制改革的主要特点

建立“产权清晰、权责明确、政企分开、管理科学”的现代企业制度是发展市场经济和社会化大生产的必然要求,是企业改革的方向。全省重点企业积极推进建立现代企业制度的进程,深化人事制度、用工制度、分配制度改革,完善激励机制和约束机制,为企业发展壮大注入了新的生机和活力。

1. 改制面扩大,国有企业股份制改造步伐加快。2003年,山东重点企业改制面达86.3%,比上年扩大2.5个百分点。在7家新改制企业中,新增股份有限公司2家、有限责任公司5家。目前,214家已改制企业中,股份有限公司108家,有限责任公司97家(其中,国有独资公司47家),中外合资企业6家,港澳台合资企业3家,分别占改制企业总数的50.5%、45.3%、2.8%、1.4%。

2. 企业出资人制度逐步到位,资本获得保值增值。到2003年底,全省重点企业中,已有230家在完成清产核资、界定产权的基础上建立起明确的企业出资人制度,到位率达到92.7%。其中企业出资人法定人数为1位的有62家企业,2－5位的有47家,5位以上的有121家,分别占27%、20.4%和52.6%。已建立出资人制度的企业资本保值增值率达109.3%,高于未建立出资人制企业5.8个百分点,有效实现了资本的保值增值。

3. 投资主体呈现多元化,法人资本异常活跃。2003年末,248户重点企业注册资本金合计1564.8亿元。其中国家投入资本677.6亿元,所占比重由上年的61.3%下降到43.3%;法人资本达662.7亿元,所占比重由上年的22.9%上升到42.3%。集体资本、个人资本和外商资本分别为36亿元、145亿元和43.5亿元,分别占总数的2.3%、9.3%、2.8%。

4.法人治理结构日趋规范。构建法人治理框架结构,在股东会、董事会、监事会和经理层之间形成权责明确、相互协调又相互制约的关系,是建立现代企业制度的关键环节,又是企业按公司制运作转变经营机制的制度保证。

截止2003年底,248家企业已按《公司法》规定改制214家,改制面达86.3%,比上年扩大2.5个百分点。改制企业股东会、董事会、监事会建立情况如下:

156家企业成立了股东会(按《公司法》规定,国有独资公司不设股东会),210家企业成立了董事会,199家企业成立了监事会,分别占改制企业总数的72.9%、98.1%和93%。其中110家改制企业还引入了独立董事制度,占全部改制企业的51.4%。

股东会权力到位。在已成立股东会的企业中,能够行使决定公司经营方针和投资计划的占98.1%;能够决定和更换董事、监事的占98.8%;能够审议批准董事会、监事会报告的占98.8%;能够审议批准公司年度财务预决算方案的占98.1%;能够审议批准公司利润分配方案和弥补亏损方案的占98.1%;能够对公司增加或者减少注册资本作出决议的占96.9%;能够对发行公司债券作出决议的占91.9%;能够对公司转让出资作出决议的占83.9%;能够对公司合并、分立、变更公司形式、解散和清算等事项作出决议的占95.7%;能够修改公司章程的占98.8%。

董事会决策有力。在已成立董事会的企业中,负责召集股东大会并向股东大会报告工作的占78.2%;执行股东大会决议的占78.7%;决定公司经营计划和投资方案的占98.7%;制定公司年度财务预决算方案的占98.7%;制订公司利润分配方案和弥补亏损方案的占97.8%;制定公司增加或者减少注册资本方案的占96.4%;拟定公司合并、分立、变更公司形式、解散方案的占95.1%;决定公司内部管理机构设置的占97.3%;聘任或解聘公司经理(总经理)并根据经理提名,聘任或解聘公司副经理、财务负责人,决定其报酬事项的占90.7%;制定公司基本管理制度的占97.3%。

监事会监督有效。在已成立监事会的企业中,能够行使检查公司财务职权的占99.5%;对董事、经理执行职务时违反法律、法规或者公司章程的行为进行监督的占99.1%;当董事、经理的行为损害公司利益时,要求董事和经理纠正的占99.1%;提议召开临时股东大会的占84.8%;行使公司章程规定的其他职权的占97.6%。

5. 劳动、人事、分配制度改革基本到位。坚持效率优先原则,依法自主经营。96.8%的企业依照《中华人民共和国劳动法》规定,企业与职工通过平等协商签订劳动合同、确定了劳动关系;89.9%的企业改革用工制度,实行全员竞争上岗制度,形成职工能进能出的竞争机制;93.5%的企业能够依照《国务院关于建立统一的企业职工基本养老保险制度的决定》等有关规定参加各项社会保险,按时足额缴纳社会保险费;63.7%的企业已经打破传统的“干部”和“工人”之间的界限、变身份管理为岗位管理;92.7%的企业按照精干、高效原则设置各类管理岗位,对管理人员实行公开竞聘、择优录用制度,企业内部已经形成能上能下的机制。

健全激励与约束机制,多种生产要素参与收益分配。其中,92.7%的企业实行以岗位工资为主的工资制;59.7%的企业已经实行经营者年薪制度;27.8%的企业开始尝试实行经营者持有股权、股票期权分配制度;66.1%的企业实行科技人员收入分配激励机制;21.8%的企业实行职工持股分配制度;25%企业实行工资集体协商制度。

企业生产经营的主要特点:

1.企业规模不断壮大。全省重点企业2003年拥有资产8025亿元,同比增长12%,较上年提高1.5个百分点。平均每家企业拥有资产32.4亿元,比上年新增3.2亿元。其中,资产5亿元以上的企业有207家,10亿元以上的有143家,50亿元以上的有38家,100亿元以上的有15家,200亿元以上的有5家。

2.经济效益稳步提高。全省重点企业2003年实现营业收入6302.8亿元,同比增长14.8%;实现利润500.2亿元,同比增长19.7%,较上年提高15.6个百分点;上缴税金315.1亿元,同比增长16.5%,较上年提高9.4个百分点。

3.出口创汇力度加大。全省重点企业实现出口销售总额为450.1亿元,同比增长25.5%,出口销售总额占主营业务收入的比重达7.4%,较上年提高0.6个百分点。

4.科技创新能力增强。2003年山东省重点监测的248家企业科技创新能力增强,科技成果增多,成果转化效益明显,科技创新成为企业发展的加速器。一是研发队伍不断壮大。全省重点企业研究开发人员6.6万人,同比增长6.8%,比在岗职工增速高5.7个百分点。研发人员占在岗职工的比重为4.8%,比上年提高0.3个百分点。研发人员劳动报酬15.4亿元,同比增长11.8%。研发人员年人均劳动报酬2.3万元,比在岗职工年人均报酬高43.8%。企业研发人员的快速、大幅增长,为企业研制开发新产品提供了雄厚的人力资源。二是研发经费不断增加。重点企业投入研究开发的费用为103.7亿元,同比增长9.7%。企业越大越重视科研开发,投入的研发费用逐年增加。三是技术研究开发中心实力增强。全省重点企业已建立技术研究开发中心的有176家,占总数的71%。其中技术研发中心为国家级的有55家,省级的有88家,其他级别的有33家,分别占31.1%、50%、18.9%。176个技术中心中设施、经费和人员完全满足的有26个,占14.8%,基本满足的有139个,占79%,不满足的有11个,占6.2%。四是科技成果增多。全省重点企业中有121家企业近三年获得国内专利申请授权,专利数达3973个,平均每家33个。已应用专利3654个,占专利申请总数的92%。其中6家企业获得国内专利申请授权超过100个,海尔集团公司以近三年获得国内专利申请授权1640个居榜首。近三年企业获得美国专利申请授权29个,已应用专利25个,占86.2%。五是科技成果转化效益明显。科技成果的转化主要表现在新产品的生产与销售上。2003年,全省重点企业实现新产品销售收入240.8亿元,同比增长22.6%。新产品销售收入占主营业务收入的比重为18.6%,比上年提高1.2个百分点。

5.企业发展后劲增强。全省重点企业完成固定资产投资825.8亿元,同比增长20.6%,比上年高15.6个百分点。全省重点企业中,88.7%的企业完成固定资产投资同比增长20%以上。实收资本1702.1亿元,同比增长5.5%。累计对外投资616.3亿元,同比增长26.9%。投资收益51.5亿元,同比增长10.8%。企业加大了对外投资力度,一方面分散了企业资金风险,拓宽了融资渠道;另一方面,使企业得到了较高的投资回报,缓解了企业资金短缺的局面,增强了企业后劲。

6.职工队伍扩大生活更加稳定。全省重点企业从业人员平稳增加,职工生活稳步提高,社会保障力度加大,企业人文环境较为宽松。2003年,全省重点企业从业人员达143.9万人,同比增长0.6%。其中,在岗职工139.4万人,其他从业人员4.5万人,同比分别增长1.4%、11.7%。从业人员劳动报酬达232.9亿元,同比增长11.2%。其中,在岗职工劳动报酬229.4亿元,其他从业人员劳动报酬3.5亿元,同比分别增长11.7%、11.6%。全省重点企业交纳的劳动、待业保险费为41.6亿元,同比增长14.3%。

综上所述,2003年山东重点企业建立现代企业制度成效显著,企业经济业绩稳步提高。但企业在生产经营过程中资金短缺、原材料、燃料价格偏高、企业相互拖欠资金等问题还比较突出。同时企业在改制过程中还面临社会保障制度不完善、市场体系不健全、政府转变职能滞后等矛盾，为此重点企业必须进一步深化企业内部改革，建立健全管理体制，提高管理水平，优化资源配置，努力开拓市场，不断壮大实力；各级政府要进一步转变职能，积极推进市场化进程，为企业发展创造宽松的外部环境，促进企业更快更好地发展。

4－11 山东省上市公司的优势与差距

——鲁粤苏浙上市公司对比分析

2003年底，山东在境内（上海、深圳）证券交易所上市交易的公司达到69家，上市公司共发行A股67只，B股6只，上市公司总股本达到297.69亿股，总资产达到1663.86亿元，相当于规模以上工业企业的11.45%；2003年上市公司实现主营业务收入1154.49亿元，相当于规模以上工业企业的7.74%；利润总额100.73亿元，相当于规模以上工业企业的11.01%；实现税金65.14亿元，相当于规模以上工业企业的9.44%；年末从业人员301658人，占规模以上工业企业的5.07%；总市值达到2236.32亿元，相当于全省GDP的17.99%。与广东、江苏、浙江等上市公司比较密集的地区相比，山东上市公司的优势和差距并存。

一、股票含金量较高，潜在分配送转能力强

2003年山东上市公司每股净资产为3.06元，分别比广东（由于资料加工存在难度，广东为140家上市公司的计算数据，下同）、江苏、浙江高0.38、0.20、0.10元；每股公积金为1.43元，分别比广东、江苏、浙江高0.24、0.16、0.14元；每股未分配利润为0.08元，分别比广东、江苏、浙江高0.07、0.03、0.02元。股东权益率为54.67%，分别比广东、江苏、浙江高37.01、2.82、9.20个百分点。

二、资产负债率低，偿债能力较强

2003年末，山东上市公司资产负债率为42.59%，分别比广东、江苏、浙江低38.02、2.64、7.73个百分点。从负债的期限看，山东上市公司长期负债偏高，流动负债较低。2003年末，山东长期负债与所有者权益比率为15.24%，分别比广东、浙江低31.32、12.82个百分点，比江苏高4.14个百分点；山东长期负债与总资产的比率为8.33%，分别比广东、江苏、浙江高0.11、2.57、2.04个百分点。从短期偿债能力和变现能力看，山东上市公司具有较强的短期偿债能力与变现能力。流动比率是以流动资产大于流动负债的程度来反映公司流动资产在短期债务到期以内可以以变为现金用于偿还流动资产的能力，比值越大偿债能力越强。2003年末，山东上市公司流动比率为125.95%，分别比广东、浙江高36.18、0.21个百分点，比江苏低4.02个百分点；速动比率是指现金、有价证券、应收账款等容易变现的资产与流动负债的比率，与流动比率相比更为严格的反映短期负债的偿还能力。2003年末，山东上市公司速动比率为92.39%，分别比广东、江苏、浙江高11.33、0.13、8.18个百分点。

三、盈利能力强，投资价值相对较高

2003年山东上市公司总资产的收益率为6.05%，分别比广东、江苏、浙江高4.12、0.67、1.54个百分点；主营业务收入收益率为8.73%，分别比广东、江苏、浙江高0.38、1.77、2.98个百分点；净资产收益率7.78%，分别比江苏、浙江高0.20、2.30个百分点，比广东低1.72个百分点；平均每股收益0.24元，分别比江苏、浙江高0.02、0.08元、比广东低0.02元。2003年末山东上市公司股票加权平均价格为7.51元，分别比江苏、浙江高0.35、0.26元，比广东低0.16元。

2003年末山东上市公司平均市盈率为2.46倍，而广东、江苏、浙江分别为2.86、2.51、2.45倍，说明山东上市公司每一元的净资产在二级市场上要比广东低0.40元，比江苏低0.05元。2003年末，山东上市公司的平均市盈率为31.59倍，而广东、江苏、浙江分别为30.13、33.02、44.79倍，说明二级市场的投资者购买山东的股票依靠股利收入收回成本，要比购买江苏的股票少用1.43年、要比购买浙江的股票少用13.20年。

四、上市公司偏少，上市进度较慢

截止到2003年12月末，山东在境内证券交易所上市交易的公司达到69家，占全国的5.34%，列上海（144家）、广东（142家）、江苏（81家）、北京（75家）之后，居第5位。山东上市公司的家数，比广东少73家、为广东的48.59%，比江苏少12家、为江苏的85.19%，明显落后与广东和江苏，仅比浙江多4家，多4.55%。从每万平方公里有上市公司家数看，山东为4.4家，而广东、江苏、浙江分别为7.9、7.9、6.5家，分别为山东1.8、1.8、1.5倍。从每百万人口拥有上市公司的家数看，山东为0.76家、而广东、江苏、浙江分别为1.79、1.09、1.41家，分别是山东的2.4、1.4、1.9倍。

从公司上市进度看，山东近几年的步伐相对较慢。证监会上市公司统计资料显示，山东上市公司的家数2003年末比1999年1月增长了56.8%，分别比江苏、浙江低了45.4、23.8个百分点，比广东高了31.1个百分点。详细资料见图1：

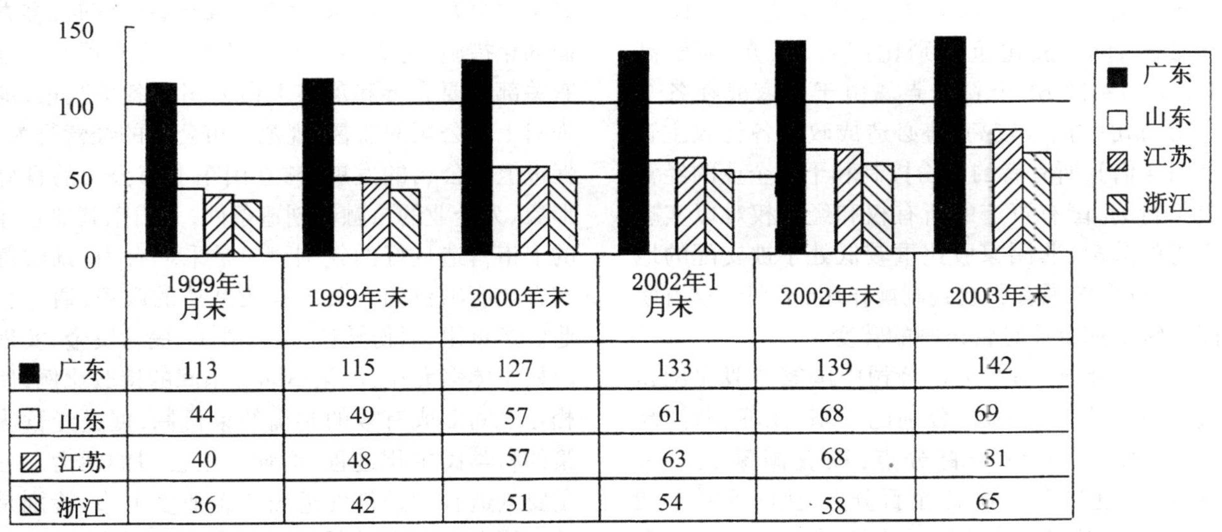

	1999年1月末	1999年末	2000年末	2002年1月末	2002年末	2003年末
广东	113	115	127	133	139	142
山东	44	49	57	61	68	69
江苏	40	48	57	63	68	31
浙江	36	42	51	54	58	65

图1

从图1可见，1999年以后，山东企业的上市的数量，与广东、江苏、浙江相比明显偏少，与广东的差距增大，使江苏的上市公司的数量明显超过山东，与浙江的优势缩小，这与山东经济大省的地位不相匹配。

五、上市公司总体规模与广东、江苏相比存在明显的差距

2003年末，山东上市公司总股本为297.69亿股，分别为广东、江苏、浙江的42.46%、93.21%、

164.59%；总资产为1663.84亿元，分别为广东、江苏、浙江的15.63%、94.49%、141.60%；主营业务收入为1154.59亿元，分别为广东、江苏、浙江的46.82%、84.80%、125.27%；可见山东上市公司的总体规模上与广东、江苏存在明显的差距。

六、股本结构不合理，国家股比重明显偏高

上市公司是典型的股份有限公司，按照企业建立现代企业制度的要求，其产权制度的首要特征是股权或所有权的分散，另一个重要的特征是所有权与经营权的分离。山东的绝大多数上市公司，通过改制改组成为既有国家股，又有法人股，还有个人股的现代企业，产权主体已经实现了多元化，但从股权结构上看，国家股的比重不仅超过了法人股及其他股，也超过了所有二级市场投资者的总和，国家股一股独大，处于支配地位。2003年末，山东69家上市公司总股本为297.7亿股，其中国家股128.1亿股，流通股124.3亿股（A股97.1亿股、B股11.5亿股、H股15.7亿股），国家股占全部股本的比重高达43.02%，流通股占全部股本的比重为41.76%，法人股及其他股仅占15.22%，国家股比重分别比广东、江苏、浙江高9.1、11.18、17.61个百分点。由于国家股在各个上市公司中比重较高，势必造成政府各行政主管部门凭借其所有者的身份控制和干预企业的经营决策行为，国有资产的所有权和经营权难以实现真正的分离，非国家股比重较低处于被支配的地位，也难以对国有股起到制衡作用，不利于政府职能的转变和企业经营机制的转变。

2003年末，山东上市公司中国家持股比例超过33%的占50.72%，分别比广东、江苏、浙江高15.01、3.81、23.45个百分点；没有国家股的占28.99%，比广东高0.42个百分点，比江苏低5.58个百分点，比浙江低17.98个百分点，可见，山东上市公司国家股比重较高的原因主要是国家控股的企业较多，参股企业或未参股的企业较少所致。

七、资产运营效率不高，资本运作力度较弱，投资效果低

衡量资产运营效率的财务指标主要是资产周转率，其内涵是主营业务收入超出资产总额的倍数，数值越大表示资产的营运效率越高，效果越好。2003年山东上市公司总资产周转率为69.39%，分别比江苏、浙江低7.93、9.04个百分点，比广东高80.61个百分点（广东较低主要因为有3家金融业上市公司）。

随着社会主义市场经济体制逐步完善，市场竞争日趋激烈，在这种情况下，企业不仅要积极组织生产，同时也要加大资本的运作力度，通过对外投资获取一定的收益，提高资金的使用效益。同时也通过投资参与其他企业的经营决策，特别是与本企业经营密切相关的企业的业务，以配合本企业的生产经营活动。山东上市公司在资本运作力度和对外投资的效果上与广东、江苏、浙江有明显的差距。2003年，山东上市公司长期投资57.82亿元，仅为广东、江苏、浙江的4.75%、46.13%、67.75%；长期投资占总资产的比率为3.47%，分别比广东、江苏、浙江低7.97、3.65、3.79个百分点；投资收益为0.34亿元，分别为广东、江苏、浙江的1.75%、3.69%、19.73%。

综上所述，山东上市公司与广东、江苏、浙江三省相比，既有优势，又有差距，要使山东上市公司更快更好地发展，必须在发挥优势的同时，多方面强化措施，努力缩小与先进省份的差距。一是有关部门要完善和落实上市公司的各项政策，加强对上市公司的监督，规范上市公司的经营行为，促进上市公司的发展，树立山东上市公司的良好形象、为企业的再融资创造条件，为山东其他企业的上市营造良好的氛围。二是采取有力措施，落实省政府出台的有关国有股减持的政策，通过企业资产重组、股份转让，引入外资、民营资金、实现产权主体多元化，优化不同股东间的持股比例，使相互之间形成有效的制衡约束机制，促进经营决策的科学民主化进程，增强上市公司的活力。三是要创造有利条件促进山东企业多上市，特别是要以深圳证券交易所开设中小企业板为契机，组织好中小企业的上市工作，使更多的企业借助证券市场做大做强，以促进山东经济的协调、持续、快速发展和社会的全面进步。

4－12 山东省百强工业企业(集团)强在哪里

——2003年百强工业企业(集团)与规模以上工业企业的比较

为展示山东省实施“大公司大集团战略”的成就,打造山东企业品牌,树立山东企业形象,日前,山东省经贸委、山东省统计局,采取国际通行的方式,依据企业营业收入,联合发布了2003年度山东省工业企业(集团)100强。资料显示,由69家企业集团和31家独立核算法人企业构成的100强工业企业(集团),2003年度实现营业收入6358亿元、利税782亿元、利润431亿元,分别相当于全省规模以上工业企业的42.6%、48.8%、47.1%,百强工业企业(集团)已成为山东工业经济的中流砥柱。那么,百强工业企业(集团)强在哪里呢?

一、百强工业企业(集团)规模大,抗御市场风险能力强

统计资料显示,百强工业企业(集团)均为大型企业,2003年末,户均总资产高达62.9亿元,相当于全省规模以上工业企业户均资产700户的总计;户均年实现营业收入63.58亿元,相当于全省规模以上工业企业户均营业收入689户的合计;户均从业人数1.18万人,相当于全省规模以上工业企业户均从业人数32户的总和。由于百强工业企业(集团)规模较大,在市场经济和经济国际化的新形势下,其抗御风险的能力相对较强。特别是2003年,在“非典”肆虐和爆发伊拉克战争,世界政治和经济形势动荡的不利环境下,百强工业企业(集团)出口销售额仍以32.90%的高速度增长,比全省规模以上工业企业高4.19个百分点,创造了实现营业收入6358亿元,增速高达33.50%的辉煌业绩。

二、百强工业企业(集团)资金周转快,营运能力强

企业营运能力的强弱,集中体现在流动资金周转速度的快慢上,而流动资金周转速度又是产品市场适应度、营销策略与业绩和企业管理水平的综合反映。依据统计资料测算,百强工业企业(集团)2003年流动资产周转次数为2.7次,较全省规模以上工业企业多周转0.16次,相应多实现营业收入377.24亿元,体现了百强工业企业(集团)较强的营运能力。

三、百强工业企业(集团)产出效率高,竞争能力强

企业的产出效率一般以成本费用利润率和全员劳动生产率来衡量。成本费用利润率,不仅反映企业投入的生产成本和费用的经济效益,同时也反映企业降低成本所取得的经济效益。而全员劳动生产率反映地是企业生产效率和劳动投入的经济效益。因此,产出效率的高低,是企业竞争能力强弱的内在体现。据2003年统计监测,百强工业企业(集团)成本费用利润率为7.89%,而全省规模以上工业仅有6.58%。百强工业企业(集团)的全员劳动生产率也高于全省规模以上工业,以主营业务收入计算,百强工业企业(集团)全员劳动生产率为年人均53.6万元,而全省规模以上工业年人均仅有25.06万元,显现出百强工业企

业(集团)较强的竞争能力。

四、百强工业企业(集团)资产负债率低,偿债能力强

偿债能力的大小,集中体现在企业的负债率上,它既反映了企业经营风险的大小,也反映了企业利用债权人提供的资金从事经营活动的能力。在市场经济条件下,保持合理的资产负债率,企业经营的稳健性更强,信誉度更高。2003年统计资料显示,百强工业企业(集团)负债率为55.32%,比全省规模以上工业企业低3.91个百分点,体现了百强工业企业(集团)的低风险经营和较强的经营活动能力。

五、百强工业企业(集团)总资产贡献率高,盈利能力强

评价和考核企业盈利能力的核心指标通常采用总资产贡献率,它是企业经营业绩和管理水平的集中体现。统计资料显示,2003年,百强工业企业(集团)总资产贡献率高达14.48%,高出全省规模以上工业企业1.09个百分点。换言之,百强工业企业(集团)每百元资产创造的利润、税金和利息较全省规模以上工业企业多1.09元,显示出百强工业企业(集团)较强的盈利能力。

六、百强工业企业(集团)资本保值增值率高,发展能力强

企业的资本保值增值率反映了企业净资产的变动状况和企业的经营业绩,集中体现了自身的发展能力。2003年,百强工业企业(集团)保值增值率高达119.38%,高出全省国有工业企业4.57个百分点,高出全省大型工业企业4.31个百分点,显示出百强工业企业(集团)较强的发展能力和发展后劲。

七、百强工业企业(集团)改革力度大,制度创新的能力强

2003年统计监测显示,在百强工业企业(集团)中,公司制企业占83%,另有17家也实施了诸多方面的改革。多数企业(集团)的法人治理结构框架已基本构建,制衡机制已基本形成,人事制度、用工制度、分配制度的改革基本到位,企业激励和约束机制趋向完善,从而为企业注入了新的生机和活力。而全省规模以上工业中仅有60%的企业为公司制企业,且部分企业的法人治理结构、制衡机制和各项制度还有待完善。

八、百强工业企业(集团)科技投入大,技术创新能力强

2003年末,百强工业企业(集团)从事研究开发活动的人员达5.08万人,占企业从业人数的4.29%,而全省规模以上工业企业从事研究开发活动的人员占企业从业人数的比重仅为1.29%。百强工业企业(集团)创办科技机构的已达86%,而全省规模以上工业企业创办科技机构的个数仅为企业总数的6.49%。从科技经费支出情况看,百强工业企业(集团)也高于全省规模以上工业企业。2003年,百强工业企业(集团)研究开发经费支出95.75亿元,占主营业务收入的1.55%,而全省规模以上工业企业仅为0.60%。由于技术创新能力强,百强工业企业(集团)2003年实现新产品销售收入1125.1亿元,同比增长27.8%,新产品销售收入占主营业务收入的比重高达18.27%,而全省规模以上工业企业仅为9.41%。

九、百强工业企业(集团)机制先进,管理创新能力强

据统计监测,到2003年末,百强工业企业(集团)中已形成新的管理机制的占96%,无论是决策机制、营销机制、分配机制、质量控制机制,还是激励约束机制,都趋向完善,极大地调动了全员积极性,为企业的发展发挥了重要作用。同时96%的百强工业企业(集团)通过了ISO9000质量体系认证,76%的百强工业企业(集团)还通过了ISO14000环境管理系列认证。而全省规模以上工业企业在建立新机制,强化管理等方面较之于百强工业企业(集团)还有许多不尽人意之处。

综上所述,百强工业企业(集团)改革和发展成就辉煌,无论是在规模、效益、质量、速度、潜力,还是在制度、科技和管理等方面,都显现出较大的

强势。只要继续认真贯彻落实省委、省政府确定的“大公司大集团战略”方针,我省百强工业企业(集团)发展得会更大更强,在全省经济发展中的支撑作用会更好更大。

4-13　山东省百强工业企业(集团)强壮的七大因素

2003年度,山东省100强工业企业(集团)以其较强的营运能力、竞争能力、偿债能力、盈利能力、发展能力、创新能力、管理能力和抗御市场风险能力令各界关注。那么,在相同的市场和政策环境下,缘何百强工业企业(集团)能做大做强,成为山东工业经济的“先锋队”和“主力军”呢?山东省企业调查队近日进行的专项调查结果显示,山东百强工业企业(集团)做大做强的主要因素有七个方面。

一、制度改革,为百强工业企业(集团)发展注入了新的生机和活力

几年来,百强工业企业(集团)积极推进建立现代企业制度的进程,深化人事制度、用工制度、分配制度改革,完善激励机制和约束机制,为企业发展壮大注入了新的生机和活力。

建立“产权清晰、权责明确、政企分开、管理科学”的现代企业制度是发展市场经济和社会化大生产的必然要求,是企业改革的方向。统计调查显示,到2003年末,百强工业企业(集团)中,公司制企业占83%,其他17家虽未改制为公司制企业,但也实施了多方面改革。92%的企业已建立了明确的出资人制度,资本保值增值率高达119.4%,高出全省国有工业企业4.6个百分点。改制企业的法人治理结构框架基本构建,权力、决策、执行、监督相互制衡的机制基本形成。62%的企业成立了股东会(另20家国有独资企业按《公司法》规定不成立股东会),80%的企业成立了董事会,68%的企业成立了监事会。92%的股东会、95%的董事会、96%的监事会能行使各自的法定职权,呈现出股东会权力到位、董事会决策有力、监事会监督有效的局面。

百强工业企业(集团)人事制度、用工制度、分配制度改革基本到位。97%的企业全面实行劳动合同制度;91%的企业实行全员竞争上岗制度;95%的企业足额缴纳社会保险费;96%的企业实行以岗位工资为主的工资制。

百强工业企业(集团)激励机制和约束机制趋向完善。94%的企业内部管理人员实行公开竞争、择优录用、能上能下机制;66%的企业实行经营者年薪制。

二、科技创新,为百强工业企业(集团)发展加速

百强工业企业(集团)把科学技术作为第一生产力,注重科技创新,加快了企业发展。从技术人员情况看,2003年末,百强工业企业(集团)从事研究开发活动的人员达5.1万人,占企业从业人数的4.3%,比重高于全省规模以上工业企业3个百分点;从科技经费支出情况看,2003年,百强工业企业(集团)研究开发经费支出95.8亿元,占主营业务收入的1.6%,高于全省规模以上工业企业1个百分点;从企业科技机构情况看,到2003年底,百强工业企业(集团)中已创办科技机构的达86%,而全省规模以上工业企业创办科技机构的个数仅为企业总数的6.5%;从企业科技创新能力看,百强工业企业(集团)中主要通过自主开发获取新产品新技术的占82%。近三年百强工业企业共申请国内专利3003个,其中93.3%的已应用;申请美国专利23个,其中91.3%的已应用。

分企业看，获得国内专利申请授权超过100个的有4家企业，它们分别是海尔集团、海信集团、中国重型汽车集团、青岛澳柯玛集团。海尔集团以近三年获得国内专利申请授权1640项，位居榜首。由于技术创新能力强，百强工业企业（集团）2003年实现新产品销售收入1125.1亿元，同比增长27.8%，新产品销售收入占主营业务收入的比重高达18.3%，高于全省规模以上工业企业8.9个百分点。

三、延长优化产业链，使百强工业企业（集团）主业优势得以充分发挥

市场经济的本质是优胜劣汰，要使企业在竞争中获胜，只有各技术、工艺相关联或互补的企业相互合作，通过缔结实现良性互动的产业链，并不断使产业链加以延伸和升级。百强工业企业（集团）正是从延长和优化产业链、多元化经营中大做文章，实现了企业双赢和多赢。百强工业企业（集团）中的69家企业集团目前拥有成员企业847个，行业覆盖三次产业，其中分布在第一产业的有4家，第二产业677家，第三产业166家。其中61%的企业集团实行多元化经营，在两种以上不同行业大类中进行投资经营。如：莱芜钢铁集团以生铁、钢、钢材为主要产品，在其麾下成员企业中拥有两家铁矿石开采企业和1家运输企业等前期产品生产企业，又有冶金、机械、电子、化工等延伸产品生产企业，通过产业链的延长及优化，该集团2003年以实现营业收入1318731万元位居百强工业企业（集团）第10位。百强工业企业（集团）中31家独立核算法人企业的经营领域也不断拓宽，产品种类不断增加。另有37%的企业通过发行股票进行融资，有力地促进了企业的发展。

四、实施“走出去”战略，拓展了百强工业企业（集团）发展空间

企业实施“走出去”的开放战略，既是提高对外开放水平的内在要求，又是企业应对经济全球化挑战的必然选择。百强工业企业（集团）正是靠“走出去”的开放战略，充分利用省内省外、国内国外多种资源，把产业进行省际化、国际化转移，将企业资本、技术、管理、原材料和市场资源在省际、国际范围内进行优化组合，有效地拓展了发展空间。2003年，百强工业企业（集团）当年对外投资达85.5亿元，同比增长7.5%，其中，对境外投资同比增长27.6%；实现出口销售收入384亿元，同比增长32.9%，比全省规模以上工业企业高4.2个百分点。69家企业集团在全国20多个省份建立分支机构或子公司100余家（不含孙公司），2003年实现营业收入330.8亿元。百强工业企业（集团）中的海尔、浪潮等集团在境外设立子公司或分支机构。目前，海尔集团在境外拥有22家子公司（或分支机构），为海尔集团的发展拓展了海外空间。百强工业企业（集团）在实施“走出去”的同时，与“引进来”紧密结合起来，通过引进技术促进企业发展。72%的企业将引进技术消化、吸收和创新作为企业获取新产品、新技术等科技成果的途径之一。

五、实行全面质量管理，促进了百强工业企业（集团）高质量发展

质量是企业的核心，企业之间的竞争归根到底是质量的竞争。质量包括产品质量和工作质量，其中产品质量是工作质量的外在体现，工作质量是产品质量的基础和保证。百强工业企业（集团）正是从工作质量和产品质量两方面提升企业竞争力。到2003年末，百强工业企业（集团）中，96%的通过了ISO9000质量体系认证，76%的通过了ISO14000环境管理系列标准认证，78%的取得了AAA级的金融信用等级。同时，百强工业企业（集团）加强信息化建设，实施信息化管理，73%的建立了商业网站和局域网，为企业的发展发挥了重要作用。全面质量管理的实施，有力地促进了百强工业企业（集团）发展，目前，百强工业企业（集团）主要产品在国内市场的占有率达到50%以上的有8家，20%）－50%的有17家，10%－20%的有24家。

六、实施人才战略，为百强工业企业（集团）的发展奠定了人才基础

人是生产力中最活跃的因素，百强工业企业（集团）注重人力资源开发，实施人才战略，为企业的发展奠定了人才基础。一是招聘人才。百强工

业企业(集团)通过面向全社会招聘,一批高素质人才在管理岗位和技术岗位上发挥作用。同时,每年吸纳众多的大专院校毕业生从事生产经营,有效地优化了员工的文化结构。二是培养人才。2003年共投入职工教育费2.6亿元,同比增长26.8%,占总费用支出的0.53%,而全省732家企业集团投入职工教育费占总费用支出的0.48%。有能力的企业还自已办学,培养企业人才,如海尔集团自己创办大学,并将海尔大学作为员工观念创新的发源地,集团战略创新的推广地,以及集团培养中高级管理人才的摇篮。目前,百强工业企业(集团)通过招聘和培养,使从业人员具有大专及以上文化程度的人员比重达26.2%,显示出员工较高的文化底蕴。三是激励人才,使其为企业发展多做贡献。在百强工业企业(集团)中,93%的建立了奖励制度,75%的实现了科技人员工资分配激励机制,为企业的发展发挥了积极的作用。

七、高素质的领军人物,为百强工业企业(集团)发展发挥了核心作用

企业作为一个组织,要发挥组织效率,促进企业发展必须有一个好的领导班子。领导班子的素质不仅取决于领导集体中各个体的素质,还取决于群体结构。资料显示,百强工业企业(集团)正是由一批年龄在41-50岁之间(占55%),工龄在21-35年左右(占60%),具有较高文化程度(86%的企业总经理具有大学本科及以上学历),拥有11-25年(占69%)从事企业管理工作经验的职业管理者挂帅。并且领导班子的年龄结构、知识结构、专业结构和能力结构较为合理。百强工业企业(集团)董事长(总经理)具有大学及以上文化程度的占94%,其中为大本及硕士研究生的占71%;企业经理层中熟悉国际商务的人员比例超过50%的有45家,比例在30%-50%的有25家。这样一批年富力强、有知识、懂管理的领军人物,驾御形势,科学决策,为做强做大企业发挥了核心作用。

综上所述,百强工业企业(集团)之所以能做大做强,是企业适应市场经济和世界经济国际化新形势,认真贯彻落实党中央、国务院和山东省委、省政府关于发展大公司大集团的一系列方针政策,深化企业制度改革,大力开展科技创新,努力延长优化产业链,坚定不移地实施“走出去”和人才战略,加强全面质量管理和企业家队伍建设的必然结果,这些经验和做法都值得其他企业借鉴。

4-14　对山东省房地产开发投资状况的判断与分析

——山东省296家房地产企业的问卷调查报告

为了解我省房地产业投资现状及发展趋势,山东省企调队对全省296家三级及以上资质的房地产企业进行了一次快速专项调查。各调查企业的老总对当前房地产业发展状况作了客观理性的判断。

一、对我省房地产业影响程度的判断:发展迅速,支柱作用明显

据专家测算,房地产投资乘数为4倍,即房地产业每增加1元投资,国内生产总值上升4元。

资料显示,自1995年我省房地产增加值以平均每年10.9%的速度增长,2001年我省房地产业对GDP的贡献率为6.1%,在整个国民经济中的支柱作用明显。调查企业中,有74%的企业家认为房地产开发投资对本地区经济发展影响较大,其中济南、青岛、枣庄、济宁、德州5市的认同率更高,达到80%以上。

二、对我省房地产投产规模的判断:发展规模基本适度,总体上不存在过热

当前房地产业发展是否适度?有无过热趋势?是否会出现新一轮"泡沫"?成为当前业界和经济界人士关注的一个热点。那么,我省的房地产企业家如何看待这一问题?

1. 我省房地产投资总体规模与经济发展基本适应,地区间差异明显。调查结果显示,我省房地产开发投资规模与经济发展基本适应,认同率为58%。但各市间房地产业发展还不甚均衡,烟台市的企业家认为房地产投产规模快于经济发展的比例较高,达69%,而济宁、淄博、枣庄、泰安比例较低,不足30%。

2. 投资规模基本适度。有53%的企业家认为房地产开发规模适中,32%的企业家认为偏大,有15%的企业家认为过小。

3. 我省房地产市场总体不存在过热现象。有55%的企业家认为本地区房地产开发投资没有过热,不会出现新一轮"泡沫",总体看来,我省的房地产业处在较平稳的发展区间。但有45%的企业家认为已经过热势头,可能会出现新一轮的"泡沫"。分地区看,济南、青岛、济宁、泰安、威海、德州六市的被调查企业认为不过热的达60%。从所有制形式看,国有企业中认为过热的占52%,超过了半数,其它经济形式均认为不存在过热现象。

三、对我省商品房销售趋势的判断:受居民购买力的制约,商品房销售不容乐观

在对影响商品房销售的主要因素判断时,有33%的被调查企业认为是由商品房价位的高低决定的,居第一位因素;有27%的调查企业认为是由居民家庭收入的多少决定的,居第二位因素。由此可见,居民购买力成为商品房销售的瓶颈。

1. 与当前居民家庭收入相比商品房价位偏高,销售前景不容乐观。调查企业中,68%的企业家认为当地居民购买力一般,12%的企业家认为购买力严重不足。56%企业家认为商品房的价格相对于居民的购买力而言较高或偏高,37%的认为适中,8%的认为偏低。就目前销售状况而言,认为商品房销售较好的企业占44%,一般的占53%,较差的占3%。在了解商品房销售前景时,不乐观或一般的企业占55%。

2. 居民购买力不足是引起空置商品房过多的主要原因,空置商品房已影响了企业正常运转。近几年来,各地商品房建设迅速,并逐渐向高中档住宅发展,受居民购买力不足与市场供需偏差矛盾的影响,空置商品房呈上升趋势。在调查引起商品房空置过多的原因时,第一和第二位因素认同率最高的都是居民购买力低,认同率最高的第三位因素是开发投资规模过大。由于大量商品房空置造成企业经营困难的占被调查企业的30%,有些影响的占50%,只有19%的企业认为对企业没有影响。

四、对我省房地产业发展前景的判断:前景较为乐观,受政策因素影响较重

1. 我省房地产开发投资前景乐观。据世界银行的统计资料表明,当一个国家人均GDP达到1500美元以上,其住宅建设也将达到峰值,那么,到2010年我国人均GDP按翻一翻测算,也将达到1500-1600美元这一区间。因此,在今后10年的时间,我国的住宅建设增长仍比较快,房地产业的发展潜力巨大。在对本地区房地产开发投资前景的判断上,有51%的企业家认为乐观,有44%的企业家认为一般,仅有8%的企业家认为不乐观。

2. 需求潜力巨大,未来两年房地产投资力度呈加大趋势。在对目前本地区房地产开发投资规模扩大的主要因素判断时,有51%的企业家认为"市场需求扩大"是第一位因素,市场存在巨大潜力,因而,有50%的企业家认为未来几年应该加大房地产投资力度,有50%的企业家认为保持原有规模不变,没有企业家认为本地区投资力度应

该缩小。分析原因,一是随着经济的发展,人们的住房条件将会进一步改善,人均住房面积会继续增加;二是城市化进程加速使我省的房地产业正处于高速发展期;三是中国加入 WTO 后,外资企业将会以更快的步伐进入国门,他们对房产市场的需求很大;四是消费水平的提高会对公共房产设施有越来越大的需要。

3. 居民个人购房欲望强烈。一是随着社会经济的发展,人们收入水平增加,改善住房的要求日益强烈;二是银行出台购房贷款优惠政策,银行利率水平处在近年来的最低点;三是较富裕家庭购买第二套住房,或购房投资,这些因素共同刺激了人们购房欲望。调查结果显示,56%的企业家认为本地区个人的购房欲望较高,41%的企业家认为一般,仅有 3%的企业家认为不高,这无疑让企业家们看到了房地产业的曙光。

4. 政策是影响房地产开发的首要因素。房地产业受国家政策影响较大,在影响本地区房地产开发投资的主要因素判断时,53%的企业家认为国家政策是第一大因素,其次是经济发展因素和资金因素。

五、对我省房地产投资来源及投资趋向的判断:来源以银行贷款为主,投向为普通住宅居多

1. 投资来源:银行贷款。房地产是资金密集型的行业,在企业投资来源的选择上,第一主要来源是银行贷款,认同率为 49%,第二是业主定金和预收款。目前 20% - 30%的房地产企业二三成的资金来源是银行贷款,而随着人们消费观念的改变,超前消费,贷款购房成为主流,30%以上的购房者也是向银行贷款,这样,房地产市场本身 50%以上是靠银行贷款。因此,银行贷款政策对房地产的投资产生着直接的影响。

2. 投资主流:普通住宅。“小康不小康,主要看住房”,在全面建设小康社会的过程中,我国居民的居住状况将成为一项十分重要的内容。从调查的结果看,我省房地产企业家也都看好普通住宅,未来两年投资首选和次选均为普通住房的分别占被调查企业的 48%、31%,第三选择认同率最高的是商业用房,占被调查企业的 41%。

4-15 机遇与挑战并存

——出口退税机制改革对山东企业的影响调查报告

为改革现行出口退税机制中存在的问题和矛盾,推进外贸体制改革,调整出口产品结构,提高国际竞争力,促进对外出口贸易的持续增长,国务院于今年 10 月出台了《关于改革现行出口退税机制的决定》。这次改革力度大、涉及面广,是对我国出口退税机制的结构性调整,关系到全省经济与对外经贸的发展大局。为了解我省企业对这一改革措施的反映及所受到的影响,山东省企调队对全省 40 家有生产进出口产品的企业进行了“出口退税机制改革对企业影响情况”的专题调查。调查显示:出口退税机制改革对我省外贸出口增长带来机遇,但短期内企业也将面临严峻挑战。

一、出口退税机制改革对我省外贸出口产生积极影响

1. 有利于解决长期积累的巨额出口欠退税问题。改革开放以来,尤其是实施“三个亮点”工

程以来,我省的出口贸易保持了持续稳定的增长,对拉动我省经济的增长起到了重要作用。2002年我省出口达到211.2亿美元,2003年有望达到258亿美元,增幅达到20%以上。但随着出口的增长,我省近年来出口应退税额不断增加,截至2002年底,我省累计欠退税173.6亿元,预计今年年底累计欠退税将达到213亿元。出口退税严重滞后,造成企业流动资金紧张。

被调查的40家企业中,84.2%的企业存在拖欠退税问题,2003年预计平均每个企业欠退税达2132万元,欠退税占利润的39.7%,尤其是外贸出口企业的欠税额更大,我省出口大户山东省对外贸易集团有限公司2003年预计销售收入18亿元,但欠退税将高达2亿元,占销售收入的11.1%,已严重抑制了企业的资金周转速度,影响了企业的正常运营。

改革现行的出口退税体制,实行"新账不欠,旧账要还",建立新的退税机制,有利于保证出口退税资金的足额、及时到位,给企业吃了颗"定心丸"。被调查企业中,68.4%的企业认为建立新的退税机制有利于解决长期困绕企业的欠退税问题,有利于滞流资金的"解冻"。

被调查企业反映,过去虽然退税率较高,但资金真正到位率低,企业融资成本大,现在建立了退税资金保障机制,可以大量的盘活资金,提高资金周转率。有企业形象地比喻这一改革将结束过去对退税款望梅不止渴、画饼不充饥的时代。

2.有利于我省出口结构的调整和出口产品的优化升级。我省出口产品中,国家鼓励出口产品不降或少降甚至提高退税率的机电产品、高新技术产品出口规模小、比重低;适当降低退税率的一般性产品,如纺织服装、轻工产品占较大比重;国家限制出口产品和一些资源性的产品多降或取消退税,煤炭等资源性产品比重较大,本次调整出口退税率,退税率下调对我省出口的影响将明显大于江浙沪等沿海其他省市,调整现有出口产品的结构势在必行。

国家这次改革的目的非常明确,就是要加大高科技、高附加值产品的出口量,调整出口结构,加速产品的优化升级,提高产品在国际市场的竞争力,保持对外贸易的可持续发展。这给我省调整产业结构和产品优化升级带来前所未有的机遇。对此,被调查企业也有很高的认知,92.1%的企业认为改革现行退税体制是很有必要的,68.4%的企业认为本次改革有利于产业结构的调整,76.3%的企业认为本次改革有利于出口产品的优化升级。

3.有利于加快我省外贸体制改革,促进外贸经营主体多元化。这次出口退税政策调整,受影响最大的将是国有专业外贸企业,虽然出口额持续增长,但经济效益较差,如山东对外贸易集团有限公司,自2000年-2003年,每年平均亏损208万元,最严重的2000年亏损达457万元。因为涉及到地方财政负担的问题,一些地方财力状况较差的地区,将负担不起这部分资金,因而导致这些地区的出口企业将业务转移到地方财力状况好的地区,将加快出口代理的发展。

二、我省企业对出口退税机制改革也有一些担心和忧虑

1.影响企业生产和出口的积极性。由于本次改革调低了退税率,对企业的冲击较大。调查显示,对生产经营的影响方面,有71%的企业认为影响较大,有23.7%的企业认为影响不大,有5.3%的企业认为没有影响;对出口积极性影响方面,有60.5%的企业认为不利于提高企业出口的积极性,仅有39.5%的企业认为能提高企业出口的积极性;对出口量的影响方面,2004年与2003年相比,有55.3%的企业将增加,有28.9%的企业将减少,有15.8%的企业保持不变;对企业生产规模影响方面,有57.9%的企业将扩大生产,15.5%的企业不扩大生产,有28.9%的企业犹豫不决,还有待进一步观望。由此可见,本次改革短期内对企业的影响是巨大的。

2.担心税率下调增加企业成本,挤占利润空间,影响了企业的生产经营。从出口退税率的调整情况分析,出口退税率下调幅度越大,短期内受到的影响越大,我省出口退税率平均下降了3.8个百分点,高于全国平均水平0.8个百分点,企业成本将升高,盈利水平将下降。

从我省第一大类出口商品纺织服装分析,其占全省出口的28%,预计2003年出口72亿美元,明年纺织服装产品退税率由17%降为13%后,将减少退税收入18亿元。调研中,一家纺织企业反映,由于近年来原材料价格上涨,尤其是棉花收购

价格大幅上涨，企业本身就处在微利水平，这次退税率又下调了4个百分点，对企业的打击是致命的，2002年实现销售收入61806万元，退税率的下调使企业的成本增加2472万元，占总成本的13.6%，利润率下降了3.5个百分点，企业将由微利滑向亏损。

3. 新的出口退税机制将加重地方财政负担，企业对欠退税问题依然表示忧虑。从2004年起，以2003年出口退税实际退税数为基数，对超基数部分的应退税款由中央和地方按75:25的比例负担。我省的出口贸易必将进一步扩大，退税率虽然有所降低，但是出口额的增幅将大于退税的减幅，势必加重地方财政负担的压力，企业对退税能否及时足额到位产生忧虑。

在对“中央承担部分能否及时退还企业”调查时，有73.7%的被调查企业认为能及时到位。但在对“地方承担部分能否及时退给企业”的调查中，仅有15.8%的被调查企业认为能及时到位，由此可见企业的担忧程度。

在对“改革现行出口退税机制能否保证不再产生新的欠税”调查时，有15.8%的企业认为能够保证不再出现新欠税，有63.2%的企业看不准，有21.1%的企业认为无法保证不出现新的欠税。

在对“改革现行退税机制是否能保证退税资金来源”调查时，有52.6%的企业认为能保证退税资金，有42.3%的企业认为不能，有5.3%的企业还看不准。

调研中，外贸企业对异地出口而产生的退税能否到位尤为担心。外贸企业不仅出口当地的产品，而且代理出口其他省、市的产品，外地产品出口纳税与退税不在同地进行，外贸企业所在政府只退税不收税，加重了地方财政负担，对在地退税产生异议，外贸企业对出口外地的产品退税能否到位表示忧虑。

4. 对未来出口的方式比较茫然。有42.1%的企业认为改革现行出口退税机制有利于加快推进生产企业自营出口，看不准和不能的企业比例均为28.9%；有26.3%的企业认为有利于加快出口代理制的发展，有47.4%的企业看不准，有26.3%的企业认为不能加快。

三、抓住机遇调整出口结构，内挖潜力保持外贸持续增长

1. 抓住机遇，加快我省出口产品的结构优化调整。一是调整我省产业投资流向，努力扩大退税率高的机电产品和高新技术产品的生产，提升我省出口的整体效益；二是紧紧把握新一轮国际制造业转移的机遇，充分利用半岛制造业基地品牌，积极承接国外特别是日韩两国的船舶、汽车零部件、电子、通讯等制造业转移，培植新的机电和高新技术产品加工出口龙头企业。

2. 统筹安排财政资金，确保退税资金足额到位，树立政府良好信誉。出口退税在一定程度上挑战着国家信用，企业依法纳税，而对巨额的欠税却毫无办法。因此，政府要积极筹措资金，确定旧账清欠的时间表和新账不欠周期，树立政府的良好信誉。

3. 企业要积极应对退税机制改革。企业要节能挖潜，苦练内功，以先进的经营管理手段调整经营机制，让生产成本降一点，把经营管理费用压一点，消化因退税率下调增加的生产成本；以科技手段调整产品结构，提高产品附加值，提高出口企业的国际竞争力。

4. 尽快出台加强地方补位、配套政策，防止出口额异地流失。由于本次改革的内容之一是由地方财政承担超出2003年基数的25%的退税，出口企业会向具有较强财政实力、退税有保障的地区转移，我省应对此采取积极的配套政策，营造良好的政策环境，防止出口额额异地流失，确保证我省的出口额持续增长。

5. 优化出口环境，提高办事效率，促进我省外贸出口的持续快速发展。税务、海关等有关部门要转变观念，加强服务，密切协作，建立出口退税的“绿色通道”，缩短退税的流程与周期，为出口企业提供良好的发展环境。

4－16　健全和完善创业平台是加快留学人员创业园发展的关键

——关于我省留学人员创业园发展情况的调查报告

近年来,我省高度重视吸引海外留学人员回国创业,各地陆续创办了留学人员创业园。这一特色模式,在引进人才、引进智力、引进技术等方面发挥了重要作用。为了解各地留学人员创业园发展情况及存在的问题,山东省企业调查队对全省留学人员创业园进行了一次专题调查。

一、我省留学人员创业园得到较大发展

目前,我省已创办了济南、青岛、淄博、烟台、潍坊、济宁、泰安、威海、临沂、日照以及省科学院、省立医院等12家留学人员创业园,来园办企业的留学人员200多人,分别来自美国、日本、英国、法国、德国、瑞士、加拿大、俄罗斯、比利时等国家,领办、创办企业和实验室近300家,注册资金6亿余元,园区从业人员3500余人。创业领域涉及环境保护、生物制药、电子信息等高新技术,许多项目已达到国际先进水平。

经过几年的发展,全省留学人员创业园已初具规模。各地创业园大都依托高新技术开发区建立,全省园区孵化面积已达30万平方米,包括水、电、暖、通讯、网络以及会议、休闲、娱乐等硬件设施基本齐全,为进园企业提供了良好的办公、科研和生产环境。大部分留学人员对园区的基础设施表示满意或基本满意。

为吸引留学人员来园区创业,各地结合本地实际出台了一系列政策措施,就留学生回国工作方式、待遇、收入分配等问题做了明确规定,制定了包括资金扶持、税收优惠等一系列政策,为留学人员创业提供了有力的政策支持。目前已建立的创业园大多呈现出良好的发展势头,创业环境日益改善,入园创办企业的留学人员越来越多,园区企业发展前景看好,各市办园区的积极性较高,发展前景乐观。

二、留学人员创业园发展中存在的主要问题

经过几年的发展,我省留学人员创业园在引进人才、创建企业方面取得了很大成效,但在调查中发现创业园在发展过程中还存在一些不容忽视的问题。

1.资金短缺,融资渠道不畅。调查显示,绝大部分的留学人员认为缺少资金、融资渠道不畅是影响他们创业发展的最大制约因素。为了吸引人才,各创业园纷纷推出优惠条件,为创业者提供资金支持,但对于前期投入很大的高科技企业,这些钱不足以支持项目的产业化发展。银行贷款难,银行向企业贷款的条件是需要企业有房产、地产、设备等有形资产做抵押,创业时期的高科技企业显然没有这方面的优势。融资渠道不畅通,风险投资机制、担保机制不健全、不完善,成为各留学人员创业园发展的瓶颈。

2.缺乏营销经验,市场开拓能力不足。留学人员大多有着良好的教育背景和专业知识,但专业型人才并非复合型人才,他们中的大多数对国内市场不熟悉,在开发市场方面缺少经验与技巧,

虽然产品市场潜力较大,但产品的市场销路往往达不到预期的效果。

3. 宣传力度不够,园区知名度不高。园区要有好的发展,首先要人气旺。我省除济南、青岛、烟台等几家留学人员创业园在省内外有一定的影响外,其他园区的知名度较低。一是对外宣传力度小,缺少与国内外的沟通与交流,没有形成各自的优势与特色;二是各创业园的吸引范围还大多局限于本地或者省内的海外留学人员,没有形成全方位的吸引格局;三是各创业园组织的留学人员联谊活动较少,为留学人员提供的回国创业信息不足,吸引渠道不畅。

4. 园区服务功能不健全,深层服务更显不足。不少创业园只注重硬件设施建设,忽视了软环境的优化,服务功能不健全。在创业人员的生活服务、生产服务方面有待完善,特别是为留学人员创业提供融资、人才、市场开发和企业管理咨询等深层次服务方面更显不足。

5. 各项优惠政策不能全面落实。各留学人员创业园结合本地实际,制定了一系列吸引留学人员来园创业的优惠条件,但这些优惠政策在实际执行过程中往往得不到很好的落实,有些优惠政策的落实涉及部门多、环节多。特别是有关土地使用、提供创业启动资金、税收优惠、住房等问题,落实起来难度更大。由于一些优惠政策不能落实或久拖不决,对园区信誉带来一些影响,也在一定程度上挫伤了创业人员的积极性。

三、进一步完善我省留学人员创业环境的几点建议

我省留学人员创业园虽然总体上取得较大发展,但各地发展很不平衡,仍然处于起步创业阶段,今后要想在发展规模和发展质量上向前推进,必须加快一系列创业平台体系的健全和完善,关键是抓好以下几点:

1. 健全完善融资担保体系。留学回国创业人员有技术、知识优势,但多数经济势力单薄,创业资金不足,这是留学回国创业人员存在的普遍劣势。要想使技术、知识优势转化为产品优势、市场优势,解决创业资金是关键。从当前情况来看,一是尽快建立创业基金制度。虽然有些创业园建立了创业基金制度,但基金太少或不到位;二是建立留学人员创业小额贷款制度;三是尽快建立风险投资基金;四是尽快建立留学人员创业资金担保机制。通过健全一系列投融资机制,疏通融资渠道,为留学人员创业提供有力的资金支持。

2. 深化园区服务功能。目前,多数留学人员创业园的服务体系还很不健全,仅仅为创业人员提供一些一般性的服务,在融资、技术、人才、市场策划、生产管理等深层次服务方面还远远不能满足留学创业人员的要求。必须进一步提高园区管理服务人员的素质,深化服务功能,为园区创业者提供全方位、深层次的服务。

3. 加大园区宣传力度。一是通过各种形式加大园区的宣传,提高园区在国内、国外的知名度;二是扩大留学人员的地域范围,多渠道、多区域联系出国留学人员,通过在国内、国外举办留学人员联谊会或园区招商等形式,加深与留学人员的信息交流;三是举办各种园区创业项目推介会,吸引国内企业、投资公司、银行等参加,加强留学人员与国内企业的沟通与联系,促进两者之间的合作,通过园区项目的技术优势吸引民间资本的参与。

4. 把园区各项创业优惠政策落到实处。各园区制定的一系列优惠政策,是园区对回国创业人员的承诺,必须不折不扣的落到实处。特别是创业资金、税收、土地使用、住房等优惠政策,必须帮助创业人员尽快落实,以建立园区良好的信用形象,通过良好的信用,吸引更多的留学人员来园创业。

4－17 山东省企业就业潜力有多大

——山东省就业潜力状况专项调查报告(上)

为了解我省企事业单位就业潜力状况，山东省企业调查队对全省二、三产业中13个行业的582家企事业单位进行了专项调查。调查结果显示：总体上企业对劳动力需求平稳，行业间冷热不均，供需矛盾、结构性矛盾比较突出，充分就业任重道远。

一、全省近半数企业、事业单位对劳动力有需求意向

被调查的582家企事业单位，2003年有增人意向的占46.9%，不到调查单位的半数，不变的占37.1%，有减人意向的占16%。从这一调查结果来看，我省企事业单位对劳动力的需求比较平稳，增人意向并不强烈。

1. 行业间需求冷热不均，纺织等劳动力密集型行业需求意向强。调查结果显示，对劳动力需求较旺盛的行业：一是服装、鞋、帽业，有63.6%的企业有增人意向，有29.6%的企业保持不变，仅有6.8%的企业有减人意向；二是纺织业，有60.4%的企业有增人意向，有25%的企业保持不变，有14.6%的企业有减人意向；三是随着教育事业的蓬勃发展，教育对人员需求意向比较突出，有58.3%的学校有增人意向，有38.9%的学校保持不变，只有2.8%的学校有减人意向。对劳动力需求较冷的行业分别是：交通运输、仓储和邮政业，仅有25.6%的企业有增人意向，各有37.2%的企业保持不变和有减人意向；批发零售业，有30.4%的企业有增人意向，有35.7%的企业保持不变，高达33.9%的企业有减人意向；居民服务业，有35.1%的企业有增人意向，有51.4%的企业保持不变，有13.5%的企业有减人意向。

从调查的两大产业对劳动力需求状况来看，第三产业单位对劳动力需求总体上偏冷，有增人意向的企业仅占38.5%，保持不变的占39.4%，有减人意向的占22.1%；第二产业对劳动力需求较为明显，2003年有增人意向的企业占53.1%，保持不变的占35.4%，有减人意向的占11.5%。

2. 国有企业劳动力需求偏冷，非国有企业劳动力需求旺盛。从所有制形式看，外商投资企业对劳动力需求愿望最为强烈，有增人意向的企业占58.8%，保持不变的占32.4%，有减人意向的占8.8%；私营企业中有增人意向的企业占51.9%，保持不变的占39.4%，有减人意向的企业占8.7%；其他内资企业中有增人意向的企业占51.8%，保持不变的占32.9%，有减人意向的占15.3%。国有企业对劳动力需求相对较弱，有增人意向的企业占42.2%，保持不变的占36.4%，有减人意向的占21.4%。

3. 经营状况是决定劳动力需求的主要因素。调查显示，企业生产经营状况是决定企业对劳动力需求的主要因素。从有增人意向企业的经营状况看，有61.2%的企业经营状况“好或较好”，有37.4%的企业经营状况“一般”，仅有1.4%的企业经营状况“较差或差”。从增加劳动力的原因分析，有42.9%的企业是“企业效益好，生产规模扩大”的需要，有19.4%的企业是“技术进步与设备更新”的需要，有16.5%的企业是“产业或产品结构变化”的需要。

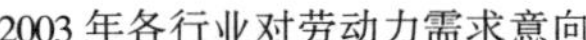

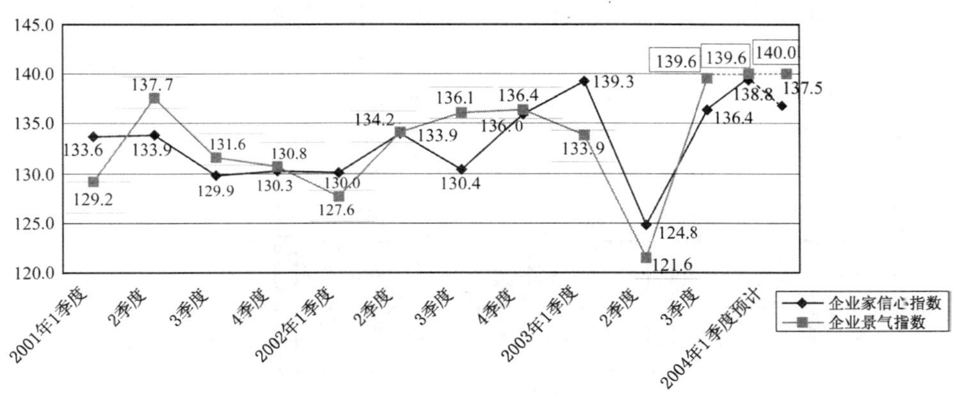

图 1

注:第二产业:1. 建筑业;2. 纺织业;3. 农副食品加工业;4. 饮料制造业;5. 采矿业;6. 化学原料及化学制品制造业;7. 纺织服装、鞋、帽制造业、第三产业;8. 批发与零售业;9. 住宿和餐饮业;10. 居民服务业和其他服务业;11. 交通运输业、仓储和邮政业;12. 教育;13. 卫生、社会保障业和福利业。

2003 年各种所有制形式对劳动力需求意向 单位:%

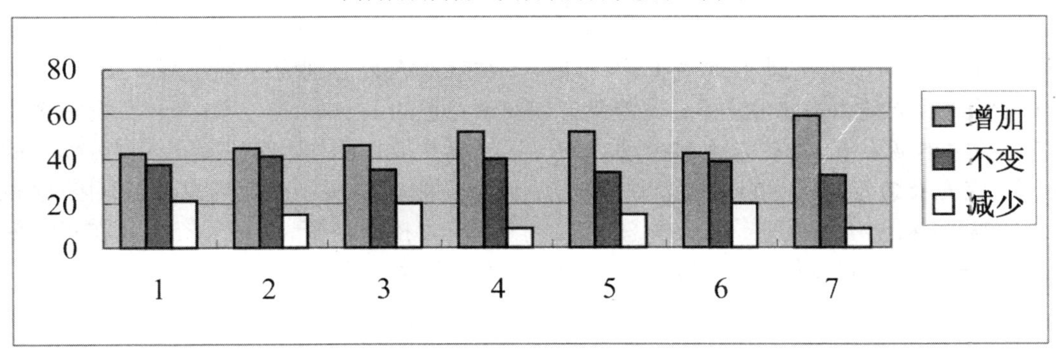

图 2

注:1. 国有企业;2. 集体企业;3. 联营企业;4. 私营企业;5. 其他内资企业;6. 港澳台商投资企业;7. 外商投资企业。

表 1 **经营状况与职工需求关系** 单位:%

需求意向 \ 经营状况	好	较好	一般	较差
增加	23.8	37.4	37.4	1.5
不变	16.2	31.5	44.1	8.2
减少	4.3	23.7	52.7	19.3

从企业减少劳动力原因分析,有 21.4%的企业是因为"企业效益不好,生产规模缩小",有 18.21%的企业是因为"提高劳动生产率",有 10.86%的企业是因为"改制、重组"。

二、2003 年全省现有企事业单位可提供就业岗位 30 万个

根据调查结果与有关资料测算,全省现有企

事业单位2003年可提供30万个就业岗位。但行业间、所有制形式间的需求很不平衡,尚有较大潜力可以挖掘。

1. 教育对劳动力的需求量最大。从有关行业对劳动力需求量测算,教育将成为解决就业的主要领域之一,预计2003年可吸纳6.2万人就业,占需求总量的20%;采矿业可吸纳5.7人就业,占需求总量的19%;纺织业可吸纳4.3万人就业,占需求总量的14%。

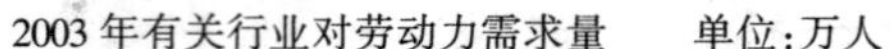
2003年有关行业对劳动力需求量　　单位:万人

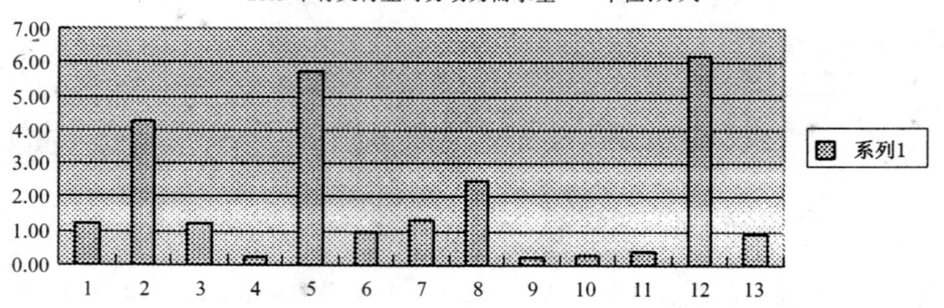

图3

注:第二产业:1. 建筑业;2. 纺织业;3. 农副食品加工业;4. 饮料制造业;5. 采矿业;6. 化学原料及化学制品制造业;7. 纺织服装、鞋、帽制造业。第三产业:8. 批发与零售业;9. 住宿和餐饮业;10. 居民服务业和其他服务业;11. 交通运输业、仓储和邮政业;12. 教育;13. 卫生、社会保障业和福利业。

2. 私营企业成为吸纳劳动力的主渠道。从各种所有制形式对劳动力需求量分析,随着我省非公有制经济的迅猛发展,私营企业对劳动力的需求量最大,成为吸纳人员就业的主要渠道,据测算2003年将吸纳8.5万人就业,占需求总量的28%。其次是国有企业和集体企业,2003年可吸纳就业人数分别为5.3万人、4.7万人,分别占需求总量的17%、15%。港澳台商投资企业和外商投资企业由于单位较少,虽然对劳动力的需求较为强烈,但其吸纳就业的总量却有限,这也说明通过大力招商引资,全省外资企业在吸纳就业方面有着巨大的潜力。

各所有制形式对劳动力需求量　　单位:万人

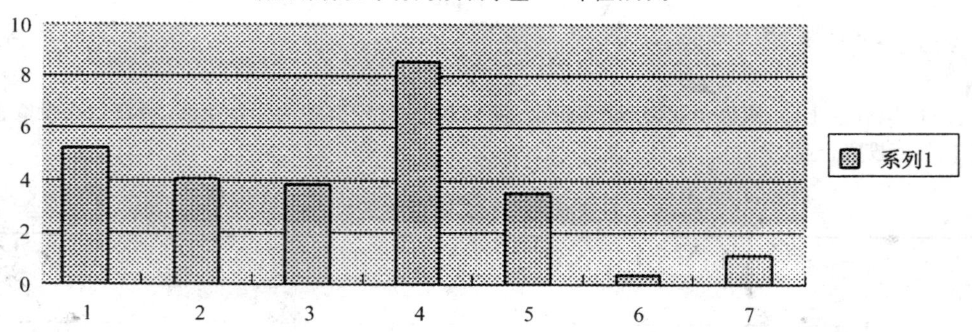

图4

注:1. 国有企业;2. 集体企业;3. 联营企业;4. 私营企业;5. 其他内资企业;6. 港澳台商投资企业;7. 外商投资企业。

3. 需求结构以青壮年为主体。从调查结果看,我省企业需求量最多的是岗位普通、知识层次一般的人员,高学历、高技能、高职称人员的需求将逐渐升温。

一般性岗位需求量大。调查表明,一般性岗位占需求总量的48.8%;中高级技工和中高级技术人员较受用人单位的"青睐",分别占需求总量的15.4%和11.8%,在对当前企业人员结构进行评价时也显示,有近五成企业中高级技术人员比较短缺;管理人员的需求比例相对较小,仅占需求总量的6.5%。

对学历的要求以高中最为集中。高中学历需求量占47.9%,大专占15.2%,大学及以上占16.4%,初中以下的占20.5%。由此可见,对劳动力学历需求基本呈现出中间高两头低的态势。

对职称的要求“门槛”不高。调查结果显示,“无职称要求”在需求总量中比重最大,占64.6%,其次是要求具有初级职称,占18.6%,要求具有中级和高级职称的分别占12.1%和4.7%。就目前企业现状来看,普通劳动者仍是需求主体。

青壮年成为需求主体。调查表明,要求年龄在30岁以下的占总需求总量的81.7%,30-40岁的占17.1%,而40岁以上的仅占1.2%,就业需求趋于年轻化,社会上“4050”就业难的现象将继续存在。

三、几点建议

当前,企事业单位仍是吸纳劳动力的主体,如何挖掘现有企业的就业潜力,成为解决就业问题的关键之一。

1.大力发展第三产业和劳动密集型行业。从本次调查来看,第三产业单位的增人意向不如制造业强烈,劳动力的吸纳能力不足,说明第三产业的发展相对滞后,活力不够。惟一亮点是教育领域需求比较旺盛,可提供的就业岗位最多,这与近几年高等教育竞争激烈和民办教育、社会办学的快速增长有直接关系。因此,大力发展第三产业,成为解决我省就业问题的主要潜力点之一。同时,纺织服装等传统的劳动密集型行业劳动力需求意向明显,从解决就业角度仍需大力发展。

2.大力发展私营企业等非国有经济。从调查情况看,私营企业等非国有经济劳动力需求意向强,提供的就业岗位多,已成为解决就业的主力。要放权、放心、放手发展私营企业等非国有经济,不但对全省经济的持续快速增长,改善所有制结构和经济结构至关重要,也是能否解决好就业问题特别是农村劳动力顺利转移的关键。

3.大力优化发展环境,努力改善企业经营状况。调查结果显示,企业增人意向与经营状况有直接的关系,企业经营状况好,劳动力的需求意向明显,增人数量就多。因此,要大力优化发展环境,努力改善企业经营状况,最大限度地释放企业的就业潜力。

4.正确处理国有企业改革和促进再就业的关系。解决国有企业下岗职工再就业是做好就业工作的重中之重。国企改革不应把冗员简单地“一下了之”,应在实现主辅业分离的同时,加大对辅业改制力度,用好用活辅业资产,实现企业人员向辅业的转移,减轻社会下岗压力。同时要把减员增效和促进再就业结合起来,使下岗分流与社会承受能力相适应,尽量避免在同一时期、同一地区出现大量下岗分流。

5.大力发展职业技术教育,尽快改善劳动力供需结构性失衡状况。从当前的就业状况来看,一方面表现为劳动力供需的总量失衡,即劳动力供应总量大于需求总量;另一方面表示为劳动力供需的结构性失衡,突出表现在劳动力的整体素质与用人单位要求的素质不适应。一些用人单位急需增人,而在社会上却招不到所需要的劳动力。特别是制造业对合格的技术工人、高级技工的供需矛盾更为突出。如随着我省汽车工业的快速发展,汽车制造企业所需要的技术工人十分短缺。维修行业所需要的合格维修工和高技术维修工人也很短缺。因此,要大力发展职业技术教育,加强专门人才和专业技术人员的培养,使之普遍掌握“一技之长”,增强劳动力就业的适应能力。从客观上要把职业技术教育与经济的发展特别是经济结构的现状和调整结合起来,使劳动力的培养教育与劳动力需求结构更好地协调。

4－18 社区就业：亟待挖掘的“岗位富矿”

——山东省就业潜力状况专项调查报告(下)

社区就业是相对于政府就业(公务员)和单位就业(企业、事业)而言的就业形式，岗位主要包括便民服务、公益性服务、后勤保障服务等。在国有企业减员分流、机关事业单位压编减人的形势下，社区服务业因其服务内容多、服务对象广、岗位需求量大等特点将成为今后最具活力的就业增长点。为了解我省社区就业现状，分析社区就业潜力和前景，山东省企调队对全省12个市的40个社区进行了专项调查。调查结果显示：我省社区建设还处于起步阶段，尚未形成完善的服务体系，但是发展前景乐观，就业潜力巨大。

一、我省社区就业刚刚起步，服务功能尚待完善

社区就业在我省还是一项崭新的事业，尚处于起步阶段。从调查情况看，我省社区的服务体系还不完善，服务网络还不健全，服务标准还不规范，就业潜力还有待进一步挖掘。

1.社区就业已初具规模，但在社会就业中所占份额较小。截止2002年，被调查的40个社区已初步建立了管理机构和服务机构，安排就业10.2万人，其中下岗职工1.4万人。有31家社区设有职业介绍机构，占被调查社区的78%。

社区就业容量的大小与经济发展水平有着密切的关系，特别是与第三产业发展水平息息相关。我省社区服务业和社区就业发展相对滞后，所占就业份额相对较小，基本与第三产业一致。有关资料显示，发展中国家的社区就业份额为12%－18%，发达国家的社区就业份额为20%－30%，据测算，现在我省社区就业人数占整个社会就业人数的份额仅为9%，远不及发展中国家，已成为制约整个社会就业的一个重要因素。

3.地区间发展很不平衡。调查显示，社区就业在全省范围内发展还很不平衡，不少地方仍是星星之火，尚未形成燎原之势。济南、青岛市社区就业在全省处于领跑位置，社区管理机构基本健全，服务网络比较完善，就业体系已初步形成。其它市的社区就业还处在萌芽状态，亟待进一步发展状大。

3.社区服务体系不完善，不能满足居民的生活需求。被调查的40个社区中，63%的社区没有保姆服务机构，48%的社区没有托老服务机构，53%的社区没有小饭桌服务机构，40%的社区没有健身场所，30%的社区没有维修服务机构。其他如老年活动、图书室、文化站等精神文化服务类项目也处在建设阶段。由此可见，整个社区服务网络还不完善，服务功能严重不足，社区就业的体系尚未形成。另外，调查显示，我省的社区服务大都是“地摊式”服务，还难以为居民提供规模大、档次高、规范化的服务网络，已无法满足居民日益增长的生活需求，也阻碍了我省社区就业规模的扩大。

二、我省社区就业呈增长之势，前景乐观

由于我省的社区就业还处在起步阶段，其中蕴藏着巨大的就业潜力。如果我省的社区就业份额达到发展中国家的水平，将增加大量的就业机

会。根据调查和有关资料测算,全省社区 2003 - 2004 年共增加 19 万人就业,社区就业可谓是一座亟待开发的“岗位富矿”。

1. 管理机构发展平缓,物业管理发展势头强劲。随着城市化进程的加快和居民对生活环境的要求越来越高,物业管理成为近几年社区发展势头最强劲的行业。调查显示,自 2001 - 2004 年,社区物业管理机构将以 22.8% 的速度递增,从业人数以 32.7% 的速度递增,预计 2004 年,全省物业管理人员将达 5 万人,比 2001 年净增 2.6 万人,其中新“五保”(保安、保绿、保洁、保养、保修)成为社区就业热点。而社区的管理机构,如居委会、治安管理、环境管理等发展平缓,2001 - 2004 年以 3.6% 的速度递增,从业人员以 4.5% 的速度递增。

2. 街道服务机构成为吸纳就业的主渠道。街道服务与居民的生活息息相关,预计全省 2003 - 2004 年共新增 12 万人就业,占整个社区新增就业人数的 65.8%。从就业人员增长速度看,健身、老年活动站的增长速度最快,分别以 35.5% 和 25% 的速度递增,发展势头强劲。

3. 家庭服务将成为新的需求热点。随着工作节奏的加快和居民消费意识的改变,对家政服务的需求越来越广,只有老有所养、幼有所托,工作才能安心、放心,家政服务正如火如荼地发展起来。被调查的 40 个社区中托老服务的从员人数增速最快,自 2001 - 2004 年每年以 36.6% 的速度递增,老年人服务成为一个需求热点。

三、健全社区服务功能,扩大社区就业容量

1. 减少社区的行政职能,放手发展社区服务体系建设。现在的社区管理机构大都行使一级政府的行政职能,承担着上级政府部门布置的各种行政任务,可谓是“下边一根针,上边千条线”,只能疲于应付,根本没有精力和力量搞社区服务建设。因此,理顺社区职能,搞好社区定位,使他们精力用在加强社区服务网络建设上,用在大力拓展社区就业新门路,用在多渠道、多层次地开发社区就业岗位,从而促进社区就业工作的发展。

2. 加强部门之间的协调,创造良好的社区就业环境。社区服务活动是一项牵涉很广的社会活动,涉及到民政、劳动、工商、市政、卫生、城管、税务等各部门,由于这些部门之间缺乏协调和配合,不利于社区就业的实施,给社会服务工作的推进造成了很大困难。调查中发现,有的城市搞“退路进厅”本是件好事,但有时候是退了路,却无新的合法经营场地,给居民生活和社区服务造成困难,更给就业带来困难。还有的社区反映,由于部门之间难协调,使有关优惠政策大打折扣。所以,加强部门之间合作,形成部门间的配套联动,是解决社区就业的关健。

3. 加强政策的针对性。调查发现,目前社区拓展的一些就业岗位,收入一般都比较低,一旦在社区就业后,就不能享受与最低生活保障相衔接的一些优惠政策,所以有些人宁可享受“低保”而不愿就业。因此政策要适当细一些,既鼓励积极劳动,又做到“应保尽保”。

4. 加大宣传力度,充分肯定非正规就业这种形式。目前,由于正规就业条条框框太严,在一定程度上增加了城镇再就业的难度。而随着家庭小型化、住房单元化、人口老龄化和生活现代化的一系列变化,社区服务中的临时性和非固定性的工作岗位将会日益增多,承认非正规劳动就业将有助于再就业问题的解决。但是,现在人们对非正规就业还存在偏见,一定加大宣传力度,在承认非正规就业的同时,要设计与该种就业形式相适应的安全保障方式,以减少劳动者的后顾之忧,保障劳动者合法权利的实现。只有这样,才能真正促进社区就业的发展。

5. 培养高素质的社区服务创业主体。提高社区服务创业者素质,大力发展社区经济,努力建立社区就业的载体,是扩大就业的重要途径。一是加强对现有社区服务个体工商户和小企业主的培训工作,提升社区服务业的发展能力;二是鼓励大学毕业生创办各类社区服务业,激励他们的创业意识;三是引导城市下岗职工和失业人员创办社区服务业,或者去社区服务机构就业。

4－19 增势强劲 前景看好 问题突出 亟需完善

——关于山东省房地产开发投资调查报告

近年来，在国家继续实行扩大内需和积极财政政策的推动下，山东省房地产市场呈现良好的运行态势，成为一个能量巨大的动力源，为扩大内需、促进消费，有效地改变城市的面貌和人们的生活，拉动经济增长做出了应有的贡献，房地产业已成为经济舞台上的一个主角。由于房地产业发展的惯性作用，在党的十六大胜利召开的第一年，我省房地产业将继续保持了“总量扩张，增势强劲”的良好发展势头，房地产业持续在高位上运行，这能否引起开发商的冲动，造成房地产投资过热现象的产生呢?

为了解我省房地产企业开发投资情况和现有空置商品房情况，深入分析房地产企业的现状、现存的问题，为我省宏观决策提供可靠的数据依据，山东省企业调查队于今年11月在济南、青岛等12个市选择了具有三级及三级资质以上的房地产开发企业296家进行了一次房地产开发投资状况快速专项调查，同时与有关主管部门及部分重点房地产开发投资企业进行了座谈。我们经过调查分析认为：目前我省房地产市场仍处于持续升温阶段，高位运行，新一轮的开发高潮也必将到来。从整个市场趋势看，这种高潮是理智的，虽然在沿海个别县市在别墅与高档公寓开发方面有过热的苗头，但不会影响全省房地产开发的大局，不会产生过热现象，但存在问题也较为突出。

一、房地产开发投资强劲，发展前景看好

1. 从投资量看，总量扩张明显，增势强劲。“九五”时期，全省房地产开发投资737.7亿元，是“八五”的2倍，平均每年增长13%的增长速度，特别是在住房制度改革的推动下，于98年开始驶入快车道，当年投资增速达到22.4%，到2002年房地产开发完成投资总量达到395亿元，创我省历史最好水平，增速达到33%。我省房地产业投资呈现出“总量扩张明显，增势强劲”的发展势头。从本次调查看，被调查的296家房地产开发企业2002年预计开发计划总投资322.9亿元，比2001年开发计划总投资增长17.33%；房地产开发企业大量购置开发用地，土地购置费用大幅度增加，2002年较去年同期增长20.47%；普通住宅投资快速增长，2002年比去年同期增长15.61%。具体情况见下表1：

表1

	2001年(亿元)	2002年(亿元)	增长%
房地产开发计划总投资	275.2	322.9	17.33
本年房地产开发计划投资	123.4	125.6	1.78
本年房地产开发实际投资	97	95	－2.06
其中：土地购置费	12.7	15.3	20.47
住宅投资	72.1	73.4	1.8
其中；别墅与高档公寓	6.4	7.0	9.38
普通住宅	34.6	40.0	15.61
办公楼投资	6.1	6.2	1.64

2. 开发商能够理智把握投量和投向，投资结构也趋于合理。我省房地产开发企业最多时达到3000多家，多年来经过优胜劣汰、兼并组合，到目前有开发量的还幸存1200余家，这些企业经历过房地产市场的鼎盛时期，也经历过低迷、萧条时期，具有较强的竞争力和抵御风险的能力，投资意识逐步由盲目向理智转化。另方面，从资金投向看，开发商已由被动的适应市场逐渐转化为主动地把握市场，能够按照市场需求的变化改变资金的投向和投量，房地产开发投资结构逐渐趋于合理。调查显示：296家既有三级及三级资质以上房地产开发企业2001年住宅投资占本年房地产实际投资的74.35%，房屋竣工面积占房屋新开工面积的104.76%。2002年住宅投资占本年房地产开发实际投资的77.44%，房屋竣工面积占房屋新开工面积的81.74%，结构调整仍然在进行。这种日益扩大的企业市场竞争力和按市场需求的进行理智投资倾向确保了我省房地产业的稳定发展，有效地减小了再度产生房地产开发热的机率。

3. 从开发面积看，形成了产销两旺的局面。2001年，被调查的296家房地产企业房屋施工面积1189.9万平方米，其中新开工面积598.3平方米，竣工房屋面积达到626.9万平方米，商品房实际销售面积488.1万平方米，商品房预售面积162万平方米；2002年房屋施工面积1127.1万平方米，其中新开工面积589.9万平方米，竣工房屋面积482.2平方米，商品房实际销售面积376.5万平方米，商品房预售面积199.4万平方米。调查显示：2001年、2002年商品房实际销售面积和预售面积分别占当年房屋竣工面积的103.7%和119.34%、分别占新开工面积的108.7%和97.6%。可见近年来我省房地产开发市场呈现出产销两旺的好局面。

表2

	2001年（万平方米）	2002年预计（万平方米）
当年批复建筑面积	947.1	983.5
房屋施工面积	1189.8	1127.1
其中：新开工面积	598.3	589.9
房屋竣工面积	626.9	482.2
商品房实际销售面积	488.1	376.5
商品房预售面积	162	199.4

4. 房地产开发总量相对于巨大而广阔的需求，相差甚远。首先，城乡居民对住房的稳定需求巨大，主要表现在：第一，人口的自然增长造成总人口及新婚人口的增加将增加对住房的需求；第二，现有住房的自然淘汰的需求。每年城市有4%的房屋被自然淘汰，至少要建同样多的住房来作相应的补充；第三，城市化进程的加快，基础设施建设的力度加大，居民拆迁的需求量较大；第四，现有住房改善也会相应地增加对住房的需求。其次，城乡居民对住房的潜在需求也很大。我省城乡居民的生活水平已经基本达到小康水平，按照国际惯例，当人民的生活水平达到小康以后，居民对住房的要求一般在人均30－40平方米，而我省目前城镇居民人均在20平方米左右，仅此一项的潜在需求就相当巨大。因此，无论从我省城乡居民对住房的稳定需求，还是潜在需求上讲，目前我省房地产开发能力与拥有9000多万的人口大省需求相差甚远，发展潜力巨大。调查显示：被调查的296家房地产开发企业2001年和2002年的商品房销售面积(含预售面积)分别占当年房屋竣工面积的103.7%和119.4%。其中67.57%的企业认为本地区房地产开发投资的规模适中或偏小；54.73%的企业认为本地区房地产开发投资不存在过热问题。

5. 从对国民经济发展的影响力看，对国民经济的拉动力逐年增强。1995年全省房地产业增加值仅为160.55亿元，到2002年就预计达到376.26亿元，平均每年增长10.9%，占国内生产总值的比重由1995年的3.2%提高到4.0%，对国民经济发展的贡献率达到6.1%。房地产业对国民经济发展的贡献不仅仅是行业本身，更重要的是对相关行业的带动，据测算，我省房地产业与73个国民经济行业有相关关系，对相关产业拉动系数为 ，其拉动力逐年增强。

6. 从房地产企业当家人的预测看，市场发展前景乐观。我省房地产市场形成时间较晚，与北京、上海、广东等省市相比，目前正处在发展阶段，市场需求很大，市场发展前景乐观。调查显示：有54.73%的房地产开发企业认为本地区不存在投资过热问题；50.68%的房地产开发企业对本地区反对开发前景持乐观态度；59.8%的房地产开发企业认为未来两年本地区房地产开发投资力度应加大；55.7%的房地产开发企业认为本企业在最近两年内应加大投资力度；44.9%的房地产开发企业对本地区商品房销售前景持乐观态度；56.42%的企业认为本地区个人购房欲望较高；44.26%的企业认为当前本地区商品房销售较好。具体情况见下表。

表3

	乐观	比例%	一般	比例%	不乐观	比例%
本地区房地产投资前景	150	50.68	129	43.58	17	5.74
本地区商品房销售前景	133	44.93	136	45.95	27	9.12
	加大	比例%	不变	比例%	缩小	比例%
未来两年本地区房地产开发投资力度	118	59.80	119	40.20	0	0
未来两年本企业房地产开发投资力度	165	55.74	101	34.12	29	10.14
	较高(好)	比例%	一般	比例%	不高	比例%
本地区个人购房欲望	167	56.42	122	41.22	7	2.36
本地区个人购房能力	60	20.27	202	68.24	34	11.49
本地区商品房销售情况	131	44.26	157	53.04	8	2.70

二、产开发投资过程中的几个主要问题

1. 规费过重。住房建设项目审批环节多、收费多，是长期以来影响房地产行业发展的一个突出问题。近年来国家和地方各级政府虽采取措施，清理、取消了一部分不合理收费，降低了一些项目的收费标准，但目前规费过重的现象仍然存在，摊入房价中的收费依然过多。近年来房地产市场中介服务环节多，收费高，且交易收费标准不一。目前我省住宅价格构成中，各种费用占11.24%，税金占7.11%，税费合计18.35%。调查显示：从经营成本看，296家具有三级及三级以上资质的房地产开发企业2001年和2002年经营成本分别占当年经营总收入的78%和81.9%；而从经营税金及附加看，296家经营税金及附加2001年和2002年仅分别占当年经营总收入的4.79%和5.15%。

2. 企业土地开发费用偏高。随着房地产开发持续升温，住宅开发逐年增多，可供开发土地面积逐年减少，促使土地价格上升，加之某些地方土地市场管理无序，抢购狂炒地皮的现象依然存在，影响了房地产市场的健康发展。目前我省住宅价格构成中，土地开发费占25.07%，过高的土地开发费必定转嫁到消费者身上，消费者不堪重负，这与降低整体房价的思路有偏离。

3. 空置面积增长较快，区域性空置突出。福利分房的终结使“要住房，找市场”的观念深入人心，也促使房地产市场迅猛发展，但由于缺乏科学规划，盲目建设及商品房价格和区域等方面的原因，形成大量商品房空置，特别是大量商品房空置时间达到3年以上，造成房地产开发企业资金严重沉淀，从而影响了企业的健康发展。调查显示：296家房地产开发企业截止2000年12月31日商品房空置面积达95.6万平方米；截止2001年12月31日商品房空置面积达148.3万平方米，是2000年底累计商品房空置面积的1.55倍，占全年房屋竣工面积的23.65%；截止2002年9月30日商品房空置面积达129.7万平方米，占2002年全年预计房屋竣工面积的26.89%，比2001年增加3.24个百分点。

(1)从商品房空置时间上看：296家房地产开发企业空置在一年以内的商品房占全部空置房的比例基本呈现稳定趋势；空置1－2年的商品房面积占全部商品房空置面积的比例以每年2个百分点的速度增加；空置3年以上的商品房没有得到较好消化，所占比例居高不下，三年平均高达16.52%，且在2001年初步得到控制后，没有保持

好的发展势头，2002 年又出现强劲反弹，2002 年空置商品房面积占全部商品房空置面积的比例比 2001 年增加 3 个多百分点，应该引起高度警觉。

表 4　不同时间段空置商品房面积占当年空置商品房面积的比例

	截止 2000 年 12 月 31 日	截止 2001 年 12 月 31 日	截止 2002 年 9 月 30 日
1 年以内	55.58	66.23	60.62
1－2 年	14.33	16.26	18.32
2－3 年	5.65	4.96	5.45
3 年以上	21.44	12.56	15.61

在不同的时间段，商品房空置面积占当年商品房竣工面积的比例都有不同程度的增加，应该引起各级政府和各房地产开发企业的高度重视。

表 5　不同时间段空置商品房面积占当年商品房竣工面积的比例

	截止 2001 年 12 月 31 日	截止 2002 年 9 月 30 日
1 年以内	15.66	16.30
1－2 年	3.84	4.94
2－3 年	1.16	1.47
3 年以上	2.97	4.19

（2）从商品房的用途看：296 家房地产开发企业三年来，高层商品房空置面积占全部空置商品房面积的比例平均以每年 2。5 个百分点的速度增加。住宅空置面积占全部商品房空置面积的比例居高不下，三年平均为 68.23%，其中：普通住宅最为突出，2000 年、2001 年、2002 年空置面积占全部商品房面积的比例分别为 51.54%、58.40%、58.45%；2002 年经济适用房空置面积占全部商品房空置面积的比例比 2001 年增加 5.12 个百分点。另外，商业营业用房空置面积占全部商品房空置面积的比例也以年均 2.4 个百分点的速度增长。

表 6　不同用途的商品房空置面积占当年全部商品房空置面积的比例

	截止 2000 年 12 月 31 日	截止 2001 年 12 月 31 日	截止 2002 年 9 月 30 日
高层	9.5	12.05	14.3
多层	67.09	62.28	59 61
住宅	67.99	69.82	66.89
其中：别墅与高档住宅	11.58	8.42	5.39
经济适用房	15.77	11.54	16.66
普通住宅	51.54	58.40	58.45
商业营业用房	18.72	21.63	23.51

截止 2002 年 9 月 39 日不同用途的商品房的空置面积占当年全部商品房空置面积的比例比 2001 年同样用途的商品房的空置面积占当年全部商品房空置面积的比例都有不司常年高度程度的增长，发展趋势令人担忧。

表7　　不同用途的商品房空置面积占当年全部商品房竣工面积的比例

	截止2001年12月31日	截止2002年9月30日
高层	2.85	3.84
多层	14.72	16.03
住宅	16.51	17.98
其中:别墅与高档住宅	1.39	10.8
经济适用房	1.90	2.99
普通住宅	9.65	10.51
商业营业用房	5.10	6.30

(3)从地域分布上看:经济比较发达的济南、青岛市房地产开发较早,开发投资力度也相对较大,市场发育较早,开发商开发无节制,加之管理较为混乱,造成这两个市的商品房空置情况较为严重。从调查的296家企业来看,济南、青岛两市2001－2002年商品房空置面积分别占当年全部商品房竣工面积的38.35%、30.29%和18.44%、27.41%,从而造成大量资金积压,严重影响了房地产开发投资企业的健康发展。另外,青岛市商品房长年较为严重,就商品房空置时间来看,空置3年以上的商品房面积占全部商品房空置面积的比例很高,2000－2001年、2002年分别达到了40.80%、29.33%和41.45%,大量商品房多年卖不出去,形成死房,大量积压资金,使企业被上了沉重的包袱,限制了企业的发展,甚至部分企业破产倒闭。

总之,我省的城市化建设进入快车道,城市化建设所需大量资金,传统产业已无多余的可提供,而是逐渐将目光转向"城市"这个大资产,期待着通过对原有城市资产增值经营,来达到"以城养城、以城兴城"的目的,这必将为房地产的发展带来机遇性的扩张。在这种扩张需求的驱使下,要防止增速过猛,空置面积的加大而造成的大量资金沉淀,合理控制房地产开发量的增长速度。

4.房价与承受能力的矛盾突出。过高商品房价格是制约房地产市场发展的重要因素。我省城镇居民虽然具备了一定的货币支付能力,但承受能力并不高。最高收入家庭目前也不具备购买价位2000元以上、面积120平方米的商品住宅能力,而当前全省平均销售价格水平,购买一套建筑面积为100平方米的住宅,在青岛约需30万元、济南约需23万元,全省平均价格也需15万元左右。随着住房消费主体逐渐向个人转化,这种反差较大的矛盾将越来越突出,也是住宅消费热点难以形成的最大障碍。

5.住房制度改革力度不够,二级市场开放不足。"取消福利分房,实行住房货币化分配"的住房制度改革已实施多年,但是,住房消费的热点至今没有形成,其最关键的原因就是"实行住房货币化分配"的落实力度不够,没有真正落实到实处。有的采取"集体取大头,个人集小头"集资建房的方式进行变相福利分房;有的对货币分配进行挂账处理,职工对应得补贴没有自由使用权;也有的企业,尤其是民营企业根本就没有这项补贴。其次,住房二级市场不活跃,租赁市场不规范。目前,我省房地产二级市场、租赁市场的发展处于起步阶段,尚存有许多弊端,如交易程序复杂、入市门槛高、收益调节分配不很合理、中介服务不规范、住宅产品的创新跟不上等等都制约着房地产二级市场、租赁市场的发展。

6.企业负债率高,自我发展能力较弱。从调查的296家房地产开发企业来看,企业的资产负债率居高不下,2001年和2002年分别为77.52%和78.14%,企业的自身实力明显偏弱。企业资金来源构成也不合理,潜伏着较大的危机。从被调查的296家房地产开发企业来看,企业自有资金比例低于15%,利用外资相当少,尚不足企业资金的1%。企业用于投资开发的资金决大部分来自于贷款、集资、定金及预收款。

表 8

	2001 年		2002 年预计	
	金额(万元)	比例%	金额(万元)	比例%
本年资金来源合计	1097227		1187388	
其中:国内贷款	267128	24.35	311858	26.26
利用外资	7387	0.67	7866	0.66
自筹资金	260402	23.73	347998	29.31
其中:自有资金	132371	12.06	155645	13.11
其他资金	559827	51.02	516946	43.54
其中:集资	23471	2.14	21443	1.81
定金及预收款	444433	40.51	400444	33.72

7. 房地产开发企业良莠不齐,物业管理不规范。目前我省部分地区受利益驱动的影响,房地产开发一哄而上,小房地产公司数目膨胀,且操作极不规范,造成了房地产市场的杂乱无序、有效资金的分散和不正当竞争。由于多数城市物业管理不是通过市场行为来完成,而是由主管部门指定或房地产开发企业兼营。这种封闭的自我保护式的管理,不利于统一市场形成。由于缺乏竞争,物业管理水平难以提高,业主的权益也得不到有效的保护,物业管理纠纷多,已成为目前影响房地产健康发展的重要因素。

三、保持房地产开发健康发展的对策建议

通过对我省 296 家房地产开发企业的调查和走访调研,我们认为:我省房地产市场整体呈现持续、稳定、健康、良好的发展态势,但是,面对消费主体的变化和入世的机遇,各级政府应加大调控力度,采取措施启动房地产市场,即:以落实住房消费货币化为核心,进一步推进住房制度改革力度,加快二级市场开放,培育住房租赁市场,全面促进住房商品化和市场化进程;控制速度,消化空置,解决好总量扩张与空置增加的矛盾;降低住宅价格,提高居民收入,解决好价格与收入反差较大的矛盾;拓宽融资渠道,募集国内外资金,减少财务成本;建立"开发—产业化、经营—规模化、融资—多元化、销售—商品化、服务—社会化"完善的房地产市场体系。为此应重点是抓住四个环节、做好四个引导。

1. 抓住四个环节。一是土地环节。这是因为土地不仅是房地产开发的必要条件,也是引导房地产开发投资方向,促进商品房供求平衡、结构合理,有效避免地价、房价泡沫的基础性因素;二是资金环节。目前我省房地产开发投资的资金约有 50%甚至更多来自于银行贷款,因此,把好银行贷款这一关,就可以有效地避免和治理局部过热、局部泡沫及其蔓延、扩大,避免由此诱发金融风波,导致金融危机;三是适应环节。就是要紧紧抓住房地产业发展必须与经济发展相适应、房地产开发投资必须与房地产需求相适应,以解决房地产开发投资规模过大、结构失调等;四是管理环节。就是规范房地产市场,加强对商品房销售中介服务的管理,消除不平等竞争。

2. 做好四个引导。一是引寻房地产开发投资与市场需求、与经济发展相适应;二是引导地区经济全面、健康、持续发展,正确认识房地产业是否均为各地区最重要支柱产业;三是引导地价、房价,避免房价猛涨、防止暴跌;四是引导房地产开发企业优化产品结构,适应市场发展的需要。

4－20 山东省住宿、餐饮业全面复苏情况调查报告

住宿、餐饮业是受非典影响较重的行业之一。随着非典疫情在全国范围内的有效控制，人们的社会活动和消费心态趋于正常。受到疫情重创的住宿和餐饮业目前的经营状况如何？山东省企业调查队在全省范围内抽取了245家住宿及餐饮企业进行了专项调查。调查结果表明：进入6月份以来，我省住宿和餐饮业呈现全面复苏的态势，经营状况大为改观。随着7月1日我省旅游业的全面开放，预期下半年我省住宿餐饮业效益将大幅度提升，总体形势看好。

一、住宿、餐饮业开始全面复苏

80.4%的调查企业认为，6月份以来与五月份相比，经营状况全面复苏或有所回升，19.6%的企业认为变化不大；对下半年运行状况，84%的企业表示乐观或比较乐观，16%的企业表示不乐观。从调查结果判断，我省住宿、餐饮业6月份以来已进入快速全面复苏状态。

二、企业的经营状况快速好转

1. 业务量明显增加。调查显示：68.6%的企业六月份以来的业务量比4－5月增加明显。其中，增幅在10%以内、10%－20%、20%以上的企业所占比重分别为：29.4%、42.9%、27.7%。住宿企业的客房利用率在10%以下的企业占5.9%，利用率在10%－30%企业占31.5%，利用率在30%－50%企业占42.2%，利用率在50%以上的企业占20.4%；餐饮企业的餐位利用率在10%以下企业占10%，利用率在10%－30%的企业占据26%，利用率在30%－50%的企业占28.4%，利用率在50%以上的企业占35.6 %。

对下半年的市场情况，74.7%的企业预计业务量比上半年将有明显增加，预计增幅在10%以内的企业占25.7%，增幅在10%－20%的企业占39%，增幅在20%以上的企业占35.3%。

2. 营业收入快速增长。随着住宿、餐饮业业务量的增加，营业收入快速增长。调查结果显示：66.1%的企业6月份以来营业收入比五月份同期明显增加，收入增幅在10%以下的企业占33.3%；增幅在10%－20%的企业占28.4%；增幅在20%以上的企业38.3%。65.3%的企业预计下半年的营业收入高于上半年，预计增幅在10%以内的企业占21.5%，增幅在10%－20%的企业占46.9%，增幅在20%以上的企业占31.2%。

3. 企业用工增加。“非典”期间，住宿、餐饮企业的大量职工处于放假、轮休状态。6月份以来行业复苏，44.1%的企业用工量增加，用工量持平企业占43.3%。48.2%的企业预计下半年的用工量比上半年增加，增幅在10%以内的企业占45.8%，增幅在10%－20%的企业占33%，增幅在20%以上的企业占21.2%。

4. 经营效益总体看好。“非典”时期，我省住宿、餐饮业虽然受到较大冲击，但从另一方面看，却又为企业带来一次难得的整改机会，通过整改企业在内部管理方式、外部服务质量、服务种类等方面相应做了调整，再结合政府的特殊扶持政策，我省住宿、餐饮业将逐步走出“非典”阴影，向着全面复苏的方向发展。调查结果显示：六月份企业的经营效益总体明显好于4－5月份，35.9%的企业赢利增加，47.3%的企业亏损减少；45.7%的企业预计下半年比上半年赢利增加，39.2%的企业减少亏损。

三、问题及建议

虽然6月份以来住宿、餐饮业业务量和营业收入有明显增长，但受“非典”疫情滞后影响，企业营业成本增加是当前面临的突出问题。调查结果显示：六月份以来，有58.4%的住宿、餐饮企业营业成本增加，29%的企业营业成本持平。66.5%的企业预计今年下半年的营业成本比上半年增加；25%的企业营业成本持平。导致营业成本上升的主要原因：一是客源回升至正常水平尚需一定时间。目前我省住宿、餐饮业虽然开始复苏，但由于受“非典”滞后的影响，短时间内难以恢复正常水平，但企业日常运转费用、职工工资、折旧等各项费用并没有减少；二是4－5月份为预防“非典”而采取的各项防范措施又额外增加了企业开支，导致经营成本上升；三是近年来，“黄金周”旅游一年比一年红火，一些住宿、餐饮企业从去年便开始投入大量资金，抓紧时间重新装修，计划在“五一”期间大干一场，但由于“非典”疫情使住宿、餐饮企业投入资金难以在预期内收回，企业经营更加困难。

调查走访过程中，不少企业对当前住宿、餐饮业的发展提出一些意见和建议。一是希望各级政府及职能部门把国家、省关于非典时期对住宿、餐饮业的优惠政策措施及时兑现，落到实处；二是加强对一些职能部门的监管，有效杜绝乱收费和“卡”“拿”“要”“沾”等现象，真正为企业松绑，为企业的发展创造宽松的经营环境，帮助企业尽快走出困境；三是有关行业主管部门要加大促销力度，多组织一些促销活动，广做宣传，吸引顾客。

4－21　山东省羊年春节黄金周国内旅游收获颇丰

春节期间传统的在家串门拜年的风俗逐渐淡化，发个短信，打个电话，简化了礼数，过年的形式丰富多彩起来。举家外出旅游已成为新的时尚。我省近年来不断加大对旅游业的多渠道投入，针对节日需求，各地推出了一系列的春节旅游产品和各具特色的民俗旅游活动，满足了游客全方位的需求，旅游对扩大内需，拉动消费，推动假日经济的蓬勃发展起到积极的作用。我省羊年春节黄金周国内旅游人数和旅游收入双双创历年春节黄金周的最好水平。

省企业调查队、省旅游局对全省17市春节黄金周国内旅游专门进行了抽样调查，对重点景点、住宿设施及2000多名游客进行了调查。

一、2003年春节“黄金周”国内旅游抽样调查总体推断

正月初一至正月初七，全省共接待国内游客310.91万人次，同比增长17.1%，增幅比全国高1.8个百分点；旅游收入14.74亿元，同比增长19.8%，增幅比全国高6.8个百分点。

旅游人数居全省前10位的市为：青岛53.04万人、济南49.06万人、淄博30.95万人、烟台29.17万人、威海26.22万人、济宁21.71万人、泰安21.48万人、临沂21.09万人、聊城16.57万人、潍坊15.30万人。

旅游收入居全省前10位的市为：青岛3.79亿元、济南2.31亿元、烟台1.48亿元、威海1.47亿元、济宁1.40亿元、淄博1.14亿元、泰安1.12亿元、潍坊0.80亿元、枣庄0.28亿元、聊城0.28亿元。

全省过夜游客169.18万人次，同比增长22.6%，占旅游人数的54.4%，过夜游客花费12.14亿元，同比增长22.2%，占旅游收入的82.4%；一日游人数141.71万人次，同比增长11.1%，占旅游人数的45.6%，一日游游客花费2.60亿元，同比增长9.8%，占旅游收入的

17.6%。省内游客201.61万人次，同比增长7.9%，占旅游人数的64.9%，省内游客花费6.67亿元，同比增长11.1%，占旅游收入的45.2%；省外游客109.30万人次，同比增长38.9%，占旅游人数的35.1%，省外游客花费8.08亿，同比增长28.0%，占旅游收入的54.8%。

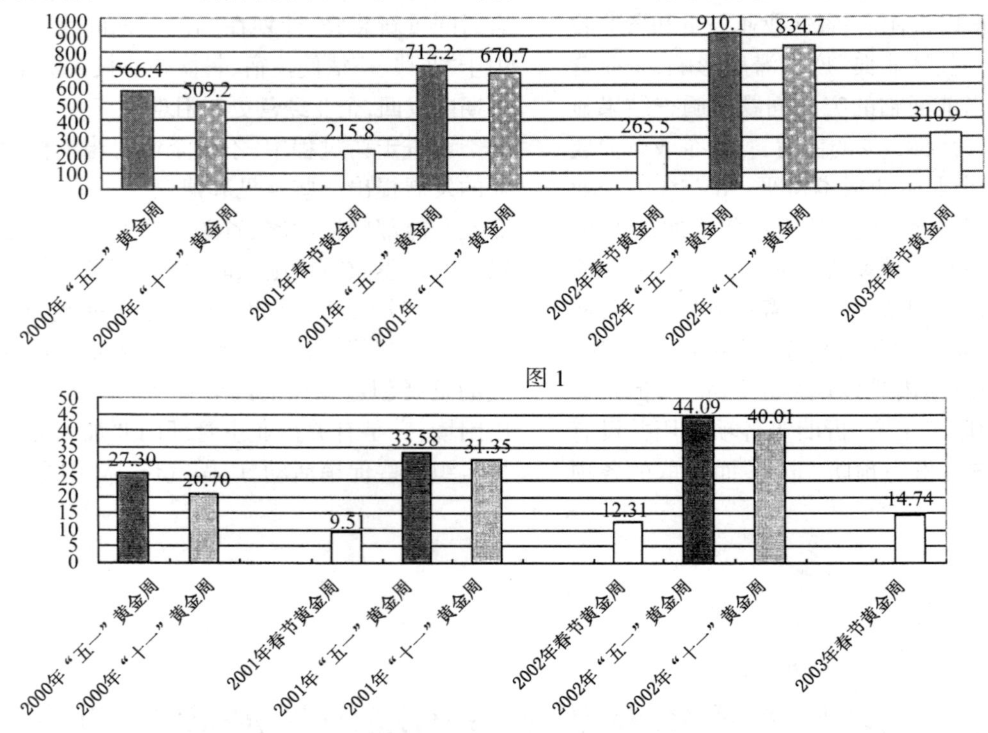

图1

图2

二、春节黄金周国内旅游抽样调查结果

1. 国内游客构成情况。在全省17市调查的2375名国内游客中，男性1522人，占64.1%，女性853人，占35.9%。

城镇居民2026人，占85.3%，非城镇居民349人，占14.7%。

被调查的游客分年龄段看，25－44岁的1513人，占63.7%；45－64岁的487人，占20.5%；15－24岁的311人，占13.1%；65岁以上35人，占1.5%；14岁以下29人，占1.2%。（受接受调查、填答调查问卷能力的限制，14岁以下年龄组调查比重估计应低于实际比重）。

按被调查游客的职业分，企事业人员601人，占25.3%；专业/文教人员420人，占17.7%；公务员336人，占14.2%；服务销售人员336人，占14.2%；工人158人，占6.7%；离退休人员129人，占5.4%；学生102人，占4.3%；农民81人，占3.4%。专业/文教人员和公务员占比例较上年春节黄金周明显上升。

2. 春节阖家欢，家庭游比重高。从旅游组织方式看，春节黄金周个人、家庭或与亲朋结伴的有1467人，占61.8%；单位组织的290人，占12.2%，旅行社组织的154人，占6.5%，比重较上年同期提高3.5个百分点。

3. 观光游览仍占首位，休闲度假渐成气候。针对春节旅游需求的特点，我省各地开展丰富多彩的旅游活动，提高了游客观光游览的热情。按不同旅游目的分，旅游观光634人，占26.7%，探亲访友571人，占24.0%，体现了春节黄金周的特点；度假/休闲396人，占16.7%，比重较上年提高2.4点；商务活动344人，占14.5%，

4. 省内游客占半、省外游客以周边省份为主。被调查的2375名游客中，山东人游山东的省内游客占51.8%，省外游客占48.2%。其中列前10位的主要以我省周边省份为主要客源地，依次为河北6.2%、江苏5.4%、北京4.8%、河南3.5%、辽宁3.0%、广东3.0%、黑龙江2.6%、上海2.4%、浙江2.2%、山西1.9%。

5. 春节期间国内游客更倾向于选择档次较高的设施和服务。高档宾馆、饭店春节黄金周打折优惠，进行促销，使得广大旅游者对高档宾馆的青睐明显高于平时及其他黄金周。春节期间被调

查的1569名过夜旅游者在住宿设施的住宿时间为4143人天，在省内一个市人均停留2.15天，其中在涉外饭店/宾馆2174人天，占52.5%，比重最高，人均停留1.90天；在旅馆/招待所的住宿时间为1193人天，占28.8%，居第二位，人均停留2.01天；在亲友家住宿时间为689人天，占16.6%，人均停留2.02天；在其他住宿设施住宿时间为87人天，占2.1%，人均停留1.34天。

6. 国内游客春节黄金周出游花费情况。调查的游客中，春节黄金周期间旅游人均花费504.80元，从花费构成上看依次为住宿（占21.1%），购物（占19.3%），交通通讯（占18.6%，其中长途交通占14.7%、市内交通占2.9%、邮电通讯占1.0%），餐饮（占18.0%），游览娱乐占14.2%，（其中娱乐占5.1%，景点游览占9.1%）。

省内游客人均花费310.50元，省外游客人均花费726.70元。一日游游客人均花费145.20元，过夜游客人均花费618.00元。从每份问卷的消费规模看，旅游花费平均包括人数为2.21人。春节黄金周期间我省国内游客人均每天花费269.28元。

7. 国内游客对我省旅游服务质量的评价。用5分制表示，5分表示最好，1分表示最差。来自全国各地的2375名游客对我省旅游服务质量综合评价的平均分为3.93分，处于好的状态，比上年同期提高0.16分。其中高于综合评价得分的有宾馆/饭店4.12分，餐饮3.96分。低于综合评价得分的有购物3.89分，邮电通讯3.86分，交通3.84分，导游服务3.80分，娱乐3.70分。

8. 国内游客对我省当地旅游设施的评价。国内游客对我省当地旅游设施评价满意度打分显示，我省旅游设施综合评价得分为3.84分，比上年同期提高0.13分，得分比旅游服务质量的综合评价得分低0.09分，"硬件"略低于"软件"。其中高于综合评价得分的有宾馆/饭店4.04分，餐饮3.94分，购物3.87分，交通3.87分。低于综合评价得分的有游览/参观点3.83分，娱乐3.70分，景区（点）厕所3.58分。

9. 国内游客对我省旅游价格的评价。被调查的国内游客对我省旅游价格的综合评价得分为3.85分，比上年提高0.11分。其中高于综合评价得分的有住宿价格为4.03分，餐饮3.93分，市内交通3.91分。相等的有购物3.85分。低于综合评价得分的有邮电通讯38分，景区游览门票3.81分，娱乐3.74分。

10. 国内游客对当地感兴趣的旅游活动排序。春节黄金周2375名国内游客对列示的旅游地有关旅游活动的兴趣程度选择三项，排序结果为文物古迹占57.7%、山水风光占56.7%、民俗风情占53.3%、饮食烹饪占31.3%、艺术/节庆活动占29.9%、生态旅游占21.4%、主题公园占13.9%、工/农业特色旅游活动占7.8%。其中选择一项最喜欢的旅游活动排序结果为山水风光占27.5%、文物古迹占15.0%、生态旅游占13.9%，三者占56.4%，表明我省独特的古迹、山水、海滨对国内游客具有相当的吸引力。

11. 国内游客最喜欢的夜生活排序。问卷调查显示，对列示的有关夜生活游客按兴趣程度选择三项的排序结果依次为吃宵夜占76.7%、咖啡屋/茶艺吧/网吧占75.5%、购物占44.6%、观赏节目为33.9%、健身美容占21.6%、参与性娱乐活动占21.4%。

12. 国内游客购买旅游商品的最佳地点排序。对问卷列示的多种旅游商品的购买地点按游客的喜好程度选择三项汇总的排序结果依次为专卖店59.8%、大型商场占52.0%、景区（点）附近占46.7%、产品制作厂家占43.5%、娱乐场所附近占30.2%。

13. 国内游客对旅游目的地信息的获取渠道排序。问卷调查显示，对列示的有关宣传媒体国内游客按获取信息情况选择三项的排序结果依次为电视占65.4%、报刊占53.0%、杂志占40.7%、朋友或家人占33.5%、广播占29.0%、网络站点占27.2%、宣传材料16.9%、旅行社推介占13.9%。其中游客最信赖的信息渠道选择一项排序列前三位的是朋友或家人占27.3%、电视占26.4%、报刊占13.8%，可见一个景点的美誉度比知名度更为重要。

三、春节黄金周我省国内旅游呈现的特点

1. 各地推出了丰富多彩的春节旅游产品和各具特色的民俗旅游活动，吸引力增强，较好地适应和满足了游客春节游的特点和需要。如济南举

办的“2003济南民俗风情旅游节”、新开业的九顶塔民族风情园、青岛市举办的“文化大拜年”、曲阜的“到孔子故里过大年”活动等。节日期间的节庆活动效果显著，“游济南、逛庙会、赏民俗、品名吃、过大年”的旅游活动为省城招来游客赢得好彩头，大明湖春节民俗文化旅游庙会的游人达到了10万人，趵突泉灯会推行的家庭套票颇受欢迎，共接待游客5万余人。“广场民俗庙会”上，老济南切糕、胶东大饽饽、天津茶汤、捏面人、剪纸、风筝、脸谱、布娃娃等48个摊位、200多个品种的传统小吃和手工艺品展卖，形成旺销。齐国历史博物馆专门开辟出新展室，举办恐龙化石和恐龙蛋展览同时还新上了编钟、编磬、古筝、竽、排箫等古乐器，组编了演奏队，筹建了韶乐厅，在春节期间进行表演。潍坊市在春节黄金周期间，隆重推出一系列到农家过大年旅游活动项目。寒亭杨家埠、安丘青云山、潍坊金宝乐园等重点民俗旅游区，活动项目多、民俗氛围浓。

2. 游客理性消费增强，出游多元化、个性化。越来越多的人开始走向户外，走向自然，不少市民在选择旅游线路时，不约而同的关注旅游线路中是否有文化背景。随着生活水平和文化素质的提高，人们已不再满足于简单的游览购物、观光散心，而是希望能在旅游中增长文化知识，提高文化品位，过去“下车拍照、上车睡觉”的旅游方式已难以满足需要，休闲和参与情结逐年高涨。

3. 各级各部门高度重视，组织协调得力。春节黄金周期间，我省旅游投诉创了历年的“新低”，没有发生一起重大投诉。部分城市甚至出现了零投诉。

表1　山东省2003年春节黄金周全省国内旅游抽样调查推算结果表

	国内旅游人数（万人次）	一日游人数（万人次）	过夜人数（万人次）	省内旅游人数（万人次）	国内旅游收入（万元）	一日游总花费（万元）	省内游客总花费（万元）
全省	310.91	141.71	169.20	201.62	147429.03	26017.36	66653.40
济南	49.06	34.83	14.23	44.64	23087.00	6897.00	18244.00
青岛	53.04	11.66	41.38	23.49	37933.39	3032.70	9530.85
淄博	30.95	16.25	14.70	25.86	11378.55	3666.50	8375.70
枣庄	9.80	6.45	3.35	5.99	2782.00	944.00	1365.00
东营	2.00	1.06	0.94	1.18	813.24	183.32	349.99
烟台	29.17	7.29	21.88	15.90	14766.12	1371.93	6837.12
潍坊	15.30	6.27	9.03	9.18	7950.82	1235.78	3198.39
济宁	21.71	3.91	17.80	12.40	14026.00	1196.00	6960.00
泰安	21.48	10.65	10.83	7.30	11200.98	3095.95	2761.23
威海	26.22	10.14	16.08	14.51	14698.96	1225.23	3591.84
日照	4.69	3.39	1.30	3.19	1745.00	747.00	1010.00
莱芜	3.25	2.31	0.94	2.67	360.70	243.37	275.99
临沂	21.09	15.05	6.04	15.85	1922.90	686.75	768.00
德州	2.96	0.47	2.49	1.80	876.65	87.89	448.45
聊城	16.57	10.43	6.14	15.17	2752.73	1259.22	2137.30
滨州	2.43	1.30	1.13	2.06	840.39	106.40	659.77
菏泽	1.19	0.25	0.94	0.43	293.60	38.32	139.77

表2　山东省2003年春节黄金周过夜游客选择住宿设施情况

住宿设施	国内游客总计			其中：省内游客			其中：省外游客		
	调查总人天数	比　重（%）	人均停留天数	调查总人天数	比　重（%）	人均停留天数	调查总人天数	比　重（%）	人均停留天数
合　计	4143	100.00	2.15	1529	100.00	1.85	2614	100.00	2.37
旅馆/招待所	1193	28.80	2.01	465	30.41	1.70	728	27.85	2.28
涉外饭店/宾馆	2174	52.47	1.90	697	45.59	1.64	1477	56.50	2.05
亲友家中	689	16.63	2.02	330	21.58	1.75	359	13.73	2.36
其他住宿设施	87	2.10	1.34	37	2.42	1.37	50	1.91	1.32

表 3　　山东省 2003 年春节黄金周人均花费情况及比重(1)

花费内容	国内游客总计			其中:省内游客			其中:省外游客		
	调查数(元)	比　重(%)	人均花费(元)	调查数(元)	比　重(%)	人均花费(元)	调查数(元)	比　重(%)	人均花费(元)
合计	2647535	100.00	504.80	868601	100.00	310.50	1778934	100.00	726.70
长途交通费	390019	14.73	74.37	75484	8.69	26.98	314535	17.68	128.50
其中:飞机	136436	5.15	26.01	4460	0.51	1.59	131976	7.42	53.91
火车	108921	4.11	20.77	13313	1.53	4.76	95608	5.37	39.06
长途汽车	113005	4.27	21.55	53206	6.13	19.02	59799	3.36	24.43
轮船	31657	1.20	6.04	4505	0.52	1.61	27152	1.53	11.09
住宿	559089	21.12	106.60	169398	19.50	60.56	389691	21.91	159.20
餐饮	475610	17.96	90.68	169198	19.48	60.49	306412	17.22	125.20
景点旅游	239847	9.06	45.73	94295	10.86	33.71	145552	8.18	59.46
娱乐	135087	5.10	25.76	40187	4.63	14.37	94900	5.33	38.77
购物	512033	19.34	97.62	188417	21.69	67.36	323616	18.19	132.20
市内交通	75996	2.87	14.49	27786	3.20	9.93	48210	2.71	19.69
邮电通讯	25923	0.98	4.94	7644	0.88	2.73	18279	1.03	7.47
其他	233931	8.84	44.60	96192	11.07	34.39	137739	7.74	56.27

表 4　　山东省 2002 年春节黄金周人均花费情况及比重(2)

花费内容	国内游客总计			其中:一日游游客			其中:过夜游客		
	调查数(元)	比　重(%)	人均花费(元)	调查数(元)	比　重(%)	人均花费(元)	调查数(元)	比　重(%)	人均花费(元)
合计	2647535	100.00	504.80	1823139	100.00	145.20	2465216	100.00	618.00
长途交通费	390019	14.73	74.37	14787	0.81	11.78	375232	15.22	94.07
其中:飞机	136436	5.15	26.01	260	0.01	0.21	136176	5.52	34.14
火车	108921	4.11	20.77	160	0.01	0.13	108761	4.41	27.27
长途汽车	113005	4.27	21.55	14028	0.77	11.17	98977	4.01	24.81
轮船	31657	1.20	6.04	339	0.02	0.27	31318	1.27	7.85
住宿	559089	21.12	106.60	2324	0.13	1.85	556765	22.58	139.60
餐饮	475610	17.96	90.68	37408	2.05	29.78	438202	17.78	109.90
景点旅游	239847	9.06	45.73	42503	2.33	33.84	197344	8.01	49.47
娱乐	135087	5.10	25.76	6658	0.37	5.30	128429	5.21	32.20
购物	512033	19.34	97.62	43996	2.41	35.03	468037	18.99	117.30
市内交通	75996	2.87	14.49	6083	0.33	4.84	69913	2.84	17.53
邮电通讯	25923	0.98	4.94	1171	0.06	0.93	24752	1.00	6.21
其他	233931	8.84	44.60	27389	1.50	21.81	206542	8.38	51.78

4－22 山东省一季度国内旅游业持续稳步增长

随着我省各级政府对旅游产业的不断投入，各地旅游部门充分发挥本地旅游资源优势，精心打造旅游精品，努力以新形象、新景观、新环境全面拓展客源市场，吸引了众多八方游客。由山东省企调队、山东省旅游局联合组织实施的全省国内旅游抽样调查显示，一季度我省国内旅游业持续稳步增长。

一、一季度我省国内旅游业继续保持良好发展态势

1.国内旅游人数再创新高。省企业调查队、省旅游局对全省17市的主要景点、住宿设施及7193名国内游客调查推算结果显示，一季度全省共接待国内游客1872.55万人，比去年同期增长16.14%；过夜游客1461.55万人，占国内旅游人数年的78.1%，同比增长14.72%；一日游游客411万人，占国内旅游人数的21.9%，同比增长21.48%(详见表1)。

2. 国内旅游收入持续攀升。根据调查推算结果，一季度全省实现国内旅游收入121.85亿元，比去年同期增长18.16%；接待过夜旅游者收入114.32亿元，占国内旅游收入的93.8%，同比增长17.27%；接待一日游游客收入7.53亿元，占国内旅游收入的6.2%(详见表2)。

表1　　一季度国内旅游人数推算结果表

市	国内旅游人数(万人)	过夜人数(万人)	一日游人数(万人)
全省	1872.55	1461.55	411.00
济南	226.31	176.07	50.24
青岛	310.99	269.96	41.03
淄博	159.45	131.30	28.15
枣庄	55.62	45.11	10.51
东营	25.71	21.48	4.23
烟台	178.10	157.50	20.60
潍坊	130.06	112.42	17.64
济宁	179.17	101.58	77.59
泰安	130.57	108.43	22.14
威海	92.27	74.40	17.87
日照	50.33	31.60	18.73
莱芜	30.68	20.90	9.78
临沂	150.61	81.66	68.95
德州	40.46	37.80	2.66
聊城	48.55	33.19	15.36
滨州	42.12	37.74	4.38
菏泽	21.55	20.41	1.14

表 2　　一季度国内旅游收入推算结果表

市	国内旅游收入(亿元)	过夜游收入(亿元)	一日游收入(亿元)
全省	121.85	114.32	7.53
济南	18.14	17.18	0.96
青岛	25.50	24.79	0.72
淄博	8.42	7.95	0.47
枣庄	2.57	2.33	0.24
东营	1.58	1.55	0.03
烟台	14.95	14.43	0.52
潍坊	7.68	7.48	0.20
济宁	8.89	6.88	2.00
泰安	7.68	7.08	0.60
威海	7.12	6.85	0.27
日照	2.56	2.11	0.45
莱芜	1.01	0.91	0.10
临沂	7.74	7.10	0.64
德州	1.41	1.37	0.04
聊城	2.67	2.47	0.21
滨州	2.84	2.78	0.06
菏泽	1.09	1.07	0.02

二、一季度国内游客调查情况分析

1. 国内游客中女性游客比重持续增加。在全省 17 市调查的 7193 名国内游客中，男性游客 4518 人，占 62.8%；女性游客 2675 人，占 37.2%，与去年同期相比，女性游客所占比重提高了 2.2 个百分点，继续呈现出增长的趋势。

被调查的游客分年龄段看，25－44 岁的 4585 人，占 63.7%；45－64 岁的 1448 人，占 20.1%；65 岁以上的 111 人，占 1.5%；19－24 岁的 975 人，占 13.6%；18 岁以下的 74 人，占 1.1%。

按被调查游客的职业分，企事业人员 1847 人，占 25.68%；服务销售人员 1230 人，占 17.1%；专业/文教人员 1033 人，占 14.36%；公务员 880 人，占 12.23%；工人 570 人，占 7.92%；离退休人员 368 人，占 5.12%；学生 317 人，占 4.41%；农民 245 人，占 3.41%；军人 178 人，占 2.47%。与去年同期相比，专业/文教人员、服务销售人员、离退休人员有不同程度的增长，分别增长了 2.78、0.17、0.17 个百分点。

按游客来山东的次数分，第一次来山东的游客占 49.65%，来山东 2－3 次的游客占 36.18%，4 次以上的游客占 14.17%。

2. 旅行社组织的游客比重增幅较大。从旅游组织方式看，采用个人、家庭或与亲朋结伴方式的 3626 人，占 50.41%；单位组织的 1244 人，占 17.29%；旅行社组织的 618 人，占 8.59%；采用其他方式的 1705 人，占 23.7%。与去年同期相比，旅行社组织的游客比重提高了 4.01 个百分点。

3. 观光/游览仍居旅游目的第一位。针对游客的不同需求，我省各地开展了丰富多彩的旅游活动，提高了游客观光游览的热情。按不同旅游目的分，观光/游览的 2056 人，占 28.58%；商务活动 1647 人，占 22.9%；休闲/度假 1075 人，占 14.95%；探亲访友 1049 人，占 14.58%；会议 362 人，占 5.03%；文化/体育/科技交流 275 人，占 3.82%；购物 77 人，占1.07%；宗教/朝拜 58 人，占 0.81%；市内游客 594 人，占 8.26%。

4. 省内游客占半，省外游客以周边省份为主。被调查的 7193 名游客中，山东人游山东的省内游客占 46.71%；省外游客占 53.29%。其中列前 10 位的主要以我省周边省份为主要客源地，依次为江苏6.19%；河北 5.55%；北京 4.55%；河南 3.82%；广东3.45%；辽宁 3.45%；黑龙江 2.95%；上海 2.67%；浙江 2.63%；山西 1.96%。比去年同期对比，前10名的省份名次有升有降，但去年的第10位天津市降至了今年的第15位，落在陕西、安徽、四川之后。

5.国内过夜游客住宿选择倾向于档次较高的设施。被调查的5823名过夜游客在住宿设施的住宿时间为13313人天，平均停留天数为2.29天。其中在涉外饭店/宾馆住宿时间为7024人天，占52.76%，人均停留2.02天；在旅馆/招待所住宿时间为4515人天，占33.91%，人均停留2.06天；在亲友家中住宿时间为1457人天，占10.94%，人均停留2.12天；在其它住宿设施时间为317人天，占2.38%，人均停留1.62天。

6.国内游客出游购物花费比重增长明显。从被调查7193名游客的出游花费构成上看，依次为住宿（占22.61%）；交通通讯（占18.94%，其中：长途交通费占15.08%、市内交通占2.8%、邮电通讯占1.06%）；购物（占18.75%）；餐饮（占18.59%）；景点游览（占8.77%）；其他花费（占7.53%）；娱乐（占4.81%）。

7.国内游客对我省旅游服务质量、接待设施、旅游价格的评价。来自全国各地的7193名游客对我省旅游服务质量评价的平均分为3.91分（用5分制表示，5分表示最好，1分表示最差），处于好的状态，比去年同期高0.1分。分项看有宾馆/饭店411分、餐饮3.94分高于综合评价的得分。低于综合得分的有购物3.87分，邮电通讯3.87分，交通3.82分，导游服务3.80分，娱乐3.66分。

国内游客对我省旅游接待设施综合评价得分为3.83分，比去年同期高0.09分。其中，高于综合得分有宾馆/饭店4.01分，餐饮3.91分，游览/参观点3.84分，购物3.83分。低于综合评价得分的有交通3.82分，娱乐3.67分，景区（点）厕所3.59分。

国内游客对我省旅游价格的综合评价得分为3.85分，比去年同期高0.06分。其中高于综合评价得分的有住宿3.99分，餐饮3.91分，市内交通3.89分，邮电通讯3.85分。低于综合评价得分的有购物3.84分，景点门票3.82分，娱乐3.73分。

8.山水风光是国内游客对当地最感兴趣的旅游活动。调查显示，国内游客对旅游地旅游活动感兴趣程度（最多可选择三项）排序结果是山水风光占58.71%；文化古迹占56.35%；民俗风情占50.92%；饮食烹调占32.59%；艺术/节庆活动占26.21%；生态旅游占24.36%；主题公园占12.9%；工/农业特色游占8.8%。其中，选择一项为最喜欢的旅游活动排序结果列前三位的为山水风光占30.67%；文物古迹占14.08%；生态旅游占13.44%。可见，我省优美的自然风光，悠久的文物古迹，怡人的生态环境对国内游客有着独特的吸引力。

9.电视是国内游客了解旅游目的地信息的主要渠道。调查显示，国内游客通过何种宣传渠道了解旅游目的地的信息（对列示的宣传媒体，最多选三项）的排序结果依次为电视占64.87%、报刊占49.94%、杂志占42.17%、朋友或家人占33.82%、广播占27.26%、网络站点占26.85%、宣传材料占18.07%、旅行社推介占15.47%。其中，选择一项作为最依赖的信息渠道排序结果列前三位的依次是电视占27.12%、朋友或家人占26.08%、报刊占13.24%。

10.吃宵夜是国内游客最喜欢的夜生活。调查显示，国内游客对问卷列示的夜生活按兴趣程度选择三项的排序结果依次为吃宵夜占76.16%、咖啡屋/茶艺吧/网吧聊天占73.95%、购物占43%、观赏节目占35.3%、参与性娱乐活动占23.09%、健身美容占19.77%。

11.专卖店是国内游客最喜欢的旅游商品购买地点。根据调查，国内游客对问卷列示的购买旅游商品地点按喜欢程度选择三项的排序结果依次是专卖店占60.53%、大型商场占52.02%、景区（点）附近占47.6%、产品制作厂家占42.21%、娱乐场所或附近占30.5%。

三、一季度我省国内旅游呈现的特点

1.各地推出了丰富多彩的旅游产品和各具特色的民俗旅游活动，吸引力较强，较好地适应和满足了游客出游的特点和需要。如济南举办的“2003济南民俗风情旅游节”、新开业的九顶塔民族风情园、青岛市举办的“文化大拜年”、曲阜的“到孔子故里过大年”活动以及潍坊市寒亭杨家埠、安丘青云山、潍坊金宝乐园等重点民俗旅游区，活动项目多、民俗氛围浓。既吸引了大批游客，又带来了较好的社会和经济效益。

2.游客理性消费增强，出游多元化、个性化。越来越多的人开始走向户外，走向自然，不少市民在选择旅游线路时，不约而同的关注旅游线路中是否有文化背景。随着生活水平和文化素质的提高，人们已不再满足于简单的游览购物、观光散心，而是希望能在旅游中增长文化知识，提高文化品位，过去走马观花式的旅游方式已难以满足需要，休闲和参与情结逐年高涨。

3.各级各部门高度重视，加强整顿和规范旅游市场秩序，进一步提高了旅游服务质量和旅游者满意程度。我省旅游市场呈现出安全顺畅，秩序良好的景象。调查显示，游客对我省旅游质量、接待设施、价格的综合评价为“很好”的比重分别比去年同期提高了2.81、2.48、1.74个百分点。

4-23 山东省三季度国内旅游业强劲反弹

我省得天独厚的自然资源、悠久的历史文化、独特的人文景观，吸引了越来越多的游客前往观光。近几年来，由于不断加大对软、硬件设施的投入，以及各地旅游部门的大力宣传促销，我省旅游业发展迅猛，增长速度较快，正逐步成为我省重要的产业链之一。由山东省企调队、山东省旅游局联合组织实施的全省国内旅游抽样调查显示，经历了二季度“非典”影响后，三季度我省国内旅游收入、接待国内游客大幅增长，呈强劲反弹之势。

一、三季度国内游客基本情况分析

三季度由于“非典”疫情的有效控制，人们的旅游愿望比较强烈，纷纷走出家门，充分享受旅游的快乐。根据调查推算结果，三季度全省共接待国内游客3084.63万人，比去年同期增长4.16%，其中，过夜游客2290.92万人，占旅游人数的74.27%，同比增长3.83%；一日游游客793.71万人，占旅游人数的25.73%，同比增长5.11%。三季度全省实现旅游收入189.04亿元，比去年同期增长6.63%，接待过夜旅游者收入172.94亿元，同比增长6.27%，占国内旅游收入的91.48%；接待一日游游客收入16.1亿元，同比增长10.67%，占国内旅游收入的8.52%。

1.游客结构。在全省17市调查的7161名国内游客中，男性游客4306人，占60.13%，女性游客2855人，占39.87%。与去年同期相比，女性游客所占比重提高了3.47个百分点，呈现出增长的趋势，随着妇女受教育程度的提高和家务劳动的解放，将会有越来越多的妇女加入到旅游的行列中去，妇女旅游市场有着较大的发展潜力。

2.组织方式。从调查的7161名游客看，个人、家庭与亲朋结伴的占47.35%，同比下降10.27个百分点；单位组织的占21%，同比提高5.35个百分点；旅行社组织的占11.05%，同比提高4.67个百分点；采取其他方式的占20.6%。调查资料说明，集体出游已成为越来越多游客的选择。

3.旅游目的。齐鲁大地历史悠久，风光秀丽，人文、地理、文化资源丰富，各地又适时地不断推出丰富多彩的旅游活动，提高了游客观光游览的热情。调查资料显示：7161名国内游客中，观光/游览者2533人，占35.37%，同比提高2.67个百分点，仍高居来我省游客旅游目的第一位；其他依次为商务活动1539人，占21.49%，同比提高2.39个百分点；休闲/度假1287人，占17.97%；探亲访友694人，占9.69%；会议377人，占5.26%；文化/体育/科技交流198人，占2.76%，宗教/朝拜59人，占0.82%；购物47人，占0.66%。市内游客427人，占5.96%。

4.客源地。三季度被调查的7161名游客中，省外游客过半，占54.96%，省内游客占45.04%，同比提高2.65个百分点。其中列前10位的省外游客主要以我省周边省份及发达省份为主要客源地，依次为江苏7.19%、河北4.69%、北京4.45%、河南3.84%、辽宁3.38%、广东3.3%、上海3%、浙江2.97%、黑龙江2.67%、天津2.04%。

5. 住宿设施。被调查的5853名过夜旅游者在住宿设施的住宿时间为12819人天，人均停留2.19天。其中在涉外饭店/宾馆6940人天，占54.14%，同比提高6.22个百分点，人均停留1.94天；在旅馆/招待所的住宿时间为4290人天，占33.47%，同比下降7.46个百分点，人均停留2.01天；在亲友家住宿时间为1281人天，占9.99%，人均停留2.69天；在其他住宿设施住宿时间为308人天，占2.4%，人均停留2.55天。

6. 花费构成。调查的7161名游客中，旅游人均花费606.1元，从花费构成上看依次为住宿143元(占23.6%)，交通通讯115.72元(占19.09%，其中：长途交通96.2元，占15.87%；市内交通13.64元，占2.25%；邮电通讯5.88元，占0.97%)，购物109.5元(占18.07%)，餐饮107.3元(占17.7%)，景点游览62.68元(占10.34%)，娱乐29.37元(占4.85%)，其他花费38.52元(占6.35%)。其中，吃、住、行三大要素占总消费的六成。

7. 游客评价。来自全国各地的7161名游客中，96.98%的游客认可我省的旅游质量，96.09%的游客对我省的旅游接待设施感到满意，其中，以往游客满意度较低的景区厕所，今年也大大有了改善，游客的满意度大增，提高到92.1%，同比提高了3.11个百分点。在旅游价格上，有95.13的游客感到满意。

二、三季度我省国内旅游特点分析

1. 购物消费成为消费亮点。调查显示，三季度来我省游客的人均花费为606.1元，而诸多花费项目中，以购物花费增幅最高，人均109.5元，占18.07%，同比提高了6.7个百分点。这是因为我省各地逐渐推出了具有地方色彩的旅游商品，以吸引游客，再加上各大商家推出各种形式的促销活动让利于顾客，如打折、购物赠物等，这些活动也吸引了游客，使得来我省的游客购物兴趣大增。

2. 旅游资源由开发期进入收获期。近几年来，我省充分利用独特的自然风光、历史文化、民俗风情、名吃特产等方面的优势，大胆创意，不断开发出新的旅游资源。今年三季度，许多旅游景点建设已趋于成熟，如济南的野生动物世界、九顶塔民族风情园，青岛的海底世界，临沂的地下大峡谷等等，这些景区以其鲜明的特色、独特的创新意识吸引了大批游客，带来了较好的社会和经济效益。

3. 文化旅游活动越来越突出。近几年，随着人们生活水平的逐步提高，高品位的旅游活动越来越受到青睐。我省各地适时地推出了各种各样的文化旅游活动以满足人们的需要，如淄博市的“第二届中国淄博国际聊斋文化旅游节”、济南、潍坊等市推出的“旅游文化消夏广场”活动等，这些活动以丰富多彩的文艺节目为主体，吸引了越来越多的游客参观，为游客的旅游活动增添了亮点。

4.“暑期游”比重进一步加大。三季度“非典”的影响逐渐消除，各旅游景点、旅行社等旅游行业开始重现生机与活力。三季度大部分时间是暑期大中小学校放假期间，越来越多的学生利用假期，纷纷走出校门，饱览祖国的秀美山河。我省沿海及山区城市以其相对凉爽的气候环境，靓丽的城市景观，吸引着众多的游客前来消夏休闲，观光旅游。调查显示，我省暑期接待国内旅游者2326.79万人，同比增长6.59%。旅游收入136.6亿元，同比增长6.55%，尤其是沿海及山区城市的增幅更加明显，如青岛市暑期国内旅游人数及收入同比分别提高了16%、7.73%；威海市暑期国内旅游人数及收入同比分别提高了9.49%和15.24；临沂市暑期国内旅游人数及收入同比分别提高了31.24%和29.64%。

5. 我省旅游市场健康安全，交通更加便捷。由于我省在二季度“非典”肆虐期就属于无疫区，在社会上树立了安全健康的旅游市场形象，加上旅游部门进一步整顿和规范旅游市场秩序，提高旅游服务质量，三季度我省旅游市场呈现出安全顺畅，秩序良好的景象，游客满意程度较高。

近年来，随着国民经济与旅游业的繁荣，我省的民航、铁路、海运，尤其是高速公路网快速发展，已形成海陆空纵横交叉的交通网络，对我省旅游业的发展提供了便捷通道。游客在路途中的时间明显缩短，争取到了更长的游玩时间。调查显示，游客在我省人均停留天数已由去年同期的2.39天，缩短为2.19天，减少了0.2天，但游览的景点个数及城市个数却与去年同期相当。

三、三季度我省国内旅游存在的问题分析

1. 旅行社组团力量薄弱。从调查资料看，在

组织方式上，我省三季度旅行社组织同比提高了4.67个百分点。但是，所占比例依旧偏低，仅为11.05%。近几年来，游客越来越喜欢集体出游，而旅行社以其低廉的价格、方便的交通等吸引了众多游客。这就进一步要求旅行社“外树形象，内强素质”，加强自身建设，不断提高职工的整体素质和导游的服务水平，坚决杜绝欺客、宰客现象，以良好的社会形象吸引游客。

2.旅游价格偏高。在游客对我省的旅游服务质量、接待设施、旅游价格三项中，仅有旅游价格满意度低于96%，而游客对我省的景区门票价格反映较为强烈，得分仅为3.82分(满分为5分)，低于综合得分(3.86分)。由于门票价格偏高，我省旅游整体报价较高，使得许多游客望而却步，或者来鲁后减少景点的游览，如来济南的游客只游览价格较便宜的市区景点，而新开发的南部山区由于价格原因，许多游客选择了放弃；曲阜三孔只游览两孔或一孔，等等，这就使得旅游大打折扣。如果我省各景区在门票价格上能让利于游客，让游客领略更多的山东秀丽风光，这本身就是一种宣传方式，把我省宣传出去，吸引更多的游客。

3.缺乏地区合作。我省各市旅游发展失衡，三季度接待国内游客最多的青岛市达到795.87万人，而最少的菏泽市仅接待游客22.16万人。分析旅游行业的发展态势，地区性旅游和中程旅游将成为旅游的主体；商务、会议旅游将成为团体旅游的主体；人们外出旅游的次数将增多。根据这一特点，一要加强地区间的合作，实行优势互补，发挥整体促销优势，共同开拓市场，努力提高旅行社接待能力和水平，广拓客源，共享利润。二要逐步建立统一开放、竞争有序的旅游市场体系。同时继续加大旅游宣传促销的力度，通过广播、电视、报纸、互联网、广告等多种媒体进行旅游促销，加大对外宣传力度；广泛利用各种交流渠道，对外窗口开展宣传促销活动，不断推出新的旅游热点和有吸引力的旅游项目。

表1 三季度国内旅游抽样调查推算结果表

市	国内旅游人数(万人)		一日游人数(万人)	过夜游人数(万人)	国内旅游收入(亿元)		过夜游总收入(亿元)
	三季度	暑期	三季度	三季度	三季度	暑期	三季度
全　省	3084.63	2326.79	793.71	2290.92	189.05	136.60	172.93
济　南	235.05	172.17	73.31	161.74	18.34	12.92	17.24
青　岛	795.87	622.37	107.61	688.26	56	40.95	54.46
淄　博	148.65	109.02	31.24	117.41	8.01	5.47	7.31
枣　庄	62.74	44.27	14.42	48.32	2.42	1.74	2.11
东　营	35.39	31.50	3.15	32.24	1.5	1.18	1.47
烟　台	340.64	269.65	44.68	295.96	23.13	16.29	22.33
潍　坊	186.38	129.03	54.39	131.99	10.13	6.89	9.32
济　宁	190.76	134.54	122.66	68.1	8.45	5.51	5.13
泰　安	135	114.91	17	118	7.17	5.84	6.59
威　海	322.63	289.92	81.31	241.32	22.53	19.94	20.08
日　照	186	124.42	101.64	84.36	9.03	6.23	6.16
莱　芜	40.95	28.91	17.94	23.01	1.25	0.75	0.93
临　沂	192.3	122.59	88.45	103.85	9.72	6.42	9.01
德　州	42.08	14.84	1.58	40.5	1.49	0.17	1.46
聊　城	67.17	45.38	18.81	48.36	4.14	2.30	3.8
滨　州	80.86	56.51	15.08	65.78	4.62	3.15	4.42
菏　泽	22.16	16.75	0.44	21.72	1.12	0.85	1.11

4－24 游客首过千万 收入再攀新高

——2003年“十一”黄金周国内旅游抽样调查分析

金秋十月，秋风送爽，“十一”黄金周在欢乐祥和的气氛中落下了帷幕。人们尽享浪漫的“十一”长假，感受浓烈欢快的节日气氛，观赏齐鲁大地的新气象、新变化、新景观。据山东省企调队、省旅游局联合组织的全省“十一”黄金周国内旅游抽样调查盘点推算，“十一”黄金周我省 国内游客人数突破千万，收入近50亿元。

一、“十一”黄金周国内旅游业人气旺盛

1. 国内旅游人数首次突破千万。黄金周期间，全省共接待国内游客1002.76万人次，同比增长20.1%。其中全省接待过夜游客469.74万人次，同比增长20.9%；接待一日游游客533万人次，同比增长19.5%；接待省内游客569.84万人次，同比增长18.3%；接待省外游客432.91万人次，同比增长22.7%。

旅游人数居全省前10位的市为：济南157.88万人、青岛98.26万人、淄博93.91万人、临沂90.97万人、济宁89.28万人、烟台75.89万人、聊城68.16万人、潍坊67.58万人、泰安55.23万人、威海51.08万人。

2. 国内旅游收入再创新高。黄金周期间，全省实现国内旅游收入49.74亿元，同比增长24.3%。其中实现过夜游客旅游收入37.24亿元，同比增长26%；实现一日游游客旅游收入12.5亿元，同比增长19.5%；实现省内游客旅游收入18.35亿元，同比增长41.5%；实现省外游客旅游收入31.4亿元，同比增长16.6%。

旅游收入居全省前10位的市为：济南9.15亿元、青岛8.38亿元、烟台5.85亿元、淄博5.66亿元、济宁3.36亿元、威海3.34亿元、泰安2.96亿元、潍坊2.88亿元、临沂2.49亿元、聊城2.09亿元。

二、“十一”黄金周国内旅游抽样调查情况分析

1.“十一”黄金周国内游客构成情况。在全省17市调查的7034名国内游客中，男性游客4145人，占58.93%，女性游客2889人，占41.07%，与去年同期相比，女性游客所占比重提高了2.77个百分点。

城镇居民6076人，占86.4%，非城镇居民958人，占13.6%。

按被调查的游客分年龄段看，25－44岁的4127人，占58.7%；45－64岁的1479人，占21%；19－24岁的1173人，占16.7%；65岁以上178人，占2.5%；18岁以下77人，占1.1%。

按被调查游客的职业分，企事业人员1807人，占25.7%；服务销售人员1005人，占14.3%；专业/文教科技人员977人，占13.9%；公务员931人，占13.2%；工人644人，占9.2%；学生471人，占6.7%；离退休人员401人，占5.7%；农民259人，占3.7%；军人197人，占2.8%；其他340人，占4.8%。

按游客来山东的次数分，第一次来山东的游客占58%，来山东2－3次的游客占31.9%，来山东4次以上的游客占10.2%。

2. 个人家庭或与亲朋结伴出游居多,旅行社组织的比例上升。从旅游组织方式看,个人家庭与亲朋结伴的有3706人,占52.7%;单位组织的1282人,占18.2%,旅行社组织的948人,占13.5%;采取其他方式的1098人,占15.6%。与去年同期相比,旅行社组织的游客比重提高4.9个百分点。

3. 观光/游览是游客出游的主要目的。“十一”期间我省各地开展丰富多彩的旅游活动,提高了游客观光游览的热情。按不同旅游目的分,观光/游览2747人,占39.1%,休闲/度假1485人,占21.1%;商务活动1096人,占15.6%;探亲访友641人,占9.1%;文化/体育/科技交流161人,占2.3%,宗教/朝拜56人,占0.8%,市内游客504人,占7.2%。

4. 省内游客近五成、省外游客以周边省份为主。被调查的7034名游客中,山东人游山东的省内游客占49.8%,省外游客占50.2%。其中列前10位的省外游客以我省周边省份为主要客源地,依次为江苏5.47%、河北4.44%、北京4.42%、河南4.27%、广东3.34%、辽宁3.34%、浙江2.66%、上海2.52%、黑龙江2.16%、山西1.92%。

5. 黄金周期间游客出游购物花费比重增加。从调查的7034名游客的出游花费构成上看依次为住宿(占23.1%),交通通讯(占18.8%,其中长途交通占15.4%、市内交通占2.4%、邮电通讯占1%),餐饮(占18.1%),购物(占17%),景点游览占(11.5%),娱乐(占5.4%),其他花费(占6.5%)。与去年同期相比,购物花费所占比重提高了2.5个百分点。

6. 国内游客对我省旅游服务质量的评价。用5分制表示,5分表示最好,1分表示最差。来自全国各地的7034名游客对我省旅游服务质量综合评价的平均分为3.91分,处于好的状态,分项看只有宾馆/饭店4.04分高于综合评价得分;低于综合评价得分的有餐饮3.9分,邮电通讯3.88分,购物3.86分,交通3.86分,导游服务3.84分,娱乐3.73分。

7. 国内游客对我省当地旅游设施的评价。国内游客对我省当地旅游设施评价打分显示,我省旅游设施综合评价得分为3.83分,得分比旅游服务质量的综合评价得分低0.08分,处于“硬件”略低于“软件”的状态。其中高于综合评价得分的有宾馆/饭店3.95分,餐饮3.87分,游览/参观点3.85分,交通3.84分;低于综合评价得分的有购物3.82分,娱乐3.72分,景区(点)厕所3.6分。

8. 国内游客对我省感兴趣的旅游资源排序。按国内游客对调查问卷所列我省主要旅游资源的感兴趣程度排序结果依次为山水风光(65.64%);文物古迹(55.57%);民俗风情(49.55%);生态旅游(32.29%);艺术/节庆活动(23.55%)。

三、“十一”黄金周国内旅游呈现的特点

1.丰富的旅游活动构筑起假日生活的精彩舞台。为使游客更好地领略齐鲁大地的秀丽景色,为国庆的山东增姿添彩,各地推出了有新意、有内涵、有特色的节庆旅游活动,活动的内容丰富、新颖,适合了各个年龄层次和不同爱好的游客需要。如曲阜国际孔子文化节、青岛国际时装周、威海海鲜节、淄博原山红叶节、博山饮食文化旅游节、聊城“江北水城”文化旅游节暨首届龙舟节、沾化冬枣节等一系列节庆活动,异彩纷呈,好戏连台。

2.新景点,新线路成为热点。各地开发建设了一大批新景点、新线路,吸引了众多游客纷纷前往,成为旅游的新卖点。如,青岛新改造的海滨步行道成为外地游客亲海、看海的最佳载体,巨峰游览区成为崂山旅游的新的亮点。群泉复涌成为济南旅游的最大“卖点”,趵突泉、千佛山、大明湖三大景区同时出现井喷,趵突泉最高日接待量达3万人次,外地旅游团队纷纷增加“泉水游”项目。曲阜明故城,泰山女儿家园,齐长城遗址、墨山风景区等新景点在节日期间开放,倍受游客欢迎。

3.自驾自助游成为新的旅游时尚。今年的“十一”是非典过后的第一个黄金周,越来越多的游客崇尚起回归自然,健康绿色的生态游,进工厂车间,居农家小院,一系列更为个性化的散客自助游及亲朋好友相约的小团体出游更加得到旅游爱好者的欢迎。随着城际交通管网建设的逐步完善和私家车、个人驾照拥有量的上升,各种私家车、自驾车出游已成为旅游新时尚。仅济南四门塔景区最多的一天就接待5000多辆,青岛市黄金周期间仅高速公路每天进入青岛的车辆平均超过4000辆次。各主要景区(点)停车场更是爆满,私家车数量猛增。

4.秩序井然,质量提高,游客消费心理趋于成熟。随着黄金周长假的制度化,消费者的旅游消费心理更加趋于成熟和理性,逐步将休闲度假、娱乐健身、探亲访友、消闲购物作为节日生活的主旋律,旅游生活的内涵更为丰富、多样。旅游业相关部门联合开展综合执法,集中整治违法违规行为,旅游市场秩序井然,服务质量提高,投诉率明显下降。优秀的旅游资源、良好的节日旅游市场秩序使游客满意程度明显提高。调查显示,游客对我省旅游质量、接待设施、价格的综合评价为“好”以上的比重分别比去年同期提高了1.23、1.48、2.35个百分点。

4-25 在逆境中培育旅游产业

——山东省2003年国内旅游状况调查报告

随着产业结构的调整和国民经济的快速发展,旅游业已成为国民经济新的增长点和新兴主导产业。我省旅游资源丰富,旅游产业尤其是国内旅游业有着广阔的发展空间,客观地分析旅游业发展现状,采取有力措施做大做强山东旅游业,是加快我省经济社会发展的重点之一。山东省企业调查队与山东省旅游局合作,在全省17个市组织开展了国内旅游抽样调查,2003年共调查宾馆及住宿设施4000家,调查监测旅游景点450个,回收游客调查问卷3.2万余份。调查结果对掌握全省国内旅游发展现状及结构特点提供了丰富的科学依据。

一、2003年山东国内旅游现状分析

由于受“非典”影响,2003我省接待国内游客自国家实行长假制度以来首次出现负增长。全年全省共接待国内旅游者8917.9万人次,比上年同期下降6.8%,其中过夜游客6467万人次,同比下降6.3%;一日游游客2450.9万人次,同比下降8.2%。实现国内旅游收入542.8亿元,同比下降5%。

(一)游客构成

1.客源地。调查资料显示:本省居民为山东省国内旅游最大的客源市场,2003年所占市场比重为51.6%。省外市场主要集中在周边省(市),江苏省位居省外市场首位。其他依次为河北省、北京市、河南省、辽宁省、广东省、浙江省、上海市、黑龙江省。以上9省市全年为我省输送64.9%的省外国内旅游客源。

2.性别。2003年来山东省的国内旅游者中男性游客比例占61.4%,明显高于女性,表明男性仍然是来鲁国内旅游者的主体。但是,女性游客所占比重上升2.8%,并且近几年一直呈现上升趋势。说明随着社会改革开放程度的不断加深,妇女受教育程度逐步提高,越来越多的女性不再局限于家务劳动,而是走出家庭,加入到旅游的行列中去开阔眼界。因此妇女旅游市场潜力依旧很大。

3.年龄。调查资料表明:25-44岁年龄段旅游者所占比重为62.1%,是我省旅游市场的主力军,并且有上升的趋势。中、青年人的旅游市场占20.3%,下降2个百分点。14岁以下年龄段游客同比增长幅度最大,所占比重为1.2%(去年占0.4%),提高0.8个百分点。

4.职业。来我省的国内旅游者中以企事业管理人员最多,占全部游客的25.5%;其次为服务销售人员16.1%;专业文教科技人员所占比例

由去年的第四位上升为今年的第三位；公务员所占比例下降 1.3 个百分点，退居第四位；农民、军人等职业旅游者比例都在 5%以下。

（二）旅游目的

从不同目的来鲁的国内旅游者所占比例的排序来看，观光旅游、商务、旅游度假、探亲访友是构成国内旅游者来鲁的主要因素。调查资料表明：来鲁国内旅游者中因观光、旅游度假为目的来鲁的人数较去年有所下降。这是因为二季度受“非典”疫情影响，人们暂时取消了外出旅游度假计划而造成的。探亲访友、商务活动、公务会议为目的的旅游者比例有不同程度的上升。2003 年来我省的商务旅游者增幅最高，同比上升 5 个百分点，会议旅游者比例与上年相比也增长了 0.8 个百分点。

（三）出游方式

2003 年个人、家庭或与亲朋结伴旅游的占 50%，旅行社组织的团体游客占全部游客的比例比上年提高了 3.2 个百分点，说明今年山东省国内旅游组织化程度有了提高，旅行社接待能力逐渐加强。有 19.2%的旅游者通过单位组织方式前来山东旅游，比上年提高 4.8 个百分点。

（四）停留天数

来山东的国内旅游者中有 79.6%在山东过夜，有 20.5%不在山东过夜，当天往返。与上年相比，在山东过夜的比例下降 0.9 个百分点。国内旅游者在我省的人均停留天数为 2.2 天，与上年的 2.33 天相比减少了 0.13 天。

（五）国内旅游者花费情况

2003 年来鲁的国内旅游者在山东的人均花费中住宿费占消费金额的 23.2%，占据首位；其次是餐饮消费，占总消费的 18.4%；再次是购物消费，占总消费的 17.7%。同上年相比，各类消费在总消费中的比重有升有降，购物消费虽然由去年的第二位降为第三位，但所占比例保持增长态势。

（六）国内旅游者对山东服务质量的评价

国内旅游者来到山东，通过亲身感受旅游服务的方方面面，形成对山东省旅游服务质量的综合印象。2003 年接受调查的国内旅游者对山东省旅游服务质量的总体评价趋好，基本满意度达 97.7%，比上年提高 0.6 个百分点。其中娱乐业基本满意度增长 3.1 个百分点，说明我省这几年在提高旅游服务质量方面已得到越来越多的游客认可。

二、2003 年全省国内旅游呈现的主要特点

（一）紧抓契机打造拳头产品

我省拥有壮丽的山川，绵延几千公里的海岸线，雄伟的古代建筑，数不尽的名胜古迹，自然景观与人文景观交相辉映，吸引了众多游客。今年我省以“黄金海岸”、“山水圣人’两大主线为重点，加快了旅游资源的开发利用。各地充分利用自然条件，抓住契机，开展丰富多采的旅游活动，打造出自己的拳头产品。如济南市“十一”黄金周期间，抓住群泉复涌的有利契机，及时打出“天下奇观，名泉复涌，四海宾朋，泉城旅游”的促销口号，各景区团队、散客大增，使整个黄金周的旅游市场呈现出人气兴旺的喜人局面，接待游客 157.9 万人，同比增长 21.8%。

（二）对旅游业的驾驭能力日臻完善

一场不可预知的非典型肺炎给国内旅游造成了较大的冲击，但通过这次非典，却使我们看到了我省旅游业的抗风险能力和自我恢复能力正在逐步增强。在这次与“非典”的较量中，大多数旅游单位都做到了“旅游停了，旅游业不能停”，利用旅游业务暂停这个机会，有针对性地整修、完善了自己的旅游基础设施，提升了自身的服务水平，筹划了新的旅游市场开发，从而在“非典”解除后能够取得“十一”黄金周这场旅游大战役的胜利，接待国内游客首次突破千万人次。调查资料显示，游客对我省旅游服务质量的基本满意度比去年同期增长了 0.6 个百分点，其中对娱乐业的满意度提高了 3 个百分点，对导游服务的满意度提高了 2.8 个百分点。

（三）特色旅游产品竞相进入市场

在开拓旅游市场的过程中，我省积极开发特色旅游产品，长期以来形成的个别地方和景区点一枝独秀的的局面已经被打破，特色旅游产品全面开花，例如生态旅游、森林旅游、农业旅游、民俗旅游、文化旅游、会展旅游等特色项目。全省旅游以观光旅游、休闲度假为主体，形成了较为丰富的旅游产品体系。特别是青烟威共同打造的“黄金海岸”、“渔家乐”、“农家乐”、“高尔夫”旅游品牌形

象更加突出。旅游产品结构由单一观光型向观光度假结合型转变。这些旅游品牌形象的树立表明,山东大旅游的新格局正在形成。这些特色产品,在旅游市场上具有较强的吸引力和竞争力。

(四)暑期和“十一”黄金周旅游带动效应尤为突出

今年暑期和“十一”黄金周期间,适值“非典”过后旅游市场的复苏期,人们的旅游愿望比较强烈,纷纷走出家门,享受旅游的快乐。我省各地适时推出多种措施开发旅游市场,以满足人们的旅游愿望,促进消费和拉动内需。调查显示,我省暑期接待国内旅游者2326.8万人次,实现旅游收入136.6亿元,均比去年同期增长6.6%。“十一”黄金周期间接待国内旅游者1002.8万人次,实现旅游收入49.7亿元,分别比去年同期增长20.1%和24.3%。

三、我省旅游产业发展存在的主要问题

(一)旅游产业各要素整合不够

旅游业是一个关联度很强的行业,“吃、住、行、游、购、娱”六个要素,涉及到经济社会的方方面面,是一个庞大的系统工程,哪个要素太弱都会影响旅游产业的整体实力。目前,我省还不能很好地把这六个要素整合在一起,不能充分发挥“游”对其他要素的拉动作用。“六大要素”中,“游”和“娱”虽然比去年同期略有增长,但所占比重依旧偏低。“游”只占总消费的9.8%,“娱”只占总消费的5.1%。在“购”方面,山东的旅游商品特别是旅游纪念品特色不够鲜明,游客反映山东旅游产品大路货多,体现山东特色商品少。难以调动游客的购物欲望。在调查问卷中,有许多的游客在购物一栏中为零。

(二)旅游产品开发单一

我省的旅游自然资源和人文资源十分丰富。但是,在旅游开发、利用、创新上还不够,开发无序,致使我省的旅游产品品味不高,从而难以产生较强的吸引力,留不住客人。调查资料显示,2003年来鲁的国内游客在鲁平均停留天数为2.2天,低于去年0.13天(去年2.33天)。虽然交通较从前发达是一方面的原因,但是这也说明了我省新景点、新景区开发不够,且开发单一,难以留住游客。

(三)整体包装 全面促销环节薄弱

旅游业是一个开放型产业,必须面对日益激烈的市场竞争,目前国内旅游业已经由卖方市场变成买方市场,山东省虽然具有丰富的旅游资源,但同样面对国内其他有吸引力的旅游大省的竞争。但目前我省缺乏整体宣传促销力度,有些地方客源增长依靠自然增长,甚至仍陶醉在旅游资源优势中沾沾自喜,盲目相信资源的吸引力是无限的,存在“等客上门”的习惯心理,在旅游淡季消极观望、旺季坐等客源,对旅游市场的发展变化缺乏敏感性,忽视对市场的开发和宣传促销,发展后劲乏力。

(四)缺乏跨区域合作

客源市场发展不平衡“一山一水一圣人”是我省多年来对外宣传的主打产品。然而,几年过去了,依旧是你推你的泰山,我推我的泉水,基本上各自为政,全省旅游市场对外宣传缺乏区域合作,造成旅游市场在全省区域间严重失衡。调查资料显示:2003年青岛市接待国内游客1654.6万人次,远远高于省城济南948万人次,稳居全省第一,而同为海滨城市的东营市接待游客125万人次,不足青岛的1/13,名次居全省最后。

国内旅游市场方面,对传统客源市场依赖很大,开拓远距离、新的客源市场力度不够,省内客源过半,省外市场以江苏、河北、北京、河南、辽宁、广东、浙江、上海、黑龙江等9省市为主,这10个省市占了客源市场的83%,其他客源市场所占份额较小。

四、对加快我省旅游业发展的几点建议

(一)发挥区域优势　加快区域合作

旅游市场在经历了景点竞争、线路竞争、城市竞争三个阶段后,现在已经进入了第四个阶段,即区域竞争时代。我省正在打造半岛城市群,旅游业应以此为契机,发挥区域优势,以山东半岛城市群为出发点,加强区域合作,发展我省的半岛城市游,开发出深度的旅游项目,吸引众多的游客前来观光。

(二)整合旅游资源　重视旅游与文化相结合

旅游资源的整合,就是将不同类型的旅游资源统一开发,整体利用,充分发挥资源的整体优势,求得旅游的最大规模效益。我省目前缺

乏一个能整体规划、协调和管理旅游资源的权威机构，使得旅游资源无法形成合力。建议政府加大对旅游事业的调控力度，将创建一流旅游大省的观念深入到每一个相关行业，追求旅游空间和效益的最大化，完成各方面旅游资源的转化、升值。舍得投入，进一步赋予旅游景点以新的内容，争取年年有新包装，月月有新内容。把独特的自然风貌与历史文化遗产有机地结合起来，以历史名人、重大历史事件为线索，深度开发出旅游精品。

（三）加快体制创新　更好的发挥市场机制的作用

充分发挥市场对资源配置的基础性作用，鼓励旅游企业向集团化、网络化、产业化方向发展。一是要调整旅游业所有制结构，进一步降低民营资本和外资进入旅游服务业的门槛。二是打破地区封锁和行业垄断，进一步开放旅行社和旅游景区。三是加紧制定和完善旅游行业管理的法规，进一步规范旅游业的市场“游戏”规则，营造公平公开的旅游市场，依法维护旅游市场的竞争秩序，重点打击违规经营、强拉强卖、欺客宰客、随意降低服务质量的行为，努力使我省旅游市场做到规范、有序，健康的发展。

（四）提高认识　加强旅游业的统筹规划

政府及有关部门要加强对当今世界旅游业的发展趋势及我省旅游业发展后劲的深入研究，把旅游业的发展纳入到国民经济的大前提下考虑，统筹规划，分步实施，整体推进我省旅游业的发展，重点解决目前我省存在的旅游设施“小、散、弱、差”的现状，要把旅游业发展规划与城市建设规划、土地开发利用、文物保护、交通通信等与旅游业相关的经济活动结合起来，打破“靠天（资源）吃饭”思维定式，构筑旅游大格局。

4－26　外商投资企业对山东省投资环境的评价

——山东省2003年外商投资企业投资环境调查监测报告

改革开放以来，我省大力加强基础设施建设，制定和完善吸引外资的一系列政策法规，不断完善市场机制，转变政府职能，在改善外商投资环境方面做了大量的工作，全省投资环境得到很大改善，为外资企业营造了一个良好的发展空间。我省投资环境还存在哪些问题？如何进一步改进和完善？在全球经济一体化加快发展和各省吸引外商投资的竞争日趋激烈的今天，这个问题尤为重要。为此，山东省企业调查队在全省随机抽取了171家外商投资企业对其负责人进行了问卷调查，到部分外商企业进行了访问座谈，从企业家角度对全省投资环境进行了评价跟踪调查。其中中外合资经营企业占52%，外商独资经营企业占43%，中外合作经营企业占5%。调查结果显示：山东投资环境明显改善，得到外商投资企业的较好评价，但在投资软环境方面仍存在一定的问题，亟待解决。

一、山东投资环境得到外商投资企业的较好评价

（一）对山东投资环境的总体评价

1. 对山东投资环境总的满意度达88.4%。在调查的171家外商企业负责人中，有88.4%的企业对山东的投资环境表示满意或基本满意，不太满意和不满意的分别占11.0%和0.6%，说明山东的投资环境明显改善，目前已得到大部分企业家的肯定。

2. 山东省内投资环境比较理想的首选地主要集中在东部。调查结果显示，外商认为山东省内投资环境比较理想的五个市依次为：青岛市、烟台市、威海市、济南市、潍坊市。认同率分别为96.7%、83.6%、80.2%、55.3%、42.2%。可以看出，我省东部地区投资环境明显好于西部地区。

3. 外商投资企业对在山东投资及获益的前景表示乐观。在被调查的企业中，有78%的外商投资企业对在山东投资和获益的前景持乐观态度，有20%和2%的企业对在山东投资的前景表示一般和不乐观。

(二)对企业投资"硬环境"的评价

"硬环境"主要包括水电供应、邮电通讯、交通运输等方面。完备的基础设施是外商投资发展的基本条件。调查结果显示，外商企业对我省投资"硬环境"的总体评价是比较好的。其中认为满意的企业占42.7%，比较满意的占55%，认为不太满意和不满意的占1.7%。不太满意和不满意的主要集中在对水电供应和公路运输等几个方面，分别是：对水电供应不满意和不太满意的占11.7%，对公路运输不满意和不太满意的占4.7%。

表1　**外商企业对山东投资硬环境的评价**

要素	企业认同率(%)				综合得分
	满意	比较满意	不太满意	不满意	
水电供应	48.54	39.77	10.53	1.17	87.13
邮电通讯	49.12	49.12	1.75		89.47
海上运输	44.44	50.88	2.92		86.90
公路运输	43.27	52.05	4.09	0.58	87.60
航空运输	42.11	53.22	1.17	1.17	85.85
总体评价	42.69	55.56	0.58	1.17	87.95

注：综合得分=(满意×100+比较满意×80+ +不太满意×60+不满意×40)÷100，得分区间为40-100分

(三)对企业投资软环境的评价

投资"软环境"是经济发展和社会环境的综合体现，主要包括法制环境、政策环境、市场环境、管理环境等多方面的内容。"软环境"在投资环境中处于十分重要的位置，很大程度上与政府职能部门的工作效能和服务水平有直接关系，是吸引外商投资的硬功夫。

调查结果显示，外商企业对我省的投资软环境总体评价还是比较好的。其中满意和比较满意的企业占94.2%，认为不满意和不太满意的企业占5.8%。对"软环境"评价不满意和不太满意的要素主要集中在人才优势、解决企业纠纷、城市管理水平、某些地方政府机关服务质量等几个方面。不满意和不太满意率分别为17.5%、17%、16.4%、15.2%。

表2　**外商企业对山东投资软环境的评价**

要素	企业认同率(%)				综合得分
	满意	比较满意	不太满意	不满意	
政策法规	39.77	54.39	5.26	0.58	86.67
投资导向	36.84	55.56	7.60		85.85
解决企业纠纷	22.22	59.65	14.62	2.34	79.65
产业政策	33.33	56.14	8.77	0.58	83.74
土地价格	22.81	63.16	11.70	0.58	80.58
政策稳定性与透明度	29.24	56.73	11.70	1.17	82.11
所在地政府机关公务效率	30.41	56.73	11.70	1.17	83.27

续表

要素	企业认同率(%)				综合得分
	满意	比较满意	不太满意	不满意	
所在地政府机关服务质量	33.92	50.29	14.04	1.17	83.04
税收征管	30.99	56.14	9.36	2.92	82.69
金融服务	32.16	59.65	6.43	1.17	84.21
信息服务	27.49	63.74	7.02	0.58	82.92
人才优势	21.64	60.23	16.37	1.17	80.12
劳动力市场	28.65	59.65	11.11		83.04
配套产品供应	23.98	65.50	7.60	1.75	81.64
社会治安	27.49	60.82	9.36	2.34	82.69
城市管理水平	22.81	60.82	13.45	2.92	80.70
总体评价	28.66	65.50	5.26	0.58	84.45

注:综合得分 =(满意 × 100 + 比较满意 × 80 + 不太满意 × 60 + 不满意 × 40)÷ 100,得分区间为 40 – 100 分

二、影响外商投资企业发展的几个主要问题

调查结果显示,近几年随着我省基础设施建设的不断加快,外商投资企业发展的硬环境已基本适应利用外资工作的发展,软环境也有了较好地改善。但是应该看到,我省在投资软环境方面还存在一些问题,许多因素还程度不同的制约着企业的发展,外商企业反映比较集中的是:

(一)资金紧张影响企业发展

调查结果显示,有 58.5% 的企业反映目前企业资金不足,制约了企业生产经营的发展。资金不足主要表现在企业流动资金周转困难,调查中了解到造成企业资金紧张的主要原因是外商企业融资难。当前受全球经济发展缓慢和国内信贷手续繁琐、融资渠道比较单一等多种因素的影响,企业很难从银行得到贷款,严重影响了企业生产周转的需要。另外还有部分企业反映税务部门出口退税不及时,长期占用企业的资金,也是造成企业资金紧张的一个重要原因。

(二)缺乏人才优势

调查中有 40.4% 的企业反映,缺乏人才优势是目前影响企业发展的重要因素。市场竞争说到底是人才竞争。人力资本已成为决定企业发展成败的主要因素。特别是投资高新技术产业,更需要有相应的高层次人力资本。我省在引进高新技术人才方面还有大量工作要做,人才引进优势还不够突出,对比南方沿海省份,我省的措施和力度还不够大。

(三)企业的各项社会负担没有明显减轻

全省各级政府多次理顺收费项目,收到一定成效,但目前乱收费现象仍一定程度的存在,外商企业对此还有不少意见。本次调查的 171 家企业中,仍有 4.7% 的企业认为今年承担的各项社会负担明显增加,有 15.2% 的企业认为有所增加,认为变化不大的企业占 73.7%,认为有所减轻和明显减少的企业只占 6.4%。

(四)市场竞争秩序仍需规范

调查中有 31% 的企业认为部分地方市场秩序混乱是影响企业投资发展的重要因素。对行业恶性竞争、制假售假、地方保护、不按约履行合同、拖欠货款等问题反映较强烈。期望各级政府加强管理,规范市场秩序,真正形成开放有序的市场经济体系,使外企和内企在有序的市场环境中展开公平竞争。

三、对政府和有关部门改善投资环境的几点建议

调查结果显示,外商投资企业对各级政府和有关部门进一步改善投资环境寄予期望,主要建议有:

(一)进一步规范收费行为

本项企业认同率最高,为 49.2%。要求进一步清理整顿各种收费项目,坚决取缔来自各级权力部门和执法部门的乱收费、乱罚款、乱摊派、乱检查等“四乱”现象。对于合理性收费,也应增加透明度,坚持公正、公开的原则,不能随意扩大收费标准和范围,切实减轻企业负担,维护好外商企

业的合法权益。

(二)增加融资渠道

企业认同率为42.7%。各级政府和金融部门要采取措施,解决外商企业资金紧张的问题,不断扩大融资渠道,在防范金融风险的前提下尽量简化信贷手续,缩短信贷周期,对条件好、科技含量高、扩大出口和有发展潜力的企业,政府要积极为他们创造股票上市发行的条件,尽可能的帮助企业解决资金紧张的矛盾。

(三)努力提高政府管理部门办事效率和服务水平

企业认同率为41%。营造良好的投资环境,必须继续转变政府职能,规范政府行为,努力提高政府管理部门的办事效率和服务水平。建立精干高效的管理环境,加快与国际接轨的步伐。

(四)完善市场法规,规范市场行为

企业认同率为39.5%。要根据国家的法律法规和政策规定,结合山东实际,加快建立和完善既符合世贸组织规则,又符合我国国情的市场经济的法律体系,严格规范市场竞争行为,坚决制止地方保护主义和部门保护主义,不断加大全省经济秩序的整治力度,为外商企业创造一个公平有序的市场竞争环境,保护好外商投资者的合法权益,使外商来山东放心投资。

4-27 经营环境日趋完善 存在问题不容忽视

——山东省2003年民营企业经营环境调查报告

加快民营经济发展是山东省经济工作的重点之一,省委、省政府发布实施了一系列促进民营经济发展的政策措施与推动方案,全省各地都在努力营造适宜民营经济发展的政策环境与发展环境。为了解民营企业对该省经营环境的评价情况,促进民营经济健康、快速发展,省企业调查队在全省随机抽取了166家民营企业对其负责人进行了问卷调查,从民营企业家的角度对全省民营企业经营环境进行了评价跟踪调查。调查结果显示:该省民营企业经营环境总体良好,得到了民营企业的较好评价,但资金不足、缺乏人才、市场行为不规范、社会负担重等问题仍然制约着民营企业的发展。

一、山东省经营环境得到民营企业的较好评价

(一)山东省民营企业经营环境总体良好

在调查的166家民营企业中,有20.5%的企业对该省的经营环境表示满意,65.6%的企业表示基本满意,认为不太满意或不满意的分别为12.7%和1.2%,说明该省民营企业经营环境总体良好,得到了绝大部分民营企业的认可。

(二)省内经营环境比较理想的首选地主要集中在东部沿海城市

调查显示,民营企业认为该省经营环境比较理想的5个城市依次是:青岛、烟台、威海、济南、潍坊,认同率分别为95.8%、78.3%、76.5%、57.2%、34.9%。

(三)民营企业对经营"硬环境"满意度达93.4%

近年来,随着对基础设施建设的不断投入,该省经济发展的"硬环境"已有了质的改观。

调查显示:民营企业对该省民营企业经营"硬环境"的总体评价比较好,其中认为满意的企业占39.8%,基本满意的占53.6%,认为不太满意和不满意的占6.6%。不太满意和不满意的主要集中在对公路运输和水电供应等几方面。其中对公路运输不满意和不太满意的占14.4%,对水电供应

不满意和不太满意的占8.4%(详见表1)。

表1 民营企业对山东经营硬环境的评价

	企业认同率(%)			
	满意	比较满意	不太满意	不满意
水电供应	51.8	39.2	5.4	3.0
邮电通讯	55.4	39.8	3.0	1.2
海上运输	39.8	37.3	2.4	0.6
公路运输	39.2	43.4	10.8	3.6
航空运输	40.4	32.5	3.6	1.2
总体评价	39.8	53.6	6.6	0

(四)民营企业对经营“软环境”的满意度达91%

相对于“硬环境”该省民营企业经营“软环境”的建设较为滞后。调查显示,民营企业对经营“软环境”的评价满意度比对“硬环境”的评价满意度低2.4个百分点,其中满意的企业占25.9%,基本满意的企业占65.1%,认为不太满意和不满意的企业分别占8.4%、0.6%,不太满意和不满意的主要集中在人才优势、土地价格、解决企业纠纷、城市管理水平、金融服务、政府机关公务效率等几方面,不太满意和不满意率分别为25.9%、21.7%、19.9%、18.1%、17.6%、16.9%(详见表2)。

表2 民营企业对山东经营软环境的评价

	企业认同率(%)			
	满意	基本满意	不太满意	不满意
政策法规	42.2	48.8	7.8	1.2
投资导向	34.3	50.6	11.4	2.4
解决企业纠纷	29.5	47.6	13.9	6.0
产业政策	35.5	52.4	8.4	1.8
土地价格	23.5	50.6	19.3	2.4
政策稳定性与透明度	30.7	53.0	12.7	3.6
所在地政府机关公务效率	35.5	47.6	13.9	3.0
所在地政府机关服务质量	36.7	47.6	12.7	3.0
税收征管	33.1	50.0	12.7	3.6
金融服务	36.1	45.8	13.3	4.2
信息服务	28.3	58.4	9.0	2.4
人才优势	24.1	48.2	21.1	4.8
劳动力市场	33.7	50.0	12.7	1.2
配套产品供应	30.1	54.2	10.8	1.2
社会治安	33.7	50.0	11.4	4.2
城市管理水平	24.1	54.8	15.1	3.0
总体评价	25.9	65.1	8.4	0.6

(五)民营企业对在山东投资获益的前景预期乐观

调查显示:民营企业对在山东省投资获益的前景预期持乐观态度,在回答“您认为在此地投资及获益的前景预期”问题时,有14.5%的企业认为很乐观;57.8%的企业认为比较乐观;25.3%的企业认为一般;只有2.4%的企业认为不乐观。

(六)与粤、浙、苏相比仍有差距

近年来，该省民营企业的经营环境有了长足的发展，但总体上看与广东等市场化程度和开放程度更高的地区相比，还存有某些差距。调查显示：民营企业认为我国经营环境比较理想的5个省份依次是：广东、浙江、江苏、山东、上海。

二、影响民营企业发展的几个问题

（一）资金不足制约企业发展

资金不足一直困扰着民营企业的发展，已经成为制约民营经济快速发展的最大瓶颈。调查显示，有65%的企业认为影响企业发展的主要问题是资金不足。资金之所以缺乏，根源在于部分地方思想观念落后，在于对民营经济认识上存在“误区”，在于融资渠道不畅通，致使一些职能部门有意无意地对民营企业设置了障碍，使民营企业在融资方面产生了困难。

（二）缺乏人才优势，内部管理水平不高

企业的竞争是人才的竞争，是企业之间人的综合素质的较量，缺乏人才优势是目前影响民营企业发展的重要因素之一。调查显示，有51.2%的民营企业认为自己的企业缺乏人才优势，内部管理水平不高。

（三）市场需求不足，企业经营困难

调查中，有28.3%的企业认为市场需求不足，究其原因，一是生产品种单一，产品销售不畅，有货卖不出去，造成企业存货占用资金增加。二是企业科研能力低，科技创新能力差，不能够及时生产出适应市场需求的产品。三是信息灵敏度低，不能够及时掌握市场需求信息等多种因素交互作用致使企业经营难度加大。

（四）社会负担没有明显减轻

近年来，山东省为快速发展民营经济，营造良好的民营企业发展环境，先后减免了民营企业承担的一些社会负担，出台了一系列支持民营企业发展的优惠政策，但在一些地方，乱收费现象仍一定程度的存在。调查中，仍有6.0%的企业认为承担的各项社会负担明显增加，有20.5%的企业认为有所增加，认为变化不大的企业占57.2%，认为有所减轻的企业占14.5%，只有1.8%的企业认为明显减少。

三、对改善民营企业经营环境的几点建议

（一）提高民营企业家的整体素质，重视引进和培养管理技术人才

企业竞争力的根源在于企业员工生产、管理积极性、创造性和其聪明才智的发挥。民营企业要从企业发展的战略高度，充分认识到人才引进和培养在企业发展中的地位和作用，转变企业管理模式，形成企业民主、科学、公平的用人机制，加大对人才的引进和本企业员工的培训力度，改善企业员工的工作、生活条件，注重企业文化建设，增强企业的凝聚力，提高企业的整体管理水平和技术水平。

（二）规范收费行为，减轻企业负担

调查显示，对政府改善经营环境所提期望中，有52.4%的企业希望调整税收优惠政策、规范收费行为、杜绝乱收费。

为改善民营企业外部环境，减轻企业负担，各地政府及有关部门要切实将企业利益放在首位，要加大从源头上堵住和治理乱收费行为的力度，实行收费公示制度，加强立法，加强舆论监督，加大宣传力度，要将各项政府许可的收费项目公开化、透明化，要使企业做到心中有数，增强企业的自我保护意识，进一步加大检查监督的力度，严肃查处对民营企业乱收费的行为，切实减轻企业的负担。

（三）拓宽融资渠道，切实解决企业资金困难

融资难，一直是困扰民营企业发展的一个重要因素。在回答“您对政府及有关部门改善经营环境有何要求”问题时，有44%的企业选择增加融资渠道。解决融资难问题要从多方面入手，各级政府和金融部门要运用多种途径，不断扩大民营企业融资渠道，解决民营企业资金难的问题，要积极扶持产品结构合理、企业信誉高、有发展潜力的民营企业，尽可能地帮助民营企业解决资金紧张的困难。民营企业自身也要通过改制等方式吸引、鼓励职工参股、控股，诚信经营，提高自身信誉，广泛吸纳不同渠道的资金，切实解决资金短缺问题。

（四）提高办事效率，完善市场法规，规范市场行为

调查显示，对政府改善经营环境所提期望中，有36.2%的企业希望提高政府管理部门办事效率，完善市场法规，规范市场行为。营造良好的经营环境，各级政府要理顺部门间的管理体制，防止政出多门、配合不力现象的发生。要推行政务公开，加快行政审批制度改革，简化办事程序，切实搞好“窗口”行业的管理。要结合山东的实际，加快市场环境的治理和建设，制止地方保护主义和部门保护主义，为民营企业创造一个公平有序的市场竞争环境。

4-28　扩量　促强　加快规模以下工业企业快速成长

——年销售收入400万元以上规模以下工业企业发展情况分析

规模以下工业（年销售收入在500万元以下的工业企业和个体工业户）是我省经济的重要组成部分，其中，年销售收入400万元以上的规模以下工业企业是众多规模以下工业企业中的亮点，也是近期极具希望发展成为规模以上工业企业的一大群体。了解全省年销售收入400万元以上的规模以下工业企业数量与分布、生产经营与发展潜力等情况，对于指导规模以下工业发展，促进我省工业再上新台阶非常重要。今年9月份省企调队在全省147个县级单位（含高新技术开发区）、1949个乡镇，对2002年底达到年销售收入400万元以上的规模以下工业企业进行了调查。调查结果显示：截止2002年底，全省规模以下工业企业中，年销售收入达到400万元以上的企业有6357个，其中年销售收入已达到500万元以上企业有1713个。这些企业发展势头较好，其中一部分企业具有较大发展潜力，但传统产业多，产品附加值低，企业管理水平不高等问题制约了企业的进一步发展。

一、调查企业生产经营情况

从2001年以来，调查的6357个企业在资产规模、生产与销售等方面保持了较高的发展速度，经济效益有较大增长。2002年，6357个企业平均资产421万元，比2001年增长32.8%，今年1-9月增长11.1%。2002年平均每个企业总产值540万元，比2001年增长13.9%，今年1-9月增长15.6%。2002年平均每个企业销售收入497万元，比2001年增长19%，今年1-9月增长17.4%。2002年平均每个企业实现利税41.6万元，比2001年增长21%，今年1-9月增长23.4%。2002年平均每个企业从业人员59人，比2001年增长19%，今年1-9月增长6.9%。

二、调查企业的分布

在县以下区域经济中，年销售收入400万元以上的规模以下工业企业，对于增加地方财税、扩大就业、提高居民收入等方面作用十分重要，对于进一步发展大工业也是重要基础。因此，各地都非常关注和支持这些企业的发展。从2002年末全省年销售收入400万元以上的6357个规模以下工业企业分市情况看，不平衡较为明显。排在前6位的依次是烟台（1617）、淄博（1109）、青岛（948）、临沂（488）、潍坊（370）、德州（304）。分行业类型看，6357个调查企业主要分布在机械设备制造业（1292）、非金属矿物制品业（1056）、食品加工（724）、纺织服装（625）。

表1　2002年分市年销售收入400万元以上规模以下工业企业数量

	企业数量		企业数量
济南市	94	泰安市	92
青岛市	948	威海市	247
淄博市	1109	日照市	110
枣庄市	231	莱芜市	19
东营市	73	临沂市	488
烟台市	1617	德州市	304
潍坊市	370	聊城市	99
济宁市	249	滨州市	105
菏泽市	202	全省合计	6357

三、调查企业发展潜力分析

从调查企业近三年总产值平均增长速度分析，有近1500个企业年总产值基本不变，约占调查企业的23%；有2700多个企业年总产值增长速度保持在10%左右，占调查企业的42%；有1250多个企业年总产值保持在15%左右，占调查企业的20%；增长速度在20%左右的企业有845个，占调查企业的13%。

从企业成立年限看，在6357个调查企业中，成立年限在2年以下的有782个企业，占12.3%；成立年限在2至5年内的有2801个企业，占44%；成立年限在5年以上的2774个企业，占43.7%。

从企业发展预期看，企业负责人认为本企业年产值达到500万元以上需要年限，预期需1年的有1922个企业；需2年的有831个企业；需3年的有1070个企业；有2534个企业负责人认为近几年内达不到规模以上企业规模。另外，还有1200多个企业预期在2至3年总产值能达到1000万元以上。

在扩大企业规模方面，有3494家企业计划增加投资，占调查企业的57%，其余企业没有扩大企业规模意向。

综合上述分析，年销售收入400万元以上规模以下工业企业大致可以分为四类：第一类是非成长型企业。这部分企业从成立开业起，就基本保持资产规模与生产规模不变。这类企业占有较大比重，主要分布在农副产品加工、石材、木材加工、机器零配件加工等行业，其原材料来源、产品销售市场相对稳定；第二类是稳定成长型，这类企业产销及经济效益比较稳定；第三类是成长不确定型企业。这类企业有一定发展潜力，但受市场因素影响较大，有的将在竞争中快速成长起来，也将会有一部分企业被市场淘汰。第四类是快速成长型。这类企业成立时间短，企业规模不断扩大，产销保持连续增长势头，将会在较短时间内发展成为规模以上工业企业。

对于调查的6357个企业，按上述四个类型划分，大体情况是，非成长型企业占30%，稳定成长型企业40%，成长不确定型企业占10%，快速成长型企业占20%。

四、调查企业发展中存在的问题

1. 调查企业群体规模小，地区分布不平衡。2002年全省规模以下工业（含个体工业户）单位数达51.6万个，总产值4091亿元。通过这次调查摸底，全省年销售收入400万元以上的企业6357个，年总产值343亿元。在单位数量上，占规模以下工业总体单位数量的1.2%，其年产值占规模下工业总产值的8.4%。调查企业不仅群体规模较小，在地区分布上也相对集中。分市看，青岛、烟台、淄博工业基础好，企业数量较多；临沂、德州近年来规模以下工业发展快，形成了一批规模相对较大，有一定发展潜力的规模以下工业企业。分县看，年销售收入400万元以上的企业，有的县达100多个，有的县仅有几个，甚至有的县一个也没有。

2. 产品技术含量低，产品销售市场狭窄。6357个企业中，属于高新技术型的仅有307个企业，占4.8%。由于大多数企业都属于传统产业，企业生产的产品以初加工为主，产品销售也以本地市场为主，出口产品比例小。据调查资料分析，调查企业产品在省内的销售产值占总产值的

72%,出口额占年产值的5%左右。在调查企业中,有40%的企业负责人认同产品档次低是影响企业进一步发展的主要因素。

3.企业资信差,贷款难度大。根据调查资料分析,在调查企业中,有82%的企业有银行贷款,但是,也有69%的企业负责人反映企业经营中资金短缺,贷款难度大。这种情况说明企业在生产经营中资金需求大,从银行进一步获取贷款受到了限制。贷款受限制的主要原因是企业资信差,达不到银行放贷的要求。提高企业资信度,树立企业诚信形象将是这部分企业在发展中需要努力解决的问题。

4.企业管理水平低。从调查企业负责人情况看,学历低,多是农民出身,缺乏现代企业管理知识。虽然企业已经发展到较大规模,但在管理上多是采取凭经验,一人说了算的方式,"家庭作坊式"、"家长管理式"特征比较明显。调查企业中,会计制度不规范的占20%以上。企业财务账证不全,记流水账,没有成本核算也是这些企业较普遍的现象。

五、加快规模以下工业企业快速成长的建议

从2001年以来,我省共有3640个规模以下工业企业发展成为规模以上工业企业,为我省规模以上工业的持续快速增长作出了贡献。促进一批有成长潜力的规模以下工业企业快速发展,对于带动规模以下工业的发展和快速增加规模以上工业单位数量,以增强我省工业发展的后劲非常重要。结合我省实际,提出以下建议:

1.扩量。首先要扩大规模以下工业总体单位数量。我省2002年规模以下工业总体(含个体)单位数量51.6万个,与1995年第三次工业普查数据比,增加了近10万个,但年均增长率偏低。根据调查资料分析,我省在规模以下工业单位总体数量上,仍有较大发展空间。无论是沿海经济发达地区,还是经济欠发达地区,都仍有较多的闲置资源有待开发利用。2002年我省仍有1/4的村属于工业空白村。和广东、浙江等省相比,我省规模以下工业单位数量明显偏少。因此,应进一步解放思想,放手发展规模以下工业,努力扩大规模以下工业单位数量。其次,要努力扩大具有成长潜力的企业数量。我省年销售收入400万元以上的规模以下工业企业6357个,仅占总体单位数量的1.2%,其中,具有成长性的在3500-4000个之间。这部分企业数量偏小,将影响规模以上工业发展的后劲。因此,应采取措施,在规模以下工业企业中,选择有较好成长性的企业,进行重点扶持,以工业整体实力。

2.促强。这次调查的企业虽然在产销、资产、从业人员等方面达到了一定的规模,但是,仍是属于弱势群体,其竞争能力,抗风险能力、赢利能力不强。应根据这部分企业的特点,在企业内部,要引导企业完善管理制度,鼓励企业股份制改造,提高企业公司制运作水平;加强培训,提高企业管理者素质,鼓励企业引进人才,鼓励更多的大学毕业生到这些企业就业。在企业外部,要进一步放宽企业融资条件,优化企业发展环境;加强产业结构调整力度,引导企业增加科技投入,提高产品档次。

3.减负。近年来,我省加强治乱减负工作,成效明显,但是,企业仍然普遍反映税外负担重。过多的检查收费项目,培训和应酬等活动,加重了企业负担,对企业的发展和正常经营带来不小的影响。在调查中,有许多企业年销售收入在500万元以上,已经符合规模以上工业企业标准,但企业强调种种理由,不愿进入规模以上企业,其主要原因是企业担心会增加更多的负担。因此,治乱减负工作仍应加强。政府及有关部门要进一步完善约束机制,规范收费行为,维护市场秩序,提高工作效率,为企业发展营造宽松环境。

第五篇

行业发展

5－1 2003年山东省纺织行业基本情况及前60强名单

一、基本情况

山东纺织工业是山东省重要的传统支柱产业，也是全国纺织工业的重要基地之一。2003年，全省拥有限额以上纺织工业企业1984户，职工99.5万人，完成工业总产值1597.3亿元，完成工业增加值430.2亿元，居国内同行业第三位；实现销售收入1514.5亿元，居国内第四位；实现利税133.1亿元，其中利润80亿元，居国内第三位；全行业实际利用外资12亿元；纺织品服装出口创汇75.2亿美元，同比增长28.3%，居全国第五位，拉动全省出口增长7.8个百分点，是全省出口创汇第一大产业。

山东纺织门类齐全，优势行业比较突出。已形成包括化学纤维、棉纺织、色织、印染、毛纺织、针织、复制、麻纺织、服装、纺织机械、纺织器材等在内的链式结构体系。主要产品生产能力和产量均居全国同行业前列：棉纺、棉布织机能力均居国内第一位；毛纺能力居国内第二位；印染能力居国内第三位；纱、布、针棉织品折用纱线量和呢绒产量均居国内第二位；化纤、印染布、服装产量均居国内第四位。

近年来，特别是党的十六大和省委工作会议以来，山东纺织服装行业认真贯彻省委省政府关于抓好纺织服装产业链的意见，解放思想，更新观念，加大措施，真抓实干，按照“调整、重组、改革、改造、升级”的总体要求及建设纺织强省的大目标，围绕“优化衣着类、提高装饰类、发展产业用品类”，突出“强化特色、壮大优势、发展品牌、填补缺门”，把发展服装作为促进整个纺织工业结构调整的龙头，以技术进步为先导，走新型工业化道路，培育建设以龙头企业为支撑、优势产品为纽带、上下游产品有机连接、配套互动的产业链格局，行业面貌发生了新的变化。

二、主要工作及成效

1. 以服装为龙头的纺织服装产业链建设初见成效。围绕8大类服装（西服、衬衫、针织内衣、针织时装、牛仔服装、时装、职业装、休闲运动装）产品链的配套生产，前端有化纤、涤纶、氨纶、锦纶、各种纱线等多种生产门类；中间有各类针织、梭织、无纺面料等生产门类；后端有西服、高档色织衬衫、系列牛仔服装、时装、职业装、功能性高档针织内衣、休闲运动装、针织时装以及睡袍、文胸、丝袜、拉链、线带等生产门类。由纤维、纺纱、织布、印染、服装，集辅料、饰件、设计、生产、销售环环相扣的产业链条生产格局正初见端倪，并收到良好效果。

2. 实施名牌战略有了新的进展。继2002年寒思、雪弛羽绒服获中国名牌之后，2003年又有耶莉娅西服，南山、如意精纺呢绒，亚光、孚日、喜盈门毛巾系列产品获中国名牌。经省政府同意，由省技术监督局公布的2003年山东名牌产品中，纺织有64家企业、70个产品名列榜中。

3. 技术创新能力有了明显提高，企业竞争力日见增强。行业内被国家和省确认的省级以上企业技术中心达27个，其中国家级1个；省重点实验室1个，中试基地2个，生产力促进中心1个。全省已有德棉、如意、枣庄海扬、滨印、南山集团、天香、正昊、潍坊四棉、潍坊二印9个企业被国家纺织产品研究开发中心确定为国家级产品开发基地，有22家纺织企业被确定为省级高新技术企业；泰安康平纳毛纺织有限公司被国家确定为第三批863计划成果产业化基地，济南正昊化纤集团的多功能新材料研究被确定为国家 863 攻关项目。近年来完成省、部级以上科研和科技创新项目 800 多项。许多项目经鉴定推广,取得了良好的经济和社会效益。特别是年产 2 万吨粘胶短纤维工艺与设备研究项目我省率先突破,填补了国内空白;济南正昊化纤集团的"醋酸钴生产新工艺"等 17 项成果获国家发明专利;即发集团的"甲克质纤维新型材料"和如意集团的"赛络菲尔双组分纺纱系列产品"荣获国家科技进步二等奖。坚持以高新技术改造传统产业、走科技兴纺之路,相继研制开发了诸多具有世界先进水平的新面料、新产品,形成了超级腊纺印染系列、超天然系列、转移印花系列、高档针织印花系列、导电布系列、休闲系列、概念化内衣系列等 15 大系列产品,为纺织服装产业的突破性发展创造了有利条件,有力地提高了企业的竞争力。

行业科技创新工作蓬勃开展。根据棉纺行业棉花紧张、价格升高的具体情况和行业发展的要求,我们采取信息引导、咨询服务等手段,鼓励和引导企业加大新型化纤产品研究开发力度,加大非棉产品开发和清洁生产工艺研究,开发生态纺织品。并依此做好 2003 年度科技和技术创新计划项目的审查和推荐工作。全行业共有 10 个项目列入省科技发展计划,获得 115 万元科技三项费用支持;有 14 项列入省技术创新重点项目计划,取得技术创新经费拨款 140 万元。全年完成科技和技术创新计划项目 60 项。其中非棉(或棉混纺)纤维应用开发产品项目达 40 项,取得了较好的经济效益。全年推荐国家技术创新项目 6 项。完成省技术创新项目 68 项,年新增销售收入 25 亿元,利税 5 亿元。行业共获省科技进步一等奖 1 项,二等奖 3 项,三等奖 8 项,获奖产品 18 个。

技术改造力度加大。经组织论证申报,纺织行业列入省 2003 年企业技术改造导向计划 90 项,总投资 71.8 亿元,比上年增长 19%。列入前八批国债技改项目 40 项,其中已完工 20 项,年新增销售收入 29.3 亿元,利税 5.5 亿元,创节汇 1.8 亿美元。围绕面料顶替扩大出口,突出抓了兰雁、如意六期国债技改项目的实施,均已投产。

4. 技术水平和企业管理能力进一步提高,为行业高质高效发展打下了良好的技术和管理基础。在"2003 年经纬杯全国细纱操作工职业技能比赛"中,山东有 2 名选手进入全国前 15 名,与江苏、陕西并列第一,潍坊四棉冯爱梅获全国技术能手称号(为全国第二名)和省总工会"富民兴鲁"奖章。在与省劳动保障厅联合举办的"全省棉纺织布(有梭)、修布和络筒操作大赛"中,有 32 人获"全省纺织行业技术能手"称号,11 人取得申报技师资格。通过大赛,进一步掀起了技术比武、爱岗敬业热潮,推动了行业操作技术水平的提高。有 2 人通过了山东省高级技能人才评审。制定了《山东省纺织行业技术工种从业人员实行职业资格证书制度的规定》,为职业鉴定奠定了基础。组织了 2002 年度企业管理现代化创新和优秀应用成果及管理创新优秀企业评审,共评审 16 项成果,已向省经贸委推荐。组织了新型气流纺纱机、倍捻机、细纱机、染整新技术、氨纶新产品的技术讲座和交流,邀请外国专家讲授国际先进技术和设备,为企业采用新技术、新设备打下了基础。狠抓了安全生产工作,全年未出现重大人身伤亡和火灾事故,为行业发展创造了良好的安全环境。

5. 纺织园区建设方兴未艾,特色产业集群崭露头角。随着近几年来全球纺织产业结构和地区布局的转移调整,我省纺织行业审时度势,以建设现代制造业强势产业为重点,充分利用与日、韩接近的地缘优势,积极承接其产业转移,加大了区域工业园区和特色产业集群的建设力度,一批新型纺织工业园区如雨后春笋纷涌而出。魏桥、即发、如意、万杰、鲁泰、孚日、亚光、绮丽、新郎、桑莎、大海、青岛纺织总公司及山东华润的园区建设已颇具规模,有的重点项目已建成投产。滨州、文登等市已将家用纺织品作为当地经济发展的龙头,在产业链配套、园区建设上具有一定特色。继 2002 年即墨、昌邑两市分别被中国纺织工业协会确认为中国针织特色产业名城和中国印染特色产业名城之后,又有文登、海阳、诸城、胶南市王台镇分别被命名为中国工艺家纺、毛衫、男装、纺机名城(镇),对全省纺织经济持续发展起到了积极的辐射带动作用。目前,产业集群在我省纺织服装产业发展中扮演着越来越重要的角色,决定着我省纺织服装产业综合竞争力的提升,已成为产业结构调整提升的重要组织特征之一。

6. 一批行业排头兵企业地位举足轻重,服装的龙头带动作用进一步增强。2003 年,全国棉纺织行业销售收入排序前 10 名企业中,山东就占 5 家,其中魏桥纺织集团名列第一;全国针织、化纤行业销售收入排序前10名企业中，即发集团、万杰集团分列本行业第一名。在2003年中国服装行业产品销售收入和利润总额双百强企业排序中，山东16家服装企业榜上有名，总数居全国第三位。2003年山东服装产量达10.4亿件，占全国服装总产量的10.6%，居全国第四位；实现出口创汇39.9亿美元，占全省纺织服装创汇总额的53.1%，居全省26大类工业产品第一位。

7. 企业改革改制进一步深化，民营企业发展步伐加快。涌现出了魏桥、即发、德棉、如意、亚光、兰雁、华纺股份、潍坊四棉等一批转机建制的重点企业集团。孚日、南山、大海、耶莉娅、红领、新郎、乐好、桑莎等一批民营企业发展日新月异，进一步壮大了我省纺织服装工业的品牌队伍，行业多种所有制结构、多元化投资主体格局已初步形成。

8. 思想政治工作和企业文化建设形势喜人，为行业持续快速协调健康发展奠定了良好思想政治基础。多年来，我们坚持以“三个代表”重要思想为指导，大力弘扬“爱岗敬业、拼搏奉献”和“辛苦我一个，美化亿万人”的行业精神，把思想政治工作渗透到企业改革和生产经营各个环节，积极探索企业文化建设新模式，把文化建设与生产经营、企业形象塑造、品牌建设有机结合，涌现出了一批文化建设先进企业：潍坊四棉、樱花集团、德棉集团、真情集团、银河集团被省委宣传部、省委组织部、省经贸委、省总工会联合授予“山东省企业文化建设示范单位”；潍坊四棉获全国纺织行业惟一一家“中国企业文化优秀奖”，在中国企业发展——中外企业文化2003年青岛峰会上，获“中国企业文化建设实践奖”。企业文化建设和思想政治工作的创新，为行业三个文明建设的健康协调发展奠定了良好思想政治基础。

表1

序号	企业名称	利润总额(万元)
1	南山集团	115918
2	山东魏桥纺织集团有限责任公司	85616
3	万杰集团公司	35739
4	山东龙喜集团公司	22772
5	鲁泰纺织股份有限公司	22500
6	烟台氨纶集团有限公司	22098
7	青岛即发集团股份有限公司	14703
8	烟台万华合成革集团有限公司	12000
9	诸城市新郎服饰有限责任公司	11985
10	诸城市桑莎制衣有限责任公司	10218
11	山东大海集团有限公司	9828
12	孚日家纺股份有限公司	9804
13	山东耶莉娅服装集团总公司	7428
14	山东鲁新毛纺织股份有限公司	7312
15	山东亚光纺织集团	6167
16	山东潍坊海龙股份有限公司	5662
17	山东金泉发展集团公司	5338
18	莱芜市纺织厂	4919
19	山东如意科技集团有限公司	4904
20	山东德棉集团有限公司	4263
21	德州双鸿集团	4229
22	山东省华乐实业集团公司	4190
23	青岛星火纺织集团股份有限公司	4020
24	青岛宏大纺织机械有限责任公司	4007
25	威海鑫泉集团公司	3812
26	烟台新潮实业股份有限公司	3783
27	兰雁集团股份有限公司	3600
28	江苏波司登股份有限公司山东分公司	3553
29	潍坊昌进织造有限公司	3419
30	潍坊四棉纺织有限公司	3258

续表

序号	企业名称	利润总额(万元)
31	青岛南南有限公司	3245
32	青岛纺织机械厂	3235
33	山东淄博绒线厂	3139
34	山东滨州环宇纺织集团有限责任公司	3008
35	山东省蒙阴棉纺织有限公司	2963
36	山东凤凰纺织集团公司	2950
37	华纺股份有限公司	2919
38	山东岱银纺织集团股份有限公司	2888
39	临清市鲁西棉纺织厂	2883
40	威海魏桥纺织有限公司	2858
41	青岛喜盈门集团公司	2856
42	山东省标志服装厂	2805
43	曹县百隆纺织有限公司	2763
44	冠县冠星纺织集团总公司	2742
45	山东金号织业有限公司	2741
46	昌邑市大富实业公司	2701
47	山东青阜(集团)有限公司	2692
48	泰安瑞泰纤维有限公司	2651
49	烟台华润锦纶有限公司	2537
50	淄博三元集团有限公司	2512
51	德州元济纺织有限公司	2476
52	山东省乐陵市希森提花毛巾厂	2440
53	临清市第二色织厂	2402
54	文登伊康纤维有限公司	2325
55	招远市佳丽网具有限公司	2323
56	山东后官集团有限公司	2302
57	青岛世原鞋业有限公司	2244
58	烟台汇丰纺织医用品有限公司	2205
59	威海市侨乡集团股份有限公司	2140
60	山东省艺达有限公司	2138

5－2 山东省机械行业发展综述及前100强名单

截至2003年底,省机械工业大行业共有工业企业3714个,完成工业总产值3532.9亿元,比上年增长26.6%;完成工业增加值923.24亿元,比上年增长21.3%;全年实现产品销售收入3263亿元,比上年增长36%;实现利税总额259.5亿元,比上年增长36.3%,其中利润155.2亿元,比上年增长44.2%。

省政府赋予机械办职责管理范围内的工业企业2943个,完成工业总产值(现价)2709.1亿元,比上年增长38.1%,比全国机械高6.2个百分点;完成工业增加值688.5亿元,比上年增长31.2%,比全国机械高5.2个百分点,比全省工业高8.5

个百分点；完成出口交货值247.5亿元，比上年增长43.2%，比全国机械高11.4个百分点，比全省工业高13.3个百分点；全年实现产品销售收入2471.9亿元，比上年增长40.7%，比全国机械高7.4个百分点，比全省工业高5.4个百分点；实现利税总额209.5亿元，比上年增长37.2%，比全国机械低3.2个百分点，比全省工业低2.5个比分点；其中利润128.7亿元，比上年增长44.7%，比全国机械低4个百分点，比全省工业低4.9个百分点。主要产品产量见附表。2003年末，亏损企业316户，比上年减少22户。亏损企业亏损额7亿元，比上年减少2.3%。

2003年，机械工业按照年初提出的"以大力振兴装备制造业为己任，以走新型工业化道路为总抓手"的工作部署，齐心协力，共同拼搏，在科技创新、结构调整、深化改革、市场营销、企业文化建设等方面，取得了可喜的成绩。全省机械工业生产销售增长强劲，经济效益大幅提高，保持了良好的运行态势。全年经济运行呈现四个主要特点：一是生产销售增长强劲，产销衔接较好。2003年，生产销售在上年增长30%以上的基础上，又实现了较高增长。各月累计增幅大都保持在30%－40%之间，且行业、市地发展相对平衡。13个行业全部增长，大都增长30%以上。17个市中有16个市机械工业都保持了两位数的增长。产销衔接较好，产销率不断提高，产销率全年为97.7%。二是效益增长高于产销增长，运行质量明显提高。利税和利润增长幅度一直高于生产销售增长幅度。全年利润总额增长44.7%，分别比总产值和销售收入的增长高出6.6和4个百分点。计算综合效益的几项指标均好于上年水平。如：总资产贡献率12.5%，比上年提高0.6个百分点；资本保值增值率119.5%，比上年提高11.3个百分点；资产负债率64.3%；流动资金周转率2.4次，比上年加快0.3次；劳动生产率75622元，比上年提高8.3%；产品销售率97.7%，比上年提高1.1个百分点。三是重点企业拉动作用明显，效益向优势企业集中。机械工业百强企业全年实现销售收入1226.1亿元，利税总额104.1亿元，分别占全行业的49.6%和49.7%。说明重点企业拉动作用明显，经济效益大幅度向优势企业集中。2003年销售收入前5名企业是：中国重型汽车集团公司、一汽解放青岛汽车厂、山东时风（集团）有限责任公司、北汽福田诸城汽车厂、小松山推工程机械有限公司。利税总额前5名企业是：中国重型汽车集团公司、一汽解放青岛汽车厂、小松山推工程机械有限公司、山东时风（集团）有限责任公司、大宇重工业烟台有限公司。四是行业结构呈现积极变化，创新能力有所增强。一方面，行业的组织结构在市场竞争压力下趋向优化，经济效益大幅度向优势企业集中；另一方面，行业的产品结构得到了不断调整和创新。全年完成新产品产值321.3亿元，比上年增长42.1%，比总产值的增长幅度高出4.1个百分点。

2003年机械工业的主要工作：(1)一手抓非典，一手抓经济。面对非典，党组采取电话调度的方式对部分企业进行调研，鼓励企业冷静应对，及时调整战略，一手抓非典防治，一手抓生产经营，力争使疫情造成的损失降到最低限度。广大企业积极采取各种措施，及时调整营销策略，终于使全年机械工业的销售收入和利税指标均取得了大幅提升。(2)精心组织，大力招商引资。对省政府下达的11亿美元招商引资指标分解落实到各市，并及时进行督促调度。在各市机械管理部门和企业的共同努力下，全年招商引资13.5亿美元，超额完成了省政府下达的任务。(3)采取有效措施，大力开拓西部市场。去年8月份，受省政府的委托，在兰州市举办了第二届山东省农业机械、运输机械、建筑机械、工程机械产品西部展销会。近100家重点企业展出了从拖拉机、重型车到零配件的300多种产品，吸引西部客商愈千人，现场交易额10.5亿元，比上届增长88%。(4)围绕行业发展，强化服务工作。贯彻省委工作会议精神，组织各市机械行办主任到南方学习考察先进省市的发展经验，研究制定了《关于加快我省机械工业发展的意见》。结合行业工作，举办了4期标准化培训班，对400多人次进行了质检培训，进行了高级职称的评审和省科技进步奖的评审工作等。(5)加强调查研究，指导行业发展。组织有关处室人员深入部分市地企业进行了调查研究，及时发现典型，并总结推广了山东时风集团、潍坊柴油机厂、山东鑫亚股份公司、济南二机床集团公司等一批企业，在重视技术改造和科技创新、及时调整产品结构、开发新产品和加强企业文化建设方面的先进经验。

2003年机械工业存在的主要问题和差距：一

是思想观念比较落后，企业改革步伐不快，机制不活。我省机械工业受传统思想的影响较大，满足于平稳发展；企业改革改制步伐不快，国有资本退出步伐较慢，所占比重仍然较大；企业机制不活是制约发展的重要因素，特别是用人机制和奖励机制不够灵活，在一定程度上影响了干部职工的积极性和创造性。二是产业结构、产品结构不够合理，高技术、高附加值产品少。支撑我省机械工业的主要有汽车、农机、电工电器和工程机械四个行业，而江苏有七个。我省高水平、高附加值产品少，形成经济规模的产品少，新产品产值率仅为12%，低于全国、全省平均水平；汽车发展虽然起步较早，但发展速度较慢，这是我省与上海、广东机械工业的主要差距。效益不高主要是农机所占比重较大。三是民营经济与三资企业发展较慢。浙江民营企业4080个，占该省机械企业总数的86%，江苏民营企业3852个，占79%，我省只有1780个，占57.6%。民营企业销售收入、利润所占比重，浙江分别为80.7%、80.5%，而我省分别为45.9%、58.3%。三资企业上海859个，所占比重33.9%，广东858个，所占比重35.9%，我省只有280个，所占比重11.9%，三资企业总产值、销售收入、利润所占比重，我省分别比上海低60.8%、60.7%、67.7%，分别比广东低52.7%、54.2%、60.6%。四是外经外贸发展缓慢，外向度不高。据海关统计，我省机械工业2003年出口总额为26.7亿美元，广东204.9亿美元，江苏94亿美元，浙江69.8亿美元，上海68.3亿美元。招商引资、引进技术总量小、项目少、形成规模经济的更少。五是技术进步与产品创新步伐不快。我省机械工业高新技术产品少，产品总体水平档次较低。目前达到国际20世纪90年代水平的产品约占15%，达到20世纪80年代水平的约占25%，尚有60%产品为20世纪80年代以前的水平。新产品开发及形成经济规模的速度较慢，去年我省新产品产值率为12%，上海为34.7%，江苏为15.0%，浙江为15.1%。

2003年召开全省机械工业科技专家委员会换届大会，成立了机械工业科学技术协会，组织专家对机械行业申报的119项省科技进步成果奖和省机械行业科技进步成果奖的评审工作，评出省科技进步一等奖3项，二等奖11项，三等奖29项；评出省机械行业科技进步一等奖15项，二等奖31项，三等奖58项；组织高级职称评审，共评出高级职称人员209名。

重大事项。投资57亿元、停产近四年的中韩合资企业山东大宇汽车发动机有限公司（以下称“山东大宇公司”），于2004年4月成功实现资产重组。山东大宇公司，前身是原一汽－大宇（烟台）汽车发动机有限公司（以下称“一汽大宇公司”），由中国第一汽车集团公司（以下简称“一汽集团”）、山东省汽车工业总公司（以下简称“山汽总公司”）和韩国大宇有限公司、大宇重工业有限公司、大宇汽车有限公司共同投资组建而成（中韩双方各占50%的股权），于1999年10月18日建成投产。后因韩国大宇公司的破产，一汽大宇公司按原订合资合同应返销大宇公司的产品无法返销，致使一汽大宇公司不得不于2000年7月6日停产。

为了能尽快盘活这笔巨大可用资产，加速发展山东省的汽车工业，2002年8月，经山东省人民政府和一汽集团多次磋商，最后达成共识：对一汽大宇公司的中方股权进行转让，实现资产的优化重组；将一汽集团和山汽总公司在一汽大宇公司中所持有的股权全部转让给山东省国际信托投资有限公司，并于2002年8月22日召开了山东大宇公司第一次董事会。省机械工业办公室房士义主任兼任山东大宇公司董事长，负责主持资产重组的全部事项。

在整个重组过程中，一汽集团撤出是前提，免除债务是关键，重组谈判是重点，员工队伍稳定是大局。为确保一汽撤出后公司的各方面平稳，各职能部门和广大员工本着对公司负责的精神，严肃认真对待交接工作，善始善终完成交接工作，确保交接期间公司的资产安全、资料齐全、人员稳定。免除原一汽大宇公司三亿多美元的设备债务是确保重组工作是否成功的关键。为此，在省政府先后四次分别照会韩国驻华使馆、驻青岛领事馆和大宇汽车有限公司的同时，董事长组织对因大宇方违约给合资公司所造成的损失进行认真核查并提出索赔要求。为配合通用方与大宇方股权转让谈判进程，适时向大宇方提出了召开特别临时董事会、违约追诉赔偿、免除债务等的要求。通过谈判，使大宇方同意了有关条件，免除大宇方对山东大宇公司的债务要求，促成了通用与大宇股权转让协议的签字。同时，按照山东与上海重组总体框架方案的要求，在省政府的统一领导下，董事长认真组织了山东与上汽集团等就其股权转让的谈判，历经多次波折，反复磋商，最后终于达成使得各方都较为满意的共识，促成了山东大宇公司的资产重组工作取得圆满结果。在整个重组期间，各方面的思想工作及时到位，公司广大员工始终情绪稳定，坚守岗位，确保了重组工作顺利进行。

表1　　2003年山东机械工业“销售收入百强企业”

		企业名称	销售收入(万元)
*	1	中国重型汽车集团公司	1518896
*	2	一汽解放青岛汽车厂	1216440
*	3	山东时风(集团)有限责任公司	848817
*	4	北汽福田车辆股份有限公司诸城汽车厂	507507
*	5	小松山推工程机械有限公司	357394
*	6	宏安集团有限公司	358588
*	7	大宇重工业烟台有限公司	346314
*	8	青岛泰发集团股份有限公司	269722
	9	上海通用东岳汽车有限公司	266746
*	10	山东五征农用车有限公司	232633
*	11	北汽福田股份有限公司潍坊农业装备公司	217324
*	12	万达集团股份有限公司	180170
*	13	山东临沂工程机械股份有限公司	177390
*	14	青岛变压器集团有限公司	163516
*	15	山东巨力集团有限公司	157049
*	16	山东工友集团股份有限公司	150028
*	17	青岛特种汽车集团公司	138978
*	18	烟台冰轮集团有限公司	137779
*	19	四方机车车辆厂	137000
*	20	山推工程机械股份有限公司	133200
*	21	青岛汉缆集团有限公司	131750
	22	南车四方机车车辆股份有限公司	129457
*	23	威海文隆电池有限公司	121887
*	24	烟台首钢东星(集团)公司	120538
*	25	一汽山东汽车改装厂	117320
*	26	山东双力集团股份有限公司	114000
*	27	山东省阳谷电缆集团有限公司	101817
*	28	青岛中集集装箱制造有限公司	101426
*	29	荣成华泰汽车有限公司	93706
*	30	山东华夏集团有限公司	96757
*	31	青岛马士基集装箱工业有限公司	95111
*	32	青岛捷能电工电子有限责任公司	94940
*	33	青岛中集冷藏箱制造有限公司	92482
*	34	威海恒大电机集团公司	91088
*	35	山东工程机械厂	88655
*	36	齐鲁考格尔集团有限公司	85330
*	37	山东渤海活塞集团有限责任公司	83200
*	38	山东鲁能泰山电缆股份有限公司	82142
*	39	山东莱动内燃机有限公司	78684
*	40	方圆集团	77765
*	41	山东蓬泰特种漆包线有限公司	72602
*	42	即墨市山前新国际集团公司	72510
*	43	山东环日集团总公司	71478
*	44	济南锅炉集团有限公司	66410
*	45	山东隆基集团有限公司	65200
*	46	山东大正实业(集团)有限公司	64010
*	47	文登市风机厂	63263

续表2

	企业名称	销售收入(万元)
*	48 济南机车车辆厂	60154
*	49 威海市齐全木机集团有限公司	59263
*	50 淄博汽车制造厂	58914
	51 青岛星电电子有限公司	56655
*	52 山东泰开电气有限公司	56391
*	53 济南二机床集团有限公司	56374
*	54 莱阳市鸿达建工集团	56094
*	55 山东常林机械集团股份有限公司	53611
*	56 山东英克莱集团有限公司	53450
*	57 中通客车控股股分有限公司	51197
*	58 迅力特种汽车有限公司	51029
*	59 山东齐鲁电机制造有限公司	50807
*	60 济南玫德铸造有限公司	50161
*	61 乐陵金麒麟刹车片有限公司	46760
*	62 烟台新牟电缆有限公司	45552
*	63 山东现代达驰电工电气股份有限	45324
*	64 信义集团公司	45020
*	65 章丘海尔电机有限公司	44569
	66 烟台来福士海洋工程有限公司	43698
*	67 济南古城实业总公司	43356
*	68 山东曲轴总厂	42591
*	69 山东华力电机集团股份有限公司	42556
*	70 泰安华泰铝轮毂有限公司	42000
*	71 招远市鹰轮机械有限公司	41850
	72 青岛协成光学有限公司	41775
*	73 山东省文登市建筑机械厂	40768
	74 泰安专用汽车制造厂	40430
*	75 山东省潍坊生建集团	40295
	76 青岛华天车辆有限公司	40015
	77 青岛海通车桥有限公司	39170
*	78 山东墨龙集团总公司	38766
*	79 济南一机床集团有限公司	38355
	80 烟台矢崎汽车配件有限公司	37710
	81 山东临沂临工汽车桥箱有限公司	37619
*	82 山东泰山锅炉压力容器集团总公司	37055
	83 威海固恒建筑机械厂	36871
*	84 龙口油泵油嘴股份有限公司	36505
	85 诸城市义和车桥有限公司	36117
	86 东方内燃机制造有限公司	35085
*	87 豪顿华工程有限公司	34782
*	88 山东莱阳信发集团公司	34645
	89 胜利高原有限公司	34166
	90 泰安起重机械厂	32879
	90 山东省吉明美工业有限公司	32879
*	91 济南柴油机股份公司	32730
*	92 山东拖拉机厂	32345
	93 德州福田汽车改装有限公司	32175
	94 烟台远星塑料机械有限公司	31914
	95 特变电工山东鲁能泰山电缆有限公司	31517
*	96 淄博工业搪瓷厂	31143
	97 山东梁山通亚汽车制造有限公司	30806
	98 青岛爱恩耐机械有限公司	30591
*	99 烟台华东变压器有限公司	30154
	100 青岛星华集团有限公司	30093

5-3 2003年山东省建筑业发展综述

2003年,全省建筑业认真贯彻落实党的十六大和省委工作会议精神,紧紧围绕行业改革发展大局,进一步解放思想,更新思路,开拓进取,真抓实干,全省建筑业得到持续、稳定、健康发展。全行业完成建筑业总产出3210.57亿元,增加值796.22亿元,分别比上年同期增长22.5%和13.3%;其中,全省资质三级及以上建筑企业完成建筑业总产值1485.89亿元,增长28.8%;按工程结算利润计算的增加值396.50亿元,增长27.9%,实现利税88.18亿元,增长32.1%,劳动生产率达到6.05万元/人,增长8.4%,竣工面积9139.84万平方米,增长13.3%。

一、抗击非典工作取得阶段性成果

全国非典型肺炎疫情发生后,全省建筑业面临压力很大。我们采取有力措施,抗非典、保稳定、促发展,确保建设系统没有发生疫情。一是加强对施工现场防治非典工作的领导。各级建筑业主管部门都成立了防治非典工作领导小组,全面加强对本辖区建筑业防治非典工作的指导和巡查力度。在全行业层层建立责任制,落实各项预防控制措施,自下而上形成了严密的防治非典控制网络体系。二是所有施工现场一律实行封闭管理。对现场和劳务人员以及车辆、建材等都加强登记管理和消毒措施。三是坚持严格的监督查处制度。四是多渠道、多方式开展防治非典活动。部分市建筑业主管部门充分发挥行业优势,昼夜奋战,克服困难,抢建"非典"定点医院或留验站,在抗击非典这场没有硝烟的特殊战斗中,表现出了建筑工人特有的吃苦耐劳、敢打硬仗的作风,有力地保证了抗非斗争的胜利。

二、工程质量管理和监督水平稳步提高

2003年,我们以推行《建筑工程施工质量验收统一标准》等验收规范为重点,狠抓工程质量监管。一是认真做好开展创建无质量通病住宅工程活动的总结,树立典型,确保创建活动取得实效。二是深入开展群众性质量管理和质量评优活动,评选出优秀QC成果一等奖22项,二等奖25项,三等奖40项,表彰优秀信得过班组30个,优秀质量管理者76名。三是加大对工程质量检测试验工作的管理力度,提高监督执法工作的科学性。重点对县(区)检测、试验机构和企业试验室等薄弱环节进行暗访式检查。目前,已对8家下达通报批评和整改通知书,个别严重违反标准要求的检测机构还被暂停检测工作。四是积极推进质量监督体制改革。截至目前,全省17市已有一半以上成立了质量协会(质量监督、检测协会),参加协会的各类企业近3000家,逐步形成了行业自律、政府督导、协会中介的良好局面。五是组织了"鲁班奖"、"泰山杯"奖工程的申报评审工作,工程质量投诉得到进一步加强。2003年,全省受理工程质量投诉296起,处理277起,结案率94%。

三、安全生产监督管理得到有效加强

以全面贯彻落实"一法两规定"为主线,强化安全监督管理,严格执行安全生产技术规范标准,深入开展安全生产专项治理,使全省安全生产形势保持了基本的稳定态势。一是认真落实安全生产责任制。制订了《山东省建筑安全生产管理目标责任书》,在与各市、区县建筑业主管部门、建筑

业企业、项目部之间,形成了一级保一级的安全生产目标责任体系。狠抓责任目标的考核与落实,发现问题及时追究有关人员的责任。二是积极开展创建安全文明工地活动。全年共有449个工地达到省级安全文明工地标准。三是加强了建筑业企业职工安全培训教育力度。在农民工、临时工、企业管理人员、特殊工种和培训教材等方面有了新的突破,共有3.36万人参加培训并取得安全资格证书,其中,企业法人代表、项目经理、安全员等1.1万人。并完成了《建筑安全技术标准汇编》二、三、四册的编印和《建筑施工机械操作工》教材的审订工作。四是进一步完善《山东省建筑安全生产管理规定》配套规范性文件,起草了《山东省建筑工程项目经理安全管理职责考核办法》和《山东省建筑装饰装修工程施工安全检查暂行标准》等文件,积极宣传贯彻《建设工程安全生产管理条例》,举办了宣讲班,强化了对建设工程安全生产的监督管理。五是认真开展安全生产专项治理活动。以起重机械设备(包括物料提升机)安全使用和防止高处坠落两个薄弱环节为重点,强化施工现场安全防护用具及机械设备管理制度,印发了《关于进一步加强起重机械设备和高处作业安全生产工作的通知》,加大了各项技术标准的宣贯范围和事故的查处力度,坚决按照"四不放过"原则和有关法律法规处理责任事故。

四、企业资质管理工作进一步加强

在企业资质就位后,进一步强化服务意识,规范审批程序。制订出台了《山东省建筑企业资质管理实施细则》,全年共审批了570家企业的资质。以资质动态管理为手段,在资质审批中适当控制了房屋建筑施工总承包企业的数量,大力扶持劳务企业发展。目前,全省申办劳务企业已达890家。建立了建筑业企业信用档案和资料库,将建筑业企业和项目经理的业绩、建筑市场违法违规行为、工程质量事故及其他不良记录输入数据库,向社会公开,为业主招标时资格预审和评标、工商部门注册和年审、银行信贷、保险和担保机构评估企业信誉提供信息服务,同时也作为建筑业企业的资质审批、年检和对外地企业实施备案管理工作的依据。对全省的项目经理队伍进行了全面的调查摸底,共审理上报一级项目经理1741名,审批二、三级项目经理16778名,项目经理队伍整体素质得到进一步提高。

五、国内外市场开拓取得较大进展

全省建筑业不断强化对外施工工作的组织领导,在招标投标、市场准入、队伍管理、技术培训、经济政策、协调服务、后勤保障等方面做了大量富有成效的工作;广大建筑业企业以市场为导向,苦练内功,充分发挥比较优势,积极拓宽施工领域,增强了市场竞争力。一是各级主管部门强化责任意识和服务意识,宏观指导力度不断加大。临沂市各级政府把发展外出施工和劳务输出作为振兴当地经济和脱贫致富的重要措施,设立专门机构和人员抓外出施工。淄博、潍坊、济宁等主管部门都成立了驻外办事机构,对外出企业加强领导,政策扶持和跟踪服务,均取得了较好的经济效益。二是初步形成了一批外向型队伍和人才。截至目前,全省共有36家建筑企业和9家设计单位取得了对外承包工程资格,获权队伍数量在全国是最多的。青岛建设集团、山东交通工程总公司等大企业对外承包业绩不断扩大,在我省开拓市场方面起到了模范带头作用。以肥城建安、滕州雄狮集团等为代表的中型企业,已经成为我省外出施工的骨干,并在长期的外出施工中锻炼了队伍,积累了经验,壮大了实力,培养了一批熟悉市场开拓的专门人才。三是外出施工的承包运作、经营方式呈现多元化格局,立足原有的分包工程、劳务承包,积极探索项目联合承包和施工总承包,将市场经营范围由单纯的房屋建筑向房地产、市政基础设施、电力、公路等专业领域拓展,前景十分看好。

为进一步推进我省建筑业发展外向型经济,加大开拓省外市场力度,9月中旬在肥城市召开了全省建筑业外出施工会议,邀请浙江广厦集团和南通三建作了经验介绍,表彰了外出施工先进单位,极大地调动了外出企业的积极性。

六、装饰装修市场管理力度进一步加大

全省装饰装修行业统一管理工作全部完成,各级主管部门围绕整顿规范装饰装修市场秩序,加大行业管理力度,促进了装饰装修行业的健康

有序发展。一是管理体制基本理顺,家装市场管理有所突破。全省14个市成立了装饰装修管理机构,3个市将装饰装修管理职能由相关处室分头管理,县(市、区)级设立装饰装修管理机构的有25家。强化家装管理,设立了家装专业资格和家装市场,目前,全省现已批准成立家庭居室装饰装修企业263家,成立家装有形市场12个,为百姓家居装饰提供了便利,推动了家装市场的进一步规范。二是装饰装修市场秩序明显好转。通过企业自查、市县抽查和全省综合检查的办法,共检查工程1803个,查出问题788条,补办各项手续156项。通过市场综合检查活动,工程建设各方执行法定建设程序有了明显提高。三是加强了装饰企业的工程质量管理,开展了创建精品工程,2003年共有11项工程荣获中国建筑工程质量装饰奖,54项工程获得装饰"泰山杯"奖。促进了全省装饰装修工程整体水平的不断提高。四是新标准、新技术、新规范得到进一步推广。在设计理念、施工工艺、材料运用、施工工具和环保水平等方面有了较大提高,装饰行业岗位培训和技能鉴定工作力度进一步加强,创造出一批社会满意、在省内外有一定知名度的标志性工程。

七、建筑科技、培训和鉴定工作再创佳绩

2003年,各级建筑业主管部门以提高行业队伍整体素质为目标,高度重视人才培养和施工新技术的推广应用,积极推进科技创新和技术进步,取得了明显成效。一是建筑科技创新力度进一步加大,促进了全省工程质量和安全管理整体水平的提高。全年共评选出117项全省建筑业新技术应用示范工程,审定省级工法73项,省建科院完成的《外墙外保温板的研究与应用》项目获省政府科技进步一等奖。二是岗位培训工作取得新成绩。今年共培训各类管理人员33499人,其中项目经理10653人,中级岗位管理人员16046人,继续教育6000人,企业经理800人,提高了各类管理人员的综合素质。三是职业技能培训鉴定工作继续保持了良好的发展势头。2003年共培训鉴定生产一线操作工人6.1万人,发放各工种标准规范和学习教材6.2万册,办理、核发职业技能岗位证书5.72万本,并进行了全省建筑行业职业技能教育资源调查,建立了行业高级技能人才评选制度,成功举办了山东省建筑行业职业技能大赛,为提高行业素质、增强企业市场竞争力做出了贡献。

八、清理拖欠工程款、民工工资和行业保障工作全面展开

国家六部委和省政府召开解决建设领域拖欠工程款电视会议后,全省各级建设部门高度重视,迅速行动,精心组织,周密部署,成立了清欠领导小组,并实行了目标考核,对全省清欠情况进行了调查摸底,建立了详细的拖欠台账,并设立了专门的投诉举报电话。为确保农民工顺利返乡过春节,各地加大了清欠工作力度,通过深入基层,说服教育,法律援助、行政干预,舆论监督等艰苦细致的工作,集中偿还了一批被拖欠的农民工工资。截至2003年底,全省已经兑付的农民工工资达3.86亿元,占全省拖欠农民工工资总数的21.4%。其中济南、青岛分别清偿农民工工资达6000余万元和1.2亿万元。

全省各级劳保机构以完善行业保障体系为重点,坚持足额收取,强化管理,热情服务,使全省建筑企业劳保管理工作取得新进展。一是提请省财政厅,出台了《关于进一步加强建筑企业养老保障金管理的通知》和《关于调整建筑企业养老保障金拨付等级和拨付标准的通知》,将"建筑企业劳动保险费用"更名为"建筑企业养老保障金"。二是在年初召开了全省劳保管理工作会议,与各市签定《目标责任书》,认真抓好开工前的预收和竣工结算,从而有效地保证了养老金的足额收取。今年全省共收缴养老金7亿元,比去年同期增长16.7%,完成年度计划的175%,向施工企业拨付了4.5亿元,为企业改革发展和行业稳定作出了重要贡献。

5-3-1　2003年山东省房地产开发市场不过热

2003年,对山东房地产界来说,是极不平凡的一年。在遭遇"非典"、央行房地产信贷政策、用地政策的冲击的情况下,房地产增量存量市场仍然比较活跃,突出特点是:供需旺盛运行稳健景气度较高。

一、2003年房地产开发形势的评析

总体:开发在比较景气的空间运行。从鲁房景气指数看,在2003年各月的景气值在105.0-107.5之间波动,到年底为107.3点,比上年提高0.51点,与房地产发展过热的1993年相比低12.6点。从指数的大小看,2003年山东房地产的运行处在比较景气的空间;从指数的波动幅度看,全年各月的波动幅度较小,运行比较稳健(见图1),从指数的趋势看,呈明显的上升趋势。综观全年,我省房地产业的发展形势具有"总体比较景气、运行稳健、态势上升"的特点。

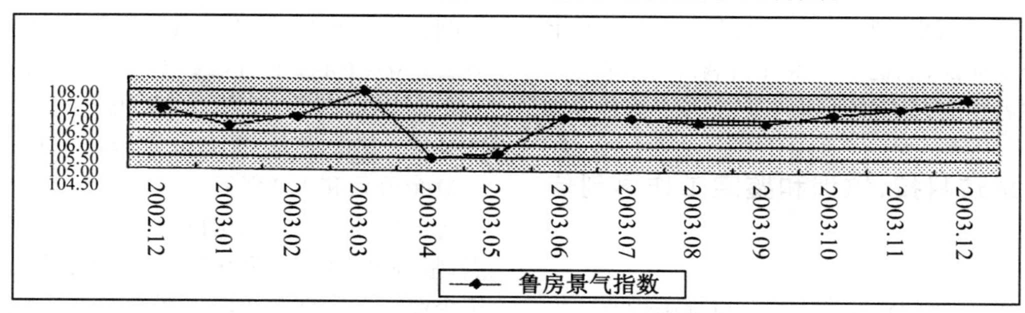

图1　鲁房景气指数趋势

主调:投资在高位运行。2003年,我省房地产投资一直保持了"总量扩张,高位运行"稳健发展的势头。一季度增长67.9%,二季度增长58.3%,三季度增长52.2%;到年底,全省房地产开发投资完成579.57亿元,增幅虽有回落,但仍增长48.4%,扣除投资价格上涨因素,实际增长40.1%;其中商品房投资431.28亿元,比去年同期增长44.9%。

主体:非公有制占绝对优势。随着公有制经济在竞争行业的有效退出,使非公有经济获得发展空间和平等竞争的机会,我省房地产投资主体发生巨大变化。2003年,在房地产投资中,国有105.99亿元,同比增长17.4%,比重18.3%;集体54.57亿元,增长5.0%,比重9.4%;而非公有制419.01亿元,增长68.4%,比重72.3%,比重比去年增加8.7个百分点,非公有制的优势相当明显。公有制企业的"垄断"地位减弱,非公有制投资主体的崛起,不仅有利于企业自主经营,也有利于房地产开发市场的有效竞争的形成,同时,企业的经营开发注重更多的是经济效益和可持续发展,因而开发投资更具有理智性。

市场:存量增量都活跃。在确保房地产新开发的增量市场活跃同时,加大了原有住房存量交易及房屋租赁市场的启动力度,尤其是省直房上市交易政策的出台,不仅活跃了存量市场,加速了房地产产品的交换和流动,促进了有效需求的增加,更重要的是增加了投资者的信心,激活了增量市场。从我省新建商品房空置总量看,到年底总量为529.85万平方米,比上年降低5.5%。从商品房空置率看,2003年空置率为8.3%,比上年(10.7%)降低2.4个百分点;其中住宅和经济适

用房的空置率分别为7.1%、2.2%，分别比上年降低1.8、2.0个百分点。按照国际通用标准（空置率的警戒线为10%），我省商品房空置率在比较安全空间内。

交易：销售增长快于产出。2003年全省商品房呈旺销态势，全年交易一直呈现出“销售增长快于产出”的现象，其中前11个月商品房的销售量均比竣工量大。到年底全省房地产开发企业共销售各类商品房屋2000.44万平方米，同比增长39.0%，比房屋竣工面积增速快12.4个百分点；其中住宅1790.05万平方米，同比增长41.7%，比竣工增速快10.8个百分点（见表1）。

表1　　全省房地产开发竣工、销售完成情况

月份	完成（万平方米）				同比增长（%）			
	房屋竣工	#住宅	房屋销售	#住宅	房屋竣工	#住宅	房屋销售	#住宅
1-3月	128.32	106.73	160.70	146.69	30.73	47.19	41.71	52.41
1-6月	396.97	332.59	513.09	464.22	7.17	18.68	40.63	45.06
1-9月	761.27	644.52	865.90	782.99	7.22	12.36	33.24	35.17
1-12月	2458.81	2068.72	2000.44	1790.05	26.56	30.89	39.01	41.74

价格：上涨平稳，炒作行为不明显。2003年底，我省商品房平均每平方米的销售价格为1729.87元/平方米，比去年增长7.9%。从年内各月的商品房销售价格指数变化情况看，呈平稳上涨趋势（见图2）；从商品房销售价格结构看，价格在4000元以上的占5.0%；3000－4000元的占5.4%；2000－3000元的占15.2%；1000－2000元的占54.7%；1000元以下的占19.8%；可见，我省商品房销售价格的主体在1000－3000元，其中1000－2000元的集中度最大。商品房销售主流仍是居民消费，并未出现成规模的楼盘热炒热卖现象。

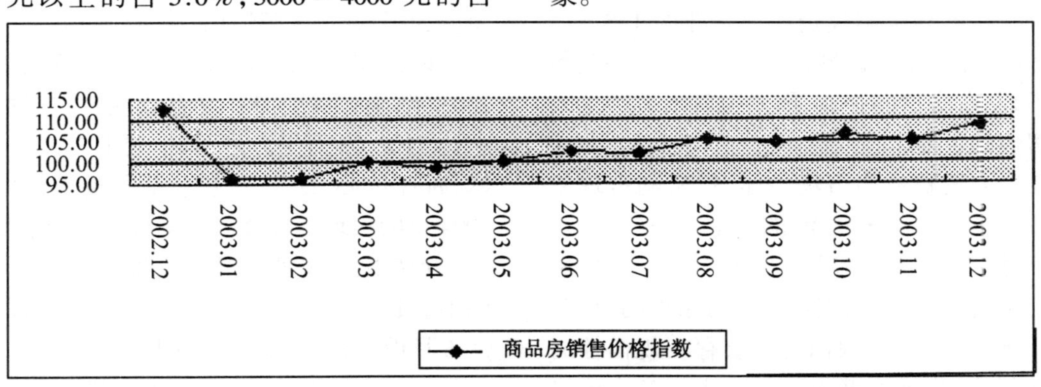

图2　商品房销售价格指数变化趋势

差距：与领头羊广东等省市的差距有所减少。2003年，我省房地产投资总量仍然在全国居第6位，但与先进省市的总量差距有所减缩少。我省房地产投资总量为579.57亿元，而同期广东、北京、浙江、上海、江苏的投资量分别达1209.92亿元、1202.48亿元、972.39亿元、901.24亿元、809.17亿元，分别为我省的2.5倍、2.5倍、2.0倍、1.9倍、1.7倍。

地区结构：房地产开发的“龙头”发展稳建。在2003年我省房地产开发投资中，处于“龙头”领先位置的是青岛市，占全省的比重为22.1%，其后依次是济南（15.5%）、烟台（12.4%）、威海（7.5%）、潍坊（6.4%）淄博（6.3%），其余各市均在5%以下，其中菏泽（1.4%）、滨州（1.1%）、莱芜（0.9%）。占全省开发量37.6%的青岛、济南两市的增速分别为23.3%、16.8%，分别比全省低25.1、31.6个百分点，增速最高的是日照（163.9%），比重为2.4%，处在14位。可见，决定我省房地产开发方向的“龙头”比较稳健。

综上所述，2003年，山东房地产开发市场出现的投资高潮并不是过热，而是整个经济加速发展的表现，这对经济增长和全面建设小康社会具有较大的促进作用。

二、2004 年我省房地产开发市场的展望

趋势之一：2004 年山东房地产仍会健康运行。从房地产发展趋势看，在 2004 年甚至近几年内，我省房地产都将在比较景气的空间内运行。其理由是：

一是宏观调控政策为房地产业的健康发展创造了良好的环境。房地产发展问题，已被各级政府所重视，宏观调控的力度较大，从而降低了房地产产生过热的机率。首先，财政政策和货币政策对高档房转向紧缩，新开发房型将向中低档集中，而没有大起的基础；其次，对房地产业管理在日益完善，开发投机行为将被遏制；其三，经济适用房和廉租屋政策的推行，可有效抑制房价的过度增长；其四，土地政策，统一管制，使用透明，土地炒作难以形成。

二是开发商没有垄断市场的势力。我省房地产开发企业的总资本不到 230 亿元，平均每个企业 1290 万元。省内企业最大投资在 5 亿多元（含土地购置费），不到全国投资首位企业的 1/8。在我省范围内，无论哪个区域，都尚未形成能够垄断本地市场，左右房价的企业，因而也就没有产生人为哄抬房价的可能。

三是个人消费成为市场主体，投机购房现象不突出。我省商品房销售的主流是住宅（占 89.5%），销售对象的主流是个人（83.7%）。购房者的目的是满足于居住、满足于住房条件的改善，而不是用来投资收益，因而也不会存在规模性的投机炒作行为，房地产开发也就失去了产生价格与价值严重背离的基本条件。

四是近几年的开发不会出现绝对过剩现象。2003 年，全省房地产开发竣工房屋面积 2458.81 万平方米（增长 26.6%），为历史最高。即使每年增长 30%，今后五年的开发总量不过 2.9 亿平方米，按现在城镇居民计算，平均每人增加建筑面积 7.6 平方米，使用面积增加 5.3 平方米，而 2003 年全省城镇居民人均使用面积为 19.62 平方米，五年后人均也就在 25 平方米左右。如果考虑人口的自然增长造成总人口及新婚人口的增加、现有住房的每年 4% 自然淘汰、居民拆迁等因素的话，每年按 30% 的建设速度，可以肯定人均使用面积达不到 25 平方米。因此，从需求角度看，近几年的房地产开发还不会出现绝对过剩的现象。

趋势之二：房地产开发投资将继续在高位上扩张。从决定房地产开发市场发展方向的土地、资金、市场、未完工程投资四个因素来看，我省房地产开发投资在高位上扩张运行的现象还将会持续一段时间。

一是土地储备增势强劲，投资扩张有基础。2003 年，全省房地产企业购置可开发土地 3592.02 万平方米，比 2002 年增加 1226.55 万平方米，增长 51.9%；已完成土地开发 2024.31 万平方米，尚有 1567.71 万平方米的土地未开发。按照土地政策，房地产企业购置的土地必须规定的时间内开发完毕，必将引起房地产开发投资的扩张。

二是房地产企业的资金准备比较充裕，投资扩张有保障。2003 年，我省房地产企业本年筹集到位的开发资金达 674.19 亿元，比上年同期增长 50.8%，领先投资增长 2.4 个百分点。

三是消费者的购房欲望增强，驱使开发商加大投资。2003 年，全省房地产开发商预售商品房所收的定金及预收款 251.99 亿元，增长 45.9%，企业为了履约就必须加大开发力度。

四是未完工程量较大，后续投资需求旺盛。2003 年，全省房地产开发企业在建施工的房屋面积达 7102.03 万平方米，其中竣工 2458.81 万平方米，尚有 4643.22 万平方米没有竣工，仅此一项，2004 年的房地产投资需求就会大大超过 2003 年。

趋势之三：房价仍有稳步上涨的可能，但涨幅不会超过 2003 年。2003 年，我省房价的上涨是从 6 月份开始的，最主要原因：

一是 6 月份 SARS 所积压购买欲望突然释放，引起的购房小高潮。

二是 6 月份央行 121 文出台，加高预售门槛、提高首付比例、加大二次购房和豪宅的购房交易成本等规定，促使消费者的购买提前实施。

三是 6 月份省委工作会议之后，各市投资环境改造力度迅速加大，居民拆迁购房需求突然增加。这三个原因同时出现，产生了需求的瞬间积聚，引起部分房源供应一时短缺，导致房价上涨。

综观我省房地产发展形势，目前仍存在一些促使房价持续上涨的因素，一是城市配套设施的完善、环境的美化必将引起商品房的增值。二是市场的需求仍然处于快速增长的态势。三是客观上，土地价格上涨、建材成本上涨、资金使用成本

加大，也必将引起价格的上涨。四是主观上，开发商没有降价意愿。开发商认为对同一区域产品，如果降价，一方面，对先期消费者不公平，引起他们的不满和恶意宣传；另一方面，也意味着企业经营不善、势力减弱，有损于企业的信誉和形象，因此，开发商尽量让房价往上涨。从需求角度看，2004年不会再有像2003年如此集中增加的现象，而是趋向平稳；从政策角度看，国务院18号文以及省政府116号文出台将是房地产业全面严格规范的开始，无论是地产，还是房产的炒作行为会被有效控制；从市场供应看，有2003年开工建设的经济适用房近400万平方米将在2004年竣工投放市场，可有效平抑房价；从销售对象看，销售主流是个人，开发商面对不易操纵、控制的个体消费者，自抬价格就意味着将消费者拒之门外，这显然违背了开发商追求利润最大化的意愿。鉴于这些因素的存在，我们认为今后一个时期商品房销售价格虽有上升可能，但总体还将呈平稳状态，涨幅也不会过大。

趋势之四：异地扩张引起房地产开发市场趋于一体化。从企业分布看，全省共2295家房地产企业，青岛、济南、烟台、威海四个市1393家，占60.7%；而德州、临沂、枣庄、聊城、东营、菏泽、日照、泰安、滨州、莱芜十个市仅有523家，仅占22.8%。从全省新房市场的空置商品房情况看，63.5%的空置集中在烟台（19.2）、青岛（18.2）、济南（13.9）、威海（12.2）四个市，而潍坊（2.8）、临沂（2.8）、德州（2.8）、济宁（2.3）、日照（1.7）、聊城（1.4）、莱芜（1.3）滨州（0.3）、菏泽（0.1）九个市仅占15.6%。无论是总体开发能力，还是开发产品数量，有的地区出现过剩，而有的地区却出现短缺，这将引起企业开发区域的异地转移与扩张。就我省而言，在异地扩张上，青岛、济南的企业走在了领先地位，异地扩张规模越来越大，房地产市场趋于一体化的趋势越来越明显。

三、我省房地产开发市场的问题与建议

不能否认，我省房地产市场体系还不够完善，还存有许多问题，一是部分房地产开发商的可持续发展的认识不足，市场运作不规范。主要表现在质量意识不强，存在着房屋质量差及蒙骗顾客的现象；配套服务意识不强，存在总体上的重先期开发、轻后期配套服务的倾向，增加了居民购置商品房的顾虑；长远发展规划意识不强，在某些企业还存在只重短期效益，忽视长远规划的现象。在市场运作上，也存在许多不规范行为，导致有关房地产方面的投诉增加。2003年，全省各地消协处理的有关房屋、建材、装修等投诉达3077件，比2002年增长29.3%，其中房屋1282件，增长33.1%。二是商品房空置量偏大，局部区域开发过剩与不足的矛盾依然存在。由于房屋设计、造价等方面与居民的实际需要尚有一定差距的矛盾依然存在，造成商品房空置消化较难。三是存在一定程度的体制制约因素，政府机关所属的房地产开发企业占相当比重，企业的自由竞争和异地扩张容易受到政府行为的干预。

为促进全省房地产开发业的健康、快速发展，在今后一个时期，应着重在以下几个方面做好工作：

一是城市房屋拆迁。城市房屋拆迁是一项民心工程，是各级政府工作的重点和难点。由于许多城市改造项目的建设超越了当地经济发展水平，资金严重不足，根本无多余资金对被拆迁人进行补偿，而城市拆迁改造区域大多是中低收入家庭比较集中的区域，这些中低收入家庭的住房因无足够的资金而不能及时解决，引起房屋拆迁的投诉、上访增多，其焦点就是拆迁补偿与再购房的资金需求差距较大。要解决这一问题，一要禁止严重超越当地财力的改造项目开工；二要储备一批较好地段中低档房和经济适用房以满足拆迁需要；三要建立由被拆迁人参加的评估公示制度。

二是土地供应与使用。建立一个公开、公平和长期稳定的土地市场，是政府、社会和房地产业界长期期盼的。各级政府不但要把好土地供应关，还要加强土地使用的监管。在土地供应上，应规范土地使用权出让市场，统一采用“招标、拍卖、挂牌”的方式供应房地产开发项目用地，提高市场运行的效率和透明度、改善市场竞争环境、降低在土地出让环节产生腐败行为。在土地使用监管上，要建立企业开发用地公示制度，加大土地使用的监管力度，严厉打击企业擅自更改土地用途行为、只购买不开发转手倒卖行为，提高政府对土地的控制力。

三是抑制房价过快增长。当前，房价与收入的反差较大。随着住房消费主体逐渐向个人转

化，这种反差较大的矛盾将越来越突出。解决好房价是保持房地产市场活力首要问题。从目前房地产市场形势分析，近期房价下降的可能性不大。因此，当前对房价问题的调控重点是抑制过快增长。首先，政府及相关部门应该增强对房价的调控能力，对价格与价值严重背离的区域和产品应实行“价格管制”，即根据不同地区、不同收入阶层的购买能力实行不同的价格政策，进行分类管理，建立价格构成公示制度，规范房地产开发市场的价格。其次，控制高档房，加大中低档房的开发力度，特别是加大经济适用住宅和廉租房开发力度，增加适合中低收入者消费的房源。其三，对空置较大的地区，调整税费，限期消化，让“沉淀”房源活起来。

四是企业异地开发的引导与管理。新房市场局部过剩与短缺的现象，必然引起企业开发区域的异地转移与扩张，这就给政府的引导与管理提出了新问题。对此，各级政府及有关部门一要做好引导，二要做好管理。

在引导方面，应建立一项制度，做好三个引导，即建立各地开发信息发布制度，让企业及时、准确地了解各地的开发状况。在区域上，引导企业向中小城市甚至农村转移；在产品上，引导企业向中低档房、经济适用房转移；在销售上，引导企业面向全省、全国甚至国外。

在管理方面，要把好“四关”，即企业准入关，包括企业开发资格的认定、实力的认定、信誉的核实等；项目投入关，加大资金到位的监管力度，特别是加大预收房款的监管力度，防止有的企业收取定金不开发、甚至携款而逃的现象发生；售后服务管理关，政府要适当收取售后服务保证金，以免外商完工撤资后留下出现质量等问题而无人问津的隐患；企业避税关，防止企业利用异地开发的时机，进行避税而减少财政收益。

五是房地产税费改革。房地产的“费”多，已被社会各界所关注，企业也深受其害。当前，各企业的税金比例比较均衡，而各种费用支出却很不均衡，最高的几乎占房价的四分之一。中共中央十六届三中全会也提出了“实施城镇建设税费改革，条件具备时对不动产开征统一规范的物业税，相应取消有关收费”的要求。因此，应该按照“简税制、宽税基、低税率、严征管”的原则，尽快推行和实施“费改税”政策，使企业在统一标准、统一条件下进行竞争。

六是拓宽融资渠道。2003年，在我省房地产投资中，主要渠道还是来自国内贷款、定金及预付款、自筹资金约占93.8%，而对外资的引用量太少仅占1.1%，上市发行股票进行融资的房地产企业一家没有。这种筹资方式是典型的靠自己发展自己，同时，也挤兑了我省有限的建设资金。随着信贷政策的落实，期房交易的停止，企业贷款、定金及预付款的收取必将会减少，开发资金短缺的矛盾会更加突出。因此，要尽快落实《国务院关于推进资本市场改革开放和稳定发展的若干意见》，建立完善的融资环境，建立房地产合作基金、房地产信托，扶持一些势力强的骨干企业发行债券、上市发行股票、募集民间资金，加大外资的引用力度，为房地产业的可持续发展提供资金保障。

5－3－2 建筑业产值5亿元以上的企业名单

法人单位代码	法人单位名称	县码	电话号码
163055989	中铁十四局集团有限公司	370102	8386431
264587722	青岛建设集团公司	370203	2824075
264316850	山东省建设建工集团有限责任公司	370102	8934871
864720937	胜利油田胜利石油化工建设有限责任公司	370502	8556885
168251022	临沂市天元建设集团	371302	8319021
864724487	胜利油田胜利工程建设(集团)有限责任公司	370502	8554112
706311441	烟台建设集团有限公司	370602	6657689

续表

法人单位代码	法人单位名称	县码	电话号码
163152287	山东三箭置业集团有限公司	370112	8326017
163056682	山东黄河工程局	370102	6987287
163048471	中国建筑第八工程局第一建筑公司	370102	8953741
163570841	中港第一航务工程局第二工程公司	370202	5756688
165422420	山东电力建设第三工程公司	370705	8657901
264323970	济南四建(集团)有限责任公司	370105	5951354
163152199	济南一建集团总公司	370112	8617074
163198744	济南铁路局工程(集团)有限责任公司	370105	2422437
706150385	山东聊建集团	371502	8386223
163054089	中国建筑第八工程局第二建筑公司	370103	7963832
168697163	山东冠鲁集团公司	371326	4228666
165922265	山东电力建设第二工程公司	370112	8961000
164426921	山东万鑫建筑总公司	370321	8510887
166697768	威海建设集团股份有限公司	371002	5224880
727830240	中国建筑第八工程局青岛分公司	370202	5732505
166086123	中铁十四局集团第三工程有限公司	370882	3493446
164102695	中国石化集团第十建设公司	370305	7501113
16304450X	山东电力建设第一工程公司	370112	8609318
737219541	博山万通达建筑安装公司	370304	4601634
168299800	临沂中铁第十四工程局第四工程处	371302	2967225
168357054	日照市中铁十四局集团第一工程有限公司	371102	3666277
163156798	济南市第二建筑工程总公司	370104	7934477
163152498	济南城建工程公司	370105	5953221
163047647	山东省工业设备安装总公司	370102	6944641
742415192	兖矿集团东华建设有限公司	370883	5388243
163572935	青岛市第二建筑工程公司	370203	2724793
163048885	山东省路桥集团有限公司	370104	7941241
16608112x	中铁十四局集团第五工程有限公司	370882	3638098
16410296X	淄博市建筑工程公司	370303	2167045
163043718	山东省送变电工程公司	370104	7957451
163042889	山东省筑港总公司	370205	3724347
718075722	青岛市胶州建设集团有限公司	370281	7212796
754494588	山东莱钢建设有限公司	371203	6827015
164417590	山东齐泰建工实业股份有限公司	370321	8080360

5-3-3 房地产投资1.5亿元以上的企业名单

企业名称	法人码	行政区划码	邮政编码	电话
济南市房地产开发服务中心	264376888	370102	250011	6417806
山东三箭房地产开发有限公司	732606198	370102	250063	6071554
三联集团城建开发总公司	163072885	370103	250002	2860045
吉林金都集团龙口房地产开发有限公司	743362440	370681	265701	8529788

续表

企业名称	法人码	行政区划码	邮政编码	电话
青岛海信房地产股份有限公司	264597808	370201	266071	3892775
威海中兴房地产发展有限公司	613750963	371004	264205	5983969
青岛天泰房地产开发股份有限公司	730626750	370201	266100	8012305
淄博万杰房地产开发有限公司	164162911	370304	255213	4650660
烟台通伸力高房地产开发有限公司	730680335	370602	264000	6226256
菲港敏惠龙口房地产开发有限公司	728626508	370681	265701	8539142
青岛城市建设集团股份有限公司	718062294	370201	266003	2870170
山东省乐成置业有限公司	730659923	370112	250012	6038088
山东凤凰城发展有限公司	729283711	370112	250102	8237162
龙口市商品房经营公司	169439932	370681	265701	8505198
青岛凯旋地产有限公司	724000006	370212	266061	8890575
山东创业房地产开发公司	164123736	370303	255032	2170744
日照市山海天旅游区开发建设总公司	168364529	371101	276825	8315887
章丘市城市建设综合开发公司	163447309	370181	250200	3213583
烟台鲁能合诚房地产开发有限公司	OS2194511	370613	264003	6890366
山东省建设建工集团房地产开发有限公司	705896652	370102	250014	2660323
临沂工业品金鹰房地产开发有限公司	733726204	371301	276002	8213930
聊城当代集团有限公司	167886786	371503		
潍坊国大房地产开发有限公司	74784288x	370797	261031	8799279
临沂双月园物业发展有限公司	614009157	371301	276017	8285666
济宁市巨龙房地产开发有限公司	267119297	370801	272000	2361366
济南阳光壹佰房地产开发有限公司	731722517	370104	250022	7169002
德州市天宇房地产开发有限公司	706386363	371401	253000	2365555
临沂市玉山房地产开发有限公司	74020915X	371301	276004	8116982
胜利油田胜利房地产开发有限责任公司	728632174	370501	257011	8796674
济南市拆迁服务公司	26430610x	370102	250011	6417863
蓬莱市蓬达房地产开发有限公司	706375963	370684	265600	5630212
山东省三名投资有限公司	731690463	370112	250061	2678606
青岛百通城市建设有限公司	713703988	370213	266100	7631068
青岛市房产置业开发有限公司	730612949	370203	266011	2815287
德州市嘉诚房地产开发公司	723864865	371401	253012	2616266
临沂澳龙国际物流城有限公司	743395162	371301	276000	8320888
威海长青房地产开发公司	726204977	371004	264205	5281753
烟台开发区彩云城房地产开发公司	726691470	370690	264006	6381666
济宁鲁兴房地产开发有限公司	613590197	370801	272003	2214923
莱阳市盛隆房地产开发有限责任公司	169799583	370682	265200	7291291
东营市胜中房地产开发有限责任公司	72326451x	370501	257000	8785614
济南舜华园建设发展有限公司	70588036x	370103	250014	2925148
烟台九隆置业有限公司	743298662	370602	264000	6873279
临沂市房地产集团总公司	168291614	371301	276004	8317787
淄博高阳房地产开发有限公司	728628028	370305	255400	7117009 – 822

5-4　2003年山东省煤炭工业情况

综述：截至2003年底，全省煤炭行业共有工业企业357个，其中大型企业7个，中型企业19个，职工年平均人数48万人。全年全行业完成工业总产值483亿元，比上年增长14.6%；省属煤炭企业实现工业增加值148亿元，比上年增长18.3%；出口创汇5.6亿美元；完成利税43.5亿元，比上年增长28.7%；完成利润12.7亿元，比上年增长84.3%；完成省部级以上技术改造项目41项，投入技改资金46.7亿元，分别比上年增长17%和12.5%。截至2003年底，省属煤炭企业固定资产总值达471亿元，净值为300亿元，其中2003年新增固定资产49亿元。全年共生产原煤1.45亿吨，比上年增长12.7%。安全生产形势基本稳定。全省煤矿百万吨死亡率为0.67，同比下降17.3%。省属煤矿原煤百万吨死亡率为0.28，市县属煤矿原煤百万吨死亡率为0.44；乡镇煤矿自停产整顿以来安全状况趋于好转。非煤产业继续保持好的发展势头。省属重点煤炭企业共完成多种经营产值及经营收入175亿元、销售收入160亿元、实现利润6.6亿元、税金4.9亿元，分别比上年增长43%、36%、22%和32%。

改革改制：关闭破产工作稳步推进。妥善解决了龙泉、枣庄、朱子埠、汤庄、坊子5个第一批关闭破产煤矿的遗留问题，张庄、禹村、西港、国家庄、大封、山家林、陶庄、夏庄、塘崖等9个第二批实施关闭破产的煤矿全部进入法律程序，泉沟、南冶、汶南、西河、双沟、南定、八一、井亭、杨庄、草埠、洼里等11个第三批实施关闭破产的煤矿全部列入了国家关闭破产计划。上述25个煤矿，共涉及在职职工10.8万人，离退休人员5.9万人，资产29.2亿元，负债33.6亿元。实施破产后，可从源头上消灭亏损7亿元。物业管理改革、医疗制度改革、“三项制度”改革、剥离企业办社会职能等改革工作逐步深入，主辅分离辅业改制工作逐步展开，临沂矿务局、淄博矿业集团公司的实施方案已通过省经贸委等部门联合审查。

企业管理：切实加强企业投资管理力度，避免粗放型投资，防止发生大的投资损失。抓住当前市场好转的有利时机，按规定计提包干工资和各项费用，补还企业历年积累的欠账，增加企业实力。狠抓现代物流管理，引导煤炭企业改革传统的物流方式和组织形式，组建以集团公司物流管理部门为龙头、以大型物资供应超市为平台的物流配送中心，形成对内市场化服务、对外放开经营的新机制。截止目前，省属重点煤矿基本都组建了物资超市，降低了采购成本。管理创新成效工业区显著，省属煤炭企业13个项目被省经贸委评为山东省企业管理现代化创新和优秀应用成果，兖矿集团被评为山东省企业管理创新“十佳企业”，淄博矿业集团被评为山东省企业管理创新“优秀企业”。

结构调整：煤炭主业进一步优化整合，完成了全省煤炭资源勘探和开发利用状况的全面调查，修订完善了加强煤炭资源合理开发和有效利用的规划措施，加快压煤村庄搬迁，解放了一批煤炭储量，合理规划建设了一批新矿井。全省404对生产矿井逐矿、逐系统重新核定了生产能力，对20处资源枯竭、安全生产条件差的矿井予以关闭；新开工各类矿井8对、新立项矿井9对，设计能力分别为340万吨、945万吨。非煤产业突出抓了能够对经济发展起支撑作用的重大项目，一批规模较大、科技含量较高、市场前景和效益较好的项目开工建设或建成投产。省属重点煤炭企业规划建设的新开工非煤项目151个，完成投资58.2亿元。

市场营销：煤炭企业以提高经济效益为中心，正确处理生产增长速度与经济增长质量的关系，根据市场变化适度调控煤炭产量，加大产品结构调整力度，适时调整煤炭市场价格，煤炭产需衔接较好、供求基本平衡，全年生产原煤1.45亿吨，其中洗精煤产量3038万吨，同比增长11.1%；销售商品煤1.39亿吨，同比增长16.3%，煤炭产销率为98.8%。行业经济总量和效益稳步增长，实现销售收入474亿元，同比增长23.7%。省属重点煤炭企业在消化处理往年各种潜亏挂账及坏账损失14.2亿元、提取维简费6亿元、包干工资累计结余22.6亿元的基础上，实现利润12.7亿元，经济实力和抗风险能力显著增强。积极依法整顿煤炭经营秩序，为983户企业颁发了煤炭经营资格证书，有效地规范了煤炭经营秩序。

安全生产：始终把安全放在各项工作的首位，以深化“双基”建设为总抓手，通过加大安全技措投入，加强安全监督检查和专项整治，狠抓重大事故隐患的排查治理，对179处乡镇煤矿进行停产整顿和其余80处乡镇煤矿汛期停产检修，持续不断地开展安全生产大检查，取缔了一批非法开采和不具备安全生产基本条件的小煤矿，有效遏制了事故的发生，使安全形势总体上比较稳定。依法合理组织煤矿生产，加大了对煤矿特别是国有重点大型煤矿超核定能力生产问题的治理力度。全年全省煤矿共发生死亡事故38起，死亡97人，百万吨死亡率0.67。与去年同比，事故起数减少42起，减少死亡7人，百万吨死亡率下降17.3%。肥城、龙口矿业公司杜绝了死亡事故。

5-5 2003年山东省石油化学工业基本情况

一、2003年石油化学工业总体概况

企业个数：1566个。

职工人数：576222人，同比增长4.7%。

资产总额：1856.4亿元，同比增长15.4%。

负债总额：915.5亿元，同比增长14.4%。

完成工业增加值850.4亿元，同比增长14.9%，占全国石油和化学工业增加值总额的14.8%，占全省规模以上工业企业增加值总额的18.1%，其中地方化工完成工业增加值454.1亿元，同比增长20.1%。

实现销售收入2382.1亿元，同比增长34.8%；销售收入占全国石油和化工行业总额的13.2%，居全国第一位；占全省规模以上工业企业销售收入的16.0%，居全省工业行业第二位。其中地方化工实现销售收入1570.2亿元，同比增长40.9%。

实现利税396.7亿元、利润249.8亿元，同比分别增长42.7%和52%；利税、利润总额分别占全国石油和化工行业的13.7%和14.0%，占全省工业的24.7%和27.3%。其中地方化工实现利税157.9亿元、利润91.4亿元，同比分别增长45.5%和61.9%。

两项资金合计226亿元，同比增长12.1%，其中应收账款138.8亿元，同比增长12.8%，产成品存货87.3亿元，同比增长10.9%。

主要化工产品产量：

化肥：512.6万吨，同比增长12.9%；

农药：7.5万吨，同比增长11.3%；

烧碱：165.4万吨，同比增长25.3%；

纯碱：183万吨，同比增长7.2%；

硫酸：353.6万吨，同比增长7.1%；

浓硝酸：29.2万吨，同比增长4.7%；

纯苯：20万吨，同比增长9.8%；

精甲醇：22.6万吨，同比增长47.7%；

苯酐：20.5万吨，同比增长1.3%；

油漆：18.2万吨，同比增长23.9%；

染料:4.7 万吨,同比增长 7.5%;

塑料:122.5 万吨,同比增长 12.5%;

轮胎:6685.6 万套,同比增长 12.8%;

输送带:2330.8 万平方米,同比增长 21.0%;

胶鞋:5731 万双,同比下降 10.6%;

原油加工量:2423.0 万吨,同比增长 14.3%;

天然原油:2665.5 万吨,同比下降 0.2%。

二、主要小行业发展情况

石油化工制造业:118 户企业,实现销售收入 666.3 亿元,同比增长 38.2%,居全国第二位。实现利税、利润分别为 55.4 亿元、16.8 亿元,同比分别增长 36.8%和 130.6%。

橡胶制品业:282 户企业,实现销售收入 339.9 亿元,同比增长 35.4%,居全国第一位;实现利税、利润分别为 27.9 亿元、14.9 亿元,均居全国第一位,同比分别增长 28.3%和 45.6%。

化肥制造业:187 户企业,实现销售收入 232 亿元,同比增长 25.8%,居全国第一位;化肥行业实现利税、利润分别为 19.7 亿元、13.4 亿元,同比分别增长 30.7%和 39.4%,均居全国第一位。

专用化学品制造业:324 户企业,实现销售收入 296.4 亿元,同比增长 43.3%,居全国第一位;实现利税、利润分别为 32.9 亿元、19.8 亿元,同比分别增长 96.1%和 145.9%,均居全国第一位。

无机化工制造业:223 户企业,实现销售收入 155.7 亿元,同比增长 34.4%。无机化工实现利税、利润分别为 19.3 亿元、11.3 亿元,同比分别增长 44.6%和 55.5%;

石油行业:7 户企业,实现销售收入 440.4 亿元,同比增长 22.2%,居全国第二位。石油行业实现利税、利润分别为 217.7 亿元、160.4 亿元,同比分别增长 39.8%和 41.4%,均居全国第二位。

三、重点企业和重点产品情况

1. 原油加工业。24 户企业,原油加工量 2423 万吨,同比增长 14.3%,占全国加工量的 11.1%,居全国第 2 位。中央企业主要是齐鲁石化海外上市公司、济南炼油厂。地方炼油企业主要是滨化、垦利、昌邑、京博、东明。

2. 硫酸。22 户企业,产量 353.6 万吨,同比增长 7.1%,占全国产量的 10.7%,居全国第 1 位。主要企业是鲁北企业集团、红日化工集团、鲁西化工集团。省内需量 290 万吨。

3. 烧碱。23 户企业,产量 165.4 万吨(折 100%),同比增长 25.3%,占全国产量的 17.6%,居全国第 1 位。主要企业有齐鲁石化股份公司、山东恒通化工公司、青岛海晶化工集团公司、滨化集团有限责任公司、济宁中银电化有限公司。省内需量 105 万吨。

4. 纯碱。5 户企业,产量 183 万吨,同比增长 7.2%,占全国产量的 16.5%,居全国第 1 位。主要企业有山东海化、青岛海湾。省内需量 100 万吨。

5. 农药。69 户企业,产量 7.5 万吨(折 100%),同比增长 11.3%,占全国产量的 8.7%,居全国第 3 位。主要企业有山东农药股份公司、山东华阳农药集团公司。

6. 油漆。66 户企业,产量 18.2 万吨,同比增长 23.9%,占全国产量的 11.1%,居全国第 3 位。主要企业有山东乐化集团、聊城昌裕集团、山东奔腾漆业。省内需用量 12 万吨。

7. 染料。19 户企业,产量 4.7 万吨,同比增长 7.5%,占全国产量的 5.5%,居全国第 4 位。主要企业有青岛双桃精细化工公司、博山元华明洲染料有限公司。

8. 塑料树脂。9 户企业,产量 122.5 万吨,同比增长 12.5%,占全国产量的 7.7%,居全国第 4 位。主要企业是齐鲁石化公司、青岛海晶化工集团、潍坊亚星化学股份有限公司,省内需用量 230 万吨。

9. 轮胎。76 户企业,产量 6685.6 万套,同比增长 12.8%,占全国产量的 35.6%,居全国第 1 位。主要企业有三角集团、荣成橡胶厂、山东玲珑橡胶集团、青岛双星集团、青岛黄海橡胶集团等。省内轮胎需用量 880 万套。

其中子午胎产量 1052.3 万套,占全国产量的 37.4%,居全国第 2 位。主要企业是三角集团、荣成橡胶厂、青岛黄海橡胶集团、山东玲珑橡胶集团、青岛双星集团。

10. 化肥制造业。187 户企业,产量 512.6 万吨(折纯),同比增长 12.9%,占全国产量的 13.1%,居全国第 1 位。全省需用量 430 万吨。

其中尿素:23 户企业,产量 250.7 万吨(折

N100%),同比增长10.1%。主要企业有鲁西化工集团、山东峄山化工集团、鲁南化肥厂、山东瑞星化工集团等、寿光联盟集团、平原化工实业公司、德州华鲁恒升集团。

表1 2003年山东石油化学工业50强企业 单位:万元

序号	企业名称	销售收入	序号	企业名称	销售收入
1	中国石化胜利油田有限公司	4216134.0	26	山东胜通集团股份有限公司	110703.0
2	中国石油化工股份有限公司齐鲁分公司	1833406.5	27	青岛海湾集团有限公司	109554.2
3	中国石化齐鲁股份有限公司	945990.0	28	山东宏信化工股份有限公司	102372.7
4	山东滨化集团有限责任公司	779538.4	29	潍坊弘润石化助剂有限公司	102069.7
5	中国石油化工股份有限公司济南分公司	653224.4	30	山东泸河集团总公司	101203.5
6	青岛石油化工厂	417088.2	31	龙口市福利橡塑雨布厂	99682.0
7	青岛广源发集团公司	400819.1	32	胜利油田东胜精攻石油开发集团	99123.6
8	荣成市橡胶厂	356000.0	33	淄博金城石化有限公司	95604.7
9	双星集团有限责任公司	350350.4	34	齐鲁石化多种经营管理处	93317.2
10	三角集团有限公司	309000.0	35	山东西水橡胶集团有限公司	90033.0
11	山东省鲁北企业集团总公司	300351.2	36	山东红日集团有限责任公司	89099.4
12	鲁西化工集团	258040.0	37	山东恒源石油化工集团有限公司	86228.3
13	山东东明县石化集团有限公司	226067.4	38	山东东大化学工业(集团)公司	86210.6
14	山东玲珑橡胶有限公司	205068.0	39	山东恒通化工股份有限公司	85276.9
15	烟台万华合成革集团有限公司	200809.0	40	山东昌邑石化有限公司	84826.0
16	青岛黄海橡胶集团有限责任公司	181611.7	41	胜利油田大明集团股份有限公司	82602.0
17	山东崖头实业集团有限公司	177137.7	42	山东华鲁恒升集团有限公司	81530.6
18	山东利华益集团股份有限公司	173480.0	43	兖矿鲁南化肥厂	76019.1
19	山东广饶石化集团股份有限公司	167731.2	44	平原县化工实业有限公司	75091.8
20	山东华星石油化工集团有限公司	159901.4	45	山东东岳化工有限公司	74663.1
21	山东垦利石化有限责任公司	157427.0	46	威海市金泓化工集团有限公司	73652.4
22	山东京博石化有限公司	143223.7	47	东营市海科化学工业有限责任公司	73389.5
23	山东石大科技有限公司	122579.0	48	青岛海晶化工集团有限公司	71016.7
24	山东海化股份有限公司	122481.3	49	青岛振华工业集团有限公司	70101.0
25	山东寿光联盟化工有限公司	112254.7	50	山东峄山化工集团有限公司	68573.4

5-6 2003年山东省外经贸工作基本情况及出口50强企业名单

一、行业发展综述

2003年,全省上下克服了“非典”和伊拉克战争的严重冲击,以及国外技术性贸易壁垒的一次次挑战,在省委、省政府的坚强领导下,主动应对,奋力开拓,在创新中发展,圆满完成了省委、省政府确定的各项工作目标,推动全省外经贸实现了跨越式发展。

1. 利用外资实现新的突破。全年全省实际使用外资113亿美元，增长72%。其中新批外商直接投资项目5305个，增长30.5%；合同外资金额134.1亿美元，增长86.7%；实际使用外资金额70.9亿美元(列全国第三位)，增长48.9%。主要有四个特点：一是总量上了一个大台阶。实际使用外资首次突破100亿美元大关，比上年净增46亿美元。二是利用外资大项目增多。新批总投资超过1000万美元的项目650个，合同外资77.6亿美元，分别增长87.9%和126.6%。三是跨国公司投资踊跃。美国通用汽车、环球货柜、英国铁行、瑞典沃尔沃、韩国LG、日本伊藤忠、三菱重工等15家世界500强跨国公司来全省投资设立了23个项目，合同外资5.6亿美元。四是吸收韩国投资增势强劲。全年批准项目数2431个，增长35.7%，合同利用外资45.65亿美元，增长87.3%，实际利用外资28.4亿美元，增长93.1%，分别占全省总数的45.8%、34%和40%，三项指标均居来鲁投资的国家和地区首位。四是青烟威"龙头"带动作用明显，西部城市实现翻番增长。青烟威三市实际使用外资占全省总数的70%。滨州、东营、德州、菏泽、泰安、日照、临沂、莱芜、聊城增幅均在1倍以上。

2. 对外贸易跃上新的台阶。全省进出口累计完成446.6亿美元(列全国第五位)，增长31.6%，净增107亿美元，相当于1997到2001年5年的增量。其中出口265.7亿美元，增长25.8%；进口180.8亿美元，增长41%。外贸出口拉动全省经济增长4.2个百分点。主要呈现四大亮点：一是骨干产品出口实现全面增长。机电产品出口64.4亿美元，增长28%；高新技术产品出口15.4亿美元，增长34.7%；纺织服装出口74.7亿美元，增长28.5%；农副产品出口65.8亿美元，增长25.9%。二是对新兴市场出口增长较快。对新兴市场出口增幅为33%，高于全省平均水平7.2个百分点，其中对俄罗斯、非洲、拉美出口分别增长55.6%、47.5%和36.2%。三是民营企业出口增长迅猛。集体和私营企业出口50.6亿美元，增长56.5%，对全省出口增长的贡献率达到33.6%，占全省出口总额的19%，比上年提高了3.3个百分点。四是进口贸易实现了快速增长。高于出口增幅15个百分点。进口的商品主要集中在机械设备和矿物燃料、天然橡胶、铁矿砂、钢材、纸浆、大豆等重要物资。

3. 实施"走出去"战略迈出新的步伐。全年新签对外承包劳务合同额12.4亿美元(列全国第三位)，完成营业额9.9亿美元(列全国第五位)，分别增长30%和71%。其中，新签千万美元以上承包工程大项目12个，新签合同额与对外承包合同总额的80%。新批境外企业(机构)113家(占全国的五分之一)，中方协议投资总额1.15亿美元。对外承包工程大项目成为拉动承包劳务增长的主要力量，山东电力的印度电站项目、胜利油田的吉尔吉斯坦石油勘探项目、青岛建设集团的新加坡政府组屋项目等一批过亿美元大项目顺利签约实施。海尔、黄金集团、兖矿、樱花、巨菱、新光集团、莱芜泰丰等一批大企业和民营企业成为境外投资的主体。

4. 园区建设取得新进展。招商引资成效显著，外商投资大幅增长。全年共批准进区项目4677个，引进项目总投资2064.6亿元。对外贸易增势强劲，产品结构不断优化。全年全省开发区进出口累计完成113.2亿美元，增长45.5%。经济运行质量良好，特色园区建设卓有成效。全年全省经济开发区实现工业增加值706.1亿元，业务总收入3184.1亿元，税收收入127.9亿元，财政收入76.8亿元。沿海开发区辐射带动作用增强，中西部开发区经济实现高速增长。青烟威三市开发区全年实际利用外资21.5亿美元，出口46.1亿美元；2003年淄博市以西11市28家开发区引进项目总投资937.9亿元。以清理整顿开发区建设用地为契机，园区整合取得新进展。

2003年全省外经贸工作主要得益于以下几个方面：

1. 全力以赴抓开放，各级各部门对外经贸工作倾注了很大的精力。省委、省政府继续把外经贸作为全省经济工作的"第一亮点"来抓，主要领导同志亲自带队赴江浙沪考察学习，在全省范围内开展了"解放思想，干事创业，加快发展"大讨论，形成了大开放、大发展的良好氛围。先后召开了省委工作会议和全省加快发展现场会，对加快全省经济发展、扩大对外开放，做出了进一步动员和全面部署。各级各部门思想高度统一，强化了机遇意识、发展意识、开放意识和赶超意识，按照"一个总目标、两个提前、三个阶段、四大战略、五项工作方针、六个方面变化”的要求,形成了新一轮以开放促改革、促发展的热潮。各级创新了抓外经贸的工作机制,出台了一系列鼓励支持的政策措施,形成各部门共同参与、协调配合的崭新局面。

2. 把利用外资摆上突出位置,努力上规模、上水平。全省上下形成了全力以赴大招商的共识,把招商引资摆到更加突出的位置。紧紧抓住国际制造业转移的重大机遇,省委、省政府作出了“建设山东半岛城市群”、打造“山东半岛制造业基地”的决定,在国内外引起巨大反响,正在成为吸纳外商投资的主要载体。扩大了利用外资领域,突出了国企、基础设施、服务业利用外资,20家大型国有企业的股权转让、170个城建项目吸引了一批跨国公司参与。重汽与瑞典沃尔沃,青岛港与丹麦马士基、英国铁行的合作取得成功。烟台市把一批国有大企业推向招商引资第一线,积极与跨国公司开展合作。全省规划的汽车、造船、化工、家电等7个产业链成为对外推介、吸引外资的重点。突出了对日韩的产业对接,发挥山东区位优势,在吸引日韩大企业、大项目、高科技产业项目方面上了一个大台阶。特别是在面向日韩制造业发达的中小城市、面向中小企业、面向影响较大的协会等中介组织,开展合作的广度、深度都有了提升。园区招商成效明显,青烟威经济技术开发区和省级开发区在区内规划建设了一批具有国别和产业特色的工业园区。德州、莱芜、聊城、菏泽等开发区也都成为当地招商引资的“亮点”。推动国有大企业招商。各地创新招商机制和招商方式,积极健全招商机构,建立专业招商队伍,发挥各类境内外中介组织和商会的作用,开展代理招商、中介招商、专业招商、网络招商、登门招商等灵活多样的招商方式。省里开通的“山东国际电子商务网”、各地建立的招商网站,青岛举办的永不落幕的网上招商暨进出口交易会,对招商引资起到了积极作用。

3. 积极应对困难与挑战,努力扩大出口。因势利导抓调整,各级外经贸部门及时指导企业加快调整商品结构、市场结构,创新贸易方式和贸易手段,确保了外贸出口持续稳定增长。积极应对国外技术壁垒,针对我大宗农产品出口屡遭日韩、欧盟等市场封杀的严峻形势,省政府和国家质检总局建立了农产品出口联席会议制度,省贸经贸厅与省国检局建立了“农产品出口预警机制”,各级外经贸部门积极配合农牧、国检等部门,推行农产品标准化生产体系建设,改革生产管理体制,抓源头、抓基地、抓龙头企业,强化企业、行业自律,在困难形势下实现了农产品出口的稳定增长。据统计,2003年农产品出口65.8亿美元,同比增长25.9%,为农民增收做出了贡献。针对入世后输欧美纺织品配额逐步放开的趋势,对全省纺织服装“十强企业”和“十大品牌企业”给予政策倾斜和重点扶持。目前,“亚光”巾被、“耶莉娅”西装等品牌已成为获国家工商局认证的中国名牌。“孚日”毛巾和“云龙”绣品等品牌在日本、欧美市场已具一定知名度。在保持传统市场份额不断增长的同时,抓好新市场开拓。全年安排省级专项资金2400多万元,组织2000多家企业参加了90多个国际展会,取得明显效果。在壮大外经贸主体队伍的同时,加快国有外贸企业改革,3家省属外贸公司改革进入实施阶段。开展了全省高新技术产品出口资源调查摸底,建立出口资源项目库。推动开展国际标准认证工作。完善进出口运行监测体系。

4. 注重环境建设,增强对外开放的竞争力。突出抓外商投诉处理,省政府先后召开5次外商投诉联席会议,对全省重点外商投诉案件和面上工作进行督导。全省有9个市设立了专门的外商投诉机构,全省外商投诉网络基本形成。努力提高政府办事效率和服务质量,在全省倡导“亲商、安商、富商”的意识,推行“零距离接触、零收费管理、零障碍发展”等新举措,各地普遍建立了“一站式、一条龙”服务体系。积极推动以人为本的人居环境建设,东部沿海各市积极建立日韩语国际学校,开辟专门为日韩客商服务的医院或病区,建设居住小区,增加日韩航线、航班,培养、引进更多的专业技术和外语人才。强化业务培训和指导,省里先后举办了42次加工贸易、外资审批、统计、反倾销应诉、境外投资、外经贸政策培训。“大通关”取得明显成效,在海关等部门的共同努力下,推行无纸通关,设立快速通道,实行网上付税,电子预归类和价格备案制等措施,构建起青岛前湾港与鲁中、鲁南、鲁北三线物流直达系统,提高了通关效率。

二、行业发展政策

1. 对企业进行出口产品研究开发提供资助。

为促进企业加大出口产品的研究开发力度，进一步优化山东省出口产品结构，提高出口产品的技术含量和附加值，对我省重点出口企业从事产学研贸联合研发和技术创新、标准化生产、技术改造等提供资助。

2. 对省级出口企业参加出口信用保险和进行反倾销应诉提供资助。为鼓励企业开拓新市场、发展新客户，灵活运用结算方式、规避收汇风险；同时，利用WTO规则保护自身利益，稳定和扩大出口市场，对省级出口企业参加出口信用保险和反倾销应诉提供资助。其中：对参加出口信用保险全年支付保费8万美元以上的省级企业，在享受国家出口信用扶持发展资金资助基础上再增加补贴10%；对参加反倾销应诉没有享受到国家反倾销应诉资金资助的省级企业，参加国外反倾销应诉、复审工作发生的律师费用，给予资助20%，每次资助限额不超过5万元。

3. 对外派劳务基地县及专业培训基地给予资助。为进一步加快实施“走出去”战略，大力推动劳务出口，确保外派劳务质量和素质，对重点劳务出口基地县和专业培训基地建设给予适当资助。

4. 对招商引资进行奖励。为充分调动招商引资工作的积极性，对省直部门、重点市以及开发区的招商引资工作进行考核奖励。

5. 对为外资出口做出突出贡献的单位和个人进行奖励。为充分调动各方面的出口积极性，对为外贸出口做出突出贡献的企业或法人代表以及中央驻鲁有关单位进行奖励。

6. 对企业参加省政府统一组织的境内外招商、贸易洽谈活动摊位费给予适当补助。

表1 **2003年山东省出口50强企业** 金额单位：万美元

企业名称	2003年出口	比上年增长%
合　　计	941966	11.3
新华锦集团	75730	26.1
山东魏桥创业集团有限公司	43186	66.1
省机械进出口公司	42426	6.8
海尔集团	37293	-3.6
中煤日照分公司	36381	-4.8
凯远集团	31328	8.7
青岛马士基集装箱工业有限公司	29292	48.7
益佳集团	29071	8.0
青岛朗迅科技通讯设备有限公司	26120	4.1
山东省绮丽集团	24745	12.9
青岛中集冷藏箱制造有限公司	22395	11.3
威海三星通讯设备有限公司	20363	59.9
东营科英激光电子有限公司	18744	44.6
山东省对外贸易集团有限公司	17628	13.4
山东德棉集团有限公司	16447	68.5
济南钢铁集团总公司	16158	45.3
青岛即发进出口公司	15322	35.0
青岛泰光制鞋有限公司	14164	10.3
中煤青岛分公司	13989	-19.7
青岛中集集装箱制造有限公司	13857	49.9
山东省省丝绸进出口公司	13647	-13.5
山东诸城市对外贸易集团公司	13498	24.2
青岛三美电机有限公司	11642	-28.4
凯联集团	11268	-7.9
鲁泰纺织股份有限公司	11160	39.4

续表

企业名称	2003 年出口	比上年增长%
山东省东方国际贸易股份有限公司	9728	－17.2
海信集团	9391	88.6
孚日家纺股份有限公司	9046	22.2
青岛泰发集团公司	9011	21.3
青岛三湖制鞋有限公司	8882	－15.3
山东省食品进出口公司	8574	11.0
威海纺织工业集团总公司	8566	9.8
青岛安普连接器有限公司	8085	－12.7
三角集团	7661	76.4
青岛世原鞋业有限公司	7425	－0.5
山东省抽纱进出口公司	7396	5.9
莱芜钢铁集团有限公司	7249	45.9
青岛市土畜产进出口公司	7192	23.3
山东海洋化工集团有限公司	6999	124.6
青岛松下电子部品有限公司	6844	67.0
青岛星电电子有限公司	6788	73.1
山东省粮油进出口公司	6675	9.6
山东华纺股份有限公司	6626	48.2
山东省五金矿产进出口公司	5976	16.7
山东新华医药集团	5949	6.1
诸城市服装针织股份有限公司	5508	－4.6
山东省机械设备进出口集团公司	5504	23.2
青岛昌新鞋业有限公司	5405	－2.9
山东大海集团有限公司	5327	56.3
山东中地进出口有限公司	5294	16.2

5－7　2003 年山东省信息产业的基本情况

过去的一年，在省委、省政府的正确领导下，我们狠抓省委工作会议精神的贯彻落实，解放思想，更新观念，干事创业，努力克服前进中的困难，使全省信息产业继续保持了良好的发展势头。

一、2003 年基本情况

(一)信息化建设再上新台阶

围绕全省国民经济和社会事业发展的总体战略，我们充分发挥信息化的先导带动作用，各领域信息化建设都有了较大突破。

1. 政务信息化建设得到进一步加强。制定了《全省电子政务规划》及《实施方案》，提出了建设两网一站、十四个重点业务系统、五个基础数据库的任务。启动了全省电子政务平台和门户网站建设。进一步推进省直部门信息化基础设施建设,先后有劳动和社会保障、民政、财政、人事、公安、海洋、农业等36个省直部门的信息化网络进行了改造。开通了北美－Link网站和“诚信山东”信息平台。开展了“金、税、财、贸”联网工程和工商、税务、技术监督、海关、国资办、银行等七部门的联网试点,促进了信息共享和业务的联动。宏观经济数据库、诚信山东数据库、空间地理信息数据库正在完善并发挥积极作用。目前,已有78%的省级机关、45%的市级机关、20%的县级机关建立了内部网。52%的省直部门建立了行业专网。全省各级政府及部门上网已近500户,政府域名下的网站近200个。在全国257个地级市政府网站评比中,进入全国前50名的政府网站,我省就有6家,其中威海、聊城政府门户网站分别居第一和第二位。

2. 重点行业信息化建设得到突破。一是农业信息网作用成效明显。山东兴农网依托省气象台在全省17个市、100多个县建立起信息采集中心,网站开通以来,平均每天更新信息300多条,65000多人访问。为用户及时提供了准确的天气预报、土地墒情、适时的农事建议等信息,用户还可以通过网络进行生产资料和农产品的购销,为解决三农问题发挥了重要作用。二是金税三期工程的实施,强化了税收监控和税源管理,实现了便民服务,全省税务部门共查明漏管并补办税务登记11082户,有力地保证了财政收入的增长。三是通过实施金关工程,对于积极推进经济国际化战略,搞好招商引资工作,发挥了重要作用。开发运行了“口岸电子”和“无纸通关”等应用系统,大大方便了企业。山东国际商务网通过“在线招商”和“网上交易会”,为企业提供了贸易互动式电子信息平台,用户足不出户,轻松点击即可实现网上洽谈交易,并在非典期间发挥了重要作用。四是金管、金保、金盾工程的实施,为保障我省经济发展和社会稳定发挥了积极作用。全省54万户企业登记入库率达98%,254万个体工商户登记入库率达78.6%,工商行政管理法律法规信息的入库率已达到100%;全省医疗保险信息系统覆盖了17市、近90个县区。全省公安系统已在97%的县级公安机关开通了数字专网通信和治安、户政、刑侦、出入境、交管等应用信息系统,提高了应急反应能力和破案率。五是金质、金水工程,计划生育、纪律检查信息系统等信息化重点工程,也取得明显成效,其规模和应用水平都处于全国前列。六是完成了农村远程教育前期建设方案的制定、设备选型和建设。

3. 区域信息化建设取得明显成效。济南市的城市公用信息平台系统、智能交通系统的建设走在了全国前列。以三联家电电子商务平台为基础的电子商务和物流配送系统被列为国家级试点项目,电子商务应用框架已经初步形成;青岛市在完成国家下达的企业基础信息交换试点任务的同时,结合2008年青岛奥运帆船比赛的特点,制定了《青岛数字奥运行动计划》,并从帆船赛区实际出发,充分发挥“数字奥运”的推动作用,全面提升了城市信息化综合水平;烟台大力实施八项重点工程,其中电子政务工程、电子商务工程、城市地理信息系统工程和交通旅游信息系统工程的建设已经初见成效。市民一卡通和便民信息亭已经试点成功;东营市被科技部批准为“数字化城市”产业化基地,完成了中小学“校校通”、政府一体化办公、社会保障IC卡等重点工程。威海市完成了政务通信专网、电子政务基础平台、安全监控和备份中心、多媒体增值服务信息系统建设。另外,聊城、淄博、泰安等市信息化建设也取得较大进展。

4. 信息基础设施建设发展较快。2003年,我省新增固定电话用户350.5万户,新增移动电话用户396.1万户,电话用户总数达到3646.2万户,固定电话普及率23.5%,移动电话普及率16.6%。主要电信运营公司共完成通信业务收入266.7亿元,比上年增长16.2%。全省互联网用户达627万户。有线电视用户达800万户,覆盖率达91%。数据业务取得了较大幅度的增长。

5. 信息化法规和支撑体系建设不断完善。起草了《山东省信息化促进条例》和《山东省电子签章条例》,制定下发了《全省政务网站管理意见》、《山东省数字认证管理办法》及《诚信山东信息系统建设指导意见》。成立了省信息化工程监理资质认证办公室、省电子政务标准化研究室,省网络安全产品评测中心正在筹备组建之中。数字认证工作得到快速发展,全省统一的安全认证和证书发放框架正在形成,目前已发证书25万张。我们还会同监察厅、公安厅开展了政务网站评比,表彰了先进网站,对落后网站给予了内部通报,有效地推进了各级政务网建设。

(二)应用信息技术改造传统产业成效显著

经过调查研究，我们在全国率先提出《山东省信息化带动工业化发展的意见》，省政府已转发。组织完成了《山东省信息化发展及带动国民经济和社会发展的战略研究》，形成了22万字的研究报告。制定出台了《山东省关于进一步加快电子商务发展的意见》，提出了山东省电子商务综合服务平台的建设任务。目前，平台的建设已基本完成，开通在即。同时与省经贸委联合在全省选择了百家电子商务示范企业，积极稳妥地推进我省电子商务的发展。组建了CEAC国家信息化培训认证山东区域中心。充分发挥财政贴息的优惠政策，利用省信息产业发展资金，积极引导企业利用信息技术改造传统产业，使我省传统企业的竞争能力不断加强。目前，计算机辅助设计、计算机监控技术、计算机集成制造应用工程在大中型企业中得到广泛应用；全省近百家企业实施了企业资源计划系统，为企业提高经营管理水平、优化内部资源发挥了重要作用。2003年我省下达信息技术应用贷款项目130个，投资18亿元，这些项目的实施可年增产值90亿元；国家表彰的88个优秀应用项目中，山东就有10个。我省评出计算机应用优秀成果85项，其中一等奖7项，二等奖28项，三等奖50项。项目总投资4.7亿元，可年创产值24亿元、利税6亿元。项目的投入产出比都在1:5以上，经济效益十分明显。目前我省有近80%的企业实现了内部联网，65%的企业联入国际互联网，45%的企业创立了企业网站。

(三)电子信息产品制造业保持了快速增长

完成工业总产值1937亿元，同比增长27%；实现产品销售收入1724亿元，同比增长20%；实现利税85.6亿元，同比增长25%。重点企业集团发展势头良好，海尔、海信、浪潮等7个全国电子信息百强企业，实现产品销售收入、利税、利润均占全行业总额的60%左右。主要产品保持了较好的增长势头，全年生产移动通信手机575万部，同比增长85%；彩色电视机764万台，同比增长10%；程控交换机416万线，同比增长41%；服务器8.3万部，同比增长35%；传真机144万部，同比增长91%；电子元件114亿只，同比增长13%，分离器件70亿只，同比增长55%。

(四)软件产业得到快速发展

召开了全省软件产业工作会议，组建了齐鲁软件园企业联谊会，制定印发了《山东省振兴软件产业行动计划》、《山东省软件产业园区管理办法》，协助信息产业部在济南召开了“全国贯彻落实国务院18号文件工作会议”，积极进行“双软”认定，制定印发了《山东省软件专项资金项目计划》等，使软件产业得到了快速发展。全年软件及系统集成完成销售收入164亿元，同比增长103%；软件出口1819万美元，同比增长75%。浪潮通软、中创软件公司已通过CMM3级认定，有7家企业进入中国软件企业前100名。到目前为止，“双软”认证企业195家，软件产品857个，著作权代理登记398个，组织11家企业申报了2003年“国家规划布局内的重点软件企业”。从业人员近4万人，软件企业累计退税额达5亿元。一批软件产品如金融财务软件、ERP管理软件、智能交通管理软件、软件中间件、网络安全软件、CAD/CAM软件等在全国市场占有率名列前茅。加拿大里贾纳大学授予我省软件产业领军人物——中创软件公司董事长景新海“荣誉博士”称号，为我省软件产业在国外赢得了荣誉。

(五)招商引资、科技创新成效突出

通过举办中韩IT企业投资合作洽谈会、香港招商会，组织8个代表团赴印、美、加、日、韩等国家进行招商，签订了一批合作意向、协议和合同。接待了加拿大北方电讯、日本社会经济生产本部、台湾富士康公司等代表团。继续支持20个世界500强企业在山东做大做强。由于招商引资力度大，成效明显，全年新批外商投资项目355个，同比增长39%，总投资16.9亿美元，实际利用外资10.5亿美元，同比增长84%。其中投资过千万美元的项目有42个。完成出口交货值250亿元，同比增长38%。浪潮-LG手机、威海三星打印机、青岛朗迅程控交换机、山东松下背投彩电等一大批合资、独资项目都取得快速进展和明显成效，数字集群通信项目落户山东并已组建山东分公司。

2003年全省信息产业完成固定资产投资139.4亿元，增长15%。其中，通信业完成固定资产投资99.8亿元，增长12%；电子信息产业规模以上企业完成固定资产投资39.6亿元，增长22.8%，包括国家级项目6个，高新技术产业化专项5个。上述项目完成后，预计年新增销售收入150亿元，新增利税23亿元、利润13亿元。全年积极争取各级科技计划项目130多项，其中国家级项目22个，省级项目110个，争取财政拨款

3000多万元。我省8家电子信息企业参加“神五”发射回收任务并受到国家通报表彰。一大批科研成果获得省级以上奖励，其中省科技进步一等奖2项，二等奖11项，三等奖25项。

(六)精神文明建设取得新的成果

省市信息产业主管部门把转变政府职能、加强机关建设摆在重要位置，以创建“学习型”、“服务型”、“创新型”机关为目标，以加强对工作人员思想政治教育和业务技能培训为动力，改进工作作风，做到对上当好参谋，对下搞好服务，使干部职工队伍的整体素质有了明显提高，精神文明建设又取得新的成果。全行业广大干部认真学习贯彻十六大、十六届三中全会及胡锦涛同志“七一”重要讲话精神，认真贯彻落实省委工作会议和烟台现场会精神，积极开展解放思想、干事创业、加快发展大讨论，制定了符合实际的加快信息产业发展的措施。加大了调研、信息及宣传工作力度，全年在电台、电视台及各类报刊杂志上，仅厅机关就有近140篇稿件被选用，有的材料省领导还做了重要批示，有的还上报到中办、国办。厅机关连续三年被评为“文明机关”。全省有6个先进集体、11个先进个人，受到国家人事部和信息产业部联合表彰。教育工作有了较大进步。山大软件学院、青岛海大软件学院、山东海天网络教育中心等一大批院校和培训机构的迅速崛起，为行业发展培养了大量急需人才。省信息职业技术学院在注重教师队伍建设的基础上，又成功申办了山东软件职业技术学院。省电子工业学校加大了创办高职的工作力度，章丘新校区建设一期工程已基本完成。省电子产品监督检验所，不断拓展业务范围，强化自身建设，成为全国同行业首家按国际标准认可的国家重点实验室。全行业狠抓了中纪委二次和省纪委三次全会精神的贯彻落实，开展了“艰苦奋斗、廉洁从政”教育活动，省委党风廉政建设责任制检查组到省厅检查考核时，对我们的做法给予高度评价。

过去的一年，我们的工作虽然取得了一定成绩，但还存在着一些薄弱环节和不足。如对推进信息化的重要性认识不足，重视不够；政策法规建设滞后，标准与规范不统一，妨碍了信息资源共享；资金不足、融资渠道不畅、使一些好项目不能及时投产；人才培养和引进跟不上形势发展；技术创新能力不强，缺乏核心技术等。上述问题的存在，严重制约着我省信息产业的快速发展。对此，我们要引起高度重视，进一步加大措施力度，积极改进工作，努力开创全省信息化建设和信息产业发展的新局面。

二、正确认识国际国内形势，增强加快发展的紧迫感和责任感

全国、全省经济工作会议和全国信息产业工作会议，都对2004年的经济工作进行了全面部署。为了做好今年的工作，我们必须正确把握形势，既要看到有利条件和新的机遇，又要看到不利因素和新的挑战，进一步增强紧迫感、责任感和使命感，加快我省信息化和信息产业的发展步伐。

1. 正确认识国内外形势，把握重要战略机遇期。十六大和经济工作会议都强调指出，本世纪头20年是必须紧紧抓住并且可以大有作为的重要战略机遇期。这一科学判断是我们制定发展目标和政策措施的基本依据。我们一定要牢牢把握机遇，聚精会神搞建设，一心一意谋发展。当前，信息产业发展面临着有利的国际、国内形势，世界经济逐步回升和结构调整加快，经济全球化和全球信息化趋势快速发展，总体上有利于我省信息产业的扩大出口、吸引外资，有利于结构调整与技术进步，有利于企业境外上市和“走出去”，为信息产业更好地在国际竞争中发展壮大，带来了难得的机遇。从国内情况看，国家推进经济社会协调发展，实施扩大内需、西部大开发、振兴东北老工业基地，以及优先发展信息产业等战略举措，极大地激发了社会对信息技术、网络和服务的需求，为信息产业提供了广阔的市场空间。但是，我们也面临着新的挑战。一方面全球生产能力过剩，使国际国内竞争更为激烈。另一方面为了吸引外资，很多省市都出台了许多优惠政策，特别是珠三角、长三角、京津塘地区，既有得天独厚的地理优势，又有良好的发展环境，使很多国外高新技术产业纷纷向这些地区转移。所以，我省信息产业发展将面临更加激烈的竞争。信息产业是国民经济的基础产业、支柱产业和先导产业。它既可以为信息技术改造传统产业提供技术支持，又可以为经济发展提供装备支撑。因此，我们要进一步提高对信息产业地位、作用的认识，采取强有力的措施，加速我省信息产业的发展。要使用好省里为

推动信息化和信息产业发展所设立的专项资金，不断提高信息产业的竞争力，使行业在国际国内的激烈竞争中不断发展壮大。

2. 统筹兼顾，协调发展，增强以科学发展观指导工作的自觉性。改革开放以来，我省信息产业的整体实力有了显著提高，这一点必须充分肯定。但不容忽视的是，不论是信息化还是信息产品制造业，在速度与效益、规模与结构、东部与西部、城市与农村等方面，都不同程度的存在着不够协调的矛盾，有些还比较突出。党的十六大提出要优先发展信息产业，以信息化带动工业化、以工业化促进信息化，走一条新型工业化的道路。最近，全国、全省经济工作会议和全国信息产业工作会议，又进一步要求要加快发展以信息技术为代表的高新技术产业及信息服务业等。因此，我们要站在全局的高度，以中央提出的"五个统筹"、"五个坚持"为指导，进一步理清发展思路，针对各种不够全面、不够协调的问题，从规划、政策等方面加以引导、调控、规范和完善。努力推进全面协调可持续发展，使信息化和信息产业更好地服务于国民经济的发展。

3. 更新思想观念，转变政府职能，为行业的发展创造良好的环境。近年来政府职能转变的步伐明显加快，从信息产业情况看，行业管理和市场监管工作取得了积极的成效，但是职能转变还没完全到位，"管什么"、"怎么管"的问题还没有真正解决，越位、错位、缺位、不到位现象依然存在。对此，我们必须进一步提高认识，加快转变，坚持抓大事、议大事、建环境、促发展。作为政府对经济工作的管理既要"后退一步"，不再干预企业的微观经营活动；又要"站高一层"，管宏观、管政策、特别是要加强环境建设。大家知道环境是加快经济发展的重要条件之一，哪里环境好，资金就往哪里投，项目就往哪里放，人才就往哪里走。没有良好的环境，就没有经济的持续快速健康的发展。所以，我们要牢固树立环境就是资源、就是机遇、就是竞争力、就是生产力的观念。坚决革除一切妨碍发展的思想意识和体制弊端，加大行业立法力度，营造好"五个环境"，即：团结奋进的人文环境、稳定和谐的社会环境、诚信法治的市场环境、务实高效的服务环境、积极向上的舆论环境，为信息化建设和信息产业的发展，打下良好的基础。

三、2004年主要工作任务

2004年是深入贯彻党的十六大和中共十六届三中全会精神的重要一年，也是实施"十五"计划的关键一年。今年我省信息产业发展的总体要求是：以邓小平理论和"三个代表"的重要思想为指导，认真贯彻党的十六大、中共十六届三中全会和省委工作会议精神，解放思想，干事创业。按照"五个统筹"、"五个坚持"的要求，坚持全面、协调、可持续的科学发展观，突出抓好结构调整，使速度与效益、规模与结构的关系更加协调，经济增长的质量和效益明显提高；突出抓好技术创新，注重技术与市场的紧密结合，在核心和关键技术方面取得新的突破；突出抓好政府职能转变，提高依法行政水平，为行业发展创造良好的政策环境和公平、公正、有效的市场竞争秩序；突出抓好信息技术改造传统产业、招商引资、民营经济三个重点。促进信息化和信息产业持续快速协调健康发展。

我省信息化建设的主要任务：大力抓好信息技术改造传统产业，全面提高传统产业的核心竞争力；积极推动各级、各部门信息化组织和支撑机构建设；健全信息化法律、法规；抓好全省电子政务内、外网平台和综合门户网站建设；大力推进各领域信息化的应用；强化资源共享、网络互联互通和网络与信息安全保障工作；争取在电子政务、电子商务、城市信息化、信息化培训和理论研究等方面取得较大进展。

我省电子信息产业的主要指标：实现工业总产值2324亿元，同比增长20%，实现工业增加值356亿元，同比增长20%；实现产品销售收入2068亿元，同比增长20%，其中软件销售及系统集成额230亿元，同比增长40%；利税100亿元，同比增长18%，其中利润58亿元，同比增长15%；出口交货值312亿元，同比增长25%。

为实现上述目标和任务，我们今年要重点抓好以下几个方面的工作：

（一）采取有力措施，突出工作重点，在信息技术改造传统产业和信息化建设方面取得新突破

1. 做好信息技术改造和提升传统产业这篇大文章。组织编制《山东省信息技术改造传统产业2004－2007年发展规划》、《关于加快以信息技术改造传统产业的意见》和《信息技术改造传统产

业项目指南》,按照抓应用、创环境、促发展、重效益的原则,确立改造项目范围,做到有所为,有所不为。建立信息技术应用专家数据库和企业信息化解决方案数据库,以省电子商务综合服务平台为依托,搭建信息技术推广应用咨询服务平台。建立部省合作机制,积极争取国家在人才培养、技术开发、项目安排和资金等方面给予更多的优惠政策。下半年信息产业部将在我省召开全国信息技术应用工作会议,我们要提前做好相关的准备工作。

加快信息技术在传统工业、农业和商贸等领域中的应用。在工业领域,通过信息技术的应用加快对传统产业的改造和优化升级,实现制造业的现代设计、制造、生产和管理等关键环节的突破;加快制造业的生产组织模式和管理模式的改造;加快建立以网络为基础,供应、生产、管理和营销四位一体的企业管理信息系统,提升企业的核心竞争力。利用信息技术改造、提升传统产品的技术含量,增强产品的市场竞争力。大力发展电子商务,完善省电子商务综合服务平台建设,整合相关资源,使之具备网上支付、网上安全认证、网上安全交易、网上招商、网上企业建站、网上远程教育、现代物流平台等功能。

在农业领域,以促进农民增收、农业发展、农村社会全面进步为目标,建立健全农业科技推广信息服务体系。普及农产品网上交易,开发种植、养殖、农产品加工专家系统,推动智能农业的发展。积极配合省委组织部,做好农村党员干部远程教育的试点工作。

在商贸、金融、建筑、运输、旅游等领域,建设行业信息发布与信息交互平台。抓好金融数据通信网建设,建立完善银行业监管基础数据库、预警体系,提供全面、安全、快捷的支付结算服务。推广普及建设工程项目的网上公开招投标。逐步建立智能交通管理系统,大力发展现代物流等。

以"突破菏泽"为契机,积极研究制定信息技术在经济欠发达地区的应用模式。在调查研究的基础上,在菏泽的重点领域、重点行业选择 10 家单位进行试点,在资金、政策等各方面给予倾斜,以菏泽为突破口,带动信息技术在西部地区的推广应用。

2. 推进信息化建设深入开展。一是上半年召开全省信息化暨信息安全保障工作会议,进一步推进信息化和信息安全保障工作的扎实开展。二是加快电子政务建设。按照《山东省电子政务建设规划》的要求,有计划的分步组织实施。制订《全省电子政务网技术标准》,统一技术标准和规范,保证政务网络的互联互通、资源共享。进一步完善全省门户网站建设,并以网站为依托,开展各项便民服务,打造务实、高效、透明的阳光政府。完善"诚信山东"信用信息系统建设,按照《全省信用数据库建设指导意见》,率先在半岛城市群八市建立互联互通诚信数据库。三是重点领域信息化要有新突破。做好 IC 卡应用系统的清理整顿工作。在工商、卫生、交警、医保、交通、计生等行业,建立 IC 卡审查登记制度;成立 IC 卡应用咨询服务机构,制定全省 IC 卡应用发展规划,建立发展框架,指导全省 IC 卡应用有序发展。围绕养老、失业、医疗、工伤、生育五大社会保险,重点建设宏观决策用数据库、异地业务经办数据库、社保基金监管数据库、公共服务数据库等。四是城市信息化要有新起色。对国家确立的济南、东营、烟台、威海等信息化试点城市的经验认真加以总结,适时召开现场会、论坛等,对试点取得的成功经验在全省进行推广;积极引导城镇信息化建设,全面加快我省国民经济和社会信息化的发展步伐,力争使我省信息化指标达到国内较高水平。抓好青岛、济南两市进出口领域七部门基础信息共享试点,以及工商、国税、地税、技术监督四部门企业登记信息比对联网试点。

3. 加强信息化培训和信息安全保障工作。和省委组织部、省人事厅共同编制全省党政机关工作人员信息化培训大纲、考试大纲、考试题库,依托国家信息产业部 CEAC 证书认证体系,为信息化人才培训提供技术支撑;在全省 10 个以上市地建立 CEAC 信息化培训认证中心和区域管理中心。尽快在省信息化领导小组下成立省网络与信息安全协调小组,出台《山东省信息安全保障工作意见》,加强以密码技术为基础的信息保护和网络信任体系建设,建立和完善信息安全监控体系,在全省形成齐抓共管的局面。

(二)加快结构调整,转变增长方式,把信息产品制造业做大做强

能否保持信息产业发展的良好势头,在激烈的竞争中掌握主动,关键看结构调整能不能取得重大进展。要坚持把调整结构与深化改革、扩大

开放紧密结合起来，在发展中调整，在调整中更好地发展。

要加强规划指导，注重园区建设。今年要根据国家的统一部署，有步骤地启动“十一五”计划的研究制订工作。要以结构调整为主线，以建设具有区域经济特色的基地为重点，充分发挥好经济开发区、高新技术开发区在政策、税收、劳动力等方面的优势，以园中园、区中区的模式，鼓励经济开发区、高新技术开发区设立信息产业园区，将有限的资金和人力资源集中起来，产生聚集效应。鼓励创建不同类型的孵化基地，加快大企业工业园区、特色园区内信息产业的发展。要认真研究现有企业的配套能力，努力延伸已有产品的前端及后续产品，把产业链拉长，使我省信息产业不断做大做强。

抓住全球IT产业调整的机遇，优化产业结构。积极承接日、韩资本和IT产业向山东转移，利用加大招商引资力度、加大投资规模、加快民营经济发展等三个手段，以骨干企业和名牌产品为基础，以完善现有产业链和引进大项目为依托，较快地建立起一批面向全球集研发设计、生产制造、软件开发、信息服务等配套齐全、物流便捷的信息产业聚集地。搞好10大电子信息产品生产基地(产业园)建设(其中国家级制造业基地3个)、20个研发中心建设(其中国家级企业研发中心8个)、3个集成电路设计中心建设，用3－5年的时间，把山东建成全国乃至国际重要的信息产品制造业基地。继续发展高性能计算机及外围设备、高速宽带网络与通信产品、高性能信息家电、新型元器件、新型电子材料和软件等“三高两新一软”产品。加快信息技术和产品在汽车、机床、交通、医疗等传统行业的应用，在培育和扩大市场的同时，拉动信息产业的发展，形成新的经济增长点。

健全完善现代企业制度，规范企业法人治理结构。实现强强联合、强弱联合和企业组织结构的优化整合，使各种不同所有制的企业进行联合、参股、改组，走产权多元化的路子。要面向传统产业改造，发展技术服务、管理咨询、系统集成等业务，扶持一批系统集成商、应用服务提供商等服务企业，促进新型信息服务业的发展。

进一步优化区域结构。基础较好的市要注重提升技术档次，进一步加快发展。基础较薄弱的市在发展特色产业和信息技术应用等方面要加大力度，并注意采取多种形式、多种渠道等，搞好和发达地区的合作，促进我省信息产业整体水平的提高。

(三)建立创新机制，提高技术水平，进一步增强核心竞争力

创新是一个民族进步的灵魂，是一个国家兴旺发达的不竭动力。我们要通过产学研用相结合的方法，建好创新体系，力争创新一批具有自主知识产权的技术，开发一批拥有自主技术的产品，突破一批关键技术。要通过政策优惠和体制创新，引导社会资金、技术和人力资源向信息产业重点技术领域投入，突破核心和关键技术，增强产业的核心竞争力。

加快软件产业的开发创新。围绕基础软件、应用软件、嵌入式软件的发展及电子政务、电子商务、网络安全、网络传输、多媒体信息加工与处理、软件中间件、传统产业改造等领域，采用软构件复用、软构件集成环境等新技术，注重开发各类特色的应用软件。重点抓好齐鲁、青岛、烟台、威海等软件园区建设，选择研发、生产等方面实力较强、企业较集中的地区，建立省级园区，形成以齐鲁软件园为龙头的“一园多地”的发展格局。

加快实施标准战略和知识产权战略。这是信息产业实现跨越式发展的关键。要开展信息产业标准体系的研究，依托国内市场，在比较优势领域不断增加知识产权的拥有量。加强引导和协调，重点支持全省有实力的企业开放式地制订行业标准，并积极参与有关国际标准的制定。要着眼整体发展，加快第三代移动通信技术研发和产业化进程。继续抓好数字电视、下一代互联网等技术的研发工作，尽快形成具有自主知识产权的产业。构建公共技术服务体系，扶持中小型创新企业的发展。

加速军工电子产品的发展。围绕重点任务，认真抓好标准、质量、技改和基础工作，确保各项重点科研生产任务的圆满完成。在原8家企业的基础上，使更多的企业为航天工程及其配套任务提供先进可靠的技术和设备保障。切实加强军工电子行业管理，继续推进各项改革，以部队信息化装备需求为导向，建立健全竞争、评价、监督和激励机制，增强自主创新能力，为国防现代化建设做出积极贡献。

(四)强化措施，拓宽渠道，推进国际化进程

按照张高丽书记提出的“招商引资要有大动作、新招数、求实效”的要求，在招商工作中，我们要坚持“三个注重”，在招商形式上做到“四个为主”，在招商方法上采用“四种方式”，力争使招商工作有新的突破。“三个注重”，即在招商区域上，注重俄罗斯、港澳台、韩国、日本、印度等国家。在招商对象上，注重世界500强等大企业、大财团。在招商主体上，注重青岛、烟台、威海和胶济铁路沿线等城市，建立起具有比较优势和相当规模的信息产业带。“四个为主”，即以现有大企业为主要载体，以大项目为主要方向，以外来加工和配套生产为主要方式，以世界500强驻华办事处、投资公司为主要联络通道。“四种方式”，即通过招商会、洽谈会、研讨会、博览会等，向外商宣传山东的产业基础优势和优惠政策，为做好招商引资工作打下良好的基础。办好青岛国际电子家电博览会、烟台APAC电子商务论坛及博览会、济南信博会，积极引导日、韩IT企业，来山东投资发展信息产业。年内省厅将组织6个团组分别赴美、加、日、韩、俄、英、爱尔兰、印度和台湾等国家和地区进行招商，加强对跨国公司驻华办事处、投资公司的联络工作，主动登门拜访并邀请他们来山东考察、投资。充分发挥我省IT大企业的作用，拿出集成电路封装、手机配套产品、TFT等16个大项目搞好推介工作。在吸引外资的同时注意加大对内资的吸引力度。鼓励我省企业到有资源、有市场、有效益、有优惠政策的国家和地区进行投资生产。

国家出口退税政策的调整，一方面有利于我们出口产品的结构调整，有利于对外出口环境的改善；另一方面也会影响部分企业出口的积极性，加剧企业资金紧张程度，减弱出口产品在国际市场上的竞争力。对政策调整带来的影响，我们要认真分析，积极采取措施。今年是我国加入世贸组织的第三年，过渡期的大部分保护措施都将到期，我们要会同有关部门建立“出口预警机制”、“反倾销应诉和产业损害调查机制”、“进出口监测机制”，积极应对国外贸易壁垒。

（五）大力扶持，积极引导，加快民营经济的发展

发展民营经济，是我省信息产业发展实现新跨越的重要措施。一是工作中要做到“三放”、“三革除”、“三个一视同仁”，推进民营企业的发展。“三放”即：放手、放胆、放开，发展有市场、有效益的大中小型民营企业。“三革除”即：革除一切制约发展的思想障碍，革除一切限制发展的歧视性政策，革除一切落后的管理手段和行为。“三个一视同仁”即：在政策上一视同仁，在市场准入上一视同仁，在监督管理上一视同仁，使民营经济这个“亮点”更加亮起来。二是大力扶持有基础、有规模的民营企业进军信息产业。鼓励有基础有实力的企业膨胀规模，提高档次，形成一大批综合实力强的民营企业集团。三是引导金融资本向民营企业倾斜。针对我省信息产业领域民营企业规模小、融资难、担保压力大等问题，加大政府协调力度，通过企业、品牌、项目推介会等形式，拓宽民营企业融资渠道。四是完善政府公共信息服务体系，为信息产业领域民营企业提供更多的政府投资指引、行业法规规章介绍、科技成果转化等方面的信息服务；五是鼓励民营企业以资产为纽带，以优势企业和名牌产品为龙头，打破产权封闭的模式，组建各种类型的企业集团，为我省信息产业的发展壮大注入新的活力。

（六）抓好人才队伍建设，提高行业整体素质

信息产业是高新技术产业，人才资源尤为重要。所以，我们要抓好全国人才工作会议精神的贯彻落实，加强人才资源建设，为信息产业的发展提供人才保障和智力支持。坚持“稳住人才、引进人才、开发人才”并举的方针，加强人才队伍建设，努力营造留住人才、吸引人才、发挥人才作用的良好环境，形成尊重知识、尊重人才、鼓励创业的氛围。加大用人制度改革力度，加快建立公开、平等、竞争、择优的育人、选人、用人机制，使各类人才脱颖而出，人尽其才。加快技术创新人才的队伍建设，充分调动科技人员的积极性和创造性，努力造就一支结构合理，素质精良，实力雄厚的人才队伍。

5－8 2003年山东省冶金工业概况

基本情况：2003年，山东省冶金企业25家（省冶金总公司企业5家），其中，钢铁联合企业5家，分别是济钢、莱钢、青钢、泰钢、潍钢。全省年产钢200万吨以上的企业有3家：济钢超过500万吨、莱钢和青钢分别突破400万吨和200万吨。济钢、莱钢和青钢共生产钢材1095.5万吨，占全省钢材产量的76.4%。全省年产非建筑用钢材731.8万吨，占全年钢材产量的51%。

生产与效益：2003年，山东省冶金工业生产总量和经济效益再创历史新高。全省钢、铁、钢材产量分别达到1415万吨、1328万吨和1435万吨，同比分别增长41.4%、38.3%和40.9%；比全国增幅分别高20.3、18.7和19.3个百分点；其中，钢材产量占全国总产量的6.1%，居全国各省市区钢材产量排序第5位。全省铁矿石、焦炭、耐火砖、10种有色金属同比分别增长12.7%、47%、28%和42.7%。全省冶金销售收入突破500亿元，全省冶金和省冶金总公司企业实现销售收入分别为534.1亿元和292.4亿元，同比分别增长55%和59.3%；实现利润分别为29亿元和17亿元，同比分别增长106.4%和107.3%。

节能与降耗：2003年，山东省冶金企业以低成本战略为重点，大力开展各种行之有效的节能降耗工作，并取得了良好的成绩。全省冶金工业22项主要技术经济指标中50%创历史最好水平，重点钢铁企业10项主要技术经济指标卢中8项创历史最好水平。例如，莱钢有7项技术指标居全国第一、有9项进入前三名，吨钢综合能耗699千克标煤、同比降低32千克标煤/吨，吨钢耗新水3.75立方米、同比降低2.58立方米，转炉钢铁料消耗1058.9千克标煤/吨、同比降低1.06千克标煤/吨，综合成材率97.5%、同比提高1.78个百分点、钢铁主业可比产品成本降低10.7%、全年可比成本同比降低5.19亿元；济钢确定的33项重点技术指标中有28项明显改善，中板、中厚板的综合成材率分别提高0.99和1.75个百分点、相当于同等坯料多生产钢材3.4万吨，吨钢综合能耗755千克标煤、同比降低15千克标煤/吨、节能折合标煤7.6万吨，全年可比总成本同比降低2.6亿元；青钢高炉利用系数3.441吨/立方米·日、烧结机利用系数2.201吨/平方米·时、连铸机作业率92.35%等指标均列国内同类企业前列，青钢全年扣除因原燃料涨价提高成本6.87亿元外，同口径降低成本3063万元。

投资与结构调整：2003年，山东冶金企业根据市场发展变化的需要适时进行工艺、装备和产品结构调整。全省冶金工业全年完成固定资产投资60亿元、其中省冶金总公司企业完成40亿元、同比分别增长49%和47%，全省冶金有41项新产品通过省冶金总公司以上鉴定、其中12项达到国际先进水平、18项达到国内领先水平，有13个产品荣获“山东名牌产品”称号、有319项科技成果通过省冶金总公司以上鉴定，有33项科技成果荣获省科技进步奖、其中一等奖1项、二等奖9项。莱钢大H型钢生产线和宽带生产线在建，4万吨粉末冶金生产线、万吨硫酸铜生产线、钢结构等非钢生产项目相继建成，全年开发新项目28个、增加品种效益4800万元，轴承钢、齿轮钢荣获“国家冶金实物质量金杯奖”、热轧带钢和H型钢荣获“山东省免检产品”称号、H型钢等5个产品荣获“山东名牌产品”称号；济钢1750立方米高炉和120吨转炉、从大高炉——大转炉——中厚板的生产线全线贯通，彩涂板和镀辞板生产线、石横50万吨高线工程近尾声，全年生产新产品47万吨、同比提高2.3倍，品种板产量97.5万吨、同比提高52%、品种扳比例同比提高5.3个百分点，成功开发的X52管线钢、贝氏体钢板通过省级鉴定；青钢投资的26亿元项目包括：60万吨清洁型焦炭及1.2千瓦×2发电工程、500立方米×2高炉工程、双高线技改工程、15000立方米制氧工程等，80万吨新高线工程和与韩国浦项制铁公司合资的冷轧不锈钢板项目已开工建设，全年开发高附加值产品又有新突破，品种钢占钢材总量比率66%、其中优质品种钢33%、增加利润1.16亿元；张钢工业园炼钢、制氧项目设备已陆续到场、主厂房施工及设备安装已同步进行。

改革与管理：2003年，全省冶金企业深化分配制度改革，在推行岗效工资制，建立贡献激励约束机制等方面取得了有益的成果；又有一批民营、外资控股和参股的冶金和有色金属企业迅速发展，目前，全省有20%的钢、铁、材产量为民营企业生产，80%的电解铝为股份制和民营企业生产。年内，企业管理工作又上新台阶。莱钢制定了《莱钢走新型工业化道路实施纲要》，提出树立“九大理念气全面塑造”科技莱钢、数字莱钢、生态莱钢、人文莱钢”；济钢推行“卓越绩效管理”，开展质量、安全、环境“三体系”整合，荣获全国质量管理奖，成为全国冶金行业首家通过产品服务体系人争得企业；青钢“五个日”管理进一步深化；鲁中冶金矿业集团公司制定了《设备修理管理办法》，开展无泄漏活动，在内部推行全面预算管理试点工作。2003年，评出上年度全省冶金企业管理现代化创新和优秀应用成果108项，其中，一等奖28项、二等奖38项、三等奖42项。

安全与环保：2003年，全省冶金行业积极参与了国家安监局、省安监局部署的首届“安全生产月”活动，完成了对全行业煤气发生炉作业和管理人员共341人的培训考试工作，对全省20个矿山企业进行了安全评估并对评估资料进行了分类整理、评出A类14个，B类4个、B+C类2个。全行业全年发生工亡事故11起、死亡11人，同比增加1人。企业经济效益的增长离不开与环境的协调发展。年内，济钢集团总公司和济钢第三炼钢厂通过了省冶金总公司会同省环保局和济南市环保局“清洁工厂”联合验收；莱钢投入1400万元进行污水治理和除尘改造，有23个单位通过了双贯标、有7个单位荣获省花园式单位和绿化先进单位称号、11个单位荣获市级花园式单位称号；青钢粉尘浓度合格率82%、污染物综合排放合格率92%、资源综合利用率100%；张钢从环境治理整顿入手对跑、冒、滴、漏实施严查整改，全年改旧利废节支157万元；鲁中冶金矿业集团公司“职业安全健康－环境一体化管理体系”已通过认证。

党建和纪检监察工作：2003年，山东冶金企业党组织认真贯彻落实山东省委组织部、省委企业工委《关于在国有企业改革中加强党的建设的意见》，结合冶金企业实际情况积极开展一系列卓有成效的党建与思想政治工作，并取得了满意的成绩。本年度，在全国冶金政研会第六次年会上，莱钢政研会和济钢政研会荣获“全国冶金企业优秀思想政治工作研究会”称号；莱钢的姜开文、济钢的谭庆华、金岭铁矿的边士祥荣获“全国冶金企业优秀思想政治工作研究会干部”称号。2003年，查办违法违纪案件加大力度突出重点。全年立项52项、结案41项、处分71人，其中党纪处分14人、政纪处分42人、刑事处分15人；同比立案增加28%、结案增加9.8%、处理人员增加12.7%。山东冶金总公司企业效能监察实施180项，取得经济效益10868万元。

山东工业职业学院：2003年，经山东省人民政府批复同意正式组建成立了山东工业职业学院。山东工业职业学院是在山东工业学校和山东冶金职工大学合并的基础上组建成立的，校址在山东淄博高新技术产业开发区，首期征地510亩，新校建设一期工程当年开工建设当年投入使用。建校伊始，该校就在广开办学思路的基础上，实行多条腿走路、多渠道招生，招收普通高职、对口高职、五年一贯制大专和中专生，2003年招生数量突破4000人。该校还拟定了一套订单式职业教育发展的路子，以就业促招生、校企联合分别开办了“济钢班”、“张钢班”、“万杰班”、“石横班”等等。该校重视学生的升学工作，抽调业务能力强的教师进行学生的“转生本”辅导工作，2003年有近300人分别被山东理工大学、山东科技大学、山东建工学院等本科院校录取。

5－9 2003年山东省中小企业概况

一、综述

2003年，我省民营经济以邓小平理论和"三个代表"重要思想为指导，在省委、省政府的正确领导下，坚持发展主题，突出结构调整主线，培植骨干企业，培育特色产业，加快园区建设，加大招商引资力度，努力扩大出口，进一步优化产业结构，民营经济增长质量和效益不断提高。民营经济已经成为我省国民经济和农村经济的重要组成部分，在扩大就业渠道，增加城乡居民收入，维护社会稳定等方面发挥着日益重要的作用。2003年全省个体私营经济户数达到181万处，比去年增长10.9%，提高2.4个百分点；从业人员713万人，增长29.4%，提高17个百分点；注册资金2440亿元，增长54.6%，提高14.9个百分点；实交税金128亿元，增长28.6%，提高3.1个百分点；实现进出口总额28亿美元，增长2倍以上，占全省进出口总额的6.2%，提高3.5个百分点；完成增加值3753亿元，增长22.2%。个体私营经济税收占地方财政收入的18%；非公有制经济增加值占全省GDP的40.3%，个体私营经济增加值占全省GDP的30.2%。在全省国民经济中的地位作用更加重要。2003年，乡镇企业增加值占全省GDP的40.6%，比上年提高0.9个百分点，拉动全省经济增长6.2个百分点；民营经济和乡镇企业上交税金占全省地方财政收入的52.8%，比上年提高9.4个百分点；民营企业提供的工资性农民人均收入达1395元/人，占全省农民人均纯收入的44.2%，比上年提高2个百分点；民营企业吸纳的城镇下岗失业人员达68.4万人，比上年增加30.7万人。民营企业累计创中国名牌7个、山东名牌48个，分别占全省的17.5%、19.8%；创山东省著名商标200件，占全省的35.2%；创全国乡镇企业名牌重点企业107户，名列全国前列。民营经济的快速持续发展，不仅带动了乡村经济和县域经济的快速发展，扩大了社会就业，增加了农民收入和地方财政收入，而且带起了一大批现代化的新型城镇和经济强县，推动了农村两个文明建设，加快了工业化和城市化进程，为全面建设小康社会创造了坚实的物质基础。

1. 固定资产投资。在各级党委政府的支持推动下，各地努力改善投资环境，加大招商引资力度，我省出现了新一轮的投资热潮，成为民营经济新的经济增长点，推动了产品产业结构的调整优化。以专业村、产业镇、经济园区和胶东半岛制造业基地建设为重要载体的投资高速增长，各类投资主体扩大投资的动力显著增强，特别是民间资金、省外资金向民营企业的投向扩大。2003年，全省民营企业完成固定资产投资1779亿元，增长75%，其中，引进资金610亿元，同比增长99.5%，占投资总额的34.3%，提高3个百分点；企业自有资金810亿元，同比增长62.6%，占投资总额的45.5%，下降3.5个百分点；金融机构贷款229亿元，同比增长70.9%，占投资总额的12.9%，下降0.3个百分点。民营企业固定资产投资占全社会固定资产投资的33.4%，比去年提高4.6个百分点；新开工项目46893个，投产项目42238个，其中70%以上是新建项目，新建项目投资达1265亿元，占总投资的71.1%，扩建、改建项目不足30%。

2. 外经外贸。尽管4－5月份的"非典"对民营企业出口产生了一定的冲击，但我省民营企业出口仍然保持了较高的增长，利用外资也实现了新突破。2003年，全省有出口产品的民营企业达15796户，比上年增加699户，完成出口交货值

1321亿元,增长29.8%,其中,自营出口652亿元,占49.4%,比上年提高4.1个百分点。五大类出口产品分别完成出口交货值食品类294亿元,增长24.6%;纺织服装类260亿元,增长34.7%;工艺品类179亿元,增长42.1%;轻工类160亿元,增长26.0%;机械类155亿元,增长40.9%。民营企业与外商及港澳台合资合作新签协议项目2699个,新签协议投资额85.4亿美元,外商实际投资额43.2亿美元,协议投资额和外商实际投资额分别比上年增长39.8%和64.9%。单个项目的平均协议投资额由上年的131.4万美元提高到316.5万美元,1000万美元以上的大项目明显增多。民营企业实施"走出去"战略迈出新步伐,全省民营企业境外办企业达到391户,境外办企业累计投资达42.5亿元。

3.规模企业。积极引导和扶持具备条件的民营企业通过资本纽带实现联合,加速优势企业规模膨胀。重点对营业收入前100名私营企业、前100名出口创汇企业和100名科技型民营企业,实施重点调度,在资金、技术、上市等方面给予扶持,2003年全省规模以上民营企业达到12715个,同比增长37.5%,实现营业收入占民营经济总收入的34.2%;营业收入1亿元以上民营企业1086个,同比增长50.2%,实现营业收入占民营经济的19.3%。其中10亿元以上的民营企业由39户增加到62户;20亿元以上的民营企业由13户增加到18户。全省涌现出万杰、金锣、南山、丛林、新牟、鲁花、力诺、皇明等一大批规模较大、主导产品突出、技术创新能力强的民营企业。大型骨干企业和企业集团的持续增长,带动了乡村经济和县域经济的快速发展,带起了一大批现代化的新型城镇和经济强县,推动了农村的两个文明建设,加快了工业化和城市化进程。在抓大扶强的同时,注重培育区域型特色经济。引导各地立足资源、区位和传统技术优势,选择、培育出各具特色的主导行业和拳头产品。

二、园区建设

2003年民营企业在前几年集中连片开发、加快产业聚集形成的工业园区开始在清理整顿中进一步规范完善。按照国务院办公厅《关于清理整顿各类开发区加强建设用地管理的通知》(国办发[2003]70号)、国家发展和改革委员会和国土资源部、建设部、商务部等4部委《关于清理整顿现有各类开发区的具体标准和政策界限的通知》(发改外资[2003]2343号)文件精神和《山东省园区建设考核评价体系》(试行),对民营经济园区进行清理、撤销、整顿、规范,同时从园区经济总量、土地集约利用、水资源利用和环境保护等方面进行综合考核,促进了民营经济园区在整顿中规范,在规范中发展,在发展中提高。2003年我省民营经济园区实现的营业收入、出口交货值占全省民营经济的20%和41%,园区用地进一步规范,投资强度、产出效益和土地利用率进一步提高。

三、企业改革

2003年重点抓了对改革不规范、不彻底的企业进行二次改革工作,引导乡村集体企业改革向深层次发展,不断壮大民营经济队伍。发挥民营经济优势,积极支持和鼓励民营企业、民间资本、外商资本参与公有制企业改革、改造、改组,加大国有中小企业和集体企业改革力度。引导改制企业按照《公司法》的规定,建立完善的法人治理结构,搞好劳动、人事、分配等方面的配套改革,建立起适应市场竞争的运行机制,增强企业发展的活力和后劲。

四、质量管理

我省各级民营企业主管部门采取措施,积极推动,在全省民营企业中培育出了一批社会信誉度高,产品质量好,具有较强市场竞争力的名牌产品、名牌企业。2003年创全国乡镇企业名牌重点企业30户,总数累计达到107户。自1999年农业部开展创名牌重点企业活动以来,我省一直名列全国乡镇企业第一名。2003年,全省民营企业(乡镇企业)创中国名牌产品7个,占全省中国名牌产品总数(40个)的17.50%;山东名牌产品48个,占山东名牌产品总数(242个)的19.83%。全省民营企业(乡镇企业)争创山东省著名商标取得突破性进展。2003年新增著名商标126件,占全省新评著名商标数的52.05%,首次超过国有及其它类型企业著名商标数。全省民营企业(乡镇企业)著名商标累计达到200件,占全省著名商标总数(571 件)的 35.20%。

五、服务体系建设

适应民营企业发展需要,我省以信用建设为载体的信用服务业开始起步。目前全省民营企业担保机构达 51 家,总注册资金 9.1 亿元,开展担保业务 846 笔,担保资金 12 亿元,初步缓解了部分企业贷款难、担保难的问题。2003 年我省开展了首批诚信守法民营企业、乡镇企业评价活动,命名了 107 家企业为全省诚信守法民营企业乡镇企业,受到企业和社会的欢迎。为解决民营企业同行业间不正当竞争,避免无序发展,各市相继成立了民营企业行业协会,这些协会大都由主管部门牵头组织,企业自愿参加,协会组织不占政府序列,不占编制,负责人由会员选举的企业家担任,具有民间性、自律性、公益性、专业性和市场性,共同制定行业发展规划和行规行约,规范行业自我管理行为,维护行业内部公平竞争,增强了企业间的协作和信用。各级民营经济主管部门进一步转变职能,不断拓宽服务领域。为帮助民营企业开拓国内外市场,先后组织举办"首届山东民营企业优质产品上海展销会"、"山东民营企业赴浙江经贸考察活动"、"山东中小企业赴美国经贸考察"、"香港中小企业商机博览会"、"山东省民营企业人才招聘洽谈会"、"山东省民营企业产学研洽谈会"、"民营企业高新技术产品博览会"、"亮点论坛"等活动。加快信息化建设步伐,开通了山东中小企业网站,为民营企业提供信息、政策、法律服务。与有关部门联合组织举办了首届全省民营企业文艺调演、全省民营企业书画展,进一步掀起发展民营经济的高潮。

六、政策措施

为了把党的十六大精神落到实处,结合我省民营经济发展实际情况,省委、省政府在 2002 年出台《关于进一步加快民营经济发展的决定》(鲁发[2002]3 号文)基础上,2003 年又制定下发了《关于进一步加快民营经济发展若干问题的补充规定》,就民营经济发展过程中遇到的若干问题再作明确详细规定。《补充规定》主要有以下特点:一是充分体现国民待遇原则。重点解决了进一步对民营经济放开、放宽、放活和降低门槛问题。包括放开投资领域,除国家明确限制的投资领域外,所有竞争性领域和对外资开放的领域,都对民营经济开放;放宽土地使用政策,在保证国家和省重点建设项目用地前提下,优先安排民营企业用地计划;放宽新设立企业注册登记限制,降低有限公司注册资本要求,允许分期到位,限期补足;放宽已设立企业登记限制,放宽对出口型、科技型私营企业限制。对企业出资比例、改制企业变更登记、私营企业冠省名、民营业者城市落户等方面的限制进一步放开。在经营范围、土地使用、人才引进等方面,明确规定民营经济与公有制经济要一视同仁,平等对待。二是扶持力度进一步加大。加大对民营经济财政扶持、融资支持,建立民营企业信用担保体系等方面规定更加具体。如规定省、市、县三级财政都要设立中小企业科目,安排扶持中小企业发展专项资金,设立民营经济发展基金。省财政从 2003 年起每年安排 5000 万元专项扶持资金;要求金融机构适当下放审批权限,建立"贷款回复时限承诺制度"改善对民营企业的金融服务;规定各级政府都要拿出一定资金,建立民营企业信用担保公司,对不以营利为主要目的的中小企业信用担保和再担保机构从事担保业务的收入,三年内免征营业税等。三是在鼓励事业单位人员从事民营经济方面有了较大的突破。如允许事业单位专业技术人员在国家规定范围内兼职从事个体私营经济。四是鼓励民营企业参与国有、集体中小企业改革方面提出指导性意见。明确规定用 3 年左右的时间实现国有和集体中小企业从竞争性领域退出,实现投资主体多元化,促进民营经济和混合所有制经济发展。民营企业以多种形式参与公有制企业改制、改组,在偿还贷款、职工安置、费用收取、企业税收等方面,享受国有和集体企业改革的优惠政策。五是强调进一步提高民营经济从业者的社会地位。规定对民营企业从业人员在评选劳模、职称评定、推荐选举党代表、人大代表、政协委员等方面要一视同仁。从 2003 年起,省政府每两年评选表彰 100 家先进民营企业和 100 名优秀民营企业家。六是在营造民营经济发展良好环境等方面的政策规定更加明确。主要有优化政务环境,清理各类收费项目,提高收费透明度,减轻企业负担。建立民营企业投诉机制;简化办事手续,建立民营企业对政府职能部门民主评议机制；加快行业协会建设；加大舆论宣传力度，营造尊重、支持、促进发展民营经济的舆论氛围等。2003 年省人大常委会开展了对民营企业法律法规贯彻落实情况的专项视察，省政协也展开了如何支持民营企业发展的调查研究，为民营经济发展创造了宽松的政策环境。

5-10　2003 年山东省政府表彰的先进民营企业名单（20 个）

1. 力诺集团有限责任公司
2. 青岛特种汽车集团公司
3. 万杰集团公司
4. 龙大食品集团有限公司
5. 孚日家纺股份有限公司
6. 山东华夏集团
7. 山东菱花味精股份有限公司
8. 山东石横特钢有限公司
9. 山东华乐实业集团公司
10. 山东西王集团有限公司
11. 临沂新程金锣肉制品有限公司
12. 南山集团公司
13. 山东博汇纸业股份有限公司
14. 青岛广源发集团公司
15. 鲁泰纺织股份有限公司
16. 万达集团股份有限公司
17. 山东太阳纸业股份有限公司
18. 得利斯集团有限公司
19. 日照三木木业股份有限公司
20. 泰丰纺织集团

5-11　2003 年山东省政府表彰的优秀民营企业家名单（126 个）

高元坤　力诺集团有限责任公司董事长、总裁
李昌利　山东泺源集团有限公司董事长、总经理
胡林业　山东平阴丰源炭素有限责任公司董事长
王廷勇　济南大可汽车改装有限公司总经理
周德华　中国重汽集团济南车厢厂厂长
杨学武　山东华艺美术有限公司董事长
陆继云　济南东宇集团有限责任公司董事长
侯广鑫　济南视野广告有限责任公司总经理
李恩忠　济南清河忠诚房地产开发有限公司董事长
盖守群　山东盖家沟国际物流有限公司董事长
张培燕　济南燕亨实业公司总经理
秦旭昌　济南市长清计算机应用公司总经理
高思诗　青岛康大外贸集团有限公司董事长、总经理
刘　强　山东华青建安集团公司董事长、总经理
张代理　青岛红领集团有限公司董事长、总经理

王仁超　青岛亨达五金制品有限公司总经理
马秀臻　青岛东生集团股份有限公司总裁
李建修　青岛天富电信器材有限公司总经理
胡崇胜　青岛磊鑫集团有限公司董事长、总经理
张志国　青岛鲁建农工商有限公司董事长
王俊罡　青岛天鹅针织有限公司总经理
任志刚　青岛帅潮实业有限公司董事长、总经理
段连文　山东宏达冶金有限公司董事长
李世良　山东皇冠陶瓷股份有限公司董事长
颜景江　山东嘉业日用制品有限公司董事长、总经理
叶远勤　淄博市东岳实业总公司总经理
房利军　淄博泰和实业有限公司总经理
刘　杰　淄博鸿杰印务有限公司总经理
孙启峰　山东万峰工贸公司董事长、总经理
杨延良　山东博汇纸业股份有限公司董事长
李学峰　山东齐峰化轻集团公司董事长、总经理
耿庆祯　淄博耿桥建工实业股份有限公司董事长
李士永　山东顺兴水泥股份有限公司董事长、总经理
徐钦彬　枣庄源大实业有限公司董事长、总经理
李修强　枣庄一方膏业有限公司董事长
高肇林　山东益康药业有限公司总经理
李运坤　枣庄市一大纸业有限公司董事长
韩福志　滕州市洪绪建筑安装工程公司经理
王秀生　山东胜通集团股份有限公司董事长
宋继明　山东西水橡胶集团有限公司董事长
张振舜　利津县振利油料加工有限公司董事长
张家强　烟台市大展纸业有限公司董事长
徐　生　烟台宏伟实业总公司总经理
梁　平　山东蓬建建工集团有限公司总经理
苏成义　莱阳永昌食品有限公司董事长、总经理
宫振法　山东莱阳信发集团公司总经理
刘汝铮　山东河西黄金矿业集团公司董事长、总经理
徐振军　山东青龙矿业集团公司总经理
米世祥　山东大通集团公司总经理
王新基　海阳市恒大毛织有限责任公司董事长
朱见来　龙口旭鑫机械有限公司总经理
宋常清　龙口市鹏飞通讯设备有限公司总经理
王平金　寿光万龙实业有限公司董事长、总经理
杨春彬　潍坊海天盐化有限公司董事长、总经理
张俊庆　临朐县兴隆建安有限公司董事长、总经理
邓其华　高密市昌华市政工程有限公司董事长
袁文坤(女)　耶莉娅集团副总裁
许家祥　山东泸河集团有限公司总裁
孙宝联　潍坊市友谊纸业有限公司董事长
冯连中　山东青州大华实业有限公司董事长
徐寿海　潍坊市广潍进口汽车修理厂董事长、总经理
王国利　潍坊市线路器材厂厂长
孙明堂　山东青阜(集团)有限公司董事长、总经理
刘新元　潍坊乐富塑料制品有限公司董事长
陈松华　高密利华纺织有限公司董事长
张重瑞　潍坊瑞盛工业设备安装有限公司董事长、总经理
姬传玺　兖州市云龙科技开发有限公司董事长、总经理
李兰蕴　山东良福制药有限公司董事长
刘秋君　山东汶上北大机械有限公司董事长、总经理
张怀森　济宁张山水泥厂厂长
杜宗平　山东省嘉祥永昌公路工程建筑有限公司总经理
班昌启　微山县傅村建筑公司经理
刘学军　济宁市桓松工程机械有限责任公司董事长、总经理
颜丙利　山东兖州宏宇胶带有限责任公司总经理
崔兴华　金乡县华盛彩印包装制品有限公司董事长
张武宗　山东石横特钢有限公司董事长
宋绪山　泰安市泰山工程机械制造有限公司总经理
徐西胜　山东升华玻璃股份有限公司董事长、总经理
李丙强　新泰市韩庄煤矿矿长
陈举平　泰安华兴纺织有限公司董事长、总经理
郭元生　山东泰峰塑料土工材料有限公司董事长、总经理
朱方彬　山东飞达化工科技有限公司董事长、总经理
丁庆忠　山东光大日月油脂股份有限公司董事长、总经理
夏春亭　山东华夏集团董事长
刘德顺　威海市德顺房地产开发有限公司董事

长、总经理
刘芳友 华隆(乳山)食品工业有限公司董事长
连文喜 荣成市荣喜渔业有限公司董事长、总经理
俞素兰(女) 威海万丰奥威汽轮有限公司总经理
张永舵 净雅餐饮集团董事长、总经理
丁 杰 日照兴业集团有限公司董事长
叶 成 山东岚桥工贸集团有限公司董事长
林相英(女) 日照岚星化工工业有限公司董事长
吕庚新 山东泰山纸业股份有限公司董事长、总经理
李福忠 山东王子纺织股份有限公司董事长、总经理
吴延乐 山东省莱芜市汶河化工有限公司董事长
黄 鸣 山东皇明太阳能有限公司董事长、总经理
邢建刚 德州克代尔集团有限公司董事长
王连水 山东正大纸业有限公司董事长、总经理
谢兴华 德州华北纸业(集团)有限公司董事长
吴井臣 山东中大空调集团有限公司董事长
高延军 山东中南集团有限公司董事长
李光岭 德州双鸿集团董事长
杨东堂 德州亚太集团有限公司董事长、总经理
徐清友 山东基德纺织科技有限公司董事长
黄春生 阳信瑞鑫毛制品有限公司总经理
朱玉国 邹平长星集团有限公司总经理
任立生 山东桥昌化学有限公司总经理
魏龙柱 山东省万事达物资有限公司董事长
于洪长 山东沾化县冬枣实业总公司总经理
张广富 山东广富钢铁有限公司董事长、总经理
王同才 山东聊城明星实业有限公司董事长
马延彬 聊城市华盛皮革有限公司董事长
陈希峰 山东义和诚实业有限公司董事长、总经理
张 昭 山东冠洲股份有限公司总经理
刘学民 茌平县创伟木业有限公司总经理
李学纯 山东阜丰发酵有限公司董事长
刘保起 山东罗欣药业股份有限公司董事长、总经理
钱春生 山东新光股份有限公司董事长
张广聚 山东临沂宏达集团公司董事长、总经理
纪春潮 山东雅美纺织股份有限公司董事长
王景连 山东金升有色集团有限公司总经理
薛永文 山东省亿利达集团有限公司总经理
李如建 山东菏达纸业有限公司副董事长
丁传英 山东菏泽华英食品有限公司董事长
侯春生 山东省郓城县工艺玻璃厂厂长
李长进 菏泽市岳程建筑公司经理

5-12 2003年山东省政府表彰的投资山东优秀民营企业家名单

章鹏飞 山东现代投资集团有限公司董事长、总经理
谭跃进 济南外海房地产开发有限公司董事长
王如仁 济南华东饮料有限公司总经理
崔云龙 青岛东海药业有限公司董事长
连岩奎 青岛温州商贸城建设开发有限公司董事长、总经理
陈成俊 青岛远东电器集团有限公司董事长、总经理
蔡祈敢 淄博春申房地产开发有限公司董事长、总裁
王家洲 淄博正晋特钢有限公司总经理
牛力刚 枣庄市薛城锦辉机械铸钢厂董事长
朱剑钧 横店集团草业有限公司董事长、总经理
李国安 烟台华安集团总裁
叶乐明 烟台北方温州城开发有限公司董事长

童庆明 潍坊青鸟华光电池有限公司总经理
林榜昭 潍坊市圣方达建材化工有限公司董事长
王 建 潍坊娃哈哈饮料有限公司总经理
孙涤非 山东九九有限公司总经理
王中旺 河北三太子实业有限公司总经理
杨文俊 蒙牛乳业泰安有限责任公司总经理
黄桂银 山东九鑫日用化工有限公司董事长
陈爱莲 威海万丰奥威汽轮有限公司董事长
金位海 山东金田小商品市场发展有限公司董事长、总经理
杜双华 日照钢铁控股集团有限公司董事长
朱新礼 北京汇源集团鲁中有限公司董事长、总裁
吴昌硕 山东德力塑胶有限公司总经理
高德康 波司登有限公司山东分公司总裁
张锦彬 博兴县金利钢铁有限公司总经理
刘永行 山东信发希望铝业有限公司董事长
鲍承云 临沂嘉田电雕制版有限公司董事长
杨新华 山东正兴轮胎有限公司副董事长
叶星孟 菏泽市华通房地产开发有限公司董事长、总经理

5－13 2003年山东省政府表彰的全国乡镇企业创名牌重点企业名单

山东瑞泰化工有限公司
山东诸城市通力钢圈有限公司
山东鲁王集团有限公司
山东天府集团公司
华盛江泉集团
山东鲁南外加剂厂
山东大海集团有限公司
寿光市嘉信纺织有限公司
山东威达机械股份有限公司
德州沪平永发造纸有限公司
梁山东岳挂车制造有限公司
威海恒大电机(集团)有限公司
沂蒙酒业有限公司
山东省夏津县发达面粉有限公司
日照市信达电力金具厂
山东青云起重机械有限公司
山东皇冠厨业有限公司
泰安市金山口锅炉有限责任公司
山东泰峰塑料土工材料有限公司
山东丛林集团公司
山东汇泉厨业有限公司
山东照东方纸业集团有限公司
山东省亿利达集团有限公司
海之源集团有限公司
青岛金盛集团有限公司
青岛楼山消防器材厂
青岛雪达集团有限公司
青岛武晓集团有限公司
青岛林达实业有限公司
青岛帅潮实业有限公司

第六篇

企业政策法规

6－1　山东省人民政府关于印发2003－2005年山东省工业产品结构调整意见的通知

鲁政发[2003]23号

各市人民政府，各县（市、区）人民政府，省政府各部门、各直属机构，各大企业，各高等院校：

省政府同意省经贸委等单位拟定的《2003－2005年山东省工业产品结构调整意见》，现印发给你们，望认真组织落实。

山东省人民政府

二〇〇三年二月二十六日

2003－2005年山东省工业产品结构调整意见

为认真贯彻党的十六大精神，培育山东工业发展的新优势，推进全省工业化进程，现将2003－2005年全省工业产品结构调整提出以下意见。

一、认真形势，明确工业产品结构调整的主攻方向

工业产品结构是工业素质和水平的重要标志，搞好工业产品结构调整，是发展先进生产力的必然要求，是建设小康社会的重大举措，并可以带动产业结构、企业组织结构、技术结构、所有制结构和市场结构的优化，是解决整个工业结构问题的关键，关系产业结构调整的全局。我省历来高度重视工业产品结构调整问题，始终把结构调整作为促进经济发展的主线来抓。1999年，省政府出台了工业产品结构调整意见，提出了到2002年的调整目标、重点和措施。通过3年的实施，企业的整体素质和市场竞争力明显提高，经济运行的质量明显改善，新的经济增长点初步形成，为今后的发展打下了良好的基础。一是主要传统产业得以优化升级。高新技术和先进适用技术在传统产业改造中得到大量推广采用，淘汰关闭了一批落后生产能力和企业，全省传统产业的技术装备水平、产品档次和质量明显提高，产品品种增加，竞争优势增强。二是骨干优势产品得到发展壮大。家电、机电、石化等产品产量迅速提高，冰箱、洗衣机、大型推土机、大型锻压设备、轮胎等30多种产品市场占有率居全国第一位，青啤、海尔、张裕、浪潮等29个品牌获国家驰名商标称号。三是高新技术产业发展加快。全省高新技术产业产值占规模以上工业总产值的比重达到16.5%，高新技术产品达到3000多种。四是工业生产集中度明显

提高,形成了一批大企业。136 户重点工业企业占全省工业经济总量的比重接近 50%,涌现出了海尔、海信、兖矿等一批核心竞争力较强的大企业。造纸、化肥、农机、水泥等行业中都形成了一批较大规模的生产企业,散乱局面得到显著改善。

党的十六大提出,要推进产业结构优化升级,形成以高新技术产业为先导、基础产业和制造业为支撑、服务业全面发展的产业格局。这对工业经济发展提出了新课题,对我省工业结构提出了更新更高的要求。相比之下,我省工业结构还存在着许多矛盾和薄弱环节:一般产品生产能力过剩与部分有效供给能力不足的特点十分鲜明,产品结构自我调整的能力比较差,不适应消费结构升级的要求;工业外向度低,国际经济技术合作层次不高,接纳国际制造业梯次转移的能力不强,不适应全球产业结构调整的大趋势;工业技术装备水平低,创新能力弱,多数企业不具有规模优势,生产成本高,不能适应市场价格国际化带来的冲击;国有企业经营机制转换不到位,市场主体意识差,参与国际经济合作能力差,不适应市场竞争的要求;民营工业规模小,管理水平不高,产品的层次低,所有制结构优势不明显等等。

今后 3 年,全省工业产品结构调整要着力实施好“3646”工程,即重点培育发展电子信息、生物技术及制药、新材料三大高新技术产业,改造提升轻工、纺织服装、化工、机械、建材、冶金六大传统行业,做大做强 46 大类产品。经过几年的发展,三大高新技术产业已具有一定的规模和优势,成为高新技术产业的主体,2002 年实现销售收入占全省规模以上工业的 5%,是当前高新技术发展的重点:六大传统行业是全省工业的主体,2002 年实现销售收入占全省规模以上工业的 71%,除冶金外,其他行业实力均居全国前四位;技术含量和附加值较高、带动作用强、市场占有率均居全国前列的 46 大类产品,是我省工业的标志性产品,要重点做大做强。抓好“3646”工程,就抓住了全省工业产品结构调整的关键,就能够为全省国民经济快速健康发展提供条件。

二、指导思想、原则和目标

(一)指导思想

以党的十六大精神为指导,依据国家产业政策和山东工业的发展定位,适应市场经济发展和经济国际化的新形势,坚持以信息化带动工业化,加强工业体制创新、技术创新和生产组织创新,推进骨干扩张,实施重点拉动,进一步改造提升传统优势产品,加快发展高新技术产品,大力提高设备制造业水平,推动山东工业产品结构再上新层次,走新型工业化道路。

(二)原则

1.实施战略性调整的原则。以市场为导向,由过去一般适应性调整转为战略性调整,突出调整的主动性、先导性、创新性。

2.实行联动调整的原则。由过去对单一产品的结构调整,转变为围绕骨干产品,上溯下及,实施产品链的调整,以此提高整个行业的结构层次。

3.以企业为主体的原则。企业是调整的决策主体、投资主体、承担风险和获得效益的主体,政府重在引导、推动。在结构调整政策措施的制订和落实上,对国有、集体、民营等各种所有制企业一视同仁,充分发挥各类企业的积极性和主动性。

4.依靠技术进步的原则。坚持科技是第一生产力,突出技术内涵,采用高新技术和先进适用技术改造提升传统产业,加快高新技术产业化步伐,全面推进工业技术进步。

5.与国际产业转移相衔接的原则。抓住国际产业梯次转移的机遇,主动参与其调整分工,积极承接符合我省调整方向的国外产业,大胆稳妥地向外转移我省优势长线产业。

6.有所为有所不为的原则。坚持实事求是,量力而行,重点突破,培植壮大山东工业在市场竞争中的比较优势。

7.以产品为主线全面推进工业结构调整的原则。突出抓好产品结构调整,并以此推进产业结构、企业组织结构、技术结构、所有制结构和市场结构的调整,促使整个工业结构优化升级。

8.可持续发展的原则。合理开发和节约使用各种自然资源,特别要大力发展节水型工业,搞好生态建设和环境保护。

(三)目标

通过 3 年调整,到 2005 年力争达到如下主要目标:

1.全省规模以上工业销售收入达到 16800 亿元,其中三大高新技术产业和六大传统行业规模以上企业销售收入达到 13460 亿元,占全省规模以上工业的比重提高到80%。

2.46类产品的市场竞争力明显增强，1/3以上的产品市场占有率居全国第一位。其中19类装备制造业产品，1/3以上的产品主要性能指标接近或达到当时国际同类产品先进水平。

3.高新技术产业规模得到壮大。高新技术产业产值占全省规模以上工业总产值的比重提高到25%以上。

4.市场结构进一步优化。全省规模以上工业企业产品省内、省外、国外市场占比达到50:30:20，其中机电产品出口达到100亿美元。

5.技术装备水平进一步提高。规模以上工业企业具有当时国际先进水平的装备占有率提高到22%，具有当时国内先进水平的提高到45%。拥有自主知识产权的产品比例明显扩大。

6.一批大企业核心竞争力显著增强。9户企业年营业收入达到200亿元以上；10户以上企业年营业收入达到100-200亿元；15户以上企业年营业收入达到50-100亿元。

三、结构调整的重点

（一）高新技术产业

电子信息、生物技术及制药、新材料三大高新技术产业以10大类产品为重点，加快新技术和新产品的研究开发和推广，迅速实现产业化生产，形成规模优势，发展成为全省高新技术产业高地。

1.电子信息。重点发展高性能计算机及外围设备、高速宽带网络与通信技术及产品、新型元器件和软件。

（1）计算机。重点发展浪潮集团的高性能计算机及外围设备，加速发展高性能小型机/服务器技术、集成电路和可编程逻辑器件（PLD）芯片设计等技术，生产新型家用、商用、工业用计算机及板卡、键盘、打印机等产品。强化信息化带动工业化能力，积极开发自动化装备和控制系统。

（2）网络和通讯产品。重点跟踪和开发高速宽带网络与通讯技术，特别是W-CDMA技术，以海尔、海信、浪潮集团为依托，发展高速宽带网络及通讯产品、高性能局用数字程控交换机、移动交换机、基站设备、移动通讯手机、光纤通信系统配套产品、高速宽带网络配套产品。

（3）新型电子元器件。以烟台正海电子网板公司、华光光电子公司、山东英克莱集团、山东沂光电子公司为主，加速发展表面组装元器件（SMT）、光电子与新型半导体器件、新型片式元器件、敏感元件及传感器、电子陶瓷元器件和集成电路（IC）等产品。

（4）软件。加快建设国家级的齐鲁软件园以及青岛、烟台、威海软件园区，支持建立以中创软件公司为主体的省软件中间件产业化基地。充分发挥中创软件、浪潮集团、东方电子、青鸟华光、海信、鲁能积成等重点企业和大学、科研单位的作用，培植具有自主知识产权的软件名牌产品，重点发展行业应用软件，支持开发生产基于软件复用技术的支撑软件和嵌入式系统软件产品；加强软件构件技术的开发和应用，推进软件产业化。

2.生物技术及制药。重点发展化学合成药、基因工程药和发酵工程药。

（1）化学合成药。以新华医药、潍坊四药为依托，重点提高布洛芬、扑热息痛、双氯灭痛等产品的技术水平，增加系列产品。以鲁南制药公司为龙头，加速发展心脑血管及抗肿瘤药物，形成以单硝酸异山梨酯、尼索地平等系列骨干产品为基础的多品种、多剂型优势产品群。

（2）基因工程药。以新华医药、鲁抗医药、东阿阿胶、齐鲁制药、烟台荣昌制药、威海赛诺金等骨干企业为龙头，对重组人促红细胞生长素（EPO）、人粒细胞集落刺激园子、肝细胞生长因子、幽门螺旋杆菌试剂盒等产品，优化生产工艺、发展多种剂型，形成规模效益；对肿瘤坏死因子、白介素-11、-干扰素、葡激酶、人工皮肤等产品，加快开发进度，完善生产技术工艺，尽快实现产业化。

（3）发酵工程药。以鲁抗医药为龙头，重点采用酶法裂解和现代生物工程的菌种选育技术，发展新型抗生素及中间体，如6氨基青霉烷酸（6APA）、7氨基头孢烷酸（7-ACA）、7氨基脱乙酰氧基头孢烷酸（7-ADCA）及其他新型头孢类产品等；积极开拓抗生素应用新领域，重点发展动植物用生物技术药物，对泰乐霉素、硫酸粘杆菌素、苏芸金杆菌（BT）等产品，迅速扩大能力；对杀蚜素、杀螨素、杀粉蝶素、阿佛霉素等，完善技术工艺，2005年前实现规模化生产。

3.新材料。重点发展电子新材料、化工新材料、特种纤维与复合材料。

(1)电子新材料。依托山东大学、清华大学的技术,利用金属有机化合物气相沉积、分子束外延法探索生产外延片新工艺,开发管芯制造工艺及器件封装工艺。以山东英克莱集团、华光光电子公司为主,引进国际先进设备,发展红、绿、蓝三基色色光及白光高亮度发光二极管、激光二极管外延材料与器件。依靠山东大学晶体材料研究所技术优势,重点开发生产钒酸钇、钨酸铅、大尺寸磷酸二氢钾、磷酸钛氧钾、大直径硅单晶、砷化镓与磷化镓单晶、金刚石、压电石英等人工晶体材料及器件。以烟台正海电子网板公司为基础,研究开发纯平管、宽屏超大尺寸彩管和索尼超薄管荫罩新产品。以招远金宝电子公司为主,进一步研究开发耐高温、超薄(12微米)、无针孔、延展性好的电解铜箔和平整度好、冲孔性能好、电性能高的高档覆铜板等新产品。扩大山东鲁鑫贵金属集团具有国际水平的低弧度金丝、硅铝键合丝等集成电路用金丝生产规模。

(2)化工新材料。以潍坊亚星公司、烟台万润精细化工公司、莱芜振华集团、招远膜天集团、山东兴武集团、淄博广通化工公司等企业为重点,发展通用树脂的改性材料和专用料、工程塑料和塑料合金、新型氟材料、有机硅材料、超细粉体材料、膜材料、纳米材料、液晶材料等。

(3)特种纤维与复合材料。以碳纤维、无碱玻璃纤维、氨纶纤维、芳纶纤维、树脂基复合材料为重点,进一步完善生产工艺技术,开发新产品及制品,保持全国领先地位。碳纤维及制品,改进完善泰安山口碳纤维公司的碳纤维生产工艺,扩大规模,产品质量达到国际水平;加快聚丙烯腈原丝的科研开发和产业化步伐,解决碳纤维的原料问题。玻璃纤维,以泰山玻璃纤维公司为依托,大力发展万吨级池窑拉丝技术,积极扩大品种,提高无碱玻纤生产能力;完善6000－8000孔纤维成型、纯氧燃烧、高性能专用浸润剂、复合拉丝等玻璃纤维生产技术,开发低成本、高性能、特种用途的玻璃纤维及其制品;淘汰陶土柑祸法,限制发展以玻璃球为原料的坩埚生产线。氨纶和芳纶纤维,以烟台氨纶集团为主,研究开发耐氯、易染、超细旦、高伸长、复合功能性氨纶和芳纶等具有国际水平的新产品,进一步扩大产业规模。树脂基复合材料及制品,围绕车船、防腐和建筑等领域,以泰山复合材料工业园、德州北方玻璃钢厂等为主,重点发展片状模塑料模压(SMC)工艺、树脂传递模塑(RTM)工艺和纤维缠绕技术及挤拉技术,大力发展绿色玻璃钢－热塑性复合材料(FRTP)制品及配套原材料和技术,研究开发玻璃钢输气管道、托辊、轴承、渔船、汽车覆盖件、门窗等。努力开发、推广和应用高性能复合材料、特种玻璃、特种陶瓷等材料,逐步实现产业化。

(二)传统行业

轻工、纺织服装、化工、机械、建材、冶金六大传统行业以36大类产品为重点,通过自主开发和引进关键技术设备相结合,提高行业技术装备水平和技术创新能力,提高产品质量和档次,实现行业产品结构的优化升级。

1.轻工。重点发展造纸、食品、家电、塑料、新型包装材料及轻工机械。

(1)造纸。坚持技术引进和设备国产化相结合,采用高速宽幅纸机提高装备水平,加快造纸业的大型化、自动化、现代化步伐。调整原料结构,走林浆纸结合的路子,加快木浆基地建设;降低麦草浆比重,积极推广干湿法备料、连续蒸煮等精制麦草浆生产技术和清洁生产技术,提高麦草浆质量,减少污染。优化产品结构,重点支持晨鸣纸业、华泰集团、太阳纸业、银河纸业、泉林纸业、华众纸业等企业,发展高档文化纸、铜板纸、杂志纸、包装用纸、新闻纸、瓦楞原纸、白纸板和高强牛皮箱纸板,开发特种用纸、工业加工纸等新品种;限制、淘汰低档黄纸板、箱纸板、瓦楞纸等落后产品。

(2)食品。采用膜分离、超临界萃取、细胞破壁、微胶囊包埋、微波、无菌加工、无菌包装等生物技术和工程化食品技术及现代化包装技术,搞好农副产品深加工,开发新品种,提高产品质量和档次,促进产品多样化、系列化。食品加工,以临沂九州、菱花集团、诸城大龙实业、金锣集团、华盛集团、凤祥公司、得利斯集团、龙大集团、新大洋集团、临沂汇源、天府集团等企业为依托,提高小麦、玉米、大豆、甘薯等粮食作物及猪、牛、羊、鸡、鸭、兔等肉类产品加工深度,发展果蔬饮料、休闲食品、速冻食品;以济南农工商集团、文登金洋乳品公司等企业为重点,发展消毒奶、发酵奶、果汁奶,积极开发高营养、高附加值乳制品。白酒行业,依托兰陵集团、景芝集团、孔府家集团、泰山生力源集团等企业,采用生物发酵新技术,发展优质、低度、多品种粮食酒。啤酒行业,推广无氧酿造、无菌过滤、无菌灌装新技术及高浓度酿造和后稀释工艺技术，开发风味纯正、保鲜稳定的新产品，重点发展青啤集团、济南啤酒集团、银麦啤酒公司、琥珀啤酒公司、烟台啤酒公司、泰山啤酒公司、广寒宫集团等企业的纯生啤酒、淡爽型啤酒，逐步实现啤酒产品的升级换代。葡萄酒行业，重点支持张裕集团、华东葡萄酒公司、威龙葡萄酒公司，发展全汁、干型葡萄酒，千红、干白葡萄酒并重，提高高档酒的比重，淘汰含汁量50%以下的汁葡萄酒。

(3)家电。以海尔、海信、小鸭、澳柯玛等大企业为龙头，进一步强化规模、技术优势，积极采用数字、网络、节能、环保技术，开发新一代数字化家电产品和家居集成产品。电冰箱和冷柜，重点发展节能变频、超低温、电子蓄能、双循环技术和高效压缩机技术产品，智能化半导体冷柜和商业、医用冷柜。空调器，重点发展直流变频一拖多、抗菌、多层过滤空调，无氟节能变频空调，小型家用、工业用中央空调。洗衣机，重点发展智能化、多功能、节能型工业用洗衣机、大容量洗衣设备。

(4)塑料。采用大型多层共挤双向拉伸技术装备，发展高档包装膜材料；采用多层共挤、多层复合、蒸镀氧化硅等工艺技术，生产高档保鲜包装膜材料；采用高速、高精度、共挤复合等技术，生产各类型材、管材；采用大型注射气体辅助注射等技术，生产大型塑料制品和大型机电产品配件；采用新型防老化、防雾滴、光转换、保温等技术，生产新型复合型多功能农用大棚膜；采用改性、复合等技术，利用废旧塑料生产各种塑料制品。重点支持发展济南三塑集团和山东塑料制品试验厂的压延宽幅多功能农膜及防渗材料，潍坊新立克塑胶公司的双向拉伸聚酯膜，莱芜塑料制品总厂的新型农用节水器材，泰安华塑建材公司的新型土工合成材料。限制发展和逐步淘汰高填充的低档塑料管材、型材，普通地膜、棚膜，无法保证卫生性能的小规模、小批量饮料包装瓶，不利于回收再用的一次性包装材料等产品。

(5)新型包装材料。重点发展家电、纺织品、农副产品、食品、饮料、医药等发展速度快、活力大的产品包装。适应家电、纺织品等产品出口要求，采用5-7层瓦楞纸板联合生产线生产工艺，发展5-7层重型瓦楞纸箱和集装箱运输标准纸箱，淘汰瓦楞纸板单面机和单机生产工艺；农副产品、饮料纸制品包装，以提高中型、轻型彩色瓦楞纸箱的质量为重点，发展3-5层联合纸板生产线及单面瓦楞纸板复面工艺，淘汰单机生产工艺和单机生产的产品。食品、饮料、乳制品、医药包装，以符合国际通行的安全卫生、绿色环保标准(FDA、GMP)为方向，支持发展纸浆模塑餐盒、纸杯、纸碗、纸碟等产品，大力开发新型、环保型塑料包装容器及塑料薄膜类包装材料，减少二次污染的危害。积极推广无毒、无味、无环境污染柔版印刷工艺，提高包装档次和附加值。

(6)轻工机械。依托产业优势，重点发展制浆造纸机械、塑料机械及食品包装机械。制浆造纸机械，引进国外先进技术与自主创新相结合，不断提高产品技术含量和质量。以华昌造纸机械公司、恒星机电公司、潍坊凯信机械公司为依托，发展宽幅、中高速纸机及压光、涂布等配套设备；以济宁华一轻机公司、淄博轻机公司为依托，发展废纸处理、脱墨、精浆和挤浆等制浆设备。支持开发中高速卷纸机、复卷机及半化学机械浆设备等。塑料机械以华冠集团为依托，重点发展高档建筑材料、包装材料和工程塑料制品挤出机械，农用宽幅薄膜、大口径塑料管材机组，异型材、木塑复合板材、拉伸塑料土工格栅生产线，废旧塑料回收再生成型机等产品。包装机械，以三金集团为依托，开发具有自主知识产权的8组、10组双滴行列式制瓶机组；进一步提高安丘汶瑞扬帆机械公司的不含气液体灌装线、肥城轻机厂的酒精成套设备等产品的技术水平。

2.纺织服装。以服装为龙头，重点改造棉纺织，提高毛纺织，发展新型高科技化纤和纺织机械。

(1)服装。引进三维量体、三维试衣、单片自动裁床、立体整烫、数字喷墨印花、成衣染色、计算机辅助设计(CAD)/计算机辅助制造(CAM)等新技术和新设备，重点改造耶莉娅集团、仙霞集团、红领集团、新郎服饰、兰雁公司、鲁泰纺织公司、元首集团、即发集团、真情集团等企业，提高设计和制作水平，突出发展西服、衬衣、牛仔服、时装、休闲运动装、职业装、环保型服装、高档针织内外衣等产品，提高产品档次和市场占有率，满足衣着消费趋向个性化、休闲化、舒适化、功能化的要求和多层次消费需求，形成山东服装的中坚力量。

(2)棉纺织。加快对现存棉纺能力的更新改造,提高行业的工艺技术和装备水平。纺纱,积极推广清梳联、精梳机及自动络筒等先进设备。织布,以增加无梭织机和电子提花装置为主,进行配套改造,实现产品多纤维组合、多组织规格、大小提花、弹力等多品种、多样化,为深加工产品上水平创造条件。积极开发和扩大高档色织衬衣面料、装饰布、大小提花织物、化纤仿真织物和产业用纺织品生产。重点改造和培植德棉集团、魏桥纺织集团、鲁泰纺织公司、潍坊四棉、临清华润等企业。

(3)毛纺织。立足现有生产能力,以“纤维应用多元化、生产工艺先进化、产品功能多样化”为方向,重点支持如意集团、南山集团、天香毛纺织公司,改善装备条件,完善技术开发手段,开发具有山东优势和特色的毛纺织产品,采用先进的印染后整理技术,发展高支细薄、防皱免烫、绿色环保等高档面料,提高产品档次。

(4)化学纤维。重点改造齐鲁化纤、青岛中泰、淄博雪银、潍坊巨龙、高密化纤、烟台氨纶等化纤集团,提高工艺水平和生产集中度。加强化纤仿真纤维的开发研究,配套改造增加差别化、功能化纤维、大豆蛋白改性纤维等新型纤维的生产,发展抗起毛起球聚酯、阻燃切片、阻燃长丝、差别化短纤。积极开发应用高科技新型纤维及其深加工产品,加快化纤在产业用纺织品中的应用。

(5)纺织机械。进一步加快对国外先进设备消化创新的步伐,努力提高设备性能。重点发展青岛纺机的梳理设备、自动络筒机,聊城昌润公司、济南鲁思达、青岛星火集团的无梭织机,同大集团的棉毛细纱机、捻线机、印花机镍网,济宁同方公司的倍捻机、并纱机、高温拉幅定型机、丝光机,烟台大金园公司的针织园机等优势产品。研究开发高档毛巾剑杆织机、单双面大园机及长环蒸化机等新产品。

3.化工。重点发展化肥、精细化工、轮胎、石油化工、盐化工和化工机械。

(1)化肥。限制碳铵、谱钙等低浓度基础肥料的发展,提高高浓度基础肥料的集约化程度和技术装备水平,重点发展长效缓释肥、生物肥、有机肥、土壤改良剂,推广施用专用肥,提高肥料利用率。合成氨,推广应用水煤浆气化、常压流化床气化、灰熔聚流化床粉煤气等先进的洁净煤气化技术。氮肥行业,采用低温变换、低压合成制氨、二氧化碳/氨汽提尿素工艺、蒸汽透平压缩、合成氨一尿素自热平衡、计算机集散控制系统(DCS)等新工艺、新装备。磷复肥行业,重点搞好磷石膏、副产盐酸的综合利用。

(2)精细化工。巩固提高农药、涂料、染料3个传统行业,大力发展新领域精细化工和生物化工。农药,以华阳科技公司、大成农药公司为重点,提高杀菌剂、除草剂比例,开发和推广新剂型;逐步淘汰高毒、高残留、污染严重农药品种。涂料,以乐化集团、昌裕集团等骨干企业为重点,加快发展水性、高固体、无溶剂、低毒无污染涂料;淘汰聚乙烯醇水玻璃内墙涂料、聚乙烯醇缩甲醛涂料、淀粉涂料等品种。染料,依托青岛双桃公司、招远化工集团,加快开发和应用染料复合增效技术、有机颜料的颜料化技术,重点发展高档活性染料、分散染料、新型酸性染料以及各种功能性染料及关键的染料中间体;淘汰铁粉还原生产技术和联苯胺类等染料。新领域精细化工,主要发展各类添加剂、工业用化学品以及高纯试剂、功能高分子材料等。生物化工,采用现代发酵工程、酶工程、分离与纯化、基因工程、计算机过程控制等新技术,加快改造抗生素、味精、拧橡酸、糠醛、黄原胶等优势生物化工产品,加快发展微生物多糖、生化表面活性剂、生物晶片等新型生物化工产品以及高分子材料、特殊化学品等。

(3)轮胎。重点发展三角集团、荣成橡胶集团、青岛橡胶集团等企业的子午线轮胎,特别是全钢丝载重子午胎,减少斜交胎的产量,提高子午化率。加快发展高质量的钢丝帘线、纤维帘线、新工艺炭黑及新型助剂等上游辅助材料。逐步关闭规模小、质量差、装备落后、生产环境恶劣的小轮胎企业。

(4)石油化工。以齐鲁石化的炼油和乙烯为龙头,发展各类合成材料、有机原料、精细化学品,加强后续产品的深加工,拉长产业链。重点推广以乙烯为龙头的石油化工成套技术,高效、高选择性催化剂技术,重油催化裂解技术,合成树脂改性、聚合新技术,精细加工技术等。

(5)盐化工。立足现有企业,提高技术装备水平,提高集约化程度,大力发展深加工产品,形成产业链。纯碱工业,依托山东海化集团、青岛海湾集团,进一步提高产品质量档次,节能降耗,搞好产品深加工和综合利用,适当增加产量,提高低盐重质碱比例；积极开发过碳酸钠、硝酸及亚硝酸钠、白碳黑等系列产品。氯碱工业，以氯定碱，适当控制总量。淘汰石墨阳极隔膜法装置，提高离子膜碱比例；加大金属阳极隔膜法氯碱的技术改造力度，降低电耗和蒸汽消耗；重点发展技术水平高的有机氯产品氯化高聚物和精细化、专用化氯产品，积极促进氯碱与石油化工的结合，发展具有规模经济和较高技术水平的有机氯产品。重点扶持规模在5万吨以上、产品结构合理的氯碱企业，逐步淘汰能耗高、产品单一的小氯碱企业。

(6)化工机械。以化肥、橡胶加工等行业配套为方向，发展关键设备，替代进口。依托华鲁恒升集团和恒通化工集团，发展水煤浆加压气化和循环流化床灰熔聚煤气化技术及大型化肥装置关键设备。橡胶加工设备，以青岛科技大学为依托，加快发展密炼机全自动配料输送系统和子午胎小角度全钢丝截断机，积极开发研制高性能子午胎成型机。充分利用淄博现有优势，发展搪玻璃反应器，尽快形成生产基地。

4.机械。加快采用数字化、智能化、模块化技术及虚拟制造、网络制造、柔性加工等技术，改造现有生产线，制造过程向高级化、集成化方向发展，重点发展汽车、船舶、农业机械、工程机械、建筑机械、煤炭机械、机床、节能环保设备、发电设备和新型医疗器械。

(1)汽车。大力发展轿车、载重车和专用车，提高质量，形成规模。在保持斯大尔技术优势的基础上，开发高档大功率重型汽车及牵引车、工程用车、国防用车等新型中、重型汽车。在烟台、青岛、威海已形成年产30万台轿车发动机及零部件生产能力基础上，建设经济型轿车生产基地。以青岛颐中汽车公司、山东黑豹汽车公司、荣成华泰汽车公司为依托，发展厢式轿卡、旅行车、越野乘用车。引进国际先进技术，扩大中通客车公司的中长途高速豪华型大客车生产能力，开发中短距离的高等级公路客车及超低地板城市公交客车。改装车以济南考格尔特种车公司、一汽山东汽车改装厂等为重点，发展集装箱运输、厢式冷藏运输、工程施工、消防、市政工程、通讯等专用车、特种车。根据主机的配套要求，对潍坊柴油机厂、一汽大宇发动机公司、莱动内燃机公司、渤海活塞、山东曲轴、荣成连杆等企业的现有汽车零部件生产线进行技术改造，提高产品质量和可靠性，开发新型发动机和汽车零部件。

(2)船舶。以出口促发展，加快高技术、高附加值船舶关键技术的研究开发，增加品种，提高质量，扩大外轮、大型船舶、特种船舶修造改装能力。积极推广和应用壳舾涂一体化技术、船舶高效焊接技术、模块化建造技术、计算机集成技术，缩短常规船舶修造周期。以烟台莱佛士船业公司为龙头，重点发展海洋工程船、半潜式海洋平台、浮式储油船、高速电动船、高速豪华游艇。青岛北海船舶重工公司重点发展海洋平台、液化油船和天然气船、玻璃钢全封闭求生艇，改造提升修船能力；青岛灵山船业公司重点发展5000立方米及以上液化气船、天然气船和万吨级客滚船、客箱船等；威海船厂重点发展万吨级以上多用途集装箱船、化学品船、成品油船；山东黄海造船公司重点发展超低温金枪鱼钓船、远洋捕捞及加工船、超低温运输船；济宁航宇船舶修造公司重点发展高性能内河集装箱船、大功率拖轮、内河豪华游船等产品。同时，大力发展船用中厚钢板、船用柴油机、发电机组、锚链、锅炉、风机等配套产品。

(3)农业机械。积极提高产品档次，增加功能、改进性能，向专业化、规模化方向发展。三轮、四轮农用车，以时风、巨力、双力集团为重点，提高质量和可靠性，增加变型；拖拉机，重点支持华源山拖、山潍拖、北汽福田诸城车辆厂等企业，发展大中型拖拉机，积极开发与拖拉机相配套的农机具。收获机械，重点支持大丰机械集团、北汽福田诸城车辆厂、双力集团等企业发展水稻、玉米联合收割机。内燃机，重点支持莱动内燃机公司、山东巨菱公司等企业开发与新型农用车、大功率拖拉机和现代农机具配套的高性能产品。积极开发设施农业机械、大型植保机具、机械化秸秆还田与青贮设备、节水灌溉成套设备、农产品烘干、冷却、储藏成套设备、农副产品精深加工机具等新型农业机械。逐步淘汰老式单缸小柴油机、小汽油机、不符合国家排放标准的农用运输车等。

(4)工程机械。支持山东工程机械集团等扩大大马力推土机、装载机、挖掘机及筑(修)路面机械和油(气)输送施工机械生产能力，提高产品质量和可靠性，增加产品品种，拓展产品系列，发展大型机具。积极开发新型摊铺机、振动压路机、挖沟机、吊管机、环保清压机、水泥输送、高速公路救援等产品。

(5)创建筑机械。重点支持济南建筑机械厂、方圆集团、华夏集团、鸿达建工集团，发展混凝土搅拌机、搅拌站、配料机、泵车、输送车、塔式起重机等产品，进一步提高技术水平和安全性能，产品形成系列化。

(6)煤炭机械。以兖矿集团的综采放顶煤技术为依托，对电牵引采煤机进行消化创新，开发配套的液压支架、皮带输送机、刮板输送机，发展综采放顶煤成套设备。以肥城矿业集团、新汶矿业集团为依托，进一步改进煤气净化等设备性能，发展地下煤气化成套装置。依托莱芜煤机、泰安煤机、济南煤机等企业，引进消化创新乌克兰薄煤层采煤机制造技术，开发薄煤层综采支护设备和薄煤层高效采煤机。进一步提高加压过滤机、压动筛跳汰机、煤泥离心机、大型厢式压滤机等设备的性能，开发高回收率、低污染的煤炭洗选设备。

(7)机床。以扩大数控机床的产量和水平为主攻方向，进一步扩大优势，提高市场占有率。数控机床，以济南一机床集团为依托，增加品种，提高可靠性；以数控加工中心为主，开发数控化、精密化、高速化、工序复合化、专用化机床产品，大力发展普及型数控机床和关键功能部件。锻压设备，以济南二机床集团为依托，重点开发数控重型压力机、重型精密压力机、大型多工位压力机、上下料机器人及自动化冲压生产线。

(8)节能环保设备。加快开发应用太阳能、地热能、风能、生物质能等新能源利用技术，以及城市污水和城市垃圾处理、煤矸石综合利用、清洁生产等环保新技术，提高节能环保设备技术水平。重点支持安丘汶瑞机械制造公司发展草浆造纸碱回收设备，济南二机床集团等企业发展城市污水处理设备，济南锅炉集团发展碱回收锅炉，潍坊亚星集团发展简易烟气脱硫成套装置，泰山建能机械厂发展煤矸石制砖设备，山东嘉豪环保产业公司等企业发展城市垃圾处理设备，皇明太阳能公司、力诺瑞特新能源公司发展太阳能热水器，海阳富尔达热工程公司发展地热能中央空调。

(9)发电设备。重点发展空冷汽轮发电机、汽轮机和电站锅炉。发电机，依托济南发电设备厂，在引进瑞士ABB公司6-100MW，100-200MW空冷汽轮发电机设计、制造技术的基础上，提高技术装备水平，完善试验测试手段，开发300MW级及以下高性能机型，并形成批量生产能力。汽轮机，依托青岛汽轮机厂，采用新型材料，提高叶片防腐性能，发展大容量机型，积极开发工业拖动式气轮机。电站锅炉，依托济南锅炉集团，大力发展大型化、高温高压、环保型循环流化床锅炉，提高设计和加工水平，实现受压件完全自产；积极开发116MW以上大型热水锅炉、燃烧水煤浆的循环流化床锅炉，完善“三联产”煤气发生炉。

(10)新型医疗器械。采用计算机及数字处理技术，加快医疗器械的机电一体化进程，提高医疗器械的诊断准确率和治疗的有效性；应用高能物理、核医学技术以及激光、微波、超声、红外等高技术，提高传统医疗器械的技术水平，加快更新换代；开发生物技术和高分子新材料，发展人体器官的修复、移植、替代技术，满足医疗临床的需要。以新华医疗器械公司、山东威高集团高分子制品公司、烟台绿叶公司、山东凯恩特医疗器械公司、潍坊精鹰医疗器械公司、潍坊沃华公司等企业为依托，重点发展新型一次性无菌超滑导尿管、器官插管、导尿包、人工颅骨，消毒灭菌设备，放射治疗设备、数字x光射线机、麻醉镇痛泵、自动采血器、血液分离器、中心静脉导管及压力检测组合套装等产品。

5.建材。控制总量，提高产业集中度。重点发展新型干法水泥、优质浮法玻璃、高档建筑卫生陶瓷、新型墙体材料和建材机械。

(1)水泥。控制总量，优化结构。大力发展新型干法旋窑水泥，逐步淘汰落后立窑水泥生产能力。研究开发可利用废渣的超细粉磨技术等节能环保新技术，进一步提高资源利用率，开发新的特种水泥。科学规划，合理布局，在资源丰富且交通便利的地区，以山水集团、德州晶华集团、山东里能集团、鲁南水泥公司为依托，集中建设一批日产2000吨及以上规模的新型干法水泥熟料基地；在石灰石资源匮乏的地区，建设年产50万吨以上规模的水泥粉磨站。加大水泥粉尘治理力度，逐步实施限制落后立窑水泥市场准入制度，淘汰能耗高、浪费大、污染重、质量不达标的立窑水泥企业。

(2)平板玻璃。重点发展优质浮法玻璃，采用日熔化能力500吨以上浮法玻璃生产技术，改造山东玻璃总公司、威海蓝星玻璃公司、德州晶华公司现有生产线，提高平板玻璃原片质量；开发超薄、超厚及大规格产品和多品种着色玻璃、热反射玻璃、低辐射玻璃等；关闭淘汰小平拉和垂直引上生产工艺。研究深加工玻璃应用技术，开发新品种，强化标准化、系列化、配套化，拓宽在建筑业、汽车工业、电子工业及其他产业中的应用领域。抓好硅质原料开发，实现玻璃硅质原料的标准化供应。

(3)建筑卫生陶瓷。建筑陶瓷，以淄博皇冠集团、临沂华盛集团为重点，发展大规格、多花色、多品种以及防潮、抗冻、抗菌和高强度产品。卫生陶瓷，以潍坊美林等企业为龙头，重点向优质、节水、配套以及健康型、舒适型、豪华型发展。淘汰年产70万平方米以下的低档建筑陶瓷和年产20万件以下的低档卫生陶瓷生产线。改善燃料结构，鼓励采用液化石油气、天然气、煤气等洁净燃料，逐步淘汰以煤和重油为燃料的工艺。

(4)新型墙体材料。大力发展节土、节能、利废、环保、多功能墙体材料，逐步实现新型墙体材料生产和应用的集约化、系列化、标准化和配套化。空心砖，重点发展年产3000万标块以上规模的煤矸石砖、黄河淤泥砖、粉煤灰烧结砖、页岩砖和高孔洞率产品。建筑砌块，重点发展年产8万立方米以上规模的密实度高、强度高的承重砌块，具有隔热保温性能的复合砌块。轻质板材，充分发挥我省石膏资源丰富的优势，进一步扩大泰安泰和集团的石膏轻质复合墙体材料生产规模，发展节能、多功能、施工便捷的各种内外墙板。

(5)建材机械。以大型水泥企业为龙头，组织省内有条件的机械制造企业，开发生产日产2500吨水泥的成套设备，并在此基础上研究开发日产4000吨水泥的成套设备。支持机械制造企业，对引进的空心砖、建筑砌块生产线和大吨位墙地砖油压机进行消化创新，逐步实现国产化。以里能集团、泰安泰和集团为依托，开发生产煤矸石、粉煤灰制砖设备和新型石膏建材成套设备。

6.冶金。重点发展钢材和铝材新品种、耐火材料及冶金设备。

(1)钢材。采用富氧喷煤、炉外精炼、余热余压回收、烟尘治理、连铸坯热送热装、连铸连轧、洁净钢生产等先进技术及大型化、连续化、紧凑化、高效化、自动化工艺装备，对现有生产线进行技术改造。济钢发展中厚板，增加专用板、品种板，建成板材精品基地；莱钢围绕H型钢、建筑型材做大做强；青钢建成线材精品基地，开发不锈钢冷轧薄板；张店钢铁总厂加快建设球墨铸管生产线。支持企业适度发展特殊钢材。

(2)铝材。依托平阴铝厂、南山集团、丛林集团，重点发展高精度铝板带、电子铝箔、亲水铝箔、大型工业铝材、合金铝材和涂层铝材。限制一般铝加工能力。

(3)耐火材料。严格控制总量，提高质量。以青岛耐火材料厂、山东镁矿、山东耐火材料厂、山东第二耐火材料厂为主，实行基建用材和生产用材并举，积极开发长寿耐材、精炼用耐材特别是不锈钢精炼炉耐材，大力拓展建材、化工等其他领域耐材。

(4)冶金设备。以济钢为龙头，对干法熄焦技术和设备加以完善，生产干熄焦装置主体设备，并大力支持济钢与机械制造企业联合开发生产为其配套的电机车、排焦装置和循环气体分析仪器，使装置全部实现国产化。以丛林集团、鲁宏集团为依托，联合机械制造企业开发生产大型铝材挤压机等加工设备。

四、主要政策措施

(一)加大投入，确保结构调整目标稳步实现

围绕实施结构调整"3646"工程，重点抓好390个技术改造项目(总投资1087亿元)，265个技术创新项目(需投入研发费42亿元)。对这些项目，要逐个全方位论证，成熟一个，迅速实施一个，抢抓市场机遇，提高准确率和成功率。全省上下必须统一认识，集中资金，加大投入，扎实推进。要强化企业的投资主体意识和地位，促其充分运用税后利润、折旧资金和技术开发费等自有资金，搞好项目实施。要扩大企业直接融资渠道，并加强监督和管理。对承担重大结构调整项目的企业，优先推荐上市和发行债券，已上市的优先推荐配股和增发新股，并确保筹措资金月于项目实施。银行贷款要在结构调整中发挥重要作用。省内各大商业银行包括地方性银行要加大贷款投入，支持企业搞好结构调整项目。省高新技术投资公司、企业信用担保公司等，要集中资金用于重点结构调整项目。要搞好对外宣传和项目推介，引导外来资金投向我省重点调整领域。积极利用好国家国债贴息、"双高一优"(高新技术产业化、用高新技术改造传统产业、优化产业结构)技改项目财政贴息和进口设备减免关税等优惠政策，促进重

点结构调整项目实施。落实好技改项目使用国产设备抵扣所得税政策，鼓励设备生产和使用单位联合开发攻关，加快推进设备制造业发展。

(二)加快建立以企业为主体的技术创新体系和运行机制，为结构调整提供技术支撑

要推动以建立企业技术中心为主要方式的企业技术创新体系建设。对现有的国家级和省级企业技术中心，要完善功能，提高其在新产品和新工艺方面的技术创新能力，保证企业技术和产品结构优化升级的需要。对136户省重点工业企业集团中没有建立省级以上技术中心的，要引导其抓紧创造条件，确保2003年底前达到省级以上技术中心标准。要引导企业逐步形成技术创新的有效运行机制，加大资金和人才投入力度，使研究开发经费支出占销售收入总额的比例不断提高。要加快行业技术开发基地建设。依托大企业，联合高校科研单位，围绕结构调整的重点领域和行业，建立面向行业、开放式的行业技术开发基地，对行业共性、关键性、前瞻性技术进行联合开发，并在重点企业实现产业化，形成重大平台技术联合开发、成果共享和技术扩散的机制，推进行业整体技术水平的快速提高。今后3年，全省集中力量建设煤炭、造纸、纺织服装、汽车、数控技术、食品、电子信息、新材料、生物制药等行业技术中心。要鼓励实力较强的技术中心实行区域性开放，推进中小企业技术创新能力的提高和区域经济结构的调整。深入推进产学研联合，支持企业与高等院校、科研院所通过联合研究、委托开发、成果转化、共建研究开发机构和科技型企业实体等，共同促进结构调整。要高起点、高标准引进结构调整急需的国外先进技术设备和管理经验，尤其是加强重大装备的引进消化创新，尽快把我省制造业层次和水平提升上去。

(三)加强对外经济技术交流与合作，推进我省工业结构调整

坚持从市场中来、到市场中去，充分利用国际国内两个市场、两种资源，抓住国际产业正在梯次转移的机遇，把我省工业结构调整与扩大对外开放紧密结合起来，与推进企业国际化经营结合起来，吸引更多、更高水平外商参与、推动我省工业结构调整，扩大工业发展的空间。要围绕重点项目和企业采取合资、合作、产权转让等多种方式，有针对性地大力招商引资。对国外拟转移过来、符合我省结构调整方向的项目和企业，要积极主动地予以承接，快速壮大我省产业规模。进一步简化企业出入境审批手续，逐步实现按信用等级分类管理。工业结构调整必须与开拓市场充分结合起来，大力推进企业营销。同时把我省有比较优势的长线生产能力向国外、省外转移，国外以东盟自由贸易区、非洲、独联体等区域为重点，国内以发展前景较好的西部地区为重点，依托家电、纺织、轻工、农机、工程机械、煤炭等行业，搞好投资合作。积极组织产业(产品)的国际会展及相应的技术发展论坛、研讨会等丰富对外合作形式。

(四)积极支持民营企业健康发展，使民营经济成为推动全省工业结构调整的重要亮点

把民营企业作为推进结构调整的重要生力军，在重点技术改造、技术创新项目的筛选和资金、政策扶持上，与公有制经济同等对待。鼓励民营企业与公有制企业合资合作，共同发展。强化民营企业与高校、科研院所的产学研联合，行业和区域性技术中心要把民营企业作为重要服务对象，为其提供有力技术支撑。鼓励有条件的地方建设水平高、规模大的民营工业园区，成为民营经济加速发展的载体。要积极为民营企业提供金融服务，特别是支持符合结构调整方向的企业发展。国有独资商业银行应进一步完善授权授信制度，对信誉好、规模大特别是承担重大结构调整项目的民营企业，可给予公开授信。地方金融机构要重点对中小企业、民营企业搞好服务，鼓励中小企业、民营企业建立互助担保基金和商业担保机构，为民营企业的发展创造更加有利的资金环境。

(五)搞好企业改制改组，以新的运行机制和生产组织方式促进结构调整

各级要加快建立健全国有资产管理、监督和运营体系，积极推进国有资产授权经营，建立管资产和管人、管事相结合的固有资产管理体制。对重大结构调整项目，鼓励实行投资主体多元化，确保产权主体到位、运作机制规范。积极实施名牌战略，鼓励以企业为主体、有利于结构调整的联合兼并，避免不必要重复建设，发挥存量资产潜能，缩短抢占市场时间。支持非公有制经济以收购、兼并等形式，参与国有企业重组。支持结构调整项目进入地方工业园区建设，支持有条件的大企业自建工业园区上新项目，推动生产组织方式的创新，为企业发展开辟更高层次、更广阔的空间。

（六）加强组织领导，创造企业发展的良好环境

各级各部门要进一步转变职能，提高行政效率，增加政策公开化程度，尤其要改进和完善技改项目登记备案等管理体制，为顺利实施结构调整搞好服务。发挥政府、企业和社会各个方面的作用，加强对不同层次人才的培训，不断提高各类人才素质。鼓励高层次人才到山东发展，为结构调整提供人才保障。省、市经贸和工业部门（公司），要强化重点结构调整项目责任制，每个项目都要明确到人，跟踪联系调度，帮助协调解决有关问题，推动项目实施。要大力整顿和规范市场经济秩序，严厉打击制售假冒伪劣商品行为。加强行业中介组织建设，强化行业自律，避免低价倾销和恶性竞争。加快社会信用制度建设，建立健全符合市场经济要求的企业和个人信用体系，在全省范围内形成共享的信用资源和失信惩罚机制。

6－2　山东省人民政府关于加快胶东半岛制造业基地建设的意见

鲁政发［2003］61 号

各市人民政府，省政府各部门、各直属机构，各大企业，各高等院校：

为深入贯彻落实党的十六大和省委八届五次会议精神，加快胶东半岛制造业基地建设，推动全省经济超常规、高速度、跨越式发展，现提出以下意见：

一、加快胶东半岛制造业基地建设的重要意义

胶东半岛是我省经济最发达的地区，具备加速发展的条件。随着经济全球化进程的加快，发达国家劳动和资源密集型制造业正迅速向发展中国家转移。抓住机遇，把胶东半岛建设成为面向日韩及欧美的加工制造业基地，不仅可以打造胶东半岛品牌，提高胶东半岛产业整体素质与综合竞争力，而且可以增强对中西部地区的辐射力和带动力，促进区域经济协调发展，对于全面建设小康社会、实现“大而强、富而美”社会主义新山东的宏伟目标具有重要意义。

二、胶东半岛制造业基地建设的指导思想和目标任务

（一）胶东半岛制造业基地建设的指导思想

以党的十六大和省委八届五次会议精神为指导，以青岛、烟台、威海 3 市为主体，发挥骨干企业作用，突出结构调整主线，依靠科技进步，培植壮大制造业产业群，促进制造业升级换代，使胶东半岛成为产业先进、科技发达、环境优良、文明富强的半岛经济区。

（二）胶东半岛制造业基地建设的原则

1. 区域化原则。改革财税、户籍、土地、市场、通关等管理体制，打破行政区划的限制，把胶东半岛作为一个经济板块统一规划和建设。

2. 国际化原则。积极承接日韩及欧美产业转移，加大引进国外资金、技术、品牌和管理的力度，大力发展加工贸易，努力扩大产品出口，进一步增强半岛经济的外向度，加快与世界经济的对接和融合。

3. 城市化原则。半岛经济区要高起点规划，高标准建设，打破城乡二元格局，加快城市群建设

进程，增强城市的承载能力，提高人才、信息、资金和物流的集聚能力。

4. 高新化原则。加快发展高新技术产业，采用高新技术和先进适用技术改造提升传统产业，努力培育制造业新优势。

5. 生态化原则。坚持经济发展与环境保护相统一，大力发展资源消耗低、环境污染少的新兴产业，淘汰落后生产能力和高耗能、高污染产业，实现经济可持续发展。

6. 投资主体多元化原则。吸引国内外各类资本参与制造业基地建设，推进国有企业产权制度改革，大力发展民营经济，使各种所有制经济互相促进、共同发展。

（三）胶东半岛制造业基地建设的目标任务

从2003年到2010年，国内生产总值年均递增15%以上；一、二、三产业比例调整为6:50:44；制造业增加值占规模以上工业的比重达到94%；利用外资年均递增40%；制造业产品出口创汇年均递增30%；培育一批年销售收入过百亿元的大企业；建成日韩产业转移的基地，成为世界级的制造业中心。

三、胶东半岛制造业基地建设的重点

胶东半岛制造业基地建设，要抓好五大优势产业群，搞好三个配套体系建设。

（一）抓好五大优势产业群

1. 交通运输设备产业群。重点发展汽车和船舶。汽车，发展轿车、载重车和特种车，围绕整车配套，进一步提高发动机、空调器、车桥、曲轴、连杆等关键零部件生产能力和水平，形成以经济型乘用车、载重车和特种车为龙头，关键零部件协作配套的汽车产业格局。船舶，发展超大型油船、集装箱船、海洋工程船、远洋捕捞及加工船、高速豪华游艇等高附加值船舶，提高船用柴油机、发电机组等配套产品质量，形成制造水平高、配套能力强的船舶产业体系。

2. 电子信息及家电产业群。电子信息，重点发展计算机及配套部件、工业自动化装备及控制系统，开发生产高性能数字程控交换机、基站设备、光纤通信及系统配套设备、移动通讯器材等，形成以计算机及外围设备、网络与通信、新型元器件和软件等为支撑的电子信息产业群。家电，以信息家电为龙头，开发数字化家电产品和家居集成产品，改造提升传统产品，积极发展小家电，保持在全国的领先地位。

3. 纺织服装产业群。重点发展西服、衬衫、时装、针织内外衣、休闲运动装，提高设计和制作水平，培育国家级和世界级品牌。以名优服装为龙头，加快对棉纺、毛纺及染整行业的技术改造，提高服装面料、辅料档次，带动纺织服装行业全面发展。

4. 化工医药产业群。重点发展石油化工、新领域精细化工、橡胶和医药。开发各种精制和高附加值油品以及炼油催化剂等产品，形成从炼油到合成材料、有机原料、精细化学品的产业链，建成以精细化工产品和子午胎为支撑的化工橡胶基地。医药，重点发展抗肿瘤、抗心血管疾病和维生素类的海洋生物药物、基因工程药物及植物药物。

5. 食品产业群。大力开发海洋食品、粮油制品、畜禽制品和果汁饮料，发展清爽、纯生啤酒和全汁、干型葡萄酒，提高产品加工深度和附加值，培育一批拳头产品，扩大出口创汇，变农业资源优势为食品工业优势。

（二）建立完善三大配套体系

1. 交通物流体系。综合规划和建设胶东半岛交通网络，增强铁路、公路、港口、航空的通行能力和服务水平。铁路，重点建设胶州经临沂至新沂铁路、烟大铁路轮渡、大莱龙铁路，加快胶济铁路电气化改造；公路，重点建设青岛－威海－烟台高速公路和环海高速公路，构筑互联互通的公路运输网络；港口，加快青岛前湾港、烟台港三期工程建设和威海深水港建设，改善港口集疏运条件，提高港口吞吐能力；民航，改造和扩建青岛、烟台机场，增辟国内外航线。整合社会物流资源，建设大型综合物流中心，大力发展现代物流业。

2. 金融服务体系。拓宽金融业务领域，开展消费信贷、投资咨询、项目评估、国际结算、信用卡等业务。壮大重点证券公司的实力，推动更多的企业发行股票并上市。吸引外资银行及保险公司设立分支机构，培育和发展多种形式的企业信用担保机构。改进金融服务手段，提高服务质量和水平。

3. 科技教育体系。依托科研院所、大专院校和重点企业，建设一批综合科研中心、行业技术中心、重点实验室和企业技术开发中心，推进多种形式的产学研结合，加强国际间科研合作与交流。围绕产业发展需要，整合现有教育资源，建设一批实力较强的理工大学和高级技工学校。

四、胶东半岛制造业基地建设的措施

（一）进一步解放思想，统一认识

加快胶东半岛制造业基地建设要以“三个代表”重要思想为指导，把发展作为第一要务，认真贯彻省委工作会议精神，学习借鉴先进省市经验，按照“三个有利于”原则，打破传统思想观念束缚，把思想统一到解放思想、干事创业、加快发展上来。

（二）大力深化改革，推进所有制结构调整

以产权制度改革为重点，深化国有企业改革，调整优化国有经济布局和结构，尽快使国有资本从一般竞争性领域退出。积极鼓励国内外各类资本参与国有经济战略性重组和国有企业改制，培育一批有自主知识产权、主业突出、核心竞争力强的大型企业集团。大力发展非公有制经济，加快所有制结构调整步伐，建立符合市场经济要求的发展机制。

（三）实施国际化战略，提高对外开放水平

以承接日韩产业转移为重点，以发展加工贸易为突破口，加大招商引资力度，推进企业与世界500强企业的战略性合作。加快工业园区建设，在积极引进国外制造业领头企业的同时，大力吸引中小型制造业配套企业落户园区，发展协作配套项目，形成特色产业集聚区。改进加工贸易深加工结转、出入境检验检疫、加工贸易审批监管等工作，推行无纸通关、联网监管、网上付税、一站式通关等现代管理方式，实现“大通关”。

（四）加大科技教育投入，增强企业技术创新能力

加快科技教育改革，建立市场化的管理体制和投融资机制。培育区域性制造技术交易市场，完善科技中介服务体系。强化企业在技术创新中的主体地位，加大技术开发投入。建立有效的人才激励机制，大力引进学科带头人、拔尖人才和复合型人才。大力开展职业技术教育和培训，培养企业急需的高级技术工人。

（五）强化基础设施建设，努力消除发展瓶颈

要进一步整合优化要素资源，完善城市功能。加快信息服务平台建设，大力发展电子商务、电子政务。加快城乡电网改造，提高保障能力，降低工业用电价格。鼓励发展节水产业，缓解水资源短缺矛盾。加强现有企业的排污治理，严格实施污染物排放总量控制制度。

（六）提高行政效能，大力改善发展环境

进一步深化行政审批制度改革，提高服务质量和工作效率。简化土地使用审批程序，优先保证国家和省重点工程项目用地，优先保证高新技术产业用地，优先保证外资和民营企业用地。实行统一的户口登记管理制度和人口迁移政策，吸引投资者、高级技术人才和大中专毕业生落户胶东半岛，推动农村劳动力、非农产业加速向城镇转移和集聚。加快发展产权、土地、劳动力、技术等要素市场和各类中介组织，健全完善市场体系。积极推进税费制度改革，坚决杜绝乱收费。大力加强社会信用体系建设，营造诚实守信的社会经济环境。

（七）加强组织领导

省政府成立胶东半岛制造业基地建设领导小组，负责制定并组织实施发展规划，研究制定促进发展的具体政策措施。青岛、烟台、威海3市也要成立相应领导机构和工作班子。要按照政企分开的原则，明确政府部门和企事业单位职责，调动社会各方面积极性，团结协作，真抓实干，努力实现胶东半岛制造业基地建设的目标任务。

山东省人民政府

二〇〇三年七月十日

6-3 山东省人民政府办公厅关于印发山东省汽车工业2003-2010年发展规划的通知

各市人民政府，各县（市、区）人民政府，省政府各部门、各直属机构，各大企业，各高等院校：

省政府同意省经贸委《山东省汽车工业2003-2010年发展规划》，现印发给你们，请认真组织落实。

二〇〇三年九月十五日

山东省汽车工业2003-2010年发展规划（山东省经济贸易委员会）

二〇〇三年八月十日

汽车工业是产业关联度高、规模效益明显、资金和技术密集的重要产业。加快发展汽车工业，对培育我省制造业新优势，实现全省经济超常规、高速度、跨跃式发展具有十分重要意义。根据省委、省政府把汽车工业作为支柱产业培植的战略部署，现就2003-2010年我省汽车工业的发展规划如下：

一、现状

（一）概况

我省汽车工业起步于20世纪50年代，目前已形成包括轿车、重中轻型载货汽车、改装汽车、发动机及零部件、摩托车、农用运输车等门类比较齐全的汽车工业生产体系。截止2002年底，全省共有汽车工业生产企业近300家（其中整车企业11家，改装车企业53家，摩托车企业18家，农用车企业21家，规模以上的发动机及主要零部件企业近200家），职工20多万人，全行业总资产450亿元。2002年共生产汽车整车18万辆、改装汽车5万辆、摩托车78万辆、农用车188万辆，完成工业增加值100亿元，占全省规模以上工业增加值的2.8%。实现销售收入600亿元（其中汽车340亿元、零部件110亿元、摩托车30亿元、农用车120亿元），利税40亿元（其中利润22亿元）。全行业销售收入列上海、吉林、湖北之后，居第四位；除农用车，排在重庆、江苏、广东、辽宁之后，居全国第八位；在省内工业行业中，列轻工、石化、机械、纺织、电力、冶金之后，居第七位。

(二)主要优势

经过几十年的发展，我省汽车工业已形成了较好的基础和优势。

1. 重型汽车具有较强竞争能力。重汽集团主要生产15吨以上"斯太尔"重型汽车，具备年产3万辆的能力，2002年生产13047辆，占国内重型车市场的5.07%(其中15吨以上重型车占40%，20吨以上大吨位产品占80%)。一汽解放青岛汽车厂重型车产量达到7万辆，占国内重型车市场的23%。两企业已成为我国重型载货车生产骨干企业。

2. 轻型汽车发展潜力大。目前，我省拥有轻型汽车生产企业5家，分别是北汽福田诸城车辆厂、淄博汽车厂、烟台汽车厂、山东凯马汽车制造有限公司和荣成华泰汽车有限公司(其中荣成华泰主要生产轻型客车，其余4家主要生产轻型载货汽车)。2002年共生产轻型载货汽车9.8万辆，占全国的18%。根据国家产业政策导向，到2005年四轮农用车与轻型汽车标准并轨，届时我省部分四轮农用车生产能力将转移到轻型货车上来，使轻型载货汽车的生产规模进一步扩大，成为全国轻型载货车主要生产省。

3. 轿车生产开始起步。上海通用东岳汽车有限公司2003年开始批量生产"赛欧"轿车，当年计划生产3.4万辆。颐中汽车与一汽集团达成托管合作协议，获得厢式货车和两厢轿车4个型号产品生产权，具备年产3万辆的能力。山东黑豹开发的电动汽车低能耗、无污染，有一定发展潜力。

4. 改装车具有相对优势。我省改装车产量居全国第三位，产品包括集装箱运输车、冷藏保温车、罐式车、自卸车、特种车及半挂车等数百个品种(其中冷藏保温车、自卸车、军车等专用车和特种车具有较强的市场竞争力)。一汽山东汽车改装厂、重汽集团青岛专用汽车厂、青岛特种汽车集团公司、齐鲁考格尔集团有限公司、济南红旗考格尔汽车有限公司、山东东岳专用汽车有限公司、中通客车公司、泰安特种车厂等企业的产品产量占全省的44.5%，规模优势较为明显，是我省改装车行业的中坚力量。

5. 发动机技术水平较高。潍坊柴油机厂生产的斯太尔发动机，已达到欧Ⅱ排放标准，技术水平处国内领先地位，其240－420马力斯太尔发动机年生产能力5万台，2002年生产45214台，国内市场占有率达到65%。我省与韩国大宇合资建设的山东大宇发动机公司，已经具备年产30万台(套)1.3－1.6升轿车发动机的生产能力，产品技术和制造工艺都达到国际先进水平，可为轿车生产提供先进的发动机支持。

6. 部分汽车零部件市场占有率较高。我省汽车零部件产品中，产量居全国首位的21个，居第二位的5个，居第三位的5个，居第四位的4个，居第五位的5个(其中曲轴国内市场占有率达到60%，气门37%，刹车片26%，活塞24%，连杆21%)。

(三)存在问题

我省汽车工业发展具备了一定基础和优势，但与先进省市相比还存在较大差距。

1. 缺乏统一规划。目前，我省汽车和农用车管理分散，缺乏整体规划，难以有效地指导和调控汽车行业结构调整、联合重组和优化资源配置。

2. 生产集中度低。我省汽车生产企业总资产仅是一汽的四分之一，11家整车企业中，除重汽集团96亿元，一汽青岛30亿元，其他企业多数在2亿元左右，企业规模普遍偏小。2002年平均每个企业仅生产整车1.7万辆。特别是改装车企业，产量超过1000辆的仅有15家，与汽车工业的经济规模要求相比，存在较大差距。

3. 技术开发能力弱。全省汽车生产企业中仅有7家企业建立了省级以上企业技术中心，占全省的3.2%。技术开发投入平均只占销售收入的1.1%，具有高级职称的专业研发人员仅占全部研发人员的18.8%，特别是掌握前沿技术、具有学术带头作用的高层次人才更少。核心技术主要依靠引进及消化吸收，还不具备整车自主开发能力。

4. 零部件配套能力不强。我省汽车零部件行业企业数量多、生产规模小、产品技术水平低、缺乏国际标准认证，难以满足整车配套标准要求。特别是高技术含量、高附加值的关键零部件产品少。

5.企业改革重组进展缓慢。目前，全省汽车工业总资产中国有资产占70%，国有企业占53%，国有企业中已改制的企业占41%，改制面明显偏低。包袱沉重、机制不活、竞争力不强的问题比较突出,影响了汽车工业的发展。

二、面临的形势

(一)战略地位

汽车工业是一个战略性产业,在国民经济发展中具有十分重要的地位。

1. 发展汽车工业能够有力拉动相关产业。据测算,到2005年我省汽车产量达到80万辆,需要钢材360万吨、铝7万吨、塑料10万吨、玻璃300万平方米、轮胎1200万条、橡胶配件4万吨、油漆4万吨,需要机械装备和配套电子元器件价值均在20亿元以上,总价值700亿元以上。按60%省内配套,可拉动我省相关工业增加销售收入400亿元以上。按50%的产品省内销售,可拉动维修、保险、基础设施建设等下游产业增加收入1500亿元以上。

2. 发展汽车工业能够有效增加财政收入。汽车工业具有较高的投入产出率,是财政收入的重要来源。"九五"以来,我国每年在汽车生产和使用环节征收的各项税费在1200亿元以上,已经成为我国财政收入的重要组成部分。

3. 发展汽车工业能够显著增加社会就业。汽车工业是劳动密集型产业,本身及其相关产业的发展可以创造更多就业机会。目前,我国汽车工业及其相关产业就业人数之比为1:10左右。据预测,到2005年,我省汽车工业提供的直接就业岗位将由目前的20多万人提高到30万人,2010年突破50万人;间接带来的社会就业,2005年将超过200万人,2010年将超过300万人。

(二)发展趋势

当前,汽车工业发展趋势有3个显著特点。

1. 联合重组步伐加快,大集团成为市场竞争主体。世界汽车工业经过近10年的调整与重组,形成了以通用、福特、戴克、大众、丰田、日产6大集团主宰汽车市场的格局。为争夺快速成长和潜力巨大的中国汽车消费市场,各大集团与国内企业合资合作的步伐明显加快。国内一汽、上汽、东风3大集团也展开了跨地区、跨行业、跨所有制的兼并、联合、重组,3大集团主导国内汽车市场的格局正在形成。

2. 高新技术广泛应用,新产品开发速度加快。世界各大汽车公司已把抢占技术制高点作为主攻方向,纷纷加大投入,提高技术开发能力,每年的技术开发费已达到销售收入的3% - 5%,数额高达几亿甚至几十亿美元,新产品推出速度成倍提高。微电子技术、信息技术等在汽车开发、生产、销售、服务全过程普遍应用,汽车产业技术水平全面提升。

3. 零部件全球采购、模块化供货生产方式已成大势,生产要素配置日趋优化。为提高产品竞争力,国际汽车工业广泛采用平台战略、零部件全球采购、系统开发、模块化供货等方式,实现在全球范围内合理配置资源,扩大产品通用化程度,有效提高产品质量,大幅度降低成本。

(三)发展环境

我省汽车工业发展既有机遇也有挑战。加入WTO以后,国内汽车工业与国际接轨,进口的整车和零部件关税逐年下降,取消配额和许可证,市场开放度进一步提高,市场竞争将异常激烈。但也应该看到,国内外汽车工业发展环境出现的积极变化,以及我省发展汽车工业的有利条件。

1. 国家汽车产业政策逐步与国际接轨,放宽省级政府合资项目审批权限,逐步由目录管理改为型式认证管理,为我省汽车工业发展拓展了空间。

2. 随着我国经济快速发展,汽车需求日益增加。2002年全国汽车保有量为2053万辆,我省为150万辆,按世界平均水平计算,应分别达到1.5亿辆和1000万辆以上。2002年全国生产汽车325万辆,专家预测,到2005年和2010年,将分别超过600万辆和1000万辆,发展潜力巨大。

3. 我省工业基础好,综合实力较强,与汽车工业相关的机械、电子、橡胶、石化、玻璃、塑料、冶金、有色金属等行业比较齐全,配套能力较强。

4. 我省区位优势明显,具有参与国际经济合作的沿海地理优势和良好的投资环境,有利于引进技术和吸引人才。

5. 道路交通发达,全省高速公路达到3000公里,居全国首位,为发展汽车工业创造了有利条件。

三、汽车工业发展的指导思想、目标和原则

(一)指导思想

认真贯彻“十六大”精神，落实《山东省人民政府关于加快汽车工业发展的意见》（鲁政发〔2003〕79号），瞄准世界汽车工业前沿技术，以市场为导向，以大型企业集团为龙头，以优势产品为重点，推进联合重组、合资合作，整合资源，扩大优势，促进汽车工业结构的优化升级。大力发展重型车，加快培育轿车，改进提升轻型车，配套推进零部件及原材料基地建设，培植一批具有山东特色和较强竞争力的大集团，使全省形成布局合理、生产集中、特色突出、协调发展的汽车产业新格局。

（二）发展目标

1.总量目标。到2005年，汽车整车年生产能力达到80万辆（其中重型车15万辆、轻型车50万辆、轿车15万辆），改装车8万辆，农用车220万辆；全行业完成工业增加值300亿元，占全省规模以上工业增加值的比重提高到5.7%。到2010年，汽车整车年生产能力达到170万辆（其中重型车25万辆、轻型车100万辆、轿车45万辆），改装车15万辆，农用车300万辆；全行业工业增加值占全省规模以上工业增加值的比重达到10%。汽车工业成为我省经济的支柱产业。实施汽车零部件“05803”工程（即到2005年，重型车、经济型轿车省内零部件配套率达到80%，汽车零部件和原材料3天内送达主机厂），满足整车生产需要。

2.组织结构目标。到2005年，形成重型车以济南、青岛为主，轻型车以潍坊、淄博、聊城为主，轿车以烟台、青岛为主，大客车以聊城为主，轻型客车以威海为主，特种车以泰安、济南为主的8个整车生产区，生产集中度达到90%以上，辐射带动当地及周边市地的改装车加快发展。培育形成重汽、东岳、一汽青岛等3-4家具有较强国内竞争力的大型汽车企业集团。围绕整车配套和出口，形成济南、青岛、烟台、潍坊、威海、泰安、滨州、莱芜8个零部件与粉末冶金材料生产供应和出口基地。培育形成滨州活塞、烟台首钢电装、天润曲轴、山东金麒麟、青岛汽车散热器、泰安华泰铝轮毂、济南汽配、明水汽配等8-10家初具国际竞争力的零部件骨干企业。到2010年，8个整车生产区和8个零部件生产基地优势更加突出，大企业集团形成较强的国际竞争力，基本建立起与国际接轨的汽车与零部件销售及售后服务体系。

3.产品结构目标。轿车形成规模化生产，重型车、轻型车、特种车和农用车形成规模优势，汽车零部件产品形成较强的系统配套、模块化供货能力。拉动冶金、机械、化工、纺织等相关产业加快发展，形成一批技术含量高、适应汽车工业发展需要的基础原材料产品。到2005年，轿车、重型车、轻型车、特种车和农用车分别占全国总量的6%、30%、50%、20%、80%。高技术、高附加值零部件产品和为轿车及国际汽车市场供货的产品比例显著提高。到2010年，各种产品国内市场占有率进一步提高，轿车成为国内重要的生产基地，重型车、轻型车和关键零部件成为国际知名的生产供应基地。

4.技术结构目标。2005年，建成2-3个行业和国家级企业技术开发中心，具备一定的整车自主开发能力；建成6-8个国家和省级关键零部件开发中心，形成与整车同步的关键零部件开发能力。汽车性能、质量水平达到国内同类产品先进水平。新型大中型客车和重型载货汽车推广使用防抱死装置（ABS）、电子控制系统、液力减速器等装置，产品安全性、舒适性和可靠性明显提高。轿车、载货汽车、客车达到欧Ⅱ排放标准，部分产品争取达到欧Ⅲ排放标准。到2010年，形成与国际接轨的、具有较强自主研发能力的汽车工业技术创新体系。各种汽车产品技术性能进一步提高，达到或接近国际先进水平。汽车零部件行业普遍推行国际标准认证，按照国际标准组织生产，产品质量和水平普遍提高，为整车配套能力显著增强。

（三）基本原则

坚持以市场为导向，按照市场化方式推进资产重组，优化资源配置；坚持走国际化经营的路子，积极采用国际标准，加快与国内外大公司大集团的合资合作，引进资金、技术和管理，提高竞争能力；坚持以技术进步为动力，强化技术创新和技术改造，提高产品技术含量和附加值，培育自主知识产权，加强核心技术保护；坚持突出重点、有所为有所不为，集中力量，扶持壮大重点企业、重点产品，形成规模优势；坚持汽车工业与相关工业配套协调发展，推进汽车相关工业的调整，形成相关工业与汽车工业的协调与发展。

四、发展重点

根据国内外汽车工业发展的总体趋势，结合我省实际，立足巩固壮大优势，培植支柱产业，拉长汽车产业链，促进全省工业结构优化升级。

（一）重型车

进一步加大对重汽集团和一汽解放青岛汽车厂的支持力度，加快发展适应高速公路需要的重型车，提升大吨位重型车的技术水平，扩大生产规模，使其成为国内重型汽车研发、生产重要基地。支持中通客车加快发展高档豪华大客车，形成规模优势。

重汽集团要发挥大功率重吨位车型和斯太尔发动机的优势，提高技术水平，拓宽产品领域，形成载货车、牵引车、越野车、工程用车、特种车、大客车等多品种系列化发展的产品格局，满足各行业、各领域、各层次的用户需求。以与瑞典沃尔沃卡车公司合作成功为契机，进一步实施国际化战略，扩大发动机和零部件出口，为国际大汽车集团配套，进入他们的全球采购体系。通过实施合资项目，形成具有当代国际先进水平的重型汽车平台，利用沃尔沃技术改造第四代高档重型车，提升整个重汽集团的技术水平，把重汽集团建成国内乃至世界大吨位重型车的主要生产供应商。

一汽解放青岛汽车厂要依靠和发挥一汽集团的技术和管理优势，研究探索促进一汽集团在山东及青岛全方位发展的新思路，加快一汽集团青岛技术分中心和汽车工业园建设，进一步提高研发能力，扩大生产规模。要加快调整产品结构，在稳步发展中重型车的基础上，发展大吨位重型车和拓展改装车领域。充分利用解放和斯太尔两个技术平台进一步提高整车性能，开发新产品。

中通客车要立足现有基础，在已引进国际先进技术的基础上，提高产品技术水平和档次，扩大豪华大客车“博发”的生产能力，加快发展豪华型、绿色环保型公交旅游用客车和超低地板客车。尽快与国内外企业合资合作、联合重组，取得底盘生产资格，获得更大的发展空间。

（二）轿车

从规划引导、改进服务、改善发展环境入手，支持上海通用东岳汽车有限公司和颐中汽车加快发展轿车，支持山东黑豹加快电动汽车的产业化步伐。上海通用东岳汽车有限公司要努力降低生产成本，扩大生产规模，不断推出新车型，建成国内主要的经济型轿车生产企业，逐步发展中高档轿车。贯彻落实原国家经贸委关于重组烟台车身公司、山东大宇发动机公司和山东大宇汽车零部件公司的批复精神，加快重组步伐，尽快盘活现有资产。

颐中汽车要积极落实山东省人民政府与一汽集团关于一汽集团与青岛颐中汽车合作问题的会谈纪要，加快双方合作进程，争取纳入一汽集团的发展规划，努力调整产品结构，在批量生产两厢式轿车的基础上，开发新产品，形成批量生产，使其成为我省另一个重要轿车生产企业。

山东黑豹集团要加强与国内外高校、科研院所和大企业的合作，加快电动汽车关键技术的研究开发，提高整车性能，尽快实现产业化。

（三）轻型车

轻型车的发展要以中档为主，兼顾高档和低档，开发适合城乡市场需求的多功能车、专用车和客车，形成规模优势和技术优势。

北汽福田诸城车辆厂、淄博汽车厂、山东凯马汽车有限公司等现有轻型载货汽车生产企业，要进一步加大新产品开发力度，提高产品技术水平，调整优化产品结构，扩大生产规模，尽快发展成为具有较强竞争力的轻型汽车生产企业。

荣成华泰汽车公司要加强与韩国现代汽车公司的深层次合作，逐步由引进组装转变为合资生产，走国内汽车企业与国外大企业合资发展的成功之路，同时要加大引进技术的消化吸收力度，尽快形成自己的知识产权，开拓国际市场。

时风、巨力、五征、黑豹等四轮农用车企业，要抓住四轮农用车与轻型汽车并轨的机遇，向轻型载货汽车转移。鼓励有条件的企业，与省内外汽车企业联合重组，优化资源配置，将农用车企业的资本和市场优势与汽车企业的技术优势尽快结合起来，实现四轮农用车向汽车的转化。在此基础上，进一步整合我省轻型车资源，把轻型载货车做大做强。

（四）特种车

引导和支持具有一定优势的改装车企业联合与合作，优化资源配置，调整产品结构，形成专业化、规模化生产。充分利用省内汽车底盘资源优势，坚持“多品种、小批量”，大力发展高等级公路运输的半挂车、集装箱运输车、厢式运输车、工程施工车、城市环卫车、市政作业车、公路维护车、机场油田用车、医疗卫生用车和军用车等特种车和专用车，形成生产集中、特色突出、技术先进、用途广泛的产业格局。

一汽山东汽车改装厂、重汽集团青岛专用汽车厂、齐鲁考格尔集团、山东东岳专用汽车有限公司等专用汽车生产企业，要在巩固现有规模优势的基础上，加快开发生产高技术含量、高附加值的专用车，形成技术优势。同时，积极开展联合重组，壮大企业实力，尽快发展成为生产规模大、产品技术先进、市场竞争力强的专用汽车生产企业。

泰安特种车厂要尽快与省内外汽车生产企业联合重组，取得汽车生产资格，扩大生产规模，把特种车技术优势转化为市场优势和规模优势。

（五）农用车

我省农用车的发展和产品结构调整，要坚持面向农村和小城镇，向多功能、高性能、高档次、安全、环保、节能方向发展。

随着四轮农用车与汽车并轨，三轮农用车将成为农用车的主力车型，要加快产品结构调整和企业组织结构调整，以开发多功能车型为主，兼顾开发变型和专用车辆，满足不同层次市场需求；继续提高产品的技术水平，提高车辆的安全性、舒适性和可靠性，达到国家安全、环保、节能标准；进一步提高生产集中度，支持时风、巨力、双力、五征等重点企业发展成为技术开发能力强、生产规模大、营销网络广的骨干企业集团。

（六）零部件

围绕整车配套，走“专、精、特、新”的路子。面向国内外市场，按照国际化标准组织生产，提高产品质量和水平，提高系统化配套、模块化供货能力。

支持潍坊柴油机厂抓住国内重型车市场快速增长和大马力发动机需求量大的有利时机，搞好斯太尔发动机的升级换代，加快开发具有国际先进水平的大动率发动机，扩大生产规模，使其发展成为我国重型汽车、工程机械、船舶发动机的生产基地。

支持上汽通用加快对山东大宇发动机和零部件公司的重组，尽快完成工艺设备改造，发挥生产能力，形成规模化生产，配套支持我省轿车生产。

支持滨州活塞、烟台首钢电装、天润曲轴、山东金麒麟、青岛汽车散热器、泰安华泰铝轮毂、济南汽配、明水汽配等汽车零部件骨干企业，加快技术进步，推行质量、安全、环保标准认证，实现国际化标准生产，取得国际市场认证，在巩固维修服务市场的基础上，扩大整车配套规模。引导有条件的企业加快开发生产高技术含量、高附加值的汽车电子产品，形成规模化生产，提高配套水平。

（七）汽车原材料

围绕现代汽车生产需求，加快钢材、铝、橡胶、涂料、玻璃、塑料、内饰材料等相关原材料工业的改造提升，开发生产与汽车配套的产品，提高我省汽车工业的自我配套能力。冶金行业，以济钢、莱钢、青钢为主，加快开发生产汽车用薄板、中小型材、碳钢及合金钢产品；以山东铝业、南山集团、丛林集团为主，加快开发生产汽车用铝材。化工行业，以三角轮胎、成山轮胎为主，加快开发生产高质量、高性能汽车轮胎；引导有关企业加快开发生产车用油漆和其它相关产品。轻纺行业，组织引导有关企业加快开发生产车用塑料、内饰布、皮革等产品。机械装备行业，以济南机床一厂和济南二机床集团为主，加快产品结构调整，开发生产高水平的汽车工业生产装备。建材行业，引导和支持有条件的企业加快开发生产高技术含量、高附加值的汽车玻璃和陶瓷产品。

五、主要措施

（一）强化产业政策导向

各级、各部门要严格执行国家产业政策，按照全省汽车工业规划的总体要求，结合本地区和本部门的实际，制定具体发展规划。冶金、机械、电子、纺织、化工、玻璃、橡胶等相关行业要围绕全省汽车工业发展规划，进一步完善本行业的发展方向和重点，加快汽车原材料和配套产品的开发生产。各地要在全省总体规划的框架下，抓好规划项目落实，支持现有骨干企业和相关行业的发展。各重点企业要依据全省总体规划，制定中长期发展规划，明确发展方向和目标。

（二）加大资金投入

按照以企业为主、政府扶持和市场化运作的原则，多渠道筹措资金，加大对重点企业、重点项目的投入。到2010年，8个整车生产区和8个零部件生产基地投资达到600亿元（其中整车投入达到350亿元，零部件投入达到250亿元），同时扶持相关配套工业发展投入200亿元。充分发挥市场对资源配置的基础性作用，以企业改制为切入点，选择一批国有企业，将国有资产面向全社会转让，吸引国内外大企业集团参与汽车工业建设，实现投资主体多元化，带动民间资金和外资的投入；以出让的国有资产出让金为资本，建立汽车工业发展专项资金，每年用于对重点企业、重点产品的技术改造项目贴息、担保和科技创新项目补助，引导企业加大自主投入；选择重点企业和重点项目向社会和外商推介，以银企联手、银团贷款的方式，积极利用银行贷款投资建设；支持有条件的企业发行股票、债券，或与上市公司兼并重组直接融资。加大国际融资力度，开展专题招商活动，吸引国外大公司大集团与我省企业合资合作，提高利用外资的规模和水平。

（三）加快技术进步

依托现有骨干企业技术中心，联合省内外高校、科研单位的汽车专业科研力量，组建股份制汽车行业技术中心，形成对我省汽车工业关键、共性技术的开发创新平台。引导企业建立和完善技术开发机构，支持有条件的企业建立省级和国家级企业技术中心，提高引进技术消化吸收与自主开发创新能力；加强产学研联合，加速汽车高新技术产业化，吸引国内外高水平汽车技术开发机构来我省设立分支机构，推进高校汽车对口专业进入大企业集团或共建研发中心、中试基地，并逐步实行实验室开放，资源共享；加快人才培养，建立高中低相结合的多层次人才队伍。加强山东大学、山东理工大学、哈工大威海分校汽车专业学科建设，增设硕士、博士点，推进博士后工作站建设。定期组织专业技术人员进国内外高等学校、科研院所、著名汽车大企业培训学习、考察交流，提高专业技术队伍素质。积极创造条件，吸引国内外优秀专业技术人才。同时，要重视生产一线技工的培训工作，努力培养一批具有实际操作经验、能适应汽车工业现代化生产需要的技术工人队伍。

（四）大力开拓市场

引导企业深入分析本企业的内外部条件，制定营销战略，研究市场，找准定位，有步骤、分层次、有针对性地开拓市场，在更高层次和更大范围内参与国内外市场竞争。要以市场为导向，大力调整产品结构，加快新车型、新品种的研究开发，提高产品质量。加强交易信息网络建设，积极开展电子商务，充分利用现代网络科技手段开拓汽车市场，加速汽车传统贸易方式向电子化、网络化方式转变，降低营销成本，增强竞争力。学习海尔理念，增强品牌意识，实施品牌战略。在练好内功、增加品种、保证质量的同时，加大品牌宣传力度，树立强势品牌形象，把山东的重型车、轻型车和轿车打造成国内外知名品牌。

（五）积极推进改革重组

大力推进企业改革，按照市场经济的要求和汽车工业的发展规律，加快国有企业改革，推进企业投资主体多元化，建立市场化经营机制，增强企业自我发展的能力。按照政府调控、政策引导、市场化运作的方式，大力推进企业联合重组，优化增量，盘活存量。集中省属汽车工业国有资产，组建省汽车工业资产经营公司，实行授权经营，吸收其它资本参股，提高我省汽车工业整体实力。鼓励省内企业靠大、靠强，加快发展；支持有实力、有潜力的企业打破部门、地区和所有制等方面的限制，充分利用省内已有的资产和生产目录等资源进行整合重组，优化资源配置。发挥园区集聚效应，加快汽车工业园区建设，树立园区品牌形象，吸引国内外配套企业进园发展。

（六）加强组织领导

省里成立专门管理机构，加强对发展汽车工业的领导，研究、协调、解决汽车工业发展中的重大问题。具体负责制定中长期发展规划，组织实施工业结构调整，监控经济运行情况，协调地市间、行业间及企业间的关系，指导企业改革重组、合资合作、投资融资、科技进步及信息交流等。各级、各部门要围绕把汽车工业培植成支柱产业制定工作措施，确保国家和省里出台的鼓励企业投资、开发、出口等政策的落实，对汽车工业发展中的重大问题要及时协调解决。加强汽车行业协会等中介组织的建设，广泛吸纳各行各业的专业人才，进一步完善服务功能，强化服务意识，提高服务质量和水平，为全省汽车工业发展服务。

6－4　山东省人民政府办公厅关于印发山东省制造业信息化工程实施指导意见的通知

鲁政办发[2003]85号

各市人民政府，各县（市、区）人民政府，省政府各部门、各直属机构，各大企业，各高等院校：

省科技厅《山东省制造业信息化工程实施指导意见》已经省政府同意，现印发给你们，望认真贯彻执行。

山东省人民政府办公厅

二〇〇三年九月二十六日

山东省制造业信息化工程实施指导意见

山东省科技厅

（二〇〇三年九月二十五日）

推进制造业信息化是深入贯彻党的十六大精神、走新型工业化道路的一项重大战略举措，实施山东省制造业信息化工程旨在通过加快制造业信息化进程，全面提高制造业的管理、研发和技术装备水平，提高制造业的核心竞争力，实现由制造业大省向制造业强省的转变。根据省委、省政府确定的建设胶东半岛制造业基地的部署，结合国家有关发展规划，制定本意见。

一、实施制造业信息化工程是建设制造业强省的迫切需要

党的十六大明确提出走新型工业化道路，其核心内涵之一就是以信息化带动工业化。当前，我省还处于工业化中期阶段，实现工业化还要经过一个相当长的发展阶段，只有正确把握新技术革命的发展趋势，以信息技术为先导，运用信息技术改造提升传统产业，才能进一步加快工业化进程。制造业是国民经济重要的支柱产业，是一个国家与地区经济综合实力的重要体现。我省是制造业大省，2002年全省13469家规模以上工业企业中制造业占了12554家，制造业增加值占我省国内生产总值的26%，机械、建材、化工、轻工、纺织、造纸、家电等行业的产值规模、经济效益均名列全国前列。但与先进省市相比，我省制造业在装备和产品档次、创新能力、管理水平等方面还存在一定的差距。“十五”后3年是我省经济发展的关键时期，面对入世以及世界经济结构调整、产业

转移所带来的挑战与机遇，大力实施制造业信息化工程，运用信息技术提升我省制造业的核心竞争力，是我省制造业保持快速健康发展的关键，是建设制造业强省的迫切需要。

二、指导思想和工作目标

(一)指导思想

认真贯彻落实以信息化带动工业化，以工业化促进信息化，走新型工业化道路的战略方针，与胶东半岛制造业基地和山东半岛高新技术产业化带的建设紧密结合，集成资源，以企业为主体，以市场为导向，强化产学研结合，以重大共性关键技术应用开发为基础，以培育示范企业和制造业基地为重点，以构造专业化的技术平台与服务体系为支撑，提高传统制造业的设计、生产、管理与装备水平，推进我省由制造业大省向制造业强省跨越。

(二)工作目标

到2005年，力争实现以下目标：一是在全省培育500家制造业信息化示范企业，力争60%示范企业实施企业资源计划(ERP)，产品开发周期和产品生产周期平均缩短30%。机械制造行业三维计算机辅助设计(CAD)应用率达到70%，产品数据管理(PDM)应用率达到40%；流程工业中的示范企业初步实现管控一体化，生产过程主要环节采用集散控制系统(DCS)控制。二是围绕胶东半岛制造业基地的建设，培育5个优势制造业产业基地。以建设网络化技术支撑平台、应用异地设计制造技术、实现信息资源共享和建立动态技术联盟为重点，提高胶东半岛汽车及交通运输装备、电子信息及家电、纺织轻工、化学工业等优势产业规模、技术水平和市场占有率。三是整体提高我省先进制造技术领域的研发和应用水平，开发30项具有自主知识产权的计算机辅助设计(CAD)/计算机辅助制造(CAM)/计算机辅助工艺控制(CAPP)/计算机辅助工程分析(CAE)、产品数据管理(PDM)、企业资源计划(ERP)、制造执行系统(MES)、集散控制系统(DCS)等应用软件系统产品，培育10家年销售额超过2000万元的应用软件开发和系统集成的专业软件开发公司，“十五”末制造业信息化相关的软件、服务产业年销售额超过40亿元。四是重点培育10家从事制造业信息化技术推广、咨询、培训、监理、服务的骨干机构，初步建立起覆盖全省的制造业信息化技术中介服务网络。

三、重点任务

(一)突出重点，分层次推进信息化建设，创建一批示范企业群，培育优势产业制造基地

在示范市、示范县(区)、示范行业、示范企业4个层面上开展三维计算机辅助设计(CAD)、产品数据管理(PDM)、企业资源计划(ERP)、集散控制系统(DCS)、物流及电子商务等重大共性技术的推广应用和示范。济南、青岛、烟台、威海、潍坊、济宁等国家和省级示范市突出抓重点示范县(区)、重点行业和重点企业，以产业链、增值链为纽带，创建优势产业制造基地。其他市应结合自身实际情况，把培育制造业信息化示范企业作为工作重点。

以机械装备、造纸轻工、医药化工、纺织化纤、建材、家电等支柱行业为重点，选择龙头企业，根据企业发展的需要有重点地推进信息技术集成，提高企业现代化管理、研究开发和生产装备的总体水平。支持离散行业推广应用大批量定制的管理技术和开发工具，支持流程工业推广现场实时控制、综合自动化优化控制平台的推广应用，实现高质、低耗、绿色、高效生产。在信息化基础较好的企业中开展并行工程、虚拟制造、敏捷制造等技术的应用示范，逐步建立起敏捷供应链、协同产品开发、客户关系相结合的网络化制造系统，为培育具有国际竞争力的企业和企业集团奠定基础。支持科技型中小企业和民营科技企业推广应用三维计算机辅助设计(CAD)、计算机辅助工艺控制(CAPP)、产品数据管理(PDM)等成熟单元技术，实现企业产品设计数字化和产品数据管理数字化。有针对性地对中小企业信息化建设加强指导，开展大型应用软件的租赁服务，提高中小型企业和民营企业的技术创新能力。注重发挥信息化水平较高的外资企业的示范作用，通过与内资企业的交流、合作，消化吸收先进的管理、生产模式，提高企业参与国际竞争的能力。

1.数控关键技术与装备。以济南第二机床厂、济南第一机床厂等骨干企业为重点，推广应用计算机辅助设计(CAD)/计算机辅助工程分析

(CAE)、产品数据管理(PDM)、企业资源计划(ERP)、虚拟样机技术,以中档精切类数控机床装备产业化为目标,提高相关的数控关键部件、配套工具等核心技术档次和水平,研制开发制造行业需要的大型高精尖数控加工装备,建立机械装备制造业特色产业园区。

2.汽车及关键零部件。以重汽集团、东岳汽车、山东渤海活塞集团、潍坊柴油机厂、时风集团、天润曲轴等骨干企业为重点,全面实施企业资源计划(ERP)等信息集成技术,提高计算机辅助设计(CAD)/计算机辅助工程分析(CAE)/计算机辅助制造(CAM)/计算机辅助工艺控制(CAPP)、产品数据管理(PDM)和面向性能、质量、可制造性、可装配性、可测试性等因素设计(DFx)等技术的应用水平,采用绿色制造工艺与装备,显著提高产品质量和产品的可回收利用率,建立胶东半岛汽车及关键零部件加工密集区。

3.工程机械。以山东工程机械集团等企业为重点,推广计算机辅助设计(CAD)/计算机辅助工程分析(CAE)/计算机辅助制造(CAM)、产品数据管理(PDM),逐步实施企业资源计划(ERP)。将机器人技术、传感器技术、计算机控制、故障诊断等自动化技术移植到传统工程机械中,提升工程机械的技术水平。

4.化工、医药行业。以山东海化集团、兖矿鲁南化肥厂、山东绿叶制药股份有限公司、山东鲁抗集团等企业为重点,重点开发生产过程的优化控制、生产计划的优化调度与自动排产、生产成本的控制等方面关键技术与产品,在关键生产工段全面推广使用集散控制系统,实施企业资源计划(ERP)、电子商务等信息系统,逐步实现管控一体化。

5.纺织化纤行业。以山东德棉集团、济南正昊化纤新材料有限公司等为重点,围绕降低能耗、改善环境、提高生产效率,实施织机改造、关键生产工艺的自动化控制、能源管理系统、企业物流等技术,逐步完善企业资源计划(ERP),通过信息技术的综合应用,整体提高行业的经济效益。

6.建材行业。以山水集团、山东宝山生态建材集团、淄博齐银水泥集团等水泥生产企业为重点,深入开展水泥企业制造执行系统(MES)综合集成系统模型、企业的工艺模拟与优化控制、水泥企业资源计划(ERP)等控制和管理集成的关键技术开发与应用,为实现水泥生产的综合自动化提供示范。选择有代表性的新型建材及墙体材料生产企业,开发具有独立自主知识产权的生产过程控制系统,提高新型建材生产线的自动化控制水平。

7.造纸轻工行业。以日照森博浆纸有限公司、华泰纸业、晨鸣纸业、山东陶瓷集团等企业为重点,开展行业企业资源计划(ERP)的应用示范,构筑电子商务信息平台,提高企业的管理水平;积极推进绿色生产,开发并推广应用节能降耗技术,为企业的可持续发展提供技术支撑。

8.家电行业。以海尔、海信、澳柯玛等家电制造企业和三联集团等家电零售企业为重点,开发并推广应用数字化家电三维造型与集成设计系统、电子商务与物流配送系统,研发基于嵌入式系统的信息家电和智能化家电产品,提高家电产品的技术含量和市场竞争力。

(二)为胶东半岛制造业基地建设信息技术支撑平台

发挥胶东半岛的产业基础和优势,有重点地建设一批制造业特色产业园。通过培育制造业信息化示范企业,提升企业的信息化、现代化管理和技术装备水平,形成一批研发能力强、装备水平高、产品具有竞争力、在国内外有影响的制造业产业群。以产业专业化分工协作为基础,以资源共享和信息集成为主要手段,利用信息网络基础设施,建设网络化技术支撑平台和信息技术服务平台。鼓励社会中介服务机构、科研院所、企业以市场运作方式,组建三维计算机辅助设计(CAD)、快速成型技术等数字化设计、制造中心,为广大中小型制造企业提供专业服务。围绕产业链、增值链的建设,以行业骨干企业为龙头,针对相关企业生产组织、物流交易,推广应用异地设计制造、电子商务与物流、动态联盟等技术,建立企业动态联盟,发挥制造业产业群的整体优势,实现资源共享和优化配置,提高优势制造业的技术创新能力、产业规模和产品市场占有率,做大做强胶东半岛汽车及交通运输装备、电子信息及家电、纺织服装、化学工业等优势产业群。

(三)作好重大关键共性技术和产品的研究开发及产业化

坚持集成开放的原则,整合与制造业信息化密切相关的科技资源,促进产学研紧密结合,鼓励支持高校、科研单位和企业开展各种形式的国内外科技合作，紧紧围绕我省制造业信息化工程实施过程中的重大技术问题，在制约企业发展的产品全生命周期设计、制造、管理和集成等方面开展联合攻关，开发具有自主知识产权的现代集成制造系统软件、平台及工具集。支持在虚拟样机、虚拟制造技术、网络协同设计制造技术、制造执行系统、产品全生命周期制造、商业智能应用、电子商务与物流等方面的研究开发。加强我省制造业信息化工程技术研究与国内外制造业软件企业的合作，组织制造业信息化软件开发、应用联盟。每年安排一批重点攻关课题，开发、推广一批具有自主版权的制造业信息化软件产品，增强我省制造业信息化支撑技术的自主开发能力。加强与国家863计划的衔接，积极争取国家相关计划的支持。

四、保障措施

(一)加强领导，建成科学、高效的制造业信息化管理体系

省科技厅与计委、经贸委、信息产业厅等相关部门要加强衔接，共同做好全省制造业信息化工程实施的组织、协调工作。调整充实省制造业信息化工程专家组，国家和省级示范市要成立相应的专家组或咨询顾问组。各市及有关行业管理部门要结合自身的实际，组织专题调研，探索企业信息化建设的有效途径，总结推广制造业信息化工程实施的成功模式，围绕制造业信息化重大关键共性技术的研究开发、推广应用和中介服务体系建设、人才培训等方面的工作，加强制造业信息化战略研究，制定中长期发展规划，明确发展目标、重点任务和政策措施，加强宏观指导。充分发挥专家组的作用，建立重点示范企业联系制度，充分利用网络等信息手段及时与示范企业沟通信息，提高管理服务效率。逐步建立完善科技行政部门、专家组和中介服务机构紧密结合的新型管理体系。

(二)加强引导，建立以企业为主体的投资体系

省科技厅从科技三项经费中每年安排不低于1000万元资金，专项用于制造业信息化工程的实施。省信息技术推广应用贴息贷款、软件发展基金等其他信息化工程的专项资金向制造业信息化工程倾斜。各示范市每年要安排一定的专项经费，配套支持制造业信息化工程软件开发企业和示范企业。对列入国家863计划和省科技计划重点支持的项目和企业，各市、县(市、区)要安排配套资金。企业是实施制造业信息化工程投资的主体，高新技术企业和制造业信息化示范企业的研究开发投入要分别占企业销售收入的5%和3%，重点用于企业信息化技术的研究开发和推广应用。

(三)加强市场化运作，建立完善技术、中介服务体系

鼓励、引导工程技术研究中心、生产力促进中心等各类技术开发和中介服务机构按照市场化运作方式，与省内外优秀的软件供应商联合，围绕优秀软件产品、系统的推介、咨询、培训、二次开发、集成、监理等各环节，为制造业信息化示范企业提供配套服务，逐步形成专业化、网络化、市场化的新型制造业信息化服务网络体系，最大程度地降低企业实施信息化的风险，促进以应用和服务为重点的制造业信息化产业的发展。省科技厅要制定相应的管理办法和评审标准，择优选择服务机构给予重点支持。

(四)加强国际科技合作

随着新一轮国际产业结构调整，一些发达国家的产品制造业正在向我省转移，我们要抓住机遇，按照省委、省政府要求，积极承接日本、韩国、台湾省等国家与地区的产业转移，加大招商引资的力度，重点支持先进国家与地区的加工业与我省企业联合创建产品研发中心或加工基地。要加强与印度、爱尔兰等国家软件开发机构或企业的科技合作，引进先进技术和高层次人才，提高我省制造业信息化专业软件开发平台的技术档次和水平。

(五)加强知识产权、技术标准、人才队伍建设工作

围绕制造业信息化工程的研究开发、推广应用、示范等各个环节，贯彻知识产权、技术标准、人才培养三大战略。把能否掌握自主知识产权和核心技术作为计划立项的重要依据，把推广应用具有自主知识产权的应用软件作为企业示范的重要内容。在制造业信息化工程的实施过程中强化软件企业的软件企业能力成熟度模型(CMM)的实施与认证和示范企业的ISO系列标准认证，在技术

产品标准等方面与国际接轨。以人为本，将培训工作贯穿于制造业信息化工程的全过程。“十五”期间，省科技厅设立奖学金，与山东大学联合开设2期面向制造业信息化工程的硕士班，培养高层次的专业人才。在全省建立2-3家制造业信息化培训基地。各市和有关行业要加强制造业信息化知识培训，每年举办不同类型、不同专业、不同形式的培训班，培训各类专业人才。实施课题负责人制度，重大项目实行首席专家制，通过制造业信息化工程的实施聚集高层次人才，培养一支研发、管理、应用、服务相配套的专业人才梯队。

（六）加强落实，建立科学严谨的考核与评估体系

建立制造业信息化工程年度采样调查制度，统计评定各地的制造业信息化工作所取得的成效，以此作为评价制造业信息化工程实施的重要依据。在全省形成工作部署与检查落实、绩效挂钩的工作监督激励机制，制定制造业信息化工作量化考核标准和办法，定期对实施制造业信息化工程的先进单位与个人进行表彰。

6-5　中共山东省委、山东省人民政府关于进一步加快高新技术产业发展的决定

2002年4月24日

为进一步加快我省高新技术产业化进程，推动国民经济持续快速健康发展，特作如下决定。

一、发展高新技术产业是实施科教兴鲁战略、加快现代化建设的迫切要求

科学技术是第一生产力。科技进步是经济发展的决定性因素，高新技术是经济社会发展最强大的推动力量，抓住了高新技术就抓住了科技进步的关键。省委、省政府已就发展高新技术产业提出了要求，作出了部署，全省各地、各部门做了大量工作，高新技术产业发展取得了很大成绩。但从总体上看，思想还不够解放，机制还不够灵活，发展环境还有待改善，高新技术产业总体水平与有些省市相比还有较大差距。全省上下要坚持以江泽民总书记“三个代表”重要思想为指导，认清我国加入世贸组织后的新形势，把发展高新技术产业作为促进经济发展、提高经济增长质量和效益的突出战略措施，进一步增强紧迫感、危机感和责任感，解放思想，更新观念，加大工作力度，扎实努力，千方百计实现高新技术产业化的跨越式发展，创造山东经济发展的新优势。

二、发展高新技术产业的指导思想和主要目标

1. 根据《山东省高新技术及产业发展纲要》，围绕全省经济结构战略性调整，坚持有所为有所不为原则，发挥优势，把握前沿、务求实效。要以市场为导向，以企业为主体，以人才为根本，重点围绕信息技术、生物技术、新材料三大领域，突出传统产业改造、高新技术企业发展、高新技术产业开发区（以下简称高新区）建设三大任务，建立健全适应我省高新技术产业发展的科技创新体系，促进经济结构的战略性调整，推动我省经济进入良性发展的轨道。

2. 2002年底，全省高新技术产业产值占工业总产值的比重比2001年提高2个百分点以上，2005年达到25%。“十五”期间，高新区主要指标平均每年增长40%以上）高新技术产品进出口总额占工业制成品进出口总额的比重达到20%；传统产业的信息化水平和企业技术创新能力、高新

技术研究开发能力和具有自主知识产权的高新技术成果数量大幅度提高。2005年,研究开发经费(R&D)占全省国内生产总值(GDP)的比例高于全国平均水平。

三、运用高新技术改造提升传统产业

1.实施信息化带动工业化战略。以推进制造业信息化为重点,大力推广应用计算机。辅助设计与制造(CAD/CAM)、工业智能控制等重大关键共性技术突出主导产业和主导产品,选择100家重点企业进行示范,提高传统产业科技管理水平和产品档次,增强竞争力;形成和发展优势产业群。

2.企业要加快建立现代企业制度,成为技术创新和研究开发投入的主体,成为运用高新技术改造提升传统产业、促进产业结构升级的主导力量。大中型工业企业都要研究制定运用高新技术改造传统工艺、提高传统工业技术装备水平的实施计划。省136家重点骨干企业都要建立研究开发机构或面向行业的技术开发中心。努力确保一般企业在成本中据实列支的研究开发经费占销售收入的比例不低于1%、省136家重点骨干企业达到13%以上,考核时可视同利润。企业研空开发经费和企业通过改制、资产重组、公司公开上市等方式变现的资金,重点用于高新技术产品开发和高新技术成果转化。"十五"期间全省完成技改投入5000亿元,优先支持运用高新技术改造传统工艺、提升技术装备水平和软件生产企业的技术改造等。

3.运用生物技术、信息技术改造提升传统农业,准优良品种选育、绿色无公害农产品生产与加工、农业资源有效利用与改良生态环境等方面有大的突破。大力推行农业标准化和经营产业化、国际化继续实旋农业良种产业化工程,大幅度提高农产品的质量,效益和国际竞争能力。"十五"期间新建10个省级以上农业科技示范园区,充分发挥示范辐射作用。

4.加强高新技术在第三产业的应用。大力发展现代物流产业,以城市为依托,加快培育现代物流集团,建立现代物流中心。吸引一批国际著名的物流企业来山东投资兴业,促进物流业的现代化。推广应用电子商务技术,使第三产业实现服务社会化、信息网络化、管理智能化。推动城市数字化建设。重视高新技术在环境保护、医疗卫生、计划生育、文化教育等社会事业中的应用,继续实施可持续发展十大科技示范工程。

四、积极培植和加快发展高新技术企业

1.突出高新技术重点领域的自主创新,培育新的经济增长点。在信息技术领域以计算机及软件、网络与通讯、数字化电子产品为重点,在生物技术领域以动植物新品种选育、创新药物与中药现代化为重点,在新材料领域以特种纤维、特种金属、特种陶瓷和新型光电子材料、新型高分子材料及纳米材料的应用为重点,加强技术创新,以三大核心技术的研究开发带动先进制造、现代农业、海洋工程等高新技术的产业化,形成一批拥有自主知识产权、具有竞争优势的高新技术企业。

2.高新技术企业要不断加强体制和机制创新,充实研究开发力量,加大技术创新投入,提高拥有自主知识产权技术的比重。企业实际发生的技术开发费可据实列支。经省认定的高新区外高新技术企业可享受区内高新技术企业有关政策。

大力支持以软件产业为重点的信息产业发展、全面落实国家关于发展软件产业的扶持政策。国有及国有控股软件企业可从今后3年净资产增值部分中拿出总额不高于35%的比例,以股份期权形式奖励项目开发研制人员。

3.加快民营科技企业发展。民营科技企业是高新技术产业发展的生力军。要引导民营科技企业不断提高持续创新能力,鼓励有优势的民营科技企业联合,形成一批具有较强研究开发实力和国际竞争力的大型高新技术企业集团。重点扶持100家具有较强技术优势和市场竞争能力的民营科技企业。建设30家省级以上民营科技园。

4.加快高新技术创业服务中心等各类企业孵化器建设,有计划地发展一批专业孵化器。省、市要制订促进孵化器建设与发展的扶持政策,改革孵化器的管理体制和运行机制,鼓励境内外各种力量在我省创办多种形式的企业孵化器。

五、加快高新技术产业开发区建设

1.高新区是发展高新技术产业的重要基地。

各高新区所在市要统一思想，高度重视高新区的建设与发展，举全市之力，放手办，放开办。以优化发展环境、强化服务功能和建立创新机制为重点，努力推进高新区“二次创业”。国家级高新区要积极创建“ISO14000国家示范区”。高新区规划要尽可能与新城区建设结合起来。支持有条件的市把高新区与各类工业园区的资源优化组合，不断壮大高新区的创新能力。

省级以上高新区所在市和省直有关部门必须赋予高新区市级经济管理权限和相关的行政管理权限。各高新区总体建设规划经批准后由各高新区组织实施；凡规划为高新区的所用土地由省、市国土资源部门及时调整用途，所占耕地的补充开发，由省、市政府统一规划开垦或易地开垦。省级高新区可参照执行国家级高新区的优惠政策。

加快大学科技园、留学人员创业园、民营科技园、大企业科技园、软件园等特色园区建设，完善孵化体系，提高创新能力。高新技术创业服务中心要不断拓展服务领域，完善服务功能。生产力促进中心要进入高新区，积极为中小企业服务。

2.加强高新区干部队伍建设。高新区领导班子成员要选拔政治上强、掌握高新技术和现代经营管理知识、具有较强驾驭能力的中青年干部担任。党政正职一般由同一人担任。高新区主要负责人可由市委常委或副市长兼任，也可兼任市长助理等，要把领导干部的科技素质作为任职的重要条件，逐步提高干部。队伍的知识层次、科技素质和管理水平。鼓励各高新区面向国内外公开招聘高新区管理委员会副职以下管理人员。党委组织部门要按照干部管理权限，在认真听取高新区主管部门意见的基础上，加强对高新区领导班子考察、考核和管理，使之建设成为朝气蓬勃、奋发有为的领导集体。

六、加强高新技求的研究开发

1.高新技术的研究开发是发展高新技术产业的基础和先导。从2003年起，省政府每年安排一定资金实施山东“863计划”，加强具有自主知识产权的重大技术的研究开发，为我省经济社会发展提供技术储备。重大科研项目逐步实行课题制。

2.鼓励科研机构、高等院校和企业联合开展高新技术的研究开发，支持建设一批重点实验室、工程技术研究中心、企业技术开发中心和新型科研实体。支持科研机构转制为高新技术企业、科技中介服务机构，进入企业(集团)或高等院校。

3.加强知识产权保护和执法力度，严厉打击侵权行为。企业、科研机构和高等院校要重视研究和实施知识产权保护和经营战略。

七、建立健全发展高新技术产业投融资机制

1.建立以政府投入为引导，企业投入为主体和广泛利用社会资金的投融资体系。财政资金要努力以市场化方式支持高新技术企业发展，提高投资效益。

2.尽快建立高新技术风险投资机制。鼓励海内外投资机构、跨国公司等各类投资主体在我省建立高新技术风险投资机构、分支机构，可实行有限责任、股份有限等形式。

省高新技术投资有限公司要加快股份制改制步伐。2002年再向省高新技术投资有限公司注入8亿元资金，引入并完善风险投资机制；资金主要用于支持种子期、成长期、上市前的高科技中小企业的发展。健全省技术产权交易中心的运行机制，规范技术产权交易活动，充分发挥技术产权交易机构的中介作用。

3.充分发挥财税政策的支持作用。认真贯彻落实各项税收优惠政策，按照国家规定，对符合条件的高新技术企业、转制的科研机构，企业技术中心、外商投资研究开发中心、科技中介服务机构等，积极给予税收优惠。经省认定的高新技术企业、各类企业孵化器及在孵企业、高新技术风险投资机构及省属科研院所转制的企业、科技中介服务机构和经认定的高新技术成果转化项目、省以上新产品，新增加的地方财政收入部分，由当地财政部门在预算中安排专项资金，主要用于支持其再发展。省财政部门要会同有关部门制定具体实施办法，认真抓好落实。

八、加强高新技术产业发展的人才队伍建设

1.建立有利于培养人才、吸引人才、留住人

才、发挥人才作用的机制，是发展高新技来产业的根本，实施“人才高地”工程，集聚更多的优秀人才。根据我省高新技术及产业发展的需要，深化教育改革，调整高等教育结构，培养更多的高科技人才，尤其要培养精通国际金融、财会、贸易、法律和现代管理等方面的高层次专业人才；同时要大力培养企业技师并充分发挥其重要作用。2002年省自科学基金和中青年科学家奖励基金分别达到1000万元，并以此为基数逐步增加。通过支持自主选择研究课题的形式，重点培养一批高层次创新人才。多在充分发挥本省各类专业人才作用的同时、采取多种形式大力引进人才。简化引进高层次专家、学术带头人和各种优秀中青年人才的手续，制定来去自由的政策。鼓励和支持省内外高等院校、科研机构与企业建立博士后科研工作站；加强与中国工程院、中国科学院、清华大学、北京大学等单位的全面合作，创建引进、培养人才的平合。

2. 强化人才激励机制。鼓励和支持企事业单位科技人员兼职或以自然人名义申办科技企业、科技中介机构和科技类民办非企业单位。改进和完善分配制度和奖励政策，鼓励高新技术企业通过技术入股、员工持股和股权期权等多种分配奖励形式，逐步建立与国际惯例接轨、符合高新技术产业特点、有利于保护知识产权的分配制度和经营制度。实行科技人员岗位工资制、项目或课题工资制、协议工资制和年薪制等，其报酬与业绩桂钩。落实技术、管理等生产要素参与分配的政策。对高层次科技创新人才在培训进修、子女入学、住房、医疗等方面实行优惠政策和优质服务，努力为他们的工作、生活创造良好的环境和条件。

3. 城镇企业职工与企业解除和终止劳动关系创办科技企业或进入高新技术企业工作，并继续按规定交纳社会保险费的，其前后交费年限合并计算，基本养老保险和基本医疗保险个人账户存储额累计计算，不间断计息。

九、加快高新技术产业国际化步伐

1. 进一步扩大高新技术领域的国际合作与交流，加快我省高新技术产业国际化步伐。加大招商引资、招才引智力度，按照国家产业和技术政策，调整优化外商投资结构，积极引进技术水平高、附加值高、市场占有率高的大项目。在引进国外先进技术的基础上，以企业为主体实施再创新，形成新的自主知识产权。要努力提高出口产品的科技含量，优化出口商品结构。

2. 积极建立新的对外科技合作平台。在继续加大与发达国家科技合作交流的同时，积极推进与独联体国家的科技合作，省政府成立与独联体国家科技合作指导委员会，集中力量加强中俄、中白、中乌高新技术产业化基地和APEC工业园建设。以齐鲁软件园为载体，加强与印度等国家在软件领域的合作，联合进行软件产品开发，发展软件培训产业。加强与古巴等国家在生物技术领域的合作与交流。

3. 研究制定国际科技合作的有关政策措施，组织实施我省国际科技合作计划、重点支持高新技术人才的引进和合作研究；支持企业、高等院校、科研机构与国外联建开放式的重点实验室或研究开发中心。鼓励有条件的企业集团和高新技术企业在境外兴办研发机构和中试基地，培育一批国际科技合作基地。每年选派一批中青年科技专家到国外、大学或重点实验室研修。

十、努力为高新技术产业发展创造良好社会环境

1. 各级党委、政府要切实加强对高新技术工作的领导。要把发展高新技术产业纳入国民经济和社会发展的总体规划，研究制定具有地方特色的高新技术产业发展战略和政策措施，协调解决发展中的重大问题。党政一把手都要亲自抓第一生产力，都要接受科技尤其是高科技方面的重点培训，积极学习和掌握高新技术知识，不断提高管理水平。省科技教育工作领导小组要充分发挥组织协调、监督检查职能，及时研究解决高新技术产业发展的重大问题。

2. 各级政府及各部门要切实转变职能，改进工作作风，提高行政效率。要增强服务意识，实行政务公开，加快行政审批制度改革，简化办事手续，实行承诺服务，努力为高新枝术产业发展创造良好的政策、市场、服务、信誉环境。积极推广应用电子政务，加快办公自动化步伐。要切实减轻企业负担，除国家和省政府规定的行政事业性收

费项目外，对高新技术企业和高新区内企事业单位的各类收费和摊派一律取消。

3.建立和完善以保护知识产权为核心的科技法规体系。抓紧研究制定有关推动技术交易、知识产权评估、技术保密、科技人员持股等法规，为高新技术产业发展提供良好的法制环境。

4.加强科技统计工作。要建立和完善高新技术产业发展的统计指标体系和统计监测制度，监测结果由省政府审定后定期公布。

各市和省直有关部门要根据本决定，尽快制定实施细则，报省委、省政府备案。省委办公厅、省政府办公厅要及时对本决定落实情况进行督查。

6-6　山东省人民政府关于加快汽车工业发展的意见

各市人民政府，各县(市、区)人民政府，省政府各部门、各直属机构，各大企业，各高等院校：

为深入贯彻省委八届五次全会和省委工作会议精神，加速推进现代制造业强省建设步伐，努力培育我省制造业新优势，现就加快我省汽车工业发展提出以下意见：

一、进一步增强加快汽车工业发展的紧迫感

汽车工业是现代工业的重要标志，是国民经济发展的主导产业。改革开放以来，我省汽车工业获得较快发展，整车生产能力、零部件加工能力和基础原材料综合配套能力显著提高。全省现有整车生产企业11家，2002年全省生产重型车8.3万辆、轻型车9.8万辆、改装车5万辆、农用车188万辆，21种零部件产量居全国首位，实现工业增加值100亿元，占全省规模以上工业增加值的2.8%。但从总体看，还存在缺乏统一规划、生产集中度低，企业研究开发能力弱、产品技术含量低，零部件标准不统一、整车配套能力差，开放程度低、龙头企业核心竞争力不强等问题，影响和制约了我省汽车工业的进一步发展。目前，全球范围的汽车工业调整重组步伐明显加快，中国已成为国际汽车产业投资的热点地区和新兴汽车消费市场，汽车工业正处于新的重大发展机遇期。为此，要进一步增强加快汽车工业发展的紧迫感，抓住时机，干事创业，尽快把汽车工业培植成为我省的支柱产业，并以此带动相关行业和区域经济发展。这是推进全省工业结构优化升级、坚持走新型工业化道路的迫切需要，是加快胶东半岛制造业基地建设的重要内容，也是建设“大而强、富而美”社会主义新山东的重大举措。

二、指导思想、原则和目标

(一)指导思想

以党的十六大精神为指针，紧紧追踪世界汽车工业发展的新趋势，充分发挥现有企业的主体作用，以结构调整为主线，积极引进国际先进技术、工艺和装备，推进制度创新、管理创新、技术创新，大力发展重型车、轿车，改进提升轻型车，加快零部件及原材料基地建设，培植一批具有山东特色和较强竞争力的大企业、大集团，优化和延伸汽车产业链，使汽车工业成为山东经济的支柱产业。

(二)原则

1.以市场为导向的原则。发挥市场机制在优化配置资源中的基础性作用，按市场需求确定发展重点，推进资源重组，优化资源配置。

2.经济国际化的原则。加快与国际大公司、

大集团的合资合作，引进资金、技术和先进管理经验，走国际化经营的路子，提高竞争能力。

3.技术进步的原则。跟踪世界汽车工业技术发展动向，调整产品结构，强化技术创新和技术改造，提高产品技术含量和附加值。

4.有所为有所不为的原则。突出重点企业、重点产品、重点原材料，集中力量，加大扶持力度，培植壮大优势，防止低水平重复建设。

5.配套协调发展的原则。立足汽车工业生产配套的全过程，从最终产品入手，推进汽车工业相关产业的发展，形成相关工业与汽车工业共同推进、协调发展的格局。

（三）目标

到2005年，整车年生产能力达到80万辆（重型车15万辆、轻型车50万辆、轿车15万辆），改装车8万辆，农用车220万辆；全行业完成工业增加值占全省规模以上工业增加值的比重提高到5.7%；中国重汽集团、上海通用东岳汽车有限公司、一汽解放青岛汽车厂发展成为具有较强竞争力的三大企业集团，成为国内重型车和轿车生产重要基地。到2010年，整车年生产能力达到170万辆（重型车25万辆、轻型车100万辆、轿车45万辆），改装车15万辆，农用车300万辆；全行业工业增加值占全省规模以上工业增加值的比重达到10%，成为支柱产业。

三、发展重点

以龙头骨干企业为载体，以先进汽车制造技术为支撑，积极参与世界汽车产业分工，尽快形成整车、零部件与原材料同步推进、整车与零部件协调配套、龙头企业与一般企业共同发展的现代汽车工业体系。

（一）重型车

坚持高中档相结合，重点发展高档、高速重型载货车和豪华绿色环保公交、旅游客车。加快中国重汽集团的工艺装备升级，大力开发适合高速公路运输的重型车。推进中国重汽集团与瑞典沃尔沃公司合资项目的实施，建设沃尔沃亚洲生产供应基地。加快一汽解放青岛汽车厂技术中心和工业园建设，提高研究开发能力，扩大生产规模。加快与国内外大公司合资合作，开发生产高档大型客车。

（二）轿车

引进先进技术和车型，重点开发生产经济型轿车，逐步发展中高档轿车。以上海通用东岳汽车有限公司为载体，进一步扩大生产规模，改进性能，提高质量和档次，搞好配套，尽快发展成为轿车生产重要基地。推进青岛颐中汽车有限公司与一汽集团合作，开发新产品，形成规模化生产。

（三）轻型车

开发生产技术含量和性价比高的轻型载货车及适合城乡需求的轻、微型客货车。依托重点企业，整合轻型车生产要素资源，推进联合重组，尽快形成优势企业和名牌产品。扩大与韩国现代汽车公司的技术合作，加快发展高性能轻型客车。

（四）特种车

重点发展军工、集装箱运输、工程施工与维修、消防、城市服务、机场专用、油田专用、通信专用等特种车和专用车。加快特种车、专用车生产企业的联合重组，优化资源配置，提高生产集中度。加大技术开发力度，调整产品结构，提高高附加值产品比重。

（五）农用车

以改造提升传统产品为重点，调整品种结构，提高产品安全、环保、节能和技术性能。推进有条件的企业发挥现有产能、资本和营销网络优势，通过合资合作，向各类载货汽车和零部件生产领域转移，实现产品升级换代。

（六）零部件

加大产品开发力度，推行国际安全、环保、质量认证，实行国际标准化生产，提高产品技术性能和系统化、模块化配套能力。加快零部件产业升级，由单一零部件向总成转变，由单纯机械产品向机电仪一体化产品推进，由主要为社会维修服务向为整车配套发展，建设一批高水平、竞争力强的汽车零部件工业园区和“专、精、特、新”的零部件生产企业。

（七）汽车原材料

充分发挥我省基础原材料工业优势，围绕现代汽车生产需求，大力开发生产与汽车工业协作配套的钢材、铝材、电子元器件、橡胶、涂料、玻璃、塑料、内饰材料等产品，提高产品质量档次和市场竞争力，为全省乃至全国和世界汽车工业发展配套服务。

四、发展措施

(一)加强规划引导,优化产业布局

有关部门要认真研究汽车工业发展的规律和特点,根据国家产业政策导向,结合我省实际,对汽车工业进行整体规划,理清发展思路,突出发展重点,尽快使全省汽车工业形成布局合理、区域特色突出、配套协调、健康有序的产业发展格局。冶金、机械、电子、化工、纺织、建材、轻工等相关行业要围绕汽车工业,调整发展规划和重点,加快汽车原材料和配套产品的开发生产。各地要在全省规划的指导下,打破行业和地区分割,搞好区域发展规划,抓好重点企业建设。

(二)拓宽融资渠道,加大资金投入

实现我省汽车工业2010年发展目标,需要投资800亿元(其中整车350亿元、零部件250亿元、配套原材料200亿元)。资金筹措要坚持企业为主、政府扶持和市场化运作相结合的方式,多渠道筹集。各级财政和金融机构在安排技改、科技资金时,要重点向汽车工业倾斜。各地和有关部门要积极推进企业改制,吸纳包括民营资本在内的社会各类资本,壮大企业规模;安排重点汽车工业企业发行股票、债券,扩大直接融资;开展专题招商活动,吸引国外大公司、大集团与我省企业合资合作,提高利用外资规模和水平。

(三)搞好技术中心建设,培养高素质职工队伍

建立完善全省汽车工业技术创新体系。依托骨干企业,联合行业科技力量,建设具有国内领先水平的汽车技术开发基地。在整车和关键零部件企业普遍建立技术中心,提高自主开发创新能力,尽快达到国内领先水平,逐步达到国际水平。加大高层次人才培养力度,加强山东大学、山东理工大学、哈工大威海分校汽车专业学科建设,提高师资水平,扩大招生规模,使之成为国内一流的汽车专业人才培养教育基地。采取多种形式,大力引进国内外高层次汽车专业技术人才。建设2-3所为汽车工业服务的高级技工学校,提高办学规模和档次,适应汽车工业对高级技工的需求。加强对在职技术工人的培训,努力提高职工队伍整体素质。

(四)大力开拓市场,打造山东名牌

加强汽车工业营销体系建设,采取多种形式扩大销售市场。汽车生产和销售企业要加强与金融机构合作,推行灵活的汽车消费信贷。要培育汽车文化,大力实施名牌战略。学习借鉴国外先进的营销理念,在济南等重点城市建立集科研开发、展览销售、信息服务和体育娱乐于一体的现代汽车城。加强对外形象宣传,把重型车、轻型车和轿车打造成国内外知名品牌,成为山东汽车形象的代表。零部件企业要加强与世界名牌企业技术合作,进入大企业全球采购体系,推动零部件生产供应国际化。

(五)深化企业改革,推进联合重组

按照政府引导、市场化运作的方式,大力推进企业联合重组,培育大型企业集团。深化汽车工业企业改革,推进企业投资主体多元化,建立市场化经营机制,增强企业自我发展的能力。成立山东省汽车工业国有资产经营公司,提高国有资产的带动力和控制力。依托重型车企业搞好客车和特种车资源整合,实现优势互补。加快对山东大宇发动机和零部件公司的重组,培育壮大轿车生产企业。推进农用车企业与轻型汽车企业联合重组,使农用车优势向轻型汽车转化。推动改装车企业的联合重组,提高生产集中度。

(六)加强组织领导,改善发展环境

省政府建立由分管副省长牵头,有关市分管副市长和省直有关部门负责人参加的加快汽车工业发展协调会议制度,负责协调解决汽车工业发展中的重大问题。具体日常指导和协调工作由省经贸委负责。省直有关部门要从各自职能出发,研究制定支持汽车工业发展和鼓励汽车消费的政策措施,加强协作配合。各地要把国家和省已出台的各项鼓励政策切实落到实处,在生产要素配置方面给予大力支持。要进一步营造务实高效、诚信法治的服务环境和市场环境,在全社会形成发展汽车工业的共识和合力,调动和发挥各方面积极因素,努力实现汽车工业发展目标,为建设"大而强、富而美"的社会主义新山东做出新的贡献。

二〇〇三年九月十五日

6－7 中共山东省委、山东省人民政府关于进一步加快民营经济发展的决定

各市人民政府，各县（市、区）人民政府，省政府各部门、各直属机构，各大企业，各高等院校：

根据党的十五大和江泽民同志在庆祝中国共产党成立80周年大会上的重要讲话精神，为推动我省民营经济健康发展，特作如下决定。

一、进一步解放思想，充分认识加快民营经济发展的重要性和紧迫性

1. 坚持以公有制为主体，多种所有制经济共同发展，是我国社会主义初级阶段的基本经济制度。民营经济是社会主义市场经济的重要组成部分。大力发展民营经济，有利于扩大经济总量，优化资源配置，增加社会就业，提高人民生活水平，促进改革开放和社会生产力的发展，巩固和完善社会主义基本经济制度。党的十五大以来，我省民营经济获得了长足发展，但总体规模偏小、档次不高、管理落后，与先进省市相比存在较大差距。民营经济是我省具有巨大潜力的新的经济增长点和“亮点”。加快发展民营经济，关系我省经济在新世纪的实力和地位，关系人民群众奔康致富，是我省现代化建设一项重要而紧迫的任务。各地各部门要坚定不移地贯彻党的十五大精神，按照江泽民同志“三个代表”重要思想的要求，进一步增强紧迫感和忧患意识，解放思想，更新观念，与时俱进，勇于创新，突破传统发展模式的束缚，破除对民营经济的偏见、歧视和限制，把发展民营经济作为全省经济工作的战略重点，努力开创我省以公有制为主体，多种所有制经济平等竞争、共同发展的新局面。

2. 发展民营经济要坚持发展与提高并重和大、中、小并举的原则，因地制宜，分类指导。要进一步放宽政策，积极发展民营经济，不限发展比例，不限发展速度，不限经营方式，不限经营规模。在鼓励发展的同时，把重点放在提升产业和集约化程度，优化产品结构，扩大对外开放，提高经济增长质量上来。下大气力培植一批规模大、效益好、有核心竞争力的企业集团。大力扶持科技型、外向型民营企业发展，开发“名、优、特、新”产品，提高附加值，增强市场竞争能力。积极发展农副产品深加工，推进农业产业化进程，带动农民致富。搞好各类经济园区和小城镇规划、建设，不断完善基础设施，促进民营企业向园区和小城镇转移，加快城市化进程。

二、放宽民营经济经营范围和国土资源使用政策

1. 除国家法律、法规和国家政策明令禁止的行业和领域，均允许民营经济进入，任何单位和个人不得以任何理由加以限制或实行行业垄断。对特殊行业和商品，经有关部批准后可以允许民营企业生产经营。鼓励和支持民营企业以独资、参股、控股、合作、联营和特许等方式，参与水利、交通、能源、公交、供水、供气、供热、道路、桥梁、垃圾处理、污水处理、环卫设施和房地产开发等基础设施和公益事业项目的投资与经营。支持民营经济参与教育、文化、卫生、体育、旅游、中介服务、物业管理、社区服务等社会事业和社会服务业的建设和发展。

2. 简化投资审批手续。除国家法律、法规规定的行业，以及涉及人民生命财产安全的行业外，民营企业登记前置审批一律取消。对确需前置审批的项目，必须公开办事指南、办证条件和制度，

承诺办事时限，实行并联申批。凡不需要政府出资、符合国家产业政策的竞争性领域的基建项目、技术创新和技改项目，一律由审批制改为登记备案制。

3. 放宽投资人资格、注册资本和投资方式限制。除国家法律、行政法规和国家政策另有规定外，凡具有完全民事行为能力的人员均可凭居民身份证和有关证明申办民营企业。允许新设立的私营企业注册资本实行分期注入、分批到位。注册资本在50万元以下的私营有限公司，投资人首期认缴的资本金达到注册资本额的10%以上（最低不少于3万元），1年内实缴注册资本追加到50%以上，其余部分可在3年内全部到位。母公司注册资本在2000万元以上（科技型、外向型企业集团母公司注册资本在1000万元以上），且具有3个以上控股子公司的，均可申办企业集团。规模较大的民营企业集团可注册登记冠省及无行政区划的企业名称。支持企业和个人以国家驰名商标、省著名商标和专利权，作为出资，兴办或参股民营企业。

4. 民营企业可依法取得国有、集体土地使用权。民营企业申请使用国有、集体土地，与国有、集体企业同等对待。以出让方式取得的土地使用权和合法的地上建筑物、构筑物，在出让合同规定的土地使用期内，可依法转让、入股、出租和作信贷抵押。其生产经营场地在土地有偿使用合同期内，任何部门和单位不得随意收回、拆除或侵占。确需拆迁的，应依法给予补偿。积极实行建设用地指标置换、农用地整理指标折抵政策以及小城镇建设用地周转指标政策。积极引导民营企业向园区聚集，民营园区建设用地可视同小城镇建设用地，统一规划，同等对待。

三、鼓励和允许机关、事业单位分流人员从事民营经济

1. 对县处级以下机关工作人员离岗或提前退休从事，民营经济，给予鼓励和支持。离岗、提前退休人员待遇按各地机构改革分流人员的有关规定执行。离岗期限为3年。离岗期满后，符合提前退休条件的可办理提前退休手续，不符合条件的，按辞职办理。

2. 鼓励机关、事业单位工作人员辞职从事民营经济。辞去公职从事民营经济，可一次性发给辞职补助费。辞职补助费数额按有关规定执行。辞职人员自辞职之日起5年内，如重新被机关和国有企业、事业单位录用（聘用），辞职时领取的辞职补助费要如数返还原单位。

3. 鼓励事业单位人员停薪留职从事民营经济。一次停薪留职时间为3年。期满后要求回原单位工作的，由单位根据工作需要和本人条件安排工作，工龄连续计算，原单位没有条件安排的，进入人才市场另行择业；继续从事民营经济的，可按辞职办理，停薪留职期间的待遇，由单位与个人双方协商确定。

四、鼓励和支持民营经济参与经济结构战略性调整

1. 进一步调整所有制结构，加大公有制企业的产权改革力度，完善国有经济从一般竞争性领域退出机制，搞好经济布局的战略性调整。积极支持民营企业以承包、租赁、联合、兼并、参股、收购等多种形式，参与公有制企业改制、改组。

2. 积极引导民营经济加快改制和重组步伐，有条件的要建立现代企业制度，完善法人治理结构。支持具有规模和实力的民营企业，向集约化、规模化方向发展。对技术含量高、经济运行质量好的大型企业集团，经省政府批准，可享受国有重点企业集团的同等待遇。

五、拓宽民营经济融资渠道

1. 各类金融机构要加大对民营经济的信贷支持力度。开展私营企业信用等级评估，并逐步扩大到个体工商户。允许民营企业用房产、土地使用权、有价证券和无形资产等作抵押质押取得贷款。支持“银企”联手，选择信誉良好，产品有市场、有效益的民营企业实行主办银行制度、驻厂信贷员制度、省行直贷制度的试点，提高授信额度，加大贷款支持力度。改进对民营经济的信贷评估、审批和贷款制度，在保证贷款质量的同时，逐步加大贷款比例。

2. 省、市、县（市）要成立民营经济信用担保机构，其资金来源实行多元化筹集，按市场机制实行规范化运作。民营企业之间可以互相担保或联

合担保。有条件的地方可依法建立互助风险金，也可以采取民营企业自愿参加的方式建立民营企业项目贷款担保资金。经批准，民营企业可联合成立不发生存贷业务的民间投资公司。鼓励民营企业和自然人投资参股农村信用社。

3. 各级政府要高度重视经济技术园区建设，鼓励支持民营企业进入园区，民营企业申报高新技术产业化项目、改造传统产业项目，享受与国有企业同等政策。

4. 各地要进一步创造良好的经济和社会环境，广泛吸引省外各类企业采取不同方式到我省投资发展民营经济。有关部门要积极支持民营企业上市直接融资、发行债券、引进国外资金。

六、支持民营经济积极参与国际竞争

1. 大力支持民营企业从事外经贸业务。对民营企业一般贸易出口实行出口信用保险并对保费给予补贴，对口退税专项贷款给予贴息，在产品出口、进出口配额分配、出口退税、贸发基金使用、参与国内外展洽活动的摊位分配和补贴上，与国有企业同等待遇。鼓励民营企业采取多种形式利用外贸，支持有实力的民营企业“走出去”，到境外开展加工贸易、服务贸易、劳务合作和国际经贸活动

2. 为民营企业人员出国(境)洽谈生意、订购设备、参加会议等商务活动提供方便，公安出入境管理部门一律在5个工作日内办结证照。民营企业人员参加各级政府组织的招商团组、经贸团组出国，按因公出国办理有关审批手续。

3. 放宽赴港澳商务签注的有效期限。高科技、外向型、信誉良好的民营企业可申请办理1年或3年多次有效商务签注。办理有效期限3个月以下的赴港澳商务签注，取消纳税、创汇数额限制，实行按需申领。对年内再次申请赴港澳商务的，可免交派出所意见。对民营企业所需的外籍高科技人才和来山东向民营企业投资的外籍人员，经有关部门推荐和本人申请，可办理1至5年有效居留手续和入出境签证。以上人员的随行家属周时享有与本人相同的待遇。对来山东与民营企业进行商贸活动的外国人，与应邀到国有企业进行商贸活动的外国人，同等办理口岸入境签证。

七、鼓励民营经济加快技术进步

1.“十五”期间，每年确定100项重点民营企业技改项目、100项民营企业技术创新项目，分别纳入全省技改项目和创新项目导向计划。在申报国家项目、争取扶持资金和高新技术企业及技术开发中心认定上与国有企业一视同仁。

2. 加大对民营科技的支持力度。重点建设一批省级民营科技企业孵化器，为处于开办期、发展期的民营科技企业提供研发和生产、经营场地及通讯、办公等设施，提供培训、咨询、融资、法律等方面的服务。要把民营科技企业纳入各级科技发展规划，给予扶持。省中小型科技企业技术创新基金、贷款贴息、补助资金和风险投资等，要根据实际需要使用，不受企业所有制形式的限制。

3. 从事高新技术产品开发和“三废”利用及环保产业的民营企业，其注册资金可适当放宽。科技成果、专利技术等知识产权作投资股本，除另有约定者外，允许抵充注册资本的35%。民营企业研制和开发新技术、新工艺、新设备、新产品，凡经国家和省认定为国家级新产品和省内首次生产发明的专利产品，在政策上与国有、集体企业同样对待。

八、充分发挥财税政策的支持作用

对民营企业与公有制企业实行税收“三同”、“三不”，即同环境、同政策、同待遇，不加码、不歧视、不干扰。对民营企业举办社会公益事业的，财政可给予一次性资助或奖励。认真落实各项税收优惠政策。按照国家规定，对符合条件的从事高新技术、环保、社会福利等国家鼓励行业的民营企业，以及安置吸纳国有、城镇集体下岗职工、失业人员的民营企业，给予税收优惠。对符合一般纳税人条件的民营企业，税务部门要允许其领取和使用增值税发票。

九、加强领导，为民营经济发展创造良好环境

1. 各级党委、政府要加强对民营经济工作的领导。把发展民营经济纳入国民经济和社会发展

的总体规划，研究制定政策措施，协调解决发展中的重大问题，定期督促检查有关法律、法规和政策的贯彻实施情况。各级党政主要领导要拿出足够的精力抓好民营经济工作。

2. 积极营造良好的社会氛围和舆论环境。各新闻媒体要加大民营经济的宣传力度，广泛深入宣传党和国家关于发展非公有制经济的方针政策和法律法规，宣传民营经济在建设有中国特色社会主义事业中重要地位和作用，宣传发展民营经济的好典型、好经验，真正把民营企业经营者和从业人员作为有中国特色社会主义事业的建设者，给予其应有的政治和社会地位。

3. 认真贯彻实施《山东省私营企业和个体工商户权益保护条例》，切实维护民营企业合法权益。严格禁止"三乱"行为，特别要严肃查处对民营企业"吃、拿、卡、要"的恶劣行为，一旦发现，各级执纪执法部门要追究有关部门领导和相关责任人的责任，造成经济损失的要依法赔偿。严格控制对民营企业的各种检查和达标活动。各级政法和行政执法部门，要依法行政，公开执法，为民营经济发展提供良好的法制环境。

4. 进一步转变工作作风。各级政府及各部门都要努力提高行政效率，降低办事成本。推行政务公开，加快行政审批制度改革，简化办事手续，对民营企业实行一站式服务、一条龙审批。建立健全服务体系，为民营企业提供信息、技术、人才、资金、法律等多方面的服务。各地各部门要进一步转变作风，把为民营经济发展服务作为评价政绩和行风的重要内容。对积极为民营经济发展作出贡献的单位和干部，要给予表彰；对工作不力甚至阻碍、刁难民营经济发展的，要严肃批评和查处。各级纪检、监察部门要设立举报监督电话，加大工作力度，依纪依法严肃处理违纪违规案件。

5. 进一步整顿和规范市场经济秩序，严厉查处制售假冒伪劣商品、偷税漏税、逃废银行债务等违法行为，保护合法经营，取缔非法经营，反对地方保护和行业垄断，创造各类企业平等竞争有序发展的条件。坚决打击村霸、路霸、市霸，坚决打击黑恶势力，净化社会环境。

6. 各级党委、政府要认真组织引导民营企业深入学习贯彻党的路线、方针、政策和国家法律、法规，充分发挥个体私营经济协会作用，加强规范和自律，努力提高自身素质，做到守法经营，照章纳税，勤劳致富。严格执行《劳动法》、《工会法》等法律法规，切实保障企业员工的合法权益。按规定缴纳社会养老、失业、医疗等各种保险基金。要强化安全意识，落实安全生产责任制。加强对民营企业经营者的思想政治工作，深入开展致富思源、富而思进教育。具备条件的民营企业，要积极建立党的基层组织，探索党组织发挥作用的有效途径；建立工会组织，并经常认真开展活动。

各市和省直有关部门要根据本决定，对涉及本市、本部门的有关问题，制定实施细则，报省委、省政府备案。省委办公厅、省政府办公厅和民营企业主管部门要及时对本决定贯彻落实情况进行督查。

6-8 《山东省高新技术企业享受财政专项资金扶持确认办法》

2002年12月19日

第一条 根据省委、省政府《关于进一步加快高新技术产业发展的决定》（鲁发[2002]8号）和省财政厅《关于利用财政专项资金支持高新技术产业发展有关问题的通知》（鲁财税[2002]35号），为促进高新技术企业的健康发展，加强对享受财政专项资金扶持的高新技术企业的确认管理，特制定本办法。

第二条 享受财政专项资金扶持的高新技术企业应具备以下条件：

1. 必须是经省科技厅批准认定的高新技术企业。2. 产权明晰，实行独立核算，自主经营，自负盈亏。

3. 已有二年以上的营运期，运行机制良好。

4. 具有大专以上学历的科技人员占企业职工总数的 30%以上，从事高新技术产品研究、开发的科技人员应占企业职工总数的 10%以上。

5. 年总收入 1000 万元以上，全员劳动生产率在 15 万元/人年以上，年人均利税在 3 万元以上，并有与其规模相适应的生产、经营场所和设施。

6. 用于高新技术及其产品研究、开发的经费应占本企业每年总收入的 5%以上。

第三条 对经省科技厅批准认定的高新技术企业，各市科技局按照上述条件进行认真筛选，提出列入享受财政专项资金扶持的高新技术企业建议名单，填写《享受财政专项资金扶持的高新技术企业建议名单》(附后)，于每年 10 月底以前报省科技厅，经汇总审查后，于每年 11 月底前将建议名单送省财政厅，经审查确认后，省财政厅会同省科技厅于每年年底以前下达《山东省享受财政专项资金扶持的高新技术企业名单》。

第四条 对列入享受财政专项资金扶持的高新技术企业名单的高新技术企业，当年实现并缴入地方国库的增值税、营业税、企业所得税属于地方财政收入的税收比上年新增的部分，由财政部门按规定程序，审核安排专项资金予以扶持。

第五条 对现有符合条件的高新技术企业在 2005 年底前享受财政专项资金扶持政策。对新开办的符合条件的高新技术企业，自投产经营之日起 3 年内享受财政专项资金扶持政策。

第六条 享受财政专项资金扶持的高新技术企业，每年确认一次。

第七条 对享受财政专项资金扶持的高新技术企业实行不定期检查，如发现有弄虚作假的，撤消其享受优惠政策的资格，并责令其退回所得扶持资金。

6－9 《山东省科技企业孵化器及在孵企业享受财政专项资金扶持确认办法》

第一条 根据省委、省政府《关于进一步加快高新技术产业发展的决定》(鲁发[2002]8 号)和省财政厅《关于利用财政专项资金支持高新技术产业发展有关问题的通知》(鲁财税[2002]35 号)，为加强对享受财政专项资金扶持的企业孵化器及在孵企业的确认管理，特制定本办法。

第二条 科技企业孵化器及在孵企业应在每年 6 月底以前向同级科技局和财政局提出享受财政专项资金扶持资格认定申请，并提交以下材料：

1. 科技企业孵化器享受财政专项资金扶持资格认定申请表；在孵企业享受财政专项资金扶持资格认定申请表。

2. 省科技厅批准认定为省级科技企业孵化器的文件。

3. 科技企业孵化器与在孵企业相关协议及其证明文件。

第三条 市科技局和财政局对申请材料进行审查后，提出列入享受财政专项资金扶持的科技企业孵化器及在孵企业建议名单，并填写《享受财政专项资金扶持的科技企业孵化器及在孵企业建议名单》(附后)，于每年 10 月底以前报省科技厅和省财政厅，经审查确认后，于每年年底以前下达《山东省享受财政专项资金扶持的科技企业孵化器及在孵企业名单》。

第四条 对列入享受财政专项资金扶持名单的科技企业孵化器及在孵企业，当年实现并缴入地方国库的增值税、营业税、企业所得税属于地方财政收入的税收比上年新增的部分，由财政部门按规定程序，审核安排专项资金予以扶持。

第五条 对现有符合条件的科技企业孵化器及在孵企业在2007年底前享受财政专项资金扶持政策；对新开办的符合条件的科技企业孵化器及在孵企业，自投产经营之日起5年内享受财政专项资金扶持政策。

第六条 高新技术产业开发区主管的科技企业孵化器及在孵企业除享受本办法规定的政策外，继续享受原有政策。

第七条 享受财政专项资金扶持的科技企业孵化器及在孵企业，每年确认一次

第八条 对享受财政专项资金扶持的科技企业孵化器及在孵企业实行不定期检查，如发现有弄虚作假的，撤消其享受优惠政策的资格，并责令其退回所得扶持资金。

6-10 关于鼓励科技型中小企业创新发展的若干规定

（2000年7月13日）

为了进一步贯彻落实《中共山东省委、山东省人民政府关于加速高新技术产业化的若干意见》精神，促进科技型中小企业的形成和发展，加快企业创新发展步伐，培育国民经济新的增长点，推动我省经济社会持续稳定健康地发展，特制定本规定。

总 则

第一条 科技型中小企业是科技创新最具生机和活力的生力军，是培育具有自主知识产权的高新技术产业的重要力量，各级政府要努力创造良好环境，促进科技型中小企业的健康发展。

第二条 科技型中小企业是指以科技人员为主创办的、以创新为发展动力的、主要从事高新技术产品的研制、开发、生产和服务业务的中小规模的企业。本规定适用于经工商行政管理部门注册的山东省辖区内的科技型中小企业。

第三条 从企业创办、起步、发展三个层面全面支持科技型中小企业的创新发展，鼓励留学回国人员、省内外科技人员携带技术成果到山东创办不同所有制形式的科技型企业，鼓励现有科技型中小企业努力创新、不断壮大企业规模、增强市场竞争能力。

认定和管理

第四条 科技型中小企业的认定标准

（一）在山东省辖区内注册，具有独立企业法人资格；

（二）主要从事高新技术产品的研制、开发、生产和服务业务；

（三）领导班子有较强的市场开拓能力和较高的经营管理水平，并有持续技术创新的意识；

（四）职工人数不超过500人，具有大专以上学历的科技人员占职工总数的比例不低于30%，直接从事研究开发的科技人员占职工总数的比例不低于10%；

（五）有良好经营业绩，利润率（销售利润/销售收入）不低于20%，资产负债率不超过70%，每

年用于高新技术产品研究开发的经费不低于销售额的5%(开业不足一年的新办企业不受此款限制);

(六)产权关系明晰,有严格的财务管理制度,有健全的财务管理机构和合格的财务人员。

第五条　科技型中小企业的认定由各级科技行政管理部门负责并颁发相应认定证书。

政策措施

第六条　鼓励科技人员以各种方式携带科研成果创办科技型中小企业,经科技行政部门认定后,工商行政管理部门对科技型中小企业实行小额注册资金和允许以家庭住所为经营场所。

第七条　对在我省创办科技型中小企业或到科技型中小企业从事高新技术产品研究开发的省内外科研机构、高等学校的科技人员和国外留学人员、党政机关人员,经市、地以上人事行政管理部门认定,有关部门要按规定及时办理本人及家属子女落户和子女入托、入学、农转非等事宜,免收城市增容费。

省内高等学校和科研机构要积极鼓励支持科技人员创办或进入科技型中小企业,并保留其公职两年,工龄连续计算。创办或进入科技型中小企业的科技人员的人事档案由当地的人才交流中心管理。

高等学校在校研究生、本科生创办科技实体,予以保留学籍3年。

第八条　对经认定的科技型中小企业,自认定之日起,凡通过国有土地租赁方式取得的土地权,3年内免收租金;凡通过出让方式取得的国有土地使用权,按年土地纯收益的3倍返还部分出让金。

科技型中小企业有权抵制未经国务院和省政府批准的各项不合理收费。

第九条　各级专利、商标、版权等知识产权执法部门,对涉及科技型中小企业的案件要从速查处,认真维护科技型中小企业的合法权益。

第十条　对科技型中小企业进口的具有国际先进水平的科研仪器设备,可按照国有科研机构的有关政策向海关申报减免税。

鼓励科技型中小企业申请进出口自营权,外贸部门要简化申请手续,从速办理。

第十一条　科技型中小企业技术开发经费据实列入生产成本。

第十二条　科技型中小企业的科技成果的作价金额可达企业注册资本金的35%,另有约定的除外。

第十三条　各高新技术产业开发区要优先安排科技型中小企业进区,各类中介服务机构、特别是高新技术企业孵化机构应优先安排科技型中小企业进驻。

第十四条　鼓励大中型企业、金融机构和风险投资机构支持科技型中小企业创新活动。

扶持资金

第十五条　设立"科技型中小企业创新发展专项扶持资金"(以下简称"扶持资金"),扶持资金来源是政府专项拨款,2001年列入省财政预算,并逐年增加。

第十六条　省科技和财政部门为扶持资金的主管部门,负责对扶持资金的管理。

第十七条　扶持资金支持的项目需具有以下条件:

(一)符合国家和我省的产业、技术政策,技术含量较高,创新性较强,技术处于国内先进水平以上。产品有较大的市场容量和较强的市场竞争力,有较好的潜在经济效益和社会效益,并有望形成新兴产业。

(二)项目技术成熟,研发、中试、产业化阶段目标明确。

(三)无知识产权纠纷。

第十八条　扶持资金分别以贷款贴息、无偿资助、资本金(股本金)投入等不同方式支持科技型中小企业的创新发展。

第十九条　同等条件下扶持资金优先支持已获得金融贷款、风险投资、个人资本、社会捐助等资助的高新技术成果的产业化项目和科技型中小企业。

第二十条　建立扶持资金年度审查制度,对违规者,撤销或终止资金资助,并追回所拨资金。

(一)扶持资金的主要开支范围包括创办企业的启动资金、扩充资本金、新产品开发及试制、购置仪器设备及与项目直接有关的其它支出。

(二)资金使用单位每年向省科技、财政部门报告扶持资金的年度使用情况,并接受省科技和财政等有关部门的审查、审计。

(三)资金使用单位要严格执行有关规定,建立健全财务制度,专款专用,科学、合理、有效地安排和使用资金。财务管理人员要正确实施会计核算,行使财务监督职责。

(四)对因客观原因,需要进行调整或撤销合同的,企业应提出书面申请,经省科技部门审核批准后执行。对合同终止的企业,企业应当进行财务清算,并将剩余经费如数上缴。

监督管理

第二十一条 省科技部门或其委托的机构负责对科技型中小企业资格进行年度核定、检查。(一)有下列情况之一者,取消其资格,并通过新闻媒体向社会公布。

1.连续2年无技术创新或新产品开发,不再从事高新技术产品的研制、开发、生产和服务的企业。

2.不符合国家产业政策、知识产权不清及对社会和环境有不良影响的企业。

3.对严重违约的企业,限期整改,到期没有纠正的企业。

(二)职工人数超过标准或已上市企业、中方拥有股权不足51%的企业,自动退出。

第二十二条 对项目的申报、实施、管理中,弄虚作假、玩忽职守、造成项目失败,违反有关规定的企业,取消其申报省各类科技计划资格3年,并追究有关责任人的法律责任。

附 则

第二十三条 本规定自公布之日起执行。

6-11 山东省高新技术及产业发展纲要

(2000-2005年)

为贯彻落实《中共中央、国务院关于加强技术创新,发展高科技,实现产业化的决定》(中发[1999]14号)精神,加快发展我省高新技术及产业,迎接加入世贸组织带来的挑战,促进国民经济战略性调整,提高经济实力和竞争力,推进经济国际化,制定本纲要。

一、总体思路和发展目标

2000-2005年,我省高新技术及产业发展的总体思路是:以加强技术创新、发展高科技、实现产业化为宗旨,以市场为导向,以人才为根本,以企业为主体,以高新技术产业开发区为重要产业化基地,以济南、青岛等中心城市为突破口,坚持有限目标、突出重点,以发展信息产业为龙头,以培植生物技术、新材料产业为切入点,带动其它产业的发展,推动经济结构优化升级。

我省高新技术及产业发展争取在6个方面取得新突破:高新技术产业规模有新突破,高新技术产业增加值占工业增加值的比重每年提高1.5个百分点,2005年高新技术产业增加值占工业增加值的比重达到20%;运用高新技术改造传统产业有新突破,骨干企业普遍采用先进共性技术和管理技术,实现产品、产业结构优化升级。高新技术产业开发区建设有新突破,建成科技创新、产业孵化、人材引进和对外开放的基地,3个国家级高新区达到国内一流水平；高新技术研究开发有新突破，取得300项具有自主知识产权、能够进行产业化开发的高新技术成果，部分优势技术跟进国际先进水平；高新技术产品出口有新突破，2005年高新技术产品创汇额占全省创汇总额的比重达到15%；发展环境有新突破，建立起符合高新技术及产业发展规律的管理体系、政策保障体系、创业服务体系、风险投资体系。

二、加强电子信息、生物技术、新材料三大领域的创新，培植具有山东特色的高新技术产业

按照“有所为、有所不为”和集中力量办大事的原则，以山东有优势、能够带动新兴产业发展的关键技术领域为重点，研究、开发、产业化紧密衔接，重点实施电子信息、生物技术、新材料3大高新技术领域的创新，发展我省高新技术产业。

（一）以“三高一软”为重点，发展壮大电子信息产业

以建设“网上山东”为目标，加强硬件、软件、服务与系统集成的协同发展，重点发展高性能计算机及外围设备、高速宽带网络与通信技术、高性能智能化信息家电产品和软件产业，形成具有较强创新能力和市场竞争力的信息产业群体。建成山东高速宽带信息互联网，大力推进电子商务的应用，加快国民经济信息化。力争全省电子信息产业增加值年平均递增20%以上，2005年成为全国主要信息大省。

1. 高性能计算机及外围设备。巩固发展高性能小型机/服务器的技术和产品优势，建成国内最大的国产服务器研究开发和产业化基地；培植以高性能服务器系列、计算机集群系统和便携式计算机、普及型计算机等为主导的硬件及外围设备产业；重视专用集成电路设计、计算机系统设计技术和体系结构、第四代人机接口的研究开发和应用。

2. 高速宽带网络与通信技术及产业。围绕因特网的发展，大力推进高速宽带接入网技术、无线接入技术、异网同构技术、数据压缩传输与接收技术、波分复用技术、第四代码分多址技术的应用，研究开发网络安全、网管等技术和配套网络产品，建设宽带接入网。

重视第三代移动通信技术的应用、开发生产包括手机和基站在内的移动通信设备、因特网终端设备等关键设备。

3. 高性能智能化信息家电产品。巩固发展传统家电技术和产品优势，研究开发嵌入式系统，开发生产智能化、环保型信息家用电器、，促进传统家电实现数字化、智能化、网络化。研究开发面向因特网的数字电视、机顶盒、掌上电脑等新一代信息家电，使我省信息家电产品位居全国同行业前列。

围绕提高数字信号处理水平和电子产品智能化程度，加强音视频处理技术、智能电子控制器、模糊控制技术与产品的研究开发与产业化。

4. 软件技术及产业。以壮大我省应用软件产业为目标，以齐鲁软件园为基地，坚持“抓应用、促发展、见效益”的方针，充分利用我省应用软件的现有基础，大力发展运用信息技术改造传统产业的应用软件和电子商务等信息服务软件，培育一批具有自主版权的名牌软件产品和骨干企业；鼓励出口软件的研究开发和产业化，推动软件国际化，扩大我省软件产品在国内外市场上的占有率，加速我省国民经济信息化的进程。

以提高软件自主创新能力为重点，以跟踪研究国际最新应用技术和标准为基础，通过产学研结合，开发基于源代码公开的Linux中文平台、网络与应用软件开发平台；围绕提高网络安全性、软件质量和软件工程化生产水平，研究开发应用软构件复用和软构件同构集成环境等技术；围绕因特网的发展，大力开发公用数据库和数据仓库软件，促进我省信息化资源基础建设。

（二）以“三大技术”的研究和“二新一特”的开发为重点，发展有山东特色的生物技术产业立足于加快产业结构调整和推进新的科技革命，着眼于市场占有率和竞争力的提高，重点进行“三大技术”的研究，即基因工程技术、细胞工程技术和酶工程技术，抓好“二新一特”的开发，即动植物新品种、创新药物和特种功能性产品的开发及产业化。

1.加强“三大技术”的研究，构筑山东生物技术平台基因工程技术。优先支持新基因的分离克隆技术、导入调控技术，加强基因工程下游技术的研究和开发，建立生物反应器和动植物优良种质基因库，开展生物芯片技术和基因治疗技术的研究。

细胞工程技术。重点支持植物细胞融合技术、动物细胞克隆技术、组培脱毒快繁技术和胚胎移植产业化关键技术的研究,开发应用单克隆抗体技术、转基因动植物技术。

酶工程技术。优先开发耐高温、耐特殊条件和有特殊用途的新酶源,加强酶的分离、纯化和固定化酶技术的研究,选择和确定最佳反应条件。

2.以"二新一特"的开发为重点,培植一批有竞争力的高新技术企业群

动植物新品种的选育。以优质、高效、抗病(虫)、抗逆为目标,利用现代生物技术重点抓20个左右市场前景好、比较优势大、产业关联度强的具有自主知识产权的动植物新品种,培植一批有竞争力的产品和有活力的高技术企业群,形成5个以上产值过亿元的良种(种苗)产业化基地。

创新药物。针对市场需求,围绕基因工程和发酵工程药物、中药、海洋药物、生物农药、新型兽药和疫苗制品等5类创新药物,研制开发具有市场竞争力、拥有独立知识产权的新型药物20个以上,培植产值过亿元的企业集团10个以上,其中产值10亿元以上的2-3个。

特种功能性产品。立足我省资源优势与国内外市场需求,研究开发高附加值、高市场占有率、高出口创汇的名牌生物功能产品、特种酶制剂和特种添加剂20个以上,培植一批大型产业集团,形成一批新的经济增长点。

(三)以"两大技术"的研究和"三特二新"的开发为重点,发展新材料产业以新材料的制备和材料成型、加工两大关键技术的研究为重点,培植特种纤维、特种陶瓷、特种金属、电子与光电子新材料、新型高分子材料5大新材料产业,突出抓好新材料的应用开发。培植5个产值过10亿元、20个产值过亿元的骨干企业或企业集团。在烟台、淄博、莱芜3市建立3个在国内影响较大的区域性特色新材料产业基地。

1.加强"两大关键技术"的研究。新材料制备技术研究。利用信息技术和计算机管理技术,加强材料设计、制造工艺控制、材料在线检测分析及材料信息交流等关键技术的研究,提高材料制备的可靠性和稳定性,减少原材料的消耗及废弃物的排放。

材料成型、加工技术研究。研究液态与半固态材料、粉末材料、固态材料的成型加工技术和材料表面处理、改性、复合加工技术。研究各种纳米材料的工业化生产工艺和技术及其应用,形成规模化生产能力。重点加强纳米材料在各技术领域的应用技术研究,扩大应用领域,开发新产品。

2.以"三特二新"的开发为重点,培植新材料产业。特种纤维材料。围绕我省已形成产业基础的特种纤维,加强配套原材料及后续产品的研究与开发。重点加强碳纤维、玻璃纤维、氨纶等特种纤维的关键工艺技术研究,提高产品质量,扩大生产规模。对制约纤维发展的原料进行重点研究开发,形成配套的原料生产规模。加强纤维复合材料和制品的研制,将纤维的制造优势变为制品优势,提高产品的附加值。加强芳纶、超高分子量聚乙烯、高技术陶瓷纤维、对苯二甲酸丙二酯(PTT)纤维、甲壳纤维、聚乳酸纤维等其它特种纤维制备技术的研究与开发。

特种陶瓷材料。以高性能粉体制备技术的研究开发为重点,研制功能陶瓷、结构陶瓷材料及制品,培植特种陶瓷新兴产业。

研究氧化铝、氧化锆、氮化硅、二氧化钛及钛酸盐等系列陶瓷粉体、瓷料和陶瓷复合材料的规模制备技术工艺,形成系列高性能粉体的规模化稳定生产能力。研究开发先进技术陶瓷制品的生产技术、成型及烧成工艺,进一步于发薄(厚)膜电路用氧化铝陶瓷基片、高频压电陶瓷基片和敏感器件、陶瓷轴承球及轴承、高强蜂窝陶瓷和多孔陶瓷、复合刀具和模具、耐磨耐蚀制品等产品,形成规模生产能力。

特种金属材料。以高性能、低成本、多用途的特种金属材料制备及表面处理技术研究为重点,重点研究开发磁能积达50兆高奥的烧结钕铁硼永磁材料和高性能粘结永磁材料、高性能软磁铁氧体磁粉和磁件、金属基复合材料及制品、高性能水雾化金属粉末及粉末冶金制品;开发高强、耐磨、耐高温、耐腐蚀等特性的金属材料及特种用途钢铁产品。形成规模生产能力。

电子、光电子新材料。以发光器件和显示设备用新材料的研究开发为重点,培植具有特色的电子、光电子新材料产业基地。加强人工晶体生长及镓化合物单晶外延技术、器件封装技术研究,开发全系统高亮度、超高亮度发光二极管和激光二极管,形成产业规模。加强网目板、导电涂料、彩色液晶等显示器件用新材料关键技术研究,形

成规模生产能力。扩大电解铜箔、球焊金丝等电子基础材料的规模生产能力,研制适应电子行业超薄、高集成度需求的新产品。

新型高分子材料。围绕我省具有产业优势的聚氨酯、塑料、橡胶等行业,以研究开发节能、长寿命、轻量化、环保型高分子材料及复合材料制品为重点。开发 MDI 规模生产技术及产品,研制聚氨酯汽车内饰件、保温材料、弹性体及其他复合材料制品。研制开发系列离子膜、液气分离膜、气体分离膜等高分子膜材料及成套设备。加强通用塑料工程化、工程塑料高性能化和功能化关键技术的研究,拓宽应用领域。研制新型合成橡胶及高档汽车轮胎、特种密封件等制品。研制开发油田化学品、特种胶粘剂、环保型特种涂料等产品。研究开发新型高分子材料的复合技术工艺和不同特性的复合材料制品,形成产业规模。

三、运用高新技术改造传统产业,推动传统产业高新化

运用高新技术改造提升传统产业,是促进产业结构升级、提高经济整体素质和竞争力的根本途径。要重点围绕符合国家产业发展政策和具有良好产业基础的造纸、酿酒、化肥、水泥、农机、纺织、塑料等 7 大骨干行业,加快电子信息、生物技术、新材料技术的扩散和渗透,推动传统产业实现集成化、网络化、数字化、虚拟化、智能化、绿色化。到 2005 年,重点骨干企业要建立健全技术开发机构,关键生产工艺及技术装备达到国内先进水平,50%以上的企业通过 ISO9000 认证,工业企业新产品产值率达到 30%以上。

(一)加快共性关键技术的应用,提高传统支柱产业的技术装备和管理水平

要把计算机辅助设计/辅助制造/辅助工程(CAD/CAM/CAE)、计算机辅助工艺设计(CAPP)、产品数据管理(PDM)、柔性制造系统(FMS)、管理信息系统(MIS)、计算机集成制造系统(CIMS)等现代信息技术与先进制造技术、生物工程、新型材料及成型改性技术、高效节能、清洁生产与环保等共性关键技术的推广应用,作为传统产业基础设施建设的首要任务,作为运用高新技术改造传统产业的关键,摆到重要位置。突出抓好共性技术在一、二、三产业中的应用,提升主要传统产业的管理和生产技术装备水平,提高资源的利用率和传统产品的技术含量。大力发展先进制造业、农业信息服务网络和电子商务、远程医疗、远程教育、交通信息管理等服务系统,实现服务信息化、信息网络化、管理智能化。

(二)加强了引进技术的消化、吸收、创新,提高传统产业改造的起点

坚持引进关键设备与引进软件技术相结合。在引进关键仪器、设备的同时,加强对生产配方、工程设计、生产工艺技术等技术软件的引进。力争做到引进一批关键设备,掌握一批先进的生产技术,开发一批高新技术产品。

坚持引进与消化、吸收、创新相结合。把引进技术的消化、吸收、创新,作为跟进国际先进水平的关键,对引进的关键性、基础性技术设备,组织科研单位、高校、企业各方面的力量进行联合攻关,创造自主知识产权,实现二次创新。

坚持引进技术与引进国外企业的先进管理经验相结合。在引进国外先进技术装备的同时,学习国外企业在信息交流、研究开发、生产管理、质量控制、市场开拓、资本运营等方面的先进管理经验,不断提高传统产业的现代化管理水平。

坚持自主创新与合作研究开发相结合。在提高自主研究开发水平的基础上,加强与国外企业的技术合作,与国外跨国公司或企业集团联合建立研究开发中心,逐步提高企业的自主技术创新能力。

(三)加强技术创新体系建设,增强自主创新能力

企业是技术创新的主体。要把建立健全企业技术开发中心、工程技术研究中心和工程中心等技术开发机构作为推进企业技术创新的首要任务,鼓励企业与科研机构、高等院校联合,建立产学研一体化的技术开发机构。重点国有企业要在 2-3 年内建立健全技术开发机构。在有条件的企业中创建一批重点实验室、博士后科研工作站。培植国家技术创新试点企业。

(四)建立现代企业制度,创造推进企业技术创新的动力机制

把建立企业技术创新机制,作为建立现代企业制度的基础性任务,在经营、管理等方面创造推动企业技术创新的新机制。进一步明晰产权关系,建立企业法人制度,完善法人治理结构,把推

动企业技术创新与企业所有者的利益和经营者的业绩紧密结合起来，调动出资方、经营方采用高新技术的积极性。建立科学的生产管理、质量管理、营销管理、人力资源管理、研发管理、财务管理等现代管理体系，实现技术资本与产业资本的优化配置。加强对企业经营管理者的科技培训，提高现代科技和管理水平。

四、加快高新技术产业开发区建设，使其成为我省高新技术产业化的重要基地

把加快高新区建设作为牵动全省高新技术产业发展的龙头，集中力量，加快发展。争取到2005年，10个省级以上高新区技工贸总收入超过2000亿元，高新技术产品出口额超过15亿美元，成为聚集创新人才的载体、高新技术成果的孵化基地、高新技术产品出口加工区、改造传统产业的辐射源、与国际接轨的现代化新城区。

要适应高新技术产业化的新要求，突出抓好高新区开发机制、运行机制和管理机制的创新，构筑良好的创业环境。

(一)创新高新区开发机制

建立科研、开发、产业化紧密衔接、综合配套的开发机制，实现知识创新、技术创新、产业创新的一体化。

坚持科学研究与开发创新相结合，建设20家孵化设施齐全、服务配套的高新技术创业服务中心，引导和鼓励教学、科研人员和有才干的高校学生携带研究成果进区，进行创新孵化和兴办创新企业。

坚持技术成果转化与创业资本相结合，注重吸引社会资本和其他各种金融资产的介入，促进风险投资市场在区内的形成，支持科技人才创业和高新技术成果转化。

坚持科研成果开发与产业化生产相结合，大力推行一区多园的建设模式，重点建设一批大学科技园、产学研基地、留学生创业园和大企业工业园，推动各类创新主体到区内孵化科技成果，建设产业化基地。

坚持科技开发与市场服务体系相结合，建立有良好声誉的技术中介、市场经纪、法律和会计服务、技术经济评估等齐全配套的创业服务体系，为科研开发、成果转化，提供市场化的优质服务。

(二)创新高新区运行机制

建立产学研结合的创业机制。引导高校、科研单位与区内企业联建重点实验室、中试基地和技术开发机构，从源头上促进结合；引导技术资本、金融资本与产业资本共同推进高新技术成果转化，从资本运作上推动结合；落实知识、管理要素参与分配的政策，使技术发明人持有股份，在激励政策上保障结合。

建立多元化的投入机制。高新区要把科技经费列入本区的年度财政预算，根据财力情况，逐步加大科技投入。区内企业技术开发经费占销售收入的比重要达到5%以上。积极引进金融、外资和其他社会资金。

建立人尽其才、才尽其用、人才辈出的用人机制。营造宽松和谐、公平竞争的创业环境，千方百计引进高层次人才，为科技人员创造更大的发展空间，培育一批高素质创业人才和科技管理型企业家。

建立推进高新技术国际化的新机制。构造与国际接轨的政策环境，简化科技人员出国手续，放宽境外企业、外籍创业人才进区的条件。重点建设中俄高新技术产业化示范基地、APEC工业园和高新技术产品出口加工区，鼓励区内企业、创业服务中心与跨国公司、国外企业孵化器建立紧密型的合作关系。

(三)创新高新区管理机制

坚持开放办、放手办，建立寓管理于服务之中的管理方式与管理体制。

高新区管委会作为当地政府的派出机构行使派出机构经济管理职权和部分行政管理职权，在计划、经济、科技、外经外贸、规划建设、土地征用、环保、招商等方面赋予其更大的自主权。

建立"精简、效能、统一"的管理机构和"一站式"办公服务体系，转变管理职能、简化办事程序、强化服务功能。改革企业申办程序，试行登记制。推动产权、分配、劳动人事、社会保障等制度的配套改革。为国内外高等院校、科研机构、企业以及科技人员、留学生进区转化高新技术成果，提供土地、办公设施、科研条件、厂房、创业资金等必要条件及配套服务。

用足用活国家和省颁布的有关高新区各项优惠政策。省级高新区所在市地可参照国家级高新区的优惠政策制定相应配套政策。高新区土地复

垦费在项目取得收益后交纳。

加强高新区领导班子建设。选拔懂高新技术和现代经营管理、具有驾驭全局能力的优秀年轻干部充实高新区领导班子。改革高新区干部任用办法，实行择优选拔和公开招聘；分批组织高新区领导干部到高等院校学习或赴国外进行中长期培训。省有关部门要加强对高新区领导班子的考核。

五、保障措施

（一）建立财政、金融、企业、社会资本有机结合的投资机制，拓宽高新技术及产业发展的投融资渠道建立以政府投入为引导的高新技术研究开发投资体系。

从2001年起，省财政每年安排专项经费，实施山东省高新技术研究开发计划，支持重大关键技术和重点产品的研究开发，创造自主知识产权，增加高新技术产业发展的后劲。

建立以风险投资为主要支撑的高新技术成果转化投资体系。建立山东省高新技术投资有限公司，实行政府引导、企业化经营、市场化运作。引导投资机构、上市公司及部分企业参股，组建多家不同类型、不同投资方向，股份制的风险投资公司。积极引进国际风险投资基金或公司到我省设立分支机构，开展风险投资业务。建立“山东省高新技术成果转化服务中心”，为风险投资提供高新技术项目技术价值评估、风险评价论证等方面配套服务。开拓风险投资退出增值的有效途径，实现风险投资的退出增值。进一步加快高新技术企业股份制改造的步伐，推动我省高新技术企业在深、沪证券交易市场第二交易系统和香港“创业板”、新加坡“二板市场”上市。

建立以企业和金融机构投入为主体的产业化投资体系。企业是科技投入的主体，要加大对技术开发的投入，一般企业技术开发投入占年销售额的比例要达到1%以上，高新技术企业要达到5%以上。金融机构要探索多种行之有效的途径，为高新技术成果商品化、产业化提供信贷服务。省中小企业担保基金要重点用于培植高新技术新兴产业和运用高新技术改造传统产业，积极引导金融资本的投入。

（二）大力培养引进国内外高层次专业技术人才和管理人才

人才是高新技术发展的根本。要坚持自我培养人才与引进人才并举的方针，在加强人才培养的同时，千方百计引进高层次的科技和管理人才，使其成为高新技术产业化的中坚。

加强高层次人才培养工作。实施素质教育，改革课程设置，发展网络教育，提高教学质量，重点加强电子信息、金融、经济、管理、法律等急需学科建设，培养一大批具有较强专业知识和创新能力的人才，从根本上解决我省人才结构不合理、科技力量不足的问题。把新组建的山东大学建成全国高水平大学，成为培养高层次人才基地。加强对企业经营管理者的培训，培养一批既懂高新技术、又懂现代企业管理的复合型企业经营管理者。

实施“山东省科技人才工程”，加强科技人才培养体系建设。根据人才成长的不同阶段，分别实施青年科技人才启明星计划、科技人才成长计划、学科带头人培养计划、科技精英培养计划，争取用5年时间，造就一支结构合理。创新能力强的“金字塔”型的科技人才队伍。

省政府邀请两院院士、国内外著名专家举办“高新技术论坛”，研讨高新技术及产业发展战略。聘请国内知名专家成立“山东省高新技术专家顾问团”，提供决策咨询和技术指导。

多渠道、多手段、多方式引进高层次人才。落实省政府与中国工程院签订的全面合作协议，通过项目合作、技术引进开发、联建重点实验室和中试基地、举办院士论坛等方式，推动全面合作向纵深发展。重点引进一批40岁左右的拔尖人才和学科带头人。对我省高新技术重点领域的急需人才，要采取特殊的政策，不惜重金引进。引进的方式要多样化，不求所在，不求所有，只求所用，注重实效。通过召开各类国际科技会议，拓宽招商引资、招才引智的渠道。每年派出Z00名科技人员出国进行科技交流合作，引进国际先进技术和高层次人才。企业要成为引进人才的主体，注重与跨国公司、国际企业集团发展合作关系，引进科技、管理人才。建设省外、海外高层次人才信息库，为引进人才牵线搭桥。高新区、省级重点实验室、创业服务中心和留学生创业园要向国内外高层次人才开放，成为引进人才的载体。

认真落实知识资本化和资本人格化的政策。具有自主知识产权、有望形成较大产业规模的高新技术成果以入股形式参与转化的,成果价值占注册资本比例可超过35%。对科技成果完成人和在成果转化中作出重要贡献的给予奖励,将职务科技成果转让他人实施的,可从税后利润中提取不低于25%的比例用于一次性奖励;自行转化或与他人合作实施转化的,单位应连续3年从该项目新增留利中提取不低于8%的比例用于奖励;采用技术入股形式进行转化的,可用不低科技成果入股时作价金额的25%的股份用于奖励。在研究开发和成果转化工作中作出主要贡献的人员、其所得奖励份额不低于奖励总额的50%。高等院校、科研机构转化职务科技成果以股份或出资比例等股权形式给予科技人员个人奖励,经主管税务机关审核后,暂免征个人所得税。改革企业人才激励机制,在高新技术企业中积极推行认股权制度,企业高层次经营管理和科技人员,按照贡献大小认购、持有一定比例的股份,并依据所持股份获取收益。

省政府设立"山东省高新技术贡献奖",对在高新技术研究开发及产业化工作中有突出贡献的科技、管理人才给予奖励。要把培养引进高层次人才作为对各级政府和部门考核的重要内容,对在培养引进高层次人才工作中做出突出贡献的人员要给予奖励。鼓励企业和社会各界募集、捐助,以集体或个人的名义设立各种形式的高新技术奖励基金。

(三)深化科技体制改革,建立科技与经济紧密结合的新机制

以增强科研实力为目标,以加强自主知识产权研究开发和提高成果转化能力为重点,加快科研机构改革的步伐,到2000年底,技术开发型科研机构要基本完成向企业化转制。此项工作由省科技厅牵头,会同有关部门和单位组织实施。高等院校要发挥人才聚集和多学科联合的优势,成为企业技术创新的后盾和依托。充分发挥生产力促进中心、企业技术服务中心等科技中介服务机构在产学研结合中的桥梁和纽带作用。

要大力支持科技型中小企业、民营科技企业的发展。科技型中小企业和民营科技企业是科技经济体制改革的产物,最具科技创新活力。在政治待遇、计划立项、职称评聘、出国(境)考察、产品进出口、财政政策、金融信贷、表彰奖励等方面,科技型中小企业和民营科技企业要与国有企业享受平等的权利和待遇,促使其快速发展。省和各级财政要设立科技型中小企业创新基金或专项经费,为科技人才创业提供资金支持,扶持科技型中小企业技术创新。

(四)加强对高新技术产业发展的领导

各级、各部门要充分认识推动高新技术产业化的重大意义,把思想认识进一步统一到全党、全民共同推进高新技术产业化上,统一到依靠高新技术优化产业结构上,统一到把有限的资金集中投入到高新技术及产业上。要把高新技术工作摆到重要议事日程,一把手亲自抓、负总责,营造发展高新技术产业的良好氛围和环境。把推动高新技术及产业发展的工作实绩作为市地、县党政领导科技进步目标责任制的重要内容,由省有关部门定期考核,对成绩突出的给予表彰奖励,并作为提拔任用干部的重要依据。

制定和落实推动高新技术及产业发展的扶持政策。切实抓好《中共山东省委、山东省人民政府关于加速高新技术产业化的若干意见》的落实。科技、经济、教育、财政、人事、国土资源、税务、工商行政管理等部门要密切配合,制定配套的优惠扶持政策,共同推进我省高新技术及产业的快速发展。

附件:1. 山东省电子信息产业发展要点

2. 山东省生物技术制药产业发展要点

3. 山东省新材料产业发展要点

附件1:

山东省电子信息产业发展要点

电子信息产业作为国民经济的基础产业、先导产业和支柱产业,对国民经济发展、国家安全、人民物质文化生活水平的提高和社会进步正在发挥着越来越重要的作用。

1999年,全省电子信息产品制造业完成工业总产值655亿元,比上年增长37.1%;实现销售收入495亿元,比上年增长27%;实现利税33.9亿元,比上年增长35.5%,其中利润总额18.3亿元,比上年增长36%;出口创汇6.4亿美元,比上年增长60%。工业总产值、利润和销售收入均列全省

工业系统第1位,在全国同行业的位次从第8位升至第3位。

软件产业已形成了一定发展基础。据统计,目前全省软件销售额(含系统集成部分)已达到8亿元以上,齐鲁软件园的规模和效益在全国软件园中位居前列。已开发出了金融、财务、移动通信计费、电力调度、电子出版、办公自动化、教育和娱乐等一批水平较高的商品化软件。

应用电子技术改造传统产业收到一定成效。计算机辅助设计(CAD)在科研、设计单位和重点企业中的普及率达到80%以上,应用水平达到国外20世纪90年代初期水平;计算机控制技术正在化工、建材、造纸、冶金等连续性生产的企业中得到广泛应用;多数企业已建立了信息管理系统(MIS),计算机集成制造系统(CIMS)已经开展试点,有利地推动了企业的技术进步。

全省信息网络交换平台已建成开通并投入使用,部分信息基础网络实现了本地交换、互联互通、资源共享;信息资源开发利用和重点公用数据库建设也正在展开;电子商务试点、金税财贸工程、政府上网工程等相继启动,企业信息化也出现了良好的发展势头。信息化正在渗透到各行各业、各个领域,为全省经济和社会发展起到了较大的推动作用。

今后5年是全省电子信息产业大力推进、快速发展、取得突破性进展的关键时期。全省"十五"电子信息产业发展总的指导思想是:以市场为导向,以企业为主体,以技术创新和技术改造为手段,突出重点企业、重点产品,着力培植一批水平高、规模大、效益好、有发展前景、牵动力强、拥有自主知识产权的拳头产品和骨干企业,促进产业和产品结构的优化升级;大力开展用电子信息技术改造传统产业;认真搞好网络总体规划,积极进行网络基础设施的建设,推进国民经济信息化,带动全省技术进步和经济发展。其发展要点是:

一、电子信息产品制造业

制造业是目前山东电子信息产业的主体,要重点扶持海信、浪潮、东方等八大集团和居国内同行业前列的18个优势名牌产品,形成有较大规模的电子信息产品生产基地。优先发展居全国先进水平、竞争力较强、对促进经济发展作用较大的四大类产品。一是计算机类产品,包括微机、小型机/服务器、工业控制机、商业收款机、板卡、键盘、打印机等。二是通信类产品,包括程控交换机、手机在内的各类移动通信设备、光通信设备、传真机、电话机、网络配套产品等。三是信息家电产品,包括大屏幕、高清晰度、数字式彩电,DVD设备及光盘,高档组合音响,变频空调等。四是新型元器件和材料,包括彩管荫罩、导电玻璃、覆铜板。铜箔、专用集成电路及集成电路用金丝、光电子与半导体器件、高压陶瓷电容、人工晶体等,特别是极具发展前途的光电子、蓝光和白光发光二极管产品。

从全省电子信息产业持续发展能力考虑,要着重对以下项目进行研究、开发、中试和产业化示范:

1. 计算机技术及产品。主要包括系列服务器(含带路由器或交换机的网络服务器)、高性能系列工作站、采用新型CPU的计算机和采用中文平台的便携式和易用、大众型的计算机产品、热转印打印机等。

2. 网络技术与改造。包括现有网络改造工程的前期研究、中文公用数据库、数据仓库、与因特网(Internet)相关的软件及技术、网络交换机(包括IP交换和ATM交换)和路由器、宽带接入(城域网及广域网)技术及产品、无线接人网和家用无线联网设备等。

3. 改造传统产业的技术及产品和自动识别技术。包括各类非金融IC卡(特别是非接触卡)及卡读、写机具的技术及应用、GPS(卫星定位)及二维条码技术推广应用等。

4. 通信技术及产品。包括各类交换及传输设备、移动通信手机和基站、数字无绳电话机宽带接入设备、SDH网络管理操作系统等。

5. 信息家电产品及技术。包括PCTV、数字电视、交互式电视、超薄型电视及高清晰度电视和机顶盒、智能化的空调、厨房用的微波炉、烤箱设备等。

6. 基础及材料类技术及产品。包括人工晶体及其应用,高亮度和超高亮度发光二极管及其衬底材料,高清晰度监视器、显示管用网目板及生产线工艺、技术的开发、研制,导电玻璃,超薄铜箔及覆铜板,金丝,专用集成电路设计及微电子器件的设计等。

预计到2005年全省电子信息制造业完成工业总产值达到2400亿元,销售收入1800亿元。

二、软件业

以建立“网上山东”为主攻方向，大力开发与信息网络工程相配套的各类软件，如教育、管理、娱乐、办公自动化、网络通信软件等。开发基于Linux的中文平台，积极采用软构件复用、软构件同构集成环境等新技术，推动我省软件业的进步。围绕建立公用数据库和“网上山东”的建设，研究开发多媒体信息加工与处理、信息安全、数据仓库等具有自主知识产权的各类软件，努力实现软件产业工程化。培育若干具有自主版权的名牌软件产品，大力发展商品化软件。充分发挥浪潮、中创、华光、东方、海信等集团和有关大学、科研单位的作用，形成全省研究、开发、生产、销售和系统集成相互配套、结构合理的软件群体。重点加强齐鲁软件园的建设。力争2005年全省软件产品的销售额达到100亿元。

三、利用电子信息技术改造传统产业

要重点对经济发展起重要作用的造纸、酿酒、化肥、水泥、农机、纺织、塑料7个行业实施电子信息技术改造，在骨干企业中，广泛采用计算机建立企业级的管理信息系统，提高企业管理的现代化水平。推广计算机辅助设计（CAD）、辅助制造（CAM）、辅助工艺设计（CAPP）、企业资源计划（ERP）和计算机集成制造系统（CIMS），积极支持和要求企业建设企业内部管理网络。

四、信息服务业

1. 抓紧制定有关政策法规，推动ISP和ICP的发展，在积极建设高速接入网的基础上推动电子商务发展。大力开展BTOB（企业对企业）和BTOC（企业对用户）的基本电子商务运作，同时做好配送系统的建设。通过网络的建设和运用，提高企业在全球获取信息和交流信息的能力，参与国际市场的产品和服务竞争。

2. 尽快建立规模较大的各类公共信息库，把静态的、独立化的信息源变为网络化的、能广泛应用的信息源。加强对信息的深加工，为国民经济和社会信息化提供信息资源。2005年前重点建设和完善涉及经济、教育、环保、科技、农业等领域的22个大型数据库，使信息港成为本地区的信息枢纽。

3. 充分利用网络资源，积极开展远程教育、远程医疗等网上服务。

五、网络业

以现有电信、广电、联通以及其他传输网络为基础，着眼于满足经济和社会发展的需要，采用先进技术加快现有通信网络的升级、改造，逐步形成一个超大容量、高效灵活、安全可靠能覆盖全省的宽带信息网络，满足全省不断发展的信息传输需要。要建成集语音、数据，图象于一体，以光纤通信为主，卫星通信、移动通信、微波通信为辅的天地一体宽带多媒体数字信息网络，实现网络的综合化、宽带化、智能化和个人化。要大力发展信息基础网络，特别是高速接入网的建设，促进互联互通，使网络技术水平及规模在全国位居前列。同时，创造适度的竞争环境，在干线传输网的基础上，促进网络资源共享，防止重复建设。

加强无线电频率资源的管理，通过设备更新、改造和升级提高综合监测和快速移动监测的能力，提高频率的利用率。

六、建设“网上山东”

在全省各地已建成信息港基础上，大力推进“网上山东”建设。完善省级综合信息交换平台，真正发挥其全省交换平台的作用，实现三网（电信网、有线电视网、计算机网）融合。大力推进领域信息化、区域信息化、企业信息化的建设，向网络资源、要潜力、要效益，真正把山东经济运行与社会发展构筑在各种网络之上。

附件2：

山东省生物技术制药产业发展要点

生物技术制药，作为现代生物技术在医药领域开发应用的高科技成果，正以极快的产业化速度向前推进，并显示出极为广阔的市场前景。我省生物技术制药产业的发展已经有了一个良好的开端。一是生产初具规模，产业已成雏形。全省现有生物技术制药企业15家，共投资11.5亿元，已形成固定资产8.7亿元，现生产8种生物技术药物，1999年销售收入达到7.1亿元，利税1.01亿元。二是在生物制药的某些领域已形成优势。章丘科兴公司是全国首批生产EPO的企业之一，东阿阿华公司EPO生产居国际领先水平；山东泉城生物药业公司的新型白介素－2(新IL－2)，取得了国家二类新药证书；青岛国大公司的重组链激酶(rSK)，取得了国家一类新药证书，并在国内较早进入产业化阶段；潍坊三V公司酶免分析试剂和用多聚酶链反应法(PCR)生产的分子诊断试剂(盒)国内市场占有率达到30%，为国内较大的酶免诊断试剂企业。三是具有一定的自主开发能力。全省从事生物技术药物开发的科研机构有10家，直接从事科研开发的人员达300多名。山东大学的微生物发酵研究、青岛海洋大学海洋生物技术药物研究开发，在国内处于领先水平。

生物技术制药产业的发展具有广阔的市场前景和巨大的社会效益。加快发展我省生物技术制药产业，应成为我省高新技术产业发展总体战略的一个重要部分。到2005年，全省生物技术制药发展的总体目标是：重点发展三大类30个品种；生物技术药物的国内市场占有率由1999年的10%提高到15%；销售收入由1999年的7.1亿元增加到35亿元；实现利税由1999年的1.01亿元增加到7亿元，年递增47%；生物技术制药销售收入在全省医药行业中所占的比重由目前的7.4%提高到20%；生物技术制药的开发生产综合实力居全国前列。

我省发展生物技术制药产业要坚持市场导向、效益优先的原则，始终把市场放在第一位，以效益作为衡量产业化是否成功的标志；坚持有所为有所不为的原则，从创新开发和产业基础优势的领域出发，突出重点，集中人财物力，率先取得突破，形成产业化能力，抢占市场；坚持以企业为主体、以现有企业为主要载体的原则，充分利用现有企业在人才、资金、技术、信息、市场营销网络等方面的优势，使传统医药骨干企业成为生物技术制药发展的骨干；坚持以开发下游技术为主、重在产业化的原则，大胆引进和消化吸收国内外成熟的基础研究成果，在实现产业化的关键工艺技术环节上进行攻关，迅速形成商品化、规模化生产能力。

今后5年，我省生物技术制药产业重点发展三大类、30种产品(其中现已进入产业化阶段的9种，正在产品开发阶段的21种)。

一、基因工程药物

对已具备产业化条件的重组EPO、新IL－2、G－CSF、γ－干扰素等产品，重点是优化生产工艺、发展多种剂型，加强市场开拓，使其尽快达产，发挥效益，不再形成新的投资建新厂；对正在开发阶段或已进入临床的IL－11、葡激酶、内抑素、水蛭素、重组纤激酶激活因子、重组人血清白蛋白、肿瘤坏死因子、基因重组藻胆蛋白(RAPC)、人表皮生长因子、人参多肽、重组海葵素、芋螺毒素、河豚毒素等产品，加快开发进度，完善生产技术工艺，确保3年内实现产业化。

二、发酵工程药物

重点是采用酶法裂解和现代生物工程的菌种选育技术，改造传统的发酵类药物生产工艺，提高抗生素收率，发展新型抗生素，如6APA、7－ACA、7－ADCA、头孢塞肟钠、头孢三嗪、头孢他啶等，促进传统产业高新化。积极开拓抗生素应用新领域，重点发展动植物用生物技术药物。对进入产业化阶段的泰乐霉素、盐霉素、硫酸粘杆菌素、苏芸金杆菌(BT)、海洋多糖抗菌素等产品，通过技改迅速扩大能力；对正在开发阶段的杀蚜素、杀螨素、杀粉蝶素、阿佛霉素等，完善技术工艺，5年内实现规模化生产。

三、新型诊断试剂

重点发展已进入产业化阶段的肝炎系列诊断试剂、幽门螺杆菌诊断试剂盒；对正在开发阶段的优生优育系列、肿瘤标志物系列、性病系列诊断试剂，PCR技术及DNA芯片技术等产品，加快研究开发，5年内实现产业化。

我省近期需重点支持的生物制药企业共20家，分别是：新华制药股份有限公司、鲁抗医药股份有限公司、阿华生物药业有限公司、东阿阿胶集团、齐鲁制药厂、胜利股份有限公司、泉城药业有限公司、正大福瑞达集团、科兴生物制品有限公司、青岛华海制药厂、青岛双龙联合制药有限公司、青岛国大生物技术有限公司、青岛国风药业有限公司、潍坊医药集团中药厂、潍坊3V生物工程有限公司、济南金泰集团、济南金鲁药业公司、威海科华生物制品有限公司、烟台荣昌生物工程有限公司、威悔迪沙药业公司等。

根据全省生物技术制药的生产力布局和各地的不同基础，在区域结构上，应以济南、青岛、济宁、潍坊4个中心城市为基地，形成各自的产业特色，带动周边城市生物技术制药的发展。济南重点发展基因工程药物并形成生产基地；青岛重点发展海洋生物技术药物并形成基地；济宁重点发展发酵工程药物并形成动植物用生物技术药物生产基地；潍坊重点发展新型诊断试剂并形成生产基地。

附件3：

山东省新材料产业发展要点

新材料是高新技术产业发展的基础。我省材料资源比较丰富、新材料产业初具规模。目前已开发新材料110种，涉及十几个行业、近300家企业，总资产260.5亿元。在电子新材料、高分子材料、特种纤维及复合材料、特种陶瓷材料、特种金属新材料等领域具有一定的产业基础和技术优势。电子新材料领域，烟台正海网目板、招远金丝、南墅石墨等已形成较大产业规模，列全国第1位。高分子材料领域，招远膜大公司自行研究开发的液体脱气膜已达到国际同类产品水平；亚星集团的氯化聚乙烯生产能力居世界第2位；烟台合成革的MDI通过消化创新，成为世界上第三家拥有自主知识产权的生产企业。特种纤维领域，烟台氨纶生产的消光、有光氨纶丝，全国市场占有率达25%以上；泰安复合材料厂的无碱玻纤丝产量居全国第1位。全省已形成了一批具有较强实力的新材料研究开发基地。涉及新材料研究开发的高校、科研单位近20家，拥有专业科研人员2300多人，开发了一批具有国际先进水平的科研成果，为我省新材料产业发展打下了良好的基础。

近期发展重点和目标是：

一、特种纤维与复合材料

以碳纤维、无碱玻璃纤维、氨纶纤维、树脂基复合材料4种产品为重点，进一步完善生产工艺技术，开发新产品及制品，继续保持全国领先地位。到2005年预计投资11.29亿元，新增产值21.15亿元、利税7.02亿元。

碳纤维及制品。改进完善碳纤维生产工艺，扩大生产规模，2001年形成年产200吨T300碳纤维、200万平方米碳纤维预浸料、1.2万平方米复合防弹板、30万副碳纤维刹车片的能力，建成全国碳纤维开发生产基地。加快聚丙烯腈原丝的科研开发和产业化步伐，从根本上解决碳纤维的原材料问题。

无碱玻璃纤维。研究开发管道用纱、PA用纱等具有国际先进水平的产品，2005年形成7万吨/年的生产能力，成为我国最大、技术先进的无碱玻璃纤维生产基地。

氨纶和芳纶纤维。研究开发耐氯、易染、超细旦。高伸长、复合功能性氨纶和芳纶等具有国际水平的新产品，进一步扩大产业规模。2004年形成年产氨纶、芳纶丝1.2万吨的能力，跻身世界氨纶行业前列。

树脂基复合材料及制品。研究开发玻璃钢输气管道、托辊、轴承、渔船、汽车覆盖件、门窗等，2005年形成各类制品9000万件/年的产业规模。

二、特种陶瓷材料

以结构陶瓷、功能陶瓷两大系列产品为重点，加快产业化进程，使优势产品形成规模，产品达到国际先进水平。

结构陶瓷。扩大氧化铝、氧化锆、氮化硅、碳化硅陶瓷材料和造纸机用耐磨陶瓷脱水板与器件、陶瓷轴承、陶瓷轴承球、陶瓷工具、陶瓷活塞、陶瓷挤压模具、陶瓷模具、陶瓷内衬钢管的生产规模。2005年形成各种陶瓷材料150万吨/年、陶瓷制品50万件(套)/年的能力。

功能陶瓷。重点研究开发红外隐身、热敏、压电、蜂窝陶瓷汽车尾气净化材料及陶瓷质电容式压力传感器系列产品。

三、特种金属材料

以稀土钕铁硼磁性材料等五种冶金新材料为重点，加快新产品开发，改进工艺和生产条件，提高产品档次，缩小与发达国家之间的差距。到2005年预计投资22.37亿元，新增产值34.63亿元、利税8.99亿元，磁性材料。研究开发高导高频新材料，扩大生产规模，2005年达到年产5000

吨锰锌铁氧体材料的规模；采用低氧工艺技术和超细晶体技术，研究开发磁能积达 50MGOe 具有国际先进水平的系列烧结钕铁硼永磁新材料。研究开发纳米双相钕铁硼磁粉及粘结磁体的增铁降钕、快淬晶化等工艺技术。

特种金属粉末。扩大还原铁粉生产规模；研究开发生产优质无偏析混合粉，2005 年实现 1.5 万吨/年；逐步完善水雾化钢铁粉末的工艺技术，加快开发新产品，2005 年实现 3 万吨/年水雾化钢铁粉末，产品质量达国际先进水平。

特种耐火材料。开发生产 X 型水口、薄板坯连铸用水口等具有国际水平的新型耐火材料。扩大电熔锆刚玉系列耐火材料一品生产规模，2005 年形成 2000 吨/年的能力。

特种铜材。重点研究开发单晶铜（含铜量大于 99.99999%）、高强高导铜合金带和电力机车用铜合金导线等新产品。

特种钢材及制品。研究开发高铬复合材料及制品，完善镶嵌复合铸造、离心复合铸造等工艺，开发矫直辊、定径辊等产品；开发高强、耐蚀船板、JT 系列输电塔架钢板、高强度贝氏体工程机械钢板、建筑结构钢板、高性能管线钢板等专用新钢种，2005 年实现年产各种钢板 40 万吨；研究开发 R4 级海洋系泊链专用钢的生产工艺及其制品的焊接、热处理工艺技术。

四、电子新材料及制品

以高亮度、超高亮度半导体发光器件外延片及管芯等 10 种产品为重点，经过培植成为全国电子材料产业发展优势。重点支持潍坊华光集团等 19 家企业，到 2005 年预计投资 21.87 亿元，新增产值 61.86 亿元、利税 17.76 亿元。

高亮度、超高亮度半导体发光器件外延片及管芯。利用金属有机化合物气相沉积、分子束外延法探索生产外延片工艺，开发管芯制造工艺及器件封装工艺；抓好蓝、绿、白三色光高亮度光二极管、激光二极管外延材料与器件的研究开发工作，形成年产外延片 20.8 万片，管芯 20 亿粒，器件 10.4 亿只的能力，将山东建成我国最大的光电子材料与器件生产基地。

人工晶体材料及器件。重点研究开发、生产钒酸钇、钨酸铅、大尺寸磷酸二氢钾、磷酸钛氧钾、大直径硅单晶、砷化镓与磷化镓单晶、金刚石、压电石英等材料及器件，使我省成为在国内外享有一定知名度的人工晶体产业化基地。

光导纤维。引进国际先进水平的生产设备和检测仪器，采用外沉积或气相轴向沉积工艺技术制造光导纤维，产品性能及各项经济指标达到国际同类产品水平，形成年产 420 万公里光纤的能力。

彩电、显示器用荫罩。研究开发纯平管、16:9 宽屏超大尺寸彩管和索尼超薄管荫罩新产品，不断扩大生产规模，2005 年形成年产 2200 万张荫罩的生产能力，产品技术保持国际先进。

电解铜箔与覆铜箔扳。研究开发耐高温、超薄（12um）、无针孔、延展性好的电解铜箔和平整度好、冲孔性能好、电性能高的 VO 板及玻璃布基覆铜板等具有国际水平的新产品，2005 年形成电解铜箔 9000 吨/年、覆铜箔板 1.8 万吨/年的能力。

集成电路用金丝。扩大低弧度金丝。硅铝键合丝产品的生产规模，研究开发具有国际先进水平的合金金丝，2005 年形成合金金丝 400kg/年、硅铝键合丝 500 万百米/年、低弧度金丝 2000kg/年的能力。

电极铝箔材料。加快电极铝箔生产工艺技术和设备的消化吸收，试验、调整、开发高比容电极的工艺参数，2000 年底形成阴箔 400 万平方米/年、阳极箔 52 万平方米/年的能力。

石墨深加工。重点研究开发生产特细拉丝石墨乳、超平纯平显像管石墨乳、高能电池石墨涂料、锂离子二次电池用石墨、碱锰电池用改性石墨等高科技、高附加值产品，2005 年实现各种电子材料用石墨 1.5 万吨/年的规模。

导电玻璃。改进和完善 ITO 透明、触摸屏、电致变色镜导电玻璃的膜厚均匀性控制、镀膜控制、高透光率控制、封装等国内领先的工艺技术。

五、新型高分子材料

以 MDI、CPE、CPVC、液晶材料、分离膜、微乳胶等产品的开发为重点，在保持技术优势的同时，扩大产业化规模，使我省成为国内高分子材料产业基地。

MDI 系列产品。加快 MDI 制造技术的消化创新，完成由 1 吨/年向 4 万吨/年扩产，拥有 MDI 制造技术自主知识产权。进一步完善工艺技术，开发系列深加工产品，使产品收率提高 10% 以上，达到国际先进水平。

氯化聚乙烯系列产品。采用先进自控技术扩大氯化聚乙烯系列产品生产规模，2000 年末形成 5 万吨/年、2005 年达到 10 万吨/年的能力，产量居世界前茅。

氯化聚氯乙烯及制品。引进国外先进的悬浮法生产技术和设备，2002 年末建成具有国际先进水平、年产 6000 吨多种型号 CPVC 的生产装置和制品生产线，成为我国最大的 CPVC 材料和制品生产基地。

液晶材料。研究开发高档 TN 混合液晶、TFT、STN 型单体液晶等新产品，扩大生产规模。2002 年形成年产 30 吨能力，成为全国最大的液晶材料生产基地。

聚丙烯酰胺微胶乳。开发生产乳化剂和新型水溶性引发剂，2001 年形成年产 1000 吨微胶乳生产能力，产品达国际先进水平。

分离膜材料及设备。研究开发液体脱气膜及装置和聚乙烯中空纤维微孔滤膜、海水淡化成套装置等新产品，加快均相阳膜、均相阴膜产业化进程，成为我国膜工业生产基地。

新型化学建材。加强技术改造，扩大生产规模，2005 年形成年产塑料门窗异型材 16 万吨生产能力；开发生产聚乙烯输气管、聚丙烯管、交联聚乙烯管，超高分子量聚乙烯管和铝塑复合管等，2005 年达到年产各种管材 6400 万米，防水卷材 600 万平方米；开发新

型微灌器材，2005 年达到年产 2800 吨的规模。建成中国最大的新型化学建材生产基地。

6－12　外商投资产业指导目录

编者按：本目录由国家计委、国家经贸委、外经贸部等部门联合制订，经国务院批准（国办函【2002】17 号），2002 年 3 月 11 日以国家计委 21 号令发布，自 2002 年 4 月 1 日起施行。1997 年 12 月 29 日国务院批准、1997 年 12 月 31 日三部门联合发布的修订后的《外商投资产业指导目录》同时废止。

鼓励外商投资产业目录

一、农、林、牧、渔业

1. 中低产农田改造

2. 蔬菜（含食用菌、西甜瓜）、水果、茶叶无公害栽培技术及产品系列化开发、生产

3. 糖料、果树、花卉、牧草等农作物优质高产新技术、新品种（转基因品种除外）开发、生产

4. 花卉生产与苗圃基地的建设、经营

5. 农作物秸秆还田及综合利用、有机肥料资源的开发生产

6. 中药材种植、养殖（限于合资、合作）

7. 林木（竹）营造及良种培育

8. 天然橡胶、剑麻、咖啡种植

9. 优良种畜种禽、水产苗种繁育（不含我国特有的珍贵优良品种）

10. 名特优水产品养殖、深水网箱养殖

11. 防治荒漠化及水土流失的植树种草等生态环境护工程建设、经营

二、采掘业

*1. 石油、天然气的风险勘探、开发

*2. 低渗透油气藏（田）的开发

*3. 提高原油采收率的新技术开发与应用

*4. 物探、钻井、测井、井下作业等石油勘探开发新技术的开发与应用

5. 煤炭及伴生资源勘探、开发

6. 煤层气勘探、开发

7. 低品位、推选冶金矿开采、选矿(限于合资、合作,在西部地区外商可独资)

8. 铁矿、锰矿勘探、开采及选矿

9. 铜、铅、锌矿勘探、开采(限于合资、合作,在西部地区外商可独资)

10. 铝矿勘探、开采(限于合资、合作,在西部地区外商可独资)

11. 硫、磷、钾等化学矿开采、选矿

三、制造业

(一)食品加工业

1. 粮食、蔬菜、水果、禽畜产品的储藏及加工

2. 水产品加工、贝类净化及加工、海藻功能食品开发

3. 果蔬饮料、蛋白饮料、茶饮料、咖啡饮料的开发、生产

4. 婴儿、老年食品及功能食品的开发、生产

5. 乳制品生产

6. 生物饲料、蛋白饲料的开发、生产

(二)烟草加工业

1. 二醋酸纤维素及丝束加工

2. 造纸法烟草薄片生产

(三)纺织业

1. 工程用特种纺织品生产

2. 高档织物面料的织染及后整理加工

(四)皮革、皮毛制品业

1. 猪、牛、羊篮湿皮新技术加工

2. 皮革后整饰新技术加工

(五)木材加工及竹、藤、棕、草制品业

1. 林区“次、小、薪”材和竹材的综合利用新技术、新产品开发与生产

(六)造纸及纸制品业

1. 年产30万吨及以上化学木浆、年产10万吨及以上化学机械木浆(CTMP、BCTMP、APMP)和原料林基地的林木浆一体化工程的建设、经营(限于合资、合作)

2. 高档纸及纸板生产(新闻纸除外)

(七)石油加工及炼焦业

1. 针状焦、煤焦油深加工

2. 捣固焦、干熄焦生产

3. 重交通道路沥青生产

(八)化学原料及化学品制造业

1. 重油催化裂化制烯烃生产

2. 年产60万吨及以上规模乙烯生产(中方相对控股)

3. 乙烯副产品C5-C9产品的综合利用

4. 大型聚氯乙烯树脂生产(乙烯法)

5. 有机氯系列化工产品生产(高残留有机氯产品除外)

6. 基本有机化工原料:苯、甲苯、二甲苯(对、邻、间)衍生物产品的综合利用

7. 合成材料的配套原料:双酸A、4.4’二若基甲烷二异氰酸酯、甲苯二异氰酸酯生产

8. 合成纤维原料:精对苯二甲酸、丙烯腈、己内酸胺、尼龙66盐生产

9. 合成橡胶:溶液丁苯橡胶、丁基橡胶、异戊橡胶丁二烯法氯丁橡胶、聚氨酯橡胶、丙烯酸橡胶、氯醇橡胶生产

10. 工程塑料及塑料合金生产

11. 精细化工:催化剂、助剂及石油添加剂新产品、新技术,染(颜)料商品化加工技术,电子、造纸用高科技化学品,食品添加剂、饲料添加剂,皮革化学品、油田助剂,表面活性剂,水处理剂,胶粘剂,无机纤维、无机粉体填料生产

12. 纺织及化纤抽丝用助剂、油剂、染化料生产

13. 汽车尾气净化剂、催化剂及其他助剂生产

14. 天然香料、合成香料、单离香料生产

15. 高性能涂料生产

16. 氯化法钛白粉生产

17. 氟氯烃替代物生产

18. 大型煤化工产品生产

19. 林业化学产品新技术、新产品开发与生产

20. 烧碱用离子膜生产

21. 生物肥料、高浓度化肥(钾肥、磷肥)、复合肥料生产

22. 高效、低毒和低残留的化学农药原药新品种开发与生产

23. 生物农药开发与生产

24. 环保用无机、有机和生物膜开发与生产

25. 废气、废液、废渣综合利用和处理、处置

(九)医药制造业

1. 我国专利或行政保护的原料药及需进口的化学原料药生产

2. 维生素类:烟酸生产

3. 氨基酸类:丝氨酸、色氨酸、组氨酸等生产

4. 采用新技术设备生产解热镇痛药

5. 新型抗癌药物及新型心脑血管药生产

6. 新型、高效、经济的避孕药具生产

7. 采用生物工程技术生产的新型药物生产

8. 基因工程疫苗生产(艾滋病疫苗、丙肝疫苗、避孕疫苗等)

9. 海洋药物开发与生产

10. 艾滋病及放射免疫类等诊断试剂生产

11. 药品制剂:采用缓释、控释、靶向、透皮吸收等新技术的新剂型、新产品生产

12. 新型药用佐剂的开发应用

13. 中药材、中药提取物、中成药加工及生产(中药饮片传统炮制工艺技术除外)

14. 生物医学材料及制品生产

15. 兽用抗菌原料药生产(包括抗生素、化学合成类)

16. 兽用抗菌药、驱虫药、杀虫药、抗球虫药新产品及新剂型开发与生产

(十)化学纤维制造业

1. 差别化化学纤维及芳纶、氨纶、碳纤维等高新技术化纤生产

2. 粘胶无毒纺等环保型化纤的生产

3. 日产400吨及以上纤维及非纤维用聚酯生产

(十一)塑料制品业

1. 聚酸亚胺保鲜薄膜生产

2. 农膜新技术及新产品(光解膜、多功能膜及原料等)开发与生产

3. 废旧塑料的消解和再利用

(十二)非金属矿物制品业

1. 日熔化500吨级及以上优质浮法玻璃生产(限于中西部地区)

2. 日产2000吨及以上水泥熟料新型干法水泥生产(限于中西部地区)

3. 年产1万吨及以上玻璃纤维(地窑拉丝工艺生产线)及玻璃钢制品生产

4. 年产50万件及以上高档卫生瓷生产

5. 陶瓷原料的标准化精制、陶瓷用高档装饰材料生产

6. 玻璃、陶瓷、玻璃纤维窑炉用高档耐火材料生产

7. 无机非金属材料及制品生产(人工晶体、高性能复合材料、特种玻璃、特种陶瓷、特种密封材料、特种胶凝材料)

8. 新型建筑材料生产(轻质高强多功能墙体材料、高档环保型装饰装修材料、优质防水密封材料、高效保温材料)

9. 非金属矿深加工(超细粉碎、高纯、精制、改性)

(十三)黑色金属冶炼及压延加工业

1. 宽厚板生产

2. 镀锌及耐高腐蚀性铅锌合金板、涂层板生产

3. 直接还原铁和熔融还原铁生产

4. 废钢加工

(十四)有色金属冶炼及压延加工业

1. 年产30万吨及以上氧化铝生产

2. 低品位、难选冶金矿冶炼(限于合资、合作,在西部地区外商可独资)

3. 硬质合金、锡化合物、锑化合物生产

4. 有色金属复合材料、新型合金材料生产

5. 稀土应用

(十五)金属制品业

1. 非金属制品模具设计、制造

2. 汽车、摩托车模具(含冲模、注塑模、模压模等)、夹具(焊装夹具、检验夹具等)设计、制造

3. 高档建筑五金件、水暖器材及五金件开发、生产

(十六)普通机械制造业

1. 三轴以上联动的数控机床、数控系统及伺服装置制造

2. 高性能焊接机器人和高效焊装生产设备制造

3. 耐高温绝缘材料(绝缘等级为F、H级)及绝缘成型件生产

4. 比例、伺服液压技术,低功率气动控制阀,填料静密封生产

5. 精冲模、精密型腔模、模具标准件生产

6. 精密轴承及各种主机专用轴承制造

7. 汽车、摩托车用铸锻毛坯件制造

(十七)专用设备制造业

1. 粮食、棉花、油料、蔬菜、水果、花卉、牧草、

肉食品、水产品的贮藏、保鲜、分级、包装、干燥、运输、加工的新技术、新设备开发与制造

2. 设施农业设备料造

3. 农业、林业机具新技术设备制造

4. 拖拉机、联合收割机等农用发动机设计与制造

5. 农作物秸秆还田及综合利用设备制造

6. 农用废物的综合利用及规模化畜禽养殖废物的综合利用设备制造

7. 节水灌溉新技术设备制造

8. 湿地土方及清淤机械制造

9. 水生生态系统的环境保护技术、设备制造

10. 长距离调水工程的调度系统设备制造

11. 特种防汛抢险机械和设备制造

12. 食品行业的高速、无菌灌装设备、贴标机等关键设备制造

13. 氨基酸、酶制剂、食品添加剂等生产技术及关键设备制造

14.10吨/小时及以上的饲料加工成套设备、关键部件生产

15. 卷筒纸和对开以上单纸张多色胶印机制造

16. 皮革后整饰新技术设备制造

17. 高技术含量的特种工业缝纫机制造

18. 新型纺织机械、新型造纸机械(合纸浆)等成套设备制造

19. 公路、港口新型机械设备设计与制造

20. 公路桥梁养护、自动检测设备制造

21. 公路隧道营运监控、通风、防灾和救助系统设备制造

22. 铁路大型施工及养护设备设计与制造

23. 园林机械、机具新技术设备制造

24. 城市环卫特种设备制造

25. 路面铣平、翻修机械设备制造

26. 隧道挖掘机、城市地铁暗挖设备制造

27.8万吨/日及以上城市污水处理设备,工业废水膜处理设备,上流式厌氧流化床设备和其他生物处理废水设备,废塑料再生处理设备,工业锅炉脱硫脱硝设备,大型耐高温、耐酸袋式除尘器制造,垃圾焚烧处理设备制造

28. 年产30万吨及以上合成氨、48万吨及以上尿素、45万吨及以上乙烯成套设备中的透平压缩机。混合造粒机制造

29. 火电站脱硫技术及设备制造

30. 薄板连铸机制造

31. 平板玻璃深加工技术及设备制造

32. 井下无轨采、装、运设备,100吨及以上机械传动矿用自卸车,移动式破碎机,3000立方米/小时及以上斗轮挖掘机,5立方米及以上矿用装载机,全断面巷道掘进机制造

33. 石油勘探开发新型仪器设备设计与制造

34. 机电井清洗设备制造和药物生产

35. 电子内窥镜制造

36. 具有高频技术、直接数字图象处理技术、辐射剂量小的80千瓦及以上医用X线机组制造

37. 高场强超导型磁共振成像装置(MRI)的制造

38. 单采血浆机制造

39. 全自动酶免系统(含加样、酶标、洗板、孵育、数据后处理等部分功能)设备制造

40. 药产品质量控制新技术、新设备制造

41. 中药有效物质分析的新技术、提取的新工艺、新设备开发与制造

42. 新型药品包装材料、容器及先进的制药设备制造

(十八)交通运输设备制造业

*1. 汽车、摩托车整车制造

2汽车、摩托车发动机制造

3. 汽车关键零部件制造:制动器总成、驱动桥总成、变速器、柴油机燃油泵、柴油机涡轮增压器、柴油车机外排放控制装置、滤清器(三滤)、等速万向节、减震器、组合仪表、专用高强度紧固件

4. 电子控制燃油喷射系统、电子控制制动防抱死系统、安全气囊及其他汽车电子设备系统制造

5. 摩托车关键零部件制造:化油器、磁电机、起动电机、盘式制动器

6. 石油工业专用沙漠车等特种专用车制造

7. 铁路运输技术设备:机车车辆及主要部件设计与制造,线路、桥梁设备设计与制造,高速铁路有关技术与设备制造,通信信号和运输安全监测设备制造,电气化铁路设备和器材制造

8. 城市快速轨道交通运输设备:地铁、城市轻轨的动车组及主要部件设计与制造

9. 民用飞机设计与制造(中方控股)

10. 民用飞机零部件制造

11. 民用直升机设计与制造(中方控股)

12. 航空发动机设计与制造(中方控股)

13. 民用航空机载设备设计与制造(中方控股)

14. 轻型燃气轮机制造

15. 船舶低速柴油机的曲轴设计与制造

16. 特种船、高性能船舶的修理、设计与制造(中方相对控股)

17. 船舶中高速柴油机、辅机、无线通讯、导航设备及配件设计与制造(中方相对控股)

18. 玻璃钢渔船、游艇制造

(十九)电气机械及器材制造业

1. 火电设备:60万千瓦及以上超临界机组、大型燃气轮机、10万千瓦及以上燃气—蒸汽联合循环发电设备、煤气化联合循环技术及装备(IGCC)、增压循环硫化床(PFBC)、60万千瓦及以上大型空冷机组(限于合资、合作)

2. 水电设备:15万千瓦及以上大型抽水蓄能机组、15万千瓦及以上大型贯流式机组制造(限于合资、合作)

3. 核电机组:60万千瓦及以上机组制造(限于合资、合作)

4. 输变电设备:500千伏及以上超高压直流输变电设备制造(限于合资、合作)

(二十)电子及通信设备制造业

1. 数字电视机、数字摄录机、数字录放机、数字放声设备制造

2. 新型平板显示器件、中高分辨率彩色显像管/显示管及玻壳生产

3. 数字音、视频编解码设备,数字广播电视演播室设备,数字有线电视系统设备,数字音频广播发射设备制造

4. 集成电路设计与线宽0.35微米及以下大规模集成电路生产

5. 大中型电子计算机、便携式微型计算机、高档服务器制造

6. 大容量光、磁盘驱动器及其部件开发与制造

7. 计算机辅助设计(三维CAD)、辅助测试(CAT)、辅助制造(CAM)、辅助工程(CAE)系统及其他计算机应用系统制造

8. 软件产品开发、生产

9. 半导体、元器件专用材料开发、生产

10. 电子专用设备、测试仪器、工模具制造

11. 新型电子元器件(片式元器件、敏感元器件及传感器、频率控制与选择元件、混合集成电路、电力电子器件、光电子器件、新型机电元件)生产

12. 无汞碱锰电池、动力镍氢电池、锂离子电池、高容量全密封免维护铅酸蓄电池、燃料电池、圆柱型锌空气电池等高技术绿色电池生产

13. 高密度数字光盘机用关键件开发与生产

14. 可记录光盘生产(CD-R、CD-RW、DVD-R、DVD-ARM)

15. 民用卫星设计与制造(中方控股)

16. 民用卫星有效载荷制造(中方控股)

17. 民用卫星零部件制造

18. 民用运载火箭设计与制造(中方控股)

19. 卫星通信系统设备制造

20. 卫星导航定位接收设备及关键部件制造(限于合资、合作)

21. 光纤预制棒制造

22.622兆比/秒及以上数字微波同步系列传输设备制造

23.10千兆比/秒以上光同步系列传输设备制造

24. 宽带接入网通信系统设备制造

25. 光交叉连接设备(OXC)制造

26. 异步转移模式(ATM)及IP数据通信系统制造

27. 移动通信系统(含GSM、CDMA、DCS1800、PHS、DECT、IMT2000等)手机、基站、交换设备及数字集群系统设备制造

28. 高端路由器、千兆比以上网络交换机开发、制造

29. 空中交通管制系统设备制造(限于合资、合作)

(二十一)仪器仪表及文化、办公用机械制造业

1. 数字照相机及关键件开发与生产

2. 精密在线测量仪器开发与制造

3. 安全生产及环保检测仪器新技术设备制造

4. 水质及烟气在线监测仪器的新技术设备制造

5. 水文数据采集、处理与传输和防洪预警仪

器及设备制造

6. 新型仪表元器件和材料(主要指智能型仪用传感器、仪用接插件、柔性线路板、光电开关、接近开关等新型仪用开关、仪用功能材料等)生产

7. 新型打印装置(激光、喷墨打印机)制造

8. 精密仪器、设备维修与售后服务

(二十二)其他制造业

1. 洁净煤技术产品的开发利用(煤炭气化、液化、水煤浆、工业型煤)

2. 煤炭洗选及粉煤灰(包括脱硫石膏)、煤矸石等综合利用

四、电力、煤气及水的生产及供应业

1. 单机容量 30 万千瓦及以上火电站的建设、经营

2. 煤洁净燃烧技术电站的建设、经营

3. 热电联产电站的建设、经营

4. 天然气发电站的建设、经营

5. 发电为主水电站的建设、经营

6. 核电站的建设、经营(中方控股)

7. 新能源电站的建设、经营(包括太阳能、风能、磁能、地热能、潮汐能、生物质能等)

8. 城市供水厂建设、经营

五、水利管理业

1. 综合水利枢纽的建设、经营(中方相对控股)

六、空通运输、仓储及邮电通信业

1. 铁路干线路网的建设、经营(中方控股)

2. 支线铁路、地方铁路及其桥梁、隧道、轮渡设施的建设、经营(限于合资、合作)

3. 公路、独立桥梁和隧道的建设、经营

4. 港口公用码头设施的建设、经营

5. 民用机场的建设、经营(中方相对控股)

6. 航空运输公司(中方控股)

7. 农、林、渔业通用航空公司(限于合资、合作)

*8. 定期、不定期国际海上运输业务

*9. 国际集装箱多式联运业务

*10. 公路货物运输公司

11. 输油(气)管道、油(气)库及石油专用码头的建设、经营

12. 煤炭管道运输设施的建设、经营

13. 运输业务相关的仓储设施建设、经营

七、批发和零售贸易业

*1. 一般商品的批发、零售、物流配送

八、房地产业

1. 普通住宅的开发建设

九、社会服务业

(一)公共设施服务业

1. 城市封闭型道路建设、经营

2. 城市地铁及轻轨的建设、经营(中方控股)

3. 污水、垃圾处理厂,危险废物处理处置厂(焚烧厂、填埋场)及环境污染治理设施的建设、经营

(二)信息、咨询服务业

1. 国际经济、科技、环保信息咨询服务

*2. 会计、审计

十、卫生、体育和社会福利业

1. 老年人、残疾人服务

十一、教育、文化艺术及广播电影电视业

1. 高等教育机构(限于合资、合作)

十二、科学研究和综合技术服务业

1. 生物工程与生物医学工程技术

2. 同位素、辐射及激光技术

3. 海洋开发及海洋能开发技术

4. 海水淡化及利用技术

5. 海洋监测技术

6. 节约能源开发技术

7. 资源再生及综合利用技术

8. 环境污染治理及监测技术

9. 防沙漠化及沙漠治理技术

10. 民用卫星应用技术

11. 研究开发中心

12. 高新技术、新产品开发与企业孵化中心

十三、产品全部直接出口的允许类外商投资项目

限制外商投资产业目录

一、农、林、牧、渔业

1. 粮食(包括马铃薯)、棉花、油料种子开发生产(中方控股)

2. 珍贵树种原木加工(限于合资、合作)

二、采掘业

1. 钨、锡、锑、铂、重晶石、萤石等矿产勘查、开采(限于合资、合作)

2. 贵金属(金、银、铂族)勘查、开采

3. 金刚石等贵重非金属矿的勘查、开采

4. 特种、稀有煤种勘查、开发(中方控股)

5. 硼镁石及硼镁铁矿石开采

6. 天青石开采

三、制造业

(一)食品加工业

1. 黄酒、名优白酒生产

2. 外国牌号碳酸饮料生产

3. 糖精等合成甜味剂生产

4. 油脂加工

(二)烟草加工业

1. 卷烟、过滤嘴棒生产

(三)纺织业

1. 毛纺、棉纺

2. 丝

(四)印刷及复制业

1. 出版物印刷(中方控股,包装装潢印刷除外)

(五)石油加工及炼焦业

1. 炼油厂建设、经营

(六)化学原料及化学制品制造业

1. 离子膜烧碱生产

2. 感光材料生产

3. 联苯胺生产

4. 易制毒化学品生产(麻黄素、3,4-亚基二氧苯基-2-丙酮、苯乙酸、1-苯基-2-丙酮、胡椒醛、黄樟脑、异黄樟脑、醋酸酐)

5. 硫酸法钛白粉生产

6. 硼镁铁矿石加工

7. 钡盐生产

(七)医药制造业

1. 氯霉素、青霉素G、洁霉素、庆大霉素、双氢链霉素、丁胺卡那霉素、盐酸四环素、土霉素、麦迪霉素、柱晶白霉素、环丙氟哌酸、氟哌酸、氟嗪酸生产

2. 安乃近、扑热息痛、维生素B1、维生素B2、维生素C、维生素E生产

3. 国家计划免疫的疫苗、菌苗类及抗毒素、类毒素类(卡介苗、脊髓灰质炎、白百破、麻疹、乙脑、流脑疫苗等)生产

4. 成瘾性麻醉药品及精神药品原料药生产(中方控股)

5. 血液制品的生产

6. 非自毁式一次性注射器、输液器、输血器及血袋生产

(八)化学纤维制造业

1. 常规切片纺的化纤抽丝生产

2. 单线能力在2万吨/年以下粘胶短纤维生产

3. 日产400吨以下纤维及非纤维用聚酯生产,氨纶生产

(九)橡胶制品业

1. 斜交轮胎、旧轮胎翻新(子午线轮胎除外)及低性能工业橡胶配件生产

(十)有色金属冶炼及压延加工业

1. 稀土冶炼、分离(限于合资、合作)

(十一)普通机械制造业

1. 集装箱生产

2. 中小型普通轴承制造

3.50吨以下汽车起重机制造(限于合资、合作)

(十二)专用设备制造业

1. 中低档B型超声显像仪制造

2. 一般涤纶长丝、短纤维设备制造

3.320马力以下履带式推土机、3立方米以下轮式装载机制造(限于合资、合作)

(十三)电子及通信设备制造业

1. 卫星电视接收机及关键件生产

四、电力、煤气及水的生产和供应业

1. 单机容量30万千瓦以下以发电为主的常

规燃煤火电厂的建设、经营(小电网除外)

五、交通运输、仓储及邮电通信业

1. 公路旅客运输公司
*2. 出入境汽车运输公司
*3. 水上运输公司
*4. 铁路货物运输公司
5. 铁路旅客运输公司(中方控股)
6. 摄影、探矿、工业等通用航空公司(中方控股)
*7. 电信公司

六、批发和零售贸易业

*1. 商品交易、直销、邮购、网上销售、特许经营、委托经营、销售代理、商业管理等各类商业公司,以及粮、棉、植物油、食糖、药品、烟草、汽车、原油、农业生产资料的批发、零售、物流配送
*2. 图书、报纸、期刊的批发、零售业务
*3. 音像制品(除电影外)的分销
4. 商品拍卖
*5. 货物租赁公司
*6. 代理公司(船舶、货运、外轮理货、广告等)
*7. 成品油批发及加油站建设、经营
8. 对外贸易公司

七、金融、保险业

1. 银行、财务公司、信托投资公司
*2. 保险公司
*3. 证券公司、证券投资基金管理公司
4. 金融租赁公司
5. 外汇经纪
*6. 保险经纪公司

八、房地产业

1. 土地成片开发(限于合资、合作)
2. 高档宾馆、别墅、高档写字楼和国际会展中心的建设、经营

九、社会服务业

(一)公共设施服务业
1. 大中城市燃气、热力和供排水管网的建设、经营(中方控股)
(二)信息、咨询服务业
1. 法律咨询

十、卫生、体育和社会福利业

1. 医疗机构(限于合资、合作)
2. 高尔夫球场的建设、经营

十一、教育、文化艺术及广播电影电视业

1. 高中阶段教育机构(限于合资、合作)
2. 电影院的建设、经营(中方控股)

十二、科学研究和综合技术服务

1. 测绘公司(中方控股)
*2. 进出口商品检验、鉴定、认证公司

十三、国家和我国缔结或者参加的国际条约规定限制的其他产业

禁止外商投资产业目录

一、农、林、牧、渔业

1. 我国稀有的珍贵优良品种的养殖、种植(包括种植业、畜牧业、水产业的优良基因)
2. 转基因植物种子生产、开发
3. 我国管辖海域及内陆水域水产品捕捞

二、采掘业

1. 放射性矿产的勘查、开采、选矿
2. 稀土勘查、开采、选矿

三、制造业

(一)食品加工业
1. 我国传统工艺的绿茶及特种茶加工(名茶、黑茶等)
(二)医药制造业
1. 列入国家保护资源的中药材加工(摩香、甘草、黄麻草等)
2. 传统中药饮片炮制技术的应用及中成药秘方产品的生产
(三)有色金属冶炼及压延加工业
1. 放射性矿产的冶炼、加工

（四）武器弹药制造业

（五）其他制造业

1. 象牙雕刻

2. 虎骨加工

3. 脱胎漆器生产

4. 珐琅制品生产

5. 宣纸、墨锭生产

6. 致癌、致畸、致突变产品和持久性有机污染物产品生产

四、电力、煤气及水的生产和供应业

1. 电网的建设、经营

五、交通运输、仓储及邮电通信业

1. 空中交通管制公司

2. 邮政公司

六、金融、保险业

1. 期货公司

七、社会服务业

1. 国家保护的野生动植物资源开发

2. 动植物自然保护区的建设、经营

3. 博彩业（含赌博类跑马场）

4. 色情业

八、教育、文化艺术及广播电影电视业

1. 基础教育（义务教育）机构

2. 图书、报纸、期刊的出版、总发行和进口业务

3. 音像制品和电子出版物的出版、制作、总发行和进口业务

4. 新闻机构

5. 各级广播电台（站）、电视台（站）、广播电视传输覆盖网（发射台、转播台、广播电视卫星、卫星上行站、卫星收转站、微波站、监测台、有线广播电视传输覆盖网）

6. 广播电视节目制作、出版、发行及播放公司

7. 电影制片、发行公司

8. 录像放映公司

九、其他行业

1. 危害军事设施安全和使用效能的项目

十、国家和我国缔结或者参加的国际条约规定禁止的其他产业

注：标＊的条目与我国加入世界贸易组织的承诺有关，具体内容见附件。

《外商投资产业指导目录》附件

一、鼓励类

1. 石油、天然气的风险勘探、开发：限于合作

2. 低渗透油气藏（田）的开发：限于合作

3. 提高原油采收率的新技术开发与应用：限于合作

4. 物探、钻井、测井、井下作业等石油勘探开发新技术的开发与应用：限于合作

5. 汽车、摩托车整车制造：外资比例不超过50%

6. 定期、不定期国际海上运输业务：外资比例不超过49%

7. 国际集装箱多式联运：外资比例不超过50%；不迟于2002年12月11日允许外方控股；不迟于2005年12月11日允许外方独资

8. 公路货物运输公司：不迟于2002年12月11日允许外方控股；不迟于2004年12月11日允许外方独资

9. 一般商品的批发、零售、物流配送：限定条件见限制类第（五）

10. 会计、审计：限于合作、合伙

二、限制类

（一）出入境汽车运输公司不迟于2002年12月11日允许外方控股，不迟于2004年12月11日允许外方独资

（二）水上运输公司：外资比例不超过49%

（三）铁路货物运输公司：外资比例不超过49%；不迟于2004年12月11日允许外方控股；不迟于2007年12月11日允许外方独资

（四）电信公司

1. 增值电信、基础电信中的寻呼服务：自2001年12月11日起允许外商投资，外资比例不超过30%；不迟于2002年12月11日允许外资比

例不超过49%；不迟于2003年12月11日允许外资比例达50%

2. 基础电信中的移动话音和数据服务：自2001年12月11日起允许外商投资，外资比例不超过25%；不迟于2002年12月11日外资比例不超过35%；不迟于2004年12月11日允许外资比例达49%

3. 基础电信中的国内业务、国际业务：不迟于2004年12月11日允许外商投资，外资比例不超过25%；不迟于2006年12月11日允许外资比例达35%；不迟于2007年12月11日允许外资比例达49%

（五）商品交易、直销、邮购、网上销售、特许经营、委托经营、销售代理、商业管理等各类商业公司，以及粮、棉、植物油、食糖、药品、烟草、汽车、原油、农业生产资料的批发、零售、物流配送；图书、报纸、期刊的批发、零售业务；成品油批发及加油站建设、经营

1. 佣金代理、批发（不包括盐、烟草）。不迟于2002年12月11日允许外商投资，外资比例可达50%，但不允许经营书报杂志、药品、农药、农膜、化肥、成品油、原油；不迟于2003年12月11日允许外方控股；不迟于2004年12月11日允许外方独资，允许经营书报杂志、药品、农药、农膜；不迟于2006年12月11日允许经营化肥、成品油、原油

2. 零售（不包括烟草）：允许外商投资，但不允许经营书报杂志、药品、农药、农膜、化肥、成品油；不迟于2002年12月11日允许外资比例可达50%，允许经营书报杂志；不迟于2003年12月11日允许外方控股；不迟于2004年12月11日允许外方独资，允许经营药品、农药、农膜、成品油；不迟于2006年12月11日允许经营化肥。经营产品包括汽车（不迟于2006年12月11日取消限制）、书报杂志、药品、农药、农膜、成品油、化肥、粮食、植物油、食糖、烟草、棉花的超过30家分店的连锁店不允许外方控股

3. 特许经营和无固定地点的批发、零售：不迟于2004年12月11日允许外商投资

（六）音像制品（除电影外）的分销：限于合作，中方控股

（七）货物租赁公司：不迟于2002年12月11日允许外方控股，不迟于2004年12月11日允许外方独资

（八）代理公司

1. 船舶：外资比例不超过49%

2. 货运（不包括邮政部门专营服务的业务）：外资比例不超过50%（速递服务不超过49%）；不迟于2002年12月11日允许外方控股；不迟于2005年12月11日允许外方独资

3. 外轮理货：限于合资、合作

4. 广告：外资比例不超过49%；不迟于2003年12月11日允许外方控股；不迟于2005年12月11日允许外方独资

（九）保险公司

1. 非寿险保险公司：外资比例不超过51%；不迟于2003年12月11日允许外方独资

2. 寿险保险公司：外资比例不超过50%

（十）证券公司、证券投资基金管理公司

1. 证券公司：不迟于2004年12月11日允许外商投资，外资比例不超过1/3

2. 证券投资基金管理公司：允许外商投资，外资比例不超过33%；不迟于2004年12月11日允许外资比例达49%

（十一）保险经纪公司：外资比例不超过50%；不迟于2004年12月11日允许外资比例达51%；不迟于2006年12月11日允许外方独资

（十二）进出口商品检验、鉴定、认证公司：不迟于2003年12月11日允许外方控股；不迟于2005年12月11日允许外方独资。

6－13　山东省经济贸易委员会印发 2003－2010年山东省汽车零部件工业发展意见的通知

鲁经贸产字[2003]391号

各市经贸委(经委),有关单位:

根据省政府《关于加快汽车工业发展的意见》和全省汽车工作会议精神,我委组织制定了《2003－2010年山东省汽车零部件工业发展意见》,已在全省汽车工业座谈会上讨论,经省政府同意,现印发给你们,请结合各自实际,认真组织实施。

二〇〇三年十二月三日

2003－2010年 山东省汽车零部件工业发展意见

我省汽车零部件工业经过多年的发展已具备一定优势,形成了比较齐全的产品系列,培育了一批龙头骨干企业,部分产品在国内市场占据主导地位。但从汽车工业发展趋势和我省汽车工业的发展要求看,还存在着生产规模小、产品档次不高、标准化及通用化水平低等问题。

为了加快我省汽车零部件工业发展,根据省政府《关于加快汽车工业发展的意见》和《山东省汽车工业2003－2010年发展规划》要求,提出如下发展意见。

一、发展目标

抓住我国汽车工业快速发展的机遇,适应汽车零部件工业全球化趋势,以三大平台、五大类产品的配套需求为重点,以提高国内外竞争能力为目标,大力推进技术创新,实施标准化经营,推进联合重组,发挥规模优势,增强系统开发和供货能力,努力培育一批面向国内外市场的“专、精、特、新”骨干企业,形成具有山东特色的汽车零部件工业体系,把山东建设成为汽车零部件强省。经过5－10年的努力,达到如下目标:

(一)总量目标。2005年,汽车零部件工业完成销售收入400亿元,各类汽车省内综合配套率达到80%以上,汽车零部件三天内送达主机厂。到2010年,销售收入达到800亿元,在国内汽车零部件工业中占有重要地位。

(二)结构调整目标。到2005年,按销售收入计算,轿车零部件比重由2002年的13%提高到25%以上,总成零部件比重由22%提高到30%,为国际市场配套的A类产品由17%提高到25%,为整车配套的B类产品质量和规模全面提高,供应汽车维修服务的C类产品质量提高、品种增加,充分满足市场需求;形成济南、青岛、烟台、潍坊、泰安、威海、莱芜、滨州八个零部件生产供应和出口基地;培育8－10家初具国际竞争力的零部件骨干企业和集团。到2010年,零部件产业结构更加优化,竞争力更强,八个零部件生产基地规模和品牌优势更加突出,骨干企业市场竞争力更强,基本建立起与国际接轨的汽车零部件配套服务体系。

(三)技术水平目标。到2005年,建成8－10个国家和省级关键零部件技术开发中心,形成与整车同步的零部件开发能力。部分汽车关键零部件产品性能达到国外同类产品水平,满足整车安全、环保和节能要求。关键零部件骨干企业通过国际标准质量体系认证。到2010年,形成与国际接轨的汽车零部件工业技术创新体系,汽车零部件企业普遍推行国际标准认证，产品水平进一步提高，适应全球采购、参与国际分工能力显著增强。

二、发展重点

根据我省汽车工业 2003 - 2010 年发展规划和国家产业政策导向，围绕中国重汽集团、上海通用东岳汽车有限公司、一汽解放青岛汽车厂三大平台和重型车、轿车、轻型车、特种车和农用车五大类产品的配套，突出以下发展重点。

（一）发动机及其零部件。发动机是我省的优势产品，是汽车零部件发展的重中之重，直接关系到整车水平的提高和产量的增加。要进一步提高创新开发能力，加大技术改造的投入，促使其向“高性能、低排放、宽系列、多品种”方向发展。

——潍坊柴油机厂是国家重点扶持的内燃机研发生产的骨干企业，15 吨以上重型汽车发动机配套占全国市场的 65%以上，要抓住目前国内重型车市场快速增长和大马力发动机需求量大的有利时机，搞好斯太尔发动机的升级换代；推进与奥地利 AVL 公司的技术合作，加快开发生产达到欧Ⅲ排放标准的大功率发动机，并向欧Ⅳ排放标准过渡，在巩固扩大国内大功率发动机主导地位的基础上，向世界重型汽车发动机重要生产基地发展。

——山东大宇汽车发动机有限公司，主要生产 1.3 - 1.6 升轿车发动机，年产能力 30 万台。要加快推进与上汽集团的联合重组，盘活存量资产，尽快实施工艺、设备改造，拓宽产品系列，发挥工艺、技术优势，形成规模化生产，支持我省轿车工业的发展。

——华源莱动内燃机有限公司，要适应现代汽车工业发展的新形势，围绕提高产品安全、环保、节能、可靠性，加快现有工艺设备改造，通过技术引进和联合开发，生产先进适用的轻型车发动机，形成经济规模，满足我省轻型汽车大发展需要，同时加大市场开发，尽快发展成为国内轻型车发动机重要生产供应商。

——滨州渤海活塞股份有限公司、曲阜金皇活塞有限公司等优势企业，要加大力度调整企业组织结构和产品结构，优化整合企业存量资产，拉长活塞产业链，开发生产活塞磨擦副组件，发展活塞总成，带动活塞环、销和缸套等零部件的发展；大力开发高技术含量、高附加值的轿车活塞和符合欧Ⅱ、欧Ⅲ标准的高增压、低排放环保型产品；紧紧跟踪活塞生产国际前沿技术，加强与国际大公司的交流与合作，开发引进当代先进的分体式活塞，使高技术含量、高附加值产品尽快提高到产品总量的 80%以上。

——济南汽车配件厂的气门、挺杆，莱芜环球汽车零部件有限公司的稳定杆，青岛汽车散热器有限公司、山东厚丰散热器有限公司和潍坊恒安散热器有限公司的散热器，文登天润曲轴的曲轴，山东连杆集团的连杆，曲阜汽车配件厂的节温器都是我省的优势产品。这些企业要特别重视产品开发和技术创新队伍建设，不断进行技术改造，提高装备水平和产品档次，向专业化、规模化方向发展，满足我省汽车工业发展的要求。

（二）底盘零部件。我省载货车底盘零部件有一定的能力和水平，具备发展轿车传动变速装置、转向装置、制动装置的潜力。底盘零部件的发展要进一步巩固和提高为重型载货车配套的水平和能力，并注意发展轻型载货车底盘零部件；加大对现有轿车底盘零部件生产能力的改造和提升，迅速形成现实的生产能力；研究开发高技术含量和高附加值的产品，如防侧滑装置、液压制动和空气悬挂系统等。

——青岛特种汽车集团公司、青岛海通汽车车桥有限公司、一汽山东汽车改装厂、诸城义和车桥有限公司、山东汇金股份有限公司等企业，是我省车桥生产的骨干企业，下一步要进一步加快技术进步，扩大现有优势产品规模，同时积极开发生产大功率、大扭矩车桥和低地板客车桥、卡车防抱死装置车桥和工程机械车桥等，不断跟踪世界汽车发展的新技术，提高车桥的配置和档次。支持中通客车加快与瑞典斯堪尼亚公司合资项目建设，开发生产高档豪华低地板大客车底盘及相关零部件，形成技术和规模优势。

——明水汽车配件厂和山东威明汽车产品有限公司是国内气制动产品的骨干企业，主要为重、中型卡车和客车配套，并有部分产品出口。气制动系统是汽车的关键零部件，要加强技术开发和改造力度，进一步提高产品水平，增加品种，扩大生产规模；以现有的气制动技术为核心，“纵向拉长，横向拓宽”，发展液压制动产品和机电一体化产品。

——泰安华泰铝轮毂有限公司、威海万丰奥威汽轮有限公司、济宁车轮厂是车轮生产的重点企业,我省具有比较优势,品种较全、档次较高,其中铝制车轮以出口为主。要狠抓技术创新和新产品的开发,增强技术含量和附加值,满足不同车型、不同用户需求,加快用先进技术对传统工艺的改造,提高机械化和自动化水平,改善劳动条件,形成经济规模。

——山东汽车弹簧厂是国内钢板弹簧的骨干生产企业,是斯太尔重型车的主要配套企业。要在稳步发展钢板弹簧的基础上,加快轿车弹簧市场的开发,加大空气弹簧的研发力度,尽快形成生产能力。

——烟台隆基集团、山东金麒麟集团、东营信义集团和莱芜九羊等刹车片、刹车盘、制动鼓生产骨干企业,要进一步发挥技术和规模优势,开发环保型、系列化磨擦制动产品,提高产品档次,降低生产成本,扩大出口规模,逐步发展成国际驰名品牌的大型企业集团。

——山东汽车齿轮总厂、德州齿轮厂、荣成齿轮厂等企业,是我省齿轮生产骨干企业,支持其加大技术改造的投入,更新装备,提高工艺水平和精度,开发生产耐磨损、耐变型、高强度齿轮产品,适应汽车工业对高质量齿轮产品的要求。

(三)车身零部件。我省车身零部件的优势产品主要是汽车空调系统、内饰件、座椅总成和车锁,销售市场以为省外配套为主。载货车驾驶室多是整车企业自制,基本满足需要。今后要努力开拓空调系统和车锁等优势产品的省内市场,同时积极开发新的车身零部件产品。

——烟台首钢东星(集团)公司现有汽车空调系统生产能力20万套,主要为广州本田、四川考斯特配套,另有少量出口。要加快合资项目建设,引进先进的压缩机、蒸发器技术,提高产品水平和规模,尽快形成年产50万套的能力,提高为高档汽车配套的能力和水平。山东大宇汽车零部件公司要加快联合重组和技术改造,实现年产30万套汽车空调器及相关零部件生产设施的正常生产,支持轿车工业发展。

——山东旭日汽车饰件集团要围绕提高产品质量、扩大生产规模、增强自我配套能力和水平、建设大型汽车零部件企业,搞好工业园区规划布局,加快推进与日、韩等国家汽车零部件合资项目建设进度,尽快形成年产汽车外饰件100万件、高档内饰件30万套、中高档汽车灯具30万套的生产能力。充分发挥组织结构优化、产品品种多、系统配套能力强的优势,扩大与主机厂的联合与合作,积极向内饰件、外饰件、密封件与车身总成方向发展,实现由单纯零部件生产向系统开发、专业生产、模块供货生产方式的转变。

——山东只楚民营科技园股份有限公司、烟台霍富汽车锁有限公司等汽车零部件企业要围绕上海通用东岳汽车公司轿车生产配套,进一步提高内外饰件、座椅总成、汽车锁等产品质量,增加产品种类,扩大生产规模,向模块化方向发展。烟台只楚汽车部件工业园要发挥区位优势,积极寻求合资合作,加快发展高档汽车灯具、汽车模具、外饰件、汽车电子产品等,实现系列化、规模化、模块化生产,在满足上海通用东岳汽车有限公司配套需要的基础上,尽快发展成国内轿车零部件重要生产基地。

(四)电器件。电器件我省除汽车电机以外,其它都比较薄弱。要适应我省汽车工业大发展的形势,积极调整产品结构,根据轿车、重型车和轻型车的需要,大力发展各种汽车电机、灯具、电线束、仪表、喇叭、免维护电池等电器产品。

——博山电机厂集团股份有限公司是国内最早生产汽车电机的厂家,现已形成50万台的生产能力,能为各种车型配套,产品水平在国内领先。要进一步提高产品档次,扩大生产规模,并争取为国际汽车市场配套。

——山东鲁得贝车灯股份有限公司生产的汽车灯具主要以为重、中、轻型汽车配套为主,年生产能力达130万只。汽车灯具属于汽车关键零部件,要不断提高灯具的质量性能水平,增加品种,开发轿车灯具,通过技术改造尽快形成新增年产100万只轿车灯具的生产能力。

(五)汽车电子产品。目前,我省汽车电子产品水平不高,规模不大,全省从事汽车电子产品生产的企业仅有10余家,产品20余种。其中济南易恒技术有限公司数码信息标识系统,青岛晶星汽车电子装备有限公司的汽车电器电源、电动座椅,潍坊华光精工设备有限公司的汽车音响,以及烟台部分企业的线缆仪表等具有一定规模和实力。要立足三大平台,从整车配套需要出发,立足现有基础,加快老产品的升级换代改造和新产品开发，创造条件与爱立信等国际大公司进行技术合作，开发生产防抱死制动系统、电脑点火系统、电子废气净化器、安全气囊、防盗系统、汽车音响和电控燃油喷射系统等具有世界先进水平的汽车电子产品；海尔、海信、浪潮等信息产业龙头骨干企业，要发挥技术和品牌优势，搞好产品结构调整，实现由单纯生产家用电器向生产高档汽车电子产品转化。

三、保障措施

(一)加强组织领导。要根据省政府《关于加快汽车工业发展的意见》的要求，加强对汽车零部件工业的领导，研究制定促进零部件工业发展的政策措施。要围绕全省汽车工业的发展重点，结合各地实际，指导企业制定具体的发展意见，进一步理清发展思路，明确发展方向和重点，分解工作目标，落实工作责任，切实推进零部件工业加快发展。

(二)加大政策扶持力度。要加大对汽车零部件工业企业技术中心建设、核心技术开发、技术改造及人才引进等的政策扶持，现行的技术改造项目贴息、担保、科技创新项目补助和出口退税等政策，要向汽车零部件工业倾斜。支持市场优势明显、发展潜力大的零部件企业发行股票、债券，或与上市公司兼并重组直接融资。每年选择一批重点零部件企业，面向全社会、面向国内外招商、引资，吸引民间资金和外商投资，加大对零部件工业的投入。积极支持优势零部件企业联合重组，做大做强。

(三)实施“3530工程”。零部件工业要统筹规划、合理布局、协调发展。省里重点支持以重汽集团、东岳轿车、一汽青岛为中心的三大零部件产业群，荣成华泰、福田诸城、时风集团、滨州活塞、莱芜环球等五个零部件工业园区，以及30个规模较大、技术基础较好、管理水平较高、产品竞争能力较强的企业的发展。省、市有关政策要向这三大零部件产业群、五个零部件工业园和30户重点零部件企业倾斜，创造良好的发展环境，加快对省内零部件企业的整合，推进与国内外知名零部件企业合资、合作，提升技术开发能力，扩大市场份额，打造成具有系统开发和供货能力、集零部件制造、研发、物流于一体的面向国内外市场的零部件制造产业基地。

(四)增强技术创新能力。按照“大型企业建中心、中小企业搞联合”的原则，在企业中广泛开展技术创新活动。大型骨干企业要建立和完善技术开发中心，实施产学研联合，建立高水平的技术开发队伍和技术支撑体系，形成较强的技术开发能力，开发拥有自主知识产权的产品，提升企业的核心竞争力。鼓励企业扩大国际合作，联合国际一流的研发机构，共建研发中心，提高产品开发整体水平。同时，依托骨干企业以及省内大专院校、科研单位，建立面向全省汽车零部件企业的研发中心，组织上采用股份制形式，人员采用流动站的形式，对缺乏自主开发能力的中小企业，采取委托与共同研发的方式，开发产品，协同攻关，减少企业间研发方面的重复投入，顺应市场需求，迅速地提高产品的科技含量，提高产品配套水平。

(五)加快结构调整。引导现有零部件企业加快结构调整，由生产单一零部件向专业化、模块化、零部件总成转变；由“散乱差”和自我封闭向社会化、“专、精、特、新”、“小巨人”、集团化转变；由生产单纯机械产品向光机电一体化产品转变，发展汽车电子产品；由为内部配套向为全行业配套转变；由为一般车型配套向为主流车型配套转变，并争取跨出国门，走向世界，为国外大公司配套；由主供维修服务市场向以整车配套和维修服务并举发展，同时扩大两个市场的占有率。济南、青岛、烟台要认真分析三大平台企业的配套现状，本着发挥本地优势，缩短配套半径，降低生产成本的原则，有针对性地研究制定政策措施，促进本地企业提升配套能力。

(六)大力开拓市场。引导企业充分利用两种资源、开拓两个市场。A类零部件企业，要积极加入跨国公司的全球采购体系，努力寻求与国际汽车零部件供应商建立合作关系，引入国际一流水平的汽车零部件采购机制、供货理念等，按照国际标准与国外大公司合作，逐步成为世界重要零部件生产基地；B类零部件企业要以国内大的整车企业集团为平台，结成战略联盟，搞好配套服务。针对省内整车配套服务，实施“05803”工程，到2005年，努力争取省内整车由省内零部件给予配套的平均比例达到80%以上，并且保证从订货之日起，三天内供货；C类零部件企业要认真分析维修市场的现状及其发展趋势，及时把握国内外汽车工业发展动态和消费群体的发展变化，积极占领维修服务市场。

(七)提高企业管理水平。引导企业吸纳国际化营销理念和策略,改进和完善营销体系;加大对信息化建设的投入,健全计算机管理系统,全面提高企业的市场快速反应能力;积极推行质量体系标准认证。特别要引导直接为整车配套的零部件企业,推行国际汽车组织新出台的ISO/TS16949汽车质量技术规范,认真学习、理解新标准的内容,重视实施标准的工具和途径,切实提高企业质量管理水平,使产品尽快融入国际市场。

(八)加强人才引进和培养。重视和支持汽车零部件企业加强人才队伍建设,积极引导企业采取多种形式,引进国内外高层次汽车技术人才和经营管理人才,对企业引进的急需人才,鼓励给予优厚的生活待遇,创造良好的工作条件。借鉴国内汽车工业发展先进省市的成功经验,充分发挥烟台大学汽车专业、山东理工大学汽车工程学院、哈尔滨工业大学汽车工程学院(威海)等院校学科优势,为我省汽车工业培养高素质专业人才。以部分骨干职业学院为基础,加强在职技术工人的培训,努力提高职工队伍整体素质。

6-14 山东省经济贸易委员会印发2003-2010年山东省汽车原材料工业发展意见的通知

鲁经贸产字[2003]392号

各市经贸委(经委)、有关单位:

根据省政府《关于加快汽车工业发展的意见》和全省汽车工作会议精神,我委组织制定了《2003-2010年山东省汽车原材料工业发展意见》,已在全省汽车工业座谈会上讨论,经省政府同意,现印发给你们,请结合各自实际,认真组织实施。

二〇〇三年十二月三日

2003-2010年
山东省汽车原材料工业发展意见

汽车原材料工业是汽车工业发展的重要基础和保证,是工业经济的重要组成部分。加快发展汽车原材料工业,是适应我国汽车工业发展新形势的需要,是推进我省工业结构调整与升级的迫切要求。我省原材料工业经过"八五"以来的稳步发展,部分产品具备了为汽车生产相配套的能力,但与我省和全国汽车工业快速增长的市场需求相比还有较大差距,特别是存在着产品档次低、品种单一、技术开发能力弱、缺少专业化和规模化的生产企业等问题,难以满足汽车工业快速发展的需要。为抓住机遇,加快汽车工业发展,拉长汽车产业链,实现省委、省政府把汽车工业培植成为支柱产业的重大战略目标,根据《山东省人民政府关于加快汽车工业发展的意见》和《山东省汽车工业2003-2010年发展规划》,现就2003-2010年我省汽车原材料工业发展提出以下意见。

一、发展目标

根据全省汽车工业发展规划,结合山东实际,我省汽车原材料工业要达到以下目标:

(一)产品目标。到2005年,各种汽车原材料生产能力分别达到:钢材270万吨(其中薄板100万吨、优质轴承钢和齿轮钢50万吨、弹簧钢20万吨、中宽带钢100万吨),粉末冶金16万吨,汽车用铝15万吨,汽车塑料件10万吨,汽车玻璃500

万平方米，子午线轮胎2000万条，橡胶件5万吨，汽车涂料6万吨，机织布、无纺布、皮革等汽车内饰材料品种丰富、性能提高；钢材占省内市场需求的75%，其它产品在满足省内需求的同时，部分供应省外和国外市场。到2010年，各种汽车原材料生产能力进一步提高，品种更加齐全，质量显著提高，成为国内外知名的汽车原材料生产供应基地。

（二）技术结构目标。到2005年，钢材、铝、玻璃、橡胶每个领域建成2-3家国家级企业技术中心，塑料、涂料、内饰材料每个领域建成1家行业技术中心，具备一定的汽车原材料自主开发能力。到2010年，企业和行业技术中心研发能力大幅提高，具有开发自主知识产权产品能力，产品技术水平适应国内、国际高档汽车生产要求。

（三）组织结构目标。到2005年，形成钢材以济南、莱芜、青岛为主，粉末冶金以莱芜为主，铝以淄博、烟台、聊城为主，塑料件以济南、青岛、潍坊为主，玻璃以淄博、威海为主，轮胎以青岛、威海为主，橡胶件以济南、青岛为主，涂料以烟台、潍坊、聊城为主，皮革以烟台、潍坊、淄博为主，机织布、无纺布以潍坊、威海为主的八大汽车原材料主产区，生产集中度达到80%以上。每个领域培育2-3家重点企业，全省形成15-20家具有较强竞争力的汽车原材料骨干企业。到2010年，八大汽车原材料主产区优势更加突出，龙头骨干企业的竞争能力进一步增强。

二、发展重点

适应现代汽车工业发展要求，结合企业实际，通过引进、消化、创新，提高我省汽车原材料工业配套能力和水平。

（一）钢材。充分利用现有生产能力，通过技术创新和改造，调整产品结构，重点发展汽车车身用薄板，车架用型材，齿轮、轴承、弹簧用特种钢。支持现有企业发展镀锌钢板、合金镀层钢板等高强度钢板，以及铝合金、镁合金、金属基复合材料、粉末冶金材料，鼓励与汽车生产企业合资合作共同开发生产汽车钢材。

济南钢铁集团要按照设备大型化、连续化、自动化标准，加快建设100万吨冷轧薄板生产线，大力开发生产镀锌板、彩涂板等高档汽车板材，扩大汽车用中厚板生产规模，实现由生产通用钢材向生产高技术含量汽车钢材的突破。莱钢集团要重点抓好优质合金钢的扩产改造，到2005年，生产能力由目前的30万吨提高到50万吨，继续开发新型特种合金钢，适应汽车工业对优质合金钢的需要。青岛钢铁控股集团要进一步改进20万吨弹簧扁钢生产工艺，提高产品技术水平，加大市场开发力度，实现规模化生产，要加大新型高性能弹簧钢开发，尽快发展成为国内最大的汽车弹簧钢生产基地。支持泰山钢铁有限公司加快建设100万吨冷（热）轧中宽带钢生产线，满足汽车和农用车生产用钢需要。支持莱芜市加快粉末冶金基地建设，尽快形成技术、质量和规模优势。

（二）铝。控制总量，提高工艺技术水平，淘汰环保不能达标的自焙阳极电解槽，发展预焙阳极电解槽生产工艺，提高电解铝精度，开发生产新型高性能铝板、铝带、合金铝、涂层铝等产品。引导现有企业充分发挥原料、技术和设备优势，重点发展铝制汽车发动机机体、车轮、车身、散热器、活塞、油箱等产品，提高铝制汽车零部件的生产比重。

山东铝业股份公司要充分发挥技术优势，加大发泡铝、超塑性铝合金、高焊接性铝与钢合金等新型高档铝产品开发力度，加快年产12万吨汽车用铝铸件项目建设进度，实现规模化生产。丛林集团要加强与国内外科研机构、汽车生产企业的合作，联合开发生产铝制车身及相关产品，将大型挤压设备的资源和技术优势，向汽车产业延伸，在挤压铝车身方面实现突破。南山集团、山东信发铝电等企业，在推进电解铝项目建设的同时，要加强新产品、新工艺、新技术的开发，由单纯生产电解铝，向生产铝合金、镁合金和铝制零部件等下游产品发展，拉长产品链。

（三）塑料。重点抓好新工艺、新技术、新设备的开发、建设和使用。引导企业加快开发使用热塑性弹性体、玻璃纤维增强尼龙等耐老化、耐变型新材料，调整产品结构；推广使用低压成型、气体辅助注塑成型等先进技术，加大轿车保险杠、仪表板、发动机罩盖、散热器隔栅、座椅、内饰件等塑料功能件的开发生产。

山东旭日汽车饰件集团要进一步提高载货车塑料件质量和生产规模，加快推进模塑公司车身钣金模具合资项目建设，引进日本、韩国等先进气辅注塑、热压成型工艺技术和设备，尽快形成年产

30 万套高档轿车仪表板、保险杠、内外饰件生产能力，成为集模具开发、配件生产、系统总成于一体的具有较强综合配套能力的大型企业集团。青岛塑料模具实业公司要充分发挥模具开发生产优势，在巩固现有载货车仪表盘、保险杠、内饰件市场地位的基础上，积极采用新材料，扩大轿车塑料件生产规模。青岛华涛汽车模具有限公司要在进一步提高发动机罩盖和散热器隔栅的技术性能，加快 10 万套丰田皇冠系列内饰件和 4 万套北京吉普发泡内饰件项目建设，形成规模，扩大优势。山东恒大汽车内饰件制造有限公司要进一步扩大车用塑料件和座椅的生产规模，加快新型塑料件生产线建设，到 2005 年形成年产汽车方向盘、内护棉、保险杠、仪表板等 30 余种新产品 240 万件的能力，成为品种多、技术水平高、竞争力强的大型汽车塑料件生产企业。

（四）玻璃。适应汽车玻璃由传统的平面玻璃向曲面、弯面、强弯曲和由无色透明向多颜色、轻量化、安全、美观、多功能方向发展要求，重点开发生产超薄、曲面、多色、热反射、低辐射、高安全性汽车玻璃。引导和支持现有企业加快玻璃成型深加工能力建设，扩大汽车成型玻璃生产比重，加快发展高附加值产品。

山东玻璃集团要加快高档汽车玻璃原片及深加工生产线建设，到 2005 年，形成年产 50 万套高档汽车玻璃的生产规模，成为国内外知名的大客车和轿车玻璃生产供应商。山东蓝星玻璃集团要通过与威海烟华安全玻璃有限公司联合合作，整合资源，发挥优势，扩大汽车钢化玻璃、挡风夹胶玻璃成型加工生产规模，提高客车、轿车玻璃配套能力。鼓励和支持现有企业加强技术中心建设，加大研发投入，加快开发高档次、高技术含量、高附加值、高安全性汽车玻璃。

（五）橡胶。在巩固载重子午胎优势的基础上，加快引进先进技术和知名品牌，发展低断面高档次轿车子午胎，增强与整车匹配性、高速行驶可靠性、乘坐舒适性和轮胎动平衡均匀性，提高与国内外轿车企业配套能力。加快发展以耐热、耐寒、耐油、耐老化高性能特种合成橡胶为原料的汽车密封件、高压耐油胶管、同步齿形带、防震件等产品，提高产品质量，扩大生产规模，形成技术、规模和品牌优势。

三角轮胎要加快 130 万条全钢载重子午胎和 200 万条半钢子午胎项目建设，推进与美国固特异公司的合作，利用国际大公司的技术和品牌，发展成为载重车和轿车子午胎重要生产基地。成山轮胎要加快 60 万条全钢子午胎和 300 万条半钢子午胎项目建设，扩大与德国大陆公司的合作，利用大陆公司的技术和品牌，全面开拓国际和国内市场。鼓励其它有条件的企业扩大子午线轮胎生产规模，进一步提高我省轮胎生产集中度和子午化率。

支持固特异（青岛）工程橡胶、青岛基珀密封、山东陈氏橡胶、潍坊顺福昌橡塑、重汽集团橡胶密封件厂等企业进一步扩大汽车橡胶件生产规模，加强与汽车生产企业、橡胶原料生产企业的联合与合作，加快开发使用以丙烯酸酯橡胶、氟橡胶、硅橡胶、三元乙丙橡胶、氯醇橡胶和聚氨酯橡胶等高性能特种橡胶为原料的汽车橡胶件，形成规模和品牌优势，提高为高档汽车配套的能力和水平。

（六）涂料。适应汽车工业发展需要，加快发展无镍、无亚硝酸盐型磷化液、醇酸漆、丙烯酸中涂漆、丙烯酸磁漆、氨基烘干磁漆、金属闪光漆等汽车专用涂料。引导企业加强与国内外科研机构、高等院校联合与合作，加快开发生产无铅无锡低温烘烤型阴极电泳漆、水性漆和溶剂型高固体份中涂漆、水溶性面漆等高档次、高性能、环保型产品，实现规模化生产、专业化经营。

山东昌裕集团要进一步提高醇酸漆技术性能，加大市场开发，到 2005 年形成年产 5 万吨的生产规模；加快年产 2 万吨金属闪光漆项目建设，实现由生产普通汽车涂料向生产具有良好耐候性、抗石击性和耐划伤性高档涂料的转变。山东乐化集团要充分发挥开发能力强、产品门类全的优势，进一步提高丙烯酸磁漆、丙烯酸中涂漆、金属闪光漆、底漆等现有产品的技术性能和生产规模，增加汽车涂料生产比重，到 2005 年各类汽车涂料达到 1 万吨的生产能力，实现专业化、规模化生产。支持现有企业加强技术中心建设，提高自主开发能力，尽快发展成为国内重要的汽车涂料生产企业。

（七）内饰材料。重点发展具有美观、舒适、耐用、阻燃等优良性能的无纺布、皮革等汽车内饰材料，扩大产品生产规模，增强高档汽车内饰材料生产配套能力。

昌邑无纺布有限公司要加大市场开发力度，

进一步扩大仿皮革基布、复合编织布等无纺布生产规模，到2005年实现年产各种无纺布1000万米，成为全国无纺布重要生产基地。莱芜金时代化纤无纺织造有限公司要加快汽车内饰材料生产线技术改造，到2005年形成年产地毯、内饰毯、模压材料、过滤材料等无纺布1200万米的生产能力。文登制革总厂和文登凤凰亭装饰布有限公司要通过联合与合作，加快轿车内饰面料生产线改造，进一步提高产品质量，扩大生产规模和市场覆盖面，到2005年形成年产高档汽车顶棚和地毯1000万米的生产能力。烟台万华超纤股份有限公司要加快阻燃、耐老化合成革项目建设，到2005年形成年产高档汽车合成革60万平方米的生产能力，成为国内高档汽车皮革专业生产企业。沂源制革总厂要充分发挥现有牛皮汽车座垫皮革的技术和市场优势，加大市场开发，到2005年实现年产牛皮汽车座垫皮革250万平方米，成为国内汽车皮革重要生产基地。

三、保障措施

（一）加强组织领导，建立目标责任制。要根据省政府《关于加快汽车工业发展的意见》的要求，加强对汽车原材料工业的领导，研究、协调、解决汽车原材料工业发展中的重大问题。围绕汽车原材料基地建设，结合当地实际，研究制定促进汽车原材料工业发展的政策措施。指导有关企业围绕汽车原材料发展规划调整产品发展方向，抓好规划落实，实现原材料工业与汽车工业配套协调发展。

（二）拓宽融资渠道，加大对汽车原材料工业资金投入。强化企业的投资主体意识和地位，促其充分运用税后利润、折旧资金和技术开发费等自有资金，搞好项目实施。扩大企业直接融资渠道，对承担重大项目的企业，优先推荐上市和发行债券，已上市的优先推荐配股和增发新股，并确保筹措资金用于项目实施。技术改造项目贴息、担保和科技创新项目补助要向汽车原材料工业倾斜，支持企业搞好产品结构调整，提高专业化、规模化水平。

（三）加快技术创新体系建设，推进汽车原材料行业技术进步。支持有条件的企业建立省级和国家级企业技术中心，提高引进技术消化吸收与自主开发创新能力。加大技术开发资金投入力度，使研究开发经费支出占销售收入总额的比例不断提高。加快行业技术开发中心建设，依托大企业，联合高校科研单位，建立面向行业、开放式的行业技术开发中心，对行业共性、关键性、前瞻性技术进行联合开发，形成重大平台技术联合开发、成果共享和技术扩散的机制，推进行业整体技术水平的快速提高。深入推进产学研联合，支持企业与高等院校、科研院所通过联合研究、委托开发、成果转化、共建研究开发机构和科技型企业实体等，加快新技术、新工艺、新材料的开发应用，扩大配套服务领域，促进现代科技最新成果在汽车及其原材料工业的发展。加快人才培养，引进、培养汽车原材料工业专业人才，为汽车原材料工业发展提供智力支撑。

（四）实施国际化战略，扩大对外经济技术交流与合作。充分利用国际国内两个市场、两种资源，抓住国际产业转移的机遇，通过加强与国际大公司的合作，积极参与国际分工和竞争，推进技术与产业结构优化升级。坚持以利用外商直接投资为主，积极探索利用外资新形式。通过引进国外资金、技术和管理，缩小我省汽车原材料工业与国际先进水平的差距，提高与国际、国内汽车工业配套水平。

（五）积极推进改革重组，培植大企业、大集团。按照市场经济的要求，解放思想，转变观念，加快国有企业的改革，支持非公有制经济以收购、兼并等形式，参与国有企业重组。鼓励联合兼并，避免不必要重复建设，发挥存量资产潜能，缩短抢占市场时间。按照扶优扶强、优化资产结构的原则，通过联合重组，培植一批跨地区、跨行业、跨所有制的大型企业集团。支持汽车原材料项目进入汽车工业园区建设，推动生产组织方式的创新，为企业发展开辟更高层次、更广阔的空间。

6-15　山东省经济贸易委员会山东省信息产业厅印发关于加快山东省电子信息产业发展的意见的通知

鲁经贸投字[2003]292号

各市经贸委(经委)、信息产业主管部门,省直有关部门:

现将《关于加快山东省电子信息产业发展的意见》印发给你们,请结合各自实际,认真组织实施。

二〇〇三年九月四日

关于加快山东省电子信息产业发展的意见

为全面贯彻落实党的十六大提出的"以信息化带动工业化,以工业化促进信息化"和省委工作会议精神,促进全省经济超常规、高速度、跨越式发展,现就加快我省电子信息产业发展提出以下意见。

一、加快电子信息产业发展的重要性和紧迫性

电子信息产业作为国民经济的基础产业、先导产业和支柱产业,具有低消耗、污染小、高渗透和高增值特性。大力发展电子信息产业,是带动全省经济增长、推进国民经济和社会服务信息化的一条根本途径。改革开放以来,我省电子信息产业取得长足发展。到2002年底,全省共有限额以上信息产品制造企业445家,拥有总资产726亿元,完成工业增加值227亿元,实现销售收入1430亿元,利税75亿元,其中利润43亿元。电子信息产品发展到投资类、消费类、基础产品类三大类、100多个品种,小型机/服务器、数字移动通信设备、高精细荫罩、传真机、集成电路用金丝、电力自动控制系统、软件产品等在国内具有较高的市场占有率和较强的市场竞争力。海尔、海信、浪潮、宏安、中创、北洋等一批重点企业不断发展壮大,成为全省电子信息产业发展的骨干力量。软件产业初具规模,软件及系统集成销售额达90亿元,中间件、网络安全软件和应用软件的水平居全国前列。

但是,我省电子信息产业还存在一些矛盾和问题:一是产品结构不合理。三大类产品中,仍以利润较低的消费类电子产品占主体,占比达62%,以通信、计算机为主的投资类产品仅占21%,集成电路产业在我省几乎是空白。二是技术创新体系不完善,创新能力不强。我省214家省级以上企业技术中心中,电子信息行业拥有16家,仅占7%。电子信息产品中具有自主知识产权的产品少,研发成果的转化率不高。三是产业发展外向度不高。2002年,全行业完成出口交货值174亿元,占全省电子信息产业实现工业总产值的11.4%,比全省平均水平低2.6个百分点。以上问题如果不采取措施加以解决,将严重制约我省电子信息产业的发展。

随着电子信息技术的快速发展、国际经济结构调整和经济全球化进程的明显加快,电子信息产业既面临着良好发展机遇,也面临着严峻挑战。党的十六大指出:"信息化是我国加快实现工业化和现代化的必然选择,坚持以信息化带动工业化,以工业化促进信息化,走出一条科技含量高、经济效益好、资源消耗低、环境污染少、人力资源优势得到充分发挥的新型工业化路子。"这是党中央站

在时代的前列作出的重大战略决策，也是实现国民经济战略性调整和快速发展的重大举措。上海、北京、广东、江苏等省市纷纷制订规划，运筹对策，大力发展电子信息产业。山东作为经济大省，必须抢抓机遇，选准目标，加快发展，为实现我省经济由大省向强省跨越奠定坚实基础。

二、加快电子信息产业发展的指导思想、原则和目标

(一)指导思想

认真贯彻党的十六大和省委工作会议精神，追踪国际先进技术和产品发展方向，以市场为导向，以效益为中心，以技术进步为动力，优化产业结构，壮大产业规模，提升核心竞争力，把电子信息产业建设成为信息化带动工业化、促进全省经济和社会发展的支柱产业。

(二)原则

外向型的原则。加强国际合作与交流，加大招商引资力度，主动承接国际 IT 产业转移，大力开拓国际市场，提高国际竞争力。

技术创新的原则。强化自主知识产权产品的开发和生产，重视电子信息产品标准的研究和制订，完善技术创新体系，提高创新能力和核心竞争力。

有所为、有所不为的原则。坚持有限目标，突出重点，围绕骨干优势产品培育和完善产业链，突破和解决制约信息产业发展的瓶颈。

抓大促小的原则。选择拥有前沿技术、核心竞争力强、辐射带动力大的企业集团，做大做强；引导科技型中小企业向“专、精、特、新”方向发展。

(三)发展目标

1. 到 2005 年，全省电子信息产业销售收入达到 2300 亿元，年均递增 30%；工业增加值 550 亿元，年均递增 35%；利税 150 亿元，年均递增 30%；其中利润 75 亿元，年均递增 30%；出口创汇 70 亿美元，年均递增 50%。

2. 主要产品产量：彩电 1000 万台，程控交换机 1000 万线，小型机/服务器 15 万台，各种专用微机 100 万台，手机 1000 万部，传真机 100 万台，热打印机 10 万台，高精细和大屏幕荫罩 2000 万张，铜箔 8000 吨，覆铜板 18000 吨，IC 用金丝 5000 公斤，电子元器件 600 亿只；软件与系统集成收入 300 亿元。产品整体水平达到 20 世纪末国际先进水平，主要产品达到国际同期先进水平。

3. 建成 10 个电子信息产业基地和产业园，年销售收入 1300 亿元，占全省电子信息产业销售收入的 50% 以上。

4. 形成 20 个省级以上企业技术中心和 3 家集成电路设计中心，成为产业发展的技术支撑。

三、发展重点

“十五”后三年，重点发展高性能计算机及外围设备、高速宽带网络与通信产品、高智能信息家电、软件、新型元器件及电子新材料等五大系列产品。

(一)高性能计算机及外围设备

巩固发展新型家用、商用、军用、工业用计算机以及打印机、扫描仪、键盘、存储设备等配套产品，突出发展高性能小型机/服务器，形成计算机及外围设备产业链。

高性能计算机及服务器。发挥浪潮集团服务器技术和产品优势，建成国内最大的服务器开发和产业化基地。以浪潮、海信、海尔为主，跟踪国际最先进计算机技术，开发生产各类高性能多媒体计算机、便携式计算机、工业控制计算机、军用及特殊行业专用计算机，形成规模化、系列化生产能力。

计算机外围设备。发挥威海北洋集团独家生产图像传感器和热感应记录头的优势，加速开发生产热转印打印机、高速票据扫描仪、二维条码打印机、铁路及通信等行业专用打印机等系列产品。以北大青鸟华光、山大欧玛信息产业公司、青岛澳柯玛集团、济南电影机械厂为依托，开发生产光电图像扫描及识别系统、多媒体投影仪、显示器、数码一体机、胶印机等外围设备。

自动化控制系统。以东方电子、鲁能积成为主，巩固电力自动化控制系统的技术优势，扩大市场占有率，建成国内最大的电力自动化控制系统软、硬件生产基地。以济南大陆机电公司为依托，开发生产化工、医药、电力、煤炭等系列工业过程自动化控制系统。

(二)高速宽带网络与通信产品

跟踪国际先进通信交换技术、第三代移动通信技术和第四、五代光纤通信技术的发展，重点发展局用数字程控交换机、移动交换机、基站设备、移动通信手机、光纤通信系统配套产品、高速宽带网络配套产品,形成从交换、传输到终端产品的网络及通信产品产业链。

通信及网络交换产品。突出抓好青岛朗讯公司程控交换机的生产,争取美国朗讯公司的生产、研发基地向青岛转移。以浪潮、郎讯、海信、泉清为主,积极发展无线接入系统、基站、光通信系统、数字集群系统、网络交换机、路由器等高速宽带网络系统及配套产品。

通信终端产品。以海尔、海信、浪潮乐金、泰信电子为主,重点抓好CDMA网络建设,扩大手机品种,提高产品档次。扩大北大青鸟华光集团各类手机用锂离子二次电池生产规模,完善本地配套能力。以海信、威海北洋等企业为依托,发展多功能数字传真机、电话机等新型数字通信终端产品和网络终端产品。

传输产品。以山东宏安、新潮实业为主,扩大超五类、六类、七类数据通信电缆生产规模。依托山东阳谷电缆集团公司,开发生产光纤预制棒、光导纤维和光缆,积极开发室内光缆,替代进口产品,实现真正意义上的光缆到户。

(三)高智能信息家电

加快数字技术、多媒体技术、新型节能技术和绿色环保技术的应用,重点发展数字化、多媒体、高效节能产品。依托海尔、海信、山东松下,采用等离子扫描、大屏幕投影等新技术,发展智能化、超大屏幕、高清晰度数字电视机、多媒体一体机,以及数字电视机顶盒、接收机等产品。加快数字家庭影院系列等新一代数字音响产品的开发和产业化。积极发展高清晰度、高色彩分辨率、多功能数码摄像机和数码照相机。

(四)软件

以建立“网上山东”为主攻方向,积极采用软构件复用、软构件同构集成环境等新技术,加快建设国家级的齐鲁软件园以及青岛、烟台、威海软件园区,重点发展应用软件、支撑软件和嵌入式系统软件。

应用软件。突出发展金融、财务、广播电视、媒体信息管理、商场超市管理、智能化交通、电力控制、网络安全软件等行业软件产品,扩大市场占有率。积极发展拥有自主知识产权的企业信息化和电子商务软件、家用软件、教育软件。逐步开发软件构件,建立软件构件库。

支撑软件。重点抓好软件中间件的开发和生产,逐步提高大型数据管理系统、网络平台、开发平台、嵌入式系统、大型软件应用系统等基础性软件和共性软件的开发能力,建立以中创软件公司为主体的软件中间件产业化基地,推进软件产业化。

嵌入式软件。重点开发针对数字化和智能化家电、通信产品、数控机床及其它光机电一体化智能控制设备和玩具用软件。

(五)新型元器件及电子材料

重点发展新型电子元器件和电子基础材料,形成规模化、系列化生产,提高综合配套能力。

新型片式电子元器件。发挥山东电波集团生产低密度腐蚀隧道石英晶体材料的优势,进一步与日本电波公司合作,扩大SMD表面贴装石英晶体谐振器规模,提升产品档次和水平。以沂光电子公司、淄博双锝电子公司和济南固锝电子公司为主,开发生产电子整机、通信设备及手机用片式二极管。依托清华同方鲁颖电子公司,开发生产具有国内领先水平的叠层片式电感器。

新型电子材料。依靠山东大学晶体材料研究所技术优势,重点开发生产钒酸钇、钨酸铅、大尺寸磷酸二氢钾、磷酸钛氧钾、大直径硅单晶、砷化镓与磷化镓单晶、金刚石、压电石英等人工晶体材料及器件。以烟台正海电子网板公司为基础,研究开发纯平管、宽屏超大尺寸彩管和索尼超薄管荫罩新产品。以招远金宝电子公司为主,研究开发耐高温、超薄(12微米)、无针孔、延展性好的电解铜箔和平整度好、冲孔性能好、电性能高的高档覆铜板等新产品。扩大山东鲁鑫贵金属集团具有国际水平的低弧度金丝、硅铝键合丝等集成电路用金丝生产规模。

光电子产品。以山东英克莱集团、华光光电子公司为主,引进国际先进设备,发展红、绿、蓝三基色光及白光等超高亮度发光二极管、激光二极管外延材料、器件和LED显示器件,形成从光电子材料、器件到整机产品一条龙。

新型显示器件。积极承接日、韩技术转移,加快威海蓝星公司与欧丽安合作生产PDP等离子显示器项目建设,形成批量生产能力。

集成电路。发挥海尔、海信和哈工大威海国际微电子三个集成电路设计中心的作用,从家电、通讯等产品的芯片设计入手，突出抓好专用集成电路(ASIC)技术的研究与开发，形成设计流程的标准化、构件化、IP化、网络化，提高专用集成电路的封装能力和水平。

四、发展措施

1. 加快所有制改革步伐，促进电子信息产业快速发展。以推进产权制度改革、规范法人治理结构为突破口，解决电子信息骨干企业国有资产比重过大、机制转换不到位的问题。各级政府要积极探索代表国家履行国有资本出资人职责的具体方式，在组建完善国有资产经营公司的基础上，对优势大企业实行国有资产授权经营，实现政企分开。加快推进大型骨干企业的投资主体多元化，以转让存量资产为主要方式，鼓励国有资产从现有企业中退出，吸引民营、外商资本充分进入，解决现有电子企业国有股一股独大的问题，为企业发展注入新的活力。

2. 强化企业技术创新体系建设，增强创新能力。电子信息骨干企业要抓紧建立技术中心，提高科技投入占销售收入的比例，提高技术开发手段和能力，培植具有自主知识产权的主导产品和核心技术。依托现有的13家企业技术中心，整合社会科技资源，组建面向全行业、开放式、具有国际领先水平的行业技术中心，集中力量攻克带有全局性的关键技术，加速高技术成果向产业化转移。大力推进中介机构建设。各级政府要制定相应政策，扶持电子信息产业技术创新中介服务机构的发展，为企业技术创新创造良好的环境。

3. 加强对外交流与合作，加快电子信息产业国际化步伐。在抓好与美国朗讯、日本松下、三菱、三洋和韩国三星、LG等大公司合资合作的同时，进一步扩大对外开放领域，加强与世界发达国家的交流与合作，高起点引进国外先进技术和管理经验，冲出跟踪、跟进的圈子，实现消化创新。采取合资、合作、产权转让等多种方式，有针对性地大力招商引资。对国外拟转移过来、符合我省电子信息产业发展方向的项目和企业，要积极主动地予以承接，快速壮大产业规模。加强专利保护。鼓励具有自主知识产权的电子信息技术成果抢注专利，已注册专利的技术成果在利用各项优惠政策方面享有优先权。有关部门要抓紧研究应对加入WTO后的技术壁垒，并合理利用技术壁垒防止国外电子信息技术产品冲击国内市场。积极开拓国际市场，大力培植出口创汇基地，采取租赁、来料加工等多种形式，实现大进大出，加速与国际市场接轨的步伐。

4. 加大人才培养和引进力度，构建高层次人才队伍。重视人才引进。建立海内外高层次专家人才库，对我省电子信息产业发展急需的领军人才、骨干人才，主动靠上去做工作。省引智办每年安排专项资金，专门用于从国外或国内引进高层次专家人才。对境外科技人员及出国留学生来鲁创办的电子信息企业，在注册登记、土地使用、推荐上市及其它优惠政策方面享有与国内重点扶持企业同等待遇。对来鲁创业并承担国家和省重点技术创新项目的骨干科技人员，其合法工薪收入，经审定可免征个人所得税。加强人才培养。利用出国学术交流基金，有针对性地选派高层次电子信息专业人才到国内外大学、科研机构进行培训和深造。每年选拔一批重点企业的厂长、经理到国内外著名大学攻读MBA、EMBA，造就一批新型企业家队伍。高等学校要强化信息学科建设，扩大招生，特别要增加博士和硕士研究生比重，大力培养优秀专业技术人才。充分发挥现有人才的作用。对做出突出贡献的企业家、科技人员可破格晋升技术职务，不受岗位职数限制，并从新增税后利润中给予不少于5%的重奖，奖金或股份再投入企业生产经营的，不再计征个人所得税。鼓励国内外科技人员以技术作价入股，对技术领先、经济效益显著的重大成果，技术成果价值占注册资本比例可超过35%。积极试行对企业经营者实行年薪制、风险抵押、持股经营、期股(权)激励等按劳分配和按要素分配相结合的多种分配方式。

5. 广开渠道，加大对电子信息产业的资金投入。强化企业投资主体意识和地位，促其充分运用税后利润、折旧资金和技术开发费等自有资金，搞好技术改造和技术开发项目实施。企业技术开发费据实列支，占销售收入的比重要达到5%以上，上不封顶，可在年初予提，专项储存，结余部分结转到下年度使用。在工效挂钩和经营业绩考核时，对按规定列支的，视同企业实现利润。扩大企业直接融资渠道。优先推荐电子信息企业上市和发行债券，已上市的优先推荐配股和增发新股，筹措资金必须用于技改和开发项目实施。各金融机构增加电子信息产业信贷规模，贷款增长幅度要高于一般性商业贷款。以电子信息产业发展基金为基础，成立省电子信息产业风险投资公司，通过引进外资、发行债券等方式多渠道筹集风险资本，并以此吸引境内外风险资金来我省投资，支持全省电子信息产业发展。

6－16　山东省经济贸易委员会印发《关于加快山东省石化工业发展的意见》的通知

鲁经贸投字[2003]176号

各市经贸委(经委)：

现将《关于加快山东省石化工业发展的意见》印发给你们，请结合各自实际，认真组织实施。

二○○三年五月二十八日

关于加快山东省石化工业发展的意见

为认真贯彻党的十六大精神，加快我省石化工业产品结构调整，促进行业健康快速发展，按照以龙头产品为重点促进产业链结构调整的思路，提出加快我省石化工业发展的如下意见。

一、加快我省石化工业发展的重要性

石化工业是能源和原材料工业的重要组成部分，其发展能够带动和促进工业、农业、国防科技的发展和人民生活水平的提高，在国民经济中具有举足轻重的地位和作用。改革开放以来，我省石化工业得到了较快发展，已经成为我省支柱产业。截止2002年底，我省共有原油加工企业26家，原油加工能力3000万吨，原油加工量2100万吨，能力和产量分别占全国的11%和9.6%，产量居全国第二位。三大类油品产量达到950万吨。主要石油化工产品乙烯产量52万吨，占全国9.6%，三大合成材料137万吨，占全国7.5%，其中合成树脂108万吨，合成橡胶17万吨，合成纤维12.5万吨。2002年实现工业增加值130亿元，销售收入495亿元，实现利税40.9亿元，利润7亿元，工业增加值和销售收入分别占全省工业总量的3.7%和4.5%。21户地方炼油企业，原油加工能力达到1588万吨，2002年原油加工量850万吨，实现销售收入186亿元，实现利税15.5亿元，利润3.6亿元。石化工业为我省经济的发展做出了重要贡献。

我省石化工业虽已具有一定基础，但还存在一些突出问题：一是企业规模较小。特别是地方企业单套装置规模较小，全省地方炼油企业单套装置平均原油加工能力仅为56万吨，形不成规模效益。二是技术水平低，自主创新能力差。目前全省26家炼油企业拥有省级以上技术中心的只有3家。三是产品加工深度不够，产业链不长。原料型的产品多，专用精细化工产品少，作为石化工业基础产品的乙烯产量偏小，很难发挥龙头带动作用。四是原油资源短缺，配置不到位。特别是地方炼油企业，原油缺口大，炼油装置效益难以充分发挥。这些问题如不能得到尽快解决，将严重制约我省石化工业的快速发展。

我省加快石化工业发展有得天独厚的资源条件。随着经济全球化进程和我国西部大开发步伐的加快，我省石化工业面临前所未有的机遇和挑战。作为我省重要的支柱产业，石化工业必须抓住机遇，迎接挑战，发挥优势，加快发展，为国民经济的持续快速发展做出更大贡献。

二、指导思想、原则和目标

(一)指导思想

跟踪国际石化工业发展趋势,以市场为导向,以结构调整为主线,以提高企业竞争力为核心,以大型化、集约化、精细化为方向,依托大型骨干企业,依靠技术进步,提升炼油能力和水平,大力发展乙烯及后续深加工产品,拉长产业链,建设大型石化基地,促进产业结构优化升级。

(二)原则

技术进步原则。积极采用高新技术和先进适用技术对现有装置进行扩建和改造,依靠技术进步,实现产业优化升级。

科学布局原则。加强规划引导,调整产业布局,优化资源配置,提高产业集中度。

可持续发展原则。加大节能环保和资源综合利用技术的应用,降低能耗、物耗,减少环境污染,走新型工业化道路,促进可持续发展。

(三)目标

到2005年,原油加工能力达到3500万吨,乙烯72万吨,合成树脂150万吨,合成橡胶20万吨。销售收入达到900亿元,利税70亿元,利润15亿元,分别年均增长22%、20%和20%。

1. 成品油主要质量指标达到或接近国际先进水平,环保性能达到国际标准。

2. 石化生产技术达到或接近国际先进水平,炼油装置综合收率达到95%以上。

3. 培植销售收入过50亿元企业集团6家,其中过100亿元4家,齐鲁石化过300亿元。

三、发展重点

(一)炼油

以结构调整为重点,以提高炼油企业的集中度和油品质量为目标,优化资源配置,加强炼油能力的完善配套。重点支持采用加氢裂化、加氢精制、硫磺回收等技术,发展高指标环保型清洁汽油、柴油,提高汽、柴油质量,满足市场对清洁燃料的需要。优化现有产品结构,增产柴油、石脑油、高等级道路沥青、优质润滑油和石蜡等产品。加快现有大型骨干企业一、二次加工及系统的综合配套改造,调整产业布局,发展规模经济。齐鲁石化公司、济南炼油厂通过综合配套改造,原油加工能力分别达到1000万吨和500万吨。依托黄岛液体码头进口原油,加快建设青岛1000万吨大炼油项目。达到一定规模的地方炼油企业向精细型和特色型发展,重点发展二次、三次加工,提高加工深度,降低生产成本,提高经济效益。淘汰一批资源浪费和环境污染严重的炼油装置。

(二)乙烯

以柴油为原料,采用大型高效裂解炉、高效换热和分离器及催化蒸馏等技术和设备,改造齐鲁石化公司乙烯装置,提高乙烯收率,降低能耗、物耗,生产能力达到72万吨;配套改造聚烯烃装置,调整产品结构,提高合成树脂专用料的比例。在建设青岛1000万吨炼油项目的同时,配套建设60万吨以上规模的乙烯装置。

(三)合成材料

在大力发展乙烯基础上,积极发展合成树脂、合成橡胶、合成纤维三大合成材料。合成树脂,以装置大型化、产品系列化为主攻方向,加快总量扩张。结合乙烯项目建设和改造,重点发展聚乙烯、聚丙烯、聚氯乙烯、聚苯乙烯和ABS等通用树脂;采用新聚合技术、改性技术发展通用树脂改性材料;调整产品结构,提高档次,发展系列化、专用化、高性能合成树脂产品。合成橡胶,继续扩大齐鲁石化顺丁橡胶的生产能力,提高质量,增强质量稳定性,发展新牌号;积极开发丁苯橡胶。合成纤维原料及聚合物,依托齐鲁石化、济南炼油厂加快淄博腈纶的丙烯腈装置和齐鲁化纤公司的精对苯二甲酸、聚酯装置的扩能改造,尽快形成经济规模。

(四)有机原料

以齐鲁石化和青岛炼油项目为依托,以炼油和乙烯装置为龙头,建设齐鲁化学工业区和黄岛石化基地,促进有机原料向规模化、基地化方向发展。重点发展苯酚/丙酮、环氧氯丙烷、氯乙烯单体、醋酸乙烯、双酚A、丙烯酸及酯类等产品,为精细化工产品提供原料来源。

四、主要措施

1. 调整产业布局,优化资源配置。制定全省石化行业整体规划,加强政策、规划和信息引导,指导行业健康发展。大型骨干企业要加快炼油和乙烯装置的系统配套改造,提升炼油、乙烯规模和水平,发挥龙头带动作用,吸引产业聚集。200万吨以上规模的地方炼油企业要继续加以改造,提高产品质量，增强市场竞争能力。100万吨以上规模企业不再扩大原油加工能力，加快调整产品结构，发展非油产品，拉长产业链，形成特色产业群。采取法律、经济和必要的行政手段，转产、关闭资源浪费、环境污染比较严重的小炼油企业，促进有限资源向优势企业流动。

2. 积极利用外资，加快国际化步伐。抓住经济全球化步伐加快的机遇，加大利用国外资本、资源和技术的力度，借助外力加快发展。企业要积极开展多种形式的招商引资，特别是加强与世界500强大公司的合资合作，并通过外资的进入引进先进的技术和管理。除炼油装置国家限制外商投资外，下游产品都要采取多元化投资的方式建设。充分利用国内外两个市场，科学利用国外资源，实现各种资源的最佳配置。国内石化企业要积极实施“走出去”战略，参与国际投资和经营，运用好国家赋予的产品进出口权限，努力扩大产品出口。

3. 大力推进技术创新，提高石化行业技术水平。深化科研体制改革，促进现有科研机构向企业化转变。健全技术创新体系，在充分发挥现有企业技术中心作用的基础上，鼓励建立面向全行业的行业技术中心；健全科技创新中介服务机构，按照市场经济规律，促进科技成果的商品化，加大科技成果的转化力度；各级政府要加强对技术创新的政策引导，协调好基础性、前瞻性和具有重大战略意义的技术创新课题研究。企业要不断加大科技开发资金投入，提高科技投入占年销售额的比重。

4. 鼓励地方企业与中央企业的合作，促进共同发展。地方有特色的炼油企业要本着双赢的原则，积极探索与中央企业的合作，一方面解决原料，提高装置开车率，降低成本，提高效益；另一方面，走“油头化尾”和“非油产品”并举的路子，发展精细油品、重交沥青等产品，进一步突出特色。地方化工企业要依托中央企业炼油和乙稀装置，做好下游产品深加工的文章，积极发展合成材料、有机原料、各类专用化学品以及规模大、档次高的塑料和化学纤维制品。地方政府要积极为地方企业和中央企业的合作搞好协调服务，创造良好条件。

6-17 山东省经济贸易委员会印发《关于加快山东省家电工业发展的意见》的通知

鲁经贸投字[2003]172号

各市经贸委(经委)：

现将《关于加快山东省家电工业发展的意见》印发给你们，请结合各自实际，认真组织实施。

二〇〇三年五月二十八日

关于加快山东省家电工业发展的意见

我国家电工业已进入产业成熟期，市场竞争异常激烈。为巩固我省家电工业优势，实现由家电大省向家电强省转变，按照从最终产品抓起，促进产业链调整和发展的思路，制定加快我省家电工业发展的如下意见。

一、加快发展家电工业的紧迫性和重要性

改革开放以来，我省家电工业得到了迅猛发展，已经成为门类齐全、具有一定竞争优势的重要产业。到2002年底，全省规模以上家电企业共20家，从业人员5万余人，2002年实现工业增加值45亿元，销售收入405亿元，利税25亿元，其中利

润14亿元。主要产品初具经济规模,产量居全国前列。主要产品电冰箱产量达到435万台,电冰柜215万台,洗衣机345万台,空调器385万台,电视机673万台,分别占全国总产量的26%、37%、25%、10%、12%,其中,电冰柜、电冰箱、洗衣机产量居全国首位。产业集中度越来越高,骨干企业优势明显。海尔、澳柯玛、小鸭、海信四大集团销售收入已占全省家电工业的95%。海尔集团2002年全球营业额达720亿元,其电冰箱产量全球市场份额第一,洗衣机、电冰柜世界排名第三,空调器也进入世界前六名。企业技术开发能力不断增强,产品的质量档次明显提高。全行业拥有省级以上企业技术中心7个,其中国家级企业技术中心4个,高新技术产品销售收入的比重达到65%,拥有全国名牌产品10个,占全国家电行业名牌产品个数的35%,名牌产品销售收入占整个行业的比重达到92%。家电工业的发展,有力地促进了材料、机电、节能、环保等产业的发展,促进了劳动就业,对全省经济发展和人民生活水平提高起到了重要的推动作用。

但是,我省家电工业还存在一些矛盾和问题:一是核心竞争能力不强,缺乏具有自主知识产权的核心技术,缺少技术储备。二是产品不能及时更新换代,缺乏创新,低档产品比重还占相当大的比重,在高技术和高档产品方面缺乏竞争力。三是小家电产品的开发、生产存在差距。四是家电零部件、配套件的开发、创新进展缓慢,大部分关键件在我省仍然是空白。这些问题如不能尽快解决,将严重影响我省家电工业的进一步发展,制约我省家电工业的优化升级。

家电行业是我省优势行业,在我省工业经济中占有重要地位。加快家电行业的发展,直接关系到我省工业结构的优化升级。当前,家电行业面临严峻的挑战,生产能力过剩、竞争加剧、经济效益下滑已经影响了企业生存和发展。但是机遇与挑战并存,家电工业同样面临着我国加入世贸组织、家电更新换代、农村市场启动、西部大开发等机遇,我们一定要抓住机遇,充分发挥现有规模、技术和品牌优势,加快发展,尽快实现由家电大省向家电强省的跨越,为全面建设小康社会做出更大贡献。

二、山东省发展家电工业的指导思想、原则和目标

(一)指导思想

认真贯彻党的十六大精神和国家产业政策,追踪国际先进技术和产品发展方向,以市场需求为导向,以经济效益为中心,以技术进步为动力,以结构调整为重点,提高重点企业的装备水平,大力开发高新技术产品,培育和巩固名牌产品,增强核心竞争力,打造山东家电工业发展的新优势。

(二)原则

择优扶强原则。选择技术创新能力强、拥有知名品牌的优强企业,加大扶持力度,促其迅速扩张。

技术进步原则。紧紧依靠技术进步,调整产品结构,发展高新技术产品,促进产业优化升级。

国际化原则。“引进来”和“走出去”相结合,以大进促大出,加快融入世界经济步伐。

新型工业化原则。积极采用节能环保新技术,开发绿色产品,促进可持续发展。

(三)发展目标

1. 到2005年,全省家电工业销售收入达到850亿元,年均递增长28%,利税50亿元,年均递增25%;创汇8亿美元,年均递增20%。

2. 到2005年,全省主要家电产品产量为:电冰箱700万台,年均递增11%;洗衣机500万台,年均递增12%;空调器800万台,年均递增12%;电冰柜300万台,年均递增10%;电视机1000万台,年均递增11%。

3. 国际先进水平装备所占比重由2002年的65%提高到2005年的80%。

4. 高档产品比重由2002年的65%到2005年达到80%。主要家电产品国内市场平均占有率由2002年的24.5%提高到2005年的30%。

5. 培育特大型企业集团,年销售收入超500亿元1个,年销售收入超100亿元3个。

6. 中国名牌数量达到15个,山东省名牌30个。

三、发展重点

“十五”后三年,我省家电行业主要围绕利用先进技术,发展节能、环保、智能化、网络化、多功能产品。进一步巩固、拓展白色家电在国内外的

市场，大力发展各类小家电，积极开发数字视听、摄像等高技术产品。

冰箱冰柜。依托海尔、澳柯玛集团，重点采用节能和全无氟制冷技术，向节能型、超低温、静音型方向发展。在此基础上，家用冰箱要适应现代家居特点，向个性化、美观化方向发展；冰柜重点发展商用冷柜、展示柜、专用冰柜、深冷冰柜、特型冰柜、超节能冰柜等。进一步提高散热器、温控器、冷凝管的技术水平和配套能力，开发高效能保温材料。

洗衣机。以海尔、小鸭集团为重点，提高套桶及滚桶全自动洗衣机档次，重点向节水省时、消毒杀菌、高洗净度、低磨损率、超薄美观方向发展。开发面向农村市场的双桶洗衣机以及智能化、大容量、节水型工业用洗衣机和纳米抗菌材料洗衣机。进一步提高洗衣机专用电机、定时器的技术水平和配套能力。

空调器。依托海尔、海信、澳柯玛、小鸭，进一步开发和完善变频节能和智能化技术，发展变频系列空调，增加抗菌、多层过滤、双向换风、氧吧等各种功能，提高产品附加值。积极开发家用、商用和工业用中央空调等产品。

数字视听产品。加快数字技术、多媒体技术的应用，重点发展电视机、音响及关键元器件。依托海尔、海信、山东松下，采用等离子扫描、大屏幕投影等新技术，发展智能化、超大屏幕、高清晰度数字电视机、多媒体一体机，以及数字电视机顶盒、接收机等产品。大力发展相配套的超大屏幕玻壳以及高精细荫罩等电子元器件。加快数字家庭影院系列等新一代数字音响产品的开发和产业化。

摄像器材。积极发展高清晰度、高色彩分辨率、多功能数码摄像机和数码照相机，以及相配套的光学镜头、感光芯片、数字图象处理芯片、大容量储存芯片等。

小家电。以海尔、小鸭、多星集团为依托，重点发展热水器、排油烟机、微波炉、消毒柜、电热锅、饮水机等厨具以及电风扇、吸尘器、净化器等居室用品，在质量、安全、造型等方面进一步增强竞争优势。

家电配套产品及材料。积极与国际大公司合作，开发具有自主知识产权的制冷压缩机、集成电路生产技术，提高电冰箱、电冰柜、空调器和数字家电生产企业的核心竞争力。进一步提高模具开发能力和水平，适应家电外观和内饰件创新的要求。积极发展纳米级塑料和冷轧薄钢板等材料，提高家电内饰件的健康环保性能和外观质量。

四、发展措施

1. 加快所有制改革步伐，促进家电工业快速发展。以推进产权制度改革、规范法人治理结构为突破口，解决家电骨干企业国有资产比重过大、机制转换不到位的问题。各级政府要积极探索代表国家履行国有资本出资人职责的具体方式，在组建完善国有资产经营公司的基础上，对优势大企业实行国有资产授权经营，实现政企分开。加快推进大型骨干企业的投资主体多元化，以转让存量资产为主要方式，鼓励国有资产从现有家电企业中退出，吸引民营、外商资本充分进入，解决现有家电企业国有股一股独大的问题，为企业发展注入新的活力。

2. 大力推进企业技术进步，提高企业核心竞争力。强化企业技术创新体系建设，增强企业技术创新能力。企业要进一步加大投入，提高科技投入占销售收入的比例，提高技术中心的开发手段和能力，建立和完善高级人才的培养、引进、使用和激励机制，形成技术创新的良好氛围和生产一代、储存一代、开发一代的良性循环。以现有骨干企业技术中心为依托，整合现有社会科技资源，组建面向全行业、开放式、具有国际领先水平的行业技术中心，集中力量攻克带有全局性的关键技术。充分利用法律手段，保护自主知识产权。进一步加大技术改造投入，提高企业技术装备水平，适应产品升级换代和产品质量提高的要求。各级政府要制定相应政策，扶持技术创新中介服务机构的发展，为企业技术创新创造良好的环境。

3. 实施名牌战略，加大市场开拓力度。实施名牌战略是巩固和开拓国内外市场的必由之路，必须要进一步强化名牌意识。在巩固现有名牌优势的基础上，进一步提高产品质量、技术含量和服务水平，加大宣传力度，培植一批新的知名品牌，力争在三年内使我省主要家电产品全部跻身于中国名牌行列。进一步完善市场营销体系，提高营销素质和能力，借助知名品牌，千方百计开拓市场。抓住加入世界贸易组织的机遇，加强产品国际认证，支持企业进口国外质优价廉的原材料和关键零部件，提高出口产品质量，以大进促大出，努力开拓国际市场。以西部大开发、农村市场启动和城市消费需求升级为契机，开发适应西部和农村消费以及城市高层次消费的产品，开展多种形式的展销洽谈活动，进一步打响山东家电品牌。

4. 走“引进来”和“走出去”相结合的路子，加快国际化步伐。继续加大利用外资改造现有企业的力度，特别是要加强与世界 500 强企业的合资合作，通过外资的进入，引进先进的技术、管理、市场网络和人才，借以提高企业的核心竞争力。推广海尔集团境外投资经验，深入研究国外投资环境，在贸易先行的基础上，以扩大国际市场、带动产品出口为重点，推动企业开展境外加工贸易。建立有效的产业损害予警机制，运用反倾销等法律手段保护企业合法权益。

5. 加强家用电器的回收利用，促进行业良性发展。企业要树立循环经济理念，引入产品生命周期评价方法，在产品设计时就要考虑易于拆解和回收。要加大投入，加快废旧家电回收再利用技术的开发和应用，尽快取得关键技术的突破。有关部门要抓紧制定相关政策，鼓励废旧家电回收点的设立，加强市场管理，建立规范畅通的废旧家电回收再利用通道。研究制定家电生产企业出资回收废旧家电的办法，延长生产企业责任。尽快从根本上解决废旧家电对环境的污染问题，促进家电行业走上良性发展道路。

6-18 山东省经济贸易委员会关于加快山东省装备制造业发展的意见

鲁经贸技字[2003]89 号

各市经贸委(经委)，省直有关部门、各行办：

为认真贯彻党的十六大精神，加快山东省工业产品结构调整步伐，增强我省装备制造业创新能力和市场竞争力，促进装备制造业跨越式发展，现就加快全省装备制造业发展提出以下意见。

一、加快装备制造业发展的重要性和紧迫性

装备制造业是国民经济的战略产业，是一个地区综合实力与整体水平的重要标志，是实现现代化的重要基础。建国以来，特别是近年来，我省装备制造业呈现了稳步快速发展的势头，在全省经济中占有重要的地位。目前，全省共有规模以上装备制造业企业 2997 个，从业人员 108.6 万人，拥有总资产 2112 亿元。2001 年我省规模以上装备制造业完成工业增加值 611 亿元，实现销售收入 2245 亿元，实现利税 190 亿元，利润 104 亿元，分别占全省工业的 21%、24.5%、18% 和 18%，综合实力在全国名列前茅。农业机械、工程机械、数控机床、内燃机、重型汽车、轻纺机械、电力设备、环保及综合利用设备等行业在全国已形成比较优势。其中农用运输车、大马力推土机、大型锻压设备等产品产销量居全国首位。涌现出了山东工程机械集团、东方电子、浪潮集团、时风集团、山东三金集团、宏力集团、华冠集团、新华医疗器械等一批骨干企业集团，成为全行业发展的排头兵。

我省装备制造业虽然发展较快，但是影响整个行业发展的深层次问题还没有完全解决，参与国际竞争的能力较弱，不适应全省经济发展的需要。装备制造业总体结构层次偏低，产业结构和产品结构不合理，一些行业的低水平生产能力过剩与高技术含量、高附加值产品和工艺装备依赖进口并存；产品水平低，多数产品属于中低档次，且多为模仿型或国外引进产品改进型，目前我省

装备工业生产的产品达到上世纪国际九十年代水平的占15%，达到八十年代中期水平的占25%，60%的产品为八十年代以前的水平；缺乏重大成套设备和高新技术产品的研究开发与制造能力，不能适应国民经济发展和重点工程建设的需要；企业技术开发投入不足，自主开发创新能力弱，缺少具有自主知识产权的产品和技术，不适应市场竞争的要求。

党的十六大报告明确提出："推进产业结构优化升级，形成以高新技术产业为先导、基础产业和制造业为支撑、服务业全面发展的产业格局。优先发展信息产业，在经济和社会领域广泛应用信息技术。积极发展对经济增长有突破性重大带动作用的高新技术产业。用高新技术和先进适用技术改造传统产业，大力振兴装备制造业。"这是根据我国经济发展的现状提出来的，对提高国民经济素质和国际竞争力具有重要意义。结合我省装备制造业实际，省里确定，今后要重点抓好装备制造业中四大行业的结构调整，形成以普通机械制造业、专用机械制造业、电子及通信设备制造业和交通运输设备制造业为支撑的装备制造业格局。对其中技术水平高、发展前景广阔的25类产品实行重点扶持，力争取得突破性进展。这四大行业25类产品，在我省工业经济中具有一定的规模和市场竞争优势，体现了我省装备制造业的核心水平。2001年共完成工业增加值308亿元，实现销售收入1156亿元，分别占全省装备制造业的50.4%和51.5%。抓好这四大行业25类产品的调整，就可以进一步加快装备制造业的发展，为全省工业产品结构调整打下坚实的基础。

二、指导思想、原则和目标

加快装备制造业发展的指导思想是：按照党的十六大提出的走新型工业化道路的要求，以市场为导向，以改革和技术创新为动力，以产品结构调整为主线，用先进制造技术改造和提升传统装备制造业，推进关键技术创新和系统集成，不断提高装备制造业整体素质和装备国民经济的能力，实现技术跨越式发展。

加快装备制造业发展的原则：

——坚持以市场为导向。充分发挥市场机制在优化配置资源中的基础性作用，按照市场需求，进一步增加产品品种，提高产品质量和服务质量。

——自主创新与引进技术相结合。加强产学研联合，研究开发行业发展所需共性、关键性和前瞻性技术和设备，在关键领域掌握核心技术，拥有一批自主知识产权；立足于引进、消化、吸收和创新，着重引进先进技术和关键设备，增强自主创新能力。

——"引进来"与"走出去"相结合。适应经济全球化和加入世贸组织的新形势，充分利用国际国内两个市场、两种资源，加强与国外资金、技术、人才的合作；扩大装备制造业产品出口，鼓励我省企业在国外建厂设点，积极参与国际市场竞争。

——技术改造与技术开发相结合。充分利用高新技术和信息技术改造提升装备制造业，支持、引导企业加快产品结构调整步伐；采用新工艺、新技术、新装备，开发新产品，促进行业技术进步和产业升级。

——加快调整组织结构。优化企业内部组织结构，着力培育一批主业突出、管理先进、有较强国际竞争力的大型企业集团。支持发展一批生产特色名牌产品的中小企业，加快专业化生产体系建设，提高企业快速反应市场的能力。

通过加快发展，到2010年装备制造业力争达到以下主要指标：

1. 全省规模以上装备制造业企业完成增加值达到2380亿元，年均增长14%，占全省规模以上工业的比重提高到28%。

2. 25类产品主要性能指标接近或达到当时国际先进水平，形成一批拥有自主知识产权的产品，关键零部件性能指标有明显提高。

3. 技术装备水平进一步提高，主要生产企业具有当时国际先进水平的装备占有率由目前的18%提高到28%，国内先进水平由目前的36%提高到50%。

4. 重大装备成套能力有明显提高，在有优势的领域取得突破性进展，形成一批竞争力强、水平高、影响面广的关键设备。

5. 机电产品出口创汇达到200亿美元，年均增长19%，占全省外贸出口总额的比重由目前的24%提高到30%以上。

6. 培育一批主业突出、核心竞争力强的大公司、大集团。到2010年，形成6户销售收入100亿元以上、20户50亿元以上、30户30亿元以上的装备制造业企业。

三、发展重点和方向

(一)普通机械制造业:重点发展锅炉、内燃机、机床、发电及输变电设备、关键零部件以及仪器仪表、电机、泵类等产品。

锅炉:以济南锅炉集团为依托,提高受压元件等关键部件的设计水平和制造能力,重点发展大型高温高压循环流化床锅炉和煤粉炉。适应国家环保和节能要求,积极发展碱回收锅炉、大型热水锅炉、"三联产"煤气发生炉以及以水煤浆为燃料的循环流化床锅炉等节能环保型新产品。

内燃机:以济柴、潍柴、华源莱动、常林集团为龙头,重点发展 H12V190Z、WD618 和 L 型系列及单缸柴油机,提高质量和节能环保性能,道路交通车辆用柴油机的环保性能达到 EuroⅡ标准。开发高增压、大功率、低油耗、长寿命的新型柴油机、与30吨以上载重汽车、集装箱牵引车相配套的WD618型系列产品、与0.5~1吨农用运输车、工程机械、发电机组相配套的L型系列柴油机和适用农机动力的单缸柴油机。

机床:进一步提高数控化率、加工精度和可靠性能,以数控加工中心为主,开发数控化、精密化、高速化、工序复合化的专用机床产品,大力发展普及型数控机床和关键功能部件。以济南二机床集团为依托,发展一次装夹五面加工的大型数控龙门镗铣床、数控精密多工位大型压力机、上下料机器人及自动化冲压生产线。以济南一机床集团为依托,提高数控车床、车削中心的回转精度、定位精度和可靠性,开发机电液一体化高速数控立式车床。

发电及输变电设备:重点向大机组和高电压等级、高性能方向发展。进一步提高济南发电设备厂100-200MW空内冷汽轮发电机性能,开发300MW空内冷汽轮发电机和燃汽轮发电机。依托青岛捷能汽轮机公司,发展大容量汽轮机和工业拖动式气轮机。以鲁能泰山电缆电器集团为依托,采用分割导体等新工艺,发展500KV等级超高压交联聚乙烯绝缘电缆。以达驰集团、金曼克集团、济南志友集团为依托,采用环氧树脂混合料浇注固化成型技术,发展阻燃、防爆、耐潮湿的110KV树脂绝缘干式变压器。依托鲁能泰安高压开关厂,发展220KV户外高压SF6断路器。

基础零部件:提高加工精度和可靠性,适应升级换代的需要,提高配套能力,形成经济规模。重点发展气动元件、液压件、密封件,精密、高速、低噪音轴承和工程机械轴承,精密塑料模具和汽车覆盖件模具,开发快速原型制模技术。

仪器仪表:以济南试金集团和青岛前哨精密机械公司为依托,重点发展各种材料性能实验设备和多功能数控三座标测量机,围绕电子信息、机械、冶金、石化、电力、汽车、环保等重要应用领域对智能化测量、分析、监控仪表装置及系统需要,开发现场总线控制系统和智能化、网络化的工业过程分析仪器和检测仪器,加快传感器技术的研究开发和发展,提高产品水平和可靠性。

电机:依托博山电机集团、淄博牵引电机集团,提高交直流电动机、机车牵引电机和微型电机技术水平,重点发展变频调速电机、工程自动控制电机、高精度硬面磨齿减速电机、三相高压异步电动机、电力机车电机和军用电机等。

泵类产品:以山东博泵科技公司、淄博真空设备厂为龙头,发展各种污水泵、大型轴流泵、混流泵、高压力水环压缩机、耐腐蚀水环真空泵以及成套真空应用设备、超高真空机组等。

(二)专用机械制造业:重点发展农业机械、工程机械、环保及资源综合利用设备、新型医疗器械及轻工、纺织、化工、建材、煤炭、冶金等行业的专用设备。

农业机械:以时风、巨力、双力集团为重点,提高三轮、四轮农用车质量和安全、节能环保性能,增加变型;重点支持华源山拖、北汽福田、山潍拖提高小四轮拖拉机技术水平,增加产品功能,积极发展大中型拖拉机。支持山东大丰机械集团、北汽福田、山东双力集团等企业发展高效率联合收割机、秸秆还田机等收获机械,提高可靠性和稳定性。开发设施农业机械、大型植保机具、播种机具、农产品烘干、冷却、储藏成套设备等新型农业机械。

工程机械:以山东工程机械集团为龙头,重点发展大马力推土机、挖掘机和大吨位系列装载机,进一步提高压路机、路面铣刨机、路面冷再生机等筑路机械。积极开发油气输送施工、路面摊铺、钻地式管道铺设、吊管、环保清压、高速公路救援等新型工程机械。

环保及资源综合利用设备:以安丘汶瑞机械公司、济南锅炉集团、济南二机床集团为依托,发展草浆造纸废液处理和城市污水处理设备。依托山东嘉豪环保产业公司和莱芜煤矿机械厂，发展垃圾综合处理以及利用垃圾中的纤维制板、无机物制砖、有机物制肥等城市生活垃圾处理成套设备。以赫达公司和亚星化工集团为依托，发展烟气脱硫装置。以新汶矿业集团、泰山建能机械公司和里彦能源集团为依托，开发粉煤灰和煤矸石高掺加量的制砖工艺技术和设备。以鲁北化工集团为依托，发展磷铵副产磷石膏制硫酸联产水泥综合利用装置。大力发展皇明太阳能公司、力诺瑞特新能源公司的太阳能热水器、光电转换设备以及海阳富尔达热工程公司的地热能中央空调等新能源利用设备。支持企业开发生产橡胶等可再生资源的再生利用设备。

新型医疗器械：以新华医疗器械公司、山东威高集团高分子制品公司、烟台绿叶公司等企业为依托，重点发展新型一次性无菌超滑导尿管、器官插管、人工颅骨，消毒灭菌设备，放射治疗设备、自动采血器、中心静脉导管及压力检测组合套装等产品。

轻工机械：依托产业优势，重点发展制浆造纸机械、塑料机械、食品与包装机械，提高光机电一体化水平，推进生产过程自动化。以山东二轻机、恒星造纸机电设备厂为依托，发展宽幅高速纸机及配套设备；以济宁轻机、潍坊扬帆机械公司为依托，发展以速生材为原料的化学浆、化学机械浆成套设备以及大型脱墨废纸处理制浆设备。以华冠集团为重点，发展大型工程塑料、农用宽幅薄膜、废旧塑料回收再生成型和节水灌溉器材生产设备，开发高阻透性容器、包装材料，多功能薄膜、水溶性薄膜和可降解性材料的工艺和装备。食品与包装机械，以三金集团为依托，开发多滴行列式制瓶机组及自动检验、包装生产线、大型液体包装线、多品种灌装机等专用设备，同时发展大宗农副产品加工机械。

纺织机械：以青岛纺机、聊城昌润公司、烟台大金园公司、济宁同方公司、德州宏力集团为龙头，进一步提高棉纺梳理设备、自动络筒机、剑杆织机、针织园机、倍捻机等棉纺织设备以及高温拉幅定型机、丝光机、轧光机等印染后整理设备的技术水平。积极开发高档毛巾剑杆织机、单双面针织大园机、长环蒸化机等新一代织造、染整装备。

化工机械：重点发展化肥、橡胶加工行业关键设备。依托华鲁恒升集团和恒通化工集团，发展水煤浆加压气化和循环流化床灰熔聚气化技术及大型化肥装置关键设备。以青岛科技大学为依托，加快发展密炼机全自动配料输送系统和子午胎小角度全钢丝截断机，积极开发研制高性能子午胎成型机。

建材机械：以大型水泥企业及山东建材机械厂为龙头，开发生产日产2000吨的水泥成套设备，并在此基础上研究开发日产4000吨成套设备。逐步实现空心砖及建筑砌块生产线和大吨位墙地砖油压机的国产化。支持方圆集团、山东建筑机械厂进一步提高混凝土搅拌机、搅拌站、配料机、泵车、输送车、塔式起重机等建筑机械技术水平和安全性能。

煤炭机械：以兖矿集团为依托，开发综采放顶煤生产工艺配套的大功率电牵引采煤机、大运量运输机、大吨位液压支架、重型刮板机、重型掘进机等矿井高产高效设备。研制开发单轨吊、卡轨车、齿轨车及无轨胶轮车等先进矿井生产辅助设备。以莱芜煤机、泰安煤机为龙头，进一步提高加压过滤机、动筛跳汰机、煤泥浮选机、煤泥离心机、大型厢式压滤机以及破碎、输送等设备的技术性能，开发高回收率、低污染的煤炭洗选设备。联合兖矿、淄博、新汶矿业集团等大型煤炭企业，引进乌克兰技术，生产薄煤层高效采煤机。以新汶、肥城矿业集团为依托，发展地下煤气化成套装置。

冶金设备：以济钢为龙头，联合机械制造企业对干法熄焦技术和设备加以完善，重点开发为其配套的电机车、排焦装置和循环气体分析仪器，使装置全部实现国产化。以丛林集团、鲁宏集团为依托，开发生产大型铝材挤压机等加工设备。

（三）交通运输设备制造业：重点发展汽车、船舶和现代物流装备

汽车：大力发展轿车、载重车和专用车，提高质量，形成规模。依托中国重汽集团，开发适应高速公路运输条件的高档大功率重型汽车及牵引车、工程用车、国防用车等新型中、重型汽车，进一步提高产品安全性、舒适性和可靠性。以烟台汽车车身厂为主建设年产30万辆家用轿车生产线。以青岛颐中汽车公司、荣成华泰汽车公司为依托，发展厢式轿卡、旅行车。扩大中通客车公司的中长途高速豪华型大客车生产能力，开发中短距离的高等级公路客车及超低地板城市公交客车。改

装车以济南考格尔公司为重点,发展集装箱运输、厢式冷藏运输、工程施工、消防、城市环卫等多功能产品,支持泰山特种车辆厂发展国防急需的特种车。进一步提高我省有优势的汽车活塞、曲轴、连杆、刹车片等关键零部件的质量和可靠性。

船舶:以烟台莱佛士船业公司为龙头,重点发展海洋工程船、高速豪华游艇。以北海船舶重工公司、灵山船业公司为重点,发展海洋平台、液化油船和天然气船、玻璃钢全封闭求生艇及万吨级客滚船、客箱船等;威海船厂重点发展万吨级以上多用途集装箱船、化学品船、成品油船;山东黄海造船公司重点发展超低温金枪鱼钓船、远洋捕捞及加工船、超低温运输船;以济宁航宇船舶修造公司为龙头,发展高性能内河集装箱船、大功率拖轮和内河豪华游船。

现代物流装备:重点发展物流集装设备、仓储设备、装卸机具、输送设备、分检与理货设备。依托济南、青岛等现代大型物流基地的建设,进一步提高现有集装箱、叉车及搬运设备的技术水平,形成系列化。通过引进国外先进生产技术,积极开发自动仓储、分选、计量包装及搬运机器人等适应现代物流的新装备。

(四)电子及通信设备制造业。重点发展计算机、网络和通信产品、软件及系统集成、新型电子元器件。

计算机:重点发展浪潮集团的高性能计算机及外围设备,加速发展高性能小型机/服务器技术、集成电路和可编程逻辑器件(PLD)芯片设计等技术,生产新型商用、工业用计算机及板卡、键盘、打印机、扫描仪等配套产品。积极开发自动化装备控制系统和计算机集成制造系统(CIMS)。

网络和通信产品:重点跟踪和开发高速宽带网络与通信技术,特别是 W-CDMA 技术,以海尔、海信、浪潮集团为依托,发展高速宽带网络及通信产品、高性能局用数字程控交换机、移动交换机、基站设备、移动通信手机、光纤通信系统配套产品、高速宽带网络配套产品等。

软件及系统集成:加快建设国家级的齐鲁软件园和中间件产业基地以及青岛、烟台、威海软件园区。培植具有自主知识产权的软件名牌产品,重点发展中间件技术、软件工业化技术,制造业控制软件以及电信网络管理、企业资源制造、电子商务及金融、交通管理平台等应用软件,支持开发基于软件复用技术的支撑软件和嵌入式系统软件;加强软件构件技术的开发和应用,推进软件产业化。以东方电子、鲁能积成电子等企业为依托,开发具备数据采集监控、能量管理、配电管理等功能的大型跨平台能量管理系统。

新型电子元器件:以烟台正海电子网板有限公司、华光光电子公司、济宁英克莱公司、沂光电子公司为主,加速发展纯平及宽屏超大尺寸彩管荫罩、表面组装元器件(SMT)、高亮度红、兰、绿半导体发光器件、新型片式元器件、敏感元件及传感器、电子陶瓷元件和集成电路(IC)等产品。

四、主要措施和意见

(一)强化产业政策导向。制定和组织实施装备制造业产业政策,引导装备制造业发展方向。鼓励采用先进技术、工艺和装备,限制、淘汰技术水平低、役龄超过一定期限、耗能高、污染严重的工艺装备。加快装备制造业结构调整,促进结构优化和产业升级。巩固和提高具有一定比较优势、国内市场需求量大的装备技术和产品,加快开发与国外先进技术水平差距较大或国内空白的装备技术和产品,积极发展有一定比较优势、有出口创汇能力的装备业服务体系。培育具有系统设计、设备成套、工程施工、调试运行和管理一条龙服务的总承包公司,提供专业化配套服务。依托省设备成套局和拥有核心技术的骨干企业,对重大装备项目实行技术总承包,承建重大成套设备工程,提高我省成套装备集成能力。实施大企业和企业集团发展战略,实现装备制造业规模化经营。充分发挥市场机制作用,通过上市、兼并、联合、重组等形式,形成一批拥有自主知识产权,核心竞争力强的大企业和企业集团,提高装备制造业的规模效益和市场竞争力。发展装备制造业切忌一哄而起,各地要根据本地区的实际,合理布局,形成具有比较优势的产业和产品结构,避免结构雷同,防止重复建设。

(二)加强技术创新体系建设。支持企业建立技术中心,形成有利于自主创新的组织体系和运行机制,开发有自主知识产权的主导产品和核心技术,培育核心竞争能力。依托骨干企业,联合有关高校和科研单位,建立装备行业技术中心和企业技术中心,对行业共性、关键性、前瞻性技术进行联合开发,并在重点企业实现产业化。全省集中力量建设数控机床、船舶制造、电子信息等行业技术中心。鼓励实力较强的技术中心实行区域性开放,建立主要为中小企业服务的技术创新体系,推进中小企业技术创新能力的提高和区域经济结构的调整。鼓励产学研各方,通过资产控股、参股等多种形式结成利益共享、风险共担的技术创新联盟,形成重大装备研制、攻关的市场组织新体制。大力培养具有专业知识与管理经验的复合型人才,适应国际竞争环境的人才需求。对用高新技术和先进适用技术提升装备制造业做出重大贡献的项目和人员加大表彰和奖励力度。积极探索按劳分配和按生产要素分配相结合的分配机制,鼓励对企业优秀技术人员采用股权、期权等各种分配激励方式。

(三)加强国际间的合作与交流。利用加入WTO的机遇和世界制造业向中国转移的有利时机,加快与国际经济的融合与接轨。积极扩大与跨国公司的合资合作,充分利用国外的资金、技术、人才、管理等资源,加快技术引进、消化吸收和自主创新步伐。鼓励与国外合资合作建设技术开发中心,在较高层次上开展合作,尤其要注重优秀人才和先进管理方式的引进,加快提升我省装备制造业的技术水平。对于市场前景好而国内尚不能成套提供设备的重点工程项目,确需进口的关键设备应鼓励制造企业积极与外商开展技贸结合和合作制造。认真落实扶持鼓励机电产品出口的政策,支持企业扩大机电产品出口。要密切跟踪重点企业、重点产品、重点市场、重点地区出口目标的落实,加强出口基地的建设,扶植出口大户和重点出口地区不断提高出口能力。鼓励有实力的企业到境外办厂设点,特别要鼓励机床、农业机械、输变电设备等大型企业利用技术优势在发展中国家设立制造和分销基地。充分发挥中介机构的对外联络作用,积极开展境外参展活动,加强信息沟通。

(四)加大资金投入。对重大技术装备研发和引进消化项目,省有关部门要在技术创新、技术改造方面给予重点支持。积极拓展银行信贷投资。各金融部门和担保机构要支持技术先进、市场急需、经济效益高、带动作用强的装备工业技术创新和技术改造项目,在资金、信用担保方面给予扶持。改善融资渠道。除关系国家安全和必须由国家垄断的领域外,其余领域都允许外资和民营资本进入,鼓励外资和民营资本参与装备制造业战略调整。充分发挥企业市场主体地位,鼓励企业加大投入。国有、集体工业企业及国有、集体企业控股并从事工业生产经营的股份制企业、联营企业的技术开发费不受比例限制在管理费中据实列支,实际发生的技术开发费,可在缴纳企业所得税前扣除。鼓励企业通过加速折旧,加快自筹资本积累,提高投融资能力。

(五)加强组织领导。装备制造业涉及面广,需要各市各有关部门的共同努力和大力支持。各级各有关部门要切实加强对装备制造业的领导,建立和完善部门间的协调机制。各级经贸委要切实担负起组织协调装备业发展工作的职责,有关部门要各负其责,协同配合,形成运转高效的工作机制,共同促进我省装备制造业的快速健康发展。要充分发挥中介组织在政府与企业间的桥梁和纽带作用,开展调查研究,搞好咨询服务,组织技术推广,开展国际交流与合作。成立"山东省装备制造业专家咨询委员会",聘请国内外著名的专家、学者,对全省装备工业重点项目进行评估、论证和指导,搞好装备制造业战略研究,发布有关技术、市场、政策等方面的信息,为政府和企业决策提供服务。

二〇〇三年三月十三日

6－19　山东省经济贸易委员会关于印发船舶食品纺织服装家电石化电子信息六个产业链实施方案的通知

鲁经贸投字[2004]105号

根据省领导批示精神，省经贸委组织有关行办、厅局对船舶、食品、纺织服装、家电、石化、电子信息六个产业链发展意见进行了细化，形成了2004－2010年六个产业链实施方案。现印发给你们，请与发展意见一并抓好落实。

二〇〇四年四月二十二日

2004－2010年山东省船舶产业链实施方案

为深入贯彻省政府《关于加快船舶工业发展的意见》的精神，加快实施《山东省船舶工业"十五"发展规划》，努力把我省建设成为船舶工业大省，特制定2004－2010年山东省船舶产业链实施方案。

一、发展目标

（一）总量目标。到2005年，造船能力达到180万载重吨，造船产量达到100万载重吨，完成工业增加值45亿元，销售收入160亿元，利润16亿元。高附加值船舶修理与改装比重提高到30%；外轮修理比重提高到80%。船用中高速柴油机生产能力达到8000台；中厚钢板生产能力达到40万吨；锚链生产能力达到5万吨，出口船比重达到80%。到2007年全省造船能力达到400万载重吨；造船产量实现200万载重吨；工业增加值达到80亿元以上，在2000年基数上年均增长20%以上；船舶出口金额达到10－12亿美元。

到2010年，造船能力达600万载重吨，造船产量达400万载重吨。完成工业增加值126亿元，销售收入390亿元，出口创汇25亿美元。加快船舶配套业发展，培育壮大产业链条，省内配套率达到80%。

（二）产业布局与结构调整目标。在产业布局上，海洋船舶制造以青岛、烟台、威海为中心，内河船舶以济宁为中心。在产业结构上，到2007年要建成三大基地，8个平台中至少有3个造船能力达到100万载重吨，产业集中度达到70%以上。到2010年培育形成3个大型造船企业集团（总装厂）、5个船舶特色企业、5个配套生产供应基地、8个分段加工企业；制定九大保障措施；创十大系列名牌产品；培育形成11个配套骨干企业。在企业规模上，培育形成销售收入过100亿元的大型造船企业集团1个，过50亿元的中型企业集团2个，过10亿元的特色企业5个。推进造修并举，造船与配套协调发展的产业格局。三大造船基地形成规模，优势突出。三个大型造船企业集团（总装厂）形成较强国内国际竞争力，五大船舶配套制造供应基地形成与国际接轨的生产销售服务网络体系。5个特色造船企业和11个船舶配套骨干企业形成产品优势，在全省培育形成了船舶产业链。

（三）产品结构目标。培育十大名牌产品。到2010年，油船、集装箱、散货船、海洋工程船、特种船（小型军船、缉私船、渔政船）形成规模。远洋渔船（金枪鱼钓船、鱿鱼钓船、冷冻运输船）、船用柴油机、锅炉、锚链、中厚钢板十大名牌产品，成为国家重要生产基地，造船能力和产量达到国内总量的20%。将世界三大主力船舶（油船、集装箱船、散货船)和海洋工程船、远洋渔船培育形成主导船型。在中小型集装箱船、军船、渔政船、缉私船、游艇、玻璃钢救生艇、海上储油船(FPSO)、钻井平台、海上结构件形成规模化生产,成为国家重要生产基地。大型多用途集装箱船(3000标准箱以上)、大型油船(VLCC)、大型散货船(巴拿马型、好望角型)形成一定规模。船舶配套产品形成较强生产供应系统,中高速柴油机、锅炉、风机、电机电器、泵类、锚链、中厚钢板、涂料、玻纤等配套和原材料产品形成规模优势,省内配套率达80%。

(四)技术结构目标。到2005年,6个省重点船舶制造企业和10个船舶配套、船用材料生产企业建成省级技术中心。

到2007年建成1-2个船舶设计中心,15-20个省级企业技术中心,形成7-10种名优船舶及配套品牌,省内船舶配套装船率达到40%以上,骨干船厂劳动生产率、船舶建造周期等指标达到国内先进水平。

到2010年,船舶设计和生产工艺设计水平将有很大提高,形成与国际接轨的,具有较强自主研发能力的船舶工业创新体系,研发能力达到或接近国际先进水平,生产工艺和技术水平进一步提高,主力船型达到标准化、系列化,形成3-5种具有自主知识产权和国际影响力的船型品牌,具备自主设计和建造高新技术船舶的能力。船用设备和材料生产技术水平和质量普遍提高,配套能力显著增强。船舶和配套产品技术、性能、质量水平达到国内先进水平。

二、发展重点

按照国家产业政策,结合我省实际,突出重点、巩固优势、协调发展、培育产业链条,推进产业优化升级。重点发展三大主力船型和特种船舶。加大对大中型造船企业的支持力度,提升大型船舶研发设计能力和建造技术水平,加快发展高技术高附加值船舶。使大中型船舶企业尽快成为国内大型船舶研发生产基地。有重点地支持船舶配套和原材料生产企业,发挥优势,加快发展,实现产品标准化、系列化和国际化,提高技术水平和系统配套能力。

(一)加快造船基地建设。青岛北海船舶重工有限责任公司在青岛海西湾新船厂规划建设2个30万吨级、1个50万吨级和1个15万吨级的船坞,总投资73亿元,到2015年实现造船能力470万载重吨。威海船厂正规划迁入皂北湾,总投资15亿元,规划建设1个30万吨级和2个10万吨级的船坞,到2015年形成造船能力150万载重吨。烟台莱佛士船业有限公司在芝罘湾扩建,到2010年实现年造船能力120万载重吨。

(二)推进造船企业集团(总装厂)建设。结合造船基地建设和国家船舶产业政策的落实,以造船基地为核心,以船舶产品为龙头,以资产为纽带,培育形成三大造船企业集团(总装厂)、五个特色造船企业、八个造船分段加工企业。

1. 青岛北海船舶重工已在海西湾投资11亿元,修船部分整体搬迁完毕。15万吨级、30万吨级两个船坞已开工建设,到2005年建成,将形成造船能力100万载重吨,具有较强竞争力的大型造修船企业。到2007年,将完成投资64亿元,建成30万吨级、50万吨级船坞各一座,形成年造船能力320万载重吨,销售收入达100亿元,进入国家十强的大型造船企业集团(总装厂)。其远景目标是:到2015年,完成投资73亿元,建成年造船能力470万载重吨,国内最大,世界一流的特大型造船企业集团。

2. 威海船厂在皂北湾造船基地规划总投资15亿元,建设30万吨级船坞1座、10万吨级船坞2座。到2005年,建成10万吨级1座,形成年造船能力20万载重吨。到2007年,建成30万吨级、10万吨级船坞各1座,形成年造船能力100万载重吨。销售收入50亿元的中型造船企业。到2010年,皂北湾将建成年造船能力120万载重吨,销售收入70亿元的大型造船基地。

3. 烟台莱佛士船业有限公司为扩大造船能力和适应海洋石油业发展需要,打破区域环境发展制约,在蓬莱市合资建立海洋钢结构件和船舶分段加工基地,规划投资2亿元,已获蓬莱市政府批准立项。到2007年,形成年造船能力100万载重吨,销售收入50亿元的中型造船企业集团。到2010年,该公司年造船能力120万载重吨,销售收入80亿元的大型造船企业集团。

到2007年,三个大型造船企业集团造船能力和完工量将占全省总量的70%以上,全省造船集中度达到70%以上。围绕大中型造船企业集团的建设,引导中小船厂实行改造、升级、限制、淘汰,对具有较强竞争力和一定规模的青岛造船厂、山东省黄海造船有限公司、青岛灵山船业股份有限公司、日照造船厂、微山航宇造修船有限公司等5家造船企业进行扶持改造，提升产品档次，增强企业核心竞争力，形成特色船舶产品生产企业。培育荣成海达造船有限公司、荣成船舶工业集团公司、蓬莱渤海造船有限公司、乳山造船厂、山东省前岛船业有限公司、威海东海船舶修造有限公司、大鱼岛集团造船有限公司、青岛海运公司黄岛船厂形成分段加工企业。支持发展远洋高技术高附加值渔船制造业，限制普通渔船企业的发展。淘汰一批竞争力弱的小型船舶企业。

（三）扶持配套基地建设。以青岛船舶配套工业园建设为龙头，发挥大型造船基地的辐射带动作用，吸引国内外船舶配套大型企业、科研单位入驻工业园。形成青岛、济南、淄博、潍坊、德州五个船用配套和材料生产供应基地。培育形成青岛船用锅炉、风机、涂料、舾装件；济南船用中厚钢板、柴油机；淄博船用柴油机、蓄电池、锚链、泵类；潍坊船用柴油机；德州船用电机电器等11个初具国际竞争力的配套骨干企业。

（四）重点培育十个系列名牌产品。

1. 大型海运船舶。青岛北海船舶重工有限责任公司要发挥技术和管理优势，造、修、改并举。随着大型船坞的建成和造船设施的完备，加大技术储备和开发设计能力，提高工艺水平，在三大主力船舶中，重点发展大型油船（VLCC）、5000TEU以上集装箱船、巴拿马型和好望角型散货船，把油船培育成国际名牌。积极开展国内外技术交流与合作，提升整体技术水平，成为国内高技术高附加值大型船舶的研发和生产基地，建成国内最大，世界一流的大型造船企业集团。

2. 集装箱船。威海船厂要发挥集装箱船优势，打破研发设计能力弱，工艺水平低等制约发展的瓶颈问题。走联合研发设计—委托设计—引进技术（船型）—引进人才并举的路子，提高研发设计能力和技术水平，使1000－3000TEU集装箱船形成标准化和系列化，形成具有自主知识产权的主导船型和国际名牌船型。加快产品结构调整，拓宽船舶产品领域，扩大生产规模，在巩固壮大集装箱船优势基础上，发展化学品船、LNG船等高技术高附加值船舶。

3. 海洋工程船舶。烟台莱佛士船业有限公司发挥合资企业机制灵活、研发能力强、技术水平高和管理先进的优势，提高海洋供应船、工程船、海上储油船（FPSO）等传统产品研发设计能力，扩大生产规模，实现标准化和系列化，形成具有自主知识产权和国际影响力的船型品牌。在巩固壮大优势产品的同时。引进先进技术，加大技术投入和储备，开发新船型，重点发展自升式和半潜式海洋石油钻井平台、半潜式大件运输船、海上钢结构件、海上储油船和豪华游艇。

4. 散货船。青岛灵山船业股份有限公司、蓬莱渤海造船有限公司、荣成海达造船有限公司以发展中小型散货船为主，同时发展中小型集装箱船，形成标准化、系列化，创出国际名牌。

5. 远洋渔船。山东省黄海造船有限公司、荣成海达造船有限公司、荣成船舶工业集团要加大技改投入，重点发展大洋拖网渔船，鱿鱼钓船、金枪鱼延绳钓船和冷冻运输船等现代高技术渔船。山东省黄海造船有限公司要重点发展金枪鱼延绳钓船、鱿鱼钓船和冷冻运输船，研发新船型，形成自主知识产权。

6. 特种船舶（军船、缉私船、渔政船）。青岛造船厂要发挥技术和管理优势，巩固壮大小型军用船舶、海上缉私船舶等特种船舶研发生产优势，提高研发能力和工艺技术水平，优化船型，扩大生产规模，实现标准化和系列化。乳山造船厂重点发展渔政船，创国内名牌。

7. 船用中厚钢板。支持济南钢铁集团总公司抓住国内省内造船业发展加快，船用中厚钢板需求旺盛的有利时机，加大船用中厚钢板投资力度，扩大生产规模，完善钢板加工程序和设施，重点发展市场急需的船用中厚钢板。提高自主研发能力，开发新品种，使其发展成为我国船用中厚钢板研发生产基地。

8. 船用中高速柴油机。支持潍坊柴油机厂、济南柴油机股份有限公司、淄博柴油机厂提高船用柴油机研发能力和生产技术水平，重点发展船用中高速柴油机，形成标准化和系列化，扩大生产规模，创出国内知名品牌，使之发展成为我国中高速柴油机研发生产基地。

9. 锚链、系泊链。支持淄博、青岛两个锚链生产企业加大技改投入，加快引进国外先进技术和设备，扩大生产规模，加快产品认证，在巩固壮大现有锚链（φ16mm－φ130mm）生产优势的同时，扩大锚链品种和范围，积极研发大型锚链和海上系泊链，培育成为国内第二大锚链生产基地。

10.锅炉。支持青岛锅炉厂加快技术改造，扩大生产规模和产品范围，提升技术含量，加快产品认证，形成标准化和系列化，建立销售和服务网络。按照产业政策，将欧堡工业（青岛）有限公司纳入行业管理范围，与青岛锅炉厂形成产品、技术互补，建成国内最大船用锅炉生产研发基地。

支持青岛风机厂、淄博蓄电池厂、山东博泵股份有限公司、德州恒力电机有限公司、荣成华力电机股份有限公司、青岛海化集团公司、泰山玻璃纤维股份有限公司等骨干企业，推进技术进步，加快船用电机、风机、泵类、蓄电池、涂料、玻纤产品升级换代，取得国际认证。引导企业研发生产技术含量高、附加值高的船舶配套产品，形成规模化生产，提高船舶配套率，加入国际销售和售后服务网络体系。

三、保障措施

（一）强化政策导向，落实发展规划。省船舶工业行业管理部门和有关市要严格执行国家产业政策，按照省政府《意见》和《规划》的要求，结合本地区本部门实际，制定具体发展规划。相关行业要围绕全省船舶工业发展规划，明确船舶配套业和原材料生产企业发展方向和重点。支持骨干企业、扶持重点产品，引导中小型造船企业向专业化方向发展，结合贯彻《船舶生产许可管理条例》，淘汰一批落后船型、普通渔船和小型造船企业。骨干造船企业要按照省政府《意见》和《规划》要求，制定中长期发展规划，明确发展方向和目标。

（二）加大资金投入，加快基地建设。规划中的胶东半岛两个造船基地是我省船舶工业发展的基础工程，也是胶东半岛制造业基地五大优势产业群之一。按照政府扶持、企业为主和投资主体多元化的原则，加大两个造船基地、青岛北海船舶重工、威海船厂、烟台莱佛士船业和青岛灵山船业等大中型骨干企业和重点项目的建设资金投入，到2010年，两个造船基地和骨干造船、配套企业将投入建设资金200亿元（其中造船基地建设和技改投入130亿，配套和原材料生产企业70亿元）。造船能力和完工量分别达到600和400万载重吨，需船用中厚钢板120万吨，配套设备、涂料等总价值约为300亿元。其中船用中厚钢板约50亿元，按90%省内供应，可拉动我省冶金工业销售收入约45亿元。船用设备、涂料等按80%省内配套，可拉动相关工业增加销售收入约220亿元以上。

（三）优化发展环境，推进对外开放。一是省市船舶工业主管部门和相关部门要高度重视发展环境建设，抓住造船中心转移加快和东亚造船中心内部结构演变的有利时机，充分利用岸线资源、劳动力资源等比较优势，利用与日韩隔海相望的地理优势，加大招商引资力度，重点吸引日韩造船业大企业集团来我省投资。准许外商以独资、合资、联合、兼并、收购、技术入股等不同形式参与我省造船业建设。借鉴上海外高桥造船有限公司发展经验，发挥政策引导作用，鼓励吸引国内省内大企业集团或造船业上游配套和原材料生产企业及下游海运公司联合投资造船业，形成股份制造船企业，实现投资主体多元化。二是建立船舶配套工业园，吸引日韩、欧盟和国家两大造船集团公司的船舶配套企业和研究单位入驻工业园，重点发展大型船用低速柴油机、推进器、螺旋桨、甲板设备、雷达、电子设备、舾装件等船用设备和材料。三是多方筹措建设资金，争取国债项目建设资金，引导银企联合，利用银行贷款等方式多渠道筹措资金。四是政府要加大支持力度，打破制约，加快造船基地建设，尽快形成造船能力。配套企业和原材料生产企业要在全省总体规划框架下，适应造船发展需要，加大投资力度，提高产品质量，加快建立供应和售后服务体系网络。

（四）加快技术进步，提高企业技术创新能力。努力解决我省造船业没有船舶研发中心和设计院所，企业技术力量不足，缺乏高级研发设计人才等问题。利用我省有利条件和比较优势吸引中船重工集团公司的船舶设计研究院来我省建立分院；依托省内现有造船骨干企业技术中心，联合国内船舶研究设计院所和高校，建立行业技术中心；引导支持企业建立和完善技术研发机构，支持重点骨干造船和配套企业建立省级和国家级技术中心，提高技术引进消化和研发设计能力。实施人才战略，支持企业引进国内外高级研发人才，加强企业研发力量；建立人才培养基地，积极联系哈尔滨工程大学来我省建立船舶分院，支持山东大学与哈尔滨工程大学建立校际联合，发挥山东大学机械学科和哈尔滨工程大学船舶学科的优势，优势互补，重点培养船舶技术和配套产品技术专门人才；企业要重视生产一线技工培训工作，培养一批具有实际操作经验，适应现代化生产需要的技术工人队伍。

（五）调整产品结构，实施品牌战略。以造船基地建设和企业搬迁为契机，大力调整产品结构，实施品牌战略，重点支持造船企业加快新船型开发。支持配套和船用材料生产企业加快技术进步，提高核心竞争力，开发生产船用新产品新材料。引导高技术研究单位和企业将高新技术移植嫁接，改造造船技术。使船舶、配套、原材料产品形成标准化、系列化、国际化，打造在国内外有很强竞争力十大名牌产品。

（六）制定营销战略，开拓国内外市场。船舶行业外向度高，国际船舶市场对造船业影响进一步加大。引导企业研究国际船舶市场特点，有针对性地开拓国际国内两个市场。规模以上的造船企业，要加快创造条件，申办自营进出口权，加大自营出口业务。在互惠互利原则下，与中国船舶贸易公司开展合作，加入船舶国际贸易网络，委托提供船舶订单、代理与担保。建立本省船舶贸易代理担保体系。

（七）加大改革力度，推进企业重组。以造船基地建设和企业搬迁为契机，加快国有企业改革，推进企业投资主体多元化，增强企业自我发展能力。实施大企业集团战略，按照政府调控、政策引导、规范管理、市场化运作，鼓励支持以大中型造船企业集团（总装厂）为核心，以船舶产品为龙头，以资产为纽带，打破地区和所有制界限，采取投资、参股、兼并、联合等多种形式实施重组。围绕三大造船总装厂，联合分段加工企业、配套企业和原材料企业，形成具有国际竞争力的大型船舶企业集团。

（八）应用信息技术，推进信息化管理。支持企业引进先进造船管理软件和船舶设计软件，全面建立网络管理系统，提高设计水平、工艺技术水平和管理水平。要把企业信息化建设与造船模式的转换结合起来，全面推进造船信息化管理，促进现代造船模式的建立，实现“总装造船”、“数字造船”、“绿色造船”，大幅度提高造船生产效率，降低生产成本，把综合比较优势真正转化为竞争优势。整合全省高技术研究生产，引导海尔、海信、海化、兵器工业五三研究所等省内高技术研发机构和企业参与船舶高技术配套设备研制开发。

（九）加强组织领导，促进协调发展。落实省政府《关于加快船舶工业发展的意见》，建立和完善行业管理体制，明确职能、设立机构、增加编制。省船舶工业管理部门要按照省政府《意见》精神和国家行业政策，加强行业领导，重视研究、协调和解决发展中的重大问题，确保国家和省里各项优惠政策的落实。

2004－2010年山东省食品产业链实施方案

食品工业是我省重要的传统支柱产业，也是全国食品工业生产的重要基地之一。经过近几年的快速发展，我省食品工业已发展成为一个行业门类基本齐全、加工层次多样化、具有相当经济规模和市场竞争能力的重要产业，在全省国民经济和全国食品工业中均占据重要位置。为进一步加快我省食品工业发展，根据《关于加快山东省食品工业发展的意见》，制定本实施方案。

一、发展目标

（一）总体目标：

到2005年食品工业销售收入达到2500亿元，年递增20%，工业增加值620亿元，年递增14.7%，利税额200亿元，年递增14.3%，出口创汇60亿美元，年递增15.5%。

到2010年食品工业销售收入达到5200亿元，年递增16.2%，工业增加值1250亿元，年递增14.2%，利税400亿元，年递增14.7%，出口创汇120亿美元，年递增15.1%。

（二）具体发展目标：

1. 农产品加工率。到2005年，粮食由目前的30%提高到50%，油料由目前的60%提高到80%，果品由目前的17%提高到25%，蔬菜由目前的5%提高到15%，水产品的加工率由目前的32%提高到50%。到2010年，粮食将提高到70%，油料将提高到90%，果品将提高到40%，蔬菜将提高到30%，水产品将提高到70%。

2. 食品工业的精细加工比重。到2005年由目前的30%左右提高到40%，到2010年将提高到60%

3. 品牌建设。到2005年创中国名牌产品10

个,省名牌产品130个,到2010年创中国名牌产品25个,省名牌产品300个。

4. 企业集团建设。到2005年,年销售收入过亿元的企业集团达450家,其中:年销售收入过10亿元的企业集团25家,过50亿元的大型企业集团3家,过100亿元的特大型企业集团1家。

到2010年,年销售收入过亿元的企业集团将达800家,其中:年销售收入过10亿元的企业集团50家,过50亿元的大型企业集团10家,过100亿元的特大型企业集团4家。

5. 企业技术中心建设。到2005年,建成国家级企业技术中心4个,省级企业技术中心10个。

到2010年,争取建成国家级企业技术中心10个,省级企业技术中心30个。

二、发展重点

(一)粮油加工业。粮食加工以小麦、玉米、薯类和豆类深加工为重点。

小麦加工,重点是发展各类优质专用面粉和营养强化面粉,推进主食生产工业化,在济南、德州、滨州、聊和菏泽等地建立优质小麦粉生产和加工基地,着重抓好滨州泰裕麦业有限公司年加工优质小麦48万吨及副产品深加工等一批示范工程项目建设,重点发展济南民天、山东半球、山东中粮鲁德、山东青援、沂水鲁州等企业集团。

玉米加工,重点是以玉米淀粉为基础开发变性淀粉,并向深加工和综合利用方向发展,着力开发玉米蛋白、胚芽油、酸、糖、醇以及低聚糖系列深加工产品,着重抓好诸城大龙30万吨、西王集团60万吨、山东照东方50万吨玉米淀粉深加工项目以及山东万兴集团10万吨精练玉米油等一批重点项目的实施,重点发展诸城大龙、西王、雪花和阜丰等企业集团。

薯类加工,以淀粉、冷冻粉条、即食粉丝等产品为重点。研究开发粮食、糠麸为原料的生物化工、生物制药等高科技含量的产品,重点发展济宁柳絮等企业集团。

豆类加工,重点是发展分离蛋白、浓缩蛋白、组织蛋白以及豆奶粉等新型大豆食品,积极开发大豆磷脂、大豆低聚糖、大豆纤维、大豆异黄酮等功能性食品,着重抓好山东鹏程年产1.2万吨大豆蛋白肽营养液项目、香弛集团年产1万吨功能性大豆浓缩蛋白项目、山东谷神年产1万吨大豆分离蛋白项目、三维油脂年产3万吨大豆功能蛋白和组织蛋白项目以及无棣润弛科技食品公司的醇法生产大豆浓缩蛋白示范项目等。

油料加工,以花生油和大豆油为重点,努力提高食用油品质,开发专用油新品种,推广色拉油、高级烹调油起酥油等产品,扩大精炼油和专用油比重。建立烟台、青岛食用花生油生产加工基地,重点发展莱阳鲁花、龙大、龙口新龙、青岛嘉里、长生和三维油脂等企业集团。建立博兴、日照豆油加工基地,重点抓好山东新良油脂年加工30万吨精练豆油等项目,重点发展渤海油脂、香弛、山东新良等企业集团。

(二)肉禽加工业。重点发展猪、牛、鸡、兔、鸭、羊等肉类深加工制品,扩大高温火腿肠、低温肉制品生产。

开发面向城乡市场的放心肉和面向欧美日韩市场的分割鸡和分割兔系列产品,增加肉制品的分割品种,扩大企业出口国际注册数量。引导鲜肉制品向预冻肉、小包装、细分割方向发展。熟肉制品向多品种、系列化、全营养、精包装、易储存方向发展。采取生物技术,搞好猪、牛、羊等动物器官副产品的综合利用和药物提取。建立以青岛、潍坊、烟台、威海、临沂为重点的禽肉、猪肉、兔肉生产、加工和出口为一体的基地,建立以鲁西南和德州为重点的牛肉、羊肉、驴肉生产、加工和出口为一体的基地。

重点抓好济南维尔康猪肉深加工项目、莱阳春雪肉鸡深加工项目、龙大良种猪养殖和猪肉深加工及熟食制品扩建项目、得利斯10万吨冷却肉加工项目和新增60万吨优质生物饲料项目、鲁南牧工商肉类深加工项目、铃兰味精生产10万吨优质饲料项目等,重点发展诸城大龙、金锣、华盛、凤祥、得利斯、乐港、龙大、维尔康、喜旺、蓝山、青岛万福等企业集团。

(三)果蔬加工业。根据国内外市场需要,调整品种结构,推广无公害、无污染的果品、蔬菜基地建设,努力开发和生产各种绿色环保食品。

果品加工,以浓缩果汁、天然果肉原汁及饮料加工为重点,发展不同规格、精包装、易开启、多口味的加工新品种,开发果酱、果脯、果冻、蜜饯、脆片以及果酸等系列产品。建立以烟台、威海、青岛、阳信、乐陵为重点的果汁和果品加工基地,重点抓好天府集团年产1.2万吨南瓜汁和婴幼儿食品及果冻果脯项目、山东鼎力浓缩金丝小枣汁和小枣粉项目和山东凯撒年产5万吨野木瓜珍饮料改造等项目的实施，重点发展烟台山村果园、汇源、中鲁、天府、安德利等企业集团。

蔬菜加工，重点发展低温脱水蔬菜、速冻菜、保鲜菜、蔬菜汁、净配菜等系列产品。同时搞好蔬菜的分级整理包装等初加工，大力发展有机蔬菜，搞好食用菌的开发利用，推广“企业+基地+农户”模式，加快绿色有机蔬菜基地建设。建立以潍坊、青岛、烟台、济南、临沂、德州、莱芜为重点的蔬菜生产和加工基地，重点抓好安丘外贸年产2.2万吨果蔬系列产品深加工项目、弛中集团年产5万吨出口蔬菜深加工项目、潍坊永昌1.7万吨果蔬深加工项目、莱阳鲁花和潍坊北洋真空脱水食品项目以及得利斯4.5万吨调理食品项目等，重点发展龙大、九发、裕鲁、青岛新大洋等企业集团。

(四)水产品加工。研究开发速冻、即食性熟食水产食品、调味品及深加工水产制品，扩大鱼类、贝类、藻类的加工广度和深度，增加水产食品的花色品种。

利用我省水产品加工技术和设备优势，抓住入世带来的机遇，重点做好水产品的进料加工。同时开发以食品为主、药物和保健制品及其他综合利用产品为补充的多样化、系列化、高附加值、高技术含量、高市场占有率的新产品，积极参与国际市场竞争。建立以威海、青岛、日照、烟台为主的海产品养殖和加工基地，并形成5-6个具有一定技术水平和规模的海产品加工工业园区，承接日韩欧美的海产品进料加工。

重点发展青岛正进、崮山水产、威海新港、荣成好当家、荣成孙家疃、日照水产集团、青岛新大洋、文登泽库、文登前岛、山东斥山等企业集团。其次还要大力发展淡水养殖和加工业，开发鱼、虾、菱、藕、芦苟、麻鸭、蛋等产品，进一步搞好产品的深加工。建立以南四湖和东坪湖为重点的淡水养殖和加工业基地，组建1-2个具有一定规模的企业集团。

(五)乳品制造业。大力发展消毒奶、发酵奶、果汁奶和含乳饮料，积极研究开发“有机奶”、“免疫奶”等营养和高附加值的乳制品。

加强奶源基地建设，提高奶源质量，全面推广机械化挤奶和分散饲养，集中挤奶以及集中饲养，统一管理的模式，增加液体乳及乳制品产量，加快推行标准化生产步伐，建设胶东半岛无规定动物疫病区示范区和沿济青、烟威、青威高速及京福高速山东段27个县市区奶牛优势产业区，使我省从乳品消费大省变成生产大省。

重点抓好佳宝工业园二期工程项目、亚奥特年产4000万袋功能性乳品加工项目等，重点发展青岛圣元、济南佳宝、文登鹏程、金洋乳品、烟台完达山、淄博得益等企业集团。

(六)调味品制造业。重点发展新型调味品、天然调味品、复合调味品和方便调料等科技含量及附加值较高的精深加工产品。

积极推进生物工程在调味品制造过程中的运用，特别是采用生物技术从农产品和海产品中提炼出各种食品生产用和直接消费用的调味品，建立以济南、青岛、烟台、济宁、淄博、潍坊为重点的生产基地。

重点抓好菱花集团年产3000吨核苷酸、禹城宝龄宝年产1200吨谷氨酰胺、阜丰年产2万吨L-乳酸等项目，重点发展龙大、菱花味精、三九味精、济宁玉堂、济南德磬斋、山东玉兔、烟台欣和、青岛灯塔、淄博川鹰等企业集团。

(七)酿酒业。采取先进技术，特别是生物技术，改造传统发酵工艺，调整产品结构，提高产品质量和档次。

白酒。控制总量，调整结构，坚持向优质、低度、多品种方向发展，采用发酵新技术，开发新品种，如保健酒和黄酒等，不断提高白酒生产水平和产品档次。充分利用我省丰富的水果资源，支持重点企业大力发展水果酒，重点研究开发苹果酒、山楂酒、桃酒等水果酒。重点抓好鲁源年产5000吨苹果酒项目、东阿酒厂阿胶营养复合酒等项目，重点发展泰山生力源、兰陵、景芝、孔府家、琅琊台、中轩等企业集团。

啤酒。以名牌产品为龙头，促进强强联合，发展规模经济，调整产品结构，提高啤酒的质量，开发风味纯正淡爽、醇厚、保鲜、稳定的产品，如纯生啤酒等。推广无氧酿造、无菌过滤、无菌灌装新技术，提高啤酒风味稳定性和新鲜度。重点发展青啤、银麦、趵突泉、烟台中策等企业集团。

葡萄酒。以优势企业为龙头，以基地建设为依托，以技术创新为先导，提高产品质量与档次，大力发展高档全汁型葡萄酒、干型葡萄酒、功能性葡萄酒和冰红葡萄酒的生产，淘汰含汁量在50%

以下的汁葡萄酒。扩大优质酿酒葡萄的种植，由目前的15万亩发展到20万亩。逐步实施葡萄酒产地命名制度，完善葡萄酒工业园区建设，重点发展烟台张裕、烟台中粮、烟台威龙、青岛华东等企业集团。

（八）软饮料。充分利用我省丰富的水果资源和矿泉水资源，提高生产的集中度，实行规模化生产和经营，大力发展果汁、蔬菜汁、茶汁、天然矿泉水、果汁奶等产品，向天然绿色、健康营养型饮料方向发展，加大休闲饮料和运动饮料的研制和开发，使软饮料工业成为我省食品工业的新的经济增长点。

重点发展汇源、天府、中鲁、安德利、青岛可口可乐、崂山矿泉水、济南普利思、济南百事可乐、烟台山村果园等企业集团。

三、保障措施

（一）加快技术进步，优化产品结构。以技术进步为动力，以结构调整为重点，进一步加大资金投入，确实抓好重大技术改造项目的实施，促使强势企业规模快速膨胀，拉动行业整体发展和结构优化升级。积极筹措项目建设资金，实现投资主体多元化，大力吸纳境内外、国有、私有及金融等各方面资本用于企业技术改造和产品结构的调整。抓好重点企业集团技术中心的建设，跟踪研究国际食品工业发展的新趋势、新技术、新工艺，提高我省食品工业成为科技含量高。充分发挥山东食品研究院所和大专院校的优势，加强协作，开展联合攻关，促进科研成果尽快转化成生产力，发展一批具有自主知识产权的主导产品。加快推进信息化建设，构建信息网络体系，大力开发利用信息资源，借助网络技术，完善各类信息的收集、加工、处理、存储、传输、查询，推动上网工程，开展电子商务。

（二）优化发展环境，全力推进对外开放。高度重视环境建设，加大政策扶持力度。工商税务、质量技术监督、卫生检验检疫等职能部门要提高行政服务效能，减少程序，简化手续。严格限制国际上已不准使用的农药、兽药的生产和销售，防止这些产品在食品生产过程中的使用。农业产业化经营发展专项资金要主要用于食品工业的高新技术科研攻关与开发、基地建设以及技术改造、设备引进等方面的贷款贴息。扩大招商引资力度，积极引进国外资金，提高利用外资水平和规模。通过与外商合资合作盘活存量资产，同时引进先进技术、管理、市场网络和人才，提高企业核心竞争力，实现产业升级。鼓励有条件的企业到国外投资办企业，利用境外资源带动产品出口，促进食品工业国际化。积极引进外资进行新产品开发和精深加工，突破绿色壁垒限制，扩大出口。加强对世界贸易组织规则的研究，特别是要对重点出口对象国的食品卫生技术标准和动植物检验检疫标准等非关税壁垒加强研究，及早制定应对措施，争取主动。要充分发挥行业协会的作用，建立倾销和反倾销的预警机制，以维护企业利益。

（三）积极实施名牌战略，进一步开拓国内外市场。要进一步增强我省食品工业品牌意识，搞好市场化运作，用市场化的办法推动企业名牌建设，做大做强名牌。同时，各地方政府要对本地区在全国具有较大优势的某种食品种养殖基地或加工生产的产品给予统一规划和重点扶持，待条件成熟时积极申报全国性生产名城或基地，实现从产品名牌逐步向企业名牌、区域名牌拓展，努力培育一批在国内外同类产品中具有较强竞争力的名牌产品。要建立新型的营销机制，制订科学的营销策略，培养壮大销售队伍，建立连接国内外市场的营销网络，与大中城市商业企业、超市和国外商家建立业务关系。加强市场信息的调查研究，把握市场趋势，形成灵敏的市场反馈机制，不断调整企业的生产活动。改进营销方式，采用直销、配送电子商务等新型营销方式，开拓产品市场。要积极参与国际质量体系认证、环保体系认证和健康安全体系认证以及原产地保护、绿色食品、有机食品等认证，取得国际市场通行证，规避国外技术和绿色壁垒。在巩固日、韩及东南亚、欧美传统市场基础上，大力开拓新市场，多渠道、多区域扩大出口创汇。

（四）深化改革，理顺机制，加大人才培养力度。建立现代企业制度，健全法人治理结构，转换企业经营机制，积极推进国有企业的股份制、公司制改造以及集体企业的股份合作制改造。加快民营企业的发展使之成为我省食品工业发展的新亮点。培育和壮大龙头企业，支持和鼓励龙头企业加快向集团化方向发展，引导有实力的企业集团利用自己的资金优势、技术优势、品牌优势和市场优势，实行低成本扩张，多渠道、多层次发展壮大，增强其在国内外市场上的竞争能力。充分发挥山大、海大、山农大、山东轻院等院校的作用,有针对性地培养一批农业种养殖及食品加工生产的高级专门人才。有条件的大型企业集团要加强博士后工作站的建设,汇集和吸引各类高层次人才,并充分发挥其作用,在完成课题研究的同时完成人才的培养做到成功一个项目,培养一批人才,最终形成院士、博士、硕士直到工人技师完整的金字塔型人才结构。实施人才国际化战略,积极引进国内外急需的高素质人才,特别是引进和培养熟悉世贸规则和发达国家各种食品技术标准、了解行业发展、懂专业知识又熟悉外语的复合型人才,不断提升我省食品工业科技开发和经营管理水平,适应食品工业国际化发展战略的需要。

(五)实施标准化生产,抓好园区建设,推动区域经济发展。建立健全质量标准体系和监控体系。参照国际标准,健全完善食品质量标准和食品加工质量标准体系,认真按照标准进行生产管理、产品加工、贮运,用标准化手段,促进产品质量和经济效益的提高。加快农副产品种养植标准化示范区建设,建设一批畜牧业标准化示范基地。加强农副产品标准化检测体系建设,完善监测手段,加强对农业生态环境、农产品原料、农业生产资料质量和食品质量的监测,严格执行标准,确保食品加工业产品质量不断提高。重视农产品品种特别是加工专用品种的引进、选育和标准化推广,逐步使基地建设走向专业化、标准化。积极推进先进的种植、养殖技术,尽可能降低无机化学物资的投入和残留,发展绿色农业、有机农业。对原料产品实行优质优价,引导和鼓励种养殖户自觉按照有关标准组织,不断提高产品质量。继续抓好"绿色食品"生产基地建设,积极推进先进的种植、养殖技术,大力发展绿色农业、有机农业,鼓励食品加工企业到主产区建立跨区域的原料基地,目前已建有的160多个绿色食品原料基地的基础上再发展到500个,形成包括果园、花生、粮食、蔬菜、畜禽饲料等五大类绿色食品原料示范基地。要创造条件,引导原料基地实现规模化生产,保证加工企业货源稳定。各地应根据自身的比较发展优势,结合县域经济发展和胶东半岛制造业基地建设,重点规划和扶持食品工业产业带和具有特色的食品工业园区建设,形成基地——加工——销售一条龙的簇群经济,上下游企业相互配合协调,充分发挥食品工业辐射面广、带动作用明显的优势,通过配套开发和改造,加速食品产业链的发展。

2004－2010年山东省服装纺织产业链实施方案

为认真落实《关于加快山东省纺织服装工业发展的意见》,加快建设服装纺织制造业强省,在认真分析我省服装纺织工业发展现状的基础上,提出2004－2010年我省服装纺织产业链实施方案。

一、发展目标

1.2005年发展目标

服装纺织工业总产值为2000亿元;工业增加值为560亿元;利税为170亿元;其中利润100亿元;出口创汇为100亿美元;年均递增14%。

培育年销售收入过十亿元的企业(集团)30家,其中:年销售收入过200亿元的1家,过100亿元的1家,过50亿元的2家。

创中国名牌10个。

创建国家级企业技术中心4个,省级企业技术中心30个;信息网络管理系统普及率达到30%以上,重点企业CAD/CAM普及率达到50%。

国际依存度达到54%。

2.2010年发展目标　服装纺织工业总产值为4200亿元;工业增加值为1200亿元;利税为360亿元;其中利润210亿元;出口创汇为210亿美元;年均递增16%。培育年销售收入过10亿元的企业(集团)60家,其中:年销售收入过200亿元的2家,过100亿元的2家,过50亿元的4家。

创中国名牌20个。

创建国家级企业技术中心10个,省级企业技术中心100个;信息网络管理系统普及率达到50%以上,重点企业CAD/CAM普及率达到90%以上。

国际依存度达到57%。

二、发展重点

(一)区域布局

1. 以青岛市为龙头的半岛服装纺织产业带。

半岛服装纺织产业带涉及青岛、烟台、威海、济南、淄博、潍坊、日照、东营八市，交通便利，地理位置优越，经济基础雄厚，30个经济强县有23个位于该地区。该地区服装纺织工业的发展重点应以名牌精品服装为龙头，带动面料加工、染整等纺织深加工行业的发展，打造出口基地。今后几年要突出抓好以青岛为龙头、覆盖青、烟、威三市的胶东半岛服装纺织制造业基地的建设，培育壮大一批技术装备水平高、竞争实力强、辐射面广、影响力大的服装纺织产业群，重点发展中高档西装、高级衬衫、时装与休闲装、各类针织服装及童装。抓住国外发达地区服装制造业转移之机，引进国际先进水平的服装设计与制造技术和设备，以自创品牌为主攻方向，加强服装流行趋势信息的捕捉和设计，注重新材料、新技术的推广应用，加大品牌运作和营销力度，使其成为山东省最大的服装制造基地、出口基地和对日韩加工中心，把胶东半岛建设成为面向日韩和欧美发达国家、辐射全国、带动全省的现代化纺织服装制造基地。

2. 省内中西部地区纺织服装加工和特色纺织产品产业带。我省中西部地区纺织原料资源丰富，劳动力成本低，30个经济弱县大部分位于该地区，经济基础相对比较薄弱，服装纺织知名品牌少，今后要充分发挥自身优势，大力加强与经济发达地区的经济协作，扬长避短，不断开发新产品，调整优化产品结构，提高生产装备水平，重点发展棉纺织、毛纺织、针织服装及其他有特色的深加工产品，加快农村剩余劳动力的转移，为促进当地经济发展作出积极的贡献。

以滨州位桥集团、德棉集团、济宁樱花集团、泰安岱银集团、枣庄万泰集团、临沂新光股份公司、临清华润集团、东明县棉纺织厂等重点棉纺织企业为骨干，重点发展喷气纺、气流纺、紧密纺等新型纺纱技术，配套进行织机的改造，提高清梳联、细络联、精梳机、无梭织机等新型技术装备的比重，提高无梭织机及整经浆纱设备、高速电子多臂和高速电子提花等配套装置的装备水平，提高产品品种、质量和水平，为深加工产品上水平创造条件。其中2005年泰安岱银集团销售收入力争达到10亿元以上，樱花集团要达到20亿以上，德棉集团要达到50亿以上，位桥集团要达到200亿以上。

以济宁如意毛纺织集团、菏泽天香毛纺织集团为依托，开发具有山东优势和特色和毛纺织产品，围绕“纤维应用多元化、生产工艺先进化、产品功能多样化”的产品发展方向进行技术改造，改善装备条件，加强工艺研究，提高工艺技术水平，搞好技术创新和产品开发，提高面料质量和档次，为优质名牌西装、时装提供优质高档面料。条件成熟的企业要积极向上游产品链延伸，如意集团要在生产优质面料的同时，积极发展“路嘉纳”系列男装品牌。

以滨州华纺股份公司为重点，积极采用新材料、新技术、新工艺、新设备，开发拥有自主知识产权的工艺技术和产品，提高产品档次和附加值，扩大精品生产，满足深加工和出口需求。争取2005年销售收入达到20亿元以上。

以山东标志服有限公司为重点，积极开展为国际名牌产品加工贴牌业务，提高企业的综合水平，争取到2005年销售收入达到10亿元以上。

以临沂真情集团为重点，大力研究开发全成型针织内衣等高档针织内衣，提升产品档次。

（二）产业布局

1. 以优势企业为载体，抓好各类服装纺织工业园区的建设。重点以青岛海珊集团、华金集团为龙头建设好青岛服装工业园、纺织工业园；以青岛红领服饰公司为龙头建设好红领精品工业园；以新郎服饰为龙头建设好新郎工业园；抓好威海市五大工业园区（纺织进出口工业园、东泰服装工业园、汇泉工业园、乳山笙歌工业园、文登苘山工业园）的建设，其中：威海纺织进出口工业园总投资1.5元，项目完成后年可新增加工能力600万件服装，创汇5000万美元；东泰服装工业园总投资1.2亿元，项目完成后年可实现销售收入8亿元，实现利税2亿元，利润5000万元；苘山工业园总投资1.5亿元，项目完成后可年产仿真丝坯布6000万码，预计实现销售收入2亿元，实现利税4000万元。

以青岛即发集团为龙头建设好即发工业园；以海阳市6户销售收入过亿元企业（华源、龙翔、海达、大华、华联、入世通）和10户销售收入过5000万元企业（顺达、三和、鼎鑫、新途、东盛、华盛、群立、锦程、英杰、新雨）为载体，抓好海阳工业园、海阳碧城工业园、海阳凤城工业园、海阳东村工业园、海阳方圆工业园五大园区建设。

以鲁泰纺织股份有限公司为龙头抓好鲁泰工

业园的建设;以兰雁集团为龙头抓好兰雁工业园的建设,使牛仔布和牛仔服生产规模、品种、质量达到全国前列;以位桥集团为龙头建设滨州位桥工业园和威海位桥第一、第二工业园。其中威海位桥第一、第二工业园投资40亿元,项目建成后可年可实现销售收入80亿元,利税8亿元,自营出口创汇2亿美元;以德棉集团为龙头建设德棉工业园,在为上游产品提供优质面料的同时,积极向上游产业链延伸;以济宁如意毛纺集团为龙头建设如意工业园,在扩大规模的同时,加大科技开发力度,提高产品质量水平,力争产品品种质量达到国际先进水平,顶替进口。

2. 建设服装纺织产业名城,促进县域经济发展。在服装纺织工业园区建设的基础上,加大服装纺织名城、名镇的培育和建设力度。一是抓好现有名城名镇的发展。其中以即发集团为龙头抓好"中国针织名城"即墨市的建设,以昌进集团为龙头抓好"中国印染名城"昌邑市的建设,以新郎服饰、帅领服饰为龙头抓好"中国男装名城"诸城市的建设,以华源、龙翔、海达、大华、华联、入世通等企业为龙头抓好"中国毛衫名城"海阳市的建设。二是要加大对发展中的名城名镇的培育力度。今后几年要重点以兰雁集团为龙头争取培育认定周村牛仔服名城,以鲁泰集团为龙头争取培育认定淄川衬衫名城,为南山集团为龙头培育认定龙口毛纺名城等,以扩大在国内外的知名度,以利于吸引外资,促进县域经济较快发展。

(三)产品布局以八大类服装为龙头抓好产业链调整和发展。

1. 西服。重点发展"耶莉娅"、"新郎"、"仙霞"、"森姆"、"红领"、"三美士"、"路嘉纳"、"乐好"、"鑫天"等品牌西服,在逐步扩大产品规模的同时,注意在产品造型、质量、风格等方面上水平,提高市场占有率,争创中国名牌。到2005年我省高档西服套装年产量争取达到3000万件,2010年发展到6000万件。

耶莉娅集团在获得"中国名牌"称号的基础上,投资1.2亿元重点建设服装配送中心项目,项目完成后可新增销售收入6亿元,利润4000万元,使企业成为江北最大的统一检测、分包、配送基地,可同时带动鲁中、鲁西南地区中小服装企业的发展,形成以耶莉娅品牌为龙头的集约化经营模式,为打造完整的服装产业链奠定基础。

新郎希努尔股份有限公司重点建设西装吊挂流水线项目,项目完成后可新增高档西服100万套,新增销售收入2亿元,利润3400万元,"新郎希努尔"品牌争创中国名牌。

山东标志服有限公司投资6500万元扩建200万件出口服装生产线,项目完成后可新增销售收入2亿元,创汇2500万美元。

诸城市帅领服饰有限公司投资3亿元建设西服生产线项目,形成150万套西服的能力,项目完成可新增销售收入9亿元,利润8000万元。

产业链配套:泰安康平纳毛纺织有限公司投资1.6亿元建设扩大高档出口面料染整生产线,年新增面料生产能力2000万米,增加销售收入6亿元,利润6000万元。

南山集团投资3.2亿元生产高档轻薄多功能生态面料,年新增生态面料500万米,增加销售收入4.5亿元,利润1.5亿元。

山东如意毛纺集团有限责任公司投资1.8亿元生产高支毛精纺面料,可增加销售收入2.5亿元,利润2500万元。

山东天香毛纺织集团公司投资3600万元生产丝绒呢绒服装面料,项目完成后可增加销售收入8700万元,利润719万元。

其他重点企业要改善装备条件,完善技术开发手段,开发具有市场特色的优势毛纺织产品,搞好新型纤维的应用研究,采用先进的纺织及印染后整理技术、发展高支轻薄、防皱免熨、绿色环保等高档面料,提高产品档次。

2. 高档色织衬衫。重点发展"鲁泰格蕾芬"、"海珊"、"笙歌"、"欧斯卡"、"傲饰"等品牌衬衫,企业要在品种开发、提高产品质量、发展功能性整理等方面力争有较大突破,创出中国名牌。争取到2005年高档色织衬衫发展到1800万件,2010年发展到3800万件。

产业链配套:德棉集团投资5亿元实施高档面料国债技改项目,新增销售收入10亿元,利润1.2万元。

鲁泰纺织股份有限公司投资2亿元建设高档染整生产线项目,新增2000万米色织衬衫面料的能力,增加销售收入3.7亿元,利润4000万元。

其他色织面料生产企业如青岛六棉、青岛七彩、潍坊四棉、烟台鲁光等要做好配套发展,在项目实施上要抓住纺纱、染纱和后整理三大关键,纺纱积极推广清梳联、精梳机及自动络筒等先进设备。织布以增加无梭织机和电子提花装置为主，进行配套改造，实现产品多纤维组合、多组织规格、大小提花、弹力等多品种、多样化，为上水平创造条件。

3. 系列牛仔服装。重点发展“兰雁”、“翔豹”、“位桥”、“王子”、“兰骏”等品牌牛仔服装，扩大规模，提高质量，创出品牌。争取到2005年我省牛仔服产量增加到6000万件，2010年增加到1.2亿件。

兰雁集团股份有限公司投资7000万元建设牛仔服装项目，新增牛仔服装300万件的能力，增加销售收入1.5亿元，利润1800万元。在“兰雁”品牌已获得“中国驰名商标”的基础上，争创中国名牌。

枣庄翔豹制衣有限公司投资8900万元进行服装后整理生产线技术改造，新增年水洗服装1000万件的能力，增加销售收入3.5亿元，利润2000万元。“翔豹”品牌争创中国名牌。

产业链配套：烟台氨纶股份有限公司投资3.4亿元建设氨纶纤维国债项目，新增销售收入4.7亿元，利润2亿元。

兰雁集团股份有限公司投资2.2亿元建设牛仔面料项目，新增销售收入4亿元，利润7000万元。

潍坊海龙、枣庄海扬、泰安岱银、魏桥棉纺、惠民华润等化纤企业和优质气流纺纱企业要围绕增加花色品种，积极开发氨纶弹力产品和粘棉混纺产品，确保面料的高质量多品种。

4. 时装。重点抓好青岛、烟台、威海时装的发展，“舒朗”、“和人雅室”、“秀”等品牌的时装和休闲装生产企业要要进一步提高档次和水平，特别是要注重色彩、款式、风格和制作工艺的研究设计开发。要通过设计创新，创立更多的时装品牌，以满足消费者对新潮、时尚、舒适、美观、精致服装的需求。争取创出3－5个知名时装品牌，2005年时装产量争取达到1亿件，2010年达到2亿件。

扩大中国名牌产品“雪驰”、“寒思”生产企业青岛雪驰服装公司和威海华羽服装公司的羽绒服生产。其中威海华羽服装公司投资5000万元建设羽绒制品项目，形成新增100万套羽绒制品的能力，增加销售收入1.5亿元，利润900万元。

产业链配套：济南正昊、锦纶，淄博万杰涤纶，青岛涤纶，潍坊巨龙集团等化纤生产企业要加强化纤仿真纤维的开发研究，配套改造增加差别化、功能化纤维、大豆蛋白改性纤维等新型纤维的生产。其中潍坊巨龙化纤集团投资4亿元建设差别化粘胶短纤维国债项目，新增销售收入3.5亿元，利润4800万元。

德棉集团、万杰集团、威海锦昌公司、昌邑市无纺布厂、华纺股份公司、潍坊二印、沂源棉纺织厂等化纤仿真面料生产企业，要围绕产品开发，不断改进工艺技术，尽快取得突破，使化纤面料的仿真性、舒适性、色彩花型流行性满足时装要求，顶替进口。其中威海锦昌染织有限公司要扩大高档涤棉仿真面料、纯棉印花面料的生产规模，加快发展化纤仿毛、仿麻等高档新型面料产品；昌邑市无纺布厂投资8000万元建设超细纤维衣料革面料国债项目，新增销售收入2.3亿元，利润5000万元。

5. 职业装。山东标志服有限公司、仙霞集团、耶莉娅集团等普通职业装及功能性职业装生产企业要积极应用高科技新型纤维及其深加工产品，不断扩大销售领域，形成全国职业装重点生产基地。

产业链配套：济南正昊、青岛中泰、淄博万杰、潍坊巨龙、烟台氨纶等化纤集团要不断提高工艺水平和生产集中度，发展抗起毛起球聚酯、阻燃切片、长丝、差别化纤维；德棉集团、万杰集团、沂源棉纺织厂、威海锦昌公司、华纺股份公司、潍坊二印等织造印染企业要配套开发新型化纤面料以及开发防水透湿、抗静电、防电磁、防紫外线、抗菌防臭等新型功能性整理面料。

6. 高档针织内衣。济南元首针织股份有限公司投资3.9亿元建设扩大出口加工基地项目，项目完成后可形成新增针织服装5000万件的能力，增加销售收入8亿元，利润2.4元。

山东真情集团投资4900万元开发高新技术产品，形成新增全成型针织内衣180万件，高档针织内衣180万件的能力，增加销售收入9000万元，利润2000万元。

青岛即发集团、华金集团、中大集团、诸城针织制衣有限公司、济南妮奥公司等企业，要在扩大市场份额的同时，注重内衣款式设计和功能性整理，提高内在质量和加工的精度，满足消费者对个性化、时尚化、舒适化的需求。

产业链配套:滨州环宇纺织科技有限公司投资1.8亿元对精梳高支纱线进行烧毛、丝光、染色后处理,项目完成后可形成新增烧毛丝光纱钱3600吨的能力,增加销售收入2.5亿元,利润4500万元。

临清华润纺织有限公司投资1.5亿元引进高档纺机和260台无梭织机,开发高档纱线,项目完成后新增销售收入1.6亿元,利润2300万元。

惠民华润纺织有限公司投资1.8亿元建设针织用气流纱项目,项目完成后可形成新增针织用气流纱1.6万吨的能力,增加销售收入2.6亿元,利润5300万元。

济南四棉投资1亿元建设扩大精梳纱生产能力等项目,项目完成后可新增销售收入1亿元,利润2600万元。

德州恒丰、乐陵棉纺、烟台氨纶、潍坊四棉、青岛海丽、泰安泰龙、东明棉纺等针织用纱重点企业要配套做好天丝、甲壳素纤维、大豆蛋白改性纤维、竹纤维、聚乳酸纤维、彩棉、各种麻纤维等新型绿色纤维系列纱线的开发,提高针织用纱的多样性和质量水平。

7. 休闲运动装。即发集团、济南华诚九羚服装公司、诸城针织制衣公司、山东笙歌服装公司、华金集团、滨州春晓集团等企业要大力开发棉针织、毛针织、梭针织结合的休闲运动装,把握好色彩及款式的流行趋势,注重原料多样化,面料系列化。其中滨州春晓集团要发挥作为世界名牌加工基地的优势,以高品质的弹力、棉毛、绒类产品为开发目标,重点开发家用针织品和家居服装服饰类,带动和培育休闲服装产业集群。

产业链配套:烟台氨纶、德棉集团、潍坊四棉、临清华润、济宁樱花、山东基德等企业要扩大精梳纱、高支纱、天然色纺纱、弹力包芯纱的生产,使其在纤维的混纺技术和纱线的结构变化方面满足针织休闲运动装的要求。

8. 针织时装(含羊毛衫及功能性、环保性服装)。即发集团、烟台服装公司、舒朗服饰公司、鲁泰纺织股份公司等企业要积极推广计算机辅助设计/制造(CAD/CAM)技术,加大产品开发力度,及时跟踪国际流行色彩、图案、款式的变化趋势,广泛应用各种功能性、保健型新型纤维和多种纤维混纺及新型纺纱线,扩大"双丝双烧"产品比例,提高针织面料的前处理、印花、染色和后整理水平。建立小批量、多品种、快交货的生产经营体系。

发挥烟台海阳毛衫城的县域经济特色和规模优势,进一步延伸拉长毛衫产业链,形成毛衫机械、配套设备、纱线染色、毛衫加工及包装等较为完善的产业链条,形成独具特色的毛衫制造业基地。培育6户销售过亿元企业(华源、龙翔、海达、大华、华联、入世通),10户销售过5000万元企业(顺达、三和、鼎鑫、新途、东盛、华盛、群立、锦程、英杰、新雨)。到2010年,力争实现工业总产值43亿元,实现销售收入35亿元,利税5亿元,出口创汇2亿美元。

即发集团、华金集团、烟台新潮实业股份公司、泰安泰龙集团等企业要开发甲壳质,彩棉、森林浴、罗布麻等系列功能性、环保性服装,并配套做好天丝、大豆纤维、各种麻类、彩棉、甲壳质等新型绿色纤维系列面料的开发,以确保绿色生态环保服装的多样性,满足人们对绿色环保、生态健康服装的需求。

产业链配套:济南正昊、锦纶、万杰涤纶、潍坊粘胶、烟台氨纶等化纤企业要加大差别化、功能化、细旦纤维开发生产。棉纺行业积极开发多种纤维不同混纺比例、不同纱线结构的针织专用纱线,以满足针织时装对原料的要求。

四、保障措施

(一)资金投入

一是政府要加强金融服务体系建设,大力发展银行、信贷、保险、证券、基金、投资公司等,积极引进外资银行设立分支机构,促进我省资本市场的发育和完善,增强融资能力为企业争取更多的信贷资金。

二是企业要积极争取国家专项技改资金,同时扩大直接融资比例,有条件的服装纺织企业要争取上市融资。

三是行业中介组织要在招商引资方面发挥作用,采取对外宣传、出国组团、举办经贸洽谈会、展示展销会等多种方式吸引国际资本、民营企业和民间资本对服装纺织制造业的投入。

(二)技术创新

一是加快国债技术改造项目的实施,加大科技投入,用高新技术改造传统服装纺织业,突出技术创新和产品开发,形成一批具有自主知识产权、高附加值、高科技含量的产品和技术。

二是加强企业技术中心建设，建立健全技术创新机制，提高企业技术创新能力。骨干企业必须形成具有开发自有知识产权的核心技术和主导产品的能力，具备相关国际先进技术的消化创新能力。已确认的企业技术开发中心要充分发挥应有的作用，带动行业整体创新能力的提高。

三是积极推进产学研联合，行业协会要发挥企业与高等院校、科研机构等的纽带作用，积极为企业与国内外著名高校、研究院所开展长期合作牵线搭桥，并不断提升合作的层次和水平。

（三）人才培养

一是进一步完善企业经营管理人才考核、评价体系和选拔、任用方法，抓紧实施职业经理人职业资格制度，加快企业经营管理人才市场化步伐。围绕发展具有国际竞争力的大企业、大集团，培养一大批熟悉世界经济和国际法律、具有全球战略眼光和较强经营管理能力的优秀企业家。培养一大批能够实现国有资产保值增值的国有企业高级经营管理人员。同时为适应民营经济快速发展的需要，关心、支持和培养民营企业家。

二是深化企业科技人员专业技术职称评聘制度改革，改变用人制度，鼓励企业创造条件设立“人才特区”，对特殊、拔尖人才采取特殊的吸引和使用办法。要立足企业，挖掘现有人才的潜力，培养使用好企业现有人才，鼓励青年技工努力钻研技术，高级技工的评定要制度化、正常化，对占绝大多数的初中级技工敞开考级晋升大门，对有特殊技能的工人给予优厚待遇，建设一支与企业发展相适应的技术工人队伍。

三是全面发展成人教育和就业培训，提高企业专业人员整体素质，满足企业对高素质人才的需求。有关行业协会要在这方面发挥重要作用，要通过学习国外先进的教学内容和方法，采用“派出去，请进来”或与国外合资办学等方法，提高师资水平和服装教育水平。省、市服装协会要积极开展各种培训活动，今后几年要继续组织名牌产品企业设计师到国外进行集中培训，并请国外设计名师到我省进行集中讲学。通过省服装协会与烟台服装协会合作举办“山东省服装职业速成培训”，重点对各类人员进行职业培训，并积极探索培训、资格认证、使用相结合的新型用人机制。继续举办设计和工艺技能大赛、新产品展销、优秀设计师、工艺师评选等活动，促进设计师、工艺师队伍的同步发展壮大，为创建更多的服装品牌打下坚实基础。

（四）优化环境

一是搞好外部环境建设。要完善交通、信息网络、电力、水利基础设施建设以及城市和工业园区建设；改善行政管理，优化发展环境，切实转变政府职能，强化宏观调控、市场监督、社会管理和公共服务，加快建立稳定、透明的法制环境，低成本、高效率的政务环境，诚信、规范、公平的市场环境，有利于人才集聚和可持续发展的人文与自然环境；完善社会保障体系，解决广大服装纺织企业历史包袱重，离退休人员多的问题，使其能够轻装上阵。加大纺织原材料市场特别是棉花市场流通体制改革力度，建立起一套能够遵循市场规律，与国际市场接轨的流通体制；同时加强对棉花收购、加工的宏观管理，确保棉花质量符合标准要求；落实针织服装纺织企业的各项优惠政策，保证出口退税等有关资金及时足额到位。

二是本着“进而有为，退而有序，抓大要强，放小要活”的原则，积极推进企业所有制结构调整。要引导国有资本逐步退出，鼓励个体、私有企业和社会资本参与国有经济战略性重组，同时有目标、有重点地吸引更多的国际资本并购国有企业，优化外资投向，参与国有企业改制。采取国有股转让、合资合作、民营资本进入、企业相互参股等多种措施，推进股份制改造，推进投资主体多元化，健全法人治理结构，建立现代企业制度；要重视、鼓励、扶持民营服装纺织企业发展，促进各种所有制经济相互补充，共同发展。鼓励有基础、有实力的民营企业集团做大做强，对他们多服务，少干预，为它们创造一个良好的发展空间；要全面贯彻“三改一加强”的方针，力争在转换企业经营机制、建立现代企业制度、加快市场化进程等方面取得实质性进展。把传统管理与现代科学管理有机结合起来，注重管理创新，狠抓质量管理、成本管理、资金管理和现代物流管理，形成有利于节约资源、降低消耗、提高质量、增加效益的管理机制，增强企业的市场竞争能力。

三是建立健全行业协会，大力发展社会中介组织，加强企业特别是中小企业社会化服务体系建设。发挥相关学会作用，加强与国内外有关机构、企业及相关产业的合作交流，针对我省服装纺织工业实际情况，组织相应的活动。充分运用

WTO协定和规则，加强有关非关税壁垒、技术壁垒、绿色壁垒、反倾销保障措施等方面的协调工作，引导企业积极参与国外反倾销应诉。发挥专业委员会的作用，开展诊断咨询与服务，制定行规、行约，加强行业自律，维护公平竞争秩序，防止在国际市场上的自相压价等恶性竞争行为。实行研究开发共享、市场信息共享，定期研究行业发展有关重大决策等活动。积极引导企业实施名牌战略，增强我省服装纺织名牌产品的知名度和竞争力。发挥行业协会在企业间的纽带作用，把产业链上不同环节的企业联合起来，条件成熟时发展类似浙江、广东服装市场的综合服装交易市场，力争建设一个门类齐全、体系完整的服装纺织综合交易市场，成为全省各类服装纺织企业交易的平台。

2004－2010年山东省家电产业链实施方案

家电行业是我省优势行业，在我省工业经济中占有重要地位。加快家电行业的发展，直接关系到我省工业结构的优化升级。当前，家电行业面临严峻的挑战，生产能力过剩、竞争加剧、经济效益下滑已经影响了企业生存和发展。但家电工业同样面临着我国加入世贸组织、家电更新换代、农村市场启动、西部大开发等机遇。为抓住机遇，加快发展，尽快实现由家电大省向家电强省的跨越，根据《山东省家电产业发展意见》，现提出2004－2010年山东省家电产业链实施方案。

一、发展目标

1.到2005年，全省家电工业销售收入达到700亿元，年均递增长32%，利税40亿元，年均递增38%；创汇8亿美元，年均递增20%。2010年全省家电工业销售收入达到1127亿元，年均递增长10%，利税64亿元，年均递增10%；创汇20亿美元，年均递增20%。

2.到2005年，全省主要家电产品产量为：电冰箱700万台，年均递增12%；洗衣机500万台，年均递增12%；空调器700万台，年均递增40%；电冰柜350万台，年均递增20%；电视机1000万台，年均递增11%。2010年全省主要家电产品产量为：电冰箱1127万台，年均递增10%；洗衣机880万台，年均递增12%；空调器1400万台，年均递增15%；电冰柜700万台，年均递增15%；电视机1470万台，年均递增8%。

3.国际先进水平装备所占比重由2002年的65%提高到2005年的80%，2010年达到90%。

4.高档产品比重由2002年的65%到2005年达到80%。主要家电产品国内市场平均占有率由2002年的24.5%提高到2005年的30%，2010年占有率达到50%。

5.进一步提高企业集中度，培育特大型企业集团，年销售收入超500亿元1个（海尔），年销售收入超100亿元3个（海信、澳柯玛、小鸭）。海尔集团力争进入世界500强，成为中国家电行业的航空母舰。

6.2005年建成行业技术中心1个，新创建2个国家级技术中心，博士后流动工作站4个，省级技术中心10个。2010年建成行业技术中心2个，新创建4个国家级技术中心，博士后流动工作站8个，省级技术中心15个。

7.2005年主要产品省内、国内、国外销售的比例达到40:40:20。争取创山东名牌30个，驰名商标5个。2010年主要产品省内、国内、国外销售的比例达到30:30:40。争取创山东名牌40个，驰名商标10个。

8.形成青岛、烟台、济南、淄博等各具特色的产业带，有力得带动省内家电产品及配套件的发展，使山东省成为中国乃至世界家电制造基地。

二、发展重点

（一）合理规划，完善布局，打造环青岛家电产业带。

以青岛高科园、黄岛开发区家电工业园群为中心，进一步发展平度、胶州等周边地区的家电工业园。在门类齐全、重点突出、各具特色的多个家电工业园的基础上，加强物流管理，提高配套能力，特别是抓好压缩机的建设，吸纳配套企业进工业园，形成海尔、海信、澳柯玛三强鼎立、共同构筑环青岛家电产业群和产业带，建成中国最大的家用电器及配套产品制造基地。

1.海尔集团。在海尔开发区国际工业园和海尔胶州国际工业园基础，围绕家电、通讯、电子、数码产品进行产业聚集，重点引进具有世界领先技术、有实力的国际知名公司，形成具有世界级规模和高技术水平的家电电子产业基地。

2. 海信、澳柯玛集团。青岛高科工业园、黄岛家电工业园、平度等地建设工业园，围绕主导产品搞好配套企业入驻，形成的产业链条。

3. 小鸭集团。规划建立热水器生产区、冷柜生产区、快烤炉具生产区、空调器生产区、纳米材料生产区、电子产品生产区六大产品区、模具制造中心、物流中心、研发和培训及综合服务中心三大中心和一个新产品新材料试制基地，发展各类展示柜、电冰柜、空调器、电热水器等产品，形成以小鸭为核心的济南家电产业群。

4. 淄博小家电生产基地。以多星集团为中心，形成电热管和电热炊具为主的中国北方最大的电热炊具生产基地。

5. 龙口微电机生产基地。以金龙集团为中心，形成为家用电器配套的山东省最大的微电机生产基地和出口基地。(二)利用先进技术，大力发展节能、环保、智能化、网络化、多功能产品。

进一步巩固、拓展白色家电在国内外的市场，大力发展各类小家电，积极开发数字视听、摄像等高技术产品，并积极实行多元化战略，拓展新的发展领域和空间，实现企业的良性发展。

冰箱(柜)。冰箱重点采用节能和全无氟制冷技术，向节能型、超低温、多温区、静音型方向发展。在此基础上，家用冰箱要适应现代家居特点，向个性化、美观化方向发展；冰柜重点发展商用冷柜、展示柜、专用冰柜、深冷冰柜、特型冰柜、超节能冰柜等。

空调器。进一步开发和完善变频节能和智能化技术，发展变频系列空调，增加抗菌、多层过滤、双向换风、氧吧等各种功能，提高产品附加值。积极开发家用、商用和工业用中央空调等产品。

洗衣机。提高套桶及滚桶全自动洗衣机档次，重点向节水省时、消毒杀菌、高洗净度、低磨损率、超薄美观方向发展。开发智能化、大容量、节水型工业用洗衣机和纳米抗菌材料洗衣机。

数字视听产品。加快数字技术、多媒体技术的应用，重点发展电视机、音响及关键元器件。采用等离子扫描、大屏幕投影等新技术，发展智能化、超大屏幕、高清晰度数字电视机、多媒体一体机，以及数字电视机顶盒、接收机等产品。大力发展相配套的超大屏幕玻壳以及高精细荫罩等电子元器件。加快数字家庭影院系列等新一代数字音响产品的开发和产业化。

摄像器材。积极发展高清晰度、高色彩分辨率、多功能数码摄像机和数码照相机，以及相配套的光学镜头、感光芯片、数字图象处理芯片、大容量储存芯片等。

小家电。重点发展热水器、排油烟机、微波炉、消毒柜、电热锅、饮水机等厨具以及电风扇、吸尘器、净化器等居室用品，在质量、安全、造型等方面进一步增强竞争优势。

开发家电新领域。大力发展整体厨房、整体卫浴等产品。进一步提高散热器、温控器、冷凝管的技术水平和配套能力，开发高效能保温材料。

三、保障措施

1.大力推进企业技术进步，提高企业核心竞争力。强化企业技术创新体系建设，增强企业技术创新能力。企业要进一步加大投入，提高科技投入占销售收入的比例，提高技术中心的开发手段和能力，建立和完善高级人才的培养、引进、使用和激励机制，形成技术创新的良好氛围和生产一代、储存一代、开发一代的良性循环。以现有骨干企业技术中心为依托，整合现有社会科技资源，组建面向全行业、开放式、具有国际领先水平的行业技术中心，集中力量攻克带有全局性的关键技术。鼓励企业开发节能、环保家电产品，以适应国外日益增多的绿色贸易壁垒和国际市场及可持续发展的要求。充分利用法律手段，保护自主知识产权。进一步加大技术改造投入，提高企业技术装备水平，适应产品升级换代和产品质量提高的要求。各级政府要制定相应政策，扶持技术创新中介服务机构的发展，为企业技术创新创造良好的环境。

2.施名牌战略，加大市场开拓力度。实施名牌战略是巩固和开拓国内外市场的必由之路，必须要进一步强化名牌意识。在巩固现有名牌优势的基础上，进一步提高产品质量、技术含量和服务水平，加大宣传力度，培植一批新的知名品牌，力争在三年内使我省主要家电产品全部跻身于中国名牌行列。进一步完善市场营销体系，提高营销素质和能力，借助知名品牌，千方百计开拓市场。抓住加入世界贸易组织的机遇，加强产品国际认证，支持企业进口国外质优价廉的原材料和关键零部件，提高出口产品质量，努力开拓国际市场。以西部大开发、农村市场启动和城市消费需求升级为契机，开发适应西部和农村消费以及城市高层次消费的产品。

3."引进来"和"走出去"将结合，加快国际化步伐。继续加大利用外资改造现有企业的力度，特别是要加强与世界500强企业的合资合作，通过外资的进入，引进先进的技术、管理、市场网络和人才，借以提高企业的核心竞争力。推广海尔集团境外投资经验，深入研究国外投资环境，在贸易先行的基础上，以扩大国际市场、带动产品出口为重点，推动企业开展境外加工贸易。

4.强化行业标准编制，促进我省家电产品开拓国际市场。根据家电行业的发展情况和世界对家电行业的要求，及时编制行业相关的行业标准，促使我家电产品在世界范围内通行无阻。建立市场予警机制，及时对行业的发展方向和技术作出有效的预测和分析，帮助企业趋避风险，运用反倾销等法律手段保护企业合法权益。

5.研究制定废旧家用电器的强制回收利用办法，促使行业良性发展。鼓励废旧家电回收点的设立，加强市场管理，建立规范畅通的废旧家电回收再利用通道。引导企业树立循环经济理念，引入产品生命周期评价方法，在产品设计时就要考虑易于拆解和回收。加大投入，加快废旧家电回收再利用技术的开发和应用。制定家电生产企业出资回收废旧家电的办法，从根本上解决废旧家电对环境的污染问题。

2004－2010年山东省石油化工产业链实施方案

石油化学工业是能源和原材料工业的重要组成部分，在国民经济中具有举足轻重的地位和作用。改革开放以来，我省石化工业得到了较快发展，已经成为我省支柱产业。随着经济全球化进程的加快和我国加入WTO后的形势，我省石化工业面临着前所未有的机遇和挑战。为落实好《关于加快山东省石化工业发展的意见》，提出2004－2010年山东省石化产业链发展实施方案。

一、发展目标

1.到2005年，炼油能力达到3500万吨、乙烯80万吨、合成树脂150万吨、合成橡胶20万吨。销售收入达到900亿元、利润25亿元、税金55亿元。

2.到2010年，炼油能力达到5000万吨、乙烯200万吨、合成树脂350万吨，合成橡胶40万吨。销售收入达到2200亿元、利润34亿元、税金125亿元。

二、发展重点

2004－2010年，我省石化产业发展的总体思路是：建设胶济沿线石化产业带，提升炼油，做大做强乙烯等有机原料，拉长产业链，发展深加工及精细化工产品，扩张合成塑料、合成橡胶、合成纤维规模；建立原油供应保障体系，发展五个石化产业基地，培植销售收入过百亿的六大企业集团。

（一）抓住机遇，建设胶济沿线石化产业带。

以青岛国家石油战略储备基地和大炼油的建设为契机，以齐鲁公司的改造和齐鲁化学工业区的建设为基础，建设以青岛的油码头和油品为龙头、齐鲁化学工业区综合石化产品和胶济沿线有关石化企业为隆起带、济南的石化与煤化工及盐化工结合的综合性化学品相连接的胶济沿线石化产业带。

（二）集中力量，集中资源，建设五个石化产业基地。

1. 淄博石化产业基地。齐鲁石化公司在提升炼油规模的同时，建设大规模乙烯装置，加快发展有机原料，在齐鲁化学工业区内进行深加工，发展聚乙烯、聚丙烯、聚氯乙烯、聚苯乙烯、ABS五大通用树脂和工程塑料，顺丁橡胶、丁苯橡胶等合成橡胶及其它石化产品和精细化工产品，实现基地内炼油化工一体化。

2. 青岛石化产业基地。争取青岛大炼油尽早批复建设，同时开展利用黄岛国家石油战略储备基地的优势，围绕青岛大炼油建设大型石化基地的准备工作；改造提高现有青岛石油化工厂和青岛广源发集团的重交道路沥青、优质燃料油的规模和水平。在青岛地区建设高附加值、高技术含量的合成材料、专用化学品及大宗的有竞争力的石油化工产品。

3. 济南综合石化产业基地。以现有企业为基础，联合济南钢铁厂、济南塑料试验厂、正昊化纤公司共同发展；同时，加快济南炼油厂的改造。

建设国内第一个石油化工、一碳化学和盐化工相互结合的综合性化学品生产基地

4. 东营石化产业基地。以该地区现有的地方石化企业为基础,以资产为纽带,以优势企业为龙头,联合建设重油催化热裂解或重油接触裂解装置,实施集团化、集约化经营,发展各具特色的石油化工深加工产品和其它产品。

5. 滨州石化产业基地。以该地区现有的地方石化企业为基础,以资产为纽带,以优势企业为龙头,强化重交道路沥青产品在国内的优势地位,同时提高环氧丙烷、聚氯乙烯的规模效益。

(三)突出重点,做大做强龙头企业。

齐鲁石化公司。“十五”末,炼油能力由850万吨改造到1000万吨,乙烯能力由56万吨改造到80万吨,聚氯乙烯能力由30万吨改造到63万吨,聚乙烯改造到60万吨,苯乙烯改造到20万吨等。

“十一五”末,炼油能力改造到1600万吨,条件成熟时再上一套80万吨乙烯装置,使乙烯能力达到160万吨;后加工主要装置聚氯乙烯改造到100万吨,聚乙烯改造到100万吨,聚丙烯改造到60万吨,建设10万吨丁苯橡胶装置等。

齐鲁化学工业区新区。主要将齐鲁石化公司石化原料留在该区加工。“十五”期间,建设3万吨聚丙烯管材,2万吨缠绕膜,200万平方米铝塑复合板,10亿只聚氯乙烯手套,引进加拿大技术建设2万吨氯化法钛白粉装置,2万吨顺酐,齐鲁石化公司与伊士曼公司合资的1.5万吨高档增塑剂,与台湾美旗集团合资建设石油化工产品物流中心等,万杰集团53万吨聚对苯二甲酸乙二醇酯(PET)和20万吨聚酯开工建设。

“十一五”期间,聚丙烯管材改造到20万吨,聚氯乙烯建材改造到30万吨,聚氯乙烯手套改造到15亿只,缠绕膜改造到4万吨,铝塑复合板改造到300万平方米,与伊士曼公司合资建设高档涂料中间体等精细化工产品。万杰集团53万吨聚对苯二甲酸乙二醇酯(PET)和20万吨聚酯投产,建成具有国内优势地位的涤纶、聚酯瓶原料生产企业。

青岛大炼油。“十五”1000万吨装置大部建成。“十一五”投产后,进口液化天然气(LNG),建设200万千瓦调峰发电机组。

济南炼油厂。“十五”末炼油能力平衡到500万吨。“十一五”炼油能力改造到600万吨,同时配套50万吨宽馏分连续重整装置,生产芳烃为济南正昊化纤公司精对苯二甲酸(PAT)装置配套。

青岛石油化工厂。“十五”期间完成对现有装置利用重质劣质原油(中海油渤海含酸稠油),生产低硫优质燃料油和高等级道路沥青产品的改造。“十一五”其能力由300万吨改造到500万吨,

滨州石化公司。“十五”期间将环氧丙烷由6万吨改造到7.5万吨,新建5万吨聚丙烯。“十一五”扩建50万吨重交道路沥青和建设20万吨二氯乙烷及氯乙烯装置。

中国化工集团济南石化公司。“十五”期间与济南钢铁厂合作,利用该厂炉气,甲酸由2万吨改造到10万吨;40万吨重油催化裂解装置开工建设。“十一五”建设30万吨甲醇和20万吨醋酸;与济南塑料厂合作,利用其氯气,建设聚氯乙烯装置;与济南正昊化纤公司合作,将精对苯二甲酸能力由7万吨改造到25万吨,建设具有一定规模优势的涤纶原料生产装置。

三、保障措施

1. 加快国际化经营步伐,加大资金投入。鼓励不同投资主体的企业集团、国外大公司、国内大公司和私人资本参与石化工业投资。原则上除炼油和乙烯裂解装置由国内控股外,下游装置企业可以采用多元化投资方式建设。鼓励省内石化企业走出去,参与国际投资和经营。

2. 为企业创造良好的生产经营环境。对中石化公司所属企业,积极为其剥离不良资产、参与国际竞争、与国外合作创造条件。对地方企业,支持其在不扩大原油一次加工能力的基础上的改革、改组和改造。各有关政府要出台相关配套政策,支持和引导企业健康、快速发展。

3. 大力推进技术进步和技术创新,提高技术水平。(1)通过重整、烷基化、异构化、MTBE等手段,生产高辛烷值清洁汽油;近期通过改进催化裂化催化剂、优化装置操作条件等措施,降低催化汽油中烯烃和硫含量;通过加氢精制,使柴油中的硫含量和氧化安定性均符合新质量标准。

(2)重点发展降低汽油烯烃含量的催化裂化新工艺;催化轻汽油醚化、催化汽油异构化、加氢脱硫和催化柴油加氢脱硫技术;重油催化热裂解

和重油接触裂解制乙烯技术；适应加工进口含硫原油需要的配套技术(渣油加氢和硫回收技术)；高档润滑油生产技术；第四代汽油清净剂生产技术等。

(3)利用信息技术改造提升石化产业。“十五”末，炼油装置和主要的化工装置 80%要实现集散控制系统或现场总线控制，60%要实现先进控制，实现企业管理信息化。

4.建立原油供应保障体系。利用加入 WTO 的机遇，选择适当地点，建设原油和成品油码头，实现以原油进口为主，成品油、化工原料为必要补充的多元化资源进口格局，逐步建立一定规模的原油储备系统。充分利用国内外两个市场，科学利用国内外资源，实现各种资源的最佳配置。

5.加快产业和产品结构调整。企业要抓住机遇，充分利用好加入 WTO 的过渡期，坚持装置大型化、产品系列化、结构均衡化、技术独特化、服务优质化的原则，加快调整规模结构、产品结构、原料结构和资本结构，提高竞争能力。

2004－2010 年山东省电子信息产业链实施方案

近几年，我省电子信息产业得到了快速发展，已成为我省工业重要的支柱产业和高新技术主导产业，初步形成了计算机及其外部设备、信息家电、通信产品、新型元器件及材料等规模化生产，并具备了一定的自我配套能力。为全面贯彻党的十六大和省委工作会议精神，落实《关于加快发展山东省电子信息产业的意见》，调整优化我省经济结构，提高用信息技术改造和提升传统产业的能力，制定本实施方案。

一、发展目标

1.到 2005 年，全省电子信息产业销售收入达到 2300 亿元，年均递增 30%；工业增加值 550 亿元，年均递增 35%；利税 150 亿元，年均递增 30%；其中利润 75 亿元，年均递增 30%；出口创汇 70 亿美元，年均递增 50%。

2.到 2010 年，各项经济指标保持 17%以上的发展速度，全省电子信息产业销售收入达到 5000 亿元，工业增加值 1200 亿元，利税 320 亿元。形成 20 个电子信息产业基地和产业园(国家级 12 个，省级 8 个)，年销售收入约占全省电子信息产业总销售收入的 80%以上。

3.到 2010 年，电子信息产业研发和创新能力、产品技术水平和市场竞争力迈向更高层次，产业结构更加优化，产业链更加完善，对全省传统工业和经济发展的拉动作用更加突出，使山东成为世界电子信息产业知名度较高的产品研发和制造基地。

二、发展重点

以信息家电、计算机、通信等整机产品为龙头，带动发展新型电子元器件、电子新材料和软件及系统集成产业。以现有重点企业和优势、特色产业群为依托，以增强企业和产品聚集度，拉长和完善产品产业链为目标，重点建设电子信息产业基地和产业园，形成相互带动、配套完善、区域特色和优势明显的新的产业格局，提升我省电子信息产业的综合竞争力。着力建设 9 大基地，培育 20 家省级以上企业技术开发中心和 3 家集成电路设计中心，抓好 6 大类产品。

(一)建设 9 大基地

1.胶东半岛信息家电产业基地。以海尔、海信、澳柯玛等企业为依托，采用数字技术、蓝牙技术，加快信息化、智能化家电等消费类电子产品的开发生产。重点发展采用数字处理技术的高清晰度电视、投影电视和等离子体电视；加快数字高清晰度电视研究，采用多种方式，集中力量突破公共软件平台、嵌入式操作系统、中间件、数字压缩编解码芯片等关键技术。2005 年，形成彩电 1000 万台的生产能力，信息家电总销售收入达到 600 亿元以上。到 2010 年，把青岛发展成为全球信息家电等消费类电子产品的研发、生产基地。

2.胶东半岛通信及网络设备产业基地。以青岛朗讯为依托，继续争取美国朗讯公司的生产、研发基地向青岛转移。在巩固发展通讯交换设备的同时，跟踪新一代通信技术发展，开发生产无线接入系统、基站、数字程控交换机、光通信系统配套产品等，形成区域优势。发挥浪潮在服务器领域的优势，注重自主知识产权核心技术的研发，重点发展高性能服务器和工作站，带动路由器等高速宽带网络配套产品生产。以海尔、海信、浪潮 LG、泰信等企业为依托，跟踪移动通信技术的发展和运营商的需求,开发生产先进适用的手机产品。2005 年,形成交换机 1000 万线、服务器 15 万台、手机 1000 万部的生产能力,通信和网络产品实现销售收入达到 300 亿元以上。继续加大招商力度,完善本地配套能力,把胶东半岛建成世界重要的通信和网络产品研发、生产基地。

3. 齐鲁软件产品出口基地。以齐鲁软件园为依托,以推进信息化建设为主攻方向,充分发挥中创软件、浪潮齐鲁软件、浪潮通软、东方电子、青鸟华光、鲁能积成等企业和相关大学、科研单位的作用,重点发展应用软件,支持开发支撑软件和嵌入式系统软件,鼓励和扶持软件出口,到 2005 年,使齐鲁软件园产值达到 150 亿元以上,形成国内重要的软件产品生产、出口基地。加快青岛、烟台、威海三大软件园区建设,形成研发、生产、销售和系统集成相互配套、结构合理的软件产业群体,建成国内软件强省。

4. 半岛计算机及外围设备产业基地。以浪潮、海信、烟台东方、威海北洋等企业为基础,在跟踪世界最新技术、巩固发展家用、商用、军用、工业用计算机的同时,大力发展打印机、扫描仪、键盘、存储设备等配套产品,2005 年达到微机 100 万台、热转印打印机 10 万台的生产能力,实现总销售收入 100 亿元以上,形成国内外重要的计算机及外围设备生产基地。

5. 烟台新型电子材料基地。以具有一定优势的集成电路(IC)用金丝、高档电解铜箔、覆铜板、钕铁硼磁性材料、纳米电子涂层材料、彩管荫罩、新型电池材料等产品为基础,加快人工晶体材料、化合物半导体材料等的产业化步伐,进一步开发、生产新型适用的电子材料。到 2005 年,电子材料实现销售收入 50 亿元以上,形成全国重要的电子基础材料生产和销售中心。

6. 山东新型元器件基地。紧跟整机装配工艺的发展,提高产品的技术水平和档次,以二极管、片式电感、电容、接插件等现有优势产品为基础,重点发展微型片式元器件、石英晶体器件、半导体分立器件等产品,适时引进发展集成电路产品,到 2005 年,使元器件产量达到 600 亿只,实现销售收入 50 亿元以上。

7. 中创中间件产品基地。以中间件为突破口,以中创软件为基础,抓住机遇,加大投入,加快山东中间件产业基地建设步伐,尽快做大做强软件中间件产业,到 2005 年,实现销售收入 10 亿元以上,形成国内重要的中间件生产基地。

8. 淄博电子陶瓷及传感元件基地。以淄博为基础,发展陶瓷覆铜板(DCB)、氧化铝陶瓷基片、陶瓷电容、陶瓷谐振器等产品,使其生产技术、工艺设施和产品产量均在国内居领先水平,形成国内独具特色的电子陶瓷制造基地,到 2005 年,实现销售收入 20 亿元以上。

9. 山东光电子产业基地。充分发挥我省在全国率先掌握了高亮度和蓝光半导体发光器件外延片和芯片制作技术的优势,以华光光电子、英克莱等企业为依托,加大投资力度,解决芯片产业化中的问题,尽快壮大光电子材料和器件生产规模。鼓励发展激光器件、光通信模块、光纤光缆等产品,形成从光电子材料、光传输产品、光电子器件到整机产品的“光电子一条龙”,到 2005 年,产业规模达到 30 亿元,逐步建成国内重要的光电子产品生产基地。

(二)培育 20 家省级以上企业技术开发中心和 3 家集成电路设计中心

在现有海尔、浪潮、海信、东方、澳柯玛、小鸭 6 个国家级企业技术开发中心的基础上,争取将威海北洋集团和烟台正海电子集团列入国家级企业技术开发中心。在现有青鸟华光、中创软件、泰山集团、阳谷电缆、招远金宝、宏安集团、曲阜电缆、山大华天、曲阜圣阳等 9 家省级企业技术开发中心的基础上,争取将鲁能积成、华光光电子、济宁英特立列入省级企业技术开发中心。同时,通过招商引资,吸引 2-3 家国际跨国公司的设计研发中心在山东落户;以海尔集成电路设计中心、海信集成电路设计中心和哈工大威海国际微电子设计中心为培植主体,重点在数字电视解码芯片、家电控制芯片、音视频处理芯片等集成电路设计及通信、数字消费类电子产品的开发能力上实现突破。同时,加大吸引高水平人才的力度,加快完善设计开发手段,形成高水平的研发设计能力,带动我省集成电路产业发展。

(三)抓好 6 大类产品

1. 高性能计算机及外围设备。跟踪国际最先进计算机技术,巩固发展新型家用、商用、军用、工业用计算机以及打印机、扫描仪、键盘、存储设备等配套产品,突出发展高性能小型机/服务器,开发生产光电图像扫描及识别系统、多媒体投影仪、显示器、数码一体机、胶印机等外围设备，形成计算机及外围设备产业链；巩固电力自动化控制系统的技术优势，扩大市场占有率，开发生产化工、医药、电力、煤炭等系列工业过程自动化控制系统，建成国内最大的自动化控制系统软、硬件生产基地。

2.高速宽带网络与通信产品。跟踪国际先进通信交换技术、第三代移动通信技术和第四、五代光纤通信技术，重点发展局用数字程控交换机、移动交换机、基站设备、移动通信手机、光纤通信系统配套产品、积极发展无线接入系统、数字集群系统、网络交换机、路由器、数字传真机、电话机等高速宽带网络系统及配套产品，开发生产光纤预制棒、光导纤维和光缆，积极开发室内光缆，形成从交换、传输到终端产品的网络及通信产品产业链。

3.高智能信息家电。加快数字技术、多媒体技术、新型节能技术和绿色环保技术的应用，重点发展数字化、多媒体、高效节能产品。发展智能化、超大屏幕、高清晰度数字电视机、多媒体一体机，以及数字电视机顶盒、接收机等产品。加快数字家庭影院系列等新一代数字音响产品的开发和产业化。积极发展高清晰度、高色彩分辨率、多功能数码摄像机和数码照相机。

4.软件。以建立“网上山东”为主攻方向，积极采用软构件复用、软构件同构集成环境等新技术，突出发展金融、财务、广播电视、媒体信息管理、商场超市管理、智能化交通、电力控制、网络安全软件等行业软件产品，扩大市场占有率。积极发展拥有自主知识产权的企业信息化和电子商务软件、家用软件、教育软件。逐步开发软件构件，建立软件构件库；重点抓好软件中间件的开发和生产，逐步提高大型数据管理系统、网络平台、开发平台、嵌入式系统、大型软件应用系统等基础性软件和共性软件的开发能力；重点开发针对数字化和智能化家电、通信产品、数控机床及其它光机电一体化智能控制设备和玩具用软件。

5.新型元器件及电子新材料。重点发展表面贴装石英晶体谐振器、片式二极管、叠层片式电感器等新型片式电子元器件，加快发展高亮度发光二极管、激光二极管、新型显示器件、集成电路等产品，开发生产电子整机、通信设备及手机用新型元器件，形成规模化、系列化生产，提高综合配套能力；依靠山东大学等单位的技术优势，重点开发生产硅半导体材料、大直径硅单晶、化合物单晶、压电石英等人工晶体材料及器件。巩固发展高档、超薄电解铜箔、高档覆铜板、低弧度金丝、纳米涂料、导电玻璃等产品。开发生产先进适用的电子新材料。

6.汽车电子。抓住我国汽车工业高速发展的机遇，巩固我省在汽车电器、电源、通讯、模块电路、打码测试系统、汽车音响等电子产品领域的基础和优势，鼓励信息产业企业从事汽车电子技术和产品的开发、生产，推动我省汽车制造企业和电子企业的合作，加快与国际汽车电子企业的交流，重点发展汽车动力及传动电子控制系统、车身系统电子控制系统、汽车防盗系统、信息通信系统及显示系统配套产品，以及中高档汽车音响产品，把汽车电子产业作为我省汽车工业的重要支撑产业。

五、保障措施

(一)统一组织，协同推进

把建设山东电子信息产业基地融入全省胶东半岛制造业基地建设，根据发展目标制定具有前瞻性和可操作性的中长期规划，指导全省电子信息产业基地建设和招商引资工作。统一思想，整合优势资源，借助社会各界的力量，协同推进基地建设。使电子信息产业成为我省胶东半岛制造业基地建设中的主力军，进一步优化全省经济结构，推动全省经济快速协调发展。

(二)强化企业技术创新体系建设，增强创新能力

电子信息骨干企业要抓紧建立技术开发中心，提高科技投入占销售收入的比例，提高技术开发手段和能力，培植具有自主知识产权的主导产品和核心技术。依托现有17家企业技术开发中心，整合社会科技资源，组建面向全行业、开放式、具有国际领先水平的行业技术中心，集中力量攻克带有全局性的关键技术，加速高技术成果向产业化转移。大力推进中介机构建设。各级政府要制定相应政策，扶持电子信息产业技术创新中介服务机构的发展，为企业技术创新创造良好的环境。

(三)加强对外交流与合作，加快电子信息产业国际化步伐

在抓好与美国朗讯、日本松下、三菱、三洋和

韩国三星等大公司合资合作的同时，进一步扩大对外开放领域，加强与世界发达国家的交流与合作，高起点引进国外先进技术和管理经验，冲出跟踪、跟进圈子，实现消化创新。采取合资、合作、产权转让等多种方式，有针对性地大力招商引资。积极开拓国际市场，大力培植出口创汇基地，采取租赁、来料加工等多种形式，实现大进大出，加速与国际市场接轨的步伐。

(四)加大人才培养和引进力度，构建高层次人才队伍

重视人才引进，建立海内外高层次专家人才库。各级人事部门要积极做好从国外或国内引进高层次专家工作。加强人才培养，利用出国学术交流基金，有针对性地选派高层次电子信息专业人才到国内外大学、科研机构进行培训和深造。充分发挥现有人才的作用。积极试行对企业经营者实行年薪制、风险抵押、持股经营、期股(权)激励等按劳分配和按要素分配相结合的多种分配方式。

(五)广开渠道，加大资金投入

强化企业投资主体意识和地位，促其充分运用税后利润、折旧资金和技术开发费等自有资金，搞好技术改造和技术开发项目实施。扩大企业直接融资渠道。优先推荐电子信息企业上市和发行债券，已上市的优先推荐配股和增发新股，筹措资金必须用于技改和开发项目实施。通过引进外资、发行债券等方式多渠道筹集风险资本，并以此吸引境内外风险资金来我省投资，支持全省电子信息产业发展。

山东济宁華联商廈

SHANDONG JINING HUALIAN SHANGSHA

董事长　陈兖生

总经理　蒋威

山东济宁华联商厦股份有限公司是全国华联集团成员单位，是鲁西南最大的现代化零售商业企业，商厦地处济宁商业的黄金旺地太白中路。一九八四年建店，经过多年的滚动发展，目前企业已拥有1.5亿元固定资产，3.5万平方米营业面积，在职员工1300人。商厦内设10部滚动扶梯、中央空调、电视监控、自动喷淋、计算机管理网络等现代化设施一应俱全。经营21个大类，5万种商品，年商品销售额2亿元，是山东省较大商业企业、全国150家最大零售企业之一。

企业先后被国内贸易部、中消协、省消协、省技术监督局、省物价局等省、部级单位评为“全国商业信誉企业”、“全国亿元商业企业柜台商品质量检查先进单位”、“全国诚信商店”、“省级文明服务单位”、“省消费者满意商店”、“省优秀质量管理店”，被中共山东省委宣传部、组织部、省经济贸易委员会、省总工会评为“山东省思想政治工作优秀企业”，被省人民政府财贸办公室评为“山东省零售企业文明服务示范单位”，被省物价计量政策法规最佳单位评委会授予“第四届全省执行物价计量政策法规最佳单位”称号。

进入二十一世纪，济宁华联商厦积极应对新的机遇和挑战，不断加快改革发展的步伐。在科学定位的基础上，确立构建现代化精品名店的第一步发展战略。创新企业管理模式，更新现代管理理念，建立完善科学的经营管理体系；突出品牌经营战略，提高经营档次，以“穿在华联，美在华联”为经营理念，培育品牌优势，创新华联营销文化；实施合作经营战略，采取联合、租赁、参股等多种形式，盘活资产，优化结构，为经营注入了活力。同时，肯德基、国美电器、名表珠宝城等合作项目落户华联，有力地促进了企业经营结构的合理调整。企业经济效益有了新的突破，企业形象、品牌、价值有了新的提升，综合竞争力继续增强。一个不断创新前进中的新华联，正迎接着八方宾客。

商厦夜景

地址：济宁市中区太白中路26号
邮编：272000
传真：0537—2215678

国家开发银行山东省分行

国家开发银行是直属国务院领导的政策性金融机构，其主要职能是依靠国家信用，以信贷融资为基础，通过国家信用证券化，支持对国民经济发展有重大影响的产业和项目建设，重点向国家基础设施、基础产业、支柱产业项目以及重大技术改造和高新技术产业化项目发放贷款。山东省分行作为国家开发银行在山东的省级分支机构，其主要职责是按照国务院和人民银行批准的业务范围，负责办理开发银行在山东省信贷业务及相关的存款、结算业务，同时开展财务顾问、企业债券承销、间接银团贷款等中间业务。

分行自成立以来，在省委、省政府的关心和支持下，在开发银行总行的正确领导下，积极实践"三个代表"重要思想，始终把发展作为第一要务，紧紧围绕"办好银行、支持经济"的工作方针，严格执行国家宏观经济政策、产业政策和区域发展政策，大力支持山东省"两基一支"重点项目建设，为建设"大而强、富而美"的社会主义新山东做出了积极的贡献。

——按照"既要防范金融风险，又要支持经济建设"的方针，实现了信贷规模与经济效益同步快速增长

——按照"抓好党建、办好银行"的要求，班子队伍和精神文明建设取得显著成效

——以完善社会信用体系为目标，努力构筑政府、企业等各方面共同参与的信用结构

——以"开门办行"思想为指导，加强与政府、企业的交流与合作

按照陈元行长提出的"开门办行"思想，山东分行党委结合实际，研究制定了《国家开发银行山东分行与山东省地方干部双向交流挂职实施方案》，通过干部交流挂职，使地方政府和企业对开发银行的办行标准、经营理念、信贷管理、业务流程等有了更深的了解，也进一步增强了金融意识和信用观念，密切了开发银行与政府有关部门和大企业的沟通与合作，树立了开发银行良好的社会形象。

地址：济南市马鞍山路2－1号山东大厦　电话：0531－5198123 传真：0531－5198282

淄博市商业银行

果传勇同志自97年8月任淄博市商业银行的法人代表，几年来时刻以一名现代银行家的标准要求自己，注重抓大事，谋长远，讲党性，顾大局，抓管理，增效益，先后主持制定了全行创新发展的战略规划，创造性地提出并带头实施了规范管理战略、优质客户营销战略、特色银行战略、人才兴行战略和企业文化战略，咬定发展不放松，向改革要活力、向创新要效益，为加快企业发展、增强整体竞争实力提供了有利保障，使淄博市商业银行在创业历程中，经受住了市场的百般砺炼，实现了超常规发展和从粗放式到集约化经营管理的质的转变和飞跃。

淄博市人大常委、淄博市商业银行董事长、党委书记果传勇

在果传勇同志的领导下，淄博市商业银行由小到大、由弱到强，走出了一条独具特色的“改革、创新、发展”之路，异军突起，后来居上，取得了令社会各界瞩目的良好业绩。存贷款余额较建行之初分别增长了4倍，总资产达到150亿元，是建行之初的5倍，共上缴各项税金3亿多元，实现利润2亿多元，连续六年被评为全市利税大户，各项工作得到了市委、市政府和各级人民银行的充分肯定，经济效益连续六年在分行辖内14家城市商业银行中位居前列，成为济南分行辖内两家全国城市商业银行一类行之一。该行先后被评为市级文明单位、国家级“青年文明号”、全市党委自身建设先进单位、“支帮促”先进单位、山东省社会治安小区达标先进单位等多种荣誉称号，并连续四年荣获全市金融系统唯一一家安全生产先进单位。果传勇同志也因突出的工作业绩先后荣获市为政清廉先进个人、十大杰出青年企业家、优秀企业家、十佳公仆、“振兴淄博”劳动奖章、市劳动模范、山东省富民兴鲁劳动奖章、山东省优秀企业家等荣誉称号。

地址：山东省淄博市张店区中心路105号 邮编：255000　电话：0533－2178888 传真：0533－2163939

改革发展中的龙矿集团

龙矿集团位于山东省胶东半岛西北部，渤海湾南岸的龙口市境内，东临烟台，西接潍坊，北与天津、大连、秦皇岛隔海相望；5万吨级泊位龙口港与之相邻，206国道横贯其中，大莱龙铁路环绕其外，国际空港烟台港距集团驻地120公里，海陆空交通便利，是目前国内唯一的海滨区。

龙口矿区始建于1968年，1980年成立龙口煤炭生产建设指挥部，1987年更名为龙口矿务局，2002年11月成立龙口矿业集团有限公司。在册工12000余人，固定资产20多亿元。公司下属煤业（三对生产矿井，现年生产煤碳可达540万吨）、实业、物业三个专业化公司，是一集煤、建筑安装、汽车运输、精密铸造、橡塑制品、建材生产等为一体的国有大型企业。

龙矿集团主要煤炭产品为长焰煤，发热量3300-5500大卡/kg，挥发份40%以上，灰份12.15%，含硫量低于0.6%，燃点为290-300℃，适用于种动力配煤和发电、化工、玻璃生产及民用生活领域；电力方面，年供电量17100多万KWh，供汽量达40余万吨；非煤产业方面，碳纤维、铸造、生物农药、橡胶等产品已经形成工业化生产能力，具备非常广阔的发展前景。

2003年，龙矿集团在新一届领导班子的带领下，立足于实践“三个代表”，遵循“博采众长、创新发展”的企业精神，解放思想，创制，加快发展。在生产经营上，通过采取加大技术投入、走集约化生产之路，合理调整产品结构、改革煤炭销售模式，加大资金管理力度，可控成本，抓大放小、规范动作，壮大非煤产业主体等措施，全公司安全生产、经营销售、非煤产业等各方面都呈现出了良好的发展态势；革发展上，按照现代企业制度和《公司法》的要求，建立了比较规范的法人治理结构，确立了大集团发展的基本格局，构建了一个集团公司、个专业化公司、三个子公司的专业化管理体制，形成了以资本为纽带、横向相对独立、纵向紧密联结的三个管理层次。全面推行主辅分离、改制，先后对所属实业、物业、公安保卫、教育、医疗等五大专业实行“一条线”专业化管理，稳步推进三项制度改革。全面推行管理人员制，对各级管理人员一律实行一岗一薪，易岗易薪，极大地调动了广大员工的工作积极性，促进了生产经营改革工作的健康有序发展。2003年1-11月份累计完成工业总产值11.3亿元，同比增长54.79%，全年预计完成12.5亿元。

今后五年，集团公司要全面实施大集团战略，高点定位，创新发展，按照一年做实、两年做强、三年做大的“三步走”战略，争取到2007年实现“1551”发展目标，即：原煤产销量达到1000万吨，形成五大产业群，全公司年总产值要突破50亿元，实现税后利润1亿元。

地址：龙口市振兴路249号　邮编：265700　电话：0535-8811984

肥城矿业集团公司

董事长　梁兴泰

总经理　孔青

肥城矿业集团公司是1958年建井的老矿区，原有8对生产矿井，年设计能力390万吨。1998年改制为国有独资公司，同年下放山东省管理。公司现有7个生产矿和11个地面生产经营、医疗卫生单位，共计18个单位。在册职工3.5万人，离退休职工1.2万人，职工家属约10万多人。2003年末企业总资产45亿元，资产负债率56.4%。主业煤炭产品每年650万吨以上。另有发供电、电解铝、焊接材料、水泥、洗涤用品、橡塑化工、地下气化、建材、电线、地毯、服装、机械加工、建筑安装、养殖等多种非煤产业和非煤产品。建局以来，已累计生产原煤1.62亿吨，实现利税16.8亿元，是国家预算投资的6.1倍，国有资产增值率为52.3%。

大门外景

40多年来，肥城矿区为国家建设做出了重要贡献，也曾有过辉煌的历史。70年代是全国学大庆的红旗单位，80年代是全国安全生产先进单位，是煤矿质量标准化的发源地，90年代是全国第一批被命名的现代化矿务局，一直是全国煤炭行业效益最好的单位之一，是国家重点扶持的512家国有重点企业之一，也是国家银行认可的AAA级企业。

当前，肥城矿业集团正在大力实施积极稳定老矿区、加快开发新矿区、大力发展非煤产业三大任务，努力建成肥城矿区、梁宝寺矿区、交口矿区三大产业基地，构建煤电铝、煤电化工、煤电建材"三个一体化"的产业新格局，力争再奋斗5年，建成年销售收过100亿元、利税过10亿元、多业并举、多种经营、多种所有制形式并存的"三多"特大型现代企业集团。

地址：肥城市孤店镇　邮编：271608
电话：0538-3127221

干事创业的龙口市洼东煤矿有限公司

龙口市洼东煤矿有限公司是核定年生产能力18万吨的国有独资企业，隶属龙口市经济贸易局，始建于1978年，1982年建成投产。现有职工941人，其中各类专业技术人才118人，拥有资产总值8728万元。

公司以柳学春董事长为首的新一届领导班子2001年11月30日正式组建到位以来，坚持以邓小平理论和“三个代表”重要思想为指导，全面贯彻党的十六大和十六届三中全会精神，认真落实上级关于国企改革与发展一系列指示精神，按照“发展靠改革，生存靠质量，销售靠市场，成功靠合力”的工作思路，求真务实，与时俱进，开拓创新。以提高经济效益为中心，以安全生产为重点，以经济结构调整为主线，以管理创新、制度创新、科技创新为先导，以加快发展为目标。深入开展煤矿安全生产专项整治，狠抓“双基”建设和煤矿安全程度评价工作，构筑长效安全机制。内抓管理，外拓市场，“三个文明建设”取得了令人瞩目的成就。曾先后荣获原煤炭部“特级质量标准化矿井”、“全国煤炭系统现场管理最佳企业”、“全国煤炭企业思想政治工作优秀企业”、“省级先进企业”、“烟台市文明单位”、“安全生产先进单位”等多项荣誉。在2003年全省煤矿安全程度评估工作中，被评为A级具备安全生产条件矿井。

公司生产褐煤、长焰煤、油母页岩等，产品具有低硫、低燃点、高挥发份、不结焦、质优价廉等优点，可作生活、工业用煤和动力配煤使用。

公司地处徐福故里，渤海之滨，地理位置优越，气候宜人。烟潍高速公路、大莱龙铁路从境内通过，开放的龙口港与国内外港口通航，水陆交通极为便利，矿区治安状况稳定，具备了良好的投资环境。

公司坚持“以煤为主，多种经营，形成规模，全面发展”的方针，现已成为原煤生产、建筑安装、轻纺制线等多业并举的国有独资企业。中外合资“塑料、橡胶制品加工”项目已在黄城工业园投入生产，该项目为企业推行矿区经济外向化，走可持续发展战略打下了坚实的基础。

公司董事长、党委书记柳学春，1976年4月-1997年4月本公司职工、班长、科长、主任，1997年5月-2001年11月龙口市桑园煤矿有限公司经理、党委副书记，2001年11月至今龙口市洼东煤矿有限公司董事长、党委书记。

地址：龙口市徐福镇　邮编：265714

电话：0535-8598185　传真：0535-8598185

龙口市草泊煤矿

LONGKUO SHI CAOBO MEIKUANG

矿长　史文超

龙口市草泊煤矿，位于龙口矿区中北部，是烟台地区唯一的乡镇煤矿，生产优质褐煤，设计年产能力6万吨。

该矿自生产建设以来，在各级政府和煤炭主管部门的领导和支持下，认真贯彻“安全第一，预防为主”的方针，依法办矿、管矿，把安全生产作为第一要务来抓，实现了安全生产。

全矿广大员工发扬“开拓创新，求真务实”的企业精神，以质量求生存，以效益求发展，在经营理念上，用户至上，诚实守信，赢得了客户的赞誉。

矿长史文超先生偕全体员工欢迎各界朋友与我们携手合作，共创辉煌。

厂址：山东龙口市徐福镇四农村

电话：0535-8602888　邮编：265713

迅速崛起的山东五征集团公司

山东五征集团公司位于依山傍海、风景秀丽、气候宜人的亚欧大陆桥东方桥头堡日照市境内。

公司始建于1960年，经过历代五征人的艰苦奋斗，现已发展成为多元化持股的跨地区、跨行业，集农用车、轻型汽车、电动车以及高新技术产品于一体的国际化、现代化大型企业集团（2000年由国有企业改制为股份制企业）。

集团核心企业山东五征农用车有限公司是全国农机工业、山东机械工业重点企业，拥有机械加工、冲压、焊接、电泳涂装和总装等10余条具有国内先进水平的生产线，生产规模位居同行业前列。公司下设车辆厂、车桥厂、车身厂、轻型车厂、农业装备公司等5个制造事业部，拥有山东五征科技发展有限公司、日照五征电动车有限公司、青岛五征商贸有限公司和五莲安旭机械制造有限公司4家子公司。公司现有员工6000人，总资产达5亿元，固定资产2亿元。公司主导产品五征农用车，现已形成三轮车、四轮轻卡车等多个系列1000多个品种，畅销全国20多个省、市、自治区，并已出口到东南亚、非洲、拉丁美洲等国家和地区。产品曾两进中南海受到党和国家领导人的检阅。

近几年来，五征公司在全国农用运输车市场萎缩、产销量下滑的不利形势下，埋头苦干，强化管理，积极开拓市场，靠品牌经营、企业文化建设和差异化的产品发展战略，走出了一条独具特色的发展之路。自1997年起，产销量、销售收入和利税三项指标连续8年保持大幅度增长，行业地位从全国第17位上升至第2位，销售收入列全国农机工业第三位，2004年荣获全国“五一”劳动奖状，成为同行业经济运行质量最好、最具发展潜力的企业之一。五征的迅速崛起被誉为农机行业的"五征现象"，中央电视台、大众日报等多家新闻媒体也纷纷予以研究、报道。公司总经理姜卫东也因业绩突出被评为2000年全国农机企业十大新闻人物、山东省第十届优秀企业家、全国农机工业十大优秀企业家，并光荣当选为中共山东省第八届党代表和山东省第十届人大代表，2003年被授予山东省劳动模范荣誉称号。

山东五征集团董事长、总经理姜卫东
全国农机企业十大新闻人物
全国农机工业十大优秀企业家
山东省第十届优秀企业家
中共山东省第八届党代表
山东省第十届人大代表
山东省劳动模范

在生产规模成倍增长的同时，生产制造工艺水平、工厂美化绿化、精神文明建设等都发生了质的变化。计算机网络技术已广泛应用于产品设计、工艺设计、技术管理、物流管理、计划管理、成本管理、市场管理等各个领域，企业的整体管理水平大幅度提升。2003年产销农用车25.3万辆，实现销售收入23.3亿元，利税1.33亿元，同比增长分别为97%、145%和170%。2004年计划产销农用车、轻型车40万辆，销售收入40亿元。2008年，公司将达到年产销农用车、轻型车70万辆，电动车5万辆，拖拉机20万辆，销售收入120亿元，利税6亿元的规模。

全国五一劳动奖状
中华全国总工会
2004年4月

销售收入（亿元） 产量（万辆）

地址：山东省五莲县城常青路23号
邮编：262300
电话：0633-5328001
传真：0633-5321532

企业精神 诚信 协同 创新 卓越
经营宗旨 服务社会 造福大众
经营原则 用户第一 经销商第二 五征第三
管理原则 以人为本 优化结构 优化资源

临沂汽车工业贸易有限公司

临沂汽工贸公司是一个集汽车整车销售、配件轮胎经营、出租租赁、维修服务于一体的大型汽车工业产品贸易和服务企业，拥有公司本部、临沂汽车城、临沂汽车超市、临沂汽车广场等主要汽车经营场所，占地面积40余万平方米，是鲁南、苏北地区经营历史最长、经营规模最大、经营实力最强、经营信誉最高的汽车及相关工业产品贸易企业。在汽车经营方面，公司建成了以长安福特、华晨汽车、一汽大众、一汽轿车、上海大众、解放汽车、北汽福田等为龙头的4S专卖店，在临沂三区九县、日照、东营、泰安、枣庄、济宁、苏北等地区设立了汽车销售服务网络，形成了以临沂为中心、辐射八方的销售服务体系，汽车销售在临沂市及周边地区的市场占有率达60%以上。在汽车配件经营方面，公司坚持经销名优品牌的经营特色，建成了一汽备品山东供应中心、一汽无锡柴油机厂山东中心库、一汽大柴备品一级代理、山东威海"三角"轮胎经销中心、上海"海牌"润滑油经销总站等一批厂家直销中心和以桑塔纳、昌河、松花江、长安、一汽佳宝等为主体的配件专卖店总汇，形成了专业化经营优势。公司维修服务站是国家一类维护企业，已建成汽车整车及发动机厂特约技术服务站30余家，拥有一流的专业技术人员和先进的技术设备、完善的售后服务体系。公司出租租赁经营业务具有一定规模，面的、轿的出租和解放系列货车租赁车辆达到2600余台。

地址：临沂市通达路319号　邮编：276001　电话：0539-8163570　传真：0539-8163570

山东凌云工贸股份有限公司

山东凌云工贸股份有限公司座落于风景秀丽、气候宜人的海滨城市——日照市。东临亚欧大陆桥东方桥头堡日照港，南靠日照火车西站，交通便利，环境优美。

公司现有干部职工100人，总资产2.38亿元，固定资产4699万元。公司主体包括营业面积12000平方米的凌云大厦，6000平方米的凌云家电城和3500平方米的凌云汽车城，下设20余处连锁店。主要批发、零售家用电器、音像制品、摩托车、汽车、日用百货、副食品、服装、针纺织品、家具及金银首饰等3万多种商品，市场辐射至整个山东省及河南、江苏等周边省份。

几年来，遵循市场经济规律，在市场开拓、规模经营、工贸结合、制度创新、引进外资等方面大胆探索，使企业保持了高效、快速的发展，是全省136家重点商贸流通企业之一。先后获得全国"百强商场"、"全国首批信誉企业"；国家人事部、全国供销总社"先进集体"、"省级消费者满意单位"、"全国百城万店无假货活动示范店"、"全国青年文明号"等50余项省部级以上荣誉称号。

在企业的发展过程中，根据现代企业制度的要求高度重视企业管理和人才引进，建立了一套行之有效的科学管理体系。全体员工不断树立创新意识，大力发扬艰苦创业的奉献精神，始终奉行"信誉诚招天下客，百货利市客盈门"的经营宗旨，赢得了众多厂家、客户和社会广大消费者的信赖和支持，促进了企业健康持续发展。

公司全体员工热忱欢迎海内外朋友竭诚共勉，跨步未来，共创辉煌！

地址：山东省日照市兴海路109号　邮编：276800
电话：(0633)8211107　http://www.cnlingyun.com
传真：(0633)8238999　e-mail:cnlingyun@cnlingyun.com

打造现代物流企业旗舰

董事长、总经理姜连国

在改革与市场经济大潮中前行，潍坊钢联董事长、总经理姜连国冲破计划经济时期旧体制的羁绊，以他义无反顾的改革创业精神，凭着诚信和实干，把一个濒临破产的企业，打造成了一艘适应市场经济发展要求、具有强大竞争力的现代物流企业旗舰，实现经营规模从“零”到12.6亿元超常轨、跨跃式、高速发展。从创业之初年销售钢材1762吨，实现销售收入486万元，发展到2003年销售钢材38.6万吨，销售收入突破12.6亿元，近三年上缴税金1907万元。成为山东省6家重点商贸物流配送企业和潍坊市9家重点调度的现代物流配送企业之一，2003年成为“全国百强钢材营销企业”、“山东省管理创新优秀企业”、“山东省商业企业先进单位”，被潍坊市经贸委评定为潍坊市首批“AAA信誉企业”，被潍坊市委市政府评选为“全市百强民营企业”，是全省物资流通企业第一家通过ISO9001：2000国际质量管理体系认证企业。

八年来，钢联的改革与发展，姜连国既靠政府又找市场，探索开创出全省物资流通企业的发展之路。他把改革作为企业发展的不竭动力，依托诚信促发展，树立钢联形象，把创建学习型企业，塑造企业文化作为发展的力量源泉，将思想教育以新的形式和新的内涵注入员工群体，作为提升企业发展的动力，凝聚了企业强大的向心力和凝聚力，他以超越自我，追求卓越的精神教育并激励着全体员工奋勇向前。

经过八年的励精图治，潍坊钢联成为潍坊乃至山东最大的钢材配送集散中心，打破传统的一买一卖经营模式，开始了向深加工、及时性、零库存的现代物流配送尝试，进行业务流程再造，开展第三方物流，帮助生产企业设计零库存，使企业实现了一业为主、多业并举、贸工一体化的发展道路，逐步形成了向互联网上交易、钢材深加工、钢结构制造、物流配送、代存代储、第三产业贸工一体化的全面发展。

2002年公司通过招商引资，与中国钢铁巨人鞍钢合资创建了鞍钢潍坊钢材加工配送有限公司，发展成为山东最大的钢材深加工配送基地，年加工能力20万吨，实现了企业向现代物流配送迈进的初步转变。2003年，公司投资并控股成立了潍坊市钢联钢结构工程有限公司，年生产能力20万平方米，呈现出广阔发展前景。

“不谋全局者，不足以谋一时，不谋万世者，不足以某一域”，根据山东省委省政府制定的“建设半岛制造业基地”的规划，公司制定了“五年规划、三年目标发展纲要”计划在胶州建设全省最大的现代物流配送基地。

姜连国董事长，以全面发展的眼光为企业制定了宏伟的发展规划，到2005年实现销售收入16亿元，到2007年全部物流项目建成后，销售收入达到20亿元，争取成为全省物流行业的龙头企业。

目前董事长、总经理姜连国领导的潍坊钢联，由构建一流现代物流企业的规划设想跃升到一个新的实践阶段。

地址：潍坊市潍城区仓南街15号 邮编：261011 电话：（0536）8902856
传真：（0536）8901342 http://www.sdgl56.com

三联集团公司

三联大厦外景

三联集团公司是山东省政府重点培植和实行省级计划单列的特大型企业，是一个以服务业为主导产业，以知识密集、技术密集和资金密集为特征的综合性经济组织。集团公司注册资本20亿元人民币，净资产近40亿元人民币。

目前，三联集团在其所投资的房地产、商贸、电子信息、旅游、投行、传媒等产业已经形成了山东乃至全国范围的竞争优势，打造出"阳光舜城"、"三联家电"、"百灵"、"汇泉"、"田横岛"、"经济观察报"等知名品牌。

山东三联城市建设有限责任公司是以新市镇为开发产品的城市综合运营商，2003年在深圳举行的中国第五届住交会上蝉联"2003年中国房地产品牌企业"称号，其开发的阳光舜城荣获"2003年中国房地产名盘创新奖"。

三联商社是中国家电流通领域的领先企业，经营收入连续11年稳居山东省商界第一，从1998年起跻身中国商业三强，专业店第一名。2003年7月18日，三联商社成功进入资本市场，成为中国家电流通领域唯一的一家上市公司。

百灵信息科技有限公司以三联开发建设的中国第一条商用多媒体信息网络百灵网为平台，大力拓展电子商务、电子政务等业务，荣获"电子商务综合服务平台标准应用推广试点单位"、"2003年中国电子政务优秀外包商"等称号，被评为"2003年中国电子政务IT100强企业"第28名。

2003年11月11日，由三联集团承担、三联商社和三联电子信息公司联合实施的"十五"国家科技攻关项目"济南市电子商务与现代物流应用示范工程"通过国家科技部专家组的验收。

山东三联汇泉旅游股份有限公司拥有国家3A级旅游度假区田横岛旅游度假村、商务宾馆"汇泉饭店"和"国家特级酒家"金三杯酒家，形成了集海岛旅游、休闲度假、餐饮、宾馆于一体的经营格局。

山东元创投资管理有限公司是一家整合国际资本资源、高度国际化的投资银行类公司。

在传媒市场上刮起橙色风暴的经济观察报，目前发行量达37.9万份，覆盖全国100多个重要城市，成为财经新锐媒体的领军者。

在21世纪，三联集团将发展成以服务业为主导产业、投资多元化、可持续发展的现代化国际化大型财团。

阳光舜城一角

2003年9月24日，"山东省电子商务综合服务平台"建设协议签约仪式在济南市南郊宾馆隆重举行。

2003年11月11日，由三联集团承担、三联商社和三联电子信息公司联合实施的"十五"国家科技攻关项目"济南市电子商务与现代物流应用示范工程"通过国家科技部专家组的验收。

济宁汇泉饭店外景

于2003年7月18日成功上市的三联商社，始终在家电流通领域坚持这样的服务信条：我服务，我快乐。

我服务，我快乐！

——三联家电

缔造百年万达

达集团

SHARE CO.,LTD.

罗斯、孟加拉国、台湾等二十几个国家和地区。

面对入世,中国万达集团不断增强压力感和危机感,不断更新观念,加大产业、产品调整力度,全力推动整体素质和竞争能力的提高,在已建成由高科技产业群体组成的0亿工业园区的基础上,又启动了两个高科技工业园的建设,2003年新上了热电联产和全钢载重子午胎项目。万达集团将不断加大、扩大资本投入,全面实施可持续发展战略。

中国万达集团的奋斗目标是,建成品牌国际化、股份社会化、组织协作化、产品系列化、产业科技化、生产自动化、人才专业化、营销网络化、文化本土化的现代化企业集团。

中共山东省委书记张高丽到万达视察

山东省省长韩寓群到公司视察指导工作

电缆生产车间

地址：山东省东营市永莘路68号 电话：0546-8745908

http：//www.chinawanda.com 传真：0546-2061318

汇聚科技精华

董事长　巴洪斌

总经理　尚吉永

中国万

WANDA GRO

中国万达集团是经国家工商行政管理总局注册免冠行政
区划的大型企业集团。先后荣获全国"五一"劳动奖状、全国
重合同守信用企业、全国文明企业、全国重点高新技术企
业、全国创名牌重点企业、山东省质量管理优秀企业等荣
誉称号。

中国万达集团高度重视产学研结合及高新技术产业化,不
断加快技术中心和自主研发创新机制建设,建立了完善的自
主研发体系。有十多种产品填补国内空白、并获得专利
权,多种产品荣获国际国内科技进步创新奖,形成了电线电
缆、电子电器、精细化工等支柱产业。四种产品占全国市
场份额的60%以上。交联电缆、聚酰亚胺薄膜、荧光增白
剂、特种变压器等产品已走出国门,远销美国、意大利、俄

兖矿驻地夜景

韩寓群到兖矿视察

国内立井首家使用无轨胶轮车运输

集团公司驻地

地址：山东省邹城市凫山路14号 邮编：273500

电话：0537-5381670

http://www.yanzhoucoal.com.cn

美丽的矿井

兖矿集团公司

YANKUANG JITUAN GONGSI

兖矿集团公司总裁王信

兖矿集团是国家百家现代企业制度试点和120家企业集团试点单位，是华东地区最大的煤炭生产和全国最大的煤炭出口企业之一，也是我国煤炭行业第一个同时境内外发行股票并实现纽约、香港、上海三地成功上市的企业。

兖矿集团拥有兖州、济宁东部两块煤田，井田面积446平方公里，地质总储量为37亿吨，可采储量19.11亿吨。现有8对生产矿井，年设计生产能力2275万吨；6座现代化选煤厂，年设计洗选能力2080万吨。煤炭品种为气煤和气肥煤，煤炭质量为“三低一高”（低硫、低灰、低磷、高发热量），是优良的炼焦、动力、化工、造气和水煤浆用煤。煤炭产品除供应国家重点发电、冶金企业外，还主要出口日本、韩国、台湾、香港等国家和地区。

兖矿是山东省政府授权经营国有资产的公司，2002年末资产总额261.8亿元，所有者权益106.8亿元（国有净资产59.3亿元，少数股东权益47.5亿元），负债155亿元，资产负债率59%。

通过建立现代企业制度，不断深化产权制度改革，兖矿已成为一个混合所有制的企业集团，构建了投资主体多元化的母子公司体制，权属企业产权结构趋向多元化。在55个独资、控股企业中，51个企业进行了改制，部分企业推行了民营化改制。随着兖矿品牌优势的扩大，企业融资能力有了明显提高。

改革开放20多年来，特别是进入20世纪90年代以来，兖矿集团历经两次创业，从名不见经传到一举成为我国同行业“龙头”企业，再到跨入国内先进企业行列，实现了两次历史性的跨跃发展。1990年，兖矿集团生产规模尚处在全国特大型煤炭企业第17位，年亏损1823万元，1996年一跃成为煤炭行业的排头兵，并且连续四年保持销售收入、利税总额、利润、综采单产等全行业第一。特别是近几年来，在国家政策和国债资金的大力支持下，基建项目更是有了长足的发展。2002年实现销售总收入145.68亿元，利税18.05亿元，其中利润6.78亿元；煤炭产量4081.44万吨，出口煤炭1447万吨。主要经济技术指标继续保持煤炭行业领先水平，实现了持续健康快速发展。

科达集团

KEDA GROUP

董事长 刘双珉

东营市政协常委
东营市民营企业家协会会长
东营市工商联副会长
东营市企业联合会副会长
东营市国际贸易促进委员会副会长
山东省劳动模范
山东省优秀企业家
山东省优秀厂长经理
山东省市政工程协会副理事长
山东省公路学会理事
山东省国际经济贸易联合会常务理事
山东省儒商研究会常务理事
中国市政工程协会理事
中国企业协会理事
中国企业家协会理事
中国企业文化探索与创新优秀领导者

科达集团始建于1984年2月，总资产22.18亿元，员工7000余人，2003年销售收入27.67亿元，利税2.48亿元，进出口总额3.48亿美元，出口值1.87亿美元，下辖成员企业有科达集团股份有限公司、东营科英激光电子有限公司、东营黄河公路大桥有限责任公司、青岛太和油气储运有限公司等九家子公司。

科达集团是中国民营企业500强、中国建筑业企业500强、中国进出口企业500强、山东省136户重点企业集团、省建设系统50强企业；具有交通部核准的公路工程施工总承包一级资质、建设部核准的市政公用工程总承包一级资质和商务部批准的出国施工经营权；荣获“全国五一劳动奖状”、“全国优秀施工企业”、“中国市场名牌质量、服务、信誉AAA级企业”、“全国AAA特级信誉企业”、“省高速公路突破2000公里先进单位”、“省出口创汇先进单位”等多项荣誉称号。

科达集团始终坚持“走科技之路、创科达品牌、保优质产品、让用户满意”的经营方针，不断发展壮大，现已成长为一家集基础设施投资、建设、运营，电子产品生产加工及进出口贸易为一体的双元化经营的国家大型企业集团。

科达集团将主要围绕“双元经营，相关多元化发展”的战略方针，实施“两上一出一巩固一改革一规范”（股票上市、上高科技项目、外向型发展、巩固主业、改革和规范管理体制）和“加大科技研发力度、加大市场开发力度、加大审计考核力度，规范企业管理”的战略措施，逐步强化核心技术力量，塑造核心竞争力 努力实现稳步、持续和健康发展。

科英公司生产车间

LMD100t 36m—28m型龙门吊

ABG423摊铺机

ABG423摊铺机和英格索兰
Dd110震动压路机联合作业

英国产TITAN4000型沥清砼拌合站

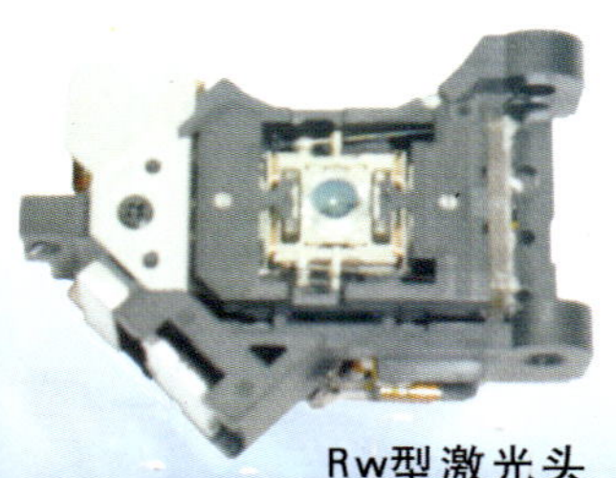

Rw型激光头

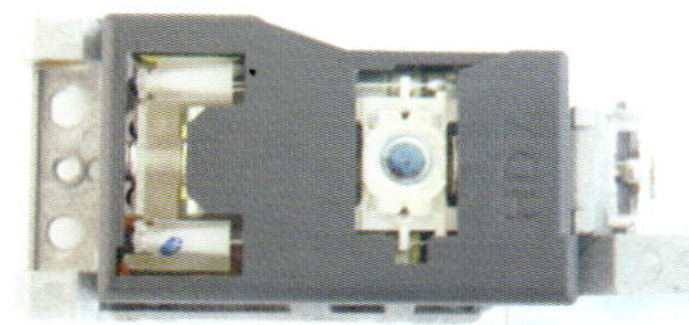

DVD型激光头

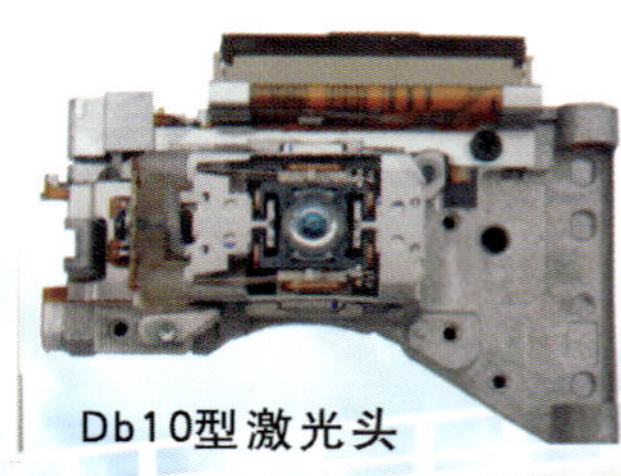

Db10型激光头

址：山东东营市府前大街276号 电 话：0546-8301886 传 真：0546-8300958
tp://www.keda-group.com.cn E-mail：Keda@keda-group.com.cn 邮 编：257091

在建的东营黄河大桥（效果图）

中矿金业股份有限公司

王永选，男，1961年出生，中共党员，大本学历，高级工程师，教授级高级政工师，中矿金业股份有限公司总经理，兼任中国国情研究会研究员、中国青年科技工作协会会员、中国黄金学会常务理事和烟台市青年企业家协会副会长。曾荣获第三届中国杰出（优秀）青年科技创业奖、山东省“富民兴鲁”劳动奖章、首届山东省黄金行业青年科技奖和烟台市第二届青年科技奖；先后被授予山东省劳动模范、烟台市劳动模范、烟台市专业技术拔尖人才、烟台市学科（技术）带头人等称号。2003年被中国改革人物征评活动组委会评为“新时代中国改革之星25名最具改革理念的中国企业家”。

中矿金业股份有限公司是我国黄金行业四大骨干企业北截金矿、罗山金矿、玲南金矿、阜山金矿的集合体，现有职工4700人，固定资产14亿元，日采选生产能力5000吨，主要产品有黄金、白银、铜精矿、铅锌精矿、硫精矿和“三足”牌PE、PVC、PPR系列塑料管材管件等。正在建设中的黄金乐园是亚洲最大及中国北方唯一的黄金主题公园，一期工程投资2亿元，由中矿金业出资控股。

中矿金业崛起于困境之中。2001年5月，新一任领导班子临危受命，对实际亏损2.54亿元、负债高达9.02亿元的招金股份进行了一场令全社会为之震撼的大变革，使企业走出了一条由挽救危局到全面振兴的再生之路。2001年，企业遏止了连续亏损的局势，恢复了自我“造血”功能；2002年，冶炼成品金40万两；在入选品位每吨只有2克上下的情况下，自产黄金15万两；企业一举扭亏为盈，实现利润1.5亿元。

2003年，中矿金业坚持“科学决策，科学技术，科学管理”的经营理念，发扬“奋斗、创新、持久、发展”、“忠孝、仁义、博爱、善待”的企业精神，以先进的企业文化为导向，全面夯实企业管理基础，大力推进技术进步，再次创造了招远经济发展史无前例的经营业绩：全年实现利税2.36亿元，同比增长53.41%；财政贡献达到1.48亿元，同比增长191%；职工工资福利比2001年上半年月均增长171%。从2001年5月份至2003年底，中矿金业偿还债务总额4.3亿元，技改投入1.61亿元，财政贡献2.68亿元，累计创造价值9.09亿元。昔日招远的沉重包袱如今变成了招远的经济支柱。

地址：山东省招远市辛庄镇北截金矿 邮编：265401
电话：0535－8319080　传真：0535－8319003

山东省医药集团有限公司

SHANDONG MEDICAMENT GROUP CO.,LTD

山东省医药集团有限公司（鲁药集团）是经山东省人民政府批准成立的大型医药企业。注册资金1.6亿人民币，法定代表人牛波，集团公司权属企业包括山东省医药公司、山东省医疗器械公司、济南医药采购供应站、淄博医药采购供应站、临沂药材集团公司、日照医药集团公司、烟台药材采购供应站、莱芜市医药公司等。现有员工4407人，其中专业技术人员3068人，占员工总数的70%，拥有一支由高水平、高素质人才组成的强势团队。目前，集团公司所属药品经营企业已全部通过GSP认证。

鲁药集团充分发挥自身强大的人力资源优势和地利优势，积极培育发展“代理配送、零售连锁”业务，运用先进的营销理念、营销模式和现代电子商务技术，构筑集团公司核心竞争力。经过多年不懈努力，集团公司赢取了良好的市场信誉，拥有健全的经营网络和成熟的国内外医药产品总经销、总代理经验，形成以母公司为配送源头，子公司及合作公司分级配送的代理批发医药流通新格局，并在国内二十几个省、市、自治区设立了办事机构。零售连锁经营形成以济南为物流中心，辐射全省的销售网络。通过实施集团式、集约化经营，充分发挥其在山东医药流通领域的龙头作用。二OO三年，集团公司实现主营业务收入30亿元人民币。

鲁药集团面对山东省加快推进省属国有企业改革的机遇，将积极推进企业产权结构的改革与调整，深化内部经营管理机制，增强企业发展活力和市场竞争能力。适应市场形势发展和经济全球化的要求，组建大型医药现代物流中心，充分运用信息化手段，完成商流、物流、信息流的整合，形成集团公司各企业间广泛的资源与优势共享，赢取规模优势和低成本扩张，对目标医药工业企业进行前向整合，完成整个医药产业价值链的打造，构建集团公司核心企业，实现集团公司的多元化和实体化。

鲁药集团以“发展山东大医药”为己任，确立了“用两到三年的时间，建成年销售收入达五十亿元大型医药集团”的战略发展目标。鲁药集团将以“海纳百川”之胸怀，诚挚欢迎国内外优势企业和有识之士赴鲁，共谋合作与发展。

牛波，男，1960年1月1日出生，中共党员，研究生学历，主任中药师。

1982年山东省中医学院中药专业毕业，分配到山东省莱芜市医药公司工作。

1984年8月至1992年2月，任山东省莱芜市医药公司副经理。

1992年2月至1993年9月，任山东省新泰市医药公司经理。

1993年9月至1996年9月，任山东省莱芜市医药管理局（医药公司）副局长（副经理）。

1996年9月至2001年3月，任山东省莱芜市医药管理局（医药公司）党委书记、局长（经理）。

2001年3月至2003年3月，任山东省医药总公司常务副总经理、党委委员、机关党委书记。

2003年3月至今，任山东省医药集团有限公司总经理、党委副书记。

地址：山东省济南市解放路11号 电话：0531-8562490 8562491

邮编：250013 传真：0531-8562499

山东中轩股份有限公司

公司简介

山东中轩股份有限公司是集科、工、贸为一体的综合性集团化企业，全国500家最大饮料酒制造企业之一，山东省重点优质粮食酒生产基地。公司产品涉及酒类、生物、商务、印刷、热电等多个领域，主导产品“三蕉叶”、“蒲公酒”已成为鲁酒代表、山东名牌。公司和产品均通过了ISO9001－2000国际质量体系认证，产品畅销国内外市场，取得了明显的经济效益，利润绝对值和人均利润均名列全省同行业第一位，名列国内同行业前茅。

山东中轩股份有限公司坚持科技为先导，实施人才战略，注重品牌建设，大力开发高科技产品，走现代科技改造与民族传统产业相结合的路子，开展以人为本的管理，不断提高企业员工队伍素质，至今已发展成为国内较大的生物园区和高科技产品基地。公司2002年建成投产了淄博市重点工程——中轩5万千瓦热电连产项目，该项目为中轩经济再发展提供了良好的平台，同时也为改善城区环境，振兴发展地方经济做出积极的贡献。

企业先后获得全国质量——管理——效益先进单位、山东一轻明星企业、山东省百家诚信纳税企业、省级文明单位、淄博市纳税大户、振兴淄博劳动奖章和重点企业集团等多项荣誉称号。

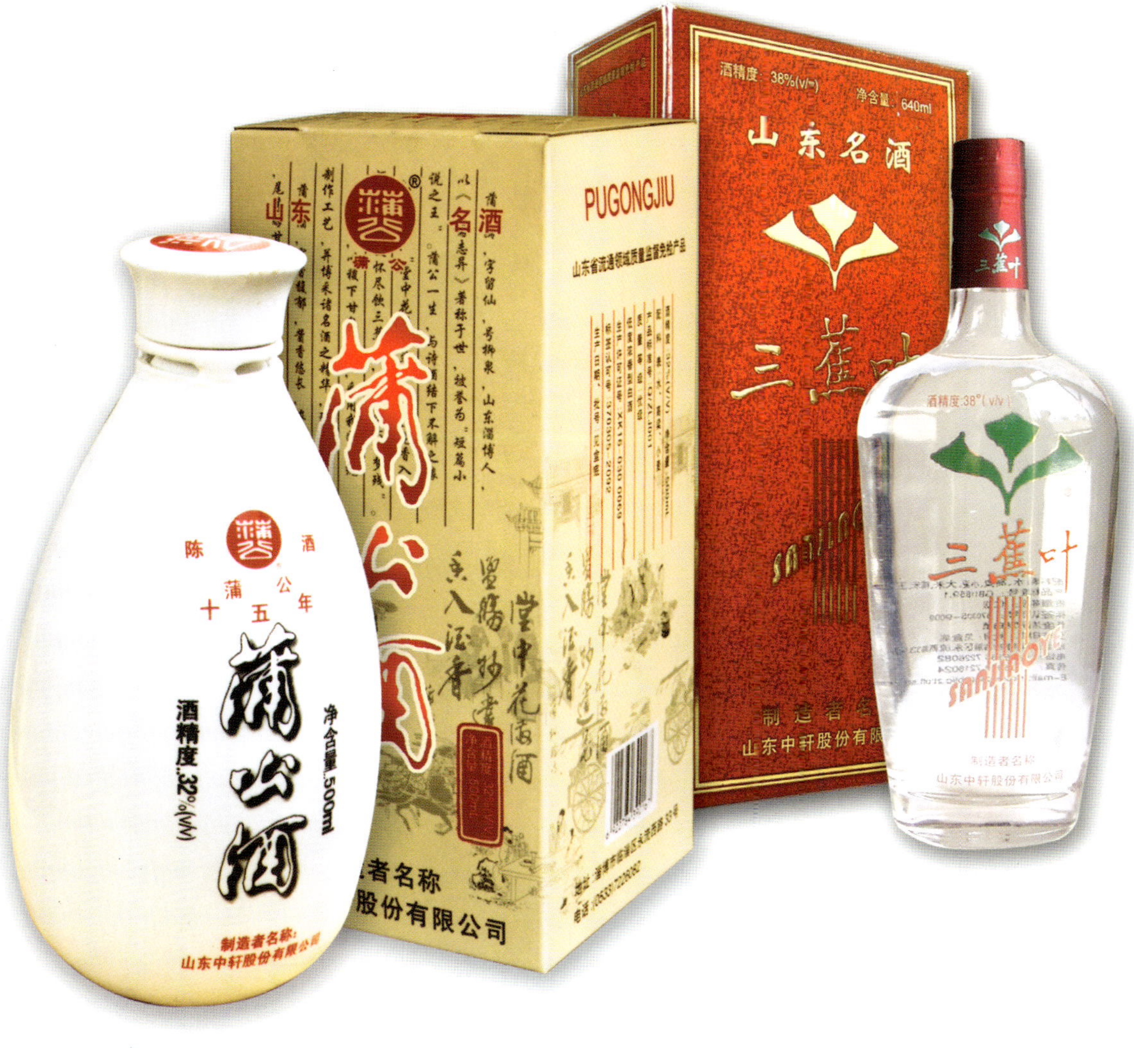

省级
文明单位
山东省精神文明建设委员会

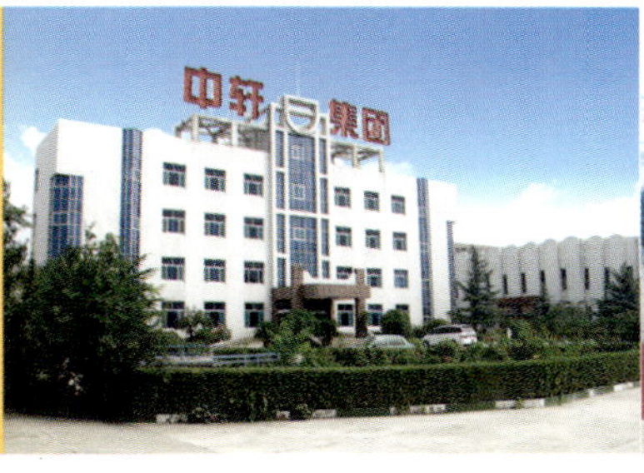

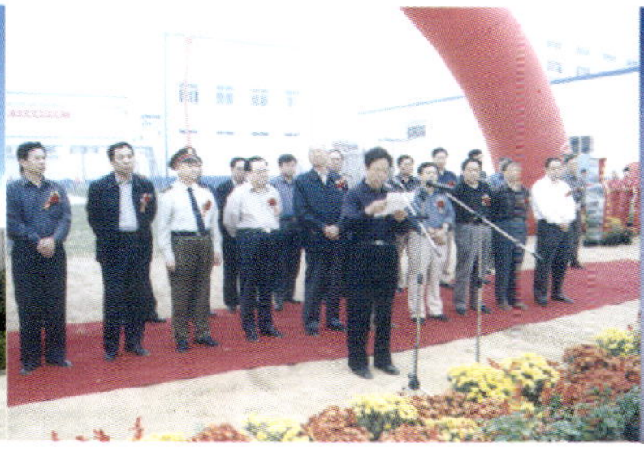

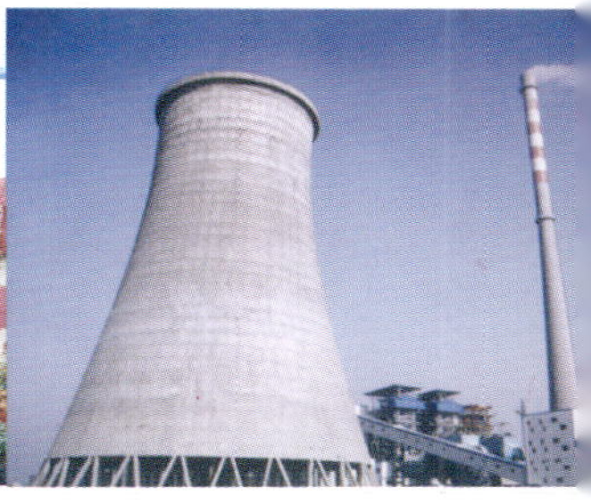

地址：淄博市临淄区永流西路33号 邮编：255400 电话：0533-7211374
传真：0533-7216024 http://www.deosen.com E-mail:sales@deosen.com

济宁通信

信息化建设的主力军

固话过百万新闻发布会

济宁通信机线员

标副总经理参加“阳光投诉”解答客户咨询

总经理参加行风热线

站立式微笑服务

山东省通信公司济宁市分公司（原济宁市电信局）是大型国有骨干通信企业。长期致力于基础网络建设，建成了以光缆为主体、数字波为辅助的，集传数字化、交换程控化、网络智能化为一体的，技术先进、功能齐全、运行高效、安全可靠的立体网络。承担着济宁市十二县（市）区固定电话和数据信息等业务经营、发展、维护和服务工作，是推动济宁国民经济和社会信息化建设的主力军。

多年来，济宁通信始终坚持两个文明一起抓，深化改革、加快发展，取得了物质文明和精神文明双丰收。目前，全市交换机总容量达到160万门，固定电话用户累计达到127万户，互联网用户达到16.7万余户。综合通信能力有了质的飞跃，固定电话网、多媒体信息网、智能网、传输网、数字数据网、时钟同步网、无线市话网，网网相联，形成了纵横交错、覆盖全市的“高速率数字化通信网络”，为加快济宁信息化建设注入了强劲的驱动力。全市通信系统还通过国际权威机构的ISO9002国际质量体系认证，标志着济宁通信具备了向现代企业迈进，与国际接轨、进入国际市场的通行证。

济宁通信公司先后被授予省、市级消费者满意单位、被推荐为全国消费者诚信单位；2000年授予全省职工职业道德建设“双十佳”单位；济宁市通信公司连续四年保持省级精神文明先进单位荣誉称号，2002年又被确定为全省创建文明行业示范点。全市通信系统建成了文明行业。

面对信息时代的召唤，济宁通信正以崭新的面貌，与时俱进，开拓创新，共创济宁信息化建设美好明天。

荣誉牌

地址：济宁市太白中路29号 邮编：272000